Das große Buch des Automobils

Das große Buch des Automobils

NAUMANN & GÖBEL

Der Herausgeber bedankt sich bei den Public-Relations-Abteilungen der Automobilfirmen auf der ganzen Welt für das freundlicherweise zur Verfügung gestellte Text- und Bildmaterial.

Die Verfasser der einzelnen Beiträge:

Griffith Borgeson   Indianapolis

Maurizio Caldera   American Motors – Austin Rover – Chrysler – Ford – General Motors/Opel – Honda – Jaguar – Lamborghini – Lotus – Maserati – Mitsubishi – Peugeot-Talbot – Renault – Saab – Toyota – Volvo – Weitere Firmen

Michele Fenu   Die Marken-Weltmeisterschaft

Ray Hutton   Der Motorsport zwischen den beiden Weltkriegen

Giulio Mangano   Citroën – Lancia – Mazda – Nissan – Rolls-Royce

Gianni Rogliatti   Die Jahre der Formel 1 – Der Geschwindigkeitsweltrekord zu Lande – Die großen Erfindungen

Marco Ruiz   Die »Geburt« des Automobils – Eine Industrie ohne Grenzen – Das Auto heute: ein weltweites Phänomen – Weiterentwicklung des Designs – Die Karosseriehersteller – Rallyes – Alfa Romeo – Aston Martin – Audi – BMW – Mercedes – Porsche – Volkswagen

Edouard Seidler   Das »heroische« Zeitalter

Aus dem Englischen von Hansjürgen Jendral (unter Mitarbeit von Hilde Kügle und Renate Reißig)

Seit dem Jahr 1979 ist die offizielle Bezeichnung der Hubraumgröße »cm^3« und nicht mehr »ccm«. Wir haben jedoch zum besseren Verständnis die alte Bezeichnung beibehalten. Dasselbe gilt für »PS« statt »kW«.

© Arnoldo Mondadori Editore S.p.A., Milano
All rights reserved
© Für die deutsche Ausgabe:
1991 Naumann & Göbel Verlagsgesellschaft, Köln
Alle Rechte vorbehalten
Aktualisierung der deutschen Ausgabe
durch Dr. Paul Simsa
Schutzumschlaggestaltung: Rincón Partners, Köln
Herstellung: Wolfgang Linnenberg
Satz: Uhl + Massopust, Aalen
Gesamtherstellung: Mondadori, Verona
Printed in Italy
ISBN 3-625-10699-X

Inhalt

7 *Einführung*

9 100 Jahre Fortschritt

10 *Die Geschichte des Automobils*

10 Dampf
14 Der Verbrennungsmotor und die Entstehung des Automobils
16 Der Elektromotor
16 Fertigung in Handarbeit
18 Neue Firmen entstehen

29 *Das »heroische« Zeitalter*

32 *Die Industrialisierung des Automobils*

38 *Der Motorsport zwischen den beiden Weltkriegen*

46 *Eine Industrie ohne Grenzen*

52 Großartige kleine Sportwagen
55 Die große amerikanische Krise
57 Außergewöhnliche Automobile
67 Europa in den dreißiger Jahren

72 *Indianapolis*

78 *Das Auto heute: Ein weltweites Phänomen*

82 Die Expansion in den sechziger Jahren
86 Das japanische Phänomen
87 Die Krise von 1973 und die neue internationale Stabilität

90 Von der Krise in die achtziger Jahre – Eine kleine technologische Revolution
92 Eine Automobilszenerie ohne Grenzen

95 *Die Jahre der Formel 1*

108 *Weiterentwicklung des Designs – Die Karosseriebauer*

114 *Die Marken-Weltmeisterschaft*

123 *Rallyes*

124 *Der Geschwindigkeits-Weltrekord zu Lande*

129 *Die großen Erfindungen*

133 100 Jahre Entwicklung der verschiedenen Marken

134 Alfa Romeo
138 American Motors (Rambler, Jeffery, Hudson, Nash, Kaiser-Jeep)
143 Aston Martin
144 Audi (Horch, DKW, Auto Union, NSU)
147 Austin Rover (Austin, Morris, Rover, MG, Triumph)
154 BMW
157 Chrysler (Dodge, Plymouth)
162 Citroën
166 Ferrari
169 Fiat
177 Ford (Lincoln, Mercury)
189 General Motors (Buick, Cadillac, Chevrolet, Oldsmobile, Pontiac)
200 Opel (Vauxhall)
204 Honda
206 Jaguar (Daimler)
208 Lamborghini
209 Lancia (Autobianchi)
213 Lotus
214 Maserati
216 Mazda
219 Mercedes-Benz
227 Mitsubishi
229 Morgan
230 Nissan-Datsun
236 Peugeot-Talbot (Simca, Sunbeam)
242 Porsche
244 Renault
252 Rolls-Royce Motors (Bentley)
256 Saab
257 Toyota
262 Volkswagen
266 Volvo

269 Weitere Firmen: AC, Alpine, Avanti, AZLK-Moskvich, Daihatsu, De Tomaso, Hindustan, Holden, Hyundai, Innocenti, Isuzu, Otosan, Puma, Reliant, Seat, Skoda, Subaru, Suzuki, Tatra, Trabant, T. V. R., UAZ, Wartburg, YLN, Zastava, ZAZ, ZIL.

273 *Stichwortverzeichnis*

Einführung

Mehr als 100 Jahre seit der »Geburt« des Automobils spiegeln das komplexe Wechselspiel zwischen technischen, industriellen und menschlichen Anstrengungen wider, das die Grundlage für eine der wesentlichsten Neuentwicklungen bildete, die je das Interesse der Menschheit wecken konnten. Wenn es darum geht, ein Symbol für die Kultur des 20. Jahrhunderts zu finden, müßte das Auto in der Kandidatenliste an erster Stelle stehen, denn es hat sich als eine der Grundvoraussetzungen für Komfort und Fortschritt erwiesen.
Ziel dieses Buches ist es, den langen Weg zurückzuverfolgen und die Geschichte des Autos zu erzählen, das heute die Menschen auf diesem Planeten einander näherbringt. Wobei es uns fernliegt, darüber zu streiten, wer nun dieses Automobil »als erster« erfunden hat. Sicher, der komplizierte Prozeß der Erfindung dieses neuen Beförderungsmittels fand in Westeuropa statt, während die Verdienste um die Entwicklung der industriellen Leistungsfähigkeit, die durch den Aufstieg Japans in den letzten Jahren bezüglich Produktion und technologischem Fortschritt noch drastisch erhöht wurde, von den Vereinigten Staaten von Amerika für sich in Anspruch genommen werden; dennoch überwindet die heutige Weiterentwicklung des Automobils alle nationalen und kontinentalen Grenzen. In diesem Buch wollen wir im wesentlichen die Entwicklung des Automobils seit den ersten bahnbrechenden Experimenten, die die Arbeit von Benz und Daimler zu einem ständigen Streben nach technischer Perfektion werden ließen, bis zu der weltweiten Verbreitung der Auto-Industrie seit dem Zweiten Weltkrieg zurückverfolgen. Zu diesem Zweck haben wir die speziellen Aspekte der Industrie in den verschiedenen Ländern hinsichtlich ihrer technischen und industriellen Entwicklung betrachtet. Wir haben dabei jedoch nicht vergessen, daß die Beziehung vom Mensch zum Auto auch immer eine gewisse gefühlsmäßige Unvernunft enthielt, die eine innere Antwort zu unseren Ansprüchen auf Selbstbestätigung und Freiheit widerspiegelt. Die Leistungen der berühmten Rennfahrer der Vergangenheit und ihrer hochentwickelten Maschinen dienten einem doppelten Zweck. Zum einen drücken sie die elementare Freude am schnellen Fahren aus, zum anderen bieten sie unendlich wertvolle Erprobungsmöglichkeiten für alle neuen technischen Entwicklungen.
Im Jahrhundert des Kraftfahrtwesens ergaben sich neue, erfreuliche Erkenntnisse für Qualität und Quantität. Sogar kleine Autos bieten heutzutage schon ein Maß an Bequemlichkeit und Leistungsfähigkeit, das noch vor wenigen Jahren nur großen Limousinen und exklusiven GTs vorbehalten war. Gleichzeitig zeigen sowohl die 400 Millionen Autos weltweit (1886 waren es nicht mehr als zwei!) als auch die Erschließung der Automärkte in Ländern wie China, daß weder gesellschaftliches noch wirtschaftliches Wachstum ohne das Automobil möglich ist.

In Anerkennung des Beitrages, den die heute bestehenden Automobilfirmen zu dieser Entwicklung geleistet haben, widmen wir den zweiten Teil dieses Buches deren wichtigsten Leistungen und bedeutendsten Produkten. Wir möchten uns daher bei den Vorstands-Vorsitzenden der Firmen herzlich bedanken, die sich freundlicherweise bereit erklärten, eine persönliche Stellungnahme zur historischen Bedeutung der von ihnen vertretenen Marken abzugeben.

Die Freude über einen Erfolg bedeutet oft auch Bedauern über das Ende des Enthusiasmus, der den Sieg erst ermöglichte. Im Fall des Autos gehen mehr als hundert Jahre Erfolgsgeschichte jedoch mit so großem technologischen Eifer zu Ende, daß die Zukunftserwartungen keinen Platz für Nostalgie lassen. Sparsamer Energieverbrauch, Umweltschutz, Sicherheit und Kosten werden die Herausforderungen sein, die es in naher und ferner Zukunft zu meistern gilt.

Im Zeichen des Fortschritts

Die Geschichte des Automobils

Wenn man das Wort »Automobil« als »Fahrzeug mit der Fähigkeit, eigene Antriebskraft zu erzeugen« definiert, dann sollte das Grundkonzept des Autos der Entstehung eines besonderen Wunsches zugeschrieben werden – nämlich dem Wunsch, schnell und unabhängig über seine eigenen Grenzen hinaus zu reisen, neue Horizonte zu entdecken und die mit der Geschwindigkeit verbundenen Freuden und aufregenden neuen Möglichkeiten zu genießen.

Es wäre wohl sinnlos, nach dem Ursprung dieses Symbols der modernen Zivilisation zu suchen – ob man das Auto nun gut oder schlecht findet, da die »Idee vom Automobil« immer schon in den Träumen und Vorstellungen der Menschen existierte. Bereits in den Zeichnungen von Leonardo da Vinci, den sogenannten »Codice Atlantico«, und sogar schon in den Schriften des Hero von Alexandrien, der bereits im Jahr 150 vor Christus die Möglichkeit ahnte, Pferdekraft durch Dampfkraft zu ersetzen und somit eine neue Art der Fortbewegung zu erschaffen, spiegelt sich dieser Grundgedanke wider.

Daher sollte man sich bei der Suche nach den Anfängen darauf beschränken, das moderne Konzept des mit eigener Kraft angetriebenen Fahrzeugs zu betrachten. Denn die Planung und Entwicklung des Autos schlug so viele verschiedene Wege ein, einige deckten sich, andere verliefen parallel. So wäre es extrem schwierig, wenn nicht sogar unmöglich, den alleinigen Inhaber eines »Exklusivpatents« für das Automobil nachzuweisen.

In den letzten 20 Jahren des 19. Jahrhunderts führte der Weg zum Erfolg in ein entscheidendes Stadium, als die großen Pioniere mit einfachen Mechanikern zusammenarbeiteten, deren Ideen – wenn auch weniger bedeutsam – sonst in den Schubläden ihrer Werkstätten verstaubt wären.

Bei unserer Suche sollten wir festhalten, daß das moderne Automobil in bezug auf Fahrzeug und allgemeine Form das Resultat eines eingleisigen Prozesses ist, wohingegen die Entwicklung des Antriebssystems dreigleisig verlief. Tatsächlich kämpften bis ins frühe 20. Jahrhundert hinein Dampfmaschine, Verbrennungsmotor und Elektromotor (ein weniger erfolgreicher Außenseiter, der bis heute noch nicht komplett verschwunden ist) um den Platz in dem »neugeborenen« Automobil.

Dampf

Die ersten überzeugenden Versuche mit Dampf als Mittel zum Antrieb wurden in der zweiten Hälfte des 17. Jahrhunderts durchgeführt. Nach der Entdeckung der Kraftwirkung des Luftdrucks durch Evangelista Torricelli im Jahr 1643 entwarf der Holländer Christiaan Huygens 1680 die erste Krafterzeugungsmaschine, basierend auf dem Prinzip des Vakuums, das in einem Zylinder entsteht, wenn Schießpulver explodiert. (Dieses Prinzip wurde bereits einige Jahre vorher von dem französischen Abt Hautefeuille für seine Wasseransaugmaschine verwendet.) Das war also in der Tat der erste Verbrennungsmotor. Die Explosionsmethode wurde bald von dem französischen Physiker Denis Papin durch die weniger heftige Dampfkraft ersetzt. 1690 baute er die erste Kondensationsdampfmaschine, auch bekannt als Dampfdruckkessel. Sie bestand aus einem Kolben, der in einem Zylinder mittels kochendem Wasser nach oben getrieben und durch die anschließende Abkühlung wieder nach unten bewegt wurde. So wurde Kraft erzeugt. Der ganze Vorgang lief so ab: Man brachte einen Ofen unter dem Zylinder an, der auch die Funktion eines Siedekessels erfüllte; sobald sich der Kolben in der oberen Stellung befand, wurde der Ofen entfernt, um das Abkühlen zu erleichtern.

Später vervollkommneten die beiden Engländer Newcomen und Cawley – der eine ein Schmied, der andere ein Glaser – das System, indem sie Siedekessel und Zylinder trennten und einen Kaltwassertank zufügten. Dieses System funktionierte mittels Klappen oder Hähnen, einer für Dampf und einer für Wasser, die wechselweise geöffnet und geschlossen wurden. Beighton baute dann die Klappensteuerung in eine echte Taktsteuerung um. Newcomens Maschine wurde bald überall bekannt und unter anderem durch James Watts 1765 entwickeltes Doppelwirkungssystem weiter verbessert. Nun war die Dampfmaschine, deren bedeutendste Fortschritte in England stattfanden, ausreichend gereift für den Gebrauch in Fahrzeugen, obwohl sie sich aufgrund ihrer Größe tatsächlich wohl besser für den Gebrauch in stationären Anlagen eignete. Watt bot seine Erfindungen auch der Industrie an, und er baute Maschinen für die Textilfabriken.

Als erster verwendete der Franzose Nicholas Joseph Cugnot, Ingenieur und Amateur-Militärstratege, die Dampfmaschine als Fortbewegungsmittel. 1763 oder 1765 baute

Der Newton-»Reaktion-Wagen« – 1680 (GB). Dieser Wagen war eher eine fantasievolle, visuelle Darstellung vom Prinzip des Rückstoßes als schon eine wirkliche Fahrzeugkonstruktion. Möglicherweise außerordentlich schwierig zu bedienen, stellt er doch einen der ersten Versuche über die Möglichkeiten der Dampfnutzung als Antriebskraft dar.

Der Verbiest-Dampfwagen – 1672 (B). Bei diesem Grundmodell (Prototyp) von einem Fahrzeug, erdacht von dem belgischen Missionar Ferdinand Verbiest, wurde der Dampf vom Kessel durch eine Düse auf die Flügel einer Turbine geleitet, die ihrerseits die Kraft über Getriebe auf die Räder lenkte. Das Fahrzeug hatte einen sehr begrenzten Aktionsradius.

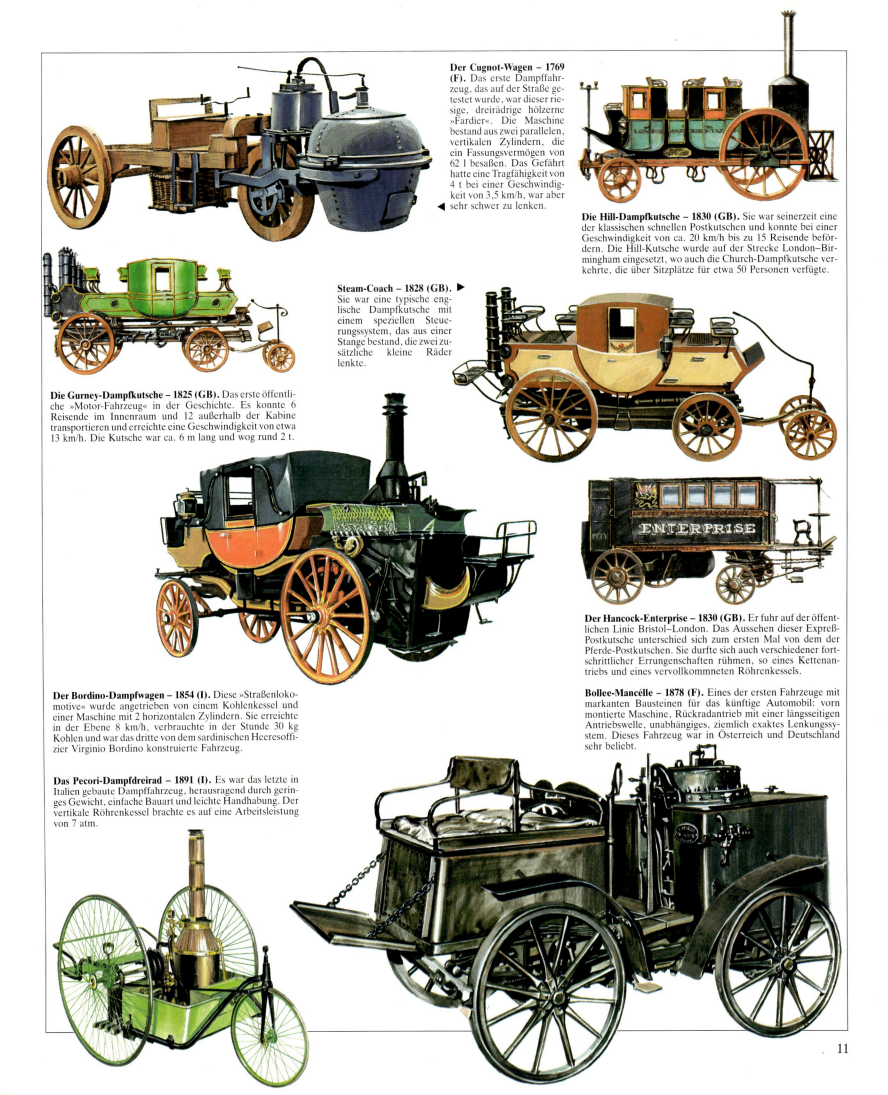

Der Cugnot-Wagen – 1769 (F). Das erste Dampffahrzeug, das auf der Straße getestet wurde, war dieser riesige, dreirädrige hölzerne »Fardier«. Die Maschine bestand aus zwei parallelen, vertikalen Zylindern, die ein Fassungsvermögen von 62 l besaßen. Das Gefährt hatte eine Tragfähigkeit von 4 t bei einer Geschwindigkeit von 3,5 km/h, war aber sehr schwer zu lenken.

Die Hill-Dampfkutsche – 1830 (GB). Sie war seinerzeit eine der klassischen schnellen Postkutschen und konnte bei einer Geschwindigkeit von ca. 20 km/h bis zu 15 Reisende befördern. Die Hill-Kutsche wurde auf der Strecke London–Birmingham eingesetzt, wo auch die Church-Dampfkutsche verkehrte, die über Sitzplätze für etwa 50 Personen verfügte.

Steam-Coach – 1828 (GB). Sie war eine typische englische Dampfkutsche mit einem speziellen Steuerungssystem, das aus einer Stange bestand, die zwei zusätzliche kleine Räder lenkte.

Die Gurney-Dampfkutsche – 1825 (GB). Das erste öffentliche »Motor-Fahrzeug« in der Geschichte. Es konnte 6 Reisende im Innenraum und 12 außerhalb der Kabine transportieren und erreichte eine Geschwindigkeit von etwa 13 km/h. Die Kutsche war ca. 6 m lang und wog rund 2 t.

Der Hancock-Enterprise – 1830 (GB). Er fuhr auf der öffentlichen Linie Bristol–London. Das Aussehen dieser Expreß-Postkutsche unterschied sich zum ersten Mal von dem der Pferde-Postkutschen. Sie durfte sich auch verschiedener fortschrittlicher Errungenschaften rühmen, so eines Kettenantriebs und eines vervollkommneten Röhrenkessels.

Der Bordino-Dampfwagen – 1854 (I). Diese »Straßenlokomotive« wurde angetrieben von einem Kohlenkessel und einer Maschine mit 2 horizontalen Zylindern. Sie erreichte in der Ebene 8 km/h, verbrauchte in der Stunde 30 kg Kohlen und war das dritte von dem sardinischen Heeresoffizier Virginio Bordino konstruierte Fahrzeug.

Bollee-Mancélle – 1878 (F). Eines der ersten Fahrzeuge mit markanten Bausteinen für das künftige Automobil: vorn montierte Maschine, Rückradantrieb mit einer längsseitigen Antriebswelle, unabhängiges, ziemlich exaktes Lenkungssystem. Dieses Fahrzeug war in Österreich und Deutschland sehr beliebt.

Das Pecori-Dampfdreirad – 1891 (I). Es war das letzte in Italien gebaute Dampffahrzeug, herausragend durch geringes Gewicht, einfache Bauart und leichte Handhabung. Der vertikale Röhrenkessel brachte es auf eine Arbeitsleistung von 7 atm.

Das Lenoir-Fahrzeug – 1863 (F). Trotz fortschrittlicher technischer Merkmale wie einem direkten Kettenantrieb, lenkbarer Räder und elliptischer Blattfeder-Aufhängung erreichte dieses Fahrzeug wegen seiner relativ geringen Motorkraft nicht die erhofften Produktionszahlen. Der dreistufige Arbeitsgang wurde durch zwei Kolbenbewegungen bewirkt: Mit dem ersten Kolbenhub wurde das Luft-Gas-Gemisch eingesogen und dann ohne Kompression durch den Funken der Zündkerze entzündet. Es strömte dann am Ende des zweiten Kolbenhubs aus.

Das Markus-Automobil – 1873–75 (A). Zwischen 1873 und 1875 experimentierte der Österreicher Siegfried Markus mit einem Fahrzeug, das mit bemerkenswerten technischen Neuheiten ausgestattet war. Es hatte einen Benzin-Motor mit nur 1 Zylinder (Vier-Phasen-Kolben), mit einem Sprühvergaser, mit magnetischer Zündung und mit einem noch recht einfachen Wasserkühlungssystem. Immer wieder bekam Markus bei seinen Fahrtests auf der Straße Schwierigkeiten mit der Polizei, denn sein Fahrzeug machte viel Lärm und Qualm.

Delamarre-Deboutteville – 1884 (F). Nachdem er schon 1881 ein einfaches Motordreirad gebaut hatte, ließ sich Delamarre-Deboutteville am 12. Februar 1884 dieses vierrädrige Fahrzeug patentieren. Der hinten eingebaute Motor hatte 2 getrennte, horizontale Zylinder. Die Antriebswelle war mit einem großen Schwungrad ausgestattet und durch eine Kette mit einer querlaufenden Getriebewelle verbunden, die den Antrieb auf die Hinterräder mittels zweier seitlicher Ketten übertrug.

er ein Fahrzeug, das vier Insassen bei einer Durchschnittsgeschwindigkeit von 3,5 km/h und mit einer Spitzengeschwindigkeit von 9,5 km/h befördern konnte. Nach seinem ersten Versuch entwickelte Cugnot dann ein »Fahrzeug« zum Transport von Kanonen, das wiederholt von den Militärbehörden getestet, aber dann doch wieder fallengelassen wurde, da es eine zu kurze Betriebsdauer (nur etwa 15 Minuten) hatte.

Inzwischen wurde die Perfektion der Dampfmaschine in England stetig vorangetrieben. Nach einigen erfolglosen, auf Watts Maschine basierenden Versuchen von Moore, William Murdock und William Symington erschien Richard Trevithick auf der Bildfläche. Er war verantwortlich für den Bau des ersten Schienenfahrzeugs im Auftrag eines walisischen Kohlenbergwerks, der ersten dampfbetriebenen Dreschmaschine sowie einiger weiterer kleiner Warentransporter. Im Jahr 1802 präsentierte er ein sicheres und leistungsfähiges Personenfahrzeug, das eine Geschwindigkeit von 15 km/h auf ebenem Gelände und 6 km/h bergauf erreichte.

Dampfgetriebene Fahrzeuge wurden jetzt auch in den USA immer häufiger verwendet: Nathan Reed »schockierte« mit seinem Dampffahrzeug 1790 die Bürger von Philadelphia; allerdings längst nicht so stark wie sein Mitbürger Oliver Evans, der 14 Jahre später das erste Amphibienfahrzeug erfand.

Unmittelbar nach den napoleonischen Kriegen, während derer keine weiteren Experimente stattfanden, wurde die Forschung an der Dampfmaschine wieder aufgenommen. 1821 durfte man sie als ausgereift und hinreichend zuverlässig bezeichnen. Von da an trug jeder weitere Fortschritt auf dem Sektor der dampfgetriebenen Fahrzeuge deutlich zur Entwicklung des Automobils der Zukunft bei. 1825 richtete Sir Goldsworthy Gurney auf der 171 km langen Strecke von London nach Bath den ersten regelmäßigen Personenbeförderungsdienst ein. Er verwendete dabei eine dampfgetriebene Kutsche, die er sich patentieren ließ. Das war der Anfang des Zeitalters der schnellen Reisekutschen, die aber in England später wieder verschwanden, während sie in Frankreich und Italien noch sehr beliebt waren. Diese Fahrzeuge erreichten ihren Höhepunkt mit Amédée Bollées 4500 Kilo schwerer »Obéissante« (im Jahr 1873) und besonders mit der noch kompakteren, 2500 Kilo schweren »Mancelle«, die Geschwindigkeiten von rund 35 km/h erzielte. Beides waren Vorläufer für jene Techniken und

Der Motor-Wagen nach dem Benz-Patent – 1886 (D). Es war das erste Automobil, das eine neue revolutionäre Idee für solche Fahrzeuge verwirklichte. Motor und Fahrgestell bildeten eine Einheit. Offiziell wurde das Automobil am 3. Juli 1886 in Mannheim vorgestellt. Es schaffte mit seinem 1-Zylinder-Motor (984 ccm) 15 km/h, leistete 0,9 PS bei 400 U/min.

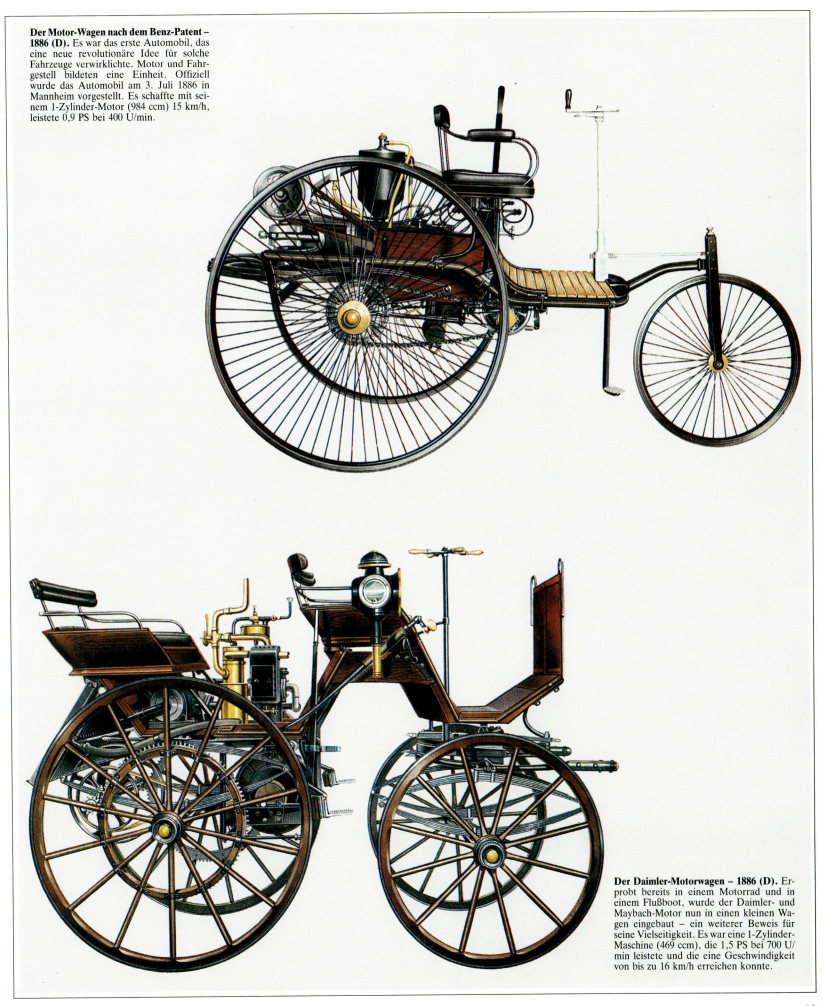

Der Daimler-Motorwagen – 1886 (D). Erprobt bereits in einem Motorrad und in einem Flußboot, wurde der Daimler- und Maybach-Motor nun in einen kleinen Wagen eingebaut – ein weiterer Beweis für seine Vielseitigkeit. Es war eine 1-Zylinder-Maschine (469 ccm), die 1,5 PS bei 700 U/min leistete und die eine Geschwindigkeit von bis zu 16 km/h erreichen konnte.

Ausführungen, die später charakteristisch für die ersten »richtigen« Automobile wurden. Bollée war es, der sich das erste präzise wirkende Lenksystem patentieren ließ und der die Bedien- und Kontrollelemente »in weiser Voraussicht« so anordnete, wie wir es heute von unserem Armaturenbrett her kennen. Trotz großartiger Fortschritte auf dem Gebiet des Verbrennungsmotors garantierte die Dampfkraft immer noch regelmäßigen und ruhigen Lauf der Maschine und hatte somit auch weiterhin viele mächtige Fürsprecher.

In gleichem Maß wie Bollée, der noch weitere leichte Fahrzeuge baute, wie etwa die »Rapide« im Jahr 1881 mit einer Geschwindigkeit von 60 km/h oder die »Nouvelle« im Jahr 1873, die eine Vorderachse mit Einzelradaufhängung hatte, produzierte auch Léon Serpollet zwischen 1887 und 1907 mehrere Fahrzeuge, die dank des leichten und kompakten, verzögerungsfreien Dampferzeugers, den er 1889 patentieren ließ, ein hohes Maß an Leistungsfähigkeit erreichten.

Die Firma De Dion-Bouton, gegründet 1883 in Paris, stellte in den ersten zehn Jahren ebenfalls dampfgetriebene Fahrzeuge her und hatte ihren größten Erfolg, als diese 1894 das Zuverlässigkeitsrennen Paris–Rouen gewannen. Panhard-Levassors Erfolge bei der Verwendung von Benzin führten jedoch dann dazu, daß De Dion auf Verbrennungsmotore umstellte. Nach der Übernahme der Firma von ihrem Vater taten die Brüder Bollée das gleiche. Als dann auch die Firma Serpollet ihre Produktion eingestellt hatte, verschwanden die dampfgetriebenen Fahrzeuge immer mehr von der Bildfläche, obwohl sie in den Vereinigten Staaten noch bis 1930 verwendet wurden.

Der Verbrennungsmotor und die Entstehung des Automobils

Das Prinzip des Verbrennungsmotors basierte auf Alessandro Voltas Erfindung der Pistole aus dem Jahr 1777. Dieses Prinzip funktionierte so, daß anstelle von Schießpulver ein Gemisch aus Gas und Luft mittels eines elektrischen Funkens explodierte. Auf der Grundlage dieser Entwicklung erwarb der Schweizer Isaac de Rivaz im Jahr 1807 das Patent für die Verwendung des Gas-Luft-Gemischs als Mittel zur Erzeugung von mechanischer Energie. Sein Motor wurde in ein Fahrzeug eingebaut, und er bestand aus einem Zylinder, in dem durch Explosion ein Kolben aufwärts bewegt wurde, der dann bei der Abwärtsbewegung einen Schwinghebel oder Riemenscheiben betätigte. Die Verwendung von Gas war nicht ungefährlich, und der Krieg – de Rivaz war einer von Napoleons Offizieren – unterbrach diese Entwicklung, die als bedeutendster Vorläufer für die Entstehung des Automobils galt.

Zu Beginn des 19. Jahrhunderts machten der Engländer Robert Street, der Franzose Philippe Lebon und der Amerikaner Peter Cooper weitere Versuche mit entflammbaren Gasen, und im Jahr 1825 gelang es Michael Faraday, Benzol aus Kohle zu gewinnen. Damit produzierte er einen der ersten flüssigen Kraftstoff, der geeignet war, Verbrennungsmotoren anzutreiben.

Bis 1830 wurde eine ganze Anzahl von Fahrzeugen produziert, die noch keine richtigen Verbrennungsmotore hatten, sondern Motoren, bei denen anstelle von Dampf das Gas-Luft-Gemisch verwendet wurde. Es stellte sich heraus, daß diese Lösung keine großen Vorteile brachte und zudem nicht ohne Risiko für den Betriebsablauf war. Neben anderen erhielten die beiden Engländer Brown (1823) und Wright (1833) Patente für diese Motoren.

Erst 1841 wurde von dem Italiener Luigi di Cristoforis mit dem Bau einer »Zünd-Druck-Maschine« der Grundstein für einen leichten, kompakten Motor gelegt. Er bestand aus einer Pumpe, die erstmals die entflammbare Flüssigkeit Petroleum als Kraftstoff verwendete. Eugenio Barsanti und Felice Matteucci entwickelten diese Idee weiter und präsentierten, nachdem sie im Jahr 1854 ein englisches Patent dafür erhalten hatten, zwei Jahre später den ersten echten Verbrennungsmotor. Er arbeitete mit Dreitaktfolge (ohne Kompressionshub) und war wassergekühlt. Obwohl andere Brennstoffe in Betracht gezogen wurden, wählte man doch als Betriebsstoff eine Mischung aus Luft und Steinkohlengas und erreichte so eine Leistung von 5 PS. 1858 entstand eine weitere 2-Zylinder-Maschine mit gegenüberliegenden Kolben, sie wurde von 1860 an bei der Firma Escher-Wyss in Zürich in kleiner Stückzahl produziert. Der frühe Tod von Barsanti 1864 und der schlechte Gesundheitszustand von Matteucci hinderten beide daran, den Lohn für ihre Arbeit, materiell wie geistig, zu ernten. Zur selben Zeit vollendete der Franzose Etienne Lenoir ein Projekt, welches sein Landsmann Hugon 1858 begonnen, später jedoch wieder fallengelassen hatte. Er ließ sich 1860 seinen eigenen Verbrennungsmotor patentieren, der später großen wirtschaftlichen Erfolg haben sollte. Auch dieser Motor lief mit Steinkohlengas im Dreitakt. 1863 wurde versucht, ihn in ein Fahrzeug einzubauen, aber seine 1,5 PS bei 100 U/min. reichten nicht aus, um es fortzubewegen. Bei der Pariser Weltausstellung 1867 präsentierte die Gasmotorenfabrik Deutz, gegründet von dem Ingenieur Nikolaus Otto und dem Industriellen Eugen Langen, erfolgreich einen von dem Barsanti-Matteucci-Prinzip beeinflußten Motor. Dieser war leichter, erzeugte weniger Schwingungen und nahm bald den Platz des Lenoir-Motors ein. 1872 begannen Gottlieb Daimler als Oberingenieur und Wilhelm Maybach als Konstruktionsleiter ihre Arbeit in der Firma Deutz. Ihre Leistungen während der nächsten zehn Jahre spiegelten sich in den 2000 Otto-Motoren, die 1875 in Europa verkauft wurden, wider. Im selben Jahr baute der Österreicher Siegfried Markus, ebenfalls unter Verwendung eines Otto-Motors, das erste, obgleich sehr primitive Automobil. Darüber existieren jedoch keine offiziellen Unterlagen. Die echte Wende in der Entwicklung des Verbrennungsmotors kam mit der Einführung des 4-Takt-Motors, den sich der Franzose Alphonse Beau de Rochas 1862 patentieren ließ und der sich 1876 mit der 8-PS-Maschine von Otto endgültig durchsetzte.

Auch in den Vereinigten Staaten ging die Entwicklung des Verbrennungsmotors weiter. Höchst bemerkenswert ist hier die Arbeit von

Benz-Velo – 1884 (D). Ursprünglich mit einem 1,5-PS-Motor (1050 ccm) ausgestattet, wurde dieses Fahrzeug später mit einem Motor bestückt, der 2,75 PS bei 500 U/min leistete und Geschwindigkeiten bis zu 20 km/h erreichen konnte. 1895 wurde ein dritter Gang hinzugefügt, weil das Fahrzeug ein zusätzliches Planetengetriebe bekommen hatte. 1898 wurde dann ein 1140-ccm-Motor eingebaut, der 3 PS bei 400 U/min entwickelte.

George Brayton, einem Ingenieur aus Boston, der 1876 einen Motor herausbrachte, den er selbst in einem Auto getestet hatte. Brayton und Otto trafen sich im selben Jahr bei der Ausstellung in Philadelphia und tauschten Erfahrungen aus. Ein anderer Amerikaner, George Baldwin Selden, erhielt 1877 das Patent für ein von einem Brayton-Motor angetriebenes Fahrzeug, das den Beginn des »Fortbewegungszeitalters« in Amerika signalisierte.

In Italien ließ sich Giuseppe Murnigotti die Verwendung eines Original-4-Takt-Motors (mit nur zwei Kolbenbewegungen) in einem dreirädrigen Fahrzeug patentieren. In Frankreich baute Edouard Delamarre-Deboutteville unter Mithilfe seines zuverlässigen und fähigen Mechanikers Léon Malandin ein vierrädriges Auto mit einem hoch verdichtenden Motor, der von leichtem Petroleum angetrieben wurde. Wesentliche Bestandteile wie obenliegende Ventile und eine Leistung von ungefähr 2,5 PS zeigten das bis jetzt erreichte Maß an Perfektion. Obwohl dies von vielen als das erste Automobil betrachtet wurde, versäumte es Delamarre-Deboutteville, seine Erfindung industriell zu verwerten, und so verschwand sein Name aus der Geschichte des Automobils. Daimler und Maybach verließen Deutz im Jahr 1882, um in Cannstatt bei Stuttgart ihre eigene Firma zu gründen. 1883 stellten sie ihren ersten Hochleistungsmotor mit einem Gewicht von nur etwa 80 Kilo vor, was im Vergleich zu den anderen, etwa 300 Kilo schweren Verbrennungsmotoren jener Zeit sehr wenig war. Die Maschine erreichte mit Hilfe des neuen Zündungs-Systems eine Drehzahl zwischen 450–900 U/min. Dieses System bestand aus einem Platinrohr, das durch einen externen Brenner erhitzt wurde. Die auf 0,5 PS begrenzte Leistungsfähigkeit bedeutete jedoch, daß man diesen Motor in Wirklichkeit nur für leichtere Fahrzeuge, wie Motorräder, verwenden konnte.

Inzwischen entwickelte ein anderer Deutscher, Karl Benz, Eigentümer der Firma Benz & Co. in Mannheim, seinen Motor mit elektrischer Zündung. Er brachte 1886 ein dreirädriges Fahrzeug heraus, das durch den perfekten Zusammenbau von Motor und Fahrzeug als erstes echtes Automobil betrachtet werden kann. Im selben Jahr baute Daimler seinen verbesserten Motor in eine Karosserie ein, die später keine größeren Änderungen mehr erfuhr. Mit diesen Autos von Benz und Daimler war die Phase der Erfindung des Automobils abgeschlossen.

Während Benz sein Dreirad (man sah noch keine besondere Notwendigkeit für ein vierrädriges Fahrzeug) mit dem Versuch, die bestmögliche Montage von Motor und Fahrzeug zu entwickeln, vervollkommnete, beschäftigte sich Daimler mit der Vermarktung seiner Motoren, die sogar außerhalb Deutschlands sehr beliebt waren. Um 1890 wurden etwa 1900 Herstellerlizenzen für Daimler-Motoren vergeben. Auch William Steinway in New York, der Gründer der weltberühmten Klavierfirma Steinway & Sons, stellte diese Motoren her. 1889 kam ein 2-Zylinder-V-Motor mit einem Hubraum von 565 ccm auf den Markt, der bei 920 U/min. eine Leistung von 1,75 PS entwickelte. Wassergekühlt wurde er mittels einer Kreiselpumpe und einem Rippenkühler. Auch dank seiner leichten, röhrenförmigen Karosserie war der »Stahlradwagen«, in den dieser Motor eingebaut wurde, in der Lage, Geschwindigkeiten von 17 km/h zu erreichen. Dieses Fahrzeug und das neueste Benz-Modell warben 1889 bei der Pariser Weltausstellung um die Aufmerksamkeit der Besucher. Hier konnte Daimler auch Gespräche auf Erteilung einer Konzession zur Herstellung seiner Motoren durch die Firma Panhard-Levassor abschließen, die er schon seit vier Jahren geführt hatte.

Diese französische Firma, die im Jahr 1864 zum Zweck der Herstellung von Holzverarbeitungsmaschinen gegründet worden war, wandte sich nun der Produktion von Verbrennungsmotoren zu. Ihr erster Kunde war Armand Peugeot, der nach einigen Prototypen im Jahr 1891 ein vierrädriges Fahrzeug mit einem 2-Zylinder-V-Motor und einer Leistung von 2 PS bei 1000 U/min entwickelte. Mit einer Drehzahlbegrenzung auf 550 U/min. erzielte man sogar eine Geschwindigkeit von 18 km/h. Gekühlt wurde der Motor mit Wasser, das in seinem röhrenförmigen Chassis zirkulierte. Im selben Jahr stellte die Firma Panhard-Levassor ihr eigenes Automobil vor – ein Modell mit Frontantrieb und einer Kraftübertragung, die Levassor selbst als »brutal« bezeichnete. Man konnte jedoch nicht behaupten, daß die Automobilproduktion bereits in vollem Gange war, da 1891 tatsächlich nur sieben Benz, sechs Panhard-Levassor und vier Peugeot hergestellt wurden.

Die Verbesserungen, die die wichtigsten Hersteller an ihren Autos durchführten, bildeten aber die Grundlage dafür, daß das Automobil bereits ziemlich früh weithin bekannt wurde. Es setzte sich von 1895 an vor allem in Frankreich schnell durch, wo das Straßennetz schon besser ausgebaut war als im übrigen Europa.

Im Jahr 1893 kam der vierrädrige Benz-»Viktoria« mit nur einem Zylinder und einem 2,9-Liter-Motor heraus. Dessen Leistung von 3 PS konnte später durch Verbesserungen am Kühlsystem auf 5 PS erhöht werden. Der leichtere »Velo« im folgenden Jahr war das erste, von deutschen Firmen in Serie produzierte Auto. Das Automobil von Panhard-Levassor vom Jahr 1894 kann wohl als erster gelungener Versuch gelten, die Abkehr von den typischen Merkmalen der Pferdekutschen zu verdeutlichen. Im darauffolgenden Jahr entschloß sich die

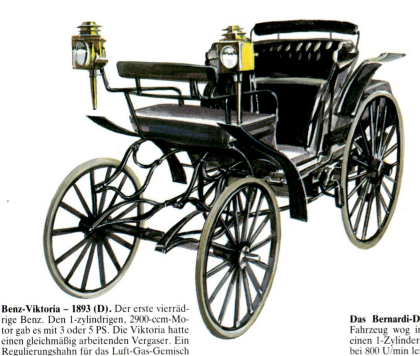

Benz-Viktoria – 1893 (D). Der erste vierrädrige Benz. Den 1-zylindrigen, 2900-ccm-Motor gab es mit 3 oder 5 PS. Die Viktoria hatte einen gleichmäßig arbeitenden Vergaser. Ein Regulierungshahn für das Luft-Gas-Gemisch zusammen mit einem Flügelventil und einem Frühzündungsregler stellten die optimale Funktion sicher.

Das Bernardi-Dreirad – 1896 (I). Dieses Fahrzeug wog insgesamt 300 kg und hatte einen 1-Zylinder-Motor (624 ccm), der 4 PS bei 800 U/min leistete. Das Getriebegehäuse bot drei Gänge, dazu Rückwärtsgang und Kettenantrieb. Das Gefährt konnte Geschwindigkeiten bis zu 35 km/h erreichen.

französische Firma, den Daimlermotor zugunsten des 2-Zylinder-Reihenmotors »Phönix« nicht weiter zu produzieren. Damit besetzte sie die Spitzenposition in der technologischen Entwicklung bis zum Beginn dieses Jahrhunderts.

Was die Aktivitäten in Italien betraf, muß erwähnt werden, daß das erste Fahrzeug mit einem Verbrennungsmotor im Jahr 1890 von dem Grafen Enrico Bernardi gebaut wurde. Er hatte bereits mit dem abnehmbaren Zylinderkopf, mit Kurbelstange und Kippventil und dem gleichmäßig arbeitenden Vergaser zu entscheidenden Verbesserungen des Verbrennungsmotors beigetragen. Bernardis Autos hatten keinen großen kommerziellen Erfolg, hauptsächlich wohl deswegen, weil die Wirtschaft Italiens zu dem Zeitpunkt noch nicht in der Lage war, diesen Industriezweig auszubauen. Diese Autos waren aber Leistungen von hohem technischen Wert.

Das erste italienische vierrädrige Fahrzeug wurde von dem Turiner Industriellen Michele Lanza in den Werkstätten der Brüder Martini hergestellt. Versuche, in großem Ausmaß zu produzieren, erwiesen sich jedoch als erfolglos.

Bereits 1895 waren in Frankreich 350 und in Deutschland 75 Automobile in Betrieb, und es schien so, als ob langsam eine Art Massenproduktion in Gang kommen würde. Benz hatte 135 Fahrzeuge gebaut und die Firmen Panhard-Levassor und Peugeot zusammen 72.

Der Elektromotor

Von der ersten Hälfte des 19. Jahrhunderts an kam man auch in den Genuß der Vorteile eines Elektroantriebs für Automobile durch aufladbare Batterien: keine Schwingungen, keine Abgase und fast 90 Prozent Wirkungsgrad im Gegensatz zu etwa 25 Prozent beim Verbrennungsmotor.

Anfängliche Bemühungen zielten darauf, eine andere Kraftquelle für die lärmenden, qualmenden Eisenbahn-Lokomotiven zu finden, doch schon bald konzentrierten sich die Versuche auf die Automobile. Das erste Exemplar für ein leichtes Elektrofahrzeug war das kleine Auto, das der Engländer J. K. Starley im Jahr 1888 baute. Zufriedenstellende Ergebnisse wurden jedoch erst 1893 von Jeantaud und Rafford erreicht. Sie bauten ein Auto, in dessen hinterem Teil sich zwei Batterien mit einer Kapazität von je 200 Amperestunden und einem Gesamtgewicht von 420 Kilo befanden. Die Leistung betrug 2,5 kW bei 1300 U/min.

Die Unfähigkeit, das Hauptproblem des Elektromotors – den begrenzten Aktionsradius – lösen zu können, war dann auch der wirkliche Grund für den Abbruch weiterer Versuche in der Zeit um 1910, als das geringe Gewicht und die verbesserte Ausführung des Verbrennungsmotors zusätzlich die Suche nach anderen Antriebsmöglichkeiten weniger vordringlich erscheinen ließ.

Was die Geschwindigkeit betraf, so erreichten Elektrofahrzeuge jedoch bemerkenswerte Ergebnisse. 1897 bewältigte das englische Elektro-Tandem »Gladiator Pinganet« den Kilometer mit fliegendem Start in 1 Minute und 46 Sekunden und die 5-Meilen-Strecke in 8 Minuten und 56 Sekunden. Fünf Elektroautos wurden 1894 für das Rennen Paris–Rouen gemeldet. Es war zweifellos der größte Augenblick für diesen Fahrzeugtyp, als Camille Jenatzys »Jamais Contente« im Jahr 1899 in einem wilden Duell mit einem anderen Elektroauto, nämlich Chasseloup-Laubats »Jeantaud Torpilleur«, 100 km/h und im Rennen von Achères sogar eine Spitzengeschwindigkeit von 105,904 km/h erreichte. Jenatzys Auto war auch das erste mit einem wohldurchdachten aerodynamischen Design, das sich – auch wenn es noch in den Anfängen steckte – gut für hohe Geschwindigkeiten eignete. Dabei hatte der Konstrukteur wohl nur den Körper des Fahrer vergessen, der von der Taille an aufwärts aus dem Auto herausragte. Dennoch stellte dieser Rekord eine der letzten glorreichen Taten des Elektroautos dar, denn die Nachteile bezüglich der Kosten und der geringen Reichweite wogen schließlich doch schwerer als die theoretischen Vorteile. Es waren praktisch die gleichen Einwände, die auch heute noch gegen den Bau eines Batterieautos vorgebracht werden; eines Modells, das doch eigentlich eine wirklich positive Alternative zum Benzinauto sein könnte.

Großen Erfolg im In- und Ausland in den Jahren 1895 bis 1909 hatte die französische Firma Kriéger, eine der bedeutendsten Herstellerinnen von Elektroautos, die durch Tochtergesellschaften wie British Electromobile, Namag in Deutschland und S.T.A.E. in Italien vertreten war.

Der Aktionsradius des ersten Kriéger-Modells von 1897 – mit einer Spitzengeschwindigkeit von bis zu 24 km/h und einem Gewicht von 1100 Kilo (davon wogen die Batterien allein schon 350 Kilo) – betrug etwa 60 Kilometer. Schon zwei Jahre später gab es ein noch stärkeres Fahrzeug mit zwei 6-PS-Motoren, das eine Strecke von 90 km zurücklegen konnte, ohne die Batterien nachladen zu müssen. Mehr Erfolg hatten die Elektroautos in den Vereinigten Staaten, wo Fred M. Kimball 1888 das erste Exemplar dieses Typs herstellte. Die Firma Electric Carriage and Wagon Co. in Philadelphia begann als erste mit einer Serienproduktion und belieferte die Stadt New York im Jahr 1897 mit mehreren Elektro-Taxis. Die ersten elektrisch angetriebenen »Studebakers« tauchten 1902 auf, und bis zum Jahr 1912 gab es dann 20 000 Personenwagen mit batteriegespeisten Motoren. Das Interesse an dieser Fortbewegungsmöglichkeit mittels Gleichstrom ließ jedoch zugunsten des Verbrennungsmotors immer mehr nach. Nur dieser garantierte als einziger die klaglose Durchführung langer Reisen.

Fertigung in Handarbeit

Obwohl bis 1895 die Fertigung noch weit vom industriellen Standard entfernt war, hat die Produktionsmenge der bedeutenden Hersteller – Daimler und Benz in Deutschland, Panhard-Levassor, De Dion-Bouton und Serpollet in Frankreich – dem Automobil den Weg in eine sichere Zukunft geebnet. Ursprünglich wurde jedes Fahrzeug nach den Sonderwünschen der Kunden auf Bestellung gefertigt. Besonders bei den renommiertesten Modellen wurden die letzten Handgriffe am Karosseriebau und an der Ausstattung von Spezialfirmen ausgeführt, die sich noch immer an den prachtvollen, grazilen Formen der Pferdekutschen orientierten. Trotzdem waren die Automobile weit weniger bequem als jene Pferdekutschen, die Eleganz, Schönheit und Dienstleistung in wahrer Vollkommenheit darboten.

Das neue Transportmittel bot keinerlei Schutz vor den Unbilden des Wetters (die Winschutzscheibe wurde erst 1910 von Hullier eingeführt), weshalb sich die Fahrgäste laufend über den Mangel an Komfort beklagten, der ihnen in den alten Kutschen bis zum Ende des Jahrhunderts geboten worden war. Eingewickelt in dicke Pelze, unter Mützen und hinter Schutzbrillen verborgen, bot der Autofahrer einen merkwürdigen Anblick, dem sich die damaligen Karikaturisten mit Vorliebe in satirischer Weise widmeten.

Für die Karosserie verwendete man gut abgelagertes Holz, das oft kunstvoll und mit besonderer Vorliebe fürs Detail verarbeitet wurde. Die Integration der Maschinenteile in die Karosserie war aber immer noch mangelhaft – der Tank befand sich gewöhnlich unter dem Vorder- oder dem Rücksitz, so daß es gar nicht so einfach war, ihn aufzufüllen, ohne eine ganze Menge Benzin auf dem Fahrzeugboden zu verschütten. Die blanken Drähte des elektrischen Systems waren der Verschmutzung und den Vibrationen ausgesetzt. Die anfangs vertikale Lenksäule und die vor allem in jenen frühen Fahrzeugen einander zugewandten Sitze zwangen den Fahrer, sich sorgfältig in eine Stellung zu bringen, die ihm wenigstens eine geringe Sicht ermöglichte. Die erste abgewinkelte Lenksäule wurde in dem Panhard-

Baker – 1902 (USA). Baker begann im Jahr 1897 elektrisch angetriebene Autos zu produzieren, hörte aber nach der Fusion mit Rauch & Lang im Jahr 1914 wieder damit auf. 1902 verwendeten Bakers Konstrukteure schon sehr fortschrittliche Techniken, wie die charakteristische Antriebswelle beim hier abgebildeten »Voiturette«, die ungefähr 2,4 m lang war. Aber dieses Modell war in seinem Aktionsradius sehr beschränkt, die Batterien mußten alle 6 bis 8 Stunden erneuert werden. Eine Version für den Rennsport mit einer geschoßartigen Form, das sogenannte »Torpedo Kid«, wurde aus diesem Modell entwickelt und gewann mehrere nationale Rennen.

Peugeot-Daimler – 1894 (F). Dieser erste Peugeot war mit einem 565-ccm-Zwillingszylinder-Daimler-Motor ausgestattet, wurde 1891 herausgebracht und bis 1894 produziert. In dieser Zeit baute man 64 Wagen in verschiedenen Ausführungen. Im selben Jahr wurde das 4-PS-Modell (1645 ccm) vorgestellt. Es hatte ein Vierganggetriebe mit Rückwärtsgang und war in der Lage, Geschwindigkeiten bis zu 30 km/h zu erzielen. Das hier gezeigte Modell war eine zwischenzeitliche Version mit einem 2,5-PS-Motor mit 1206 ccm.

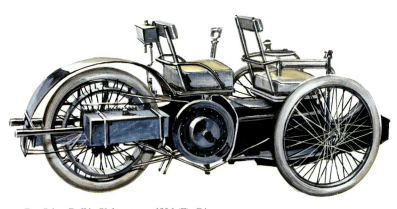

Das Léon-Bollée-Voiturette – 1896 (F). Dieses Dreirad war in Frankreich sehr beliebt und hatte einen horizontalen, einzylindrigen, luftgekühlten Motor (640 ccm). Es verfügte auch über einen Riemenantrieb mit einem Übersetzungsverhältnis von 1:3. Die Höchstgeschwindigkeit betrug 65 km/h. Das Dreirad schaffte den Kilometer mit stehendem Start in genau einer Minute.

Décauville 3,5 PS – 1898 (F). Diese »Kutsche« besaß einen im hinteren Teil eingebauten 2zylindrigen, luftgekühlten Motor mit 494 ccm. Sie hatte ein röhrenförmiges Fahrgestell und eine unabhängige Frontaufhängung.

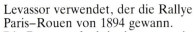

Levassor verwendet, der die Rallye Paris–Rouen von 1894 gewann.

Die Bremsen funktionierten nur in Fahrtrichtung vorwärts. Es war also ratsam, immer einen Stein dabeizuhaben, der bei jedem Halt an einer Steigung sofort hinter ein Rad gelegt werden konnte. Einige Autos, wie der Panhard-Levassor, besaßen jedoch einen Spezialhaken – später bekannt unter den Bezeichnungen »Hemmschuh« oder »Krücke« (Béquille) –, den man bei Bedarf im Boden verankerte.

Das Elektroauto von Jeantaud (1899) war eines der ersten Fahrzeuge, in das man mit weniger Mühe als früher einsteigen konnte. Trotzdem blieb das Autofahren eine »sportliche« Betätigung, die Übung »Einsteigen« inbegriffen. Die Fahrgäste mußten wegen der seitlichen Antriebskette sehr oft von hinten auf die Rücksitze klettern. Die Fahrt in jenen frühen Automobilen wurde häufig zu einem Abenteuer, und der »Sportsgeist« war wohl besonders dann zufriedengestellt, wenn man sich nach einer der zahllosen Pannen ohne fremde Hilfe wieder in Bewegung setzen konnte.

Auch das Starten des Wagens war keineswegs eine einfache Aufgabe. Zuerst mußten Pleuelstange und Kurbelwelle an den dafür vorgesehenen Stellen geschmiert, der Ölstand in den Zylindern überprüft und das Getriebe geölt werden. Zumindest bis zu der Zeit, da der Schwimmervergaser, den Bernardi erfand und den Maybach 1895 perfektionierte, größere Verbreitung fand, mußte der Fahrer als nächstes den Vergaser mit der richtigen Benzinmenge füllen. Danach war es möglich, die Brenner zu zünden, mit denen die Platinröhren bis zur Weißglut aufgeheizt wurden, was durchaus einige Zeit in Anspruch nahm. Der Fahrer eines Autos mit elektrischer Zündung (anfangs nur in Modellen von De Dion und Delahaye) mußte statt dessen die besonders kurzschlußgefährdeten Drähte und den Batteriezustand prüfen. Schließlich konnte der Fahrer bei gedrückter Kupplung die auf das Schwungrad wirkende Andrehkurbel betätigen. Hierbei sollten zur Vermeidung übermäßig hoher Kompression die Auslaßventile geschlossen sein. Sobald sich der Motor dann zu drehen begann, schloß der Fahrer die Auslaßventile, reinigte seine Hände und nahm hinter dem Lenkrad Platz.

Auch der Kauf eines Automobils hatte so seine Tücken, weil die wachsende Nachfrage gegen Ende des 19. Jahrhunderts lange Wartelisten entstehen ließ. So gab es zwei Monate Lieferzeit für einen Darracq, sechs für einen Peugeot, acht für einen Mors und bis zu 20 Monaten für einen Panhard.

Neue Firmen entstehen

Um die Jahrhundertwende erschienen viele neue Namen auf der Automobilszene, von denen sich einige erst nach Ende des Ersten Weltkriegs im industriellen Bereich durchsetzen konnten. Die Franzosen trugen am meisten zum Anstieg dieses Autofiebers bei. Ihre traditionelle Aufgeschlossenheit gegenüber neuen Experimenten, das hinreichend moderne Straßennetz sowie eine große Zahl von reichen und begeisterten potentiellen Kunden boten neue und aufregende Möglichkeiten. Bis zum Ende des Jahres 1900 gab es 25 Fachzeitschriften und den Automobil-Club de France, der

Fiat 3,5 PS – 1899 (I). Der erste Fiat der Automobilgeschichte wurde von Aristide Faccioli entworfen und besaß einen 2-Zylinder-Motor (679 ccm) mit einer Leistung von 4 PS bei 400 U/min. Das feste Zahnrad-Getriebe hatte drei Gänge und keinen Rückwärtsgang. Die Höchstgeschwindigkeit betrug ungefähr 35 km/h, und der Brennstoffverbrauch lag bei 8,5 l pro 100 km. Das Auto war 2,30 m lang, 1,38 m breit und wog 280 kg.

Renault – 1902 (F). Das war ein viersitziger Tonneau mit einem 8-PS-Motor, einem der letzten De Dions, die für einen Renault benutzt wurden. Noch in diesem Jahr wurde Ingenieur Viet bei der Firma Billancourt angestellt und konstruierte den ersten Original-Renault-Motor.

Renault Typ A – 1899 (F). Die ersten im Jahr 1899 von Louis Renault gebauten »Voiturettes« hatten einen 1,75-PS-De-Dion-Motor (273 ccm) mit Luftkühlung. Das Dreigang-Getriebe war das erste mit einer direkten Verbindung, während der Endantrieb eine Universalkupplung hatte. Renault testete das Auto zusammen mit einigen Freunden am Heiligen Abend und durfte sich danach über Aufträge für rund ein Dutzend Autos freuen.

Renault Typ B – 1900 (F). Die Karosserie vom Typ B wurde von Labourdette geliefert. Es war der erste »geschlossene« Renault. Auf der Basis des Typ-A-Fahrgestells hatte dieser Wagen einen 1-Zylinder-Motor, aber mit einem Hubraum von 450 ccm, die 2,75 PS entwickelten und eine Spitzengeschwindigkeit von 45 km/h brachten.

◂ **Lanchester 8 PS – 1897 (GB).** Die Firma Lanchester wurde 1893 gegründet und produzierte eine Reihe Autos mit gänzlich neuen technischen Merkmalen. Dieser 8-PS-Wagen hatte einen horizontal gegenüberliegenden 2-Zylinder-Motor (2895 ccm), der 10 PS bei 1200 U/min erreichte und der mit zwei gegendrehenden Kurbelwellen versehen war, welche die Vibrationen auf ein Minimum reduzierten. Er hatte auch ein Umlaufgetriebe mit zwei Gängen und einem Rückwärtsgang.

Clyde 12/14 PS – 1906 (GB). Clyde produzierte zwischen 1901 und 1932, baute aber nur 260 Automobile. Dieser abgebildete Wagen hatte einen White & Poppe-Motor, 1416 ccm, 3 Zylinder, diagonal wassergekühlt, und eine Doppelzündung. Das Dreigang-Getriebe war hinten eingebaut. ▸

Humber 8 PS – 1909 (GB). Die ersten Humbers, entworfen von Louis Coatalen, waren durch ihre hohe Leistung gekennzeichnet, was vor allem die leichte Bauweise bewirkte. Der 8-PS-Wagen hatte einen 2-Zylinder-Motor (1525 ccm) mit Doppelzündung und konnte Geschwindigkeiten von über 60 km/h erreichen. Er wurde von 1908 bis 1910 hergestellt.

Riley 10 PS – 1909 (GB). Gegründet 1899, brachte die Firma Riley ab 1903 spezielle Fahrzeuge auf den Markt; zuerst Dreiräder, dann ab 1905 auch vierrädrige Wagen. Dieser 10-PS-Wagen von 1909 hatte einen 2-Zylinder-Motor mit ungefähr 2000 ccm und verfügte über eine Volldruck-Schmierung.

De Dion-Bouton-Populaire – 1903 (F). Die Gründung der Firma De Dion-Bouton und Trépardoux erfolgte im Jahr 1883, als Graf Albert de Dion mit Georges Bouton und seinem Schwager eine Partnerschaft einging, um einen Dampfkessel zu konstruieren, der dann auch bei der französischen Marine zum Einsatz kam. Während dieser Zeit brachten auch die ersten Versuche mit Dampf-Fahrzeugen gute Ergebnisse. So war das 50 kg schwere und 1 PS starke Dreirad als einziger Bewerber natürlich auch Gewinner des ersten überlieferten Geschwindigkeits-Wettbewerbs im Jahr 1887, den die Zeitung »Le Velocipede« veranstaltete. Das Gefährt erreichte eine Geschwindigkeit von 60 km/h. Zu dieser Zeit beschäftigte sich De Dion auch mit Verbrennungsmotoren, und obwohl er mit einem seiner Dampfwagen das Rennen Paris–Rouen gewann, verwendete er ab 1893 nur noch Benzinmotoren. 1893, in dem Jahr, in dem die revolutionäre Hinterachse patentiert wurde, hatte Trépardoux die Firma verlassen, und sie firmierte nun offiziell als De Dion-Bouton & Co. Das erste Benzinfahrzeug, herausgebracht im Jahr 1895, war ein Dreirad. Es hatte verhältnismäßig wenig Erfolg auf dem Markt, obwohl es mehrere Rennen gewann. De Dions erster Durchbruch auf dem Markt war das röhrenförmige Fahrgestell von 1899. Die Produktion im größeren Umfang wurde mit dem Populaire aufgenommen, der in verschiedenen Versionen mit 1, 2 und 4 Zylindern bis 1907 hergestellt wurde. De Dions Mut zu Neuheiten wurde später etwas gedämpft, als sich die Produktion auf 8-Zylinder-Luxus-Fahrzeuge konzentrierte.
Die Firma konnte nun kein wirtschaftliches, sehr populäres Auto mehr anbieten, was vielleicht die Lösung ihrer finanziellen Probleme hätte sein können. Nach Fertigstellung einiger weniger militärischer Aufträge während des Krieges stellte die Firma ihre Produktion schließlich 1933 ein.

als einer der ersten auf Anregung des Grafen de Dion gegründet wurde. Sowohl der Automobilklub als auch die Fachzeitschriften begünstigten, ja stimulierten die Entwicklung des privaten Kraftfahrwesens und des Motorsports. Ebenso wie De Dion, Peugeot und Renault (die, 1899 gegründet, sehr entschieden für das kleinmotorige Auto eintraten) erschien nun eine große Zahl weiterer Fabrikate auf der Bildfläche. Delahaye war einer der ersten, der die Produktion rationalisierte und so in den Jahren 1895 bis 1899 knapp 600 Fahrzeuge herstellte. Anfangs waren die Autos dieser Firma eigentlich nur Kopien der Daimler-Benz-Modelle jener Zeit, aber unter der fast 50 Jahre dauernden technischen Leitung von Charles Weiffenbach konnte sich von 1902 an doch langsam eine individuellere Linie durchsetzen.
Darracq hingegen arbeitete mehr international und hatte bis 1900 bereits 1200 Autos produziert. Nach einigen Versuchen mit elektrisch betriebenen Autos sowie dreirädrigen Fahrzeugen mit Rotationsmotoren erhielt Alexandre Darracq, der sich bis dahin mit dem Bau von Fahrrädern beschäftigt hatte, die Lizenz für die Herstellung eines kleinen Autos nach Art von Léon Bollée, das sich bald als sehr beliebt erwies, später aber von Renaults kleinen, aber zuverlässigen Fahrzeugen ausgestochen wurde. Die Firma beteiligte sich auch oft aktiv an Wettbewerben, aber man erinnert sich an sie hauptsächlich aufgrund der Rolle, die sie international spielte. 1902 erweiterte Opel sein Unternehmen durch den Lizenzbau dieser Darracq-Modelle und gründete in Italien eine Firma, in der 2-Zylinder-Motoren (mit 8 und 10 PS) und 4-Zylinder-Motoren (mit 14 und 16 PS) montiert wurden. Auf dem Markt weckten diese Autos nur geringes Interesse. Sie wurden später von A. L. F. A. übernommen. Anfangs war Darracq in Großbritannien über die Firma G. & J. Weyr Co. tätig. Später übernahm der Engländer Owen Clegg die Leitung der französischen Gesellschaft, und nachdem er gegen Ende des Krieges auch die Firmen Clément-Talbot und Sunbeam aufgekauft hatte, formierte sich die S. T. D.-Gruppe (Sunbeam–Talbot–Darracq).
Die ersten Mors kamen 1896 heraus und konnten bei Autorennen unterschiedliche Erfolge verbuchen. Sie hatten, gegenüber anderen, bei einer Leistung von 6 PS eine 4-Zylinder-Maschine mit herkömmlicher Zündung und kombiniertem Kühlsystem, durch das die Zylinder luft- und nur die Zylinderköpfe wassergekühlt wurden. Die Produktpalette von Mors erstreckte sich von kleinen 2-Zylinder- bis hin zu aufwendigen 6-Zylinder-Motoren mit einem Hubraum von 8500 ccm. Die Firma konnte so lange arbeiten, bis

sie wie andere kleine und mittelständische Unternehmen in der Krise nach dem Krieg Bankrott anmelden mußte und von 1919 ab nach und nach von Citroën übernommen wurde.

Die Firma Décauville bestand von 1897 bis 1911, und ihre erste »Voiturette« war ein Modell mit zwei 1,5-PS-Motoren. Diese wurden im Lizenzbau von Dixi in Deutschland und Marchand in Italien gefertigt, und es war auch ein Décauville-Modell, das Royce zu seinem ersten Auto inspirierte.

Eine bekannte Persönlichkeit der französischen Automobilszene war Alphonse Clément, der sich ursprünglich mit der Herstellung von Fahrrädern beschäftigt hatte. Nachdem er zuerst eine Filiale für die neuen Dunlop-Reifen übernommen hatte, begann er 1895 mit der Produktion von dreirädrigen Fahrzeugen mit De-Dion-Motoren. Nach der Gründung der deutsch-französischen Firmengruppe Clément–Gladiator–Humber (aus der sich später Clément–Talbot und schließlich Talbot entwickelte) fertigte er unabhängig unter dem Namen Clément-Bayard einige Autos. Sie hatten wirtschaftlich gesehen auch in Rennen beträchtliche Erfolge und wurden 1919 von Citroën übernommen.

In dieser Zeit formierten sich drei Firmen, die in ihren jeweiligen Spezialgebieten hervorragende Leistungen zustande brachten und an die man sich auch später noch erinnern sollte: Die Firmen Hispano-Suiza, die 1904 in Spanien gegründet und nach dem Ersten Weltkrieg französisch wurde, sowie Bugatti und Delage. Letzterer stand trotz der hohen Qualität seiner Produkte etwas im Schatten der beiden Erstgenannten, die hohes Ansehen genossen und viele Rennerfolge verbuchen konnten.

Die Entwicklung der Automobilindustrie in England befand sich wegen der feindlichen Einstellung der Behörden und großer Teile der Öffentlichkeit gegenüber diesem neuen Beförderungsmittel noch im Anfangsstadium. Einflußreiche Gruppen von Eisenbahnarbeitern und Angestellten bei Transportgesellschaften, die immer noch Pferdekutschen bevorzugten, zwangen das Parlament, im Jahr 1861 ein Gesetz – den »Red Flag Act« – zu erlassen, und brachten mit der Behauptung, das Auto sei gefährlich, dessen Weiterentwicklung praktisch zum Stillstand. Von da an mußten motorbetriebene Fahrzeuge Geschwindigkeitsbeschränkungen von 6 km/h auf Landstraßen und 3 km/h innerhalb geschlossener Ortschaften beachten. Zusätzlich mußte in Stadtgebieten ein Mann mit einer roten Fahne vorausgehen, um so ihr Kommen anzukündigen. Dieses Gesetz wurde 1896 wieder außer Kraft gesetzt. Die Entstehung neuer Automobilfirmen wurde jedoch weiterhin durch erbitterte Diskussionen mit den Gewerkschaften der Metallindustrie und der monopolistischen Einstellung von Henry J. Lawson verhindert. Er hatte das British Motor Syndicate gegründet und übernahm 1898 die Firma Daimler, die 1892 gegründet worden war, um das Know-how des deutschen Konstrukteurs Daimler auch in Großbritannien auszunützen. Lawson blockierte die Erteilung von grundlegenden Patenten und Lizenzen, und er stand nicht an, das Erscheinen neuer Firmen auf dem Markt zu verhindern. Sein Vorhaben, die gesamte Industrie zu kontrollieren, wurde jedoch durch einen Gerichtsbeschluß im Jahr 1901 verhindert. Viele Maschinenfabriken, vor allem jene, die sich vorher auf die Herstellung von Fahrrädern spezialisiert hatten, begannen nun mit der Fertigung von Autos, und so erschienen viele neue Namen in diesem immer größer werdenden Industriezweig. Viele Firmen entstanden verstärkt in den West Midlands, und zwar in der Gegend um Coventry, das später einmal die Metropole der britischen Automobilindustrie werden sollte.

Wolseley wurde 1895 gegründet und präsentierte vier Jahre darauf sein erstes vierrädriges Fahrzeug. Von 1899 an folgten Riley mit Autos vom Typ De Dion und Napier, dessen erstes Autos zu Beginn des 20. Jahrhunderts modifizierte Panhard-Levassor-Modelle waren. Während des ersten Jahres im neuen Jahrhundert entstanden die Firmen Sunbeam, mit ihrem »Mobley«, der eine herkömmliche, parallele Radanordnung hatte, und Humber, die sich aus der Lawson-Firmengruppe gelöst hatte. Folgende weitere Automarken stellten sich in den nächsten Jahren vor: Rover (1907), Singer (1905), Austin und Royce (1906) und Hillman (1907).

Die meisten von ihnen erlangten später Weltruhm. Bis zum Jahr 1913 gab es in der britischen Automobilindustrie rund elf Firmen, die in der Lage waren, im Jahr mehr als 1000 Autos zu produzieren.

Deutschland hatte schon vor der Jahrhundertwende entscheidende Pionierarbeit für den Automobilbau geleistet: Nikolaus August Otto stellt 1876 nach schon 1862 begon-

Peugeot-Double-Phaeton – 1903 (F). Dieses Automobil war so angelegt, daß es sich für einen 4-Zylinder-Doppelblock-Motor (3635 ccm), das Getriebe-Differential vor der Hinterachse eingebaut, eignete. Das gepreßte Stahl-Fahrgestell hatte Seiten- und Kreuzteile, und die Lenkung war dank eines genieteten Schneckengewindes höchst genau.

nenen Vorversuchen den ersten, echten Viertaktmotor mit geschlossenem Kreislauf vor und damit das noch heute gültige Prinzip des nach ihm benannten und durch DRP 523 geschützten Otto-Motors. Ein Jahr später begann Carl Benz die erfolgreiche Entwicklung eines Zweitaktmotors und baute 1885 seinen ersten Dreiradwagen (DRP 37435), dessen liegender Einzylinder-Viertaktmotor bei einem Hubraum von 935 ccm bei 300 U/min stolze 0,88 PS leistete. Er arbeitete mit Oberflächen-Vergaser und schon mit elektrischer Batteriezündung. Wieder ein Jahr später – die Idee lag in der Luft und drängte zum Durchbruch – baute Gottlieb Daimler mit seinem Chefkonstrukteur Wilhelm Maybach den ersten Motorwagen. Der stehende, wassergekühlte 1-Zylinder, der sich schon durch einen vorbildlich öl- und staubdicht gekapselten Kurbeltrieb auszeichnete und mit Glührohrzündung arbeitete, leistete mit 460 ccm 1,1 PS bei 650 U/min. 1889 baute Daimler den ersten schnelllaufenden V-Motor der Welt und erteilte Panhard noch im gleichen Jahr die Lizenz zum Nachbau in Frankreich. 1890 lief in Stuttgart der erste 4-Zylinder-Fahrzeugmotor der Welt. Benz entdeckte die schon lange bekannte Achsschenkellenkung für das Automobil und baute 1897 mit dem Contra-Motor den ersten Boxer-Motor mit seiner guten Massenauswuchtung. Mit dem »Parsifal« führte er den Kardanantrieb in den Automobilbau ein und zeigte mit dem Benz-Velo den ersten Kleinwagen mit 1,5-PS-Heckmotor, Zweigang-Riemengetriebe und dem beneidenswert niedrigen Gewicht von 280 kg!

1892 schlug Rudolf Diesel mit seinem Selbstzünder-Motor nach dem DRP 67207 ein neues Blatt im Buch der Automobilgeschichte auf. MAN baute ihn.

Die großen Elektrowerke AEG mit der NAG und Siemens mit Protos, der 1905 den ersten 6-Zylinder-Motor vorstellte, stiegen in den Automobilbau ein. Schon vor der Jahrhundertwende übernahm Opel den fortschrittlichen Betrieb des Dessauer Ingenieurs Friedrich Lutzmann, baute Horch seinen ersten Wagen mit 5-PS-2-Zylinder-Motor und Dürkopp sein erstes Automobil – nach Panhard-Lizenz! Bosch entwickelte den bahnbrechenden Magnet-Hochspannungszünder und löste damit eines der schwierigsten Motorenprobleme, während Adler die primitive Tauchschmierung der De-Dion-Motoren durch die zuverlässige Pumpenschmierung ersetzte. In Untertürkheim schlug 1900 die Geburtsstunde des modernen Automobilbaues: Wilhelm Maybach bau-

Opel – 1898 (D). Friedrich Lutzmann, der ein Auto gebaut hatte, das vom Benz-Viktoria inspiriert war, erhielt im Jahr 1897 Patente, die die Grundlage für den ersten Opel von 1898 waren. Seine Hauptmerkmale: der hinten eingebaute 1-Zylinder-Motor und das Getriebe unter dem Fahrersitz. Dieser erste Opel wurde bis 1900 in nur geringer Stückzahl produziert.

Benz 20/35 – 1910 (D). Dieses Automobil gehörte zur Phaeton-Reihe mit einem 4-Zylinder-Motor (35–60 PS), gebaut von Benz zwischen 1908 und 1912. Es hatte 4851 ccm, und es gab diesen Wagen auch als »Kabrio«.

Adler 7/15 PS – 1912 (D). Die British Morgan Coachworks importierten ab 1912 Adler-Fahrgestelle, und dieser Wagen war eines der Produkte dieser englisch-deutschen Zusammenarbeit. Er wurde angetrieben von einem 4-Zylinder-Motor mit L-Kopf, Doppelblock und Doppelzündung, und er hatte ein Dreigang-Getriebe.

te bei Daimler den ersten Mercedes mit einem 4-Zylinder-Motor, der mit einem Hubvolumen von 5,31 35 PS bei 1000 U/min entwickelte und in der berühmten Motorwoche in Nizza 1901 alle internationalen Wettbewerbe überlegen für sich entschied. Die ungemein fortschrittliche Konstruktion hatte einen formsteifen Rahmen aus gepreßtem Stahlblech, mechanisch angetriebene Ventile, zwei Spritzdüsen-Vergaser für die paarweise gegossenen Zylinder, ein Viergang-Getriebe mit Kulissenschaltung, Backenbremsen und einen Wabenkühler. Das Leistungsgewicht blieb mit 6,8 kg/PS für lange Jahre unübertroffen.

Die beeindruckende Pionierarbeit jener Zeit wurde den deutschen Konstrukteuren nicht gedankt, und so gingen viele von ihnen nach England und Frankreich, nach Belgien, Österreich und in die Niederlande, wo sie mit offenen Armen empfangen wurden. Der epochale Wandel, den das Automobil im gesamten Ablauf des öffentlichen Lebens auslösen mußte, wurde in Deutschland erst viele Jahre später erkannt, und so ist es nicht erstaunlich, daß den 57 Automobilherstellern Frankreichs um die Jahrhundertwende nur 12 deutsche Werke gegenüberstanden und Benz in dieser Zeit in Frankreich mehr Automobile verkaufte als im eigenen Land.

Die Automobilindustrie hatte zwar in ganz Europa noch einige Schwierigkeiten, aber in Italien kam sie nicht einmal über den Status einer »Heimindustrie« hinaus. Angesichts der wirtschaftlichen Lage in jener Zeit waren ihre Versuche, in dieses Geschäft einzusteigen, beträchtlich, aber nur kurzer Dauer. Bis zum Jahr 1896 stellte die Firma Miari Giusti & Co. aus Padua Professor Bernardis Dreirad in begrenzter Stückzahl her, während Prinetti & Stucchi zwischen 1898 und 1906 ein Fahrzeug mit einem 2-Zylinder-4,5-PS-Motor bauten, das ursprünglich auf einem Entwurf von Ettore Bugatti beruhte. Bugatti kündigte 1901 und gründete mit Graf Gulinelli eine neue Firma, in der sie nur einen Fahrzeugtyp produzierten, ein Auto mit einem 3-Liter-4-Zylinder-Motor, der eine Spitzengeschwindigkeit von 65 km/h erreichen konnte.

Auch Michele Lanza versuchte für seine Autos einen Markt zu finden. Seine 1898 gegründete Firma mußte jedoch bereits fünf Jahre später die Arbeit wieder einstellen. Lanza wollte, daß seine Fahrzeuge – mit jeglicher zu jener Zeit möglichen Raffinesse ausgestattet – Einzelstücke blieben und vernichtete deshalb sofort nach der Fertigung die Entwürfe für jede Karosserie. Max

Rolls-Royce »Silver Ghost« – 1909 (GB). Dieses Auto wurde zwischen 1907 und 1925 produziert und war in den ersten beiden Jahren mit einem 7036-ccm-Motor (festsitzend, 6-Zylinder-L-Kopf) ausgerüstet. Später hatte es einen außerordentlich ruhig laufenden Motor, durch eine patentierte elastische Halterung auf das Fahrgestell montiert. Das 4-Gang-Getriebe besaß drei direkte Gänge, und der vierte Gang war als Schnellgang ausgelegt.

Turkheimer, der vorher im Fahrradgeschäft tätig war, gründete 1905 die Firma OTAV in Mailand. Mit seinen 1-Zylinder-Motoren (5,5 PS) und den 18/24-PS-Autos erzielte er gewisse Anfangserfolge, die ihn ermutigten, zusammen mit Giovanni Ceiranos Sohn eine Firma zu gründen und auch in England Autos zu verkaufen. Die Wirtschaftskrise im Jahr 1907 beendete jedoch unwiderruflich alle weiteren Aktivitäten dieser Firma. Bis 1906 gab es etwa 51 Automobilfirmen, und langsam wuchs auch das allgemeine Interesse. Wertvolle Beiträge lieferten die drei Brüder Giovanni Battista, Matteo und Giovanni Ceirano, wodurch Turin Schritt für Schritt zum Zentrum der neuen Autoindustrie wurde. Ab 1886 bauten die beiden ersteren Fahrräder der Marke Welleyes. So nannten sie 1889 auch ihr erstes, 3,5 PS starkes Fahrzeug, das von Aristide Faccioli entworfen wurde. Dieses Modell war ganz nach dem Geschmack der neugegründeten Firma F.I.A.T., die daraufhin das gesamte Werk, einschließlich so bekannter Persönlichkeiten wie den Buchhalter Vincenzo Lancia und den Mechaniker Felice Nazzaro, für 30 000 Lire übernahm. Doch schon bald stellten sich die Ceirano-Brüder wieder auf eigene Füße und produzierten spezielle Modelle mit De-Dion- und Aster-Motoren. 1903 trennten sich ihre Wege. Giovanni Battista gründete S.T.A.R. (Società Torinese Automobili Rapid), die bis zu ihrer Auflösung im Jahr 1912 etwa 600 Fahrzeuge herstellte. Matteo wurde 1904 Teilhaber der Firma S.A. Itala, die bis nach dem Ersten Weltkrieg, auch dank ihrer Erfolge in sportlichen Wettbewerben (Sieg im Rennen Peking–Paris im Jahr 1907), sehr erfolgreich war. 1905 verließ Matteo Itala und gründete mit Michele Ansaldi eine Firma, die bis 1918 in Betrieb war und 1922 von den Perrone-Brüdern, denen Ansaldo gehörte, übernommen wurde. Giovanni, der dritte Bruder, gründete 1904 die Firma Junior, die schon zwei Jahre später 130 Fahrzeuge produziert hatte. 1906 verließ er die Firma, die sich später mit OTAV zusammenschloß und so die Gesellschaft S.C.A.T. (Società Ceirano Automobili Torino) gründete. Nach beträchtlichen Verkaufserfolgen wurde diese Firma 1917 von Hispano-Suiza übernommen.
Zweifellos war F.I.A.T. in dieser Anfangszeit die bedeutendste Firma in Italien. Das im Gründungsjahr 1899 vorhandene Kapital von 800 000 Lire bildete eine solide Grundlage und half F.I.A.T. über die Krise von 1907 hinweg, in der viele andere Hersteller Schiffbruch erlitten. In den ersten zehn Jahren unseres Jahrhunderts wurden noch weitere Firmen gegründet, die in der Geschichte des Automobils sehr berühmt werden sollten. Beispiele dafür sind Isotta Fraschini (1904), Lancia (1906) und A.L.F.A. (1909). Edoardo Bianchi, der zwischen den beiden Kriegen F.I.A.T.s stärkster Konkurrent wurde, präsentierte 1899 das erste vierrädrige Fahrzeug. In industrieller Hinsicht spielte die Firma Diatto, die 1905 für den Lizenzbau von Clément-Bayard-Modellen gegründet wurde, keine bedeutende Rolle. Technisch gesehen hatte diese Firma jedoch beträchtliche Erfolge, und sie wandte sich später dem Bau spezieller Sportwagen zu.
Zahlreiche belgische, österreichische und holländische Konzerne mit äußerst hohem handwerklichen Niveau vervollständigen die Übersicht über die Produktion im Europa jener Zeit. Das meistverkaufte Auto war der FN (Abkürzung für Fabrique Nationale d'Arme de Guerre). Den ersten FN, von dem allein im Jahr 1900 über 100 Stück produziert wurden, konstruierte der Italiener De Cosmo, der vorher bei Delahaye und Singer beschäftigt war. FN bestand bis 1934 und erweiterte in dieser Zeit ihre Produktpalette, auch durch die Herstellung von Luxuskarossen.
Die Compagnie Belge de Construction d'Automobiles existierte von 1898 bis in die frühen zwanziger Jahre. Sie produzierte eine Fahrzeugserie mit dem Namen Pipe und konnte bei europäischen Wettbe-

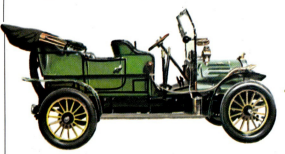  

Spyker – 1905 (NL). Die holländische Firma Spyker bot zu Beginn dieses Jahrhunderts dieses interessante 4-Zylinder-Auto (2546 ccm) mit einem Dreigang-Getriebe und halbelliptischen Federblättern an.

Albion A6 – 1906 (GB). Dieser A6 hatte Kettenantrieb und einen 4140-ccm-Motor, der 24 PS bei 1200 U/min leistete und 65 km/h erreichen konnte. Es war ein sehr erfolgreiches, luxuriöses Auto, das von 1906 bis 1914 hergestellt wurde.

Gaggenau Typ 10/18 – 1907 (D). Bei diesem Automobil, das bis 1910 produziert wurde, leistete der 2600-ccm-Motor 20 PS bei 1600 U/min. Die Höchstgeschwindigkeit lag bei 80 km/h. Es gab eine Doppelzündung und eine Viergang-Schaltung.

Brasier VL – 1908 (F). Das Automobil namens »Richard Brasier« wurde im Jahr 1903 von Georges Richard und Henri Brasier konstruiert und gewann mehrere wichtige Rennen. Richard verließ die gemeinsame Firma und gründete 1905 die Firma Unic. Der VL war ein 2-Zylinder mit 1520 ccm und einem Dreigang-Getriebe.

Germain 18/22 PS – 1908 (B). Dies ist eine Weiterentwicklung aus dem 14/22 von 1905. Das Auto hatte einen 3595-ccm-Motor mit T-Kopf und Dreigang-Getriebe und erreichte eine Höchstgeschwindigkeit von 68 km/h. Gegründet im Jahr 1897, um Daimler-Autos zusammenzubauen, produzierte Germain Autos bis 1914.

Lanchester – 1908 (GB). Konstruiert mit großer Liebe zum Detail, hatte dieser Wagen eine Dreigang-Vorwahlschaltung mit einer selbstregelnden Mehrscheibenkupplung in einem Ölbad. Der Motor hatte 2485 ccm und erreichte eine Höchstgeschwindigkeit von 80 km/h.

Martini 12/16 CV – 1909 (CH). Der Martini galt als eines der modernsten Autos seiner Zeit mit einem 4-Zylinder-OHV-Motor (2212 ccm) und einer Kardanwelle. Die Firma Martini baute Autos von 1902 bis 1934.

Metallurgique 12 CV – 1910 (B). Dieses kleine 4-Zylinder-Auto einer belgischen Firma war gekennzeichnet durch seinen typischen hochgezogenen Kühler. Der 2614-ccm-Motor hatte drei Ventile pro Zylinder und schaffte eine Höchstgeschwindigkeit von 84 km/h.

Scania Vabis 18/29 PS – 1911 (S). Nur ein Jahr lang wurde dieses Auto gebaut. Der 2270-ccm-Motor erreichte eine Höchstgeschwindigkeit von 65 km/h. Er war mit einem Viergang-Getriebe und mit einer halbelliptischen Blattfeder-Aufhängung ausgestattet.

 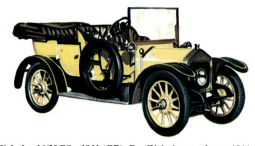 

Clément-Bayard 4M – 1911 (F). Dieses kleine 1300-ccm-Auto bot eine hervorragende Mischung aus Größe und Wirtschaftlichkeit. Es hatte auch ein Dreigang-Getriebe, halbelliptische Blattfeder-Aufhängung und erzielte eine Höchstgeschwindigkeit von 84 km/h.

Wolseley 16/20 PS – 1911 (GB). Der Wolseley wurde von 1911 bis 1915 produziert und war in seiner Klasse in England der Verkaufsschlager. Er verfügte über einen 3080-ccm-Motor mit 20 PS, fuhr bis zu 60 km/h, und er hatte ein Viergang-Getriebe und eine Blattfeder-Aufhängung.

Turcat-Méry 18 CV – 1911 (F). Das von De Dietrich gebaute Auto war durch seine Kardanwellen-Übertragung und sein Viergang-Getriebe gekennzeichnet. Es hatte einen Hubraum von 3307 ccm.

Singer 10 PS – 1912 (GB). Entworfen von Alderson. Das Auto hatte einen 4-Zylinder-Motor (10 PS, 1096 ccm) und war mit einem Thermodurchlauf-Kühlsystem und wahlweisem elektrischen Beleuchtungssystem ausgestattet. Dieser 10-PS-Singer wurde immer wieder modernisiert und bis kurz vor dem Zweiten Weltkrieg produziert.

Stoewer B2 – 1912 (D). Diese Firma war von 1897 bis 1937 in Stettin in Betrieb und begann 1899 mit der Herstellung von Automobilen mit De-Dion-Motoren. Dieses 2-l-Auto (22 PS) wurde zwischen 1910 und 1913 mit L-Kopf, Seitenflügel-Motor und einem Viergang-Getriebe gebaut. Die Fußbremse wirkte auf das Getriebe, die Handbremse auf die hinteren »Trommeln«.

Rover 12 PS – 1912 (GB). Entworfen von Owen Clegg, hatte der »Zwölfer« einen 4-Zylinder-Motor mit L-Kopf und 2297 ccm sowie ein Dreigang-Getriebe und eine Kardanwellen-Kraftübertragung. Es war eines der ersten Autos, das mit einem Öl-Meßstab ausgestattet war. Insgesamt wurden bis 1913 1600 Stück hergestellt.

Apollo 4/12 PS – 1913 (D). Die Apollo-Werke AG begannen 1904 Automobile zu bauen unter dem Namen Ruppe & Sohn, nannte die Autos aber ab 1910 Apollo. Der abgebildete Wagen hatte ein sehr leichtes Fahrgestell und einen Motor von ungefähr 1000 ccm, der 12 PS bei 1800 U/min entwickelte. Die Höchstgeschwindigkeit lag bei 70 km/h.

Standard Rhyl – 1913 (GB). Standard wurde 1903 von R. W. Maudsley gegründet und brachte 1913 sein wirtschaftliches 4-Zylinder-Auto mit 1088 ccm heraus. Zwei Jahre später wurden bereits 50 Stück pro Woche produziert. Nach dem Krieg erhielt der Rhyl einen 1328-ccm-Motor und wurde in SLS umbenannt. Der SLO, das 1,6-l-Modell, kam später auf den Markt.

Calthorpe Minor – 1913 (GB). Die Firma, von G. W. Hands gegründet, machte ab 1905 von sich reden. Der Minor wurde 1913 mit einem 4-Zylinder-Motor (1087 ccm) herausgebracht, der 80 km/h schaffen konnte. Der Wagen wurde nach dem Krieg in »Sporting Four« umbenannt und erhielt einen stärkeren 1261-ccm-Motor. Calthorpe stellte 1927 die Produktion ein.

Delaunay Belleville HB – 1911 (F). Nach vielen Jahren mit Erfahrungen im Schwermaschinenbau wandte sich diese Firma 1904 der Produktion von Luxus-Automobilen zu. Die Wagen hatten eine sehr fortschrittliche Technik, wie Volldruck-Schmierung, die 1897 patentiert worden war. Der HB mit 4426 ccm gehörte zu einer 6-Zylinder-Reihe, die nach 1908 gebaut wurde.

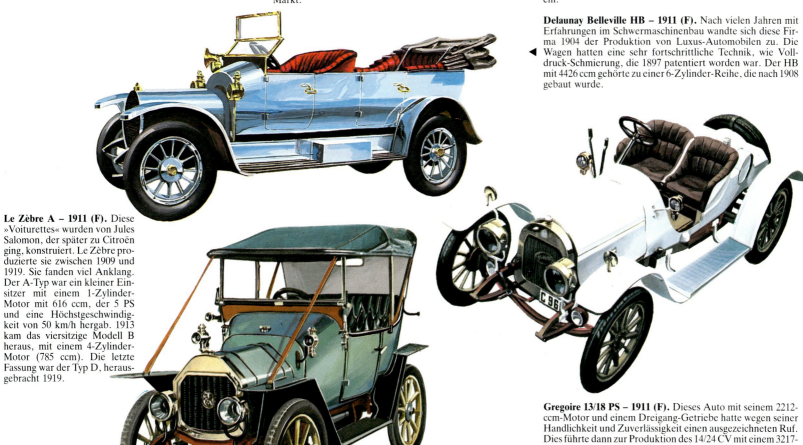

Le Zèbre A – 1911 (F). Diese »Voiturettes« wurden von Jules Salomon, der später zu Citroën ging, konstruiert. Le Zèbre produzierte sie zwischen 1909 und 1919. Sie fanden viel Anklang. Der A-Typ war ein kleiner Einsitzer mit einem 1-Zylinder-Motor mit 616 ccm, der 5 PS und eine Höchstgeschwindigkeit von 50 km/h hergab. 1913 kam das viersitzige Modell B heraus, mit einem 4-Zylinder-Motor (785 ccm). Die letzte Fassung war der Typ D, herausgebracht 1919.

Gregoire 13/18 PS – 1911 (F). Dieses Auto mit seinem 2212-ccm-Motor und einem Dreigang-Getriebe hatte wegen seiner Handlichkeit und Zuverlässigkeit einen ausgezeichneten Ruf. Dies führte dann zur Produktion des 14/24 CV mit 3217-ccm-Motor und einem Viergang-Getriebe. Er war eines der erfolgreichsten Autos, das je von dieser französischen Firma, die von 1903 bis 1924 in Betrieb war, hergestellt wurde.

Bianchi 20/30 PS – 1910 (I). Dieses Auto hatte einen 4939 ccm starken 4-Zylinder-L-Kopf-Doppelblockmotor mit Hochspannungs-Magnetzündung, ein Viergang-Getriebe und Kardanwellen-Kraftübertragung. Später wurde ein 5700-ccm-Einzelblock-Motor montiert, der eine Höchstgeschwindigkeit von 80 km/h erzielte.

Lancia Theta – 1913 (I). Die Theta war das erste Auto in Europa, das einen elektrischen Anlasser hatte, der durch Pedal betätigt wurde. Es hatte einen 4949-ccm-4-Zylinder-Reihenmotor, mit einer Leistung von 70 PS bei 2200 U/min, was eine Spitzengeschwindigkeit von 120 km/h ergab. Zwischen 1913 und 1919 wurden 1696 Stück gebaut.

werben diverse Erfolge verbuchen. Ab 1905 baute sie obenliegende Ventile und Stoßdämpfer in ihre Modelle ein, was den hohen Qualitätsstand ihrer Produktion verdeutlichte.

In Belgien erlangte neben verschiedenen kleinen Herstellern die Firma Métallurgique eine gewisse Bedeutung. Ihre besten Produkte waren das Verdienst von Ernst Lehmann, einem fähigen Konstrukteur, der von jahrelanger Erfahrung bei der deutschen Firma Daimler profitierte. Diese Firma wurde 1928 von Minerva, ebenfalls eine belgische Firma, die im Jahr 1900 von dem Holländer Sylvain de Jong gegründet worden war, übernommen. Bis zum Zweiten Weltkrieg bot Minerva eine breite Palette von 1- bis 6-Zylinder-Motoren an.

Von 1932 an setzte man die Namen der Firmen Imperia (1908–1935), die durch Hispano-Suiza inspiriert wurde, und Excelsior, die seit 1901 bestand, wegen des hohen Ausstattungsniveaus ihrer Modelle mit dem Begriff »Luxusauto« gleich.

Auch in der österreichischen Produktion waren zahlreiche Firmen, die sich auf den Bau von hochklassigen Fahrzeugen spezialisiert hatten, dominierend. Bis zum Ersten Weltkrieg gab es etwa zehn Firmen, die nahezu 6000 Autos pro Jahr fertigten.

Der Wiener Fahrzeugmacher Lohner begann 1898 mit dem Bau von Elektroautos. Bei seinem Versuch, die herkömmlichen Probleme mit Gewicht und Aktionsradius zu lösen, wandte er sich mit der Bitte um Hilfe an den jungen Ferdinand Porsche. Das Resultat war eine interessante Kombination, bei der ein mit Benzin betriebener Generator die nötige Energie für die beiden Elektromotore lieferte, die die Vorderräder antrieben. Dieses System wurde jedoch von Daimler patentiert. 1905 wechselte Porsche zur Firma Austro-Daimler, die sich mehr und mehr von der deutschen »Mutter« zu lösen begann. Emil Jellinek, der die Verbindung mit der Cannstatter Firma zustande gebracht hatte, richtete seinen Geschäftssinn nun darauf, ein 24/28 PS starkes Fahrzeug mit einem Hubraum von 4500 ccm zu produzieren. Er nannte es Maja, nach seiner zweiten Tochter, der Schwester von Mercedes. Dieses Modell hatte jedoch nicht den Erfolg, den es eigentlich verdient hätte. Einer der Gründe dafür lag wohl in der Verzögerung, mit der es auf den Markt kam.

Fiat Zero 12/15 PS – 1912 (I). Lediglich eine Tourenwagen-Fassung wurde zwischen 1912 und 1915 von diesem Auto produziert. Der Zero hatte einen 4-Zylinder-Einzelblockmotor (19 PS, 1844 ccm), der eine Höchstgeschwindigkeit von 70 km/h schaffte. Obwohl man das Auto nicht als gerade billig bezeichnen konnte, war es in Italien eines der ersten Exemplare mit genormter Fertigung.

Renault 9 CV (»Marne-Taxi«) – 1906 (F). Der 9 CV war eines der ersten Autos, die für den öffentlichen Verkehr konstruiert wurden. 1500 Stück davon fuhren im Auftrag der »Compagnies des Fiacres« (Taxi-Gesellschaft) in Paris. Sie verfügten über eine technische Einrichtung (ähnlich der heutigen Taxiuhr), welche die Fahrtkosten auf Grund der gefahrenen Geschwindigkeit und der zurückgelegten Strecke errechnete. Der 9 PS starke 2-Zylinder-Motor (1205 ccm) erreichte eine Spitzengeschwindigkeit von 65 km/h. Während des Ersten Weltkrieges spielten diese Taxis bei der Verteidigung von Paris gegen die vorrückenden deutschen Truppen eine wichtige Rolle: Am 7. September 1914 wurden sie von General Gallieni requiriert, um Reservisten an die Frontlinie Paris–Meaux zu befördern. Diese Soldaten hatten den Auftrag, die Flanke der Truppen des deutschen Generals von Kluck, die schon die Marne erreicht hatten, zu besiegen. Tatsächlich wurden die feindlichen Truppen dann gezwungen, sich zurückzuziehen.

Durch Porsches Mitarbeit bei Austro-Daimler bis 1923 entstanden hochwertige Automobile. Auch konnten viele Erfolge bei Rennen verzeichnet werden. Der ursprüngliche Firmenname verschwand schließlich nach der Zusammenlegung mit der Steyr-Daimler-Puch-Gruppe im Jahr 1934.

Steyr war eine alte Waffenfabrik in Graz, die seit 1894 Fahrräder und während des Krieges Flugzeugmotoren hergestellt hatte. 1917 begann sie mit der Produktion von Automobilen.

Puch, ebenfalls eine Grazer Firma, wurde 1899 von Johann Puch gegründet und fertigte anfangs Fahrräder, Motoren und Motorräder. Ihr erstes Auto baute sie 1906. Bei Ausbruch des Krieges war ihr Produktionsprogramm in allen Marktbereichen breit gefächert.

Auch Holland darf bei der Aufzählung der Länder mit hochentwickelter Autoindustrie nicht fehlen. Das war das Verdienst von Spyker, deren erstes Automobil 1900 produziert wurde. Während die Firma anfangs die oft »mißbrauchte« Form von De Dion-Bouton kopierte, rehabilitierte sie sich später mit wahrhaft abenteuerlich teueren Neuerungen. Der in das Fahrwerk integrierte Motorblock, die wasser- und schmutzabweisende Motorhaube sowie der speziell entworfene Fahrzeugboden, der sich über die gesamte Fahrzeuglänge erstreckte, waren nur einige davon. Spykers erstes Auto mit Vierradantrieb und 6-Zylinder-Doppelblock-Motor mit 32/40 PS kam 1903 heraus.

Die Qualität ihrer Konstruktionen war ein charakteristisches Merkmal für alle Spyker-Fahrzeuge, von denen das letzte im Jahr 1925 produziert wurde.

Züst 25/35 PS – 1913 (I). Züst begann 1905 mit der Automobil-Produktion. Die Firma baute starke Spitzenmodelle, während ihre Tochtergesellschaft Brixia-Züst zwischen 1906 und 1912 weniger anspruchsvolle Autos herstellte. Die zwei Firmen wurden dann unter dem Namen Züst zusammengeschlossen und produzierten Autos bis 1917. Dann wurde die Firma von der Officine Meccaniche (Miani, Silvestri & Co.) übernommen und baute den O. M. Dieser Züst 25/35 hatte einen 4-Zylinder-Motor (4714 ccm) und ein Viergang-Getriebe.

Panhard-Levassor X 17 SS – 1912 (F). Von 1908 an, unter der Leitung des Ingenieurs Krebs, experimentierte die französische Firma bei ihren Autos mit den von Charles Knight entwickelten Muffenventil-Motoren, nachdem diese schon von British Daimler und Minerva verwendet worden waren. Einer der ersten ventilfreien Panhard-Levassors war der X 17 SS, der einen 4-Zylinder-Motor (2614 ccm) besaß. Als schließlich mit der Daimler-Motoren-Gesellschaft eine Übereinkunft erzielt werden konnte, war die Firma in der Lage, ihr Produkt auf den Automobilmarkt zu bringen.

Fischer 10/33 PS – 1913 (CH). Diese Firma gab es seit 1909 in Zürich. Bis 1914 produzierte sie Autos mit großen technischen Neuerungen. Der 10/33 PS hatte einen 2723 ccm starken, wassergekühlten Muffenventilmotor mit 4 Zylindern, der 33 PS erreichte. Er verfügte über eine Kardanwellenübersetzung und ein patentiertes Viergang-Getriebe mit innen gezähnten Getrieberädern.

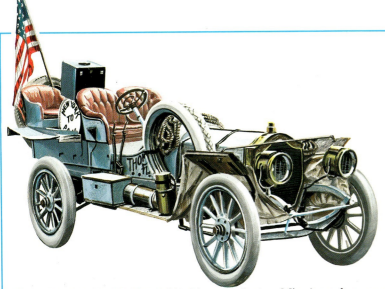

Thomas Flyer 35 und 6–60 – 1907 (USA). Dieses amerikanische Auto mit seinem 4-Zylinder-70-PS-Motor (9369 ccm) gewann 1907 den Geschwindigkeits- und Ausdauer-Wettbewerb New York–Paris über insgesamt 20 000 km, worin der Seeweg zwischen den USA und Japan eingeschlossen war. Der »6–60« mit dem stärkeren Motor (6 Zylinder, 12 936 ccm, 72 PS) wiederholte im folgenden Jahr diesen Erfolg.

Edouard Seidler
Das »heroische« Zeitalter

Mit Ausnahme von Basketball und Handball erfanden die Engländer fast alle bekannten Sportarten, während die Franzosen die meisten großen Wettkämpfe organisierten. Im Fall des Motorsports verdanken wir den Franzosen jedoch beides, Erfindung und Organisation. Dafür gibt es zwei Gründe: Sowohl das Auto als auch die Automobilindustrie entstanden – abgesehen von den deutschen Firmen Benz und Daimler – in Frankreich. Die damals gültigen Gesetze in England verboten nicht nur die Durchführung von Autorennen, sondern behinderten sogar das Autofahren ganz allgemein. Erst mit dem »Light Automotive Act« im Jahr 1896 wurde die erlaubte Höchstgeschwindigkeit von 6 km/h auf Landstraßen auf 32 km/h heraufgesetzt. Im selben Jahr wurde daraufhin auch das Rennen von London nach Brighton durchgeführt. Obwohl rund 30 Autos am Start waren und 14 davon das Ziel erreichten, war es im eigentlichen Sinne kein Autorennen, da kein Gewinner bekanntgegeben wurde.

In Frankreich begann durch die Unterstützung einer autobegeisterten Gruppe von Adligen, wohlhabenden Leuten und Automobilherstellern der Autorennsport schon viel früher. Obgleich die Rallye Paris–Rouen vom 22. Juli 1894 das erste eigentliche Rennen war, hatten sportbegeisterte Männer jener Zeit – allein und in Wettbewerben – schon seit mehreren Jahren den Rausch der Geschwindigkeit genossen. Am 28. April 1887 wurde im Bois de Boulogne ein Rennen für dampfgetriebene Dreiräder veranstaltet. Dabei gab es jedoch nur einen Teilnehmer: Bouton am Steuer eines De Dion-Bouton-Trépardoux. Vier Jahre später wurde ein ähnliches Rennen organisiert, und es waren schon drei Wettkampfteilnehmer am Start.

Mit dem Rennen Paris–Rouen im Jahr 1894 begann die Ära der Städte-Rallyes, obwohl es eigentlich kein reiner Geschwindigkeitswettbewerb war. Die 21 Teilnehmer – 14 Benzin- und sieben Dampffahrzeuge –, die die Qualifikation überstanden hatten, wurden nicht nur nach ihrer Schnelligkeit beurteilt. Der erste Preis wurde auch nach Gesichtspunkten wie Handhabung, Sparsamkeit und Sicherheit vergeben. Bouton, am Steuer seines De Dion-Bouton, war zwar der Schnellste, aber Peugeot und Panhard-Levassor teilten sich gemeinsam den ersten Preis. Panhard-Levassor baute in Lizenz Daimler-Motoren, die sowohl in seine Autos wie auch in die von Peugeot eingebaut wurden.

Paris–Bordeaux–Paris war das erste offizielle Rennen dieser Art, das über eine Strecke von 1200 km vom 11. bis 15. Juni 1895 stattfand. Levassor gewann das Rennen in einem Panhard vor drei Peugeots und einem Benz. Dies war die erste von mehreren Städte-Rallyes, die entweder von Pariser Zeitungen oder vom französischen Automobil-Club organisiert wurden. Dieser Auto-Club, gegründet vom Marquis de Dion am 5. November 1895, führte in den ersten acht Jahren seines Bestehens 34 Städte-Rallyes durch. Eine davon war das erste internationale Rennen Paris–Amsterdam–Paris im Jahr 1898, das von Charron in einem Panhard gewonnen wurde und bei dem auch zum ersten Mal eine Fahrerin, Madame Camille du Gast, die 1901 in einem Panhard auch am Rennen Paris–Berlin teilnahm, dabei war. Der Höhepunkt und zugleich der Abschluß dieser Ära war das Rennen von Paris nach Madrid im Mai 1903.

Unter den 179 startenden Fahrzeugen befanden sich mehrere riesige Mercedes, Panhards und Mors, die ein *Minimalgewicht* von 1000 Kilo (eine Tonne) und 18- beziehungsweise 20-Liter-Motoren hatten und Spitzengeschwindigkeiten von über 120 km/h erreichten. Dieses letzte Rennen wurde jedoch nicht zu Ende geführt. Es gab während des Verlaufs so viele Tote und Verletzte, daß die französische Regierung schließlich den Abbruch nach der ersten Etappe in Bordeaux durchsetzte. Fünf der Fahrer und Mechaniker, darunter auch Louis Renaults Bruder Marcel, fanden den Tod, und es gab zahllose Unfälle, in die auch einige der schätzungsweise drei Millionen Zuschauer entlang der Strecke verwickelt wurden.

Am Steuer seines 70 km/h schnellen Mors überholte Fernand Gabriel, der Paris fünfeinhalb Stunden nach dem ersten Auto verlassen hatte, 163 Konkurrenten und erreichte als erster Bordeaux. Somit war er also der erste und auch letzte Gewinner dieses abgebrochenen Rennens, das die Ära der großen Straßenmarathons beendete. Erst mit der Mille Miglia und der »Transamericana« im Jahr 1927 gab es eine Wiederholung dieser Art von Rennen auf öffentlichen Straßen. Es fanden jedoch weiterhin Rennen statt, getragen von der Begeisterung der Fahrer und Zuschauer sowie den Autoherstellern, die am Werbeeffekt interessiert waren. Nach und nach wurden die Städte-Rallyes durch Langstrecken-, Geschwindigkeits- und Rundkursrennen ersetzt.

Im Jahr 1907 fand die erste große Rallye von

Itala 35/45 – 1907 (I). Das Rennen Peking–Paris 1907 gewannen Borghese, Barzini und Guizzardi mit diesem Auto. Sie hatten etwas mehr als 20 Tage Vorsprung vor dem Zweiten der Konkurrenz. Der »Itala« hatte einen 4-Zylinder-Motor (7433 ccm), ein Viergang-Getriebe und eine halbelliptische Blattfederaufhängung. Eine fast exakte Standard-Serien-Version (ausgenommen kleine Abweichungen an der Karosserie sowie zusätzliche Tanks) dieses Autos legte die 16 000 km lange Strecke in 44 Tagen zurück.

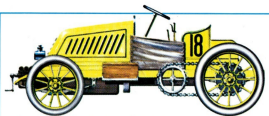

Mors – 1901 (F). Mit diesem Modell gewann die französische Firma das Rennen Paris–Berlin 1901 und das Rennen Paris–Bordeaux im Jahre 1903. Der V-4-Motor (10 087 ccm) leistete 70 PS bei 950 U/min. Das Modell des nächsten Jahres war das erste Auto mit Stoßdämpfern.

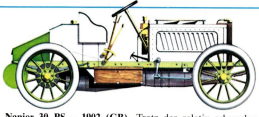

Napier 30 PS – 1902 (GB). Trotz der relativ schwachen Motorkraft (6435 ccm), die gerade nur 44,5 PS ergab, gewann dieses Auto, weil es so leicht und einfach zu handhaben war, den Gordon-Bennett-Cup. Es hatte einen 4-Zylinder-Motor und einen Antrieb über die Achse.

Wolseley 96 – 1904 (GB). Dieses Auto mit dem Spitznamen »Beetle« schaffte 96 PS bei 1300 U/min (die Zahl in seinem Namen entsprach der PS-Zahl) aus einem 4-Zylinder-Diagonal-Motor (11 896 ccm). Den Wolseley 96 hatte Herbert Austin konstruiert. Das Auto wurde beim Gordon-Bennett-Cup mit dem Fahrer Jarrott Zwölfter.

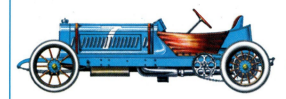

Richard-Brasier – 1904 (F). Der Gordon-Bennett-Cup des Jahres 1904 wurde von Léon Théry mit seinem 4-Zylinder-Richard-Brasier (9896 ccm) gewonnen. Der Motor leistete 80 PS bei 1300 U/min. Jenatzy wurde Zweiter in einem Mercedes, und H. Rougier belegte mit einem Turcat-Méry den dritten Platz.

Locomobile – 1906 (USA). Der Vanderbilt-Cup von 1908 auf Long Island wurde von Robertson in diesem Locomobile Type 1906 gewonnen. Dessen Durchschnittsgeschwindigkeit lag bei 103,500 km/h (Motor: 4 Zylinder, 17 657 ccm, 90 PS bei 1050 U/min).

Renault GP – 1906 (F). Dieser Renault, Baujahr 1906, gewann den ersten französischen Grand Prix mit einem 4-Zylinder-Reihenmotor (12 986 ccm), der 90 PS bei 1200 U/min leistete. Das Geheimnis dieses Erfolges lag in den auswechselbaren Hinterradfelgen, so daß zwei Männer einen Radwechsel in nur vier Minuten schafften.

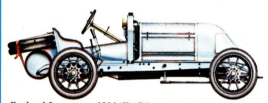

Panhard-Levassor – 1904 (F). Dieses Auto hatte im Gordon-Bennett-Cup von 1904 Probleme mit der Überhitzung, weil es wegen seiner neuen Stromlinienform, ausgerichtet darauf, »den Wind zu durchschneiden«, über keinen Waben-Kühler verfügte (Motor: 4 Zylinder, 15 435 ccm, 90 PS).

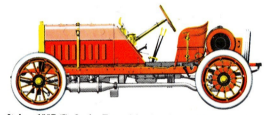

Itala – 1907 (I). In der Formel für den Grand Prix 1907 gab es kein Limit für den Zylinder-Inhalt, so daß Itala eine 15-l-Version baute, die 120 PS bei 1200 U/min leistete. Das Auto gewann neben anderen Rennen den Brescia-Speed-Cup vor einem Darracq und zwei De Dietrichs.

Fiat 130 PS – 1907 (I). Dieses Auto wurde in Übereinstimmung mit den für 1907 gültigen Grand-Prix-Regeln gebaut, die den Brennstoffverbrauch auf 30 l/100 km beschränkten. Es hatte einen 4-Zylinder-Doppelblock-Motor (ultraquadratisch), der 130 PS bei 1600 U/min leistete, und wog 1000 kg (1 t).

Peking über Sibirien nach Paris statt. Für diese Strecke benötigte der Sieger zwei Monate. Gewinner unter insgesamt fünf Teilnehmern war der italienische Prinz Scipione Borghese in seinem 40-PS-Itala, begleitet von seinem Fahrer Ettore Guizzardi und dem Reporter Luigi Barzini, der im Auftrag der Zeitungen »Corriere della Sera« und »Daily Telegraph« über die Rallye berichtete. Ende 1898 begann die Zeit der Geschwindigkeitsrennen, die von »La France Automobile«, einer der ersten Fachzeitschriften, erfunden wurde. Graf Gaston de Chasseloup-Laubat stellte am 18. Dezember 1898 in Achères nördlich von Paris am Steuer seines Elektroautos Jeantaud den ersten offiziellen Straßenrekord auf, als er die Strecke von einem Kilometer in einer durchschnittlichen Geschwindigkeit von 63,158 km/h zurücklegte. Mit diesem Geschwindigkeitstest begann eine Reihe von Zweikämpfen zwischen Chasseloup-Laubat und dem Belgier Camille Jenatzy, der dann im April 1899 mit seiner »Jamais Contente« den endgültigen Sieg errang, indem er für diese Strecke nur 34 Sekunden benötigte, was einer Durchschnittsgeschwindigkeit von 105,9 km/h entsprach. Nach einer Reihe erfolgreicher Versuche (zum Beispiel von Henry Ford in einem selbstgebauten Ford Arrow, der am 12. Januar 1903 auf dem zugefrorenen Lake Saint-Claire bei Detroit 147,01 km/h erreichte) konnte Héméry am 8. November 1909 in einem Benz mit einer Geschwindigkeit von 202,65 km/h auf der neuen Brooklands-Rennstrecke in Surrey/England erstmals die hohe Barriere von 200 km/h überschreiten. Schon vor der Eröffnung dieses ersten ständigen Rundkurses im Juli 1907 hatte sich die Zahl der Rennen auf stillgelegten Straßen vervielfacht. Der Hauptgrund dafür war die von James Gordon Bennett, dem Besitzer der »New York Herald Tribune«, 1900 in Paris ins Leben gerufene »Trophy«. Dieses Ereignis war ein internationaler Wettbewerb, bei dem Teams zu je drei Autos aus jedem teilnehmenden Land starteten. Die ersten »Gordon-Bennett-Cups«, die zur Zeit der legendären Städte-Rallyes abgehalten wurden, erweckten kein großes Interesse und blieben im Schatten der Rennen Paris–Lyon (1900), Paris–Berlin (1901) und Paris–Wien (1902) wenig beachtet. Der vierte »Cup« sollte in England organisiert werden (im Jahr zuvor hatte S. F. Edge in einem Napier gewonnen), aber da die englische Regierung die Durchführung des Rennens im eigenen Land nicht genehmigte, fand es schließlich in Curragh in Irland statt. Gewinner war der sogenannte »Red Devil« Camille Jenatzy in einem Mercedes, gefolgt von drei Panhards. Nach 1904 wurde der »Gordon-Bennett-Cup« einer der Höhepunkte im Rennkalender. Im darauffolgenden Jahr fand er auf dem deutschen Taunus-Rundkurs statt und wurde von François Théry in einem Richard-Brasier gewonnen. 1905 in Clermont-Ferrand gewann ihn ebenfalls Théry im gleichen Auto vor Nazzaro in Fiats Cagno. Dieser »Cup« wurde schließlich ein Opfer gegensätzlicher Interessen, da die Franzosen Startquoten einführen wollten, um die Zahl der Teilnehmer entsprechend der Bedeutung der Automobilindustrie in den jeweiligen Ländern zu begrenzen. Die Folge war, daß der »Gordon-Bennett-Cup« im Jahr 1906 nicht stattfand und durch den ersten Grand Prix von Frankreich, der auf dem Rundkurs von Le Mans stattfand, ersetzt wurde.
Im Jahr davor entstand auf der Isle of Man die »Tourist Trophy«, und 1906 wurde die »Targa Florio« auf dem schwierigen sizilianischen Rundkurs Madonie ins Leben gerufen. In Belgien fuhr man von 1902 an auf dem Ardennen-Kurs, und 1908 baute William K. Vanderbilt den »Long Island Motor Parkway«, nachdem Unfälle die früheren »Vanderbilt-Cups« in Long Island und Santa Monica in Verruf gebracht hatten. 1909 wurde die berühmte Rennstrecke in Indianapolis gebaut, wo 1911 das erste 500-Meilen-Rennen stattfand. Überall setzte sich die Sicherheit der abgesperrten, beaufsichtigten Straßenkurse und der permanenten Rundstrecken gegen den Irrsinn der früheren Rennen auf öffentlichen Straßen durch. Zur gleichen Zeit begann man allmählich sehr schwere Autos mit riesigen Motoren von diesen Wettbewerben auszuschließen,

Mercedes GP – 1908 (D). Mercedes gewann 1908 den französischen Grand Prix mit einer Durchschnittsgeschwindigkeit von 101 km/h. Der Wagen ließ über die 800 km auf dem Dieppe-Rundkurs 48 Konkurrenten hinter sich. Der 4-Zylinder-Motor (12 781 ccm) leistete 135 PS und erreichte eine Höchstgeschwindigkeit von 160 km/h.

Fiat SB 4 – 1908 (I). 1908 gewann dieses Auto das berühmte Duell mit dem 200-PS-Napier (6 Zylinder) auf dem Rundkurs in Brooklands. Der SB 4 hatte einen 4-Zylinder-Motor (18 146 ccm), der 175 PS bei 1200 U/min hergab, und er schaffte eine Spitzengeschwindigkeit von 190 km/h.

Lancia Alpha – 1908 (I). Das war der erste von Vincenzo Lancia konstruierte Rennwagen. Er hatte einen 4-Zylinder-Motor (2453 ccm) und erreichte eine Leistung von 53 PS bei 1800 U/min. Herausgebracht im Jahr 1907, wurden bis zum Herbst des Jahres 1909 108 dieser Rennwagen verkauft.

Austin – 1908 (GB). Der Austin nahm im Jahr 1908 am französischen Grand Prix teil (Sieger war der Fahrer Lautenschlager in einem 12,8-Liter-Mercedes). Im Austin wurden Moore und Brabazon 18. dieses Rennens (Motor: 6 Zylinder, 9635 ccm, 95 PS bei 1350 U/min).

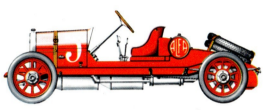

A. L. F. A. 24 PS – 1910 (I). Bei der im Jahr 1911 veranstalteten Targa Florio lag dieses Fahrzeug in Führung, bis es aufgeben mußte. Nicht etwa weil der Einzelblock-Motor einen Schaden erlitten hätte, sondern weil dem Fahrer durch Schmutzspritzer die Sicht genommen war (4-Zylinder-Motor, 4084 ccm).

Buick »Bug« – 1910 (USA). Dies ist einer der ersten amerikanischen Versuche, Rennwagen zu bauen. Obwohl nicht besonders erfolgreich, war der Bug doch wegen seiner aerodynamischen Linie und seines rundumgezogenen Kühlers interessant (Motor: 4 Zylinder, 5750 ccm, 130 PS bei 2400 U/min).

Sizaire et Naudin – 1912 (F). Für das im Jahr 1912 in Frankreich veranstaltete Grand-Prix-Rennen wurden von dieser Firma drei Rennwagen gebaut. Man setzte sie in der Klasse bis 3000 ccm ein. Zwei der Rennwagen wurden von den Konstrukteuren selbst gefahren, die der Firma den Namen gegeben hatten (Motor: 4 Zylinder, 2982 ccm, 95 PS bei 2100 U/min).

Sunbeam 3 Liter – 1912 (GB). Exemplare dieses Typs erwiesen sich als sehr wettbewerbsstark, belegten sie doch die ersten drei Plätze im »Coupe de l'Auto« für »Voiturettes«. Außerdem errang Sunbeam beim französischen Grand Prix Platz 3, 4 und 5 (Motor: 4 Zylinder, 2986 ccm, 75 PS bei 2800 U/min).

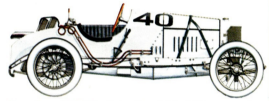

Mercedes – 1914 (D). Beim Grand Prix 1914, veranstaltet vom Automobil-Club von Frankreich, schaffte dieses Auto mit Louis Wagner am Steuer Platz 2. Christian Lautenschlager, ebenfalls in einem Mercedes, wurde als Sieger gefeiert (Motor: 4 Zylinder, 4483 ccm, 115 PS bei 3200 U/min).

da überdimensionierte Motoren nicht mehr als unbedingt notwendig für den Erfolg angesehen wurden. Marcel Renault zum Beispiel, der 1902 beim Rennen Paris–Wien in kleines, leichtes 3,7-Liter-Auto fuhr, hatte es bereits fertiggebracht, die damals vorherrschenden 18-Liter-Maschinen zu besiegen.

1905 gründete die französische Tageszeitung »L'Auto«, der Vorläufer von »L'Equipe«, den »Coup-des-Voiturettes«, um so die Hersteller zum Bau von leichten Autos zu ermutigen und anzuregen. Einige von ihnen verdienten daraufhin mit der Produktion von leichten Kleinwagen ein Vermögen. Um 1910 traten Vorschriften in Kraft, die übergroße Motore von Rennen ausschlossen, und fast zur selben Zeit entwarf der junge italienische Mechaniker Ettore Bugatti in Molsheim im Elsaß einen Rennmotor mit nur 1400 ccm.

Obwohl 1911 bei der ersten Rallye Monte Carlo (Rougier gewann in einem Turcat-Méry) 23 und 1912 bereits 87 Teilnehmer starteten, standen die Grand-Prix-Ereignisse, besonders das vom Automobile Club de France organisierte Rennen, bis 1924, als die Rallyes allgemein wieder weniger wurden, im Vordergrund. 37 Autos aus sechs Ländern (auf 4500 ccm und maximal 1100 kg begrenzt) stellten sich 1914 zum Grand Prix über 20 Runden auf dem 37,5 km langen, welligen, kurvenreichen Kurs bei Lyon.

Mercedes trat in großer Zahl an, fest entschlossen, die deutsche Überlegenheit zu demonstrieren. Der Franzose Boillot beherrschte jedoch das Rennen mit seinem Peugeot, bis ein Zylinder ausfiel. 300 000 Zuschauer erlebten daraufhin den Sieg von Lautenschlager in seinem Mercedes, der nicht der einzige war, der Boillot noch überholen konnte. Dessen Peugeot wurde schließlich Vierter hinter drei Mercedes. Fagnano (Fiat) lag anfangs an fünfter Stelle, bis er Probleme mit seinem Motor bekam und schließlich als Elfter durchs Ziel ging. Im folgenden Jahr gab es dieses Rennen wegen des Krieges nicht, und so markierte dieses von 1914 das Ende des »heroischen« Zeitalters im Motorsport. Denn drei Wochen später brach der Erste Weltkrieg aus, und Europa hatte nun wirklich andere Sorgen.

Peugeot GP – 1912 (F). Der Motor dieses Peugeot war mit zwei obenliegenden Nockenwellen und vier Ventilen pro Zylinder ausgestattet. Mit diesen zukunftsweisenden Konstruktionsmerkmalen kann das Fahrzeug auch heute noch als hochentwickelt bezeichnet werden. Es gewann die französischen Grand-Prix-Rennen in den Jahren 1912 und 1913 mit dem Fahrer Boillot.

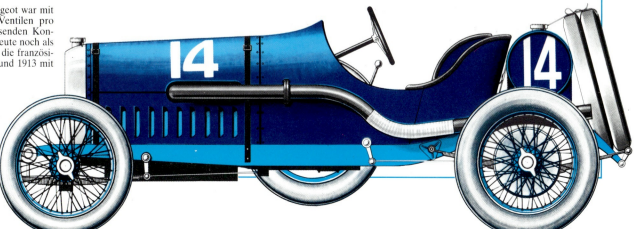

Während Europa für die »Geburt« des Automobils verantwortlich zeichnete, waren es die Vereinigten Staaten, die seine Produktion auf industriellen Standard brachten. In Europa betrachtete man dieses neue Transportmittel als kompliziertes Spielzeug, das besonders Sportler faszinierte. Die Wertschätzung der Herstellung in Handarbeit war auch die Folge einer Art von kultureller Annäherung an das Automobil, was jedoch ganz und gar nicht den Anforderungen einer Massenproduktion entsprach, ein Konzept, das aber auf der anderen Seite des Atlantiks genau erkannt wurde. Die Tatsache, daß praktisch jedes Modell zahllose Neuerungen beinhaltete, war zwar sicher für den technischen Fortschritt bedeutend, erfüllte jedoch nicht die Voraussetzungen für eine Standardisierung. Da das Auto damals noch auf einen begrenzten Kundenkreis zugeschnitten war, benötigte man für größere Verbreitung die Rationalisierung der Produktion.

Bis 1902 baute die Firma »Olds Motor Vehicle« in den Vereinigten Staaten 2500 »Oldsmobile Curved Dashes«, kleine Autos mit einem 7-PS-Motor (nur 1 Zylinder), die für 650 Dollar verkauft wurden. 1903 stieg die Produktion auf 4000 Stück und 1905, als 35 Autos pro Tag gefertigt wurden, sogar auf 6500. Bis zu diesem Jahr fuhren bereits rund 77 000 Autos in den Vereinigten Staaten, und 1910 waren insgesamt 181 000 hergestellt. Die »Geburtsstunde« des Automobils in Amerika begann mit dem Bau eines motorgetriebenen Fahrzeugs durch die Brüder Charles und Frank Duryea im Jahr 1893. Ihr zweites Modell, das einen horizontalen 2-Zylinder-Motor, Dreigang-Getriebe und Riemenantrieb hatte, gewann vor einem Benz das erste organisierte Autorennen in Amerika. Dieser Wettbewerb fand am »Thanksgiving Day« im Jahr 1895 über die 80 km lange Strecke von Chicago nach Evanston statt. Die Produktion des Duryea dauerte bis 1917 und zeichnete sich durch außergewöhnliche technische Neuerungen aus. Das waren zum Beispiel im Jahr 1906 der luftgekühlte 4-Zylinder-Motor im Modell Middleby oder die gegenüberliegenden 2 Zylinder des Zwei-Takt-Motors des Buggyaut.

Das Entwicklungsschema für dieses neue Beförderungsmittel entwarf jedoch ein Rechtsanwalt aus Clarkson: George Baldwin Selden. Er profitierte von der Tatsache, daß es kein einziges Patent für das Auto in seiner Gesamtheit, sondern nur diverse Patente für die wichtigsten Einzelteile gab. 1877 beantragte Selden ein solches Patent auf seinen

Selden – 1877 (USA). Dank einer großen Gesetzeslücke im Patentrecht gelang es George B. Selden, sich Erfinderrechte im Automobilbau zu sichern. Erst in einem langwierigen Rechtsstreit, der bis zum Jahr 1911 dauerte, erreichte es Henry Ford, diesen Anspruch abzuwehren. Im Jahr 1879 hatte Selden die Registrierung eines vage definierten »pferdelosen« Gefährts beantragt. Der Prototyp dieses Wagens, angeblich im Jahr 1877 konstruiert, wurde in Wahrheit wohl erst später gebaut.

Die Industrialisierung des Automobils

Oldsmobile Curved Dash – 1901 (USA). Das erste Auto, das zwischen 1901 und 1907 in großer Stückzahl produziert wurde. Die 4000 im Jahre 1903 gebauten Fahrzeuge entsprachen mehr als einem Drittel der gesamten US-Produktion jenes Jahres. Der 1-Zylinder-7-PS-Motor erreichte eine Spitzengeschwindigkeit von 30 km/h. Die Zweigangschaltung hatte auch einen Rückwärtsgang. Der Antrieb erfolgte durch Zahnradübertragung.

Namen. Es sollte auch alle Änderungen beinhalten, die er zum Beispiel durch Anregungen während seiner häufigen Reisen nach Europa machen konnte. Das endgültige Patent wurde 1895 erteilt. Aufgrund dieses Patents gewann Selden im Jahr 1903 einen Prozeß gegen die »Winston Motor Carriage Company«, die ihm daraufhin die entstandenen Schäden und Kosten ersetzen mußte. Dieses Gerichtsurteil veranlaßte die Mehrheit der damaligen Automobilhersteller, sich zur A. L. A. M. (Association of Licensed Automobile Manufacturers) zusammenzuschließen, die Selden für jedes in Amerika verkaufte Auto – einheimische und ausländische – einen Gewinnanteil von 1,25 Prozent zubilligte. Außerdem gewährte sie Schutz vor neuen Firmen, die nicht Mitglied waren.

Ford gehörte zu denjenigen, die diesen Anteil nicht zahlen wollten, und es gelang ihm nach einem achtjährigen Prozeß und mit Unterstützung von Panhard-Levassor, Seldens Patent für unwirksam erklären zu lassen. Die einzige A. L. A. M.-Vereinbarung, die weiterhin in Kraft blieb, bestand in der technischen Zusammenarbeit und wurde bis 1955 regelmäßig erneuert.

Die Entwicklung der Autoindustrie wurde zweifellos sowohl durch die wirtschaftliche Stärke der Vereinigten Staaten als auch durch die grundlegenden, sehr bedeutenden Neuentwicklungen von Ford gefördert. Er erkannte den Bedarf für ein einfaches, praktisches, billiges und robustes Fahrzeug. Bei seinem ersten Modell A im Jahr 1903 folgte er schon nicht mehr dem Konzept, Autos auf Bestellung zu bauen, aber die wahre industrielle Revolution begann jedoch erst 1908 mit seinem Modell T. Dieses 4-Zylinder-Auto mit 2892 ccm und 21 PS wurde im Hinblick auf möglichst geringe Produktionskosten entworfen und besaß eine Anzahl technischer Merkmale (zum Beispiel ein mit Pedal betätigtes Umlaufgetriebe), die zwar damals noch nicht üblich, aber für dieses Modell charakteristisch waren. In rasender Geschwindigkeit gingen steigende Produktion und fallende Preise Hand in Hand. Im Jahr 1909 wurden 12 292 Autos zu einem Stückpreis von 950 Dollar verkauft, 1911 schon 40 402 zu 690 Dollar das Stück und 1913 182 809 zu je 550 Dollar. Mit der Einführung des ersten Fließbandes im Jahr 1914 sollte es zu noch größerem Aufschwung kommen. Jetzt konnte man das Modell T in nur 90 Minuten fertigstellen! Wo man doch früher selbst mit fortschrittlichsten Methoden zwölf Stunden pro Fahrzeug benötigt hatte.

Ford A – 1903 (USA). Dies war das erste Modell, das Ford produzierte. Es hatte einen horizontalen 2-Zylinder-Motor (8 PS), der unter dem Sitz montiert war. Der Wagen besaß ein Zweigang-Umlaufgetriebe mit Kettenantrieb. Im Jahr 1903 wurden davon 200 Fahrzeuge verkauft.

Cadillac A – 1903 (USA). Der erste Cadillac wurde während der New Yorker Motor-Show im Januar 1903 vorgestellt. Er besaß einen 1-Zylinder-Motor (7 PS, 1610 ccm). Bis 1908 wurden verschiedene Versionen dieses Modells gebaut. Mit einer Tankfüllung konnte der Wagen bis zu 320 km weit fahren.

Peerless 24 PS – 1904 (USA). Das war das erste Auto dieser Marke mit einem 4-Zylinder-Reihenmotor. Es fuhr 80 km/h und hatte ein Viergang-Getriebe und eine halbelliptische Blattfederaufhängung, sowohl vorn als auch hinten.

Duryea – 1893 (USA). Diese von Charles und Frank Duryea konstruierte Motor-Kutsche (rechts) war so etwas wie die »Geburt« des amerikanischen Automobils. Der hinten eingebaute 1-Zylinder-Motor verfügte über einen zweihubigen Kolben mit elektrischer Zündung und über einen Sprühvergaser. Das 1910er Modell (unten) hatte einen 2-Zylinder-Motor (12–15 PS), behielt jedoch die alte Kutschenform.

Brush – 1910 (USA). Obwohl die Firma Brush nur für kurze Zeit (1907–1910) Autos baute, setzte sie in den USA durch die Einführung der Spiralfeder-Aufhängung einen Markstein. Diese Aufhängung wurde in dem abgebildeten sportlichen Zweisitzer, der mit einem vertikalen 4-Zylinder-Motor (10 PS) ausgestattet war, eingebaut. Der Wagen hatte ein hölzernes Fahrgestell.

Ford K – 1906 (USA). Unter dem Druck einiger Aktionäre beteiligte sich Ford am Großmotoren-Bau, obwohl er selbst gegen diese Idee war. Heraus kam das Modell K mit einem 6-Zylinder-Motor (7000 ccm), das für 2500 Dollar verkauft wurde. Der Verkaufserfolg hielt sich wegen einiger Konstruktionsfehler in Grenzen, vor allem wegen des unzulänglichen Zweigang-Getriebes.

Winton 17 B Touring – 1911 (USA). Winton stieg im Jahr 1897 in den Automobilmarkt ein, nachdem die Firma einen der ersten elektrischen Anlasser konstruiert hatte. Bis 1924 stellte Winton hauptsächlich Luxus-Automobile her. Das 17-B-Modell hatte einen 6-Zylinder-Dreiblock-Motor (48 PS, 9500 ccm). ▼

Rambler Cross-Country 38 PS – 1912 (USA). Von 1901, als die Firma von Thomas B. Jeffery gegründet wurde, bis 1913 wurden die Autos unter dem Namen »Rambler« verkauft. Danach stellte Jeffery Autos unter seinem eigenen Namen her, bis die Gesellschaft 1917 von der Firma Nash übernommen wurde. Der 38-PS-Wagen besaß einen perfekten quadratischen 4,7-l-Motor (4 Zylinder).

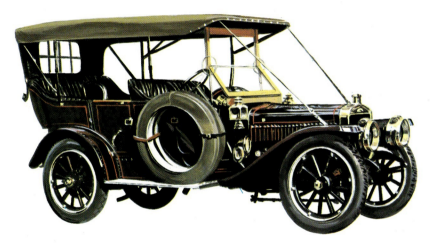

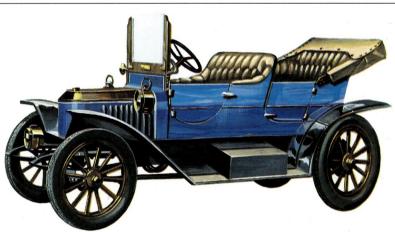

K. R. I. T. 25/30 PS – 1912 (USA). Die von Kenneth Krittenden gegründete Firma war zwischen 1909 und 1916 in Betrieb. Das 4-Zylinder-Fahrzeug (25–30 PS, 2998 ccm) wurde mit einem Dreigang-Getriebe im Jahr 1912 hergestellt.

Stanley 10 PS – 1911 (USA). Während ihrer gesamten Automobilproduktion blieb die Firma Stanley ebenso hoffnungsvoll wie stur bei der Dampfkraft und zerbrach letztlich (1929) am überlegenen Benzin-Motor. Die Automobilfabrik, benannt nach den Zwillingen Francis und Freelan Stanley, erprobte ihr erstes Fahrzeug im Jahr 1887. Dieser »10 PS« wurde durch einen 2-Zylinder-Motor angetrieben.

White 0 – 1909 (USA). Bevor die Firma White Benzinmotoren verwendete, hatte sie schon über ein Jahrzehnt lang, zwischen 1900 und 1911, Dampf-Fahrzeuge hergestellt. Doch ◄ unmittelbar nach dem Ersten Weltkrieg stellte sie ihre Automobilproduktion ein. Das 0-Modell war mit einem Verbund-Motor (2 Zylinder, 20 PS) ausgerüstet.

Ford T – 1908 (USA). Bei über 15 Millionen produzierten Fahrzeugen in 19 Jahren darf man behaupten, daß es dieses T-Modell war, das Amerika »auf Räder stellte«. Es war robust, leicht zu fahren und wirtschaftlich. Auch der Preis war volkstümlich. Am günstigsten war er im Jahr 1925 mit einem Tiefstand von 260 Dollar. Unter Leitung von Henry Ford entwarfen ihn die Konstrukteure J. Galamb und G. H. Wills. Er hatte einen 4-Zylinder-Seitenventil-Motor (2892 ccm), der 21 PS bei 1500 Umdrehungen erreichte. Weitere Ausstattung: Auswechselbarer Zylinderkopf, Magnetzündung, Schwungrad, Niederspannungszündung. Die Höchstgeschwindigkeit lag bei 60 km/h.

1915 baute Ford bereits 355 000 Autos. Da die Fließbandfertigung auch wirtschaftlicher war, fiel der Stückpreis auf 440 Dollar. Im Jahr 1923 – bei zwei Millionen Autos pro Jahr – sank der Preis für eine »Lizzie«, wie Fords Gebrauchswagen liebevoll genannt wurden, sogar auf 290 Dollar. Ihr Marktanteil stieg von 38% im Jahr 1913 auf 55% im Jahr 1921. Zweifellos war dieser großartige Erfolg den verbesserten Produktionsmethoden zu verdanken, die bis 1909 sogar von der Farbe her völlig identische Autos entstehen ließen. Zu jenem frühen Zeitpunkt der Motorisierung wurden die standardisierten Produkte bereitwillig angenommen. In den 20er Jahren jedoch stellte die Produktion nur eines einzigen Modells die Ansprüche der Käufer nicht mehr zufrieden. Damals fühlte sich der sogenannte Durchschnittsamerikaner »verpflichtet«, sein Modell T durch ein Auto aus dem reichhaltigen Angebot der Firma General Motors zu ersetzen, die bisher an zweiter Stelle in der Produktion lag.

Nach dem Konkurrenzkampf mit Ford gelang es General Motors, in den Jahren 1926 bis 1930 führender Automobilhersteller zu werden, eine Position, die die Firma nie wieder verlor. Das Erscheinen von Chrysler im Jahr 1924 vervollständigte das Bild der drei großen Firmen, die später die Grundlage für Amerikas Autoindustrie bilden sollten.

Die Einzelanfertigung in Handarbeit – gemäß den europäischen Vorbildern – war trotzdem dank der Finanzkraft und der Größe des US-Marktes nicht unterzukriegen und konnte sich neben der Massenproduktion in Amerika behaupten. Im Jahr 1909 gab es mindestens 69 Firmen, die Autos herstellten. Wie die Marken Oldsmobile, Cadillac, Buick und Chevrolet, die später einmal zu General Motors gehören sollten, erschienen in den ersten Jahren dieses Jahrhunderts auch Namen wie Packard, Pierce-Arrow, Auburn, Marmon, Stutz und Mercer. Sie alle waren Firmen, die sich auf Produkte von höchster Qualität spezialisiert hatten. Es gab auch noch ein paar Firmen, die dem Dampfantrieb treu blieben, und Stanley, der von 1897 an auf diesem Gebiet arbeitete, war mit dieser Art des Antriebs bei Wettbewerben äußerst erfolgreich. Dampfgetriebene Fahrzeuge hatten in bezug auf Bequemlichkeit das höchste Maß an Perfektion erreicht und verkauften sich bis zum Ende der 20er Jahre trotz großer Konkurrenz durch den Verbrennungsmotor recht gut.

Im Jahr 1900 begann auch White mit der Produktion von Dampf-Autos, wechselte jedoch 1910 zum Otto-Motor über und baute 1915 ein interessantes Coupé, genannt GMT, mit einem 4-Zylinder-Motor mit 16 Ventilen und 5300 ccm Hubraum. Die besten Ergebnisse mit Dampfantrieb erzielte Doble mit seinem 1912 entstandenen Modell zu einer Zeit, als der Benzinmotor schon fest etabliert war.

Doble baute stattliche Automobile, die extrem leise, bequem und schnell waren. Sie erreichten bei minimalen Vibrationen Spitzengeschwindigkeiten von bis zu 140 km/h. Da mechanische Unterschiede nicht sichtbar waren, konnte man die elegante Karosserie von den prächtigsten Benzinmodellen jener Zeit nicht unterscheiden. Die Produktion mußte 1930 als Folge der Wirtschaftskrise im vorangegangenen Jahr abgebrochen werden. Trotzdem perfektionierte Abner Doble, die treibende Kraft der kalifornischen Firma, seine eigenen Autos bis zum Ende der 50er Jahre.

Hudson 37 – 1913 (USA). Die im Jahr 1908 gegründete Firma Hudson hatte im Jahr 1916 ihren größten Erfolg mit der »Super Six«. Aber auch die früher hergestellten Autos, so das 37er-Modell, waren Qualitätserzeugnisse. Das abgebildete 4-Zylinder-Modell (4352 ccm) hatte ein Dreigang-Getriebe. Im Jahr 1954 fusionierte die Firma mit »American Motors«.

Stearns 45–90 PS – 1908 (USA). Die Firma Stearns wurde 1896 gegründet und begann die Produktion mit kleinen »Voiturettes«. Später konzentrierte man sich auf die Herstellung von großmotorigen Luxuswagen. Der »45–90 PS« war dafür ein typisches Beispiel mit seinem 6-Zylinder-Doppelblock-Seitenventil-Motor (13 088 ccm), dessen Höchstgeschwindigkeit bei 140 km/h lag. Er wurde nur auf Bestellung gebaut und kostete 6250 Dollar. Nach 1912 baute man die von der Firma Knight entwickelten Motoren mit Muffenventilen. Der Börsenkrach von 1929 blies der Firma Stearns das Lebenslicht aus.

Stutz Bearcat – 1911 (USA). Harry Stutz, der bei der Firma Marmon beschäftigt war, machte sich im Jahr 1911 mit der Herstellung von sportlichen Autos selbständig. Eines seiner beliebtesten Autos war »Bearcat«, ausgestattet mit einem 4-Zylinder-Motor (60 PS, 6396 ccm). Es wurden auch Motoren mit 4 Ventilen pro Zylinder hergestellt. Ab 1926 wurde das Produktionsspektrum durch die 4,7-l-8-Zylinder-AA-Reihe modernisiert. Das letzte von Stutz herausgebrachte Auto war der 5-l-DV 23, danach stellte die Firma im Jahr 1934 die Produktion ein.

Wood Mobilette – 1914 (USA). Die im Jahr 1899 in Chicago gegründete Firma Wood war bis 1919 in Betrieb. Sie hatte sich auf die Herstellung von Elektroautos und von verschiedenen Maschinen spezialisiert. Das »Mobilette«-Auto hatte einen 4-Zylinder-Motor (1132 ccm) und erreichte eine Geschwindigkeit bis zu 56 km/h.

Maxwell 50-6 – 1914 (USA). Dieses 50-6-Luxus-Modell wurde von der kleinen Autofirma Maxwell aus dem Bundesstaat Indiana hergestellt. Es hatte einen 6-Zylinder-Motor (41 PS, 6246 ccm), ein Dreigang-Getriebe, hölzerne Räder, Doppelzündung und einen elektrischen Anlasser, war aber im Vergleich zur Konkurrenz viel zu schwer.

Pierce-Arrow 48 – 1915 (USA). Nachdem sie im Jahr 1900 die »Motorette« mit einem von der Firma De Dion hergestellten Motor und im Jahr 1903 ein 15-PS-Modell mit einem Panhard-Levassor-Motor herausgebracht hatte, kam die Firma Pierce im Jahr 1904 mit dem »Great Arrow 24/28 PS« auf den Markt, der sowohl ein Verkaufsschlager war als auch viele Erfolge in Rennen erreichte. 1909 wurde die Firma in Pierce-Arrow umbenannt und begann mit der Herstellung amerikanischer Luxusautos. Das 48er-Modell war Teil einer großangelegten 6-Zylinder-Serie, konstruiert von David Fergusson. Der Arrow 48 hatte einen 8577 ccm-Motor, 70 PS bei 2500 U/min. Technischer Stillstand bewirkte einen langsamen Niedergang der Firma, denn die Konkurrenz konnte 8- und 12-Zylinder-Motoren anbieten. Nach kurzzeitiger Zusammenarbeit mit der Firma Studebaker (1928–1933) stellte Pierce-Arrow 1938 ihre Produktion ein.

»Dinosaurier«. In der Zeit, da die US-Autoindustrie Wagen in großen Serien produzierte (1900 gab es im Schnitt 0,105 Auto pro 1000 Einwohner, 1910 waren es schon 4,98, 1920 deren 76,92 und 1925 gar schon 150,2 pro 1000 Amerikaner), wurden auch ausgefallene Automobile in exklusiver Qualität, mit hohen Motorleistungen und hohen Preisen angeboten. Obwohl die populären Automobile, so etwa das dem Ford T ähnliche »Europa-Modell«, noch eine gewisse Produktions-Steigerung erfuhren, gaben doch schon die »Elite-Modelle« einen Vorgeschmack auf die in den 30er Jahren gebauten »Dinosaurier«. Diese Fahrzeuge beeinflußten später auch die Größe der billigeren Modelle. Man produzierte zum Teil noch rein handwerklich, also in Handarbeit, und war dadurch relativ anfällig für die Risiken eines sich verändernden Marktes. Die Finanzdecke vieler Firmen war durch den Preisverfall (Depression) von 1909 und dem Börsenkrach von 1929 so dünn geworden, so daß viele Autofabriken, auch berühmte Namen, von der Bildfläche verschwanden. Keine dieser Automobilfirmen produzierte noch nach dem Zweiten Weltkrieg. Aber gerade ihre Kurzlebigkeit führte zu einer Legendenbildung rund um die außergewöhnlichen Automobile.

Chadwick Six Mod. 19 – 1910 (USA). Lee Chadwicks Automobile, gebaut zwischen 1904 und 1913, unterschieden sich von der Konkurrenz vor allem durch fortschrittliche Technik. Das bekannteste Modell war der im Jahr 1906 herausgebrachte »Great Six«, der mit einem Dreiblock-Seitenventil-Motor ausgestattet war. Ab 1907 konnte dieses Fahrzeug auch mit Kompressor angeboten werden, damals etwas völlig Neues für Tourenwagen. Das im Jahr 1910 gefertigte Modell 19 mit 11 578 ccm Hubraum leistete 120 PS und erreichte eine Spitzengeschwindigkeit von 160 km/h. 1908 kosteten Chadwick-Autos zwischen 5500 und 8000 Dollar.

◀ Lozier 50 PS – 1913 (USA). Lozier begann mit der Produktion von Fahrrädern. Das erste Auto wurde 1904 gebaut. Den größten Erfolg hatte die Firma mit der ab 1907 angebotenen 6-Zylinder-Reihe. Daneben wurde auch ein Lozier-Rennwagen entwickelt, der beim Rennen in Indianapolis 1911 den zweiten Platz belegte. Das 9112 ccm starke 50-PS-Modell war eine typische Kombination aus Renn- und Tourenwagen. Die Firma stellte im Jahr 1917 die Fertigung ein.

Simplex 50 PS – 1912 (USA). Das war das erste von Herman Broesel konstruierte Automobil. Er benutzte in großem Umfang teures Material. Der 4-Zylinder-Motor mit T-Kopf (9777,5 ccm) besaß eine Ölwanne aus Aluminium und zwei seitliche Nockenwellen. Die Kraftübertragung erfolgte durch Kettenantrieb. Später kamen noch Modelle mit 75 PS und 36 PS hinzu, bis dann im Jahr 1914 das letzte von Simplex konstruierte Modell mit einer Leistung von 100 PS produziert wurde. Die Autofabrik existierte bis in die frühen 20er Jahre unter dem Namen »Crane-Simplex«.

Ray Hutton # Der Motorsport zwischen den beiden Weltkriegen

Die Grundregeln für die Autorennen der frühen 20er Jahre wurden schon in den Vorkriegsjahren aufgestellt. Die Monster der Anfangszeit des Autorennsports waren beseitigt. Seit dem Wendepunkt im Jahr 1912 beim Grand Prix in Dieppe entwickelten sich kleinere, leichtere Autos mit hochentwickelten Motoren und Übersetzungen. Die 1914 eingeführte Grand-Prix-Regel über die alleinige Teilnahme von Fahrzeugen mit maximal 4,5-Liter-Motoren wurde durch die »3-Liter-Vorschrift« im Jahr 1920 ersetzt. So folgten die Grand-Prix-Autos dem Beispiel der Kleinwagen, die schon vor dem Ersten Weltkrieg mit einer 3-Liter-Begrenzung bei Autorennen teilnahmen.

In Amerika ging der Rennsport während des Krieges weiter. Hierbei wurde die Rivalität zwischen Mercedes und Peugeot, die sich ja schon beim Grand Prix von Frankreich in Lyon im Jahr 1914 abgezeichnet hatte, fortgesetzt. Jenen Grand Prix hatte Christian Lautenschlager in seinem Mercedes gewonnen, aber auf den amerikanischen Rennstrecken war Dario Resta mit seinem Peugeot der beständigere Fahrer.

1918 fanden keine Rennen von internationaler Bedeutung statt. Im folgenden Jahr gab es erstmals die 500 Meilen von Indianapolis, die ebenfalls von einem Peugeot gewonnen wurden (der letzte Sieg für eine europäische Marke für die nächsten 20 Jahre bei diesem amerikanischen Wettbewerb), und Graf Florio veranstaltete die »Targa Florio« im Jahr 1919. Sie fand im November nach einem für Sizilien seltenen Schneesturm statt, und Peugeot konnte wieder einen Sieg verzeichnen. Der Fahrer war André Boillot, der Bruder des »Helden« im Grand Prix 1914 in Lyon, Georges Boillot, der während des Krieges bei einem Luftkampf getötet worden war. Abgesehen von der Tatsache, daß Boillot der Jüngere das erste Nachkriegsrennen Europas gewonnen hatte, wird auch die Art und Weise seiner Fahrt während der Targa Florio als äußerst sensationell in der Rennsportgeschichte betrachtet. Während des Rennens kam er sechsmal von der Strecke ab und überquerte, nachdem er gegen die überdachte Tribüne gekracht war, rückwärts die Ziellinie! Man sagt, daß er, wieder zu sich gekommen, um eine Disqualifikation zu vermeiden, die Ziellinie nochmals vorwärts überquerte und mit dem Ausruf »C'est pour la France« zusammenbrach.

Der Rennsport war von da an weniger ein Wettbewerb zwischen den verschiedenen Ländern wie in den früheren Jahren, sondern eher ein Wettbewerb zwischen den verschiedenen Autoherstellern, die durch die Leistungsfähigkeit und

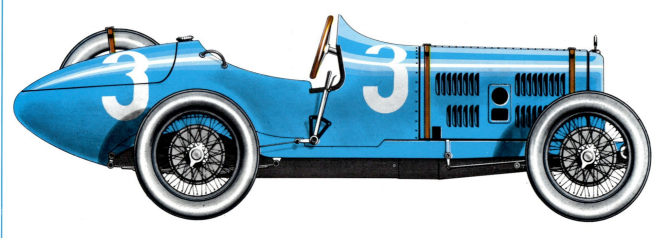

Ballot – 1921 (F). Das Auto wurde aus dem im Jahr 1920 beim Rennen in Indianapolis sehr erfolgreichen Modell entwickelt. Dieser Wagen belegte Platz 2 und 3 beim französischen Grand Prix und war Sieger beim Grand Prix in Italien mit dem Fahrer Goux (Motor: 8 Zylinder, 2960 ccm, 107 PS bei 3800 U/min).

Duesenberg – 1921 (USA). Dieser Rennwagen besaß als erster hydraulische Allround-Bremsen. Mit dem Fahrer Murphy am Steuer gewann er den französischen Grand Prix mit einer Durchschnittsgeschwindigkeit von über 127 km/h (Motor: 8 Zylinder, 2964 ccm, 115 PS bei 4225 U/min).

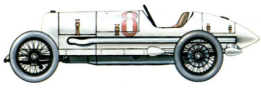

Fiat 801 – 1921 (I). Das erste in Italien durchgeführte Grand-Prix-Rennen, veranstaltet auf dem Rundkurs in Brescia, sah lediglich drei Ballots und drei Fiats am Start. Der Fiat mit Bordino am Steuer fuhr die schnellste Runde (Motor: 8 Zylinder, 2973 ccm, 120 PS bei 4400 U/min).

Austro-Daimler – 1921 (A). Dieser Rennwagen wurde aus politischen Gründen bei mehreren Rennen boykottiert und konnte deshalb in den ersten Nachkriegsjahren nie seine Qualitäten beweisen. Er besaß einen 6-Zylinder-Motor (2992 ccm), der 109 PS bei 4500 U/min leistete.

Fiat 804 – 1922 (I). Mit Nazzaro am Steuer gewann dieser Fiat den französischen Grand Prix von 1922, als er die 803-km-Strecke mit einer Durchschnittsgeschwindigkeit von 126 km/h zurücklegte (Motor: 6 Zylinder, 1991 ccm, 112 PS bei 5000 U/min).

Bugatti T 30 – 1922 (F). Die Firma Bugatti feierte ihr Debüt beim Grund Prix von 1922 in Frankreich. Der betont aerodynamisch gebaute T 30 kam mit dem Fahrer Pierre Marco als Dritter ins Ziel (Motor: 8 Zylinder, 1991 ccm, 86 PS bei 6000 U/min).

Voisin – 1923 (F). Das Auto wurde in Monocoque-Bauweise hergestellt und hatte eine betont aerodynamische Form. Es nahm am französischen Grand Prix von 1923 unter dem Fahrer Duray teil. Der 6-Zylinder-Motor (1978 ccm) leistete 60 PS und schaffte 168 km/h.

Rolland Pilain – 1923 (F). Beim französischen Grand Prix 1923 schnitt dieser Wagen, gesteuert von Guyot, sehr gut ab. Es gab verschiedene Motor-Versionen auf identischen Fahrgestellen, so auch eine mit Desmodromic-Ventilen, die später nicht mehr hergestellt wurden (Motor: 8 Zylinder, 1968 ccm, 135 PS bei 5300 U/min).

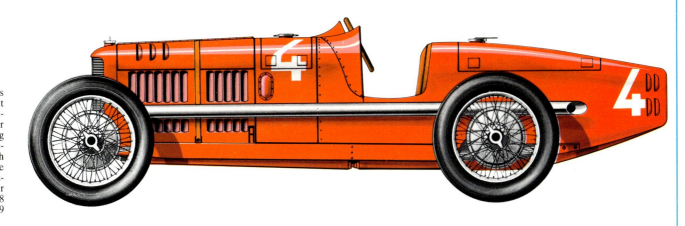

Fiat 805 – 1923 (I). Das war das erste Grand-Prix-Auto mit Kompressor, zuerst einen Whitting und dann einen Roots. Der Kompressor ließ die Leistung auf 150 PS und die Spitzengeschwindigkeit auf 219 km/h hochschnellen. Der abgebildete 805 gewann 1923 den italienischen Grand Prix mit Fahrer Salamano am Steuer (Motor: 8 Zylinder, Kompressor, 1979 ccm, 130 PS bei 5500 U/min).

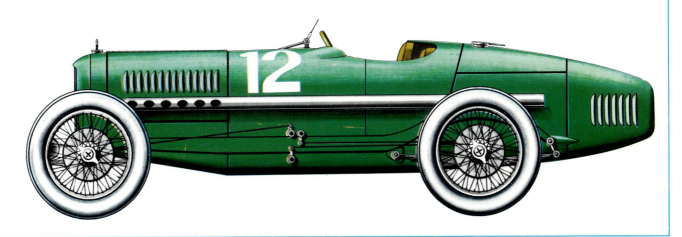

Sunbeam – 1923 (GB). Offensichtlich beeinflußt durch den Fiat 804 und gebaut von Louis Coatalen zusammen mit den italienischen Fiat-Ingenieuren Bertarione und Becchia, gewann das Auto mit Segrave am Steuer den französischen Grand Prix im Jahr 1923 (Motor: 6 Zylinder, 1988 ccm, 108 PS bei 5000 U/min).

Zuverlässigkeit ihrer Tourenwagen bekannt werden wollten. Auch die berühmteste Automarke im Rennsport wird mit der Targa Florio von 1919 in Verbindung gebracht, weil dieser Wettbewerb für Enzo Ferrari (auf seinem CMN) das erste große Rennen war.

Mit der Eröffnung der Brooklands-Bahn im Jahr 1920 kehrte der Rennsport nach Großbritannien zurück. Zur selben Zeit fand in Frankreich der »Grand Prix der Voiturettes« auf einem ursprünglich amerikanischen Militärgelände in der Nähe von Le Mans statt. Hier gewann das von Ettore Bugatti 1914 gebaute 1,4-Liter-Modell des Typs 13. Obwohl der Rundkurs hart und staubig war, wurde das Ergebnis zu einem Erfolg, und der Automobile-Club de France beschloß, seinen Grand Prix im nächsten Jahr am selben Ort wieder aufleben zu lassen. Die anfangs geringe Teilnehmerzahl wurde schließlich durch vier Duesenbergs aus Amerika verstärkt. Obwohl die Franzosen Favoriten waren, wurden sie von Jimmy Murphys Duesenberg, einem Auto, das vom kontinuierlichen Weiterleben des Rennsports in Amerika profitiert hatte, eindeutig geschlagen. Zum ersten Mal nahm damit auch ein Auto mit hydraulischen Bremsen, Batteriezündung und einem 8-Zylinder-Reihenmotor mit je drei Ventilen an einem Grand-Prix-Rennen teil.

Le Mans wurde bald auch wegen einer anderen Variante im Rennsport berühmt. Hier fand 1923 das erste 24-Stunden-Rennen statt, nach einer Idee, die 1921 ausgerechnet in Korsika entstanden war, als die Insel ihres berühmtesten Sohnes Napoleon Bonaparte mit einem besonderen Ereignis gedenken wollte. Hier wurden freier Transport für die Wettbewerbsteilnehmer, ein annehmbarer Sieger-Preis in barem Geld (in jener Zeit zahlte man normalerweise hohe Zulassungsgebühren und konnte lediglich eine Trophäe gewinnen) und eine neue Kategorie im Rennsport geboten. Am korsischen Grand Prix durften nur viersitzige Tourenwagen bis zu 3 Litern teilnehmen. So entstanden die Sportwagenrennen, eine Alternative zum Grand Prix, die es bis zum heutigen Tag noch gibt.

Ein Bignan Sport aus Frankreich gewann in Korsika, Chenard und Walcker waren jedoch im ersten 24-Stunden-Rennen von Le Mans die Besten. Ein Jahr später, 1924, errang ein britischer Bentley den ersten von fünf aufeinanderfolgenden Siegen dieser soliden Autos in jenem klassischen Härtetest.

Der Grand Prix erlebte auch das Ende der Peugeot-Zeit, besser gesagt der Zeit von Ernest Henry, der den von anderen gern kopierten Motor mit zwei obenliegenden Nockenwellen und schrägen zentralen Ventilen entworfen hatte. Kleinere Autos und die Vorherrschaft von Fiat bei den beiden im Jahr 1921 abgehaltenen europäischen »Großen Preisen« waren die Folge der Regelbeschränkung auf 2 Liter.

Der Rennsport nahm nun Formen an, die auch heutigen Enthusiasten noch vertraut sind. Die Qualität der Straßenbeläge wurde durch die Anlage von speziellen Rennstrecken verbessert – erwähnenswert ist hier der 10-km-Kurs im Royal-Park von Monza in jener Zeit 1922. Beim Grand Prix von Frankreich in Straßburg im selben Jahr gab es den ersten Massenstart. Nach weiteren drei Jahren wurden die bis dahin mitfahrenden Mechaniker verbannt – der Auslöser hierfür war ein Unfall beim spanischen Grand Prix im Jahr 1924 – die Autos hatten jedoch noch längere Zeit danach zweisitzige Karosserien.

1923 war eine Schlüsselsaison. In diesem Jahr gab es den ersten Grand-Prix-Sieg eines Autos mit Kompressormotor (Fiat/Italien), die ersten Rennwagen mit Heckantrieb und unabhängiger Hinterradaufhängung (Benz) sowie Versuche von Bugatti und Voisin mit aerodynamischen Karosserien. Sensationell gewann der englische Fahrer Henry Segrave den Grand Prix von Frankreich in einem von Fiat inspirierten Sunbeam.

1924 war das Jahr des Alfa Romeo P 2 von Vittorio Jano. Er gehörte 1923 zum Fiat-Team, wurde aber dann von Enzo Ferrari überredet, zu Alfa überzuwechseln. Ferrari, der später einmal die Mailänder Firma leiten sollte, fuhr selbst in diesem Team. Der P 2 hatte, wie der Fiat, einen 8-Zylinder-Reihen-Kompressions-Motor.

Das Jahr 1924 war auch wegen der Einführung von Bugattis Typ 35 sehr bemerkenswert. Dieses Juwel von einem Auto sollte in den folgenden Jahren erstaunliche Erfolge verschiedenster Art haben, und es war damals das einzige Grand-Prix-Auto, das auch private Teilnehmer kaufen konnten.

Genau wie in den achtziger Jahren, als Autos mit Turboladermotoren wegen ihrer Erfolge beim Grand Prix abgelehnt wurden, waren Bugatti und Delage damals gegen die Zulassung von Fahrzeugen mit Kompressor-Motoren. Hätte eine neue Regelung nicht unterschiedliche Leistungsbeschränkungen für Kompressions- und Saugmotoren vorgesehen, hätten sie sicher einen Verein gegründet, um dies durchzusetzen. In der Tat konnte Bugatti das Verdienst für sich in Anspruch nehmen, den letzten Grand Prix jener Zeit (die Targa Florio von 1925) mit einem kompressorlosen Motor gewonnen zu haben.

Mit der Verwendung von Kompressor-Motoren in seinen nach der neuen 1,5-Liter-Regel von 1926 bis 1927 gebauten Autos hatte Louis Delage später große Erfolge. Diese flachen, eckigen Einsitzer waren im wahrsten Sinne des Wortes heiß, denn die Nähe von Auspuffrohr und Krümmer zum kleinen Cockpit heizte dem Fahrer bei den ersten Rennen ganz schön ein. Dieses Problem konnte erst 1927 nach beträchtlichen Konstruktionsänderungen gelöst werden.

Robert Benoist gewann 1927 fünf große Rennen für Delage. Dessen exzellent konstruiertes Auto mit 8-Zylinder-Reihen-Kompressor-Motor hatte 170 PS – zum ersten Mal über 100 PS/l – und drehte mit über 7000 U/min viel höher als seine übrigen Zeitgenossen. Aber im Vergleich mit den »goldenen Jahren« 1922–1924 war die 1,5-Liter-Formel eine arge Enttäuschung. Die wirtschaftliche Lage war schlecht, und es stellte sich bald heraus, daß es nicht genügend Interessenten gab, die eine Aufrechterhaltung dieser strengen Grand-Prix-Regel, die hohe Kosten und technische Weiterentwicklung erforderte, rechtfertigen würden. Es folgte die Zeit der »Formule Libre«: Hier war die Verwendung jeden beliebigen Autos, hauptsächlich Zweisitzer, die – mit etwas mehr Ausstattung – sowohl bei Autorennen als auch ganz normal auf der Straße gefahren werden konnten, erlaubt. Während dieser Periode zeigte sich, daß zuerst Bugatti, dann Alfa Romeo und schließlich Maserati die größten Erfolge erzielten.

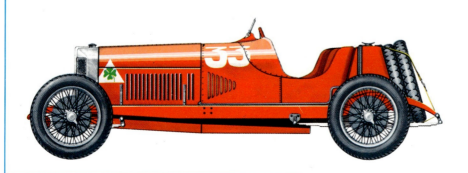

Alfa Romeo RL Tagra Florio – 1923 (I). Die Mailänder Firma gewann ihre erste Targa Florio mit dem Fahrer Sivocci im Jahr 1923. Das Auto hatte einen 6-Zylinder-Motor (3154 ccm) und brachte es auf 95 PS bei 3800 U/min. Für das im folgenden Jahr in Sizilien stattfindende Rennen wurden die Leistung auf 125 PS und der Hubraum auf 3620 ccm gesteigert.

Alfa Romeo P 2 – 1924 (I). Dieser erste von Vittorio Jano konstruierte Alfa Romeo war in seiner Grand-Prix-Klasse für fast ein Jahrzehnt Spitze. Ab 1925 wurde die PS-Zahl auf 170 erhöht. Insgesamt wurden nur sechs Fahrzeuge gebaut (Motor: 8 Zylinder, 1987 ccm, 140 PS bei 5500 U/min).

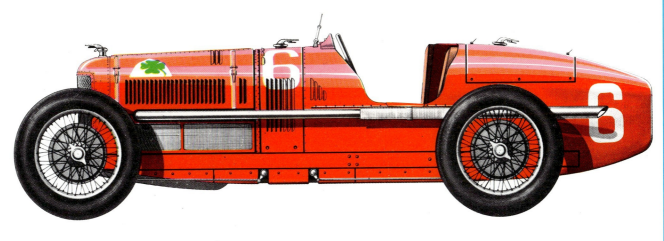

Bugatti 35 – 1930 (F). Eines der berühmtesten Modelle dieser Marke war der im Jahr 1924 gebaute Bugatti 35. Er gewann bis 1930 zahllose Rennen (Motor: 8 Zylinder, ohne Kompressor, 1900 ccm, 135 PS bei 5300 U/min).

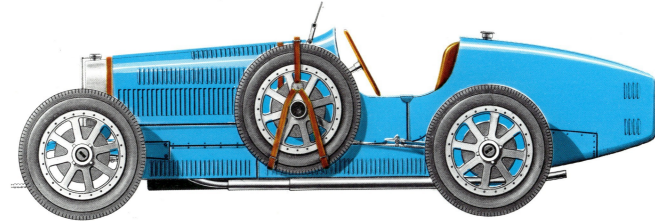

Delage 1500 – 1926 (F). Der Delage wurde für die 1500-ccm-Formel entwickelt, die nach 1926 immer wichtiger wurde. Das Fahrzeug mit Robert Benoist am Steuer gewann 1927 alle wichtigen europäischen Grand-Prix-Rennen. Es hatte einen 8-Zylinder-Serienmotor, obenliegende doppelte Nockenwellen, vier Ventile pro Zylinder, was eine Leistung von 170 PS ergab, sowie fünf Gänge.

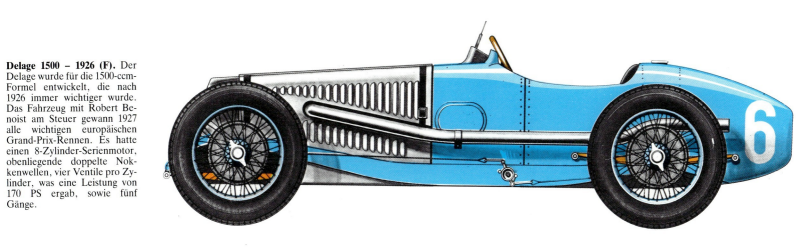

Maserati 8 CM – 1930 (I). Der Fahrer Varzi gewann mit diesem Auto, ausgestattet mit einem 8-Zylinder-Motor (2991 ccm) und 165 PS bei 6000 U/min den italienischen Grand Prix. 1930 startete auch der Maserati V 4 »Sedici Cilindri« bei Rennen. Er hatte zwei zusammengebaute Motoren, die bei einem Hubraum von 3958 ccm eine Leistung von 350 PS bei 5200 U/min brachten.

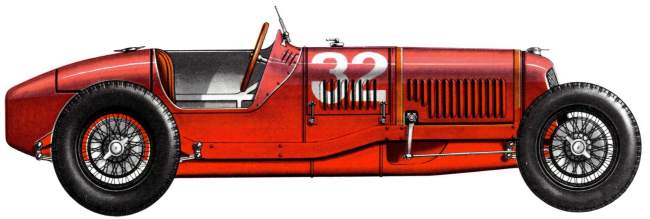

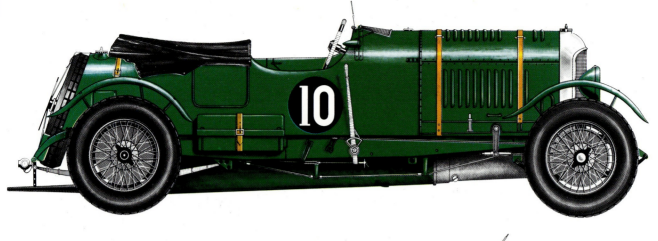

Bentley 4500 – 1928 (GB). Mit diesem Auto gewann die britische Firma drei Jahre in Folge das 24-Stunden-Rennen von Le Mans. Ausgestattet mit einem 4-Zylinder-Motor (4398 ccm), erreichte das Auto 110 PS bei 3500 U/min. 1928 gewann Barnato zusammen mit Rubin in Le Mans mit einer Durchschnittsgeschwindigkeit von 111,221 km/h.

Alfa Romeo 8 C 2300 – 1931 (I). Nach einem ziemlich unglücklichen Start im Jahr 1931 bei der Mille Miglia wurde der »8 C« noch im selben Jahr mit dem Fahrer Nuvolari Sieger bei der Targa Florio, ebenso wie das Howe-Birkin-Team beim 24-Stunden-Rennen in Le Mans. Der 8-Zylinder-Motor (2336 ccm) leistete 142 PS bei 5000 U/min.

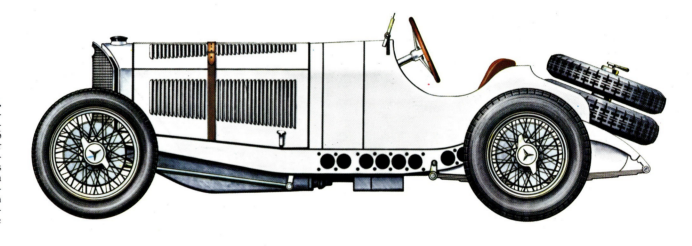

Mercedes SSKL – 1931 (D). Das letzte in Serie mit Kompressor-Motoren gebaute Auto, dessen erste Exemplare 1926 herausgebracht wurden, war dieser SSKL mit einem 6-Zylinder-Motor (7068 ccm), der bis zu 225 PS leistete. Caracciola gewann damit die Tourist-Trophäe, das 24-Stunden-Rennen in Spa, die Mille Miglia (zusammen mit Sebastian) und wurde Zweiter in Le Mans.

Bugatti 55 – 1932 (F). Das Auto hatte einen 8-Zylinder-Motor (2270 ccm), der entwickelt wurde aus der beim »GP 51« verwendeten Maschine, jedoch mit einer reduzierten Leistung von 135 PS bei 5000 U/min. Es kämpfte in mehreren Rennen hart gegen den 8 C von Alfa Romeo, war jedoch weniger zuverlässig. Das Auto erreichte eine Spitzengeschwindigkeit von 180 km/h und kam in 13 Sekunden von 0 auf 100.

Der stärkere Einfluß des Autorennsports war nun überall spürbar. In Le Mans konnte – nach Bentley – Alfa Romeo vier aufeinanderfolgende Siege in den Jahren 1931–1934 verzeichnen. Die Rallye »Mille Miglia« über 1000 Meilen auf italienischen Straßen, die an die Städterennen der frühen Automobilzeit erinnerte, wurde 1927 eingeführt, verzeichnete bald zahlreiche Startmeldungen und lockte riesige Menschenmassen an. In England – wo Autorennen auf öffentlichen Straßen damals wie heute verboten sind – ließ man 1928 die berühmte »Tourist Trophy« als Sportwagenrennen in Nordirland wiederaufleben. Ein Jahr später wurde das 500-Meilen-Rennen in Brooklands zum schnellsten Langstreckenrennen der Welt. Der Gewinner, ein Bentley, fuhr eine Durchschnittsgeschwindigkeit von 173 km/h.

Als sich die Weltlage verbesserte und auch die anderen Länder glaubten, in so erfolgreiches Rennen wie das kleine Monaco durchführen zu können, erlangte der Grand Prix langsam wieder eine gewisse Bedeutung. Die Automobilhersteller entwickelten nun wieder großmotorige Monoposto-Fahrzeuge mit Mittelsitz. Großartige Fahrer wie Caracciola, Chiron und die bekannten italienischen Rivalen Nuvolari und Varzi machten sich einen Namen. Es war Zeit für eine neue Formel. Der neue Vorschlag war einfach: Es sollte keine Beschränkung der Motorgröße mehr geben, wohl aber eine Gewichtsbeschränkung der Autos auf 750 Kilo.

Anfangs waren die Fachleute durch diese neuen Regeln verunsichert. Wer würde sich zur Teilnahme melden? Bis März 1933 stellte sich heraus, daß auf jeden Fall Mercedes-Benz, und zwar in großem Maße, dabeisein würde. Man erkannte, daß sich langsam ein neuer nationaler Einfluß, der mit Autos wenig zu tun hatte, immer mehr durchsetzte. Das »Dritte Reich« nutzte die Grand-Prix-Formel von 1934, um Deutschlands neue Stärke und technisches Können zu demonstrieren. Man stellte nicht nur Mercedes, sondern auch einem zweiten Grand-Prix-Auto mit völlig anderem Design von Dr. Ferdinand Porsche – dem P-Wagen oder Auto Union – entsprechende Geldmittel zur Verfügung.

Die deutschen Teams hatten zwar keine versierten Grand-Prix-Fahrer, konnten aber mit den zur Verfügung stehenden Geldern Autos produzieren, die so leistungsfähig waren, wie es sich die Veranstalter nicht einmal im Traum vorgestellt hatten. Sie wollten eigentlich durch die Gewichtsbeschränkung steigende Leistungen und Geschwindigkeiten verhindern. Neue Werkstoffe und Kenntnisse auf dem Gebiet der Metallverarbeitung ermöglichten es Mercedes und Auto Union, unter dem Gewichtslimit zu bleiben und doch, mit Hilfe von intensiver Motorenforschung, höhere Leistungen zu erreichen. Aus dem ursprünglichen Mercedes W 25 mit 4-Liter-Motor und 430 PS entwickelte sich 1936 der C-Typ von Auto Union mit 500 PS starkem 16-Zylinder-V-Motor sowie 1937 der Mercedes W 125 mit 5,66-Liter-8-Zylinder-Motor, der sogar 646 PS leistete. Es ist hierbei erwähnenswert, daß erst mit den Turboladermotoren der Indianapolis-, CanAm- und schließlich Grand-Prix-Wagen in den 70er und 80er Jahren Motoren entwickelt wurden, die der Leistung dieses legendären W 125 gleichkamen.

Mit dem bisherigen Standard verglichen, hatten diese Fahrzeuge wirklich bemerkenswert hoch entwickelte Rennmotoren. Vier-Rad-Aufhängung und später De-Dion-Heckmotoren kennzeichneten die beginnende Berücksichtigung der

Bugatti 59 – 1933 (F). Man kann dieses Fahrzeug als einen der »Klassiker« der dreißiger Jahre bezeichnen. Es kam zuerst beim Grand Prix in Spanien zum Einsatz. Die hintere Radaufhängung bestand aus halbelliptischen Hängeblattfedern, und die Felgen hatten außen Speichen und innen Aluminiumscheiben (Motor: 8 Zylinder, Kompressor, 3257 ccm, 240 PS bei 5400 U/min).

Mercedes W 25 – 1934 (D). Gleich beim ersten Start auf dem Nürburgring im Mai 1934 siegte dieses Auto trotz der starken Konkurrenz von Alfa Romeo P 3 und Auto Union. Der Rennwagen (technische Daten: 8 Zylinder, Kompressor, 3360 ccm, 354 PS bei 5800 U/min) erreichte eine Spitzengeschwindigkeit von 300 km/h.

Alfa Romeo »Bimotore« – 1935 (I). Hergestellt in den Scuderia-Ferrari-Werken in Modena, war dieses Auto mit einem Front- und einem Heckmotor, Dreigang-Getriebe und zwei Seitentanks ausgestattet (Motor: zweimal 8 Zylinder, zweimal 3165 ccm, 540 PS bei 5400 U/min).

Auto Union C-Typ – 1936 (D). Das Auto besaß einen Mittelmotor und Hinterradantrieb, Konstrukteur war Ferdinand Porsche. Der Fahrersitz war weit vorgezogen. 1936 gewann dieses Auto die Grand-Prix-Rennen in Deutschland und Italien sowie den belgischen Grand Prix 1937 (Motor: 16 Zylinder, 6006 ccm, 520 PS bei 5000 U/min).

Mercedes W 154 – 1938 (D). Dieser Mercedes war für die damalige Zeit mit höchst fortschrittlicher Technik in zweierlei Hinsicht ausgestattet. Das Auto besaß unabhängige Vorderrad-Aufhängung, eine De-Dion-Hinterachse und ein Differential-Getriebe. Als Treibstoff wurde ein Methyl-Alkohol-Gemisch verwendet.

Mercedes W 125 – 1937 (D). Dieser Einsitzer war eine Weiterentwicklung des früheren W 25 B mit einem 8-Zylinder-Kompressor-Motor (5660 ccm), der 646 PS bei 5800 U/min leistete. 1937 gewann der W 125 vier Grand Prix-Rennen mit Caracciola am Steuer sowie je einen mit den Fahrern Lang und Brauchitsch.

Mercedes W 125 – 1937 (D). Dieser W 125 gewann im Jahr 1937 Grand-Prix-Rennen in Deutschland, Italien und der Schweiz. Auf den schnellsten Rundkursen erreichte er eine Höchstgeschwindigkeit von 320 km/h. Er fuhr mit einem Treibstoffgemisch aus Methyl-Alkohol und Azeton (Motor: 8 Zylinder, 5660 ccm, 646 PS bei 5800 U/min).

Auto Union D-Typ – 1938 (D). Eines der technischen Merkmale dieses Autos war die Drei-Nocken-Konstruktion, d. h. eine Nockenwelle mit einem einzigen zentralen Einlaßventil und zwei Ventilen für den Auslaß (Motor: 12 Zylinder, Kompressor, 2990 ccm, 420 PS bei 7000 U/min). 1939 wurde der Motor auf 485 PS hochgetrimmt.

Delahaye – 1938 (GB). Dieser Delahaye hatte eine De-Dion-Hinterachse und war Ende der 30er Jahre unter den Rennwagen ohne Kompressor einer der besten. Doch erwies sich seine Motorkraft als unzureichend (12 Zylinder, 4490 ccm, 245 PS bei 5000 U/min).

ERA – 1939 (GB). Zwischen 1934 und 1939 brachten berühmte Rennfahrer der Automobilmarke ERA große Erfolge. 1939 belegte das 1,5-Liter-Modell die ersten drei Plätze bei der Nuffield-Trophäe mit den Fahrern Bira, Mays und Whitehead (Motor: 6 Zylinder, 1487 ccm, 270 PS bei 7500 U/min).

Mercedes-Benz W 163 – 1939 (D). Diese Weiterentwicklung aus dem 1938er W 154-Modell gewann 1939 gleich fünf Grand-Prix-Rennen. Ein charakteristisches Merkmal der W 154-163-Modelle war die »Überachs«-Übertragung (Motor: 12 Zylinder, Kompressor, 2962 ccm, 425 PS bei 8000 U/min).

Straßenlage. Der »Auto Union« war zwar noch sehr schwer zu fahren, da der »lange« Motor und das Getriebe hinten und der Fahrersitz weit vorn angebracht waren. Aber diese Ausführung zeigte schon den gleichen Aufbau wie die heutigen Formel-1-Autos.

Trotz ihres kometenhaften Aufstiegs hatten die deutschen Teams anfangs doch einige Probleme. Bis 1935 konnten Alfa Romeo und Bugatti der Herausforderung erfolgreich begegnen. Tazio Nuvolari verzeichnete 1935 beim Grand Prix auf dem Nürburgring mit seinem Alfa P 3 einen bemerkenswerten Sieg. Später konnte nur noch der überraschende Sieg von René Dreyfus in Pau im Jahr 1938 auf einem Delahaye die außergewöhnliche Erfolgsserie der »Silberpfeile« unterbrechen.

In diesem Jahr wurde nämlich die bestehende Regelung in eine 3-Liter-Beschränkung und ein Mindestgewicht von 850 Kilo umgewandelt. Dadurch sanken Leistung und Geschwindigkeit, aber ab 1939 waren die Autos wieder schneller als die »leichten Monster« von 1937, was vor allem den zweistufigen Kompressionsmotoren zu verdanken war.

In der Zeit von 1934–1939 war Rudolf Caracciola mit 17 Siegen der erfolgreichste Fahrer vor dem brillanten Bernd Rosemeyer (einer Entdeckung von Auto Union) mit 10 und Nuvolari mit 8 Siegen. Der italienische Meister war 1938 zu Auto Union gekommen. Hätte man 1939 einen europäischen Champion gekürt, wäre dies wohl Hermann Lang von Mercedes – der schnellste Fahrer des Jahres – geworden.

Die Franzosen hatten sich vom Autorennsport zurückgezogen. Bugatti gewann das 24-Stunden-Rennen von Le Mans in den Jahren 1937 und 1939, Delahaye 1938. Die Engländer und Italiener nahmen hauptsächlich an Kleinwagenrennen teil, die damals einer Beschränkung auf 1,5-Liter-Kompressor-Motoren unterlagen. Die Italiener führten diese Klasse an, aber die Deutschen nahmen ihnen auch hier den Wind aus den Segeln. Als nämlich in Tripolis der Grand Prix für kleinere Autos durchgeführt wurde, erschien das Mercedes-Team mit dem Typ W 165 S (ein Grand-Prix-Auto mit gedrosselter Leistung) und gewann.

Die Konstruktionen des Alfa Romeo 158 und des Maserati 4 CL erwiesen sich als dauerhaft und bildeten die Grundlage für eine neue Grand-Prix-Formel, als die Welt nach sechs Kriegsjahren wieder allmählich zur Normalität zurückkehrte.

Alfa Romeo 6 C 2300 B Mille Miglia – 1937 (I). Dieser Alfa Romeo startete zum ersten Mal 1937 bei der Mille Miglia in der Tourenklasse über 1500 ccm. Er wurde im Gegensatz zum Prototyp mit einem superleichten Touring-Fahrgestell ausgerüstet und leistete 105 PS. Das Gewicht betrug 1150 Kilo. Er gewann 1937 auch das Rennen Benghasi–Tripolis über eine Distanz von 1200 Kilometern.

Alfa Romeo 8 C 2900 – 1936 (I). Sein Siegeszug begann mit einem Erfolg bei der Mille Miglia 1936 mit den Fahrern Varzi und Bignami, und er endete beim gleichen Rennen im Jahr 1947 wieder mit einem ersten Platz, errungen vom Fahrer Biondetti. Der Alfa 2900 wurde angetrieben von einem 8-Zylinder-Motor (2905 ccm), der 180 PS bei 5200 Umdrehungen hergab. Er gewann auch das 24-Stunden-Rennen von Spa von 1936

Alfa Romeo 308 – 1938 (I). Das Auto hatte zwei vertikale Zwillingsschwung-Kompressoren und entstand aus einem gewöhnlichen Serien-Fahrzeug, nämlich dem 8 C 2900 B. Es besaß ein Viergang-Getriebe und hinten eine diagonale Blattfederaufhängung (Motor: 8 Zylinder, 2991 ccm 295 PS bei 6000 U/min).

Salmson – 1921 (F). Zwischen 1921 und 1928 gewann dieses Auto Hunderte von »Voiturette«-Rennen. Es wurde von dem Ingenieur E. Petit konstruiert und siegte 1921 beim »Critérium du Mans« mit dem Fahrer Lombard (Motor: 4 Zylinder, 1097 ccm, 38 PS bei 3400 U/min).

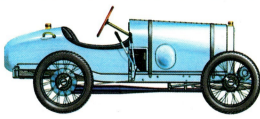

Bugatti 22 »Brescia« – 1921 (F). Auf dem äußerst schnellen Rundkurs von Brescia gewann dieser Bugatti 22 das Grand-Prix-Rennen für »Voiturettes«. Der Motor besaß 4 Zylinder mit 1453 ccm, leistete 30 PS bei 3350 U/min.

Talbot – 1924 (GB). Zwischen 1921 und 1922 bekannt als der »unbesiegbare« Talbot-Darracq, war der 4-Zylinder-Motor mit den gleichen Aufbohrungen und Kolbengrößen ausgestattet wie die 8-Zylinder-Grand-Prix-Modelle (53 PS bei 4000 U/min). Ab 1923 wurde ein Kompressor-Motor übernommen, der 100 PS bei 5000 U/min leistete.

BNC – 1927 (F). Als weiteres Produkt der »französischen Schule« der siegreichen »Voiturettes« brachte die Firma BNC einen 4-Zylinder-Motor (1098 ccm) mit einer Leistung von 61 PS bei 4900 U/min heraus.

MG Magnette – 1934 (GB). Unter den wenigen britischen Autos, die in den dreißiger Jahren produziert wurden, stach der MG Magnette hervor. Er war sowohl in der kleinen Grand-Prix-Klasse als auch als Sportwagen erfolgreich (Motor: 6 Zylinder, 1087 ccm, 120 PS bei 6500 U/min).

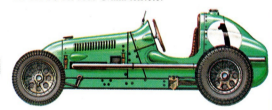

Austin 750 – 1936 (GB). Dies war unter den Kleinmotoren-Rennwagen der dreißiger Jahre das ausgeklügeltste Modell. Der 744-ccm-Motor mit obenliegender Zwillingsnockenwelle erreichte mit Hilfe eines Kompressors 100 PS bei 7800 U/min, aber seine Kraftreserve wurde nie voll genutzt.

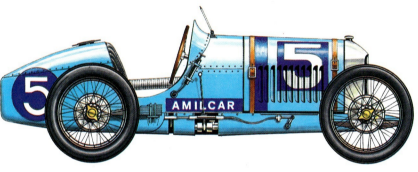

Riley – 1936 (GB). Rennwagen der Firma Riley setzten sich in britischen Automobilrennen stark in Szene und machten sich 1927 beim »Brooklands Nine«-Rennen einen Namen. Ab 1936 gab es sie mit einen 2-l-Motor (1950 ccm), der 250 PS bei 6500 U/min leistete.

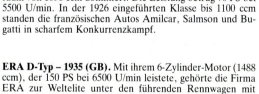

Amilcar – 1926 (F). Die Rennsaison des Jahres 1926 wurde von diesem 6-Zylinder-Kompressorwagen mit einem Hubraum von 1096 ccm dominiert. Die Leistung betrug 70 PS bei 5500 U/min. In der 1926 eingeführten Klasse bis 1100 ccm standen die französischen Autos Amilcar, Salmson und Bugatti in scharfem Konkurrenzkampf.

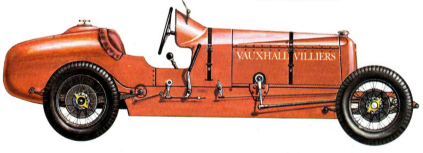

ERA D-Typ – 1935 (GB). Mit ihrem 6-Zylinder-Motor (1488 ccm), der 150 PS bei 6500 U/min leistete, gehörte die Firma ERA zur Weltelite unter den führenden Rennwagen mit niedrigem Hubraum. 1936 gelang es dem Fahrer Bira zum Beispiel, die International-Trophy in Brooklands durch einen überraschenden Schlußspurt zu gewinnen.

Vauxhall Villiers – 1928 (GB). Für die Rennen hergerichtet wurde dieses Fahrzeug von Peter Berthon, der Fahrer hieß Raymond Mays. 1922 wurde ein 3-l-TT-Modell mit einem Amhurst-Villiers-Kompressor ins Rennen geschickt.

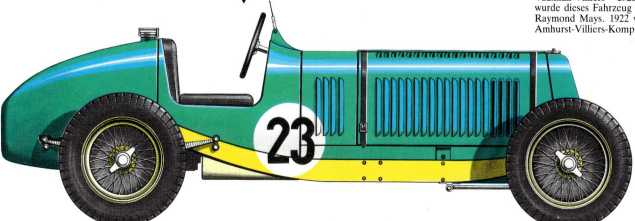

Eine Industrie ohne Grenzen

Der Erste Weltkrieg beschleunigte die Produktion und den technologischen Fortschritt der amerikanischen Autoindustrie. Sie erhielt anfangs aus Europa und später, nachdem die USA in den Konflikt eingegriffen hatten, auch von der amerikanischen Regierung viele militärische Aufträge. Das verbesserte technische Know-how und die erhöhte Produktionsfähigkeit konnten nach dem Krieg vollständig für die Automobilherstellung ausgenützt werden. Die amerikanischen Firmen hatten außerdem das Glück, nicht unter Zerstörung, Wiederaufbau und Beschlagnahmung zu leiden. Sie konnten daher – sogar während der kritischen Kriegsjahre – weiterhin, vor allem in neutrale Länder, exportieren. Nach dem Krieg waren sie sofort in der Lage, den entstandenen großen Bedarf zu decken. Die amerikanische Produktion stieg von zwei Millionen Fahrzeugen im Jahr 1920 auf 4,5 Millionen im Jahr 1929.

Die während des Krieges benötigten Lieferungen bedeuteten auch für die europäischen Hersteller zahlreiche Auftragseingänge und viel Kapital. Die Automobilindustrie wurde beauftragt, Flugzeugmotoren, Munition und Transportfahrzeuge zu bauen. Obwohl zeitweise schwere Schäden entstanden, zeigte sich die Industrie in ihrer Gesamtheit nach dem Krieg stärker denn je, sowohl in materieller wie in politischer Hinsicht, da sich ihre Bedeutung für das Kräftegleichgewicht der kriegführenden Länder erwiesen hatte. Nach Beendigung der Feindseligkeiten wurden die erreichten technischen Fortschritte auf die zivilen Autos übertragen, denen dadurch viele bedeutende Neuerungen zugute kamen.

Das Gußeisen wurde mehr und mehr von Metall-Legierungen verdrängt, und neue, aber ausgereifte Entwicklungen wie die Ventilsteuerung durch obenliegende Nockenwelle wurden von Flugzeugmotoren übernommen. Auch die Vorderräder wurden ins Bremssystem integriert, und der Kettenantrieb verschwand schließlich. Das außergewöhnliche Interesse an der Pariser Weltausstellung im Jahr 1919 bestätigte, daß Europa jetzt ebenfalls für die Motorisierung auf breiter Ebene bereit war.

Während der frühen Nachkriegsjahre hatten es die großen Firmen nicht leicht, da sie sich einer äußerst verworrenen und instabilen Wirtschaftslage gegenübersahen, die das Entstehen erstaunlich vieler kleiner Spezialfirmen begünstigte.

Mit bescheidenem Kapital, einer Werkstatt und ein paar Mechanikern konnten diese Hersteller eine stark interessierte, aber wechselnde Kundschaft durch die Montage verschiedenster Motoren und Karosserien zufriedenstellen. Viele der kleinen Firmen verschwanden innerhalb weniger Jahre, weil die meisten von ihnen Opfer einer Entwicklung wurden, die Mitte der zwanziger Jahre merklich stärker wurde und die die Konzentration der Produktion auf wenige große Firmen bewirkte.

Nach dem Krieg festigte Frankreich seine Stellung als führendes Land in der Automobilherstellung. Obwohl diese Produktion anfangs vor allem auf eine reiche Gesellschaftsschicht ausgerichtet war, die teure Autos haben wollte, wurden schon bald Versuche unternommen, den Kundenkreis durch vereinheitliche Produktion und niedrige Preise zu erweitern.

Wahrscheinlich ebnete die neugegründete Firma Citroën den Weg in diese Richtung. Sie schaffte mit ihrem Modell A, einem Tourenwagen mit 1327 ccm und 18 PS (bei 2100 U/min) eine Tagesproduktion von 100 Stück. Als das Modell im Jahr 1926 auslief, war man bei 500 Stück pro Tag angelangt. Dieses erste Beispiel einer Massenproduktion in Europa hatte beträchtlichen Einfluß auf die gesamte Automobilindustrie – nicht nur in Frankreich. Auch Renault modernisierte seine Produktion und bot neben einer großen Anzahl modifizierter Vorkriegsversionen ein 10-PS-Modell an, das vom Modell T inspiriert war. Peugeot baute ebenfalls eine große Anzahl verschiedener Fahrzeuge: vom Kleinwagen »Quadrilette« mit 760 ccm bis zur 6-Zylinder-Version mit 25 PS. Trotzdem war es immer noch Citroën, das die bedeutendsten Neuerungen einführte, wie Stahlkarosserie und Vierradbremse beim B 12 von 1925. In den zwanziger Jahren verteilten sich 50 Prozent der Gesamtproduktion auf die drei Großfirmen der französischen Industrie: Citroën, Peugeot und Renault. Zahllose kleine Firmen bauten Luxusautos wie den Hispano-Suiza oder den Voisin. Panhard hielt sich in der Mitte und konnte von 1924 an komplette Fahrzeuge liefern, da er die Werkshallen »Les Ateliers de Carrosserie« in Orleans gekauft hatte. Nach dem Krieg wurde die Produktion im Jahr 1919 wieder aufgenommen und reichte von 4-Zylinder-Versionen (10 und 16 PS) bis zur 8-Zylinder-Version mit 6355 ccm, die im Jahr 1922 erschien. In Frankreich wurden 1921 insgesamt 41 000, 1925 121 000 und 1929 211 000 Autos gebaut.

In Großbritannien hatte Ford durch seine kleine Fabrik in Manchester schon vor dem Krieg eine bedeutende Stellung erlangt. Hier wurden

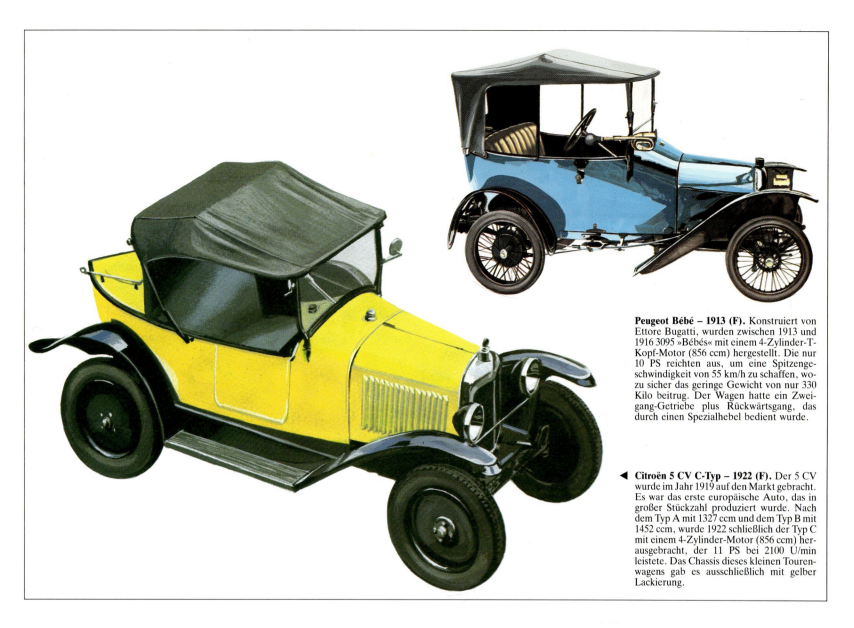

Peugeot Bébé – 1913 (F). Konstruiert von Ettore Bugatti, wurden zwischen 1913 und 1916 3095 »Bébés« mit einem 4-Zylinder-T-Kopf-Motor (856 ccm) hergestellt. Die nur 10 PS reichten aus, um eine Spitzengeschwindigkeit von 55 km/h zu schaffen, wozu sicher das geringe Gewicht von nur 330 Kilo beitrug. Der Wagen hatte ein Zweigang-Getriebe plus Rückwärtsgang, das durch einen Spezialhebel bedient wurde.

◀ **Citroën 5 CV C-Typ – 1922 (F).** Der 5 CV wurde im Jahr 1919 auf den Markt gebracht. Es war das erste europäische Auto, das in großer Stückzahl produziert wurde. Nach dem Typ A mit 1327 ccm und dem Typ B mit 1452 ccm, wurde 1922 schließlich der Typ C mit einem 4-Zylinder-Motor (856 ccm) herausgebracht, der 11 PS bei 2100 U/min leistete. Das Chassis dieses kleinen Tourenwagens gab es ausschließlich mit gelber Lackierung.

Austin Seven – 1924 (GB). Zum ersten Mal vorgestellt wurde der »Seven« im Jahr 1922 mit einem 696-ccm-Motor. In den folgenden 18 Jahren wurden 300 000 Exemplare dieses Modells gebaut. Der »Chummy«, wie sein Spitzname war, wurde 1924 verändert, bekam nun einen 4-Zylinder-Motor (747,5 ccm), Dreigang-Getriebe und Allradbremsen.

Buick Six – 1918 (USA). Der Buick Six, mit seinem 6-Zylinder-Motor (3957 ccm), wurde bis zum Jahr 1923 hergestellt. Das Auto hatte ein Dreigang-Getriebe, und die letzten Modelle besaßen auswechselbare Zylinderköpfe und Allrad-Bremsen.

Fiat 501 – 1919 (I). Von diesem ersten in großen Serien hergestellten Fiat wurden zwischen 1919 und 1926 rund 45 000 Stück gebaut. Er hatte einen 4-Zylinder-Seitenventil-Motor, (1460 ccm), der 23 PS bei 2600 U/min leistete, sowie ein Viergang-Getriebe und Hinterradbremsen. Seine Spitzengeschwindigkeit lag bei 70 km/h.

Tamplin – 1920 (GB). Dieses typische Kleinstauto war mit einer Technik ausgestattet, die aus dem Motorrad stammte. Er hatte einen 900-ccm-V-2-Motor mit Dreigang-Getriebe. Der Anlasser wurde per Pedal vom Fahrersitz aus betätigt. Er besaß vorne Einzelaufhängung mit Spiralfedern.

Ansaldo 4 C – 1923 (I). Hervorgegangen aus dem 1920 gebauten 1800-ccm-4-A-Modell, war dieses Auto mit einem 4-Zylinder-2-l-Motor mit austauschbaren Zylinderköpfen ausgestattet. Es besaß ferner eine Pumpe für das Kühlwassersystem und eine Magnetzündung. Der geistige Vater dieser vier Serien war Guido Soria.

De Dion-Bouton 25 PS – 1920 (F). Dieses mit einem V-8-Motor bestückte De Dion-Fahrzeug war eines der letzten seiner Art und ging in seiner Bauweise auf Vorkriegsmodelle zurück. Es hatte vier Gänge und 3600 ccm.

Darracq A-Typ 25 PS – 1920 (F). Unter dem Einfluß der amerikanischen Autos dieser Zeit entstand der A-Typ mit einem V-8-Motor (4594 ccm), der eine Spulenzündung, Viergang-Getriebe und hinten eine Aufhängung mit Auslegerfeder besaß. Er wog 1800 kg. Insgesamt wurden 500 Exemplare gebaut.

Berliet 16 PS – 1921 (F). Berliet konzentrierte sich auf die Herstellung von Automobilen zwischen 1895 und dem Zweiten Weltkrieg. Danach wurden nur noch Nutzfahrzeuge produziert. Der »16 PS« hatte einen 4-Zylinder-Seitenventil-Motor (3308 ccm) sowie ein Dreigang-Getriebe.

Renault 12 CV – 1921 (F). Das Auto – hier abgebildet in der Coupé-Version – besaß einen 4-Zylinder-Motor (2812 ccm) und konnte 80 km/h schnell fahren. Es hatte ein Viergang-Getriebe. Das Bremspedal wirkte auf das Getriebe und die Handbremse auf die Hinterräder.

Oldsmobile 43 A – 1921 (USA). Produziert zwischen 1920 und 1923, war dieses Modell das letzte der 4-Zylinder-Oldsmobile. Die Leistung lag bei 3675 ccm und 22 PS. Das Fahrzeug besaß ein Pumpen-Kühlsystem sowie Tauchbadschmierung. Insgesamt wurden ungefähr 14 000 Exemplare gebaut.

Wills-Sainte Claire T 6 – 1925 (USA). Nachdem er 16 Jahre für die Firma Ford einen Teil des Modell-T-Programmes entwickelt hatte, baute Harold Wills 1919 seine eigenen Autos. Er verwendete dabei einen leistungsstarken 4,5-l-V-8-Motor mit obenliegenden Nockenwellen. 1925 wurde der T 6 mit einem neuen 6-Zylinder-Motor (4350 ccm) mit austauschbaren Zylinderköpfen hergestellt. Die Firma stellte 1927 ihren Betrieb ein.

Nash Four – 1921 (USA). Nach seinem Erfolg mit 6-Zylinder-Wagen brachte Nash auch eine Vierzylinder-Version (2924 ccm) mit Dreigang-Getriebe heraus. Der Wagen kostete ursprünglich 1395 Dollar, im Jahre 1922 aber nur noch 985 Dollar.

Napier 40/50 – 1921 (GB). Die Firma Napier existierte zwischen 1900 und 1924. Sie war die erste Firma, der es gelang, dem 6-Zylinder-Motor größere Popularität zu verschaffen (1904). Das letzte von Napier herausgebrachte Auto war der 40/50 (6177 ccm, 82 PS) mit einem 6-Zylinder-Motor aus Leichtmetall mit obenliegenden Einzelblock-Nockenwellen.

AC Six – 1922 (GB). Vorgestellt auf der Londoner Auto-Ausstellung im Jahr 1919. Das Modell »Six« hatte einen 6-Zylinder-Motor (1991 ccm), einen Motorblock aus Leichtmetall und eine obenliegende Einzel-Nockenwelle. Er leistete 40 PS. Der Motor blieb mit kleinen Abweichungen bis 1963 in der Produktion. Die letzten Versionen entwickelten rund 100 PS.

Hotchkiss AL – 1922 (F). Hotchkiss stieg im Jahr 1904 in das Automobil-Geschäft ein, verkaufte im Jahr 1950 seine Aktienmehrheit bei Peugeot und stellte vier Jahre später die Produktion ein. Das AL-4-Zylinder-Modell (3962 ccm) hatte ein Allrad-Bremssystem und obenliegende Ventile.

OM 469 – 1922 (I). Dieses Auto wurde zwischen 1922 und 1929 hergestellt. Es hatte einen 4-Zylinder-Motor (1495 ccm) mit austauschbarem Zylinderkopf, ein Kühlsystem mit Holzfächer, Viergang-Getriebe und Allradbremsen.

Lancia Lambda – 1922 (I). Vorgestellt wurde dieses revolutionäre Auto beim Automobil-Salon in Paris im Jahr 1922. Es war das erste Auto mit Einheitskarosserie und unabhängiger Frontaufhängung. Ursprünglich gebaut mit einem V-4-Motor (2120 ccm, 49 PS), wurde später die Leistung auf 2570 ccm (69 PS) gesteigert. Die Spitzengeschwindigkeit lag bei 125 km/h.

Audi K 14/50 PS – 1923 (D). Von August Horch konstruiert, erreichte dieser Audi mit seinem Leichtmetall-Motor mit 4 Zylindern (3563 ccm) Spitzengeschwindigkeiten von 90 km/h. Es hatte ein gemischtes Bremssystem. Ein Hebel wirkte auf das Getriebe, mit einem Pedal wurden die Hinterradbremsen betätigt.

Talbot 10/23 PS – 1923 (F). Während der Zusammenarbeit mit der »STD«-Gruppe, die im Jahr 1919 entstand, baute Clément Talbot den abgebildeten 10/23 PS. Das Auto besaß einen 4-Zylinder-Motor (1074 ccm) mit obenliegenden Ventilen, der 23 PS leistete, hatte ein Dreigang-Getriebe und halbelliptische Blattfeder-Aufhängung.

Oakland 6-54 – 1924 (USA). Gegründet im Jahr 1907 von Edward M. Murphy, vereinigte sich die Firma im Jahr 1909 mit der General-Motors-Gruppe. 1932 wurde die Firma in »Pontiac« umbenannt, nachdem sie das erfolgreiche, gleichnamige Modell im Jahr 1926 herausgebracht hatte. Das abgebildete Fahrzeug besaß einen 6-Zylinder-Motor (2899 ccm) mit Allradbremsen.

Chiribiri Milano – 1925 (I). Dieses war das letzte Auto, das vor der Betriebsstillegung im Jahr 1928 auf den Markt kam. (Gegründet wurde die Firma Chiribiri 1910.) Das 4-Zylinder-Milano-Modell (1485 ccm) hatte ein Viergang-Getriebe. Vittorio Valletta, der spätere Präsident von Fiat, arbeitete bei Chiribiri im Verwaltungsbereich.

Renault 6 CV NN – 1925 (F). Der 6 CV wurde im Jahr 1922 mit einem 4-Zylinder-Motor (951 ccm) konstruiert. Der NN-Tourenwagen wurde zwei Jahre später herausgebracht, hatte Allradbremsen, wog 1080 Kilo und erreichte eine Spitzengeschwindigkeit von 75 km/h. Das Fahrzeug hatte ein Dreigang-Getriebe und diagonale hintere Blattfeder-Aufhängung.

Locomobile Junior Eight – 1925 (USA). Diese Firma begann ihren Betrieb im Jahr 1899 mit der Lizenzherstellung von Stanley-Dampf-Automobilen, dann ab 1904 mit Benzin-Motoren. Es wurden großmotorige Fahrzeuge gebaut, die auch bei Rennen Erfolg hatten. Der »Junior Eight« war ein 8-Zylinder (3254 ccm) mit Volldruckschmierung und getrennten Zylinderköpfen. Locomobile stellte die Fertigung 1929 ein.

Willys-Overland Whippet – 1926 (USA). Gegründet 1902, wurde Overland 1907 von Willys übernommen und ging 1953 in den Besitz der Firma Kaiser über. Der »Whippet« hatte einen 4-Zylinder-Seitenventil-Motor (2199 ccm) und Allradbremsen. Im Jahr 1929 wurden 190 000 Exemplare gebaut.

Bean 14 PS – 1924 (GB). Bean betätigte sich in der Automobilbranche zwischen 1919 und 1931. Der »14 PS« wurde im Jahr 1924 herausgebracht und hatte einen 4-Zylinder-Motor (2384 ccm), ausgestattet mit austauschbarem Zylinderkopf und einem Viergang-Getriebe. Die Höchstgeschwindigkeit lag bei 85 km/h.

Morris Cowley – 1920 (GB). Die begrenzte Serie von 1500 Cowleys wurde vor dem Ersten Weltkrieg aus amerikanischen Bauteilen hergestellt. 1920 wurde der Betrieb erneut aufgenommen. Das Fahrzeug hatte einen 4-Zylinder-Motor (1548 ccm) und leistete 26 PS bei 2800 U/min. Der Verkaufspreis war außergewöhnlich niedrig. Der offene Zweisitzer kostete 1925 nur 162 Pfund Sterling.

Trojan PB – 1923 (GB). Von der Firma Leyland wurden bis zum Jahr 1928 rund 15 000 Exemplare dieses kleinen Autos hergestellt. Der wunderbar elastische 4-Zylinder-Motor (1529 ccm) leistete 11 PS bei Umdrehungen zwischen 450 und 1200 pro Minute. Er hatte ein epizyklisches Zweigang-Getriebe und sehr stabile Reifen, was ein wirtschaftlicher Vorteil war.

Triumph Super Seven – 1927 (GB). Dieser Konkurrent des Austin Seven hatte einen 4-Zylinder-Motor (832 ccm) mit Dreigang-Getriebe und hydraulische Bremsen. Bis 1934, als die Produktion eingestellt wurde, wurden 15 000 Stück davon gebaut. Triumph war damit ein Faktor auf dem Automobilmarkt geworden.

von 1911 an seine Autos zusammengebaut. Im Vergleich zu einer Gesamtproduktion von 3000 Stück durch die größten englischen Firmen Wolseley und Humber wurden 1914 10 000 »Model T's« hergestellt. Nach dem Krieg war die nationale Industrie nicht fähig, ihre Produktion zu intensivieren. Die Autoherstellung verteilte sich weiterhin auf viele kleine und mittelgroße Firmen. Einerseits waren daran die Schwierigkeiten schuld, das erforderliche Kapital aufzubringen, andererseits führten Auseinandersetzungen mit den Gewerkschaften wegen der unlösbaren Diskrepanz zwischen modernen Maschinen und einem Überangebot an Arbeitskräften zu Streiks, die die Automobilindustrie jeweils für längere Zeit stillegten. Trotzdem gelang es Ford im Jahr 1925, ca. 250 000 Fahrzeuge zu bauen.

Eine der wichtigsten Neuerscheinungen auf der damaligen englischen Automobilszene war der 3-Liter-Sportwagen (4 Zylinder mit 16 Ventilen), den Bentley 1919 herausbrachte. Im Jahr 1922 wurde der Austin 7 vorgestellt, ein Modell, das in der englischen Industrie eine sehr bedeutende Rolle spielen sollte. Davor konnte Großbritannien den ständig wachsenden Bedarf an billigen Autos nur mit einem Kleinwagen decken, der einen Motorradmotor und Ketten- bzw. Riemenantrieb hatte. Der oben erwähnte Austin 7 war ein zuverlässiger kleiner Viersitzer mit einem leisen 4-Zylinder-Motor mit 696 ccm Hubraum. Er hatte außergewöhnlichen Erfolg, und 1923 wurden 200 Exemplare pro Woche hergestellt. Von Ford

Chevrolet Superior – 1923 (USA). Das 4-Zylinder-22-PS-Modell »M« (2,8 l) wurde »Superior« genannt, eine deutliche Anspielung auf das Modell T von Ford. Dank dieses Autos stieg die Produktion der Firma im Jahr 1923 auf 480 737 Stück, und der erste Schritt zur späteren Übernahme von Ford war getan.

Studebaker Erskine – 1927 (USA). Die amerikanische Firma stieß mit diesem Modell in den eigentlich »geschlossenen« Automobil-Markt vor. Das Auto hatte einen 6-Zylinder-Motor (2395 ccm) mit 17 PS und ein Pumpenkühlsystem. Es wurde benannt nach dem damaligen Firmendirektor Albert Erskine.

Kissel 8-75 – 1927 (USA). Gegründet wurde die Firma Kissel im Jahr 1905, und sie produzierte bis 1931. Die wenigen 4-Zylinder-Autos wurden später durch die erfolgreichere Reihe der schnellen 6-Zylinder-Wagen abgelöst, z. B. durch das 4,7-l-Modell (6-45) mit 60 PS. Der abgebildete 8-45 hatte einen 8-Zylinder-Lycoming-Motor, der 71 PS bei 3000 U/min leistete, und er besaß ein Dreigang-Getriebe.

Lagonda 14/60 PS – 1925 (GB). Dieses Auto wurde 1925 auf der Automobil-Ausstellung in London präsentiert. Es besaß einen 4-Zylinder-Motor, 60 PS (1954 ccm), mit halbkugelförmigen Verbrennungskammern und obenliegenden Zwillings-Nockenwellen, der für eine Höchstgeschwindigkeit von 105 km/h sorgten, ein Viergang-Getriebe und eine mechanische Allradbremse. Der Radstand betrug über 3 m.

Diatto 20 A – 1926 (I). Dies war eine Weiterentwicklung des 1922 konstruierten Modells »20«. Es war das erste von dieser Automobilfirma entwickelte Auto mit obenliegenden Ventilen. Es besaß einen 4-Zylinder-Motor (1996 ccm), der 45 PS bei 3000 U/min leistete. Das Modell »20 S« kam auch aus dieser Serie, mit einem stärkeren 75-PS-Motor für Rennen.

Reo Flying Cloud – 1927 (USA). Der Gründer von Oldsmobile, Ransom Eli Olds, begann im Jahr 1904 mit dem Aufbau einer neuen Firma, wobei er seine Initialen als Firmenname benutzte. Diese neue Fabrik produzierte bis 1936. Der Flying Cloud war mit einem 6-Zylinder-Motor (25 PS, 4 l) ausgestattet. Das Auto hatte hydraulische Allradbremsen und ein Viergang-Getriebe.

inspiriert, konnte man durch die Rationalisierung der Produktion den Kaufpreis auf £ 225 auf £ 165 senken. Er war somit nur wenig teurer als ein Kleinwagen. Dieser erste englische Gebrauchswagen wurde bis 1939 produziert und bekam erst in dem Morris Minor einen nationalen Konkurrenten. In England stieg die jährliche Produktion von 60 000 Stück im Jahr 1920 auf 132 000 Stück im Jahr 1925 und 182 000 Stück im Jahr 1929. Auch der Kauf von Vauxhall durch General Motors im Jahr 1925 beschleunigte die Entwicklung.

Die Gesundung der Autoindustrie im Nachkriegs-Deutschland verlief im Vergleich zu den Sieger-Ländern langsamer und war mit größeren Schwierigkeiten verbunden. Der Mangel an Grundmaterialien – besonders Kraftstoff und Gummi – sowie die steigende Inflation beeinträchtigten ernstlich alle Versuche, den allgemeinen Bedarf wieder zu wecken, und hinderten Deutschland daran, spürbare Fortschritte zu machen.

Das Fließband wurde erstmals im Jahr 1924 bei der Firma Opel zur Herstellung des »Laubfrosches« verwendet. Dies war ein kleines 4-Zylinder-Auto, das von der Technik her an den Citroën 5 CV erinnerte. Der Kaufpreis betrug ursprünglich 4000 Reichsmark und sank im Jahr 1927 bei einer Tagesproduktion von 100 Stück sogar auf 2700 Reichsmark. Weil das Angebot zu vielfältig war, konnte man die Vorteile einer Produktion, die sich auf nur ein sehr erfolgreiches Modell beschränkte, nicht ausnützen. Dies war in Deutschland erst nach dem Zweiten Weltkrieg mit Volkswagen der Fall. Trotz dieser schwierigen Periode gediehen viele kleine Spezialfirmen. Gegen Mitte der zwanziger Jahre gab es 86 Firmen, die mit dem Bau von 150 unterschiedlichen Modellen eine jährliche Gesamtproduktion von knapp über 30 000 Autos erreichten. Der Konkurrenzkampf war so groß, daß viele Firmen bankrott gingen oder sich mit größeren Firmengruppen zusammenschließen mußten. Besonders erwähnenswert ist hier der Zusammenschluß der Firmen Daimler und Benz im Jahr 1926.

Zwei Jahre später erschienen die Firmen BMW und DKW auf der deutschen Automobilszene. Die erstere, die sich auf den Bau von Motorrädern spezialisiert hatte, gab mit

Pic Pic R 2 – 1919 (CH). Nachdem die Konstrukteure Paul Picard und Jules Pictet zwischen 1904 und 1910 für die Firma SAG gearbeitet hatten, brachten sie einen eigenen Wagen mit einem 4-Zylinder-(14/18 PS)-Motor unter dem Namen »Pic Pic« heraus. Der abgebildete R 2 besaß einen 4-Zylinder-Seitenventil-Motor (2950 ccm), der 50 PS bei 1800 U/min leistete.
Es war ein besonders hochentwickeltes Fahrzeug mit umfassender technischer Ausrüstung, zu der sogar ein Ölstandsmesser gehörte. Die halbelliptische Blattfeder-Aufhängung war mit hydraulischen Stoßdämpfern verbunden. Die Pic-Pic-Autos fuhren auch Rennen, wurden aber ab 1924 nicht mehr gebaut.

Fiat 520 »Superfiat« – 1921 (I). Von diesem Modell wurden nur drei Stück gebaut. Danach wandte sich Fiat der Produktion von großen Luxuswagen zu. Das abgebildete Modell hatte einen V-12-Motor (6805 ccm), der rund 80 PS leistete. Der »Superfiat« brachte es auf eine Spitzengeschwindigkeit bis zu 120 km/h. Er besaß ein Dreigang-Getriebe und integrierte Aufhängung kombiniert mit mechanischen Stoßdämpfern.

Cadillac 314-7 – 1925 (USA). Dieses Auto setzte die im Jahr 1915 von dem Konstrukteur Charles Kettering begonnene V-8-Reihe fort. Der Motor hatte einen auswechselbaren Zylinderkopf und brachte es auf eine Leistung von 85,5 PS bei 3000 U/min. Er war einer der ersten Cadillacs mit einer von der Firma Fisher hergestellten Karosserie. Inhaber dieser Firma war ab 1925 Lawrence P. Fisher, zusammen mit seinen fünf Brüdern.

einer modifizierten Version des Austin 7 ihr Debüt. Das Auto wurde schon im ersten Jahr 25 000mal verkauft. Die Produktion von DKW bot unter anderen den P 15, ein kleines Auto mit einem 2-Zylinder-Zweitakt-Motor mit 584 ccm Hubraum.

In der zweiten Hälfte der zwanziger Jahre hatte die deutsche Industrie Hochkonjunktur und überschritt 1928 erstmals die bisherige Grenze von 100 000 Autos pro Jahr.

Das Wachstum der Automobilindustrie in Italien war nach dem Ersten Weltkrieg beachtlich, obwohl die absoluten Zahlen unter denen von Frankreich und England lagen. Die Produktion war größtenteils auf eine einzige Firma, nämlich Fiat, beschränkt, die von den frühen zwanziger Jahren an 80 Prozent des nationalen Marktes beherrschte. Zu dieser Zeit stellte die Turiner Firma ein großes Angebot neuer Modelle in den verschiedensten Varianten vor. Dies demonstrierte zwar den technischen Eifer der Industrie, verhinderte aber eine ausreichende Produktionsrationalisierung, mit der beträchtliche Kostenersparnisse erreicht worden wären. Erst 1925 stellte Fiat mit dem 509 ein relativ billiges Produkt vor, das – auch dank der Einführung des Ratenkaufs – in großer Zahl verkauft werden konnte. Der Preis für dieses 4-Zylinder-Auto mit 990 ccm lag je nach Modell zwischen 18 500 und 25 000 Lire. Fiats größter Konkurrent auf dem Gebrauchswagensektor war Bianchi. Sein 1925 vorgestellter S 4, ein 4-Zylinder-Auto mit 1278 ccm Hubraum, kostete nur wenig mehr als der 509 und bot somit dem Käufer eine interessante Alternative. Zwei Merkmale dieses Autos, das bis 1927 produziert wurde, waren die Kipp-Ventile und das Getriebe, das vom Motor getrennt und mit der Antriebswelle verbunden war.

Bedeutende technische Fortschritte erzielte Lancia, die drittgrößte Firma Italiens in jener Zeit, die eine Jahresproduktion von etwa 3000 Fahrzeugen aufwies. Der Lambda war 1922 das erste Auto mit mittragender Karosserie und hochentwickelter Vorderradaufhängung. Andere Firmen produzierten zwar weniger Autos, genossen aber wegen der hohen Qualität ihrer Produkte und deren sportlichem Charakter einen hervorragenden Ruf. Ein typisches Beispiel war A. L. F. A., deren Autos einen gelungenen Kompromiß zwischen Limousinen und Sportwagen darstellten.

Isotta Fraschini fertigte eine begrenzte Anzahl von Nobelkarossen. Es war zwar schwierig, sie im Inland zu verkaufen, sie wurden aber erfolgreich sogar in die Vereinigten Staaten exportiert.

1925 erreichte die Gesamtproduktion in Italien 46 000 Stück (37 000 Fiats) und im Jahr 1928 54 000 Stück (42 000 Fiats).

Auf dem ganzen beschwerlichen Weg blieb Europa jedoch immer hinter dem amerikanischen Produktionsstandard zurück und erreichte bis zum Ende der 20er Jahre nur 12% der Gesamtproduktion in den USA.

Großartige kleine Sportwagen

Erst in den 20er Jahren begann Europa mit der industriellen Herstellung von Autos, als man beliebte, leicht erhältliche Modelle fertigte.

Minerva 30 PS – 1921 (B). Das Auto hatte einen 6-Zylinder-Motor mit 5344 ccm. Ab 1922 wurde das Fahrzeug mit Mehrscheibenkupplung und Allradbremsen ausgestattet. Es besaß ein Viergang-Getriebe und brachte es auf eine Spitzengeschwindigkeit von 120 km/h. Gegründet wurde die Firma von De Jong, der schon 1928 starb. Minerva baute noch bis 1938 ausgezeichnete große Autos, wobei die Firma bereits im Jahr 1935 von der Firma Imperia übernommen worden war. (Man denke nur an den im Jahr 1929 gebauten AL 40 HP, 8-Zylinder-AL, 130 PS, 6,6 l.)

Austro-Daimler AD 617 – 1921 (A). Nach dem Ersten Weltkrieg stürzte auch Österreich in eine große Wirtschaftskrise. Die Automobilfirmen Austro-Daimler, Puch und Austro-Fiat wurden von einem italienisch-tschechischen Konsortium übernommen, das den Austro-Daimler zu seiner Nobelmarke machte. Später wurde der erste 6-Zylinder, konstruiert von Porsche, herausgebracht. Der hypermoderne Einzelblock-Aluminium-Motor besaß einen in den Block geschraubten Zylinder, der mit Stahl ausgekleidet war, sowie ein oberes Ventilsystem für die Nockenwelle. Der 4420-ccm-Motor brachte es auf 60 PS bei 2300 Umdrehungen. Eine im Jahr 1923 herausgebrachte neue Version, nämlich der AD 17/60 PS, hatte ein integriertes Bremssystem. Dieses Fahrzeug wurde bis 1926 produziert.

In der Welt des Automobils waren jedoch weiterhin viele kleine Hersteller sehr erfolgreich. Sie bauten hauptsächlich Sportwagen, die sowohl auf normalen Straßen wie auf Rennstrecken den Geschwindigkeitsdrang der Fahrer zufriedenstellten. Frankreich und Großbritannien waren die bedeutendsten Länder in der Entwicklung dieser Spezialautos, deren Karosserien weder pompös noch prunkvoll waren. Ihr Reiz lag in den kleinen, leistungsfähigen Motoren und in der einfachen Bedienung. Die Karosserien waren schlicht und fast alle ohne Verdeck, was wohl dem damaligen »Sportsgeist« entsprach, der keinen unnötigen Luxus erlaubte. Eine der bekanntesten Firmen in Frankreich war Amilcar, die von 1921 bis 1937 technisch hochinteressante Autos baute und dann von Hotchkiss übernommen wurde. Der ›CGS‹ von 1924 war ein extrem leichtes, einfach zu handhabendes Auto mit 1094 ccm Hubraum. Charakteristisch für ihn war, daß er kein Differentialgetriebe hatte. Ein noch besseres Modell war der ›G 6‹ von 1926, von dem etwa 35 Stück gebaut wurden. Er hatte einen 6-Zylinder-Motor mit 1100 ccm Hubraum und doppelter, obenliegender Nockenwelle, wodurch bis zu 83 PS und somit die unglaubliche Höchstgeschwindigkeit von 200 km/h erreicht werden konnte.

1928 wurde ein weiteres Auto mit einem 8-Zylinder-Reihenmotor vorgestellt. Salmson, eine andere französische Firma, war in den frühen 20er Jahren gegründet worden und wurde Amilcars stärkster Konkurrent. Ihre Autos wiesen noch bessere technische Details auf. Dies zeigte sich unter anderem an dem 1928 erschienenen 8-Zylinder-Modell, das eine doppelte obenliegende Nockenwelle, Ventilsteuerung und zwei Cozette-Kompressoren besaß. Es entwickelte bei 7000 U/min 140 PS. Zu den größten Erfolgen der Firma gehörten die Siege beim 24-Stunden-Rennen von Le Mans im Jahr 1923 und bei der Targa Florio 1926 in der entsprechenden Klasse. Außerdem konnten in den Jahren 1922 bis 1925 vier aufeinanderfolgende Klassensiege beim 200-Meilen-Rennen von Brooklands verzeichnet werden. Kurz vor dem Zweiten Weltkrieg brachte Salmson eine Serie mit repräsentativeren Modellen heraus. Das erfolgreichste Fahrzeug dieser Serie war der »S 4 E« mit 2320 ccm Hubraum, der auch nach dem Krieg unter dem Namen »Randonnée« weiterproduziert wurde. 1957 übernahm Renault die Werkshallen.

In England baute Archibald Frazer-Nash, anfangs in Zusammenarbeit mit seinem Partner H. R. Godfrey, einige Jahre lang Original-Kleinwagen der Marke G. N., bevor er im Jahr 1924 seine eigene Firma »Frazer-Nash« gründete. Seine Autos unterschieden sich von anderen durch ihren Mehrfachketten-Antrieb und das sehr geringe Gewicht, wodurch sie äußerst leistungsfähig waren. Oft wurden auch Kompressoren eingebaut. Eines der bedeutendsten Modelle war der Shesley (1500 ccm Hubraum, obenliegende Nockenwelle, Zwillings-Kompressoren). Frazer-Nash baute bis 1929 Anzani-Motore mit seitlich liegenden Ventilen ein und wechselte dann zu Meadows-Motoren mit obenliegenden Ventilen über. Auch ein 6-Zylinder-Motor mit Kippventilen von BMW wurde verwendet.

Alfa 12 PS – 1911 (I). Dieser Alfa wurde von 1910 bis 1915 hergestellt. Er besaß einen 4-Zylinder-Motor (2413 ccm), der 22 PS bei 2100 U/min leistete. Die Spitzengeschwindigkeit betrug 90 km/h. Das Gewicht dieses Tourenwagens lag bei 920 kg. Mit diesem Fahrzeugtyp stieg Alfa in das Renngeschehen ein und beteiligte sich im Jahr 1911 am ersten offiziellen Rennen in Modena.

Bentley 4½ l – 1929 (GB). Das war eines der letzten von Bentley gebauten Fahrzeuge, ehe die Firma von Rolls-Royce übernommen wurde. Das Auto hatte einen 4-Zylinder-Motor (4398 ccm), der 150 km/h schaffte. Es besaß auch ein Viergang-Getriebe.

Vauxhall Prince Henry – 1914 (GB). Der »Prince Henry« (benannt nach dem im Jahr 1901 gewonnenen Rennen gleichen Namens) war zu seiner Zeit ein hochgeschätzter Sportwagen. Er hatte einen 4-Zylinder-Motor, 75 PS (3969 ccm) mit Viergang-Getriebe. Seine Spitzengeschwindigkeit lag bei 120 km/h.

Aston Martin – 1922 (GB). Dieses Modell war Teil der ersten kleinen Serie von nur 69 Fahrzeugen, die in der Anfangszeit der Firma zwischen 1922 und 1925 gebaut wurden. Der 1484-ccm-Seitenventil-Motor (hergestellt von Coventry-Simplex) leistete 50 PS und erreichte eine Höchstgeschwindigkeit von 160 km/h. Das Fahrzeug hatte ebenfalls ein Viergang-Getriebe.

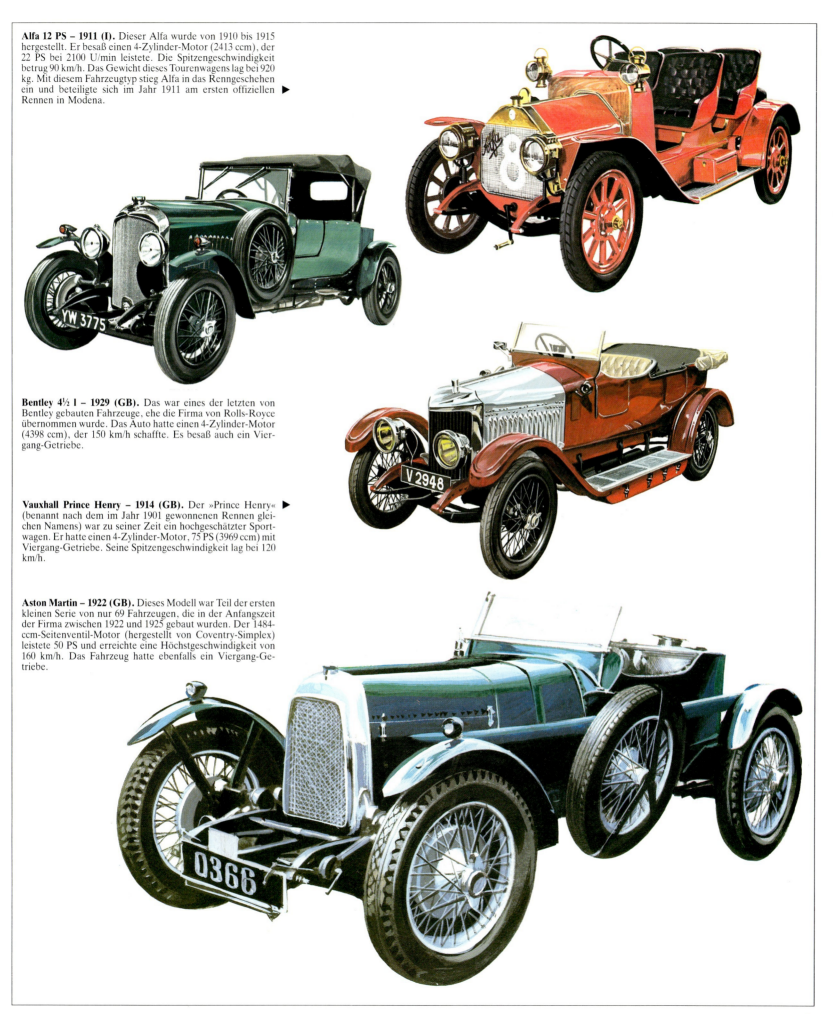

G. N. Vitesse – 1922 (GB). Die beiden Gründungsmitglieder Godfrey und Frazer-Nash gaben der Firma GN den Namen. Sie startete im Jahr 1910 mit der Herstellung von Kleinstwagen. Bis zum Jahr 1922 lief das Geschäft erfolgreich. Dann trennten sich die Kompagnons. Die »Vitesse« war die Sport-Version der »Voiturette« aus dem Jahr 1921. Sie besaß einen luftgekühlten V-2-Motor (1087 ccm) und leistete 24 PS bei 3000 U/min.

Ceirano CS – 1921 (I). Die Firma »Ceirano Giovanni S. A.« baute zwischen 1919 und 1923 Autos. Der CS wurde im Jahr 1921 herausgebracht. Er hatte einen 4-Zylinder-Seitenventil-Motor (2166 ccm), leistete 22 PS bei 2200 U/min und hatte ein Viergang-Getriebe. Der CS 2 mit 2950 ccm und der CS 4 mit 2483 ccm waren weitere Sport-Versionen dieser Marke.

Du Pont Touring – 1921 (USA). Während des Firmenbestehens zwischen 1919 und 1932 wurden nur 537 Du Ponts gebaut. Der Touring besaß einen 4-l-4-Zylinder-Motor (25 PS) mit Kühlpumpe und Viergang-Getriebe. Das Renommiermodell war der 8-Zylinder, 5,3 Liter »G«, der am 24-Stunden-Rennen von Le Mans 1929 teilnahm.

Alvis 12/50 S – 1923. (GB). In den zwanziger Jahren war dieser Sportwagen eines der berühmtesten Modelle in der »Voiturette«-Klasse. Der 12/50 S fuhr Spitzengeschwindigkeiten bis 130 km/h und war auch ein erfolgreicher Rennwagen. Der 4-Zylinder-Motor hatte 1496 ccm. Die Serie, zu der auch ein Tourenwagen mit 1645 ccm gehörte, war unter dem Spitznamen »Duck's Back« bekannt und wurde bis 1932 produziert.

Lorraine-Dietrich 15 PS B/3/6 – 1925 (F). Nach seiner Mitarbeit bei den Automobil-Firmen Delaunay-Belleville, Clément und Benz entwickelte Marius Barbadoux ab 1919 die gesamten von Lorraine-Dietrich produzierten Modelle. Der B/3/6 besaß einen 6-Zylinder-Motor, 70 PS (3446 ccm) und wog 1080 kg. Er war einer der bekanntesten Sportwagen seiner Zeit, gewann das Rennen von Le Mans in den Jahren 1925 und 1926.

Lea-Francis Ulster – 1928 (GB). »Leaf« baute zwischen 1904 und 1960 mit wechselndem Erfolg Automobile. In den zwanziger und dreißiger Jahren wurden exzellente Sportwagen hergestellt. Der Ulster war eine Entwicklung aus dem noch berühmteren Hyper, der zur Erinnerung an die 1928 gewonnene Tourist-Trophy in Ulster umbenannt wurde. Der 4-Zylinder-Motor (1496 ccm) hatte einen Cozette-Kompressor und leistete in der Normal-Version 61 PS bei 4100 U/min.

Sunbeam 20 PS – 1925 (GB). Dieses Auto kam 1925 heraus, mit einem 6-Zylinder-Motor (2916 ccm), der 55 PS bei 3600 U/min leistete. Die interessante, jedoch viel zu teure Sport-Version hatte obenliegende Zwillingsnockenwellen, Zwillingsvergaser sowie trockene Ölwannenschmierung. Die Leistung lag bei 90 PS, konnte jedoch mit Hilfe eines Kompressors auf 138 PS geschraubt werden.

MG Midget »M« – 1929 (GB). Der »M« war der erste in der langen Reihe der Midget-Serienfertigung, die die Geschichte dieser Autofirma kennzeichnete. Die Konstruktion basierte auf Einzelteilen der Firma Morris. Das Fahrzeug besaß einen 4-Zylinder-OHC-Motor (847 ccm), ein Viergang-Getriebe und kostete 1929 185 Pfund Sterling.

Invicta 4500 S – 1931 (GB). Eine Entwicklung aus dem Standardmodell des Jahres 1928. Das Fahrzeug, ausgestattet mit einem 6-Zylinder-Meadow-Motor (4467 ccm), leistete 115 PS. Die Spitzengeschwindigkeit betrug 155 km/h. Ein Invicta gewann die Rallye Monte Carlo 1931. Gegründet wurde die Firma im Jahr 1925. Sie ging 1950 bankrott.

Delahaye 135 – 1936 (F). Dieses Fahrzeug wurde 1935 mit einem 6-Zylinder-Motor (3237 ccm) und einer Leistung von 130 PS bei 3850 U/min herausgebracht. Die Spitzengeschwindigkeit lag bei 160 km/h. Das Viergang-Getriebe hatte wahlweise eine elektromagnetische Druckknopfschaltung oder eine vollsynchronisierte Zahnrad-Schaltung. Die »Renn-Version« mit einem 160-PS-Motor (3557 ccm) gewann 1937 die Rallye Monte Carlo.

Die große amerikanische Krise

Die äußerst ernste Wirtschaftslage nach dem wirtschaftlichen Zusammenbruch im Jahr 1929 war die Ursache für grundlegende Veränderungen in der Automobilindustrie im Westen Amerikas. Zuerst wurde die Produktion drastisch reduziert, bei der einen Firma mehr, bei der anderen weniger. Schließlich mußten viele der kleineren Firmen aufgrund der katastrophalen finanziellen Situation ihre Produktion gänzlich einstellen.

Wie schon befürchtet, nahm diese Entwicklung in den Vereinigten Staaten derartige Ausmaße an, daß die Produktion von 4,5 Millionen Autos im Jahr 1929 auf 2,8 Millionen Autos im darauffolgenden Jahr sank und mit 1,1 Millionen Autos im Jahr 1932 ihren absoluten Tiefpunkt erreichte. Erst in den Jahren nach dem Zweiten Weltkrieg konnte in Amerika wieder eine Produktionsmenge erreicht werden, die mit der vor der Krise vergleichbar war. Es gab auch noch einen anderen Umstand, der zu diesem ungewöhnlichen Rückgang beitrug. Der Inlandsmarkt hatte im Jahr 1930 mit 187 Autos pro 1000 Einwohner beinahe seinen Sättigungspunkt erreicht. Durch die Krise wurde auch der Kauf von Neuwagen auf ein Minimum reduziert.

Besonders erwähnenswert ist, daß die noch junge Firma Chrysler trotz des ungünstigen wirtschaftlichen Klimas und der Tatsache, daß 55% der Produktion in den Händen von General Motors und Ford lagen, nicht nur aus der Krise herausfand, sondern sich auch auf dem Automobilmarkt der Vereinigten Staaten eine stabile und immer bedeutendere Stellung erwarb.

Sie führte zu Beginn der 30er Jahre einige sehr wichtige technische Neuerungen ein, darunter das »Gleitkraftsystem«, bei dem der Motor erstmals auf Gummipuffern gelagert wurde. Das Airflow-Modell von Chrysler (1934) war der erste ernsthafte Versuch, dem Automobil eine aerodynamische Form zu geben. Der Motor wurde über der Vorderachse angebracht und die ganze Karosserie verlängert. Dadurch erhielt man einen größeren Kofferraum, ein stattliches Heck und optimale Gewichtsverteilung. Möglicherweise war der Airflow zu modern und hatte deshalb nicht den verdienten Erfolg. Er gehörte jedoch zu den Modellen, die die Entwicklung des Automobil-Designs mit beeinflußt haben.

Hinsichtlich Technik und Größe nahm das amerikanische Auto inzwischen seine eigenen charakteristischen Formen an. Autos wie das »Model T« von Ford unterschieden sich kaum von den Gebrauchswagen in Europa, obwohl der T einen größeren Motor hatte. Das Modell AA von Chevrolet im Jahr 1927 hatte hingegen charakteristische Merkmale, die im Gegensatz zu der europäischen Produktionsart standen. Die ungeheure Größe der amerikanischen Autos basierte auf dem Erfolg der Luxuswagen, die dank des Reichtums gewisser Gesellschaftsschichten (besonders der Filmindustrie, die unter der Krise kaum gelitten hatte) gut verkauft werden konnten.

Es gab einen nicht endenwollenden Strom von Neuentwicklungen, der die Produktion von Luxuskarossen sowie verfeinerte Details entstehen ließ. Der Cadillac V 16 war ein klassisches Beispiel für die damaligen Versuche in der Entwicklung von Hochleistungsmotoren, die noch leiser liefen und weniger unter Vibrationen litten. Cadillac und später auch Pierce-Arrow und Packard verwendeten ein Hydrauliksystem, das ein sehr leises Motorengeräusch garantierte. Für die Reichen und Anspruchsvollen unter den sportlichen Autofahrern brachte Duesenberg im Jahr 1932 seine SJ-Modelle heraus, die dank des eingebauten Kompressors eine Leistung von 320 PS bei 4200 U/min erzielten. Dieser Kompressor war ein Entwurf von Harry Miller, der zehn Jahre lang sämtliche Motore für die Indianapolis-Rennen baute.

1931 wurde der außergewöhnliche Versuch unternommen, Kleinwagen (klein natürlich nur im Vergleich zu den anderen amerikanischen Autos) auf den Markt zu bringen. Der Franzose Emile Mathis aus Straßburg schloß mit William Durant, dem damaligen Direktor von General Motors und Besitzer von Durant Motor Inc., einen kurzfristigen Vertrag und produzierte in Michigan pro Jahr 100 000 seiner kleinen, aber geräumigen Autos. Der PY, später in »Wonder Car« umbenannt, weil er die Öffentlichkeit auf der anderen Seite des Atlantiks so verblüffte, war in Frankreich sehr beliebt. Er hatte einen 4-Zylinder-Motor mit 32 PS und 1230 ccm Hubraum, konnte eine Spitzengeschwindigkeit von 100 km/h erreichen und war der erste Gebrauchswagen mit hydraulischer Bremse. 1935 handelte Mathis einen Vertrag mit Ford aus und produzierte dann dessen 8-Zylinder-Fahrzeuge unter dem Namen Matford.

Chrysler Airflow – 1934 (USA). Zu seiner Zeit war dieses Auto mit den meisten technischen Neuheiten ausgestattet. Es war das Resultat einer verstärkten Forschung auf dem Gebiet der Aerodynamik und einer modernen Produktionstechnik. Der 8-Zylinder-Motor (4893 ccm) leistete 130 PS bei 3400 U/min. Das Auto besaß im Motorblock eine Nockenwelle mit auswechselbarem Zylinderkopf und hatte ein teilweise freitragendes Chassis. Der Radstand betrug bei der Limousine 3,12 m und beim Coupé 2,92 m. Ab 1935 bekam das Getriebe auf Wunsch einen automatischen Schnellgang. Die Firma produzierte bis 1937. Die 6-Zylinder-Version (3954 ccm, 100 PS) wurde auch unter der Marke »De Soto« vertrieben.

DELAGE

Delage D 8 – 1929 (F)

Louis Delage, der durch langjährige Mitarbeit bei der Firma Peugeot große Erfahrung im Automobilbau besaß, baute sein erstes eigenes Auto unter Assistenz von Augustin Legros im Jahr 1905. Das Fahrzeug war mit einem 1-Zylinder-Motor der Firma De Dion ausgerüstet. Begonnen wurde die Fertigung in den kleinen Werkshallen von Levallois, doch nachdem die gefertigten Fahrzeuge im Jahr 1913 bereits 150 Stück erreichten, mußte die Produktion auf industrielles Niveau umgestellt werden. Den ersten Sieg trug Delage beim Grand Prix von Dieppe im Jahr 1908 in der »Voiturette«-Klasse davon. Offiziell beteiligte sich Delage bis 1927 an Automobil-Wettbewerben. Es wurden bemerkenswerte Siege errungen, so zum Beispiel beim Rennen in Indianapolis im Jahr 1914. Bei ihrer letzten Teilnahme an Rennen beherrschten die Delage-Fahrzeuge fast völlig das Geschehen der Saison. Nach dem Ersten Weltkrieg basierte die Serienproduktion hauptsächlich auf kleinen 4- und 6-Zylinder-Wagen. In der 4-Zylinder-Klasse waren dies vor allem die DI-, DIS- und DISS-Serie, die bis fast zum Ende der zwanziger Jahre gebaut wurden. Jedoch wurde das Delage-Image hauptsächlich durch die 6-Zylinder-Klasse, nämlich die DR- und DM-Serie, begründet. Der D 8 wurde im Jahr 1929 mit einem 8-Zylinder-Motor herausgebracht. Je nach Vergaserzahl (D 8 = einer, D 8 S und D 8 SS je zwei und D 8 SS 100 = vier) wurde eine Kraftleistung zwischen 80 PS und über 100 PS erreicht. Die Firma Delage geriet im Jahr 1933, nachdem sie den D 6 herausgebracht hatte, in finanzielle Schwierigkeiten und wurde von der Firma Delahaye übernommen. Die Produktion wurde aufrechterhalten, jedoch ohne die notwendige technische Weiterentwicklung. Im Jahr 1953 stellten beide Gesellschaften ihren Betrieb ein.

GRÄF & STIFT

Gräf & Stift SP 8 – 1932 (A)

Die Brüder Carl, Heinrich und Franz Gräf begannen schon im Jahr 1897 mit dem Bau eines kleinen »Voiturette«-Fahrzeugs, das mit einem 1-Zylinder-De-Dion-Motor mit Frontradantrieb ausgestattet war. Im Jahr 1902 gründeten sie zusammen mit Josef Hans Stift in Wien die Automobilfirma Gräf & Stift. Durch eine Vereinbarung mit dem Daimler-Vertreter Spitz fertigten sie unter dessen Namen bis 1907 2-Zylinder- und 4-Zylinder-Autos. Unter ihrem eigenen Namen entwickelten sie anspruchsvolle Fahrzeuge von hoher Qualität, die sie zu der wahrscheinlich angesehensten österreichischen Automobilmarke machten. Erzherzog Franz Ferdinand wurde in einem dieser Automobile in Sarajevo ermordet. Die Produktion wurde ursprünglich auf dem starken 4-Zylinder-50/70-PS-Modell mit De-Dion-Achsen aufgebaut. Man ging dann aber zu den 6-Zylindern über, wie den S 3, herausgebracht im Jahr 1923. Das Modell SP 8 wurde im Jahr 1929 mit einem 8-Zylinder-Motor, 125 PS (5923 ccm) gebaut, mit einem Block aus einer Leichtmetall-Legierung und einer kettengetriebenen, obenliegenden Nockenwelle. Das Synchrongetriebe war mit drei Gängen plus Schnellgang ausgestattet, die durch Druck eines Regelungsknopfes – ähnlich dem zum Einsatz der hydraulischen Bremsen – betätigt wurden. Die Spitzengeschwindigkeit betrug 140 km/h. Bis zum Jahr 1938, als die Firma stillgelegt wurde, blieb das Modell SP 8 in der Produktion. Ab 1932 wurden auch Lizenzaufträge für den 6-Zylinder Citroën MF 6 sowie einen V 8 – ausgestattet mit Bauteilen der Firma Ford – ausgeführt.

ISOTTA FRASCHINI

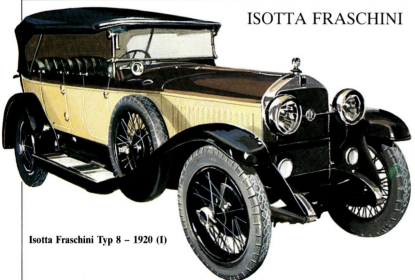

Isotta Fraschini Typ 8 – 1920 (I)

Zusammen mit seinen Brüdern Oreste, Vincenzo und Antonio gründete Cesare Isotta im Jahr 1900 die in den zwanziger und dreißiger Jahren wohl angesehenste Automobilfirma in Italien. Zu Beginn der Produktion wurden Renault-/De-Dion-Autos importiert, jedoch ab 1902 begannen die Brüder mit De-Dion- und Aster-1- bzw. -2-Zylinder-Motoren eigene Fahrgestelle zu bauen. Zwischen 1903 und 1905 wurden von Giuseppe Stefanini drei große 4-Zylinder-Autos konstruiert. Diese 12-PS-, 16-PS- und 24-PS-Modelle sowie ein Modell D 100 PS mit über 17 l, das 120 PS leistete, brachten die Firma Isotta Fraschini auf die Rennstrecken. Stefanini entwickelte auch den FE Grand Prix, der in der 4-Zylinder-Klasse das Grand-Prix-Rennen von Dieppe im Jahr 1908 gewann. 1905 taten sich die Brüder Fraschini mit Giustino Cattaneo zusammen, der zuvor bei der Firma Züst beschäftigt war. Er baute nun alle 4-Zylinder-Typen bis hin zu dem letzten und berühmtesten Fahrzeug dieser Automobilfirma, nämlich dem 8-Zylinder. Im Jahr 1907 kam es zu einer Finanzkrise, die dazu führte, daß Fraschini die Hälfte seines Aktienpakets an die Firma Lorraine verkaufen mußte. Dieser Anteil blieb bis zum Jahr 1910 bei der französischen Firma, bis man in Italien die Finanzen wieder unter Kontrolle hatte. Einige ausgezeichnete Sport- und Tourenwagen wurden gebaut, bevor der mit bemerkenswerten technischen Einzelheiten ausgestattete 8-Zylinder auf den Markt kam. Ursprünglich mit einem 5898-ccm-90-PS-Motor ausgestattet, wurde die Leistung im Jahr 1924 auf 7370 ccm erhöht, was beim Modell 8 B, gebaut im Jahr 1931, allmählich zu einer Antriebskraft von 140 PS führte. Die Firma Isotta Fraschini stellte im Jahr 1932 den Betrieb ein.

MAYBACH

Maybach W 5 – 1927 (D)

Nach dem Tod von Gottlieb Daimler eröffnete Wilhelm Maybach seine eigene Fabrik, die Motore für Luftschiffe herstellte. Diese Firma verließ er fünf Jahre später, nämlich im Jahr 1907. Der erste Automobil-Motor, es war eine 5,2-l-6-Zylinder-Ausführung mit 70 PS, wurde nach dem Ersten Weltkrieg gebaut und von der Firma Spyker gekauft. Im Jahr 1921 wurde von Maybachs Sohn Karl das erste Gesamtfahrgestell für das Modell W 3 entwickelt. Es hatte einen 120-PS-Motor mit 5,8-l-Seitenventil-Motor, der 72 PS leistete. Die progressive Gangauswahl wurde durch Pedal getätigt. Es war das erste deutsche Auto, das ein mechanisches Allradbremssystem besaß. Das Modell W 5 wurde im Jahr 1927 herausgebracht. Es hatte einen 120-PS-Motor mit 6995 ccm. Die fortschrittliche Technik war die gleiche wie beim W 3. Im Jahr darauf wurde bei der W 5 SG-Ausführung auch ein Schnellgang eingebaut. Montiert wurde er zwischen Getriebe und Antriebswelle. Er wurde durch einen Hebel beim Fahrersitz bedient. Im Jahr 1929 wurde der V 12 DS 7 (6922 ccm / 155 PS) herausgebracht. Ihm folgte ein Jahr später der DS 8 (7977 ccm / 200 PS), dessen Spitzengeschwindigkeit bei 180 km/h lag und der bis 1939 produziert wurde. Im Jahr 1935 wurde er dann mit einem halbautomatischen Fünfgang-Synchrongetriebe ausgestattet. Zwischen 1936 und 1939 wurden die 6-Zylinder-Typen SW 35, SW 38 und SW 42 herausgebracht. Danach stellte man die Produktion vollständig auf die Herstellung von Dieselmotoren um. Im Jahr 1966 wurde die Firma von Daimler-Benz übernommen.

MARMON

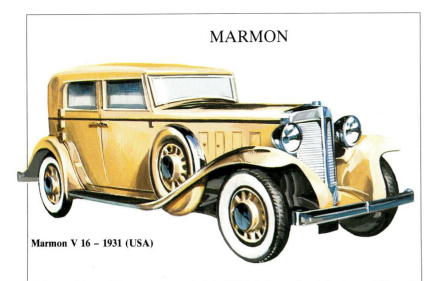

Marmon V 16 – 1931 (USA)

Walter und Howard Marmon starteten im Jahr 1902 in Indianapolis mit der Automobilherstellung. Die ersten V-4-Modelle waren luftgekühlt mit obenliegenden Ventilen. Das Fahrgestell gab schon einen Vorgeschmack auf die später entwickelten Modelle mit unabhängiger Frontaufhängung. Ab 1905 wurden 6-Zylinder-Modelle produziert. Ein 60-PS-V-8-Fahrzeug kam im Jahr 1907 auf den Markt.

Im ersten 500-Meilen-Rennen in Indianapolis im Jahr 1911 siegte Marmon mit dem »Wasp«-6-Zylinder. Nachdem man eine neue Reihe, die auch eine 6-Zylinder-Ausführung mit einer Verdrängung von über 9 l beinhaltete, herausgebracht hatte, wandte man sich zwischen 1923 und 1927 mehr der Herstellung preisgünstigerer Autos zu, so dem Modell »34«. Das V-16-Modell, das Flaggschiff seiner Klasse, wurde im Jahr 1930 herausgebracht. Es hatte einen 8000-ccm-Motor, der 200 PS bei 3400 U/min leistete. Von der Vereinigung der Automobil-Ingenieure wurde es in jenem Jahr zum besten Fahrzeug gewählt. Die Auswahlkriterien basierten auf der hochentwickelten Technik, Wendigkeit und Geräuscharmut des Motors, erreicht durch das hochwirksame Einstellsystem, womit die im Block befindliche Nockenwelle ausgestattet war. Dieses Auto wurde lediglich zwei Jahre lang produziert. Im Jahr 1933 verschwand die Marke »Marmon« vom amerikanischen Automobilmarkt.

Rolls-Royce 20/25 PS – 1929 (GB). 3827 Fahrzeuge dieser Marke wurden mit einem 6-Zylinder-Motor (3669 ccm) gebaut, der auch bei den ersten Bentleys zum Einsatz kam, nachdem die Firma von Rolls-Royce aufgekauft worden war. Im Jahr 1932 entstand das erste Auto in ausschließlich britischer Fertigung, das ein Synchrongetriebe besaß. Die Leistung des Fahrzeugs wurde im Jahr 1936 auf 4257 ccm gesteigert.

Mercedes 770 – 1930 (D). Der »Große Mercedes«, eines der angesehensten Nobelfahrzeuge seiner Zeit, besaß einen 8-Zylinder-Motor (7655 ccm), der 150 PS bei 2800 U/min leistete. Falls erforderlich, konnte diese Leistung durch Einbau eines Kompressors auf 200 PS gesteigert werden. Das Getriebe hatte drei direkte Gänge und einen Schnellgang als vierten Gang.

Tracta – 1930 (F). Tracta war eine der ersten Firmen, die bei ihren Autos Vorderradantrieb verwandten. Zwischen 1925 und 1934 wurde eine begrenzte Zahl dieser Autos hergestellt, die auch ansehnliche Rennerfolge erzielten, hauptsächlich in Le Mans. Das im Jahr 1930 herausgebrachte 4-Zylinder-Modell (1498 ccm) besaß eine unabhängige Frontaufhängung und hydraulische Stoßdämpfer. Das Fahrzeug war 4,04 Meter lang und wog 941 kg.

Außergewöhnliche Automobile

Zwischen den beiden Kriegen war die Weltwirtschaftslage sehr ernst, und man hatte bestimmt nicht mit der Produktion von Autos gerechnet, die sich seitdem sogar als schönste und beste Autos aller Zeiten erwiesen. Sowohl in Europa, wo traditionsgemäß viel Wert auf hochentwickelte Form und kleinste mechanische Details gelegt wurde, als auch in den USA, wo die langsam in Gang kommende Industrialisierung den Spaß am Auto doch nicht gänzlich verdrängte, führten neue Firmen äußerst fortschrittliche Techniken ein und eröffneten somit der Automobilindustrie neue Möglichkeiten. Diese Hersteller waren fest entschlossen, ihre Produkte zu perfektionieren und kümmerten sich dabei weder um Kosten noch um Wirtschaftlichkeit. Einer von ihnen war der in Frankreich lebende Italiener Ettore Bugatti, auch ein eifriger Designer seiner eigenen Kleidungs- und Möbelstücke. Nachdem er sein Können mit der Produktion außergewöhnlich repräsentativer Modelle bewiesen hatte, beschäftigte sich Bugatti damit, auch weniger elitäre Autos zu entwerfen. Genauso machte es Errett Lobban Cord, der zwar seine unvergleichlichen Duesenbergs für 25 000 Dollar an Stars wie Gary Cooper und Clark Gable verkaufte, dem es aber auch gelang, »Normalsterbliche« zum Kauf seiner Auburns oder Cords zu bewegen. In allen Fällen hatten die Fahrzeuge hochentwickelte Fahrwerke und modernste Karosserien, die von Spezialfirmen geliefert wurden. Einige von ihnen möchten wir nachfolgend vorstellen.

Der berühmteste Karosseriefachmann in den USA war Walter M. Murphy, Eigentümer der gleichnamigen Firma in Pasadena. Er begann 1920 mit der Montage einer großen Zahl von einheitlichen Karosserien auf amerikanische und europäische Fahrgestelle. Er fungierte auch als Berater für Firmen wie Packard, Stutz und die Cord-Gruppe, für die er die Hälfte aller Auburns entwarf, die nach 1925 verkauft wurden. Außerdem fertigte er speziell für die Serien J und SJ von Duesenberg mindestens 125 Karosserien.

In Frankreich war die »Sprung«-Karosserie, die sich Charles Torres Weymann patentieren ließ, äußerst erfolgreich. Durch einen speziellen, leichten Rahmen, der in einer Gummilagerung ruhte und mit künstlichem Leder überzogen war, erreichte man, daß Erschütterungen durch Bodenunebenheiten nicht auf das Fahrwerk übertragen werden konnten. Diese Erfindung war so bedeutend, daß in England und in den USA zwei Firmen gegründet wurden. Das Weymann-System wurde *(weiter auf Seite 67)*

DUESENBERG · AUBURN · CORD

Der höchst erfolgreiche Unternehmer Erret Lobban Cord aus Missouri besaß eine Unternehmensgruppe für den Bau von Motoren, die in den dreißiger Jahren dem amerikanischen Automobilbau zu größtem Ansehen verhalf. Cords Autos repräsentierten in ihrer Zeit das Allerneueste an Ausstattung und Komfort. Die Cord-Gesellschaft bestand aus den Automobilfirmen Auburn, Cord und Duesenberg.

Die Firma Auburn wurde im Jahr 1900 durch die Brüder Eckhart gegründet. Sie stellten 4- und 6-Zylinder-Autos her, denen unterschiedliche Markterfolge beschieden waren.

Im Jahr 1924 übernahm Cord die Firma, die zu dieser Zeit mit großen finanziellen Problemen zu kämpfen hatte. Zuerst wurde ein Sanierungsversuch durch einfallsreiche Modernisierung des unverkäuflichen Bestandes durchgeführt. Danach brachte man neue Modelle auf den Markt. Das erste dieser Serie war der 8-63 (das bedeutet: die erste Zahl = Zylinder, die zweite Zahl = Leistung). Er besaß einen 8-Zylinder-Motor, geliefert von der Firma Lycoming Motors, einer ebenfalls zur Cord-Gruppe gehörenden Gesellschaft. Ein großer Erfolg war der 8-80, und hier besonders der »Speedmaster«. Im Jahr 1929 wurden bereits 22 000 Auburn verkauft. Im selben Jahr wurde auch das erste Auto mit dem Namen Cord, der L 29, herausgebracht, bei dem Bauteile aus den verschiedenen Fabriken dieser Gruppe verwendet wurden.

Inzwischen hatte sich die Firma Duesenberg einen wichtigen Anteil am Sportwagenmarkt erobert. Gegründet wurde die Firma im Jahr 1904 von Fred und Augie Duesenberg. Ihre Wagen siegten bei mehreren Rennen, so beim französischen Grand Prix im Jahr 1921 und bei den 500 Meilen in Indianapolis in den Jahren 1924, 1925 und 1926. Das Erfolgs-Image, das Duesenberg durch die Erfolge in Rennen errungen hatte, bröckelte ab, als die Firma begann, Serienmodelle zu fertigen, wie das Modell A (8-Zylinder, 4260 ccm, 90 PS). Nachdem Cord schon zwei Automobilfirmen besaß, war er scharf darauf, auch jene mit dem recht bekannten Namen Duesenberg zu bekommen, was 1928 gelang. Die zwischen 1929 und 1935 gebauten 750 Autos in der J- und SJ-Serie, obgleich kommerziell unbedeutend, brachten der Firmengruppe so großen Zuwachs an Image, daß man auch die weniger häßlichen Luxusautos Auburn und Cord gut verkaufen konnte.

Das Modell J besaß einen 8-Zylinder-Motor (260 PS, 6882 ccm), der in der SJ-Kompressor-Ausführung auf 320 PS gesteigert wurde. Ein sehr formstabiles Fahrgestell, ausgezeichnete Bremsen und ein ausgefallener Komfort waren die in Erinnerung gebliebenen Merkmale dieser außergewöhnlichen Autos. Sie wurden von vielen bekannten Filmstars gekauft. Im Gegensatz zum Preis für ein Auburn-Fahrgestell (1500 Dollar) und Cord-Fahrgestell (3500 Dollar) betrug der Preis für ein Duesenberg-Fahrgestell über 10 000 Dollar. Eine komplette SJ-Ausführung konnte sogar 25 000 Dollar kosten. Das Fahrgestell für die Fahrzeuge der Firmengruppe wurde hauptsächlich von »Limousine Body« gebaut, einer Firma, die ebenfalls Cord gehörte.

Eines der interessantesten von Cord herausgebrachten Autos war das im Jahr 1935 gebaute Modell »810« mit einem Lycoming-V-8-4730-ccm-Motor, der 125 PS bei 3200 U/min leistete. Das Viergang-Getriebe wurde durch einen elektromagnetischen Bendix-Gangwähler bedient. Wie alle Cord-Fahrzeuge hatte der Wagen Vorderradantrieb. Das Kompressor-Modell 812 mit 170 PS benötigte weniger als 14 Sekunden, um von 0 auf 100 km/h zu beschleunigen.

Die Firma Auburn ihrerseits schaffte es im Jahr 1932, ein 12-Zylinder-Auto zu bauen, das für nur 975 Dollar verkauft wurde. Trotz der Versuche, mit der Produktion eines 6-Zylinder-Modells die Situation zu verbessern, ging es mit der Firma bergab. Da die »Mutterfirma« Cord zu weit entfernt lag und sich überdies stark mit Übernahmeverhandlungen in Europa beschäftigte, war Auburn schließlich im Jahr 1937 zu einer umfassenden Liquidation gezwungen.

Cord L 29 – 1929 (USA). Ursprünglich ausgestattet mit einem 8-Zylinder-115-PS-Lycoming-Motor (4934 ccm), wurde dieses Fahrzeug im Jahr 1932 mit einem 5270-ccm-Motor ausgerüstet, der 125 PS leistete. Er besaß Vorderradantrieb, und die »Rzeppa«-Doppelkupplungen sicherten eine gute Drehmomentübertragung, sogar auf die lenkbaren Antriebsräder, trotz des Fehlens von ausgereiften homokinetischen Lagern.

Auburn 851 – 1935 (USA). Konstruiert wurde das Fahrzeug von Gordon Buehrig, der auch für die Cord-810-Linie verantwortlich zeichnete. Es besaß einen 8-Zylinder-Lycoming-Motor (4587 ccm), der in der Saug-Version 115 PS und in der Kompressor-Ausführung 150 PS leistete.

Duesenberg »A« – 1922 (USA). Zwischen 1922 und 1926 wurden ungefähr 500 Fahrzeuge vom Modell A mit einem 8-Zylinder-Motor (4260 ccm), der 88–90 PS bei 3600 U/min leistete, gebaut. Die Spitzengeschwindigkeit betrug 160 km/h. Das Auto besaß ein Dreigang-Getriebe. Es war der erste amerikanische Wagen mit hydraulischen Allradbremsen. Im Jahr 1927 wurde eine X-Version mit einem größeren Radstand herausgebracht, und der Motor wurde auf 100 PS aufgestockt. Davon baute man aber nur zwölf Exemplare.

Duesenberg SJ – 1932 (USA). Das im Jahr 1929 herausgebrachte Modell »J« besaß eine sehr anspruchsvolle Technik, so zum Beispiel 4 Ventile pro Zylinder. Obgleich es ungefähr 2,8 t wog, schaffte es 0 auf 160 km/h in nur 21 Sekunden. Die im Jahr 1932 vorgestellte SJ-Ausführung mit Kompressor benötigte für diese Zeit nur 17 Sekunden. Das integrierte Dreigang-Getriebe war mit dem Motor mit den hydraulischen Stoßdämpfern verbunden. Das Auto war mit zwei verschiedenen Radständen lieferbar, und zwar 3,6 oder 3,9 m, was abhängig vom jeweiligen Fahrgestell eine Gesamtlänge von über 5 m ergab.

HORCH

Horch 853 – 1936 (D)

Nachdem er drei Jahre lang Erfahrung bei der Firma Benz gesammelt hatte, machte sich August Horch im Jahre 1899 mit seiner eigenen Automobil-Firma selbständig. Sein erstes Auto war ein 2-Zylinder-Modell, 5 PS bis 10 PS, noch angelehnt an das Laufrad. Aus dem Frühstadium dieser Firma sind noch ein 2-Zylinder-Modell sowie zwei 4-Zylinder-Ausführungen bekannt, sowie aus dem Jahr 1904 der sehr erfolgreiche 2613-ccm-16/20-PS-Typ, der nach einigen Rennerfolgen noch beliebter wurde. Doch schon sehr bald, nachdem er sich über einige Dummköpfe im Aufsichtsrat geärgert hatte, verließ Horch die Firma und gründete die Firma Audi. Nach dem Ersten Weltkrieg schied Paul Daimler aus der väterlichen Firma aus und übernahm bis 1929 die Geschäftsführung bei Horch. Das erste Fahrzeug, das unter der neuen Leitung herausgebracht wurde, war das 2,6-l-Modell (55 PS), ausgestattet mit einem modernen Einblock-Motor sowie obenliegender Nockenwelle aus einer Leichtmetall-Legierung. Später folgte im Jahr 1926 die 8-Zylinder-Serie »300«, die eine Anfangsverdrängung von 3230 ccm besaß. Die Modelle 400 und 405 waren Entwicklungen späterer Jahre. Im Jahr 1930 wurde ein vollständig neu entwickelter 8-Zylinder-Motor herausgebracht, der in die Modelle 450 (4517 ccm) und 850 (4946 ccm) eingebaut wurde. Er kam auch beim Modell 951 (120 PS) zum Einsatz, jedoch erst nach wichtigen Änderungen gegenüber dem Vorgänger. So wurde die Antriebswelle mit zehn Halterungen ausgestattet. Im Jahr 1932 schloß sich Horch der Auto-Union-Gruppe an. Im selben Jahr wurde eine ausgefeilte Fassung des beliebten Vorjahres-Modells V 12 herausgebracht, als Typ 600 oder 670, je nach Radstand. Das V-8-830-B-Modell (3517 ccm) kam im Jahr 1933 auf den Markt. Danach wandte sich die Firma wieder der Produktion von Serienfahrzeugen zu. Zwischen 1936 und 1939 kam das Modell 853 mit einem 4944-ccm-Motor heraus. Es war mit einer obenliegenden Nockenwelle und Volldruckschmierung ausgestattet. Das Fünfgang-Getriebe hatte vier direkte Gänge und einen Schnellgang im fünften. Das Fahrzeug hatte hydraulische Bremsen. Zwickau, der Hauptsitz von Horch, gehörte nach dem Zweiten Weltkrieg zur DDR. Die Firma wurde nun ein volkseigener Betrieb unter dem Namen Sachsenring.

BUGATTI

Geboren wurde Ettore Bugatti 1881 in Mailand. Als er 18 Jahre alt war, machte er seine ersten Erfahrungen mit Autos bei der Firma Prinetti & Stucchi. Mit finanzieller Unterstützung des Grafen Gulinelli baute er im Jahr 1901 ein 4-Zylinder-Auto mit obenliegenden Ventilen, das die Aufmerksamkeit von De Dietrich erweckte und dem jungen Konstrukteur eine Anstellung bei De Dietrich einbrachte. Bugatti blieb bis 1904 im Elsaß. Nach kurzer Mitarbeit bei der Firma Mathis ging er als Chef-Ingenieur zu Deutz. Während der Zeit von 1906 bis 1909 baute und finanzierte er den »Pur Sang«, einen hypermodernen Prototyp, angelehnt an den Isotta Fraschini FE. Im selben Jahr, in dem er Deutz verließ, gründete Bugatti eine Automobilfabrik in Molsheim in der Nähe von Straßburg.

Er ging im Jahr 1910 mit dem Typ 13, ausgestattet mit einem 4-Zylinder-Motor (1327 ccm) mit obenliegender Nockenwelle, in Produktion. Dieses Modell wurde auch als Rennwagen gebaut, hatte dafür jedoch die doppelte Motorleistung und 8 Zylinder. Das erste Auto mit drei Ventilen pro Zylinder – eine technische Ausstattung, die über ein Jahrzehnt bei allen Autos dieser Firma beibehalten wurde – war der 5027-ccm-Rennwagen »Black Bess«. Es wurden nur sehr wenige Wagen dieses Typs gebaut, einer davon für das Flieger-As Roland Garros. Ein Auto, das Bugatti zu den großen Rennwagen-Konstrukteuren seiner Zeit werden ließ (es wurde geschätzt, daß dieser Wagen im Jahr 1940 über 3000 Rennen gewann), war der »Brescia«. Er war eine Weiterentwicklung aus dem Typ 13, herausgebracht im Jahr 1921 mit einem 1496-ccm-Motor und 4 Ventilen pro Zylinder. Im darauffolgenden Jahr begann mit dem Typ 30 die legendäre Serie der 8-Zylinder-Motoren, die bei allen Nachfolgemodellen eingebaut wurden, bis auf eine im Jahr 1929 entstandene 16-Zylinder-Ausführung. Die verschiedenen Fahrzeugtypen, wie Touring-Limousine, Sport- und Rennwagen (der letzte ausgestattet mit Kompressoren), wurden alle mit unvergleichlicher Konzentration auf Detailgenauigkeit und Linientreue hergestellt. Ebenso wie die Renn-Ausführung des Typs 35, der zwischen 1924 und 1930 alle wichtigen Wettbewerbe gewann, war der Typ 41 das wichtigste von Bugatti herausgebrachte Modell. Bekannt als »Royale«, galt er als Ausdruck höchster Automobilbaukunst. Der 24-Ventile-Motor (12763 ccm) aus einer Leichtmetall-Legierung. besaß neun Hauptlager, eine Doppelzündung und leistete 300 PS bei 1700 U/min. Die Spitzenmotorleistung lag bei 2000 U/min. Das Dreigang-Getriebe war mit der Hinterachse integriert und hatte zwei direkte Gänge, während der dritte Gang als Schnellgang konstruiert war. Ein mechanisches Bremssystem war an allen vier Rädern angebracht. Die Spitzengeschwindigkeit lag bei ungefähr 200 km/h. Der Radstand betrug 4,57 m, und je nach Karosserie betrug die Gesamtlänge ungefähr 6 m. Das Gewicht lag zwischen 2250 und 3000 kg. Zwischen 1929 und 1933 wurden lediglich sechs »Royales« hergestellt. Außerdem entstand ein Prototyp, der einen 14726-ccm-Motor und einen Radstand von 4,32 m besaß. Dieses Modell wurde bei einem Unfall zerstört. Vom Nachbau wurden lediglich drei Fahrzeuge zu einem Preis von ungefähr 500000 Francs (damals etwa 20000 US-Dollar) verkauft. Die Wagen boten lebenslange Garantie. Alle anderen Modelle dieses Typs blieben im Besitz der Familie Bugatti.

Im Jahre 1934 wurde der Typ 57 mit 3,2 l vorgestellt. Es war die letzte bedeutende Limousine vor dem Tod von Ettore Bugatti im Jahr 1947.

Alle Anstrengungen der Firma, ihren Ruf und ihren sportlichen Ruhm wiederzuerlangen, scheiterten nach dem Krieg. Auch die Modelle Typ 101 aus dem Jahr 1951 und der Grand-Prix-Typ 251 aus dem Jahr 1955 konnten daran nichts ändern. Der Erfolg war zu eng mit der Persönlichkeit und dem schöpferischen Genie des Firmengründers Ettore Bugatti verbunden gewesen.

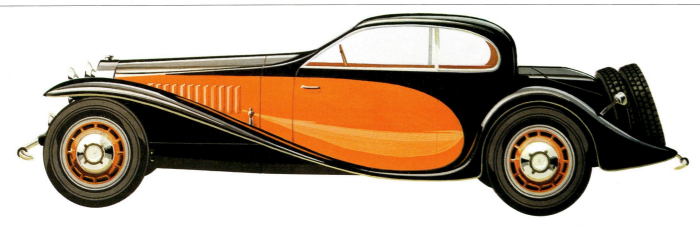

Bugatti 50 – 1933 (F). Die Firma begann im Jahr 1930 mit 8-Zylinder-Motoren zu arbeiten, und zwar bei der Serie 50 mit 4972 ccm, mit Motoren, die nur 2 Ventile pro Zylinder hatten. Der Motor leistete 200 PS bei 4000 U/min und erreichte eine Spitzengeschwindigkeit von 180 km/h.

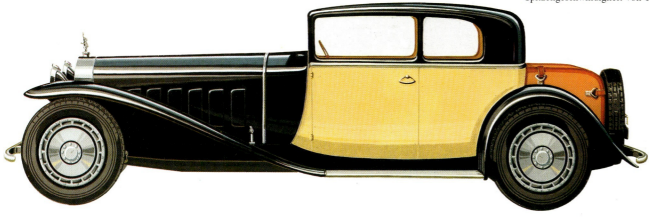

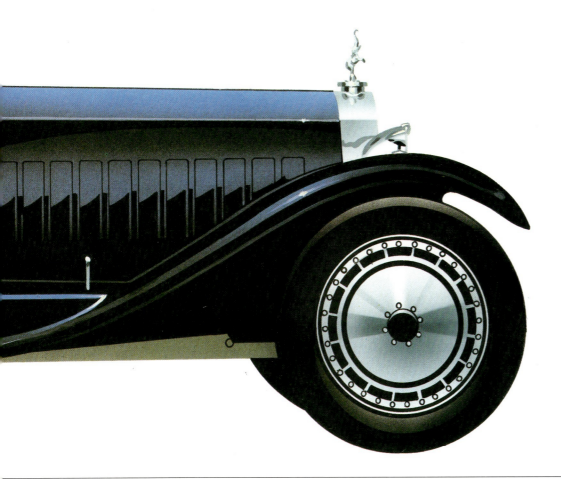

Bugatti 41 »Royale« – 1927 bis 1933 (F). Das war das luxuriöseste und teuerste Auto, das jemals hergestellt wurde. Es besaß eine trockene Ölwannenschmierung und einen Tankinhalt von 22,5 l. Das Kühlpumpensystem entsprach auch der enormen Größe dieses Autos. Das Fassungsvermögen des Kühlers betrug 68 l. Die Fahrzeugseitenteile waren im Mittelbereich 25 cm hoch. Die Räder wurden aus einer Leichtmetall-Legierung hergestellt und waren mit den Bremstrommeln verbunden.

Einige von den insgesamt sieben hergestellten Rahmen wurden später mit verschiedenen Karosserien zusammenmontiert (der Prototyp hatte vier). Die beiden abgebildeten Modelle sind das gelb-schwarze Coupé, gebaut von der Firma Weymann, sowie die Kellner-»Kutsche«, ausgestellt beim Pariser Automobilsalon im Jahr 1932.

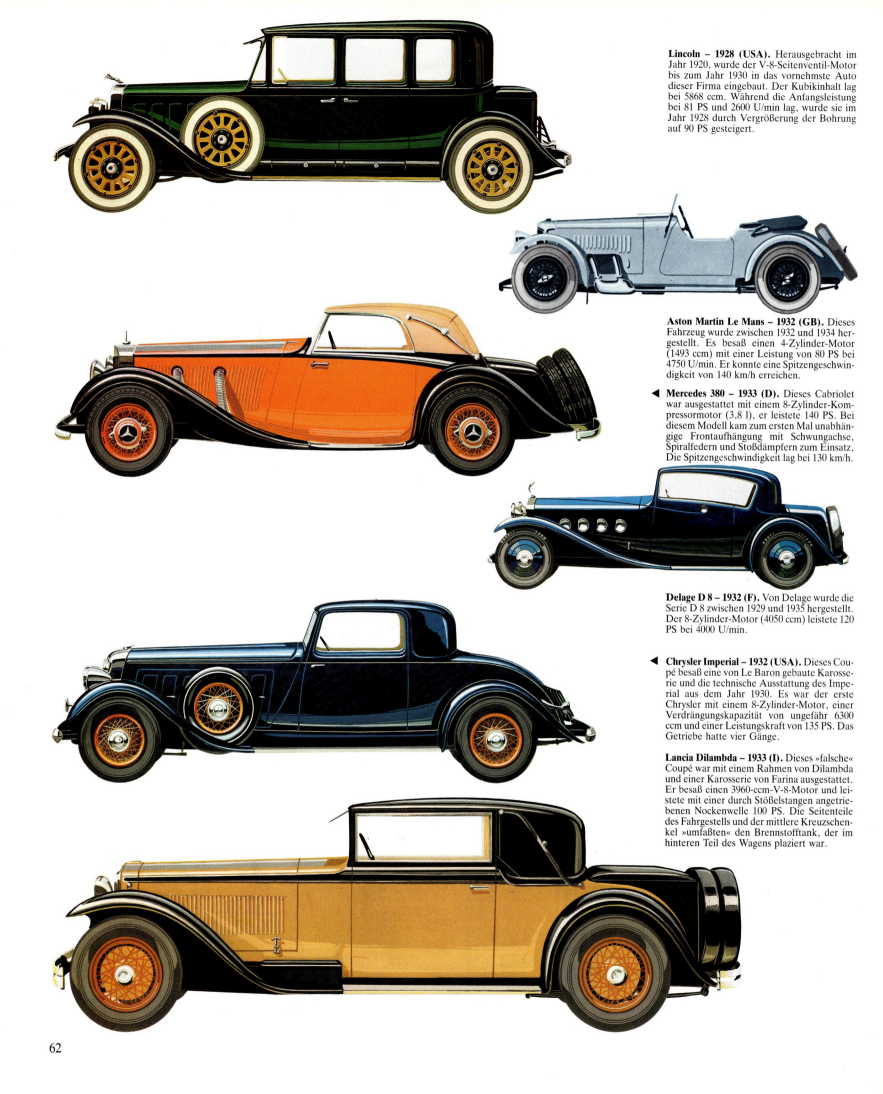

Lincoln – 1928 (USA). Herausgebracht im Jahr 1920, wurde der V-8-Seitenventil-Motor bis zum Jahr 1930 in das vornehmste Auto dieser Firma eingebaut. Der Kubikinhalt lag bei 5868 ccm. Während die Anfangsleistung bei 81 PS und 2600 U/min lag, wurde sie im Jahr 1928 durch Vergrößerung der Bohrung auf 90 PS gesteigert.

Aston Martin Le Mans – 1932 (GB). Dieses Fahrzeug wurde zwischen 1932 und 1934 hergestellt. Es besaß einen 4-Zylinder-Motor (1493 ccm) mit einer Leistung von 80 PS bei 4750 U/min. Er konnte eine Spitzengeschwindigkeit von 140 km/h erreichen.

◀ **Mercedes 380 – 1933 (D).** Dieses Cabriolet war ausgestattet mit einem 8-Zylinder-Kompressormotor (3,8 l), er leistete 140 PS. Bei diesem Modell kam zum ersten Mal unabhängige Frontaufhängung mit Schwungachse, Spiralfedern und Stoßdämpfern zum Einsatz. Die Spitzengeschwindigkeit lag bei 130 km/h.

Delage D 8 – 1932 (F). Von Delage wurde die Serie D 8 zwischen 1929 und 1935 hergestellt. Der 8-Zylinder-Motor (4050 ccm) leistete 120 PS bei 4000 U/min.

◀ **Chrysler Imperial – 1932 (USA).** Dieses Coupé besaß eine von Le Baron gebaute Karosserie und die technische Ausstattung des Imperial aus dem Jahr 1930. Es war der erste Chrysler mit einem 8-Zylinder-Motor, einer Verdrängungskapazität von ungefähr 6300 ccm und einer Leistungskraft von 135 PS. Das Getriebe hatte vier Gänge.

Lancia Dilambda – 1933 (I). Dieses »falsche« Coupé war mit einem Rahmen von Dilambda und einer Karosserie von Farina ausgestattet. Er besaß einen 3960-ccm-V-8-Motor und leistete mit einer durch Stößelstangen angetriebenen Nockenwelle 100 PS. Die Seitenteile des Fahrgestells und der mittlere Kreuzschenkel »umfaßten« den Brennstofftank, der im hinteren Teil des Wagens plaziert war.

MINERVA

Die Firma Minerva baute nach dem Ersten Weltkrieg eine Reihe hochwertiger Automobile. Sie übernahm von anderen Herstellern das integrierte Bremssystem und nach 1922 eine Mehrplattenkupplung. Das abgebildete Modell (von 1927) besaß einen 6-Zylinder-2-l-Motor.

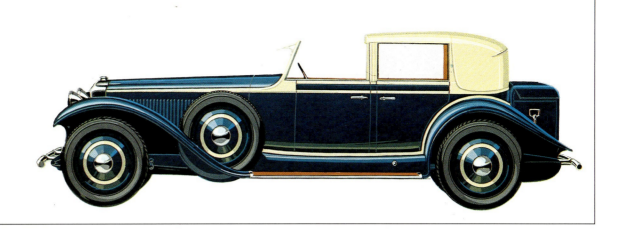

STUTZ

Die erste eigene Serie, die von der Firma Stutz herausgebracht wurde, war im Jahr 1926 das 8-Zylinder-4,7-l-Modell AA, das eine Leistungskraft von 90 PS besaß, in späteren Jahren aufgestockt auf 113 PS. Der »Black Hawk« oder BB wurde im Jahr 1928 herausgebracht, mit einer auf 4,9 l gesteigerten Verdrängungskapazität und einer Leistung von 125 PS. Die »DV 32«-5-l-Ausführung war das letzte von dieser Firma hergestellte Auto, die im Jahr 1934 die Produktion einstellte.

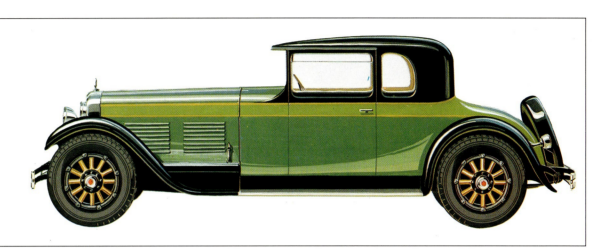

BUCCIALI

Zwischen 1922 und 1926 produzierte diese Firma verschiedene Automobilserien mit dem Namen »BUC«. Von Angelo und Paul Albert Bucciali wurde eine begrenzte Stückzahl Autos mit Original-Vorderradantrieb gebaut. Sie hatten sehr niedrige Fahrgestelle und kraftvolle 8-Zylinder-Continental- und 12-Zylinder-Voisin-Motore. Das »Double Huit«-Modell aus dem Jahr 1931 kam nicht über das Prototypstadium hinaus. Es war mit einem 16-Zylinder-Motor von ungefähr 8 l ausgestattet, was durch den Zusammenbau von zwei Continental-Einheiten zu einem Originalunterteil mit einer Leistung von 120 PS erreicht wurde.

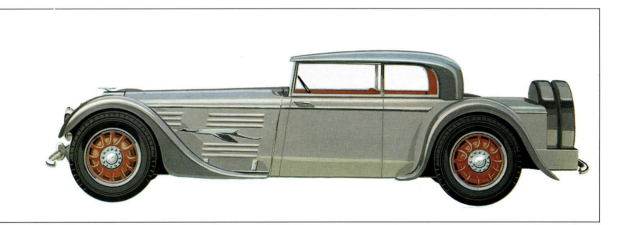

PANHARD

Das Fahrgestell dieses im Jahr 1933 herausgebrachte Coupés wurde von der Firma Million-Guiet hergestellt, bestückt mit einem 8-Zylinder-Motor von ungefähr 5 l. Bei allen Panhards wurde in jener Zeit das Muffenventil-System verwendet.

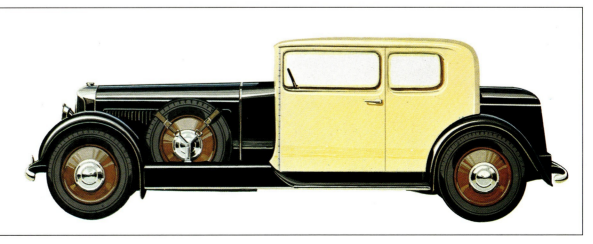

VOISIN

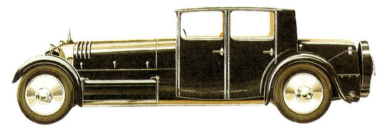

Voisin – 1930 (F)

PACKARD

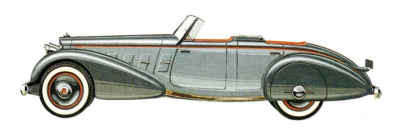

Packard Twelve Phaeton – 1936 (USA)

Der Ingenieur Gabriel Voisin, früher schon ein erfolgreicher Flugzeug-Konstrukteur (viele der im Ersten Weltkrieg in Frankreich zum Einsatz gekommenen Flugzeuge stammten aus der Firma »Société Anonyme des Aeroplanes G. Voisin«), begann im Jahr 1919 mit der Automobil-Produktion. Seine ersten 4-l-Autos hatten 4-Zylinder-Muffenventil-Motore, ein System, das Voisin auch bei den späteren Fahrzeugen beibehielt. Das C 1-Modell 18/23 leistete 80 PS bei 2500 U/min und erreichte fast 150 km/h. Auf das Modell C 3 folgte das Modell C 5 mit Magnesiumkolben sowie einem größeren Kompressionsverhältnis, was zu einer Leistungssteigerung auf 100 PS führte. Das Modell C 4 aus dem Jahr 1924 und das Nachfolgemodell C 7 aus dem Jahr 1926 waren kleinere Autos mit 1250-ccm- bzw. 1550-ccm-Motoren.

Der erste 6-Zylinder »C 11« kam im Jahr 1927 heraus, mit einem 2,4-l-Motor. Der Typ C 14 16/50 PS des Jahres 1932 hatte eine Kolbenverdrängung von 2327 ccm, ein warmdurchlaufendes Kühlsystem sowie Volldruckschmierung. Normalerweise war das Fahrzeug mit einem Dreigang-Getriebe ausgestattet, jedoch konnte auf Wunsch auch ein Sechsgang-Getriebe eingebaut werden. Die Gewichtsbegrenzung von 1310 kg ermöglichte dem Auto eine Spitzengeschwindigkeit von 120 km/h.

Die Meisterleistung der damaligen Zeit war das 3-l-Modell C 23, aus dem wiederum das 3300-ccm-Modell C 28 »Aerosport«, gebaut im Jahr 1936, entwickelt wurde.

Beim 12-Zylinder-Prototyp, Modellbezeichnung V 12/L (6000 ccm, 200 PS), kam es nicht mehr zu einer Produktion. Als Folge der immer prekärer werdenden Finanzsituation war Voisin im Jahr 1937 gezwungen, Aktienanteile an eine belgische Gruppe zu verkaufen. Gänzlich eingestellt wurde der Betrieb dann im Jahr 1939. Das letzte von Voisin konstruierte Auto war ein kleiner 1-Zylinder mit 125 ccm. Das Auto, bekannt unter dem Namen »Biscooter«, wurde nach dem Zweiten Weltkrieg von der spanischen Firma Autonacional produziert.

Im Jahr 1899 gründete James Ward Packard die später weltbekannte Fabrik zur Herstellung von Luxusautos. Zwei Jahre später verkaufte er seine Aktienmajorität an Henry B. Joy. Nach einigen Versuchen mit der Herstellung von 1-Zylinder-Autos kam im Jahr 1903 der erste 4-Zylinder – das Modell K – heraus. Dieses Fahrzeug stellte verschiedene Geschwindigkeitsrekorde auf, zum Beispiel in Daytona mit einem Stundendurchschnitt von 125 km. Im Jahr 1910 wurde Alvan Macauley der Direktor dieser Firma. Zusammen mit Joy und Jesse Vincent arbeitete er das Programm für die 12-Zylinder-Version aus. Sie konnte im Jahr 1915 als erstes in dieser Größenordnung in Serienfertigung hergestelltes Auto vorgestellt werden. Allein im Jahr 1916 wurden 9000 dieser Modelle verkauft und blieben dann bis zum Jahr 1922 in der Fertigung. Der 6950-ccm-Seitenventil-V-Motor wurde auch für den Einsitzer verwandt, der in Daytona im Jahr 1919 einen Rekord mit 240 km/h über die Meile mit stehendem Start aufstellte. Im Jahr 1921 wurde mit dem »Single Six« begonnen, 1923 folgten der »Single Eight« und der 84 PS starke »Super Eight«. Die neuen Reihenmotoren (6-Zylinder, 4,3 l mit Steigerung auf 4,9 l, 8 Zylinder, 5,8 l mit Steigerung auf 6,2 l) zeichneten sich aus durch einen Aluminiumblock und durch von Stößelstangen angetriebene Seitenventile. Das Modell »Single Eight« war das erste amerikanische Auto mit Vorderradbremsen. Das Spitzenmodell in dieser Reihe war der neue Typ V 12 mit einem 7292-ccm-Motor, der 160 PS bei 3200 U/min leistete. Mit dem »Light Eight« ging die Firma im Jahr 1932 auf den Automobilmarkt, es folgte der Typ »120« (die Zahl bedeutet den Radstand in Inches). Die Original-8-Zylinder-Ausführung kostete nur 990 Dollar. Sehr erfolgreich war auch die im Jahr 1937 herausgebrachte 6-Zylinder-Reihe. Im selben Jahr hatte Packard auch seinen Produktionsrekord mit jährlich 109 518 Fahrzeugen.

Die 6- und 8-Zylinder-Modelle wurden auch wieder nach dem Zweiten Weltkrieg hergestellt. Im Jahr 1954 fusionierte die Firma mit Studebaker.

Voisin C 14 – 1932 (F)

Packard Phaeton – 1936 (USA)

Rolls-Royce Phantom II – 1935 (GB). Als Nachfolger des Phantom I wurden zwischen 1929 und 1935 insgesamt 1767 Fahrzeuge vom Typ Phantom II gebaut. Das neue Modell besaß einen völlig neuen Rahmen mit stabiler Achsaufhängung und halbelliptischen Blattfedern. Das Viergang-Getriebe war in den »straight-6«-7,7-l-Motor integriert.

HISPANO-SUIZA

Das Coupé Hispano-Suiza, konstruiert von Guiet

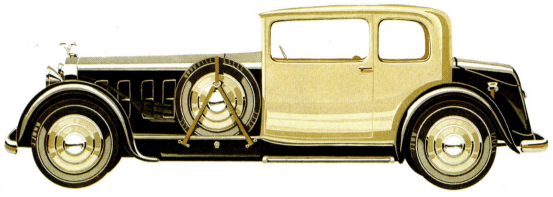

Gegründet wurde die Firma Hispano-Suiza im Jahr 1904 in Barcelona. Damian Mateu übernahm die kleine Castro-Automobilfabrik, deren erster Ingenieur der Schweizer Marc Birkigt war. Dieser konstruierte später alle von der berühmten französisch-spanischen Firma hergestellten Fahrzeuge. Das erste einigermaßen wichtige Modell war der im Jahr 1911 herausgebrachte »Alfonso«, eine Weiterentwicklung des 2,6-l-Modells, das im vorangehenden Jahr beim »Coupe de l'Auto« gesiegt hatte. Der 4-Zylinder-Motor (3620 ccm) leistete 60 PS, brachte eine Spitzengeschwindigkeit von 100 km/h. Die Leistungen im Straßenverkehr reihten die Firma Hispano-Suiza in die großen Automobilgesellschaften jener Zeit ein. Im Jahr 1911 wurde die französische »Tochter« eröffnet und übernahm bald alle wichtigen Aufgaben der Muttergesellschaft. Während des Ersten Weltkriegs konstruierte Birkigt eine Reihe hypermoderner V-8- und V-12-Flugzeug-Motoren, die in den französischen Jagdflugzeugen zum Einsatz kamen. Mit dieser Erfahrung ausgestattet, baute er nach dem Krieg das Auto-Modell H 6 B, das den »Alfonso« als Spitzenfahrzeug seiner Klasse ablöste. Es wurde ab 1919 gefertigt und besaß einen 6-Zylinder-Motor (6597 ccm), der 135 PS bei 3000 U/min leistete. Die wichtigsten technischen Merkmale waren die obenliegende Nockenwelle, die Doppelzündung und ein Zylinderblock aus einer Leichtmetall-Legierung. Im Jahr 1924 wurde die Zylinderleistung beim Modell H 6 C auf 8 l erhöht, während eine 3,7-l-Ausführung in Spanien hergestellt wurde.

Das von vielen als Birkigts Meisterstück bezeichnete Modell 68 wurde im Jahr 1931 auf den Markt gebracht. Es hatte einen V-12-9424-ccm-Motor, der 220 PS bei 3000 U/min leistete. Beim 1934er Modell 68 B wurden die Verdrängungskapazität auf 11310 ccm und die Kraftleistung auf 250 PS erhöht. Die Spitzengeschwindigkeit betrug 200 km/h. Dieses Fahrzeug wurde bis zum Jahr 1938 gebaut.

Nach dem Krieg wurde das spanische Hispano-Suiza-Werk, in dem noch wenige Autos bis zum Jahr 1944 hergestellt wurden, von der ENASA-Gesellschaft übernommen. Der französischen Fabrik mit Firmensitz in Bois Colombes war es nicht möglich, den V-8-Prototyp mit Frontantrieb, so wie er 1946 in der Automobilausstellung in Genf vorgeführt wurde, nachzubauen.

Delahaye 135 – 1938 (F)

Hispano-Suiza H 6 B – 1930 (F/E)

DELAHAYE

Delahaye brachte das erste Automobil im Jahr 1895 heraus. Eine Fertigung im industriellen Sinn fand jedoch erst statt, nachdem Charles Weiffenbach als Chef-Ingenieur in die Firma eintrat. Er blieb der Firma Delahaye fast 50 Jahre treu. Durch ihn wurden rationale und wirtschaftlich durchdachte Produktionssysteme eingeführt, so daß die Firma eine der ersten Gesellschaften in Europa war, die in echter Serienproduktion fertigte. Im Jahr 1907 wurde das erste Auto mit einer Kardanübersetzungswelle gebaut. Ein sehr interessanter V-6-Motor wurde im Jahr 1912 herausgebracht. Die Nachkriegsproduktion konzentrierte sich auf 4- und 6-Zylinder-Autos, die der Firma einen sicheren Platz auf dem französischen Markt eintrugen. Im Jahr 1935 wurde die Gesellschaft von Delage übernommen, jedoch blieben beider Produktionen völlig getrennt. Das Modell 135 wurde im Übernahmejahr herausgebracht und erzielte bei verschiedenen Rennen einige wichtige Siege, so 1938 in Le Mans, 1937 und 1939 in Monte Carlo. Anfänglich hatte der 6-Zylinder-Motor eine Verdrängung von 3,2 l, wurde aber später auf 3557 ccm erhöht, mit einer Leistung von 130 PS bei 3850 U/min beim Tourenwagen und auf 160 PS bei 4200 U/min beim Wettkampf-Modell. Das Fahrzeug war mit einem Synchrongetriebe ausgestattet, jedoch stand auch ein elektromagnetischer Vorwahl-Gangwechsler zur Verfügung. Die Karosseriebauer des abgebildeten Modells hießen »Figoni & Falaschi«.
Im Jahr 1938 wurde das V-12-Modell mit 4,5 l herausgebracht, gefolgt von dem Nachkriegsmodell 235. Zum letzten Mal erschien Delahaye im Jahr 1953 beim Automobilsalon in Paris. 1954 fand die Übernahme durch Hotchkiss statt, eine Firma, die sich auf Produktion von Lastkraftwagen spezialisiert hatte.

für Autos von Bugatti, Stutz, Delage und Hispano-Suiza verwendet. Wegen der hohen Kosten wurde es nur begrenzt benutzt und war aufgrund weiterer Verbesserungen der Fahrwerksaufhängung schließlich veraltet. Auch die Labourdette-Karosserien (ebenso frz. Ursprungs) wurden sehr geschätzt. Eines der Hauptmerkmale war das Fehlen der Mittelverstrebung in der Windschutzscheibe dieses Kabrioletts.
In England baute Park Ward auf das Chassis des »Royale« von Bugatti eine siebensitzige Limousine. 1939 wurde die englische Firma von Rolls-Royce übernommen. Einer der angesehensten Karosseriebauer war Alexis Kellner, der besonders von Firmen wie Gräf & Stift und Maybach seine Aufträge erhielt. 1927 wurde die »Ballon-Karosserie« patentiert. Sie war an nur drei Stellen mit dem Fahrgestell verbunden und ganz mit Leder bezogen.
In Italien entstanden die schönsten Karosserien durch Giovanni Farina und Ercole Castagna. Farina baute berühmte Chassis wie den Lancia, den Rolls-Royce, den Hispano-Suiza und den Isotta Fraschini, während Castagna vor allem in den USA mit seinen Isotta Fraschini sehr erfolgreich war. Auch Jacques Saoutchiks Karosserien waren sehr beliebt, und die K-Serie von Mercedes, die bei der Automobil-Ausstellung 1928 in Paris vorgestellt wurde, betrachtet man als sein Meisterwerk. Ein weiterer sehr bekannter Mann war Henry Binder. Er bleibt wegen des Bugatti Royale sowie wegen der fast 200 Hispano-Suizas, die er zwischen 1924 und 1937 baute, in guter Erinnerung.

Europa in den dreißiger Jahren

In Europa bekam man die Auswirkungen der Weltwirtschaftskrise erst etwas später zu spüren.
Frankreichs Produktion sank in den Jahren 1929 bis 1931 um 35%, davon war Citroën finanziell am stärksten betroffen. Obwohl die Firma sich mit ihrem modernen Produktionssystem an die Spitze des Marktes gesetzt hatte, mußte sie jetzt für die umfangreichen Investitionen während der 20er Jahre büßen. Ihr Beitrag zum technologischen Fortschritt bestand aus dem »Traction Avant«, einem Auto, das durch seine Haltbarkeit alle bisherigen Rekorde schlug. Die Produktion dieses Autos erforderte einen kompletten Umbau der Fabrik »Quai de Javel«. Dies geschah jedoch nicht mehr unter der Leitung von Citroën, da Michelin im Jahr 1934 nach Citroëns Bankrotterklärung Hauptaktionär geworden war. Noch im selben Jahr kam das revolutionäre neue Auto mit den Versionen 7 CV (1298 ccm Hubraum) und 11 CV (1911 ccm Hubraum) auf den Markt. Ihre herausragenden Merkmale waren Vorderradantrieb, Motorhalterung aus Gummi sowie eine mittragende Karosserie. Gebaut bis 1957.
Da Renault und Peugeot keine großen Investitionen gemacht hatten, überstanden sie die Krise relativ problemlos. Ihrer Finanzpolitik zum Trotz konnten sie sogar weitere Fortschritte erzielen. Renault stellte verschiedene Versionen seiner 4-, 6- und 8-Zylinder-Modelle her, bis im Jahr 1937 der Juvaquatre, ein Auto mit Monocoque, produziert wurde. Bei der Pariser Automobil-Ausstellung im Jahr 1935 präsentierte Peugeot, inspiriert von Chryslers Airflow, den hochmodernen 402 mit niedrigem Chassis, Synchrongetriebe, Handbremse im Armaturenbrett und Schalthebel.
Im Jahr 1936 begann Frankreich sich zusehends zu erholen. Die Produktion stieg bis zum Jahr 1938 von 180000 auf 200000 Stück. Unmittelbar vor Kriegsbeginn sank die Anzahl der Hersteller von 90 (vor der Krise) auf weniger als zehn Firmen. Davon waren zwei in ausländischen Händen – Simca, 1936 zum Lizenzbau von Fiat-Modellen gegründet, und Matford.
In Großbritannien hatte die Wirtschaftskrise im Jahr 1929 keine besonders schlimmen Folgen. Die Produktion sank in den Jahren 1929 bis 1931 nur um 13%, und die Zahl der hergestellten Automobile war höher als in Frankreich. England hatte den Vorteil, seine Autos in Commonwealth-Länder exportieren zu können. Im Jahr 1931 wurden nur 18% der Gesamtproduktion im eigenen Land verkauft. Die Depression in England war nur von kurzer Dauer, so daß der Anteil auf dem

Plymouth – 1928 (USA). Als das billigste Modell, das jemals von Chrysler produziert wurde, kam am 24. Juni 1928 der erste Plymouth auf den Markt. Es kostete nur 725 Dollar. Er war ausgestattet mit einem 4-Zylinder-Motor (2790 ccm), der 45 PS bei 2800 U/min leistete. Ferner besaß er Volldruckschmierung, Aluminiumkolben, ein Dreigang-Getriebe und hydraulische Allradbremsen.

Ford 18 V 8 – 1932 (USA). Dieses Auto wurde zwischen 1932 und 1941 mit einem V-8-Seitenventil-Motor (3622 ccm) produziert, der ungefähr 65 PS bei 3400 U/min leistete. Das Dreigang-Getriebe war in den oberen beiden Gängen synchronisiert. Dieses Fahrzeug wurde ebenfalls in Europa hergestellt. Es war auch erfolgreich bei Rallyes: So gewann dieser Ford im Jahr 1936 die Rallye Monte Carlo.

DKW F 1 – 1931 (D). Ursprünglich mit einem 2-Zylinder-15-PS-Motor (494 ccm) ausgestattet, erhielt das kleine Auto mit Vorderradantrieb, als es in die Serienfertigung kam, einen 584-ccm-18-PS-Motor. Das Grundmodell hatte eine Doppelträger-Karosserie und wog nur 450 Kilo. Es besaß unabhängige Front- und Rückaufhängung. Zwischen 1934 und 1935 wurden 13 000 Stück hergestellt.

Inlandsmarkt sehr schnell auf 30% im Jahr 1932 und 50% im Jahr 1935 stieg.

Ford und Vauxhall waren in jener Zeit die aktivsten Firmen. Ford eröffnete 1932 in Essex sein neues, hochmodernes Dagenham-Werk, wo das Modell Y (»Popular«) produziert wurde. Es war so erfolgreich, daß sogar der Austin 7 an Popularität verlor. Sein 993-ccm-Motor war erstmals von British Ford in eigener Regie entwickelt worden. 1935 kam ein weiteres Modell, der »Ten« (1938 in »Prefect« umgetauft) mit einem 1147-ccm-Motor heraus. Der »Popular« wurde im Jahr 1939 in »Anglia« umbenannt.

Vauxhalls Produktion war in gewissem Maß von amerikanischen Trends beeinflußt. Sein erfolgreichstes Modell war der »Light Six« von 1933 mit 14 PS. Dieses 6-Zylinder-Auto war trotz verbesserter Ausstattung wie Lederverkleidung im Innenraum und standardmäßigem Schiebedach relativ billig. In der zweiten Hälfte der 30er Jahre verkaufte der britische Partner von General Motors im Jahr 1935 26 000 und im Jahr 1938 35 000 Autos auf dem Inlandsmarkt. Austins ständig steigende Produktionsrate war hauptsächlich dem »Seven«, von dem zwischen 1922 und 1939 300 000 Stück gebaut wurden, sowie dem etwas weniger erfolgreichen »Ten« zu verdanken. Morris, der bekannteste in der Nuffield-Gruppe, zu der auch MG und ab 1926 Wolseley gehörten, brachte nach dem mäßigen Erfolg mit dem Minor im Jahr 1935 den »Eight« heraus. Er hatte eine Ganzmetall-Karosserie, die sich – durch das Ford-Modell Y inspiriert – einer Menge Eigenschaften rühmen konnte, die dem Minor weit überlegen waren. Bis Juli 1938 wurden eine halbe Million Stück produziert.

Standard war mit seinem breitgefächerten Angebot einigermaßen erfolgreich, ebenso wie die Rootes-Gruppe, die im Jahr 1932 als Holding-Gesellschaft für die Marken Humber und Hillman ihre endgültige Form annahm. Später kamen noch die Marken Karrier und Sunbeam dazu. Riley und Alvis vertrauten – wie auch die B. S. A.-Gruppe, die aus B. S. A., Daimler und Lanchester bestand – auf die Beständigkeit ihrer Produktion. Riley erzielte mit dem kleinen, aber schnellen »Four« im Jahr 1935 sowie mit den luxuriösen V-8-Versionen gute Erfolge. Seine finanzielle Situation verschlechterte sich jedoch, und er mußte sich schließlich an die Nuffield-Gruppe anschließen. Alvis erschien 1919 auf der Automobilszene und präsentierte nach großartigen Rennerfolgen in den 20er Jahren im Jahr 1928 sein erstes englisches Auto mit Frontantrieb, ein kleines Sportmodell mit 1500 ccm Hubraum. Danach folgte im Jahr 1934 der Firebird, der ein Automatikgetriebe (als Sonderausstattung) sowie eine unabhängige Radaufhängung hatte.

Rover und an erster Stelle natürlich Rolls-Royce, der Bentley nach dessen finanziellen Schwierigkeiten im Jahr 1931 übernommen hatte, hielten sich weiterhin mit ihren hochwertigen Autos eine gesicherte Marktstellung.

BMW 315/1 – 1936 (D). Konstruiert von Fritz Fiedler, war dieser BMW 315 der erste mit einem 6-Zylinder-Motor. Er besaß eine Verdrängung von 1490 ccm, leistete 34 PS bei der Limousine und 40 PS beim »Touring Sport«-Modell 315/1, das eine Spitzengeschwindigkeit von 125 km/h erreichte. Dieser Fahrzeugtyp wurde von 1934 bis 1937 gebaut.

Opel P 4 – 1935 (D). Der 4-Zylinder-Kleinwagen P 4 war ein verhältnismäßig preiswertes Auto. Es kostete 1450 Reichsmark und wurde nur zwei Jahre lang produziert. Der Motor hatte ein Pumpenkühlsystem und eine Leistung von 23 PS bei 3600 U/min.

Mercedes 540 K – 1936 (D). Der letzte aus der Serie der großen Sportwagen mit Kompressor war das Modell 540 K, das in der Zeit von 1934 bis 1939 hergestellt wurde. Der 8-Zylinder-Motor (5401 ccm) hatte ein Ventilgetriebe mit Stößelstangen, durch Kompressor erhöht auf 180 PS. Die hydraulischen Bremsen waren mit einer von Bosch gelieferten Unterdruckhilfe ausgestattet. Das Auto hatte eine unabhängige Aufhängung und erreichte eine Spitzengeschwindigkeit von 170 km/h.

Mercedes 170 – 1931 (D). Das Modell 170 hatte einen 6-Zylinder-Motor mit 32 PS (1,7 l). Es war der erste Mercedes mit einzeln aufgehängten Hinterrädern, schwingenden Halbachsen und doppelten Spiralfedern. Von dem 2-l-40-PS-Modell wurden im Jahr 1932 200 Fahrzeuge hergestellt.

BMW 326 – 1936 (D). Das Modell 326 hatte einen 6-Zylinder-50-PS-Motor (1971 ccm) und kostete 5500 Reichsmark. Es war ausgestattet mit Solex-Doppelvergaser und hydraulischen Bremsen und erreichte eine Spitzengeschwindigkeit von 115 km/h. Bis zum Jahr 1940 wurde dieses Fahrzeug hergestellt.

Citroën Traction Avant 7 CV – 1934 (F)
Das Modell 7 A wurde im April 1934 mit einem 4-Zylinder-Motor (32 PS) herausgebracht. Es hatte eine Einheitskarosserie und Vorderradantrieb (ursprünglich wurden homokinetische Kupplungen der Firma Tracta verwendet). Zwei Monate später wurde das Modell durch den Typ 7 B abgelöst, der einen 35-PS-Motor (1529 ccm) besaß. Die Spitzengeschwindigkeit beider Versionen betrug 100 km/h. Das Modell 11 AL wurde ebenfalls im Jahr 1934 herausgebracht. Es war ausgestattet mit einem 1911-ccm-46-PS-Motor und wurde bis zum Jahr 1957 gefertigt. Im Jahr 1935 entstand das Modell 7 C mit einem 36-PS-Motor (1628 ccm), das bis zum Ausbruch des Zweiten Weltkrieges produziert wurde. Es folgte eine Diesel-Ausführung (Typ 11 UD, 1767 ccm, 40 PS), dessen Herstellung sich jedoch nur über drei Jahre erstreckte. Im Jahr 1938 wurde das Modell 15 Six G vorgestellt. Es hatte einen 5-Zylinder-Motor, 77 PS (2867 ccm) und erreichte eine Spitzengeschwindigkeit von 130 km/h. Insgesamt wurden in 23 Jahren ungefähr 750 000 Fahrzeuge vom »Traction Avant« hergestellt.

Die weniger ernsten Folgen der Krise für Großbritannien bedeuteten zwar, daß die Industrie fast ohne Hindernisse weiter produzieren konnte, aber auch, daß nicht die gleiche Notwendigkeit für eine Umstrukturierung wie in anderen westlichen Ländern bestand. Letzteres hatte langfristig gesehen zwei negative Folgen. Einerseits verlangsamte sich die technische Weiterentwicklung, ein Umstand, der erst nach dem Krieg offensichtlich wurde, andererseits vergab die Regierung nicht die nötigen Geldmittel, um die Produktion zu intensivieren. Dies ebnete den Weg für die amerikanischen Firmen Ford und Vauxhall, die sich daraufhin fest auf britischem Boden etablierten.

Daraus folgte wiederum, daß Großbritannien hinsichtlich der Automobilproduktion während des ganzen Jahrzehnts das führende Land in Europa war. Im Jahr 1937 wurde mit 379 000 Autos der absolute Produktionshöchststand erreicht.

In Deutschland waren die Folgen der Krise schlimmer. Hier fiel die Produktion von 108 000 Autos im Jahr 1928 auf 62 000 im Jahr 1931 und 43 000 im Jahr 1932. Die Autoindustrie reagierte darauf hauptsächlich mit Firmenzusammenlegungen. Ein typisches Beispiel war die Gründung der Auto Union im Jahr 1932, eine Verbindung von Audi, Horch, Wanderer und DKW. Die Zahl der großen Firmen sank auf etwa fünfzehn, und es gab noch kein Modell, das zu einer allgemeinen Verbreitung sowie zu erhöhter Beliebtheit des Automobils im ganzen Land hätte führen können.

Als Adolf Hitler 1933 an die Macht kam, befand sich die Automobilindustrie mitten in einer umfangreichen Entwicklungsphase, die hauptsächlich auf Staatsaufträge und später auch auf die Wiederbelebung der privaten Nachfrage hin ausgerichtet war. Im Jahr 1934 begann diese Entwicklung auf privatem Sektor mit dem Volkswagenprogramm und konnte erst nach dem Krieg abgeschlossen werden.

Die Produktion in Deutschland erreichte schnell ihren alten Stand und lag bereits 1935 – noch vor Frankreich – an zweiter Stelle in Europa. Eine der bedeutendsten Entwicklungen der deutschen Industrie in den 30er Jahren war der Opel Olympia mit 1,3 Litern und 26 PS. Es war das erste deutsche Auto mit einer Monocoque-Karosserie und wurde in den zwei Jahren von 1936–1937 80 000mal produziert. 1937 war auch das Erscheinungsjahr des Kadett mit 1100 ccm Hubraum. Inzwischen erzielte Mercedes weitere neue, bedeutende Fortschritte. Neben den außergewöhnlichen 6- und 8-Zylinder-Kompressor-Versionen stellte die Firma eine Reihe Autos mit Heckantrieb vor. Im Jahr 1935 erschien das erste Dieselauto der Welt, der Mercedes 260 D.

In Italien wurde die Produktion, die schon immer vergleichsweise gering war, durch die Krise ganz erheblich beeinträchtigt. 1931 wurden nur 26 000 Autos hergestellt, und die kleinen Firmen hatten keine andere Möglichkeit, als sich vom Markt zurückzuziehen.

Fiat 518 L »Ardita« – 1933 (I). Der Ardita wurde in den Jahren von 1933 bis 1938 hergestellt. Der 4-Zylinder-Seitenventil-Motor hatte entweder einen Hubraum von 1758 ccm (Leistung 40 PS) oder eine 1944-ccm-Hubraum (Leistung 45 PS). Dieses Cabriolet wurde in den Castagna-Karosseriewerken gebaut.

Größere Firmen wurden entweder von Fiat oder von der Regierung übernommen. Der Staat kontrollierte durch das IRI (Insitiut für industriellen Wiederaufbau) unter anderen die Firmen Alfa Romeo und Isotta Fraschini.

Fiat beherrschte zwar dank der strengen Einfuhrkontrollen den Inlandsmarkt, erfuhr aber trotzdem erhebliche Veränderungen. 1932 wurde der 508 »Balilla« mit 995 ccm Hubraum vorgestellt. Das erste »Volksauto« war im Jahr 1936 der »Topolino« 500. Im selben Jahr begann in der Mirafiori-Fabrik, die im Jahre 1939 eröffnet wurde, die Fertigung nach europäischen Maßstäben.

Wegen der Qualität seiner Automobile gelang es Lancia bemerkenswerterweise, seine feste und unabhängige Stellung zu behaupten. Die Einführung des Augusta 1200 im Jahr 1932 war ein Versuch, den Marktanteil mit einem beliebten Auto zu vergrößern. Wegen des hohen Kaufpreises stellte er für Fiat jedoch keine ernsthafte Konkurrenz dar. Lancias Qualitätsprodukte bescherten der Firma eine reiche und treue Stammkundschaft. Auch der Aprilia (1937) und der kleine Ardea (1939) standen dieser »Strategie« in nichts nach.

Kurz vor Kriegsausbruch war die Produktion in Italien im Vergleich zu anderen europäischen Ländern sehr gering, obwohl italienische Automobile bereits großes Ansehen erlangt hatten. Im Jahr 1937 lag die Gesamtproduktion bei 61 000 Autos.

Die 30er Jahre markierten für das Automobil das Ende einer Entwicklung, in der sich die Autoindustrie mit bekannten Marken und durch Firmen, die sogar während des Aufschwungs nach dem Krieg praktisch unverändert blieben, einen festen Stand erworben hatte. Nach der großen Depression, die effektiv bis 1936 dauerte, war die Autoindustrie in der Lage, sich auf die Verbreitung des privaten Kraftfahrtwesens zu konzentrieren. Obwohl der Zweite Weltkrieg diese Bemühungen unterbrach, wurde diese Entwicklung dann mit um so größerem Eifer vorangetrieben.

Bis dahin war das Phänomen »Automobil« auf die fünf Länder beschränkt, die für seine technische und industrielle Entwicklung verantwortlich gewesen waren. Nun erschienen auch andere Länder auf der Bildfläche. In Schweden waren Volvo und Saab vorläufig nur auf dem noch nicht erschlossenen Inlandsmarkt praktisch nur für reiche Käufer tätig. In Japan zeigte die Produktion von 1800 Fahrzeugen im Jahr 1938 deutlich, was noch zu tun blieb. Sogar Osteuropa wagte einen vorsichtigen Vorstoß in diese Richtung. In der Tschechoslowakei war Skoda ausgesprochen erfolgreich, und in der Sowjetunion begann man in bescheidenem Ausmaß und unter amerikanischer Lizenz, Autos herzustellen.

Eines war auf jeden Fall klar, das Automobil war zu einem festen Bestandteil der Wirtschaft und des alltäglichen Lebens in der zivilisierten Welt geworden.

Lancia Ardea – 1939 (I). Dieses von Lancia gebaute Auto war das erste mit einer Verdichtung unter 1 l. Dieser Ardea war sowohl technisch wie auch in der Konstruktionsform vom berühmteren Modell Aprilia beeinflußt. Der V-4-Motor (903 ccm) konnte 29 PS bei 4600 U/min leisten. Er erreichte eine Spitzengeschwindigkeit von 108 km/h.

Fiat 500 »Topolino« – 1936 (I). Vorgestellt im Jahr 1936 zu einem Preis, der unter 10 000 Lire lag, blieb diese erste Ausführung vom Topolino bis 1948 in der Fertigung. Der 4-Zylinder-Seitenventil-Motor (569 ccm) leistete 13 PS bei 4000 U/min. Seine Spitzengeschwindigkeit lag bei 85 km/h. In den beiden oberen Gängen war das Viergang-Getriebe synchronisiert.

Fiat 508 »Balilla« – 1932 (I). Die erste Balilla-Ausführung kam im Jahr 1932 heraus und blieb in der Produktion bis 1934. Während dieser Zeit wurden über 41 000 Fahrzeuge hergestellt. Der 4-Zylinder-Motor (995 ccm) leistete 20 PS bei 3400 U/min und erreichte eine Spitzengeschwindigkeit von 85 km/h. Es stand auch ein stärkeres Modell zur Verfügung, das 26 PS bei 3800 U/min leistete. Das Fahrzeug war mit einem Dreigang-Getriebe ausgestattet. Es war 3,44 m lang und wog 685 kg.

Griffith Borgeson Indianapolis

Seit 1911 wurde das 500-Meilen-Rennen von Indianapolis (804,5 km) außer in Kriegszeiten jedes Jahr Ende Mai durchgeführt. Es ist somit das älteste, regelmäßig abgehaltene Hochgeschwindigkeitsrennen der Welt. Viele behaupten, diese Piste sei der großartigste Rennkurs der Welt. Das ist Ansichtssache, aber unbestreitbar ist, daß er der »schnellste« ist. Eine weitere Tatsache sind die einzigartigen und außergewöhnlich hohen Siegprämien bei diesem Rennen. Bemerkenswert sind auch das gigantische Ausmaß dieses Spektakulums, das immer an einem römisch-katholischen Feiertag stattfindet, und die Zahl der Menschen, die ein stattliches Eintrittsgeld zahlen, um hier dabeisein zu dürfen. Momentane Schätzungen belaufen sich auf etwa 320 000 bis 350 000 Fans.

Die Idee zu diesem »Schauspiel« hatte das Finanzgenie Carl G. Fisher vor 75 Jahren. Fisher, der auch das Milliardengeschäft mit Immobilien im heutigen Miami Beach (Florida) ankurbelte, wurde 1874 in einem kleinen Ort im Staat Indiana geboren. Er hatte eine eher mäßige Schulbildung und begann im Alter von zwölf Jahren selbst für seinen Lebensunterhalt zu sorgen. Nachdem er lange gespart hatte, kaufte er sich ein Fahrrad und nahm am Berufsradrennen teil. So verdiente er sich Geld und kaufte sich 1895 im Alter von 26 Jahren als erster Mensch in Indianapolis ein Kraftfahrzeug – einen dreirädrigen De Dion-Bouton. Im Jahr 1900 wurde Fisher Automobilhändler in dieser Stadt und warb für seine Produkte durch die Teilnahme an Autorennen. 1905 ging er nach Frankreich, in der Absicht, bei dem damaligen Gordon-Bennett-Pokalrennen mitzufahren. Sein Auto überschritt jedoch das Gewichtslimit, und so konnte er dieses größte Rennen Europas nur als Zuschauer erleben.

Zwei Dinge beeindruckten Fisher ganz besonders: Einmal die Tatsache, daß man mit internationalen Wettkämpfen zwischen hervorragenden Maschinen und Fahrern große Zuschauermassen anlocken konnte; zum anderen die extremen Schwierigkeiten, diese Massen auf den öffentlichen Straßen unter Kontrolle zu halten und einen finanziellen Gewinn dabei zu erzielen. Mit der Absicht, eine Art Anlage, eine »Fabrik« für die Veranstaltung von gewaltigen Autorennen zu bauen, kehrte er nach Indianapolis zurück. Seine Anlage sollte eine Art vergrößerte Radrennbahn mit 2,5 Meilen (4023 m) Bahnlänge und mit überhöhten Kurven an beiden Schmalseiten des Ovals sein. Die Gesamtanlage sollte eingezäunt und nur für das zahlende Publikum zugänglich sein, das dann von den Tribünen aus das gesamte Geschehen optimal überblicken könnte. Um sicherzustellen, daß sich auch die besten Rennfahrer des Landes und schließlich der ganzen Welt auf dieser »Bühne« präsentieren würden, wollte er die höchsten Gewinnprämien der Welt bieten. Dieses Konzept entstand natürlich nicht über Nacht. Es kostete viel Zeit, Sponsoren zu finden und die Rennstrecke zu bauen. Gerade rechtzeitig zum ersten Rennen für Motorräder am 14. August 1909 konnte die Asphaltdecke fertiggestellt werden. Trotz der leichten Maschinen brach der Teerbelag schnell auf, und man sah sich gezwungen, unter erheblichem Zeitaufwand über 3 Millionen Pflastersteine zu verlegen. Während bei mehreren kurzen Rennen im Jahr 1910 das Interesse immer mehr zurückging, erkannte man, daß ein einziger großer Wettbewerb pro Jahr wohl einträglicher sein würde als viele kleine. Fisher dachte zuerst an ein 24-Stunden-Rennen, entschloß sich aber dann zu einem 500-

Mercer 35 – 1911 (USA). Obgleich nur Zwölfter und Fünfzehnter beim 500-Meilen-Rennen von Indianapolis, war der »Mercer 35« eines der Starfahrzeuge. (Motor: 4 Zylinder, 4940 ccm, 60 PS.)

National – 1912 (USA). Als der Fahrer De Palma mit seinem Mercedes aufgeben mußte, hatte Joe Dawson am Steuer seines National freie Fahrt auf den ersten Platz (Motor: 4 Zylinder, über 8000 ccm).

Peugeot GP – 1913 (F). Der erste Europäer, der bei einem Indianapolis-Rennen gewann, war der Peugeot-Fahrer Goux. Der Motor besaß 4 Zylinder, eine obenliegende Zwillingsnockenwelle mit 16 Ventilen (7600 ccm) und leistete 130 PS bei 2200 U/min.

Delage – 1914 (F). Konstruiert im Jahr 1913, gewann der Delage GP (Motorausstattung: 4 Zylinder, 7032 ccm, 110 PS bei 2200 U/min) das Rennen im Jahr 1914. Der Rennwagen wog 1036 kg und erreichte Spitzengeschwindigkeiten bis zu 170 km/h.

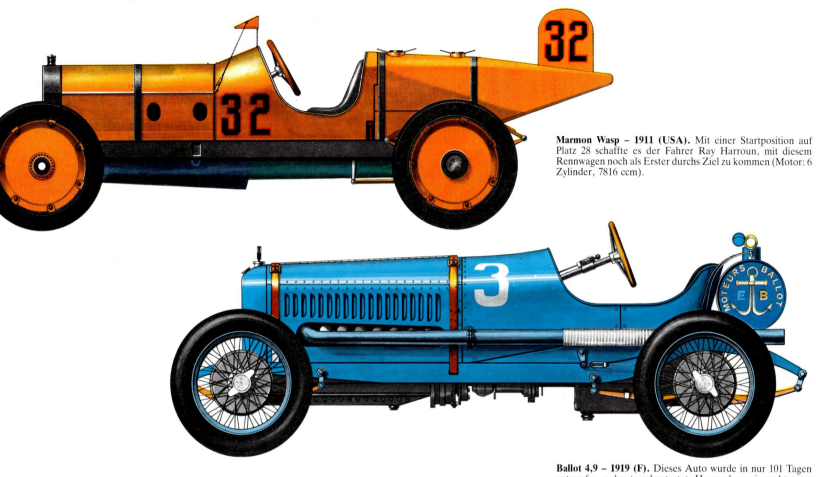

Marmon Wasp – 1911 (USA). Mit einer Startposition auf Platz 28 schaffte es der Fahrer Ray Harroun, mit diesem Rennwagen noch als Erster durchs Ziel zu kommen (Motor: 6 Zylinder, 7816 ccm).

Ballot 4,9 – 1919 (F). Dieses Auto wurde in nur 101 Tagen entworfen, gebaut und getestet. Heraus kam ein recht gutes Fahrzeug. Wie der Peugeot, hatte es auch einen 8-Zylinder-Bugatti-Motor auf Avio-Basis (4820 ccm, 140 PS bei 3000 U/min).

Meilen-Rennen, eine Entscheidung, die sich später als Haupttreffer herausstellte.

Bei der ersten »500« waren 40 Wagen am Start, und die etwa 80 000 Zuschauer zahlten viel Geld, um miterleben zu dürfen, wie der junge Ingenieur Ray Harroun in einem Auto, an dessen Konstruktion er selbst beteiligt gewesen war, nach einem fast siebenstündigen Wettkampf den Sieg davontrug und die bis dahin höchste Gewinnprämie erhielt.

In den folgenden Jahrzehnten stiegen die Geschwindigkeiten und die Siegprämien ganz beträchtlich.

Die relative geringe Durchschnittsgeschwindigkeit des Siegers im Jahr 1981 erklärt sich dadurch, daß das Rennen über weite Strecken bei roten Flaggen (nach Unfällen) gefahren werden

Peugeot GP – 1919 (F). Vier der Peugeots, die von der amerikanischen Firma Premier hergestellt wurden, reihten sich in den »Indy«-Wettkampf ein. Drei davon mit 4,5-l-Motoren, einer mit 3 l. Der Fahrer Wilcox gewann in einem 4,5-l-Wagen.

Stutz – 1915 (USA). Der von De Palma gefahrene Stutz besaß einen 4-Zylinder-Motor (4839 ccm), der 120 PS bei 2700 U/min leistete. Drei Runden vor Ende des Rennens brach eine Verbindungsstange. Aber De Palma schaffte noch den ersten Platz vor dem von Resta gefahrenen Peugeot.

Frontenac – 1920 (USA). 1920 gewann Gaston Chevrolet mit einem »Monroe«, den sein Bruder Louis konstruiert hatte. Louis Chevrolet hatte auch den 1921 herausgebrachten »Frontenac« gebaut, mit dem Milton seinen Sieg errang (Motor: 4 Zylinder, 2980 ccm, 120 PS bei 4200 U/min).

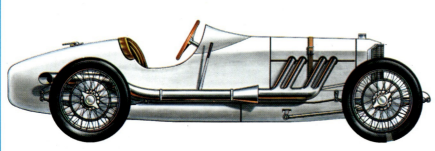

Mercedes – 1923 (D). Zwischen 1921 und 1925 nahm Mercedes mit seinen 4-, 6- und 8-Zylinder-Modellen an den 500 Meilen von Indianapolis teil. Beim Rennen im Jahr 1923, in der 2000-ccm-Klasse, beteiligte sich dieses 4-Zylinder-Modell. Die Fahrer Sailer und Werner erreichten den 8. beziehungsweise 11. Platz.

Miller – 1927 (USA). Nach dem Vorjahrssieg in Indianapolis wurde der Fahrer Lockhart von seinem Miller (Motor: 8-Zylinder-Kompressor, 1500 ccm, 154 PS bei 7000 U/min) im Jahr 1927 durch einen Differentialschaden im Stich gelassen, als er in Führung lag. Der Duesenberg-Fahrer Souders nutzte die Chance und wurde Erster.

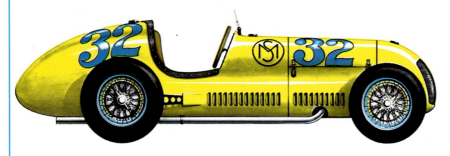

Sampson – 1940 (USA). Dieses Auto besaß einen echten V-16-Motor, der durch Zusammenkopplung von zwei 8-Zylindern der Firma Miller entstanden war. Mit dem Fahrer Swanson am Steuer belegte es die Plätze 31 im Jahr 1939 und 6 im Jahr 1940. Das Fahrzeug leistete 385 PS bei 7500 U/min. Es hatte einen Hubraum von 2956 ccm und zwei Zentrifugal-Kompressoren.

Maserati (Boyle Special) – 1938 (I). Das war der Sieger in den Jahren 1939 und 1940 mit dem Fahrer Shaw. Der gestreckte 3000-ccm-Motor mit acht Turbokompressoren entstand durch die Zusammenkopplung von zwei im gleichen Jahr gebauten 1500-ccm-Ausführungen der Firma Modena. Der Wagen besaß einen von der Firma Roots gebauten Zweistufen-Kompressor und einen Doppelvergaser (365 PS bei 6400 U/min).

Novi Special – 1951 (USA). Der 3-l-Motor dieses V-8-Autos lieferte 600 PS bei 8000 U/min. Durch den hohen Brennstoffverbrauch (70 bis 92 l pro 100 km) wurde ein Tank mit einem Fassungsvermögen von über 523 l benötigt, was die Leistungsfähigkeit natürlich beeinträchtigte. Der Fahrer hieß Tony Bettenhausen.

Cummins Diesel Special – 1951 (USA). Hierbei handelt es sich um ein recht neuartiges Auto mit einem 6-Zylinder-6751-ccm-Motor (Diesel), der Turbokompressoren für die Auspuffgase besaß. Er leistete 350 PS bei 4000 U/min. Der Fahrer Agabashian schied vorzeitig aus dem Rennen aus.

Jahr	Fahrer	Fahrgestell	Motor	Durchschnitt (km/h)	Höchstgeschwindigkeit	Gesamt-Börse in Dollar
1911	Harroun	Marmon	Marmon	120,01	–	27 500
1921	Milton	Frontenac	Frontenac	144,19	162,01	86 650
1931	Schneider	Stevens	Miller	155,46	183,35	81 800
1941	Davis/Rose	Wetteroth	Offy	185,21	207,06	90 925
1951	Wallard	Kurtis	Offy	203,12	220,22	207 650
1961	Foyt	Watson	Offy	223,86	234,75	400 000
1971	A. Unser	P. J. Colt	Ford	253,79	280,80	1 001 604
1981	B. Unser	Penske	Ford	223,74	322,91	1 609 375

mußte. Aber der gewohnte Aufwärtstrend des Tempos setzte sich fort, und 1984 lag die Höchstgeschwindigkeit schon bei 337,93 km/h. Rick Mears gewann das Rennen mit einer durchschnittlichen Geschwindigkeit von 263,25 km/h, und die Siegprämie erreichte die Rekordhöhe von 2 795 899 Dollar.

Carl Fishers Auffassung, daß der Rennsport auf öffentlichen Straßen zum Aussterben verurteilt sei, erwies sich als richtig für die USA, und seine Hochleistungs-Rennstrecke wurde zu einem Vorbild, dem alle nacheiferten, das aber keiner erreichte. Da die Autorennen fast ausschließlich auf oval angelegten Strecken stattfanden, kam es zu einer Entwicklung rein amerikanischer Rennautos. In Indianapolis wurde entgegengesetzt dem Uhrzeigersinn gefahren, was auf anderen

Miller – 1929 (USA). Der amerikanische Hersteller baute ungefähr 50 8-Zylinder-Kompressor-Autos (1500 ccm). Davon besaßen in etwa zehn einen Vorderradantrieb. Der abgebildete Wagen kam im Jahr 1929 mit dem Fahrer Duray auf den 22. Platz.

Miller Ford V 8 – 1935 (USA). Im Jahr 1935 waren 9 von 33 startenden Fahrzeugen mit Vorderradantrieb ausgestattet, so auch das abgebildete und von den Fahrern Horn und Bailey gesteuerte Auto der Firma Miller. Der V-8-»Ford«-Motor (3605 ccm) leistete 220 PS.

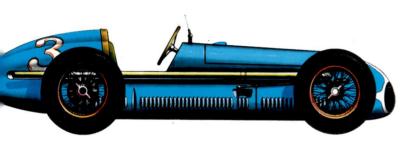
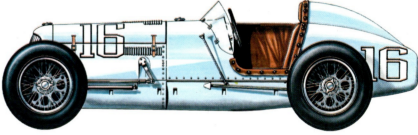

Blue Crown Spark Plug Special – 1948 (USA). Dieses Auto war in den Jahren 1947, 1948 (Fahrer Rose) und 1949 (Fahrer Holland) Sieger und kam im Jahr 1950 wieder mit Holland auf den 2. Platz. Die Modelle aus den Jahren 1947 und 1948 besaßen Vorderradantrieb, alle späteren Modelle hatten Hinterradantrieb (Motor: 4 Zylinder, 4500 ccm, 270 PS).

Thorne Engineering Special – 1946 (USA). Dieses Auto wurde im Jahr 1937 im Auftrag von Thorne von dem Spezialisten Art Sparks konstruiert. Das Fahrzeug gewann das Rennen im Jahr 1946 mit dem Fahrer Robson am Steuer (2946-ccm-Motor). Die Durchschnittsgeschwindigkeit des Siegers betrug 185 km/h.

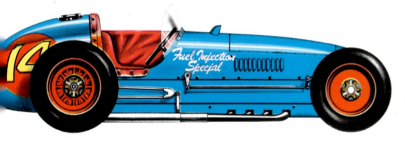

Fuel Injection Special – 1953 (USA). Dieses 4-Zylinder-Auto war mit einem 4428-ccm-»Offenhauser«-Motor ausgestattet. Mit dem Fahrer Bill Vucovich am Steuer wurden die Rennen in den Jahren 1953 und 1954 gewonnen. Es besaß eine 500 A-Karosserie der Firma Kurtis Kraft sowie Drehstangenaufhängung.

John Zink Special – 1955 (USA). Die siegreichen Fahrer bei den 500 Meilen in den Jahren 1955 und 1956 hießen Sweikert und Flaherty. Das Fahrzeug war mit dem immer beliebter werdenden »Offenhauser«-Motor ausgestattet.

Dean Van Lines – 1957 (USA). Bei den 500 Meilen im Jahr 1957 wurde dieser Einsitzer, ausgestattet mit einem »Offenhauser«-Motor und mit einem von Kuzma hergestellten Fahrgestell, Dritter mit dem Fahrer Bryan am Steuer. Auch andere bekannte Rennfahrer, wie A. Foyt und Mario Andretti, erzielten Rennerfolge mit dieser Marke, die nach 1965 mit einem V-8-Motor ausgerüstet war.

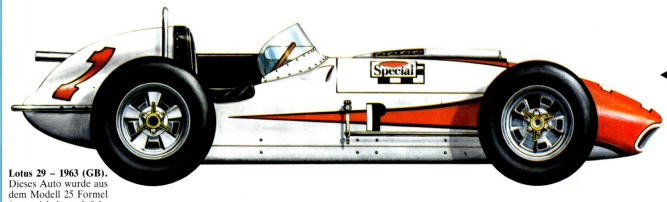

Sheraton Thompson Special – 1964 (USA). Das Höchste, was der traditionelle Offenhauser-Motor leistete, war eine Durchschnittsgeschwindigkeit von rund 237 km/h, die ausreichte, dem Fahrer A. Foyt zum Sieg zu verhelfen. Die Motorleistung betrug in diesem Fall 430 PS. Das Getriebe hatte lediglich ein Zweier-Übersetzungsverhältnis.

Lotus 29 – 1963 (GB). Dieses Auto wurde aus dem Modell 25 Formel 1 entwickelt und fuhr erstmalig 1963 in Indianapolis. Es gab zwei verschiedene Ausführungen. Die eine, gefahren von Jim Clark, besaß einen V-8-Ford-Motor (375 PS bei 7200 U/min), während die andere, gefahren von Dan Gurney, einen Offenhauser-Motor hatte. Clark wurde Zweiter.

Lola-Ford – 1966 (GB). 1965 hieß der Sieger Jim Clark mit einem Lotus 38. Mit einem V-8-Ford-Motor und Graham Hill am Steuer konnte Lola einen zweiten Sieg für sich verbuchen. Jackie Stewart, ebenfalls in einem Lola in Führung liegend, mußte zehn Runden vor Schluß aufgeben.

Eagle-Offenhauser – 1968 (USA). Der Turbo, mit Bobby Unser am Steuer eines Eagle, gab Offenhauser nochmals die Chance, einen Sieg herauszufahren. Der zweitplacierte Wagen, ein Eagle Weslake, wurde von Dan Gurney gefahren, der auch beide Fahrzeuge gebaut hatte.

Colt-Ford – 1971 (USA). Mit Parnelli Jones am Steuer war dieser Rennwagen mit seinem klassischen V-8-Motor und einem Durchschnitt von 253 km/h siegreich. Er konnte damit seinen Vorjahreserfolg, den er mit einem anderen Modell der gleichen Firma erkämpfte, wiederholen. Der favorisierte Wagen von McLaren-Offenhauser wurde Zweiter.

Rennstrecken bald auch eingeführt wurde. Die Bahnbeläge waren relativ eben, und man benötigte die Bremsen nur, wenn man an die Boxen fuhr. Deshalb war der Ehrgeiz, Radaufhängung und Bremsen zu verbessern, sehr gering. Die Weiterentwicklung des Fahrwerks ging, wenn überhaupt, nur langsam voran, da sich alle Anstrengungen auf eine Steigerung der Motorleistung richteten. Auf diesem Gebiet wurde das »Indianapolis-Auto« weltweit konkurrenzlos.

Die Indianapolis-Autos von 1911 hatten im wesentlichen Tourenwagen-Chassis und Motoren mit seitlich liegenden Ventilen. Der Sieg eines Grand-Prix-Kleinwagens, eines Bialbero-Peugeot, bei den 500 Meilen von 1913 löste in den USA wie in Europa eine »Revolution« aus. Trotz seines herkömmlichen, halbgefederten Chassis war der Peugeot sonst sehr verbessert und regte die meisten Designer zur Nachahmung an. Es zeigte sich bald, daß sein Motor aufgrund seiner Bauweise leistungsfähiger war als alle anderen. Louis Chevrolet übernahm schon 1915 dessen wesentliche Merkmale für die Frontenac-Autos, Harry Miller machte es ihm 1919 nach, und Fred Duesenberg folgte 1922. Diese drei Konstrukteure waren zwischen den beiden Kriegen die bedeutendsten Hersteller von amerikanischen Rennautos. Millers Firma wurde 1933 von seinem Manager Fred Offenhauser übernommen. Als die letzten »Offys« – ursprünglich vom Peugeot inspirierte »Millers« – um 1980 herum in Indianapolis starteten, hatten sie schon eine 60jährige Geschichte hinter sich. Die ersten modernen Abgas-Turbolader gaben in Indianapolis 1966 mit 2750-ccm-Offy-Motoren ihr Debüt. Diese neuen Motoren erreichten schließlich, auf 2,6 Liter reduziert, eine Leistung von fast 900 PS, konnten sich aber trotzdem nicht gegen die V-8-Rennwagen von Ford behaupten, die aus der gleichen Tradition heraus entstanden waren. Die 500 Meilen wurden schon immer nach regelmä-

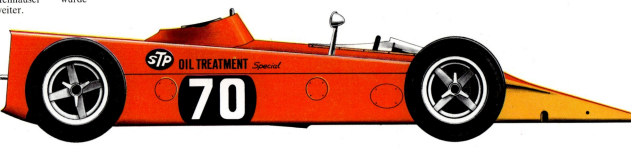

Lotus 56 – 1968 (GB). Dieses Turbinen-Auto wurde von Chapman und Philippe konstruiert. Es besaß einen 430-PS-Motor der Firma Pratt und Whitney. Das Modell bot eine geballte Ladung an fortschrittlicher Technik, wie zum Beispiel Allradantrieb und keilförmige Karosserie. Das von Leonard gefahrene Auto startete in der Pole-Position und wurde schließlich Zwölfter.

Eagle-Offenhauser – 1975 (USA). Bobby Unser gewann im Jahr 1975 die 500 Meilen mit einem 4-Zylinder-Turbo, 2611-ccm-Offenhauser, der 625 PS bei 8500 U/min leistete. Die Durchschnittsgeschwindigkeit betrug 240,083 km/h.

Lola-Cosworth – 1978 (USA). Den ersten Sieg mit einem Cosworth-Turbo holte Al Unser mit seinem Lola in Indianapolis 1978. Der Cosworth-V-8-Motor (2650 ccm) schaffte eine Durchschnittsgeschwindigkeit von 259,689 km/h. Insgesamt nahmen elf Cosworth-Autos am Rennen teil, wobei Penske und Tom Sneva den zweiten Platz belegten.

ßig überarbeiteten Formeln für den Hubraum durchgeführt. Nur manchmal entsprachen diese Formeln den Regeln der Verbände AIACR und FIA. Kraftstoffe wie Flugbenzin, Methanol oder eine Nitro-Methan-Mischung waren zu verschiedenen Zeiten erlaubt.

Eine historische Neuerung in der Fahrwerktechnik gab es 1925 mit der Einführung von Millers Frontantrieb in Indianapolis. Das war der Beginn des anhaltenden modernen Trends. Sonst verwendete man hauptsächlich herkömmliche Chassis mit starren Achsen, bis Jack Brabhams Cooper-Climax 1961 in Indianapolis durch seinen Heckantrieb eine wahre »Revolution« auslöste.

Auch viele Italiener und Italo-Amerikaner trugen zur »Indianapolis-Legende« bei, wie Mario Andretti, Alberto Ascari, Pietro Bordino, Baconin Borzacchini, Ralph de Palma, Peter de Paolo, Tony Gulotta, Kelly Petillo, Giovanni Porporato, Joe und Paul Russo, Vincenzo Trucco, Luigi Villoresi und Paolo Zuccarelli.

Penske-Cosworth PC 12 – 1984 (USA). Im Jahr 1984 entschied Rick Mears die 500 Meilen von Indianapolis mit einer Durchschnittsgeschwindigkeit von 263,25 km/h für sich. So wie fast alle CART-Formel-Wagen war dieser mit einem Cosworth-V-8-DFX-Motor (2650 ccm) ausgestattet, der ungefähr 700 PS bei 11 000 U/min durch den Turbo-Auflader leistete. Die Karosserie bestand aus kohlenfiberverstärktem Aluminium. Der Konstrukteur des Modells PC 12 hieß Geoff Ferris.

Das Auto heute: Ein weltweites Phänomen

Während Europa vom Zweiten Weltkrieg schwer getroffen wurde und sich hauptsächlich mit dem Wiederaufbau beschäftigte, konnte die amerikanische Automobilindustrie den während des Krieges unerfüllt gebliebenen Wunsch nach einem Auto sofort erfüllen. Die »Abteilung Kriegsproduktion« hatte am 5. April 1945 finanzielle Unterstützung für Neuentwicklungen angekündigt, und schon am 20. August des selben Jahres kamen neue Modelle auf den Markt. General Motors stellte für die Errichtung eines neuen Testzentrums 20 Millionen Dollar zur Verfügung und erzielte durch die Umstellung der Buick-Fabrik eine Jahresproduktion von einer halben Million Autos. Die ersten Modelle, die auf den Markt kamen, waren in der Hauptsache verbesserte Versionen der Vorkriegsautos. Ein typisches Beispiel dafür war der Ford V 8 »Super De Luxe«, der sich vom 1942er Modell nur durch ein leicht verändertes Äußeres und ein paar mehr PS unterschied. Mit der Gründung der Firma Kaiser durch J. Kaiser und Joe Frazer, der einer der früheren Direktoren von Willys war, erschienen aber auch vollständig neue Entwicklungen auf dem Markt. Nach einer kurzlebigen Version mit Vorderradantrieb brachte die neue Firma im Jahr 1946 den »Special«, eine sehr konventionelle Limousine, heraus. Im selben Jahr wurden in den USA etwa 2 150 000 Autos produziert. Diese Zahl stieg kontinuierlich an und erreichte 1950 die 6,6-Millionen-Marke, was einem Verhältnis von 226 Autos pro 1000 Einwohner entsprach. Im Gegensatz dazu kamen in Großbritannien, in dieser Beziehung »fortschrittlichstes Land Europas«, auf 1000 Einwohner nur 43 Autos.

Bei einem stetigen, aber doch wechselhaften Entwicklungsprozeß in diesem Industriezweig pendelte sich die amerikanische Produktion in den Jahren von 1950 bis 1960 auf etwa 5 Millionen bis 6 Millionen Autos pro Jahr ein. Die Ursachen dafür waren die für die Wirtschaft schweren Jahre 1951/1952 und 1957/1958, die in diesem Jahrzehnt ständig steigenden Preise sowie die Sonderstellung der Automobilindustrie in den USA. General Motors, Ford und Chrysler kontrollierten seit einiger Zeit den gesamten Markt und folgten, angeführt von General Motors, einem Produktionskonzept, das den Wettbewerb untereinander verhindern und somit größere Investitionen unnötig machen sollte. Das Angebot der »Großen Drei« deckte den gesamten Bedarf und erstreckte sich von Standard- über Mittelklasse- bis hin zu Luxuswagen. Sie unterschieden sich zwar grundsätzlich voneinander durch diverse Ausstattungen und die Tatsache, daß die Luxusmodelle V-8-Motoren hatten, lagen aber hinsichtlich Preis und Technik auf einer Linie. Diese Art der Standardisierung ermöglichte die Massenproduktion relativ billiger Autos zu einer Zeit, als der Bedarf sehr groß war. Auf der anderen Seite gab es weder wirklich wirtschaftliche noch außergewöhnlich fortschrittliche Autos. Da sich besonders die jüngeren Käufer immer mehr von den modernen und hochentwickelten, aber dennoch kleinen Autos angezogen fühlten, mußten sie sich Fahrzeugen zuwenden, die jenseits des Atlantiks produziert worden waren. Der Marktanteil europäischer Autos lag 1958 bei 7,9%.

Die frühen Nachkriegsjahre brachten die Einführung des Automatikgetriebes, eine Erfindung, die in den USA erheblich weiterentwickelt wurde. Halbautomatische Getriebe wie General Motors Hydramatic (1940) mit Vier-Gang-Umlaufgetriebe und hydraulischer Kupplung wurden schon früher verwendet. Der »Dynaflow« im 8-Zylinder-Buick von 1948 hatte dann erstmals einen Drehmomentwandler und erforderte die manuelle Schaltung auf einen niedrigen Gang nur noch bei extrem schlechten Straßenverhältnissen oder beim Rückwärtsfahren. Die technische Anerkennung für diese Neuentwicklung gebührt dem »Invicta« von 1946, der durch General Motors auf nationaler Ebene bekannt gemacht wurde. Nach dem gleichen Prinzip fertigte Borg-Warner sofort ein Automatik-Getriebe, das von Ford und Studebaker verwendet wurde. Mit dem V-8-Motor mit obenliegenden Ventilen, der im Jahr 1949 von Charles Kettering für Cadillac entworfen worden war, begannen weitere Bemühungen, höhere Motorleistungen zu erreichen. Daraus entstanden in den 50er Jahren mehrere ähnliche Motoren, und sogar die bescheideneren 6-Zylinder-Motoren wurden verbessert. Zur gleichen Zeit präsentierte man eine Anzahl »futuristischer Prototypen«, die mit ihrer langen, niedrigen Form, Panoramascheibe und Heckflossen einen Vorgeschmack auf das zukünftige serienmäßige Fahrzeugdesign gaben. Diese Art amerikanischen Stylings beeinflußte später auch die europäischen Autos. 1949 stellten die wichtigsten Firmen fast alle ihre Modelle in verbesserter Form vor. Bis 1955 hatten einige Hersteller aufgrund der zügig voranschreitenden Modernisierung ihr Produktionsprogramm bereits zum dritten Mal komplett erneuert. Um in diesem Konkurrenzkampf

Lancia Aprilia – 1937 (I). Das letzte Modell von Lancia hieß Aprilia. Es wurde 1937 mit einem V-4-Motor (1351,6 ccm) vorgestellt, zwei Jahre später jedoch auf 1486 cccm verstärkt (bei beiden ca. 48 PS). Spitzengeschwindigkeit: 127 km/h. Es besaß eine neuartige Hinterachse mit einzeln aufgehängten Rädern sowie zentrale Bremstrommeln. Hergestellt bis 1949.

Citroën DS 19 – 1955 (F). Eines mit interessantesten Neuheiten ausgerüstetes Auto der Nachkriegszeit war der DS 19. Zu den Vorzügen der technischen Ausstattung gehörten: beste aerodynamische Form (der Luftwiderstand betrug 0,31 Cx), Vorderradantrieb, Luftfederaufhängung mit selbsttätiger Niveauregulierung, die wie die Servo-Lenkung durch ein hydraulisches Bauteil reguliert wurde, Kupplung, Viergang-Getriebe und Vorderrad-Scheibenbremsen. Der neuartige Motor besaß 4 Zylinder, 1911 ccm, leistete 75 PS bei 4500 U/min.

mithalten zu können, mußten so hohe Beträge investiert werden, daß sich keiner der »unabhängigen« Hersteller mehr halten konnte. Nur American Motors, 1954 durch eine Fusion von Nash und Hudson entstanden, konnte eine relativ sichere Position auf dem Markt erlangen.

Die Voraussetzungen für die Wiederbelebung des europäischen Automobilmarktes nach dem Krieg waren gänzlich anders als in Amerika. Die meisten Firmen waren zerstört und Rohstoffe knapp, trotzdem startete Europa bald darauf sein Comeback, und die Autoindustrie blühte nach der relativ kurzen Periode des Wiederaufbaus wieder auf.

Aber die Entwicklung verlief aufgrund strenger Einfuhrkontrollen in jedem Land anders. Außerdem gab es ein vielfältigeres Angebot an Autos bezüglich Größe und Motorleistung für weite Bevölkerungsschichten. Daraus folgte die Beibehaltung von nationalen technischen Traditionen und Automarken. Einige Firmen konnten sich in gewissen Marktbereichen spezialisieren und einen hervorragenden Ruf erwerben.

Das Konkurrenzdenken, das durch das Vorhandensein einiger amerikanischer Niederlassungen noch verstärkt wurde, verhinderte eine ähnliche »Organisation« der großen Firmen wie in Amerika und zwang die Hersteller in bezug auf Preise und Vielfältigkeit der Produkte zu einem harten Konkurrenzkampf. Dies führte dazu, daß sich die Produktion in Europa wieder auf einige wenige Firmen konzentrierte und nicht wie früher auf viele aufgeteilt war.

In Frankreich hatten Peugeot, Ford und Renault schwere Schäden erlitten. Während Citroën und Simca von den Folgen des Krieges fast unberührt blieben, wurde Renault verstaatlicht. Die Gesamtproduktion stieg von 30 400 Autos im Jahr 1946 auf 257 000 im Jahr 1950. In der Hauptsache war dies erfolgreichen neuen Modellen wie dem Renault 4 CV, dessen Prototyp von Volkswagen inspiriert worden war und in seiner Urform 1946 auf der Pariser Autoshow vorgestellt wurde, und dem Citroën 2 CV zu verdanken. Simca brachte verbesserte Versionen seiner »6«- und »8«-Modelle heraus, die auf Fiats Topolino bzw. dem »1100« basierten.

Der neue Peugeot 203 war ein Mittelklassewagen mit 1300 ccm Hubraum, der bis 1960 685 000mal gebaut wurde. 1954 übernahm Simca das Ford-Werk bei Poissy und fertigte dort einige Zeit das 8-Zylinder-Modell »Vedette«. Das modernste europäische Auto war der Citroën DS von 1955 mit Frontantrieb, selbstregelnder Luftfederung, Scheibenbremsen vorne und Automatikgetriebe. 1958 hatten die vier größten französischen Firmen einen Marktanteil von 92% im Inland. Trotz seines hochinteressanten Modells »Dyna« kam Panhard nur auf 4%. 1959 konnten zum ersten Mal eine Million Fahrzeuge produziert werden.

Die britische Automobilindustrie, die von großen Zerstörungen verschont geblieben war, erreichte 1946 eine Gesamtproduktion von 219 000 Fahrzeugen. Einige der bedeutendsten damaligen Autohersteller waren die Nuffield-Firmengruppe (Morris, MG, Riley und Wolseley), Ford, Austin, Vauxhall, Standard-Triumph und die Rootes-Gruppe (Hillman, Sunbeam, Humber und nach 1956 Singer). Firmen wie Rover, Jaguar und Rolls-Royce konzentrierten sich auf die Herstellung von Nobelkarossen. Über 30 verschiedene Automarken wurden produziert, Ford war jedoch der einzige, der für finanzielle Stabilität garantieren konnte. Diverse Krisen im Konkurrenzkampf mit französischen und deutschen Autos auf den Absatzmärkten im Ausland trugen

Dodge Polara Lancer – 1960 (USA). Der im Jahr 1960 herausgebrachte Polara Lancer, ein »falsches« Cabriolet, besaß eine Einheitskarosserie mit einem V-8-Motor (1676 ccm) sowie ein Dreigang-Getriebe.

Renault Colorale Prairie – 1950 (F). Die Colorale-Serie kam im Jahr 1950 heraus und bot sowohl eine Taxi-Version als auch den Typ »Savanne«. Das Modell »Prairie« besaß einen 4-Zylinder-Motor (2383 ccm), der 46 PS leistete.

Datsun DS – 1949 (J). Das Nissan-Automobilwerk führte seine Produktion nach dem Zweiten Weltkrieg im Jahr 1947 fort. Aber erst in den fünfziger Jahren beschloß die Regierung Subventionen für die Auto-Industrie, die durch protektionistische Maßnahmen und billige Kredite auf nationaler Ebene unterstützt wurde. So förderte man vor allem die inländische Produktion kleiner Autos. Die Industrie erwarb sich das notwendige »Know how« durch den Lizenzbau europäischer Kleinwagen. Nissan hatte ein Sonderabkommen mit Austin abgeschlossen, um deren »Seven« nachzubauen.

PANHARD

Die Nachkriegszeit begann mit Panhard an der »technischen vordersten Front«. Jean-Albert Grégoire konstruierte schon im Jahr 1947 einen Prototyp, der als Grundlage für den späteren Dyna diente. Der Wagen hatte einen horizontalen, luftgekühlten 2-Zylinder-Motor, Vorderradantrieb und eine Karosserie aus Aluminium. Ursprünglich betrug der Hubraum 610 ccm, der jedoch im Jahr 1949 auf 745 ccm erhöht wurde, was eine Leistung von 35 PS ergab. Der aerodynamische »Dyna 54« wurde im Jahr 1953 herausgebracht. Seine neue Aluminium-Karosserie wurde vom St. Cyr Aeronautical Institute gebaut. Der 850-ccm-Motor leistete 40 PS bei 4000 U/min. Der Karosserieboden besaß noch zwei Unterrahmen, die die Front- und Rückaufhängung trugen. Die Firma baute auch einige Sportwagen (DB Panhard), die vor allem beim 24-Stunden-Rennen von Le Mans gut abschnitten. Im Jahr 1958 wurden 35 000 Fahrzeuge hergestellt. Doch wegen der steigenden Preise mußte die Verwendung von Aluminium aufgegeben werden. Das Modell »PC 17« wurde im Jahr 1959 herausgebracht. Es hatte in der »Tigre«-Ausführung eine Leistung von 60 PS. Ab 1955 erwarb Citroën Aktienanteile an Panhard und vergrößerte so allmählich seinen Einfluß auf die Firma. Die neue, zweitürige Limousine 24 C und das Coupé 24 CT im Jahr 1963 wurden schon im Konstruktionszentrum von Citroën entwickelt. Zwei Jahre später übernahm Citroën die Aktienmajorität, und die Marke Panhard verschwand im Jahr 1967 vom Automobilmarkt.

Panhard 24 C – 1960 (F)

Renault Dauphine – 1956 (F). Von diesem Modell wurden zwischen 1956 und 1962 über zwei Millionen Fahrzeuge produziert. Der »Dauphine« besaß einen 4-Zylinder-Motor (845 ccm), hinten eingebaut, der 26,5 PS bei 4250 U/min leistete. Seine Spitzengeschwindigkeit betrug 115 km/h. Es gab auch eine Coupé- und eine Cabriolet-»Floride«-Ausführung, bei der die Leistung auf 40 PS erhöht wurde, was eine Spitzengeschwindigkeit von 125 km/h ergab.

Peugeot 404 – 1960 (F). Insgesamt wurden ▶ 2 450 000 Fahrzeuge vom Modell 404 gebaut. Die Konstruktionsrichtung wurde durch die traditionelle Zusammenarbeit mit der Firma Pininfarina bestimmt. Es gab zwei Benzin-Ausführungen mit 1486 ccm und 1618 ccm, sowie eine im Jahr 1963 herausgebrachte Diesel-Ausführung mit 1816 ccm, die im Jahr darauf auf 1948 ccm erhöht wurde. Technische Fortschritte für die damalige Zeit waren die von McPherson konstruierte Frontaufhängung und ein winkelförmiger Motor.

unter anderem dazu bei, daß sehr viele Fusionen stattfanden. Eine der wichtigsten war die Zusammenlegung der Firmen Nuffield und Austin im Jahr 1952. Sie bildeten die BMC (British Motor Company), die später die leistungsstärkste britische Automobilfirma wurde. Das erfolgreichste Modell der 50er Jahre war der Morris Minor, der von Alec Issigonis im Jahr 1947 konstruiert worden war und von dem im Jahr 1961 über eine Million Exemplare hergestellt wurden. Er wurde ohne größere Veränderungen bis zum Jahr 1971 gebaut. Ein weiteres, sehr beliebtes Auto war der Hillman Minx, der 1932 vorgestellt und bis 1970 einige Male verbessert wurde. Das wohl bemerkenswerteste Luxusauto – der Jaguar XK 120, ein aerodynamisches 6-Zylinder-Sportmodell mit allen modernen Finessen – wurde über 25 Jahre lang gebaut. Die Produktionszahlen erreichten im Jahr 1958 die Millionengrenze.

In Deutschland wurde der Wiederaufbau der total zerstörten Industrie durch die starke Unterstützung der Amerikaner und hohe Investitionen von General Motors und Ford, die ihren Tochtergesellschaften halfen, wieder auf die Füße zu kommen, beschleunigt. 1950 wurden 219 000 Autos produziert. Trotz einer Vielzahl von Firmen hatten die größten auf ihrem Gebiet fast eine Monopolstellung.

In der Billigklasse war das bei Volkswagen der Fall. Die Wolfsburger Firma hatte 1945 die Fertigung des »Käfers« mit einer Stückzahl von 10 000 wieder aufgenommen. Diese Zahl stieg 1948 auf 19 220, 1949 auf 40 000 und 1950 auf 82 000. Der Erfolg des Käfers war Heinz Nordhoff sowie einem vollständig neuen Exportkonzept für die USA, das 1947 eingeführt und bis 1949 angewandt wurde, zu verdanken.

Opel übernahm die führende Rolle im Bereich der Mittelklassewagen,

Fiat 1100 R – 1966 (I). Die Ursprünge dieses Autos gehen zurück auf das Modell 508 C aus dem Jahr 1937, das mit einem 4-Zylinder-Motor (1098 ccm) mit 32 PS ausgestattet war. Im Jahr 1953 gab es eine völlige Neukonstruktion mit dem Modell 1100/103 (36 PS), das bis 1962 in der Produktion blieb. Es wurde im Jahr 1957 als Fundament für das neue Modell 1200 mit 55 PS und einem 1221-ccm-Motor verwandt. Die Leistung wurde später auf 50 PS reduziert und dieser Motor im Jahr 1962 in das neue Modell 1100 D eingebaut. Die »R«-Ausführung ging wieder auf den ursprünglichen Hubraum zurück, leistete jedoch 48 PS. Das Modell wurde von 1966 bis 1969 produziert. Die Werkshallen kaufte später die Firma Premier.

Morris Minor – 1957 (GB). Das erste Modell kam im Jahr 1949 auf den Markt. Es hatte einen 4-Zylinder-Seitenventil-Motor (920 ccm), der 37 PS bei 4600 U/min leistete. Eine zweite Minor-Serie wurde im Jahr 1957 mit einer Motorleistung von 948 ccm herausgebracht, was eine Spitzengeschwindigkeit von 117 km/h ergab. Als technische Neuerungen gab es einen größeren Glasfensteranteil und eine Windschutzscheibe aus einem Stück.

gefolgt von Ford, Auto Union und BMW, die sich auf sportliche Limousinen spezialisierten. Mercedes hielt sich konkurrenzlos an der Spitze, beherrschte den Sektor der Nobelwagen und wurde mit seinem 300 SL, dem Sportwagen mit den sogenannten »Möwenflügeltüren«, berühmt. Die Borgward-Gruppe war auch in Deutschland tätig und fertigte hier neben kleinen Autos der Marken Lloyd und Goliath auch Luxuslimousinen wie den Borgward Hansa im Jahr 1950 und die Isabella im Jahr 1954.

Bis 1956 war Deutschland das führende Land Europas in der Automobilherstellung. 1957 wurden rund eine Million Autos produziert, und 1960 erreichte man sogar eine Stückzahl von 1,8 Millionen.

Fiat, die größte Firma Italiens, hatte während des Krieges schwer gelitten, schaffte es aber bis 1946, die Vorkriegsmodelle 500, 1100 und 1500 auf den neuesten Stand zu bringen. Unter der technischen Leitung von Dante Giacosa erschien ein vollständig neues Modell, der 1400, eine Limousine nach europäischem Maßstab mit einer einzigartigen Karosserie, die an den amerikanischen Stil erinnerte, im momentanen wirtschaftlichen Klima des Landes aber noch etwas fehl am Platz war. Fiat schätzte die Weiterentwicklung richtig ein und brachte Anfang der 50er Jahre Autos heraus, die sich jeder leisten konnte. Zwei der frühen Erfolge waren der 1100/103 von 1953 und vor allem der Fiat 600 von 1955. Letzterer war ein kleines Fahrzeug mit Heckmotor, das den Aufschwung der italienischen Wirtschaft symbolisierte.

Italiens Produktionszahlen lagen zwar nach wie vor weit unter denen anderer europäischer Länder, stiegen aber von 101 000 im Jahr 1950 auf 369 000 im Jahr 1958. Fiat allein hatte einen Marktanteil von 86,7%. Zusammen mit Autobianchi und deren exzellenten Fahrzeugen, technisch gesehen dem 500 gleich, ergab sich ein Anteil von 90%. Die restlichen 10% teilten sich Alfa Romeos Sportwagen und Lancias Luxusautos.

Morris Mini Minor – 1959 (GB). Dieses »pièce de résistance« des Konstrukteurs Alec Issigonis wurde im Jahr 1959 als Austin Seven bzw. Morris Mini Minor herausgebracht. Der Name »Mini« wurde als Markenname erst ab 1970 verwendet. Der diagonale Motor hatte ein in den Block eingebautes Getriebe sowie Vorderradantrieb, was bedeutete, daß sich in den 3,05 »Autometern« viel Platz für die Fahrgäste befand. Die erste Ausführung hatte einen 4-Zylinder-Motor 848 ccm.

Ford Anglia – 1959 (GB). Erstmals vorgestellt wurde dieses Auto beim Automobil-Salon in London im Jahr 1959. Das Charakteristische dieses Fahrzeugs war seine originelle Dachform. Der Wagen besaß einen 4-Zylinder-Motor (997 ccm) und leistete 39,5 PS bei 5000 U/min. Die Spitzengeschwindigkeit lag bei 115 km/h. Hauptsächlich wegen seines modernen Motors wurden von diesem Modell über eine Million Fahrzeuge verkauft. Auch in der Rennszene fand er seinen Platz.

BMW 507 – 1955 (D). Gebaut zwischen 1955 und 1959, war dieses Auto mit einem 90°-V-8-Motor (3168 ccm) sowie einem Stößelstangen-Ventilsystem ausgestattet. Er leistete 160 PS bei 4800 U/min und erreichte eine Spitzengeschwindigkeit von 200 km/h. Das Fünfgang-Getriebe war im Motorblock integriert. Auf Wunsch konnte das Auto auch mit automatischem Differential geliefert werden.

Chevrolet Corvair – 1960 (USA). Das Modell »Corvair« war das erste amerikanische Kompakt-Fahrzeug. Es besaß viele, für die USA neue technische Ausstattungen, so die Einheitskarosserie mit Einzel-Aufhängung sowie einen hinten liegenden, luftgekühlten 6-Zylinder-Motor (2372 ccm), der 81 PS bei 4400 U/min leistete. Für die »Monza«-Ausführung wurden Turbokompressoren verwendet. Die Produktion dieses höchst umstrittenen Autos wurde im Jahr 1970 eingestellt.

Die Expansion in den sechziger Jahren

In den 60er Jahren hatte sich Europa wirtschaftlich so gefestigt, daß es mit den USA konkurrieren konnte. Das zeigte sich auch in der Automobilindustrie, wo der Unterschied zwischen den beiden Kontinenten immer geringer wurde. Die Zahl der Autos in den Vereinigten Staaten betrug im Jahr 1960 statistisch 320 Exemplare pro 1000 Einwohner, im Gegensatz zu 76 pro 1000 Einwohner in den Ländern, die mit Ausnahme von Griechenland heute zur EG gehören. Im Jahr 1970 hatte sich der Abstand mit 414 (in den USA) zu 203 Autos pro 1000 Einwohner erheblich verringert.

Das friedliche Gleichgewicht der »Großen Vier« in Amerika wurde nur durch den nach 1965 einsetzenden, raschen Anstieg der importierten Autos gestört, die einen Marktanteil von 13,4% erreichten. Gleichzeitig mußte sich Europa vor den Anstrengungen der amerikanischen Automobilindustrie, finanziell schwache Firmen aufzukaufen, in acht nehmen. General Motors war in Deutschland bereits mit Opel und in England mit Vauxhall stark vertreten, seinem Interesse an Daimler-Benz war jedoch kein Erfolg beschieden. Auch Chrysler hatte anfangs Schwierigkeiten, auf den europäischen Markt vorzustoßen, war aber schließlich mit der Übernahme von Simca (1963) und der Rootes-Gruppe (1967) doch noch erfolgreich, nachdem es das Volkswagen-Werk verhindert hatte, daß die Auto Union an Chrysler überging. Fords starkes Interesse an Lancia veranlaßte Fiat, sofort einzugreifen und selbst im Jahr 1969 die italienische Firma zu übernehmen. Auch auf Ferrari hatte Ford ein Auge geworfen. Entsprechende Verhandlungen wurden jedoch in letzter Minute abgebrochen, denn Enzo Ferrari entschied, daß er auf dem Rennwagensektor keine Eingriffe von außen zulassen wollte. Wieder sprang Fiat ein und regelte, diesmal etwas diskreter, die Angelegenheit. Der amerikanischen Industrie war es noch immer nicht gelungen, geeignete Modelle herzustellen, mit denen der Zustrom der importierten Autos, der in den 70er Jahren weiter zunahm, verhindert werden konnte. Immerhin wurden langsam größere Unterschiede unter den erhältlichen Autos erkennbar. Die neuen Serien der kompakten Autos (beispielsweise der Chevrolet Corvair von 1960) und der mittelgroßen Wagen (Ford Fairlane, Rambler und Chevrolet Chevy II) übernahmen in diesem Jahrzehnt rund 35% Marktanteil. Das ging jedoch mehr zu Lasten der großen amerikanischen Autos (Standard-, Mittelklasse- und Luxusausführungen) als auf Kosten der Import-Autos.

In den 60er Jahren begannen Bemühungen, die Produktionskosten zu reduzieren. Das führte dazu, daß General Motors bei allen Kleinwagen und Ford sogar bei den großen Modellen das gleiche Fahrwerk verwendeten (den »External-Typ«, der damals sehr beliebt war) und Chrysler und American Motors ihre Fahrzeuge mit einheitlichen Chassis bauten. Obwohl der Markt von zahllosen verschiedenen Modellen mit immer größeren Karosserien und Motoren überschwemmt wurde, gab es doch nur wenige bedeutende technische Neuerungen. Studebaker verwendete schon ab 1963 Scheibenbremsen, andere US-Firmen erst im folgenden Jahrzehnt. Größerer Wert wurde auf die weitere Erforschung der Aerodynamik gelegt. Die dafür notwendigen Tests wurden am Corvair-Cabriolet, der auch mit einem Turbolader ausgestattet war, durchgeführt. Die Mehrzahl der amerikanischen Autos wurde in herkömmlicher Weise produziert, und es verging einige Zeit, bis auch die USA diverse Neuentwicklungen, wie Einzelhinterradaufhängung, übernahmen, die es bei europäischen Modellen bereits standardmäßig gab. In den 60er Jahren wurden auch die ersten Bundesgesetze gegen Umweltverschmutzung und für höhere Sicherheit erlassen, die auf die Weiterentwicklung der amerikanischen Autos beträchtlichen Einfluß hatten.

In Europa wurde inzwischen das Automobil immer beliebter. Insgesamt gab es im Jahr 1960 in Frankreich, Großbritannien, Deutschland und Italien 17 391 000 Autos. Diese Zahl stieg im Jahr 1973 um 238% auf 58 895 000. Die Gründung der EWG und der EFTA (European Free Trade Area) brachten grundlegende Veränderungen im internationalen Wettbewerb. Da die Importbeschränkungen gelockert wurden, weitete sich der Handel über die Grenzen der geschützten Inlandsmärkte aus und verstärkte den Konkurrenzkampf um günstige Preise und bessere Erzeugnisse beträchtlich.

Sogar innerhalb der einzelnen Länder wurde die Produktion konzentriert. Volkswagen übernahm Audi und NSU, Fiat kaufte Autobianchi und Lancia auf, und Panhard kam unter die Leitung von Citroën. BMC wurde im Jahr 1966 mit der Übernahme von Jaguar zur BMH (British Motor Holding) und änderte ihren Namen 1968, als sie die Firma Leyland übernahm, die sich auf »normale Autos« spezialisiert hatte, schließlich in BLMC (British Leyland Motor Company).

Auch die Produktionsmenge stieg stetig. In den sechs Gründungsstaaten der EWG wuchs die Zahl der Autos von 2 645 000 im Jahr 1958 auf 6 870 000 im Jahr 1969, und der Anteil der Importwagen war beträchtlich. In Frankreich stieg beispielsweise die Zahl der verkauften ausländischen Autos von 8706 im Jahr 1958 auf 298 730 im Jahr 1970, während im selben Jahr 1 500 000 exportiert wurden. Ähnliche Trends konnten überall in Europa beobachtet werden. Bei ihrem Versuch, die Märkte des gesamten Kontinents zu erobern, verbesserten und erweiterten die großen Firmen nicht nur ihr Angebot, sondern verfolgten auch die Strategie der »Dumping-Preise«.

Cadillac Eldorado Brougham – 1955 (USA). Nur eine sehr kleine Stückzahl dieses Autos wurde zwischen 1955 und 1956 gebaut. Bei dem Fahrzeug wurde viel fortschrittliche, experimentelle Technik verwendet, zum Beispiel Räder aus einer Aluminium-Legierung, Luftfederaufhängung mit selbsttätiger Niveauregulierung, Dach aus rostfreiem Stahl sowie Doppel-Scheinwerfer. Der V-8-Motor leistete 325 PS. Diese Konstruktionsideen wurden 1957 bei dem jedoch weniger futuristischen Modell »Seville« fortgesetzt.

Überall wurden neue, solide Autos vorgestellt, die sehr beliebt und fortschrittlich waren. In Frankreich wurden zwei interessante Fahrzeuge produziert, die zwar sparsam in der Ausstattung, aber zweckmäßig waren: der Renault 4 von 1961 und der neue Citroën 2 CV, dem später zwei komfortablere Modelle, der Ami 6 und der Renault 6, ebenbürtig waren. Simca brachte das Modell 1000 mit Heckantrieb heraus, und Peugeot präsentierte 1960 die Limousine des Typs 404 und 1965 des Typs 204 mit Motoren mittlerer Leistung. In England wurde die Konkurrenz zwischen dem schließlich doch erfolgreicheren Austin Mini und dem Hillman Imp noch stärker. Dies war auch die Glanzzeit der offenen Sportzweisitzer. Der Austin Healey Sprite und der MG Midget, bewiesen, daß sportliche Autos nicht unbedingt teuer sein mußten.

Daimler fertigte die Karosserie seines 8-Zylinder-Typs SP 250 aus Kunststoff. Jaguar stellte 1961 den E-Typ vor, der trotz aerodynamischer Form, Einzelhinterradaufhängung und Scheibenbremsen Probleme mit der Straßenlage hatte. Die Mk-II-Limousinen waren mit ihren 2,4-, den 3,4- und 3,8-Liter-Versionen sehr erfolgreich.

Hillman Imp – 1963 (GB)

ROOTES MOTOR

Von den 20er und 30er Jahren an gehörte Hillman zu »Rootes Motor Ltd.«, einer Holding-Gesellschaft, die verschiedene britische Automobilfirmen besaß. Vor dem Zweiten Weltkrieg gehörten dazu Humber, Hillman und Sunbeam. Die beiden erstgenannten wurden 1928, Sunbeam 1935 übernommen. Nach dem Zweiten Weltkrieg kam noch Singer hinzu, und zwar 1956. William Rootes, der Kopf hinter allen Expansionsanstrengungen, starb 1964. Drei Jahre später kam die Gesellschaft in den Besitz von Chrysler. Von dieser Zeit an verloren beide Firmen ihre Individualität. Der wacklige amerikanische Unternehmerriese ließ im Jahr 1978 den gesamten europäischen Markt auf Peugeot übergehen. Danach trugen die in Großbritannien hergestellten Autos die Marke Talbot. Der im Jahr 1963 herausgebrachte Imp sollte gegen den erfolgreichen Mini ankämpfen. Der hinten montierte »Coventry-Climax«-875-ccm-Motor mit obenliegender Nockenwelle brachte eine Leistung von 37 PS bei 5000 U/min. Die Spitzengeschwindigkeit lag bei 130 km/h. Der Imp besaß eine unabhängige Allradaufhängung sowie ein Viergang-Synchrongetriebe.

1962 kam in Deutschland ein ähnlich beliebtes Auto wie der Käfer heraus: Der NSU Prinz 4 mit seiner eindeutig vom Chevrolet Corvair beeinflußten Form. Der Opel Kadett und der Ford Escort waren gleichermaßen beliebt. BMW konnte mit dem kleinen, erfolgreichen Modell 700 von Michelotti eine ernsthafte Krise abwenden und stellte 1962 den 1500er vor. Er war das erste Modell einer Baureihe, mit der sich die Firma später internationale Geltung verschaffte. 1966 übernahm BMW die Firma Glas, die seit 1955 bestand, anfangs das Goggomobil – ein kleines Auto mit 250-ccm- bis 400-ccm-Motoren – produziert hatte und 1958 den Isar 700 herausbrachte. Weiterhin hatte Glas 1961 ein hochinteressantes Coupé und in den Jahren 1964 und 1965 zwei Limousinen mit 1500 ccm bzw. 2600 ccm Hubraum vorgestellt. Außerdem baute Glas bis 1969 eine große Limousine mit V-8-Motor und 3000 ccm Hubraum, sowie den 1600 GT mit BMW-Motor. In Italien erschien die Firma Innocenti auf dem Markt, die auf dem Kleinwagensektor mit dem Lizenzbau des British Austin A 40 und später des Mini festen Fuß fassen konnte. 1964 entstand der Auto-

Studebaker Hawk GT – 1962 (USA). Herausgekommen im Jahr 1962, hatte der Hawk »Gran Turismo« einen V-8-Motor (4739 ccm), der 210 PS bei 4500 U/min leistete. Es gab auch eine 225-PS-Ausführung. Das Getriebe hatte entweder automatische drei Gänge oder manuelle vier Gänge.

Alfa Romeo Giulia – 1962 (I). Das Modell »Giulia« wurde 1962 herausgebracht. Es besaß einen 4-Zylinder-Motor (1570 ccm) mit obenliegender Doppelnockenwelle. Besonders auffällig war bei der aerodynamischen Form das abgehackte Ende. Die im Jahr 1969 herausgebrachte Ausführung »1600 Super« erreichte 98 PS bei 6000 U/min und machte eine Spitzengeschwindigkeit von 175 km/h. Die Produktion wurde im Jahr 1978 eingestellt.

NSU Prinz 4 – 1962 (D). Der Prinz erschien 1962 erstmals auf dem Markt. Er besaß einen 2zylindrigen, luftgekühlten Motor (598 ccm), der 30 PS leistete. Seine unabhängige Allradaufhängung und die vorderen Scheibenbremsen (wahlweise) waren bei einem Kleinwagen von nur 3,4 m Länge durchaus nicht üblich. Seine Spitzengeschwindigkeit lag bei 120 km/h. Die mit einem größeren Radstand versehenen Modelle 1000, 1100 und 1200 folgten später.

Fiat 1400 – 1950 (I). Der Fiat 1400 wurde zwischen 1950 und 1958 hergestellt. Es war der erste von Fiat gebaute Wagen mit einer Einheits-Karosserie. Der 4-Zylinder-Motor mit 44 PS (1395 ccm) erreichte eine Spitzengeschwindigkeit von 120 km/h. Das Modell 1900 wurde im Jahr 1952 herausgebracht (60 PS, 130 km/h). Im Jahr 1953 gab es auch eine Dieselausführung (1901 ccm, 43 PS).

bianchi Primula, ein hochmodernes 4-Zylinder-Modell mit 1221 ccm Hubraum, das einen querliegenden Motor, Frontantrieb, geschlossenes Kühlsystem mit Automatikgebläse sowie Scheibenbremsen an allen vier Rädern hatte. Die Karosserie war in zwei Ausführungen mit hinterer Klapptür erhältlich.

Neben seinen herkömmlichen, sehr beliebten Kleinwagen brachte Fiat 1966 auch zwei ganz außergewöhnliche Sportwagen auf den Markt: das Coupé Dino und den Spyder, die von Bertone bzw. Pininfarina entworfen worden waren und Ferrari-ähnliche V-6-Motoren hatten. 1960 begann Lancia mit der Produktion von Fahrzeugen mit Vorderradantrieb. Die ersten Modelle dieser Bauart waren der Flavia (1960) und der Fulvia (1963). Alfa Romeo brachte 1962 den Giulia heraus, dessen »revolutionäres« Heck wie abgeschnitten wirkte.

Porsche 356 B – 1959 (D). Der erste Porsche aus dem Jahr 1950, das Modell 356, wurde stetig verbessert. Die 356 B-Ausführung des Jahres 1959 besaß den typischen flachen, luftgekühlten 4-Zylinder-Motor mit einem Hubraum von 1582 ccm und einer Leistung von 60 PS. Die Leistung wurde dann für das Modell »S90« im Jahr 1960 auf 90 PS bei 5500 U/min erhöht. Das Auto hatte eine ausgesprochen aerodynamische Form. Es war 4,01 m lang, und der Radstand betrug 2,10 m. Es hatte ein Gesamtgewicht von 900 kg. Das Modell wurde bis 1965 hergestellt.

Jaguar E-Typ – 1961 (GB). Der E-Typ, vorgestellt im Jahr 1961 bei der Genfer Automobil-Ausstellung, wurde als Tourenwagen oder als Coupé hergestellt. Das Fahrgestell bestand aus einem Rohrengitterwerk. Es gab hinten Einzelaufhängung sowie vorne Scheibenbremsen. Der Motor war mit 3781 ccm, 6 Zylindern und obenliegender Zwillingsnockenwelle ausgestattet. Er leistete 269 PS SAE. Die Spitzengeschwindigkeit reichte bis zu 240 km/h. Für die Beschleunigung von 0 auf 100 km/h benötigte er nur 7 Sekunden.

FACEL-VEGA

Diese Automobilfirma existierte zwischen 1954 und 1964. Sie produzierte einige tausend Luxusmodelle, die meisten davon mit Chrysler-Motoren ausgestattet. Eines der berühmtesten Modelle war das Coupé HK 500, herausgebracht im Jahr 1958 mit einem V-8-Motor, 260 PS (4940 ccm), später ersetzt durch die 365-PS-Version mit 5907 ccm. Im Jahr 1962 wurde ein 6286-ccm-Motor eingebaut, der 390 PS leistete und eine Spitzengeschwindigkeit von 220 km/h erreichte. Nach 1958 war auch eine viertürige Ausführung, Typ »Excellence«, verfügbar. Im Jahr 1960 konstruierte Facel-Vega selbst ein etwas wirtschaftlicheres Coupé. Dieses Modell, genannt »Facellia«, besaß einen 1600-ccm-Motor, 120 PS, mit obenliegender Zwillingsnockenwelle. Das letzte von dieser französischen Automobilfirma hergestellte Auto war der im Jahr 1962 entstandene »Facel II« (5,9 l, 360 PS), der eine Höchstgeschwindigkeit bis zu 240 km/h erreichte. Finanzielle Probleme führten zur Firmenauflösung.

Facel-Vega Facellia Coupé 2 + 2 – 1960 (F)

Austin Healey 3000 – 1962 (GB). Die Marke Austin Healey wurde im Jahr 1955 »geboren«. Das erste Modell »100/4«, konstruiert nach einem Entwurf von David Healey, entstand in den Austin-Werken. David Healey selbst hatte sein Auto drei Jahre früher bei der Londoner Automobil-Ausstellung vorgestellt. Das Auto besaß einen 4-Zylinder-Motor (2660 ccm Austin A 90). Das Modell »100 Six«, eingeführt im Jahr 1957, hatte einen 6-Zylinder-Motor (2912 ccm), mit einer Leistung von 102 PS, die später auf 117 PS erhöht wurde. Eine der wichtigen Neuerungen war der wahlweise zur Verfügung stehende Schnellgang im dritten oder vierten Gang. Die Modelle »3000 Mk II« aus dem Jahr 1959 und »3000 Mk III« aus dem Jahr 1963 hatten 130 PS beziehungsweise 150 PS. Die Produktion lief im Jahr 1970 aus.

Daf Daffodil 750 – 1960 (NL)

DAF

Der erste Daf wurde im Jahr 1959 herausgebracht. Das kleine 600-ccm-Auto besaß ein stufenloses Keilriemen-Reibgetriebe, bekannt unter dem Namen »Variomatic«. Dieses System wurde später bei allen von der holländischen Firma produzierten Fahrzeugen verwendet. Der erste beim Daffodil eingebaute Motor war ein luftgekühlter 2-Zylinder, der 22 PS bei 90 km/h leistete. Im Jahr 1960 erschien das Modell 750 auf dem Markt (26 PS, 105 km/h). 1967 hieß das Modell »33«; es wurden lediglich geringe Veränderungen zum Vorgängermodell angebracht. Inzwischen wurde im Jahr 1965 das 850-ccm-Modell »44« entwickelt, dem zwei Jahre später der Typ »55« mit einem 4-Zylinder-Renault-Motor (47 PS, 1100 ccm) folgte. Denselben Motor erhielt im Jahr 1972 die »66«er Ausführung, wurde später jedoch gegen eine 1300-ccm-57-PS-Ausführung ausgetauscht. Die Firma Daf wurde im Jahr 1975 durch Volvo übernommen. Der Daf-Firmenname verschwand ein Jahr später vom Markt. Das Modell »66« wurde noch bis 1978 von Volvo als schwedisches Auto hergestellt.

Renault 8 – 1962 (F). Ebenso wie der »Dauphine« aus dem Jahr 1962 hatte das Modell »8« einen 4-Zylinder-Motor mit 48 PS und 956 ccm. Die Coupé-/Cabriolet-Ausführung glich in der äußeren Formgebung sehr der »Floride«. Die unten abgebildete Ausführung nannte sich »Caravelle«. Ab 1964 wurde das Auto mit einem 50-PS-Motor und 1108 ccm ausgestattet. Er besaß Allrad-Scheibenbremsen. Die Produktion des Modells »8« lief im Jahr 1973 aus.

▲

Honda Z Coupé – 1970 (J). Dieses Modell »Z« wurde für den japanischen Markt mit einem 2-Zylinder-354-ccm-Motor (31 PS) gebaut. Bei der TS-Ausführung wurde die Leistung auf 36 PS erhöht. Sie hatte ein Viergang-Getriebe (wahlweise wurden als Extras fünf Gänge bzw. automatisches Getriebe angeboten). Das Exportmodell war mit einem 36-PS-Motor (599 ccm) ausgestattet. Die Spitzengeschwindigkeit betrug 120 km/h.

Mercedes 220 SE Coupé – 1961 (D). Zusammen mit der Cabriolet-Ausführung wurde dieses Auto im Jahr 1961 herausgebracht. Es hatte einen 6-Zylinder-Motor (2195 ccm), der 120 PS bei 5000 U/min leistete. Er besaß ein mechanisches System zur Benzineinspritzung. Bei der Ausführung 220 SE wurden zum ersten Mal von Mercedes Scheibenbremsen bei den Vorderrädern eingebaut.

In Schweden, wo noch 1950 nicht einmal 10 000 Autos pro Jahr gefertigt werden konnten, erreichte man 1960 eine Produktion von 100 000 Fahrzeugen. Diese Zahl verdoppelte sich 1968 dank der Anstrengungen von Volvo und – in bescheidenerem Maße – Saab. Der Amazon PV 444 verhalf Volvo 1946 zu großem Erfolg. 1958 erschien die verbesserte Version P 544, von der im Laufe von 21 Jahren 440 000 Stück produziert wurden. Im Jahr 1971 wurden bei Volvo insgesamt 231 000 Autos gebaut. Inzwischen stellte Saab eine Reihe von Automobilen mit aerodynamischer Form vor. Der 96er war 1960 bei Rallyes außerordentlich erfolgreich, was natürlich überaus positive Auswirkungen auf den Verkauf hatte. Bis zum Jahr 1971 wurden 86 000 Fahrzeuge hergestellt.

Das japanische Phänomen

Im Jahr 1953 gab es in Japan nur 114 700 Autos und 21 300 Neuzulassungen. 8800 davon waren japanische und die restlichen 12 500 amerikanische Wagen, die die Japaner von den Besatzungsangehörigen als Gebrauchtwagen erworben hatten, um so die hohen Steuern beim Neukauf eines Autos sparen zu können. Die eigene Produktion war weder bezüglich Quantität noch Qualität in der Lage, den wachsenden Bedarf zu decken Und so beschloß das Industrie- und Handelsministerium, anstelle der Einführung eines Importprogramms ein langfristiges Konzept zu entwickeln, das Japan schließlich in die Lage versetzen sollte, den entstehenden Bedarf aus eigener Kraft zu decken. Der erste Punkt in diesem Programm war die

Senkung der Umsatzsteuer für kleinmotorige Fahrzeuge sowie die Vergabe günstiger Darlehen an deren Hersteller. Ebenso wurden Verträge zur Herstellung mit Lizenz europäischer Modelle befürwortet, um so das nötige technische Knowhow erlangen zu können. Nissan-Datsun erwarb daher eine Lizenz für den Austin Ten und Isuzu für den Hillman Minx.

In den 50er Jahren konnte man den ersten bedeutenden Anstieg der Produktion sowie das Erscheinen neuer Firmen beobachten, die, wie gewohnt, kleine Autos herstellten. 1958 erschien der 360er von Subaru mit 2-Zylinder-Zweitakt-Motor und Hinterradantrieb. Im nächsten Jahr präsentierte Suzuki den »Light Van«, und Mazda stellte sich 1960 mit seinem R 360 vor.

1964 produzierte man über 579 000 Fahrzeuge. Davon wurden 11,5% in die Entwicklungsländer Asiens exportiert. Die ständig steigende Zahl der Autos in den 60er Jahren ermöglichte es der japanischen Automobilindustrie, große Summen in neue Produktionstechniken zu investieren und durch fast militärische Arbeitsorganisation Produktionszahlen zu erreichen, die beträchtlich über denen der westlichen Automobilindustrie lagen.

Der goldene Leitsatz der japanischen Industrie war die optimale Aufteilung der Produktion: Die Automobilfirmen konstruierten und fertigten die wichtigsten Teile (Motoren, Getriebe usw.) und überließen zuverlässigen, verstaatlichten Firmen die Herstellung von 70% aller Zusatzteile. Das bedeutete einen enormen finanziellen Erfolg, weil dadurch die Automobilfirmen, im Gegensatz zur westlichen Industrie mit ihrer herkömmlichen Lagerhaltung, keinen Vorrat an Kleinteilen mehr halten mußten. Je nach Bedarf wurden die entsprechenden Teile geliefert, wodurch die Produktionskosten erheblich reduziert werden konnten. Zwischen 1960 und 1965 fielen die Verkaufspreise um über 16% und zwischen 1965 und 1970 nochmals um 7,1%. Das war der Grund für die schnelle Expansion der japanischen Automobilindustrie. Der phänomenale Erfolg der Kleinstwagen mit einem maximalen Hubraum von 360 ccm im Inland beruhte auf der strengen Gesetzgebung. Das nächtliche Parken auf öffentlichen Straßen war nur für Autos dieser Kategorie gestattet! Beim Kauf eines größeren Autos mußte der künftige Besitzer nachweisen, daß er einen eigenen Parkplatz besaß.

1970 waren 25% aller produzierten Fahrzeuge Kleinstwagen. In den 60er Jahren erschienen aber auch viele Modelle, die sich aufgrund ihrer Größe besser für die neu erschlossenen Märkte eigneten. Der Export erstreckte sich nun bis nach Australien und in die USA und stieg von 7000 im Jahr 1960 auf 725 000 im Jahr 1970 und gar 1 450 000 im Jahr 1972. Sogar das Transportwesen wurde im Hinblick auf maximalen Gewinn eingehend untersucht, und so benutzten die Herstellerfirmen auch ihre eigenen Schiffe.

Bis zum Ende der 60er Jahre war Japan der drittgrößte Automobilhersteller der Welt und errang mit einer Produktion von 3 717 800 Autos im Jahr 1971 sogar den zweiten Platz. Im selben Jahr hatten Toyota und Nissan-Datsun gemeinsam einen Marktanteil von 67%. Die restlichen 33% verteilten sich in folgender Reihenfolge: mit 8,1% bis 3,1% auf die Firmen Mazda, Mitsubishi, Honda, Daihatsu, Suzuki und Subaru. Isuzu hatte nur eine Außenseiterposition.

Obwohl die japanischen Autos der 60er Jahre im Vergleich zu den europäischen keine Besonderheiten aufwiesen, hatten sie wegen ihrer Zweckmäßigkeit und Zuverlässigkeit sehr großen Erfolg.

Nach dem kleinen, luftgekühlten »Publica« mit 700 ccm Hubraum von 1960 brachte Toyota 1966 den »Corolla« heraus. Diese 1100-ccm-Limousine war äußerst erfolgreich, und bereits nach drei Jahren konnte das millionste Auto gefeiert werden.

1968 kam der Corona Mk II heraus, ein Mittelklassewagen mit einem 1500-ccm- bis 2000-ccm-Motor, dem 1970 der »Celica« folgte. Eines der erfolgreichsten Nissan-Modelle war der »Bluebird« von 1961 mit 1200 ccm Hubraum, der bei der 1964er Version eine Pininfarina-Karosserie bekam. Der »Datsun Sunny« (1200 ccm bis 1400 ccm) erschien 1966. Darauf folgten 1968 der Laurel (1800 ccm bis 2000 ccm) und 1969 der 240 Z, der erste GT in Japan. Dieses 2-Liter-Coupé mit 6 Zylindern wurde in der Geschichte des Rallyesports sehr bekannt. Es gewann die Ostafrika-Safari von 1971 und wurde in den Jahren 1971 und 1972 Dritter bei der Rallye Monte Carlo. Der »Cherry« von 1970 war das erste Nissan-Modell mit Frontantrieb und stellte den Höhepunkt einer ganzen Reihe sehr erfolgreicher Kleinwagen dar.

Honda stellte 1966 mit dem kleinen N 360 eines der wenigen japanischen Miniautos her, das damals schon auf dem europäischen Markt Fuß fassen konnte. Die kleinen Coupé- und Roadster-Versionen mit 600 ccm und 800 ccm Hubraum waren ebenfalls sehr interessant, und im Jahr 1968 erschien der N 1300, eine Variante mit größerem Motor.

Mazda brachte nach den erfolgreichen 2-Zylinder-Modellen der 360er Serie, »Familia« mit 782 ccm und »Luce« (mit 1000 ccm bzw. 1400 ccm) von Bertone, den hochinteressanten »Cosmo« heraus, der einen Wankelmotor mit Doppelrotor hatte. Dieser Motor wurde später zu einem der »Erkennungszeichen« der Firma Mazda.

Daihatsu, Suzuki und Mitsubishi schließlich beschränkten sich auf die Produktion von Kleinautos mit 360 ccm Hubraum und einige Mittelklassemodelle. Isuzu stellte dagegen eher hochklassige Fahrzeuge her und präsentierte 1962 den »Bellet«, 1967 den »Florian« und 1968 das Coupé 117 mit einer Karosserie von Ghia.

Die Krise von 1973 und die neue internationale Stabilität

Der plötzliche Anstieg der Ölpreise traf die Automobilindustrie der westlichen Welt nach zwanzigjährigem stetigem Wachstum völlig unvorbereitet. Die Auswirkungen der Krise von 1973 waren auf der ganzen Welt spürbar, besonders in Europa, wo steigende Inflation und instabile Währungskurse zur Folge hatte. Die Automobilindustrie litt aber zweifellos am stärksten.

Die Krise bewirkte zwar weder eine starke Dezimierung der Autohersteller, wie nach dem Zusammenbruch im Jahr 1929, noch erforderte sie eine komplette Reorganisation. Trotzdem brachte sie eine radikale Änderung der allgemeinen Einstel-

Mazda 110 S Cosmo – 1967 (J). Dieses Auto wurde erstmalig bei der Automobil-Ausstellung in Tokio im Jahr 1964 vorgestellt. Im selben Jahr noch ging das Modell »Cosmos« in Produktion. Es war das erste Fahrzeug dieser japanischen Firma, das mit einem Wankel-Kreiskolbenmotor ausgestattet war. Der Doppelrotationskolben-Motor hatte 982 ccm und leistete 130 PS bei 7000 U/min. Die Spitzengeschwindigkeit betrug 200 km/h. Das Fünfganggetriebe war synchronisiert.

lung zum Auto mit sich. Man erkannte schon damals, daß das Autofahren in der Zukunft immer teurer werden würde. Trotzdem wurde, wie wir rückblickend erkennen können, die »utopische Idee«, den privaten Kraftverkehr durch öffentliche Beförderungsmittel zu ersetzen, nie ernsthaft in Betracht gezogen. Die Erwartungen und Bedürfnisse der Autofahrer wandelten sich: Wirtschaftliche Fahrweise und Zuverlässigkeit der Autos wurden vorrangig, und die Kunden überlegten es sich zweimal, ehe sie sich zu einem Kauf entschlossen. Die Nachfrage sank beträchtlich und führte zu einem beispiellosen Konkurrenzkampf unter den verschiedenen Automobilherstellern.

Es ging einfach nur darum, frühere Produktionszahlen wiederzuerlangen und die Entwicklung nach einer kurzen Unterbrechung wieder anzukurbeln. Diesmal wurden langfristige Programme benötigt, um den völlig neuen Bedarf zufriedenstellen zu können. Die wichtigste Erkenntnis war die Notwendigkeit einer technischen Weiterentwicklung, die in den 60er Jahren ziemlich vernachlässigt worden war.

Bei Betrachtung der bisherigen Eigenschaften der amerikanischen Autos erkannte man bald, daß diese Industrie wohl die entscheidendsten Veränderungen durchführen mußte: Die Mehrheit aller 1970 gebauten Autos hatten einen 8-Zylinder-Motor, der ganz und gar unwirtschaftlich war, und mindestens 46% waren »Riesenfahrzeuge« mit einer Länge von über 5,5 m und einem Gewicht von ungefähr 2 t. Die Mittelklassewagen hatten einen Marktanteil von 30%, und die restlichen 24% verteilten sich auf die Klein- und Kleinstwagen. Die in den Jahren 1970 und 1971 erschienenen Kleinwagen, der »Gremlin« von American Motors und der »Pinto« von Ford, waren eher der Versuch, die wachsenden Importe aus Europa und Japan zu bekämpfen als eine Grundlage für die erneute Etablierung des amerikanischen Automobils. Ihre technischen und qualitativen Eigenschaften waren mit denen der ausländischen Konkurrenz nicht vergleichbar, und so war ihr Erfolg auf dem Markt bescheiden.

Erst nach der Ölkrise, speziell nach der Veröffentlichung von Richtlinien für Energiesparmaßnahmen durch die Regierung in Washington im Jahr 1975, kam die amerikanische Industrie zu der Erkenntnis, daß es nun an der Zeit war, das Streben nach minimalen Produktionskosten bei maximalem Gewinn zu beenden. Das hatte bereits zu einer beunruhigenden technischen

Ford Capri – 1969 (GB–D). Dieses Viersitzer-Coupé war offensichtlich inspiriert vom amerikanischen »Mustang«. Seine Einführung erfolgte im Jahr 1969. Es war in vielfältigen Motorausführungen lieferbar. So besaßen die 1300-ccm- bis 1700-ccm-Modelle 4 Zylinder, während die 2300-ccm- und 2600-ccm-Modelle 6 Zylinder hatten. Der Capri wurde im Jahr 1974 wesentlich verändert.

Stagnation geführt. Noch im Jahr 1972 war auf dem amerikanischen Markt kein Fahrzeug mit Frontantrieb erhältlich, und Scheibenbremsen an den Vorderrädern gab es nur als Sonderausstattung, die extra bezahlt werden mußte. Die wichtigste Richtlinie war die sogenannte CAFE-Vorschrift (Corporate Average Fuel Economy). Sie zwang die Hersteller, einen maximalen Benzinverbrauch zu berücksichtigen, der auf dem Durchschnittswert aller gefertigten Modelle basierte. Man beschloß, diesen Wert in den Jahren 1978 bis 1985 von 13,1 l auf 8,55 l je 100 km zu senken. Die negativen Reaktionen seitens der Automobilhersteller ließ ein gewisses Unbehagen erkennen. Nun waren 4-Zylinder-Motoren, kompakte Karosserien und verbesserte Aerodynamik gefragt, wodurch die amerikanischen Autos dem technischen Stand der europäischen Modelle näherkamen. Der erste Schritt bei der Durchführung der nötigen Veränderungen war die Herstellung von Modellen, die den Erzeugnissen der transatlantischen Niederlassungen der »Großen Drei« sehr ähnlich waren.

Der Chevrolet »Chevette« von 1976 mit 1400-ccm-Motor glich dem Opel Kadett City, während Chrysler 1977 den »Dodge Omni«, eine amerikanische Version des europäischen »Horizon«, mit Volkswagenmotor herausbrachte.

Der Escort stellte im Jahr 1980 das erste, echte »Weltauto« dar. Er war für die Märkte in Amerika und Europa konzipiert und gebaut worden (Projekt Erika). Ein weiteres internationales Projekt konnte zwei Jahre später mit der »Geburt« des Sierra abgeschlossen werden.

Nach der Verkleinerung seiner Standard- und Luxusmodelle zog General Motors weiteren Nutzen aus der europäischen Technologie und brachte von 1979 bis 1982 sein Produktionsprogramm mit der Entwicklung von Kleinwagen (X-Reihe), Kleinstwagen (J-Reihe, die auf dem Opel Ascona basierte) und mittlerer Wagen mit Frontantrieb (A-Reihe) auf den neuesten Stand. Nach der zweiten Ölkrise im Jahr 1979 und Produktionszahlen wie in den 50er Jahren stieg der Anteil der Klein- und Kleinstwagen auf dem amerikanischen Markt auf 38%, jener der mittelstarken Autos auf 22%. Der Anteil importierter Autos betrug 27%, das bedeutete, daß nur noch 13% aller Autos herkömmliche Standard- und Luxusmodelle waren. Eine Ära war zu Ende gegangen.

In technischer Hinsicht war die Produktion in Europa trotz der erforderlichen Veränderungen besser darauf eingestellt, das Problem der hohen Energiekosten zu lösen. Kleinere Motore und Karosserien, hervorragende technische Leistungen und der traditionelle Konkurrenzkampf, der bereits vor dem Anstieg der Benzinpreise ausgeprägter war als in Amerika, bedeuteten, daß keine Notwendigkeit zu einer wesentlichen Änderung des Grundkonzeptes für das Automobil bestand.

Eine der ersten allgemeinen Folgen der Krise war die Unterbrechung der Entwicklung, die der Yom-Kippur-Krieg erzwang. Bis zu dieser Zeit lag der Hubraum aller Autos zwischen 1500 ccm und 2000 ccm. Jeder Inlandsmarkt der verschiedenen Länder pflegte seine eigene Individualität, und die großen Automobilhersteller mußten ihr Produktionsprogramm erweitern, um in jeder Autoklasse wettbewerbsfähig sein zu können. Die Fahrzeuge der 1000-ccm- bis 1500-ccm-Klasse waren in den 70er Jahren fast in ganz Europa sehr erfolgreich und erreichten einen Marktanteil von 40% der Gesamtproduktion von Frankreich, Großbritannien, Deutschland und Italien.

Diese vier Länder erlitten ihre stärksten Einbußen zwischen 1973 und 1975, als die Produktion von 10 Millionen auf 8 Millionen Autos sank. Die Industrie konnte aber eine gewisse Stabilität wiedererlangen und sich nach der Krise von 1976 schnell erholen. Daher war sie auch besser auf die folgende Krise von 1979 vorbereitet, die den Vereinigten Staaten große Schwierigkeiten bereitete. Anders als in den USA gab es in Europa keine klar definierte Gesetzgebung, weder in der EG noch in den einzelnen Ländern. Es gab in der Tat keine Vorschriften für den zulässigen Benzinverbrauch, und staatliche Interventionen beschränkten sich meist auf finanzielle Hilfen für Firmen, die in Schwierigkeiten waren.

Das Hauptproblem für Frankreich war die schwierige Lage, in der sich Citroën befand, sowohl finanziell als auch in bezug auf das Typen-Angebot. Citroëns neuestes Modell war der GS von 1970. Damit wollte man den Marktanteil vergrößern, der sich bisher nur aus dem ziemlich veralteten 2 CV/Dyane, dem Ami und dem DS zusammensetzte. 1968 wollte Fiat die Firma übernehmen. Da die Regierung dies jedoch nicht unterstützte, mußte Fiat sich damit begnügen, ausländischer Teilhaber mit Aktienmehrheit zu sein.

Als 1974 ein Entwurf zur Umstrukturierung der nationalen Industrie vorgelegt wurde, schlossen sich Peugeot und Citroën zur PSA-Gruppe zusammen. Diese Firmengruppe wurde durch die Übernahme aller europäischen Chrysler-Niederlassungen, deren Autos daraufhin unter dem Namen Talbot gefertigt wurden, zum größten Hersteller auf dem Kontinent. Da alle drei Automarken jedoch denselben Kundenkreis ansprachen, gab es unausweichliche und ernste Probleme bezüglich der Produktionsrationalisierung, und sie konnten ihre Führungsposition nicht halten.

Renault hingegen erlebte in den 70er Jahren großen Aufschwung. Die bemerkenswerten Erfolge mit dem R 5, einem sorgfältig durchdachten und zuverlässigen Kleinwagen, ermöglichten es Renault, sich eine feste Stellung an der Spitze der europäischen Hersteller zu erwerben. Weiterhin konnte die französische Firma aufgrund ihres soliden Produktionsplanes von 1977 im Dezember 1980 46,4% der Anteile von American Motors kaufen und somit die technische Leistung übernehmen. Darauf baute Renault in den Vereinigten Staaten die Modelle »Alliance« und »Encore«, die den europäischen Versionen »9« und »11« entsprachen.

In Großbritannien geriet British Leyland in ernstliche Schwierigkeiten und wurde 1975 verstaatlicht. Trotzdem konnte sich die Firma nicht aus der verworrenen Lage herausmanövrieren, die durch finanzielle und gewerkschaftliche Probleme auf der einen und wechselnden Erfolg der Autos auf dem Markt auf der anderen Seite entstanden war. Die erfolgreichen Modelle waren unter anderem der Mini, der den Anforderungen der Zeit genügte und von dem 1977 das viermillionste Modell hergestellt wurde, und der komfortable Range Rover, der das erste, oft schlecht kopierte Beispiel für einen luxuriösen Geländewagen war. Ein weniger erfolgreiches Modell war der »Allegro«, der 1973 herauskam und zehn Jahre später durch ein eher konkurrenzfähiges Mittelklasseauto, den »Maestro«, ersetzt wurde. Sogar Marken mit einer beeindruckenden und ehrenvollen Vergangenheit, wie der MG und der Triumph, konnten keine »nostalgischen Gefühle« mehr wecken und verloren ihre Beliebtheit. Einer der Gründe für das Überleben von British Leyland war der Vertrag mit Honda von 1979 zur Herstellung des japanischen Autos »Ballade« in Großbritannien, wo es in »Triumph Acclaim« umbenannt wurde. Dieses erste gemeinsame Wagnis hatte nicht den gewünschten Erfolg, da der »Ballade« nicht gerade zu den neuesten japanischen Modellen gehört hatte. Mit dem neuen »British Leyland« von 1984, der auf dem Honda Civic basierte und unter der Marke »Rover« verkauft wurde, folgte dann ein hochmodernes Produkt neuester Automobiltechnologie. Mit einem Produktionsrückgang um 53,8% in der Zeit von 1972 bis 1982 war Großbritannien das einzige Land in Europa, das seit der Krise im Jahr 1973 keinen Aufschwung mehr verzeichnen konnte. Die deutsche Automobilindustrie konnte bis 1977 wieder den gleichen Produktionsstand wie vor der Krise erreichen. Volkswagen hatte alle Modelle vollständig modernisiert und präsentierte in den Jahren 1973 bis 1975 den Passat, den Golf und den Polo. Zur selben Zeit avancierte Audi mit der Produktion der Baureihen »80« und »100« zu einem der bedeutenden Hersteller von Mittelklassewagen. Die weitere Entwicklung des Produktionsprogramms führte dazu, daß die Firma bis zum Jahr 1984 in Europa über 220 Varianten, basierend auf drei Benzinmotoren, zwei Dieselmotoren, vier verschiedenen Fahrwerkmodellen und acht Karosserietypen, anbieten konnte. Dieser Schritt zu einer Ausweitung der Produktpalette beeinflußte auch alle anderen deutschen Firmen. Nicht einmal die beiden angesehensten Hersteller, Mercedes und BMW, konnten sich dieser Entwicklung entziehen. Das Haus Mercedes, das seinen beneidenswerten Ruf hinsichtlich Tradition und

Renault 18 Turbo – 1980 (F). Das Auto war mit einem 4-Zylinder-Turbo-Motor ausgestattet (1565 ccm, 110 PS bei 5500 U/min). Es erreichte eine Spitzengeschwindigkeit von 185 km/h. Im Jahr 1983 wurde die Leistung auf 125 PS erhöht, so daß sich auch die Spitzengeschwindigkeit auf 195 km/h steigerte.

Renault 9 – 1981 (F). Dieses Modell »9« wurde von Renault im Jahr 1981 herausgebracht. Mit geringfügigen Änderungen wurde es auch von der Firma American Motors unter dem Namen »Alliance« gebaut. Die Baureihen enthielten 1108-ccm- und 1397-ccm-Benzin-Motore, die 48 PS beziehungsweise 72 PS leisteten, sowie eine 1595-ccm-Diesel-Ausführung mit einer Leistung von 55 PS.

Audi 80 – 1978 (D). Der Audi 80 ist seit 1972 in Produktion. Eine leichte »Gesichtskorrektur« wurde 1984 vorgenommen. Die Bandbreite der verschiedenen Motor-Versionen ist beachtlich. Sie reicht von der 4-Zylinder-Ausführung (1296 ccm) mit 60 PS über die 5-Zylinder-Ausführung (2144 ccm) mit 136 PS bis zum 1588-ccm-Diesel-Modell, dieses wiederum in Vergaser- oder Turbo-Version.

Ford Sierra – 1982 (D). Die äußere Form des »Sierra« ist das Ergebnis intensiver Forschungen auf dem Gebiet der Aerodynamik. Es stehen verschiedene Motor-Ausführungen zur Verfügung. Sie reichen vom 4-Zylinder (1300 ccm bis 2000 ccm) bis zum 6-Zylinder (2000 ccm bis 2800 ccm). Es gibt auch ein Diesel-Modell, ausgestattet mit einem 2300-ccm-Peugeot-Motor. Zu seiner technischen Ausrüstung gehört der klassische Hinterradantrieb.

Qualität auf dem Gebiet der großen Autos bereits gefestigt hatte, versuchte nun, die gleichen Eigenschaften auf eine Mittelklasse-Limousine zu übertragen. 1982 kam der hochmoderne Mercedes 190 heraus. Auch BMW konnte seinen Erfolg mit der Produktion von Mittelklassewagen bis hin zu den teuersten Autos weiter vergrößern. Beide Firmen haben ein ähnliches Fahrzeugangebot und sind dadurch verständlicherweise starke Konkurrenten. Durch das »Auto-2000«-Programm von 1978 und einer staatlichen Unterstützung in Höhe von 397 Millionen Mark konnten die deutschen Automobilhersteller ihr technologisches Wissen zum Bau von Prototypen mit möglichst geringem Benzinverbrauch voll ausnützen. Das Forschungsprogramm war 1982 abgeschlossen und konnte hervorragende Ergebnisse vorweisen. Besonders bemerkenswert war das interessante Daimler-Modell mit seiner erfolgversprechenden Gas-Turbine. Nach diesem einzigartigen Vorbild fertigte Audi seine neue Type »100«, die nur geringfügig verändert war. In Italien führte die Krise zu einer Welle von düsterem Pessimismus hinsichtlich der künftigen Automobilindustrie, für die kein staatliches Förderungsprogramm vorgesehen war. Die offiziellen Maßnahmen waren drastisch und beinhalteten ein Fahrverbot an Sonn- und Feiertagen und eine Einstellung des Straßenbaus, ganz zu schweigen von den hohen Steuern, die für ein Auto entrichtet werden mußten. Es erübrigt sich die Feststellung, daß dies keinesfalls das Interesse der Industrie an weiteren Investitionen förderte. Den stärksten Produktionsrückgang (− 26%) gab es in der Zeit von 1973 bis 1975. Fiat geriet durch das mangelnde Interesse an seinen Autos sehr ins Hintertreffen. Dies führte in eine technische Sackgasse und machte jegliche Fortschritte der früheren Jahre, wie mit dem »128« von 1969 und dem »127« von 1971, die jahrelang erfolgreicher als alle europäischen Konkurrenten gewesen waren, zunichte. Die Präsentation des »Ritmo« signalisierte ein vollständig modernisiertes Produktionsprogramm. Ihm folgten der »Panda« im Jahr 1980, der »Uno« im Jahr 1982 und der »Regata« im Jahr 1983. Lancia konnte seine Stellung als Hersteller repräsentativer Autos vor allem mit dem »Delta« von 1979, dem »Prisma« von 1982 und dem »Thema« von 1984 festigen. Alfa Romeo hatte mit seinem Alfasud von 1972, der eine Alternative zu den Fiat-Autos darstellen sollte, nicht den erhofften Erfolg. Dies lag jedoch mehr an den Problemen mit

BMW 630 – 1976 (D). Die im Jahr 1976 von BMW herausgebrachte Serie 6 bietet zwei 6-Zylinder-Modelle. Der Typ »630« besaß einen Hubraum von 2985 ccm und eine Leistung von 185 PS. Die Einspritzausführung »633 i« hatte 3210 ccm und leistete 200 PS bei 5500 U/min. Die Spitzengeschwindigkeiten lagen bei 210 km/h bzw. 215 km/h.

Audi 100 – 1976 (D). Hergestellt wurde dieses Auto zwischen 1976 und 1982. Es stand in verschiedenen Motor-Ausführungen zur Verfügung (4-Zylinder mit 1588 ccm und 5-Zylinder mit 1921 und 2144 ccm). Im Jahr 1978 wurde auch ein Diesel mit einem 5-Zylinder-Motor (1986 ccm) herausgebracht sowie der »Avant« mit einer fünften Tür.

Ford Taunus – 1976 (D). Erstmals auf dem Markt im Jahr 1970, erhielt der Taunus im Jahr 1976 eine »Schönheitskorrektur«. Auch die Bandbreite der Produktionsmodelle wurde erweitert. Sie reichte vom 4-Zylinder (1300 ccm) mit 59 PS bis zu 2000-ccm-Motoren mit 98 PS. Es gab zwei- und viertürige Ausführungen sowie Kombiwagen.

Lancia Gamma Coupé – 1976 (I). Der von Pininfarina konstruierte »Gamma« wurde im Jahr 1976 vorgestellt. Das Fahrzeug war mit zwei 4-Zylinder-Motoren (der eine 1999 ccm, der andere 2484 ccm) ausgestattet, die eine Leistung von 120 bzw. 140 PS ergaben. Die Spitzengeschwindigkeit lag bei 185 km/h bzw. 195 km/h. Das Auto hatte Vorderradantrieb.

Alfa Romeo Alfasud Sprint – 1976 (I). Das Einführungsmodell vom Alfasud blieb bis 1983 in der Produktion. Das Fahrzeug besaß einen 4-Zylinder-Motor mit gegenüberliegenden Zylindern (1186 ccm Hubraum), der 63 PS bei 6000 U/min leistete. Der Karosseriebauer hieß Giorgio Giugiaro.

Volvo 343 – 1976 (S). Dieses Modell »343« war eine Fortentwicklung aus dem ursprünglich von DAF gefertigten Modell »66«. Der Hubraum wurde auf 1397 ccm erhöht, so daß der 4-Zylinder-Renault-Motor nun 70 PS bei 5500 U/min leistete. Der De-Dion-Hinterachsenantrieb und das automatische Getriebe »Variomatic« blieben vom Ursprungsmodell erhalten.

der Produktion als an dem Produkt selbst, das vom Konzept her ausgezeichnet war.

Erst 1983 übernahmen der »33« und der »Arna« den Platz des Alfasud, und ab 1984 wurde der Alfetta durch den »90« ersetzt.

Japan expandierte, mit einer kurzen Unterbrechung im Jahr 1974, unaufhaltsam und zählte 1980 zu den bedeutendsten Automobilherstellern der Welt. Das Exportgeschäft, dessen Anteil an der Gesamtproduktion von 22,8% im Jahr 1970 auf 50% im Jahr 1976 anstieg, spielte hierbei eine entscheidende Rolle. Der Import dagegen war mit 35 295 Autos im Jahr 1982 minimal. Dies war jedoch weniger auf Protektionismus zurückzuführen, da die hohen Zölle auf die Einfuhr von Automobilen im Jahr 1978 vollkommen abgeschafft wurden. Es lag vielmehr an den strengen Umweltschutzgesetzen, die eine Anpassung europäischer und sogar amerikanischer Autos an die japanischen Vorschriften zu sehr komplizierten.

Japans kommerzielle Offensive gegen die Auslandsmärkte führte selbstverständlich zu Gegenmaßnahmen. In Frankreich reduzierte man die Einfuhrmenge auf 3%, und in Italien wurden nur noch ungefähr 2000 Fahrzeuge importiert. Um weitere Länder von ähnlichen Reaktionen abzuhalten, entwickelte »Miti« zwei Strategien. Einerseits einigte man sich mit den betroffenen Ländern auf ein bestimmtes Exportmaximum. Großbritannien übernahm 10% und die USA die Hälfte aller von Japan ins Ausland verkauften Autos. Als Alternative oder um einseitige Kürzungen auszugleichen, förderte man andererseits die Produktion zu Hause in Zusammenarbeit mit der ansässigen Industrie. Typische Beispiele hierfür sind die Kooperation von Nissan und Alfa Romeo beziehungsweise Honda und BL in Europa sowie von General Motors und Toyota in den Vereinigten Staaten.

Von der Krise in die achtziger Jahre – Eine kleine technologische Revolution

Die Entdeckung neuer Energiequellen, Motortypen und Materialien schien dafür bestimmt zu sein, die Technik des Automobils in der Zeit nach der Ölkrise wesentlich zu verändern. Obwohl die Veränderungen darauf ausgerichtet waren, die neuen wirtschaftlichen und energietechnischen Forderungen zu erfüllen, hielten sie sich tatsächlich aber sehr in Grenzen und blieben im wesentlichen in den traditionellen Grenzen.

Die Automobilindustrie befand sich

Autobianchi A 112 – 1980 (I). Erstmals vorgestellt wurde das Modell »A 112« im Jahr 1969. Es ist ausgestattet mit einem querliegenden 4-Zylinder-Motor (903 ccm), der 44 PS bei 6000 U/min leistet. Das Auto hat Vorderradantrieb und eine unabhängige Allrad-Aufhängung. Seine Länge beträgt nur 3,23 m. In 15 Jahren wurden ungefähr 1,2 Millionen Fahrzeuge des Typs gebaut.

Alfa Romeo 33 – 1983 (I). Die technische Grundausstattung wurde vom früheren Alfasud übernommen. Die »33«er Reihe, herausgebracht im Jahr 1983, hatte sowohl eine 1350-ccm-Ausführung (79 PS) als auch eine 1490-ccm-Ausführung (86 oder 105 PS). Ein weiteres interessantes Modell besaß Allradantrieb. Es wurde konstruiert und produziert in Zusammenarbeit mit Pininfarina.

Fiat 127 – 1980 (I). Der meistverkaufte Fiat zwischen 1971 und 1982 war das Modell »127«. Ursprünglich mit einem 4-Zylinder-Motor und 903 ccm Hubraum ausgestattet, wurde die Leistung später auf 1050 ccm bzw. 1301 ccm erhöht. Produziert wurden die Motoren in den Belo-Horizonte-Werken in Brasilien. Im Jahr 1981 kam der 1301-ccm-Diesel auf den Markt.

Mitsubishi Colt – 1984 (J). Der im Jahr 1983 herausgebrachte »Colt« wird mit Motoren von 1300 ccm bis 1600 ccm Hubraum angeboten. Das abgebildete Modell ist eine Weiterentwicklung aus dem im Jahr 1978 entstandenen Fahrzeug gleichen Namens, das im weltweiten Automobil-Angebot eines der erfolgreichsten Autos war. Das Spitzenmodell aus dieser Reihe ist der 1660 Turbo ECI, ausgerüstet mit einem 4-Zylinder-Kompressor-Motor, der 125 PS bei 5500 U/min leistet. Das Fahrzeug hat elektronische Benzineinspritzung.

wieder in dem gleichen harten Konkurrenzkampf wie in der zweiten Hälfte der 70er Jahre, als ihre Modelle nicht auf die plötzliche Krise vorbereitet waren. In den Vereinigten Staaten hatte dies schon früher zu einer starken Benachteiligung geführt. In Europa und Japan wurden jedoch bereits Autos gebaut, die der neuen Situation angepaßt waren. Deshalb war es hier nicht nötig, viel Geld für wesentliche Veränderungen zu investieren. Ein gutes Beispiel solcher Voraussicht war der »Golf« von Volkswagen, der Anfang 1974 herauskam, aber bestimmt mindestens schon zwei Jahre vorher geplant worden war. Er war ein Vorgeschmack der Idee des »Weltautos«, die gegen Ende der 70er Jahre entstand, als sogar in den USA die Nachfrage nach kompakten und wirtschaftlichen Autos stieg. 6 Millionen Stück wurden vom Golf produziert, ehe er 1983 durch eine andere Version ersetzt wurde, die aber immer noch keine wesentlichen Änderungen aufwies.

Als Folge der wirtschaftlichen und politischen Situation ging die Entwicklung, einem dreistufigen Strategieplan folgend, nur in kleinen Schritten voran. Der Wettbewerb in der Industrie führt dazu, daß die Hersteller eine aggressive kommerzielle Haltung annehmen. Sie zeigt sich in der regelmäßigen Modernisierung der bestehenden Modelle, der Erweiterung des Gesamtprogramms und der Verwendung gleicher Komponenten (Motoren, Getriebe, Aufhängung) in mehreren Produktionszweigen. All dies wird mit herkömmlichen Techniken erreicht, um die neuen Ansprüche der Autofahrer hinsichtlich größerer Wirtschaftlichkeit, Zuverlässigkeit und Komfort zufriedenzustellen. Parallel zu dieser Entwicklung mußten die steigenden Lohnkosten und die Notwendigkeit größerer Flexibilität zu Rationalisierungsmaßnahmen und modernen Fertigungsanlagen führen. Die modernsten Anlagen sind in steigendem Maß automatisiert und können verschiedene Modelle speichern und montieren. Das hat den Vorteil der schnelleren Reaktion auf Marktbedürfnisse und der leichteren Umrüstung der Mon-

Pontiac »Grand Le Mans« – 1980 (USA). Der »Grand Le Mans« war eine zweitürige Berlinetta, vorgestellt im Jahr 1979. Das Fahrzeug wurde mit verschiedenen Motorversionen hergestellt. Das Standardmodell besaß einen V-6-Motor mit 3800 ccm. Auf Wunsch gab es auch zwei V-8-Motoren mit 4300 ccm oder 4900 ccm.

tagebänder auf neue Modelle. Eine der modernsten Anlagen ist das Mazda-Werk, das 1982 in Hufo gebaut wurde. Mit nur 1800 Arbeitern und 155 Robotern können neun verschiedene Karosserietypen für drei Grundmodelle, einschließlich den Arbeitsvorgängen Pressen, Schweißen und Lackieren, zusammengesetzt werden. Die Endmontage findet auf einer einzigen Produktionsstraße statt. Dadurch wird ein Ausstoß von 20 000 Stück pro Monat erreicht. Jedes neue Modell wird verschiedenen Prüfungen unterzogen, und spezielle Bestandteile werden ständig weiter erforscht. Erst wenn alle Zuverlässigkeitstests bestanden sind und auch der Preis stimmt, wird das Modell als kommerziell lebensfähig angesehen. Als erstes wurden die Konstruktionsmethoden von Grund auf modernisiert. Man entwickelte Computersysteme zur Optimierung von Gewichtsverringerung und Fahrwerkbelastung. Bei gleichzeitiger Verbesserung der Karosserie-Aufhängung konnte ein Maximum an Straßenlage, Komfort und ruhiger Fahrweise erzielt werden.

Durch die Verwendung mathematisch simulierter Modelle, die, sofern möglich, praktische Tests ersetzen sollten, war ein direktes Zusammenspiel zwischen Planung und Produktion sowie eine schnellere Entwicklung neuer Fahrzeuge möglich. Diese ganze Entwicklung dauerte nur noch drei im Gegensatz zu den fünf Jahren, die mit herkömmlichen Techniken benötigt wurden.

Die verschiedenen Begleitumstände der Automobilindustrie in den drei Hauptproduktionsgebieten USA, Europa und Japan führen zu drei verschiedenen Entwicklungsprozessen. In den Vereinigten Staaten werden die Werksanlagen hauptsächlich deswegen modernisiert, um für den technischen Fortschritt des Produktes vorbereitet zu sein. In Europa konzentriert sich die Industrie in der Hauptsache auf erhöhte Wettbewerbsfähigkeit durch die Ausweitung ihrer Produktpalette. In Japan dagegen, wo dies alles bereits Realität ist, wird nun größter Wert auf die Weiterentwicklung des Autos gelegt.

Die Hauptbeschäftigung aller an der Entwicklung des heutigen Autos Beteiligten liegt in der Reduzierung von Benzinverbrauch und giftigen Abgasen sowie der Erhöhung der Sicherheit. In ihrem Streben nach möglichst geringem Verbrauch stellten die Firmen Forschungen an, den Benzinmotor zu verbessern und neue Antriebsarten wie Gas-Turbinen, Wasserstoff- und Elektromotoren zu entwickeln. Sogar Dampfmotoren wurden wieder zum Leben erweckt. Im Lauf der 70er Jahre wurde jedoch der Dieselmotor immer beliebter. 1972 boten zwar nur Mercedes und Peugeot Dieselmotore an, aber die Vorteile des Dieselantriebs wurden sehr schnell von fast allen europäischen Herstellern erkannt. Auch die Vereinigten Staaten und Japan zeigten Interesse dafür.

In bezug auf Sicherheit erwies sich das Konzept vom »sicheren Auto«, das in den frühen 70er Jahren mit dem ESV (Experimental Safety Vehicle) entwickelt wurde, als utopisch. Die für maximale passive Sicherheit entworfenen Autos waren zu schwer und zu teuer. Außerdem bereitete es Schwierigkeiten, sie den »normalen Autos« anzugleichen. Die Anstrengungen, weniger gefährliche Autos zu entwickeln, konzentrierten sich daher auf die sorgfältige Erforschung der besonders anfälligen Teile, um die aktive Sicherheit zu verbessern.

Die technische Entwicklung des Autos wurde auch durch die amerikanischen und japanischen Abgasvorschriften stark beeinflußt. Das hielt viele europäische Hersteller davon ab, in die USA zu exportieren, da es für sie zu teuer war, ihre Produkte den amerikanischen Vorschriften anzupassen. Die japanischen Firmen wiederum hatten ständige technologische Vorteile durch die Entwicklung von Entgiftungssystemen für kleine und mittlere Motoren. Ein typisches Beispiel ist der von Honda entwickelte Stufenladermotor.

Eine Automobilszenerie ohne Grenzen

Während 1956 als das Jahr in Erinnerung bleibt, in dem es weltweit über 100 Millionen Autos gab, kann das Auto nun zu seinem 100jährigen Jubiläum eine Produktionsmenge vorweisen, die dreimal so hoch ist. Tatsächlich gab es 1982 weltweit 330 Millionen Autos, 85% davon in den wirtschaftlich entwickeltsten Ländern wie den USA, in Westeuropa und in Japan. Ein beträchtlicher Beitrag zu der Entwicklung der Automobilindustrie auf internationaler Ebene war die Verringerung des technologischen Gefälles zwischen den Vereinigten Staaten und Europa einerseits und Europa und Japan andererseits. Das führte zum Konzept eines universell anerkannten »Weltautos« und zu einer stärkeren internationalen Zusammenarbeit, die sich in einer großen Zahl kommerzieller und technischer Vereinbarungen zeigte.

Spanien, das 1949 mit der Gründung von SEAT mit der Produktion von Automobilen begonnen hatte, erschien ebenfalls auf der Bildfläche und nahm seinen Platz unter den »großen« europäischen Herstellern ein. SEAT stellte ursprünglich Fiat-Autos im Lizenzbau her, und Frankreich finanzierte 1951 die Produktion des Fasa-Renault.

Auch Citroën und Chrysler investierten in Spanien, wo es strenge Einfuhrkontrollen gab, und Ford und Opel eröffneten eigene Werksanlagen in den Jahren 1976 bzw. 1982. Das führte bis 1983 zu einem Anstieg der Produktion auf 970 000 Fahrzeuge.

1984 beendete SEAT die dreißigjährige Zusammenarbeit mit Fiat und schloß mit Volkswagen einen Vertrag zum Bau der deutschen Autos. Zur selben Zeit kam der Ibiza heraus, das erste Auto nach rein spanischem Konzept. Sein Äußeres stammte von Giugiaro und der Motor von Technikern der Firma Porsche.

Auch die Autoindustrie der sozialistischen Länder konnte sich, hauptsächlich basierend auf Verträgen mit dem Westen, weiter entwickeln,

Talbot Matra Murena S – 1980 (F). Der »Murena« ist eine Weiterentwicklung aus dem Modell »Bagheera«. Das Fahrzeug hat einen hinteren Mittelmotor und die ungewöhnliche Bauweise von drei nebeneinanderliegenden Sitzen. Es werden zwei Ausführungen hergestellt, entweder mit einem 1592-ccm-92-PS-Motor oder mit einem 2155-ccm-Motor (118 PS oder 142 PS).

Saab 9000 – 1984 (S). Das Grundmodell »9000«, Konstrukteur Giugiaro, wurde in Zusammenarbeit mit Fiat hergestellt. Das Fahrzeug ist ausgestattet mit einem 4-Zylinder-16-Ventile-Motor (1985 ccm), der dank dem Turbolader 175 PS leistet. Dieser arbeitet mit dem APC-System, um zu großen Lärm zu vermeiden.

Opel Corsa – 1982 (D). Bei diesem im Jahr 1982 herausgebrachten kleinen Sportwagen stehen drei Motorvarianten zur Verfügung, mit 993 ccm (45 PS), 1196 ccm (55 PS) oder 1297 ccm (70 PS). Die entsprechenden Spitzengeschwindigkeiten liegen bei 140, 152 und 166 km/h. Das Fahrzeug besitzt als Aufhängung vorn »McPherson«-Federbeine und hinten verbundene Längsträger.

Seat Ibiza – 1984 (E). Das erste selbständige Seat-Projekt verwendet eine von Giorgio Giugiaro entwickelte Linie. Die Motoren (»Sigma«-Reihen-Motore) schufen die Porsche-Ingenieure. Es werden zwei Versionen gebaut: 1193 ccm mit 62 PS und 1461 ccm mit 85 PS. Das Differential-Getriebe stammt ebenfalls aus dem Stuttgarter Porsche-Werk.

obwohl sie durch das bestehende Wirtschaftssystem eingeschränkt war. Schon vor dem Krieg wurden in Osteuropa von den beiden bekannten tschechoslowakischen Firmen Skoda und Tatra Autos produziert. Sie konnten aber den nötigen technischen Standard in der Zeit der unabhängigen Entwicklung nach dem Krieg nicht aufrechterhalten. Fiat bahnte sich 1954 seinen Weg nach Osteuropa, schloß mit der jugoslawischen Firma Zastava einen Vertrag und baute eine Anlage zur Herstellung von Autos, die auf den italienischen Modellen 600, 1300 sowie den Typen 128 und 127 basierten. Der 127er wurde mit Originalkarosserie (»Jugo 45«) gefertigt. Die polnische Firma FSO begann 1967 mit der Produktion des »125«, der später zum »Polonez« weiterentwickelt wurde, und baute 1972 den »126«. Der bedeutendste Vertrag aber wurde zur Herstellung des VAZ Lada, der auf dem »124« basierte, geschlossen. Dieser Lada wurde in Tolyatigrad in der Sowjetunion produziert, wo 1983 700 000 Exemplare das Fließband verließen. Heute ist die UdSSR der sechstgrößte Automobilhersteller der Welt. Auch Renault und Citroën sind durch einen Vertrag mit Rumänien im Ostblock vertreten. Dacia baute den »1310«, einen Renault 12, und Oltcit fertigte eine Kombination aus Citroën Visa und GS. Während der 60er Jahre gründeten mehrere westliche Firmen auch in Südamerika viele Niederlassungen, da die Regierungen die steigenden Importe immer mehr bekämpften. Positive Fortschritte gab es in Brasilien, wo sich Volkswagen, Ford, General Motors und Fiat fest etablierten, und in nicht ganz so starkem Ausmaß auch in Mexiko, wo Volkswagen, Nissan, Renault und die vier amerikanischen Firmen produzierten. In Argentinien lief die Produktion nicht so gut. General Motors und Citroën mußten aufgrund der wirtschaftlichen Instabilität nach der Ölkrise ihre Niederlassungen schließen, während Chrysler seine Fabrik im Jahr 1980 an Volkswagen übergab. Im selben Jahr gründeten Fiat und Peugeot ein gemeinsames Werk in Sevel, aus dem sich die französische Firma im Jahr 1981 jedoch zurückzog. Ford und Renault produzieren heute noch dort.
Insgesamt werden in den drei Ländern pro Jahr über eine Million Autos gebaut, davon 70% in Brasilien. Auch der Ferne Osten, der nur ein begrenztes Produktionsvermögen hat, ist für die Automobilindustrie in steigendem Maß interessant. Obwohl der Markt natürlich von den japanischen Firmen beherrscht wird, mit vielen Werken in Ländern wie Indonesien, Thailand, den Philippinen und Taiwan, sind auch einige westliche Firmen dort vertreten. Ford baute zum Beispiel 1976 ein Werk zur Herstellung der Karosserien für den »Laser«. Diese Variante des Mazda 323 war das erste Produkt einer Firmenvereinigung, die mit dem Erwerb von 24% der Anteile an der japanischen Gesellschaft begann.
Auch Südkoreas Automobilindustrie gewinnt langsam an Bedeutung. Das ist der unabhängigen Firma Hyundai zu danken, die anfangs die britischen Ford-Modelle zusammenbaute. Heute bietet sie eine Auswahl eigener Modelle an, die auf dem »Pony« von 1976 und dem »Stellar« von 1983 basieren, beide in Zusammenarbeit zwischen Giugiaro und Mechanikern von Mitsubishi entstanden.
Australien hatte im Gegensatz zu den übrigen Ländern, in denen sich die Entwicklung der Automobilproduktion grundsätzlich auf westliche oder japanische Initiativen gründet, bereits seit den frühen Jahren nach dem Krieg eine große Zahl Autos hergestellt. Im Jahr 1950 gab es auf 1000 Einwohner 98 Autos, ein Verhältnis, das nur in Nordamerika übertroffen wurde. 1980 war diese Zahl sogar noch höher als im Durchschnitt der EG-Länder. Die Automobilproduktion begann in Australien im Jahr 1948 mit der Firma Holden, einer Zweigniederlassung von General Motors, die ihre führende Position bis heute beibehalten konnte. Bald darauf begannen auch andere Firmen mit der Einrichtung von Montagebändern, und Ford, Chrysler und British Leyland übernahmen bedeutende Rollen. In den späten 70er Jahren überschwemmten japanische Importe den Markt. Danach begannen Mitsubishi, Toyota und schließlich auch Nissan mit der Fertigung in Australien. Im Jahr 1983 wurden insgesamt 330 000 Autos gebaut.
Südafrika ist mit einer Produktion von 250 000 Fahrzeugen im Jahr 1983 in bezug auf die Automobilindustrie das »entwickeltste« Land in Afrika. Dieser Erfolg wurde ausschließlich von vielen kleinen Montagefirmen erreicht, die hauptsächlich europäischen und japanischen Ursprungs waren. Ein besonderes Merkmal dieser Firmen ist, daß sie sich durch den Zusammenschluß verschiedener Hersteller gebildet hatten. Ein Beispiel dafür ist die Marke Sigma, die durch gemeinsames Marketing von Mazda, Mitsubishi und Peugeot entstand.

Skoda Rapid – 1982 (CS). Der 4-Zylinder-Motor (1174 ccm) beim Modell »Rapid« leistet 58 PS bei 5200 U/min. Die Spitzengeschwindigkeit beträgt 153 km/h. Die Beschleunigung von 0 auf 100 km/h erfolgt in 18 Sekunden. Das Fahrzeug besitzt ein Viergetriebe und vorne Scheibenbremsen.

Hyundai Pony – 1982 (ROK). Mit diesem Modell führte sich die koreanische Firma auf dem Automobil-Weltmarkt ein. Das Modell »Pony« hat entweder einen 1238-ccm- oder 1439-ccm-Mitsubishi-Motor, der 80 PS bzw. 92 PS leistet. Konstruiert wurde das Fahrzeug von dem Italiener Giorgio Giugiaro. Das Auto ist 4,03 m lang und hat Hinterradantrieb.

Gianni Rogliatti Die Jahre der Formel 1

Das Formel-1-Reglement, wie wir es heute kennen, entstand nach dem Zweiten Weltkrieg und ist die optimale Fortsetzung der Rennvorschriften, die von 1906 an die großen internationalen »Grand Prix« reglementierten. Seit dieser Zeit wurde immer wieder versucht, ein System zu finden, mit dem sowohl der Mut der Fahrer als auch das Können der Autohersteller bewertet werden konnten. Dies wollte man durch Beschränkungen hinsichtlich Gewicht, Leistung, Benzinverbrauch sowie Größe verschiedener Fahrzeugteile erreichen. Die bestehende, noch bis 1986 gültige Vorschrift kann als äußerst komplex bezeichnet werden, da sie genau festgelegte Beschränkungen auf praktisch allen Gebieten (Leistung, Gewicht, Größe, Verbrauch und Art des Kraftstoffes) enthält.

1947, als sich der Sport von Stagnation und Zerstörung wegen des Krieges langsam zu erholen begann, wurde eine neue Vorschrift festgelegt. Unter Berücksichtigung der zur Verfügung stehenden Materialien wurde der maximale Hubraum der Motore auf 1500 ccm für Kompressor-Motore und auf 4500 ccm für normale Vergasermotore festgesetzt. Abgesehen von der Bedingung, daß die Autos Einsitzer sein mußten, blieben alle anderen Punkte offen.

Die ersten Rennen wurden hauptsächlich in Italien, Frankreich und Großbritannien veranstaltet. Das nach dem Krieg geteilte und besetzte Deutschland war vorläufig nicht imstande, an Rennsport auch nur zu denken.

Die damaligen Fahrzeuge waren fast ausschließlich alte Vorkriegsautos mit 4500-ccm-Vergasermotoren wie der Talbot Lago, Autos mit Kompressor-Motoren einer niedrigeren Formel wie der Alfa Romeo 158, der Maserati 4 CLT und der britische ERA sowie Autos von Gordini und einiger anderer Marken.

Zur selben Zeit trat Ferrari in Erscheinung (1945), eine unabhängige Firma, die von 1950 an eine der erfolgreichsten Marken bei allen Fahrer-Weltmeisterschaften wurde. In jenem Jahr beschloß man, den Fahrern je nach Plazierung in den verschiedenen Formel-1-Rennen Punkte zu geben. Da sich damals noch weitere Klassen gebildet hatten, wie die Formel 2 für Einsitzer mit 2 Liter Hubraum und ohne Kompressor, sowie die »Junior« und die Formel 3, die nach und nach entstanden waren, um auch jüngeren Fahrern die Teilnahme zu ermöglichen, wurde die Formel 1 eingeführt.

Das Punktsystem sah folgendermaßen aus: Der Sieger bekam acht Punkte, sechs der Zweite, vier der Dritte, drei der Vierte, zwei der Fünfte und einen der Sechste. Einen zusätzlichen Punkt bekam der Fahrer der schnellsten Runde. Später schaffte man den Punkt für den Rundenschnellsten ab und gab statt dessen dem Sieger neun Punkte. Ansonsten blieb das System seitdem unverändert.

Ein weiteres Merkmal der Meisterschaft war, daß zwei oder mehr Fahrer, vorausgesetzt, sie waren im selben Team, die Autos untereinander tauschen und sich die Punkte, die der Fahrer mit Überqueren der Ziellinie erhielt, teilen konnten. Dadurch wurde eine Art Mannschaftswertung (»team games«) ermöglicht. Der Team-Manager konnte nämlich selbst dann Punkte für seinen besten Fahrer erhalten, wenn dieser Probleme mit seinem eigenen Fahrzeug hatte und dann mit dem Auto eines Teamkollegen weiterfahren durfte. Man versuchte auch, den europäischen und amerikanischen Rennsport miteinander zu verknüpfen, indem die klassischen 500 Meilen von Indianapolis in den Rennkalender und das geltende Punktsystem eingegliedert wurden. Nur wenige Jahre später lösten die britischen Autohersteller mit ihren leichten Autos mit Heckantrieb eine wahre Revolution aus. Einen solchen Fortschritt war man bis dahin nur von amerikanischen Firmen gewohnt.

Ferraris Einfluß auf die Weiterentwicklung des Reglements ist ebenso bemerkenswert. Nachdem Ferrari mit Kompressor-Motoren begonnen hatte (das erste Modell 125 hatte einen V-12-Motor mit Kompressor), entschied das Maranello-Werk sehr bald, normale Vergasermotore beizubehalten, und baute einen neuen V-12-Motor mit 4500 ccm Hubraum.

Ferrari konnte Alfa Romeo zwar in einigen Rennen besiegen, es gelang der Marke aber weder 1950 noch 1951, die Weltmeisterschaft zu gewinnen. Alfa Romeos Entscheidung, sich zu-

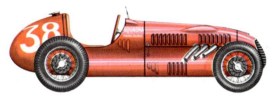

Cisitalia D 46 – 1948 (I). Der bei diesem Auto verwendete 4-Zylinder-Fiat-Motor hatte nur einen Hubraum von 1089 ccm, konnte jedoch 62 PS bei 5500 U/min leisten. Das Foto zeigt jenes Auto, mit dem der Fahrer Bonetto am Rennen in Florenz im Jahr 1948 teilnahm.

Simca-Gordini – 1948 (F). Die Qualitätsmerkmale dieses Autos bestanden in seinem geringen Gewicht und in der einfachen Handhabung. Es besaß einen 4-Zylinder-Fiat-Motor (105 PS, 1433 ccm). Das Fahrzeug war durchaus in der Lage, auch mit wesentlich stärkeren Autos zu konkurrieren. So gewann es die Grand Prix in Angoulême und in Stockholm.

Maserati 4 CLT – 1949 (I). Das Modell »4 CLT« war eines der wichtigsten Autos in der Wiederaufbauphase nach dem Zweiten Weltkrieg. Es besaß einen technisch ausgereiften, querliegenden 1498-ccm-Kompressor-Motor, der 240 PS bei 7000 U/min leistete. Man baute viele dieser Autos und verkaufte sie an Privatfahrer.

Ferrari 125 – 1949 (I). Dieses Fahrzeug wurde von Gioachino Colombo entworfen, der bereits Erfahrungen bei Alfa Romeo gesammelt hatte (der Alfetta war auch schon von ihm gebaut worden). Das Modell »125« besaß einen 60°-V-12-Motor (1496 ccm). Mit seinem Einstufen-Kompressor leistete er 225 PS bei 7000 U/min, mit dem Zweistufen-Kompressor schaffte er sogar 290 PS bei 7500 U/min.

Alfa Romeo 158 »Alfetta« – 1950 (I). Dieses Fahrzeug gewann alle Rennen der Weltmeisterschaft 1950. Damit wurden die Klugheit und die Vernunft eines Projekts bestätigt, das bis in das Jahr 1937 zurückreicht. Das Auto besaß einen 8-Zylinder-Kompressor-Motor (1479 ccm), der 350 PS bei 8500 U/min leistete.

BRM V 16 – 1950 (GB). Das ehrgeizige Projekt brachte nicht das erhoffte Ergebnis. Der größte Erfolg, den dieser ausgeklügelte Monoposto erzielte (135°-V-16-Kompressor-Motor mit 475 PS bei 11 500 U/min), war der fünfte Platz beim englischen Grand Prix im Jahr 1951.

Talbot-Lago – 1950 (F). Kennzeichen dieses Fahrzeugs waren Zuverlässigkeit und geringer Benzinverbrauch (ungefähr 1 l/ 4 km). Das Auto war mit einem 6-Zylinder-Motor (4485 ccm) ausgerüstet, der 275 PS bei 5000 U/min leistete. Er hatte zwei Zündkerzen pro Zylinder und drei horizontale Vergaser.

Alfa Romeo 159 – 1951 (I). Mit diesem Auto schaffte Alfa Romeo seine zweite Weltmeisterschaft, der »159« gewann vier Grand-Prix-Rennen. Das Auto war eine modernisierte und stärkere Version des Typs »158«. Es leistete nun 425 PS bei 9300 U/min. Am Saisonende zog sich Alfa Romeo aus dem Rennsport zurück.

HWM 2000 – 1952 (GB). Gefahren wurde dieses Auto von Männern, die später berühmte Rennfahrer wurden, von Peter Collins und Stirling Moss. Dieser ehemalige Formel-II-Rennwagen besaß einen 4-Zylinder-Alta-Motor (1960 ccm), der 150 PS bei 6000 U/min leistete.

Ferrari 625 – 1954 (I). In den zwei Jahren, in denen dieses Auto gegen den Mercedes W 196 antrat, gewann es lediglich zweimal: Beim englischen Grand-Prix-Rennen 1954 mit dem Fahrer Gonzales und beim Großen Preis von Monaco 1955 mit dem Fahrer Trintignant. Der 4-Zylinder-Motor (2498 ccm) leistete 240 PS bei 7000 U/min.

Ferrari 555 »Squalo« – 1954 (I). Ungewöhnlich war bei diesem Auto die spezielle seitliche Anordnung der Treibstoff-Tanks. Das Fahrzeug hatte einen 4-Zylinder-Motor (2480 ccm), der 260 PS bei 7200 U/min abgab. Mike Hawthorn gewann mit diesem Auto im Jahr 1954 den GP von Spanien. Der später herausgebrachte »Supersqualo« leistete 270 PS bei 7500 U/min.

Mercedes W 196 – 1954 (D). In den Jahren 1954 und 1955 gewannen die deutschen Autos 9 von 14 WM-Rennen. Das Modell »W 196« (ausgestattet mit freistehenden Rädern) wurde auf den schwierigsten Rennstrecken eingesetzt. Seine ersten Einsätze hatte das Auto in Deutschland und in der Schweiz 1954.

Gordini – 1955 (F). Der Gordini besaß als einer der ersten Rennwagen Scheibenbremsen. Der 8-Zylinder-Motor (2498 ccm) schaffte 245 PS bei 7000 U/min. 1955 und 1956 belegte der Wagen lediglich zwei siebente Plätze.

Mercedes W 196 – 1954 (D). Dieser Stromlinien-Mercedes vom Typ »W 196« wurde speziell auf allen schnellen Rennstrecken eingesetzt. Das Fahrzeug besaß einen 8-Zylinder-Motor (2496 ccm). Die ursprüngliche Leistung betrug 257 PS bei 8200 U/min und wurde später auf 290 PS bei 8500 U/min erhöht. Der Rennwagen hatte eine Bosch-Direkteinspritzung und einen Rohrrahmen.

rückzuziehen, lag sicher zu einem gewissen Teil auch an dem neuen Ferrari. Die Weltmeisterschaften 1952 und 1953 trugen die Formel-2-Autos unter sich aus, und alle warteten ungeduldig auf die Rennwagen, die gemäß den neuen, ab 1954 in Kraft tretenden Regeln gebaut wurden. 1950 gewann Nino Farina in seinem Alfetta 158 den ersten vergebenen Weltmeisterschaftstitel. Er hatte drei der sechs europäischen Rennen gewonnen und war in einem weiteren Dritter geworden. Das brachte ihm einen kleinen Vorsprung vor dem Argentinier Juan Manuel Fangio, der mit dem gleichen Auto drei Siege und einen sechsten Platz verzeichnen konnte. Fagioli wurde auch in einem Alfetta Dritter, der Franzose Rosier mit dem alten Talbot Vierter und der junge Alberto Ascari mit dem neuen Ferrari Fünfter. Im nächsten Jahr wendete sich das Blatt völlig, als Fangio in einem Alfetta zwar die Meisterschaft gewann, das Ferrari-Team jedoch mit Ascari, Gonzales, Villoresi und Taruffi, die den 375er mit V-12-Motor und 4493 ccm Hubraum fuhren, den zweiten, dritten, fünften und sechsten Platz belegte.

Bei der Weltmeisterschaft von 1952 triumphierte der Ferrari 500, ein 4-Zylinder-Modell mit 2 Liter Hubraum, der nicht nur Ascari zum ersten, sondern auch Farina und Taruffi zum zweiten und dritten Platz verhalf. Im selben Jahr tauchten auch, neben weiteren Fabrikaten wie Maserati, Gordini und Osca (von den Brüdern Maserati), zum ersten Mal englische Marken wie Cooper und Connaught auf.

1953 konnten Ascari und Ferrari den vorjährigen Erfolg wiederholen. Fangio auf Maserati, der sich von seinem schrecklichen Unfall in Monza wieder völlig erholt hatte, war ihm jedoch dicht auf den Fersen.

1954 trat eine neue Regel für 2500-ccm-Motoren ohne oder 750-ccm-Motoren mit Kompressor in Kraft. Es gab aber keinen Hersteller, der diese Herausforderung annahm, und so wurden weiterhin alle Autos mit normalen Vergasermotoren ausgestattet. Bei dieser Regel gab es noch keine Beschränkung von Gewicht und Benzin. Es dauerte aber nur bis 1958, bis die Verwendung von handelsüblichem Benzin Pflicht wurde. Natürlich gab es jetzt überall neue Autos. Maserati brachte den 6-Zylinder-Typ 250 F heraus, in dem Fangio anfangs Punkte sammelte. Den Titel errang er dann mit dem legendären 8-Zylinder-Mercedes W 196 mit sensationellen Neuerungen wie (desmodromische) Ventilsteuerung und direkte Benzineinspritzung.

Ferrari behauptete sich weiterhin mit einem 4-Zylinder-Auto, das aus dem 500er entwickelt worden war. Gordini meldete seine Autos zur Teilnahme an, und gegen Ende der Saison erschien auch der Lancia D 50, der durch seine außen angebrachten Seitentanks auffiel. Ascari führte im spanischen Grand Prix, mußte dann aber aufgeben. 1955 hatte Mercedes mit Fangio, der, gefolgt von Moss, wieder Weltmeister wurde, einen triumphalen Erfolg. Zwei Ferrari-Fahrer kamen auf den dritten und vierten Platz, der junge Castelotti und der Franzose Trintignant.

Sehr zufrieden zog sich Mercedes 1956 aus dem Rennsport zurück, und Fangio, der jetzt für das Ferrari-Team fuhr, gewann abermals, gefolgt

Ferrari 500 – 1952 (I). Speziell für Formel-II-Rennen wurde dieses Fahrzeug 1951 gebaut. Ausgestattet mit 4 Zylindern, leistete sein Motor 170 PS bei 7200 U/min. Das Auto hatte ein Rohr-Chassis und ein Heck vom Typ De Dion. Alberto Ascari gewann damit sechs von sieben Rennen, verlor nur einmal gegen seinen Teamkollegen Taruffi.

Ferrari 500 – 1953 (I). Ascari gewann seine zweite Weltmeisterschaft in einem »500«. Die Leistung war auf 185 PS bei 7500 U/min erhöht worden. Grundlage des Erfolges war das ausgesprochen leichte Handling des Autos, aufgrund der gelungenen Gewichtsverteilung durch den weit nach hinten verlegten Motor und wegen der Verwendung der Achsübertragung.

Maserati 250 F – 1954 (I). Manuel Fangio gewann in diesem Auto seine ersten beiden Rennen, die die Grundlage für seinen Weltmeistertitel 1954 waren. Ausgestattet war der Rennwagen mit einem 6-Zylinder-Motor (2494 ccm), der 240 PS bei 7200 U/min leistete. Der Konstrukteur hieß Gioachino Colombo. Es wurden jedoch auch sehr wichtige Details von Bellentani und Alfieri beigesteuert.

Mercedes W 196 – 1954 (D). Der Typ »W 196«, herausgebracht im Jahr 1954, entstand in der Absicht, den Anforderungen jeder Art von Rennstrecke gerecht zu werden. Es gab drei verschiedene Radstände. Der größte betrug 2478 mm und kam während des ganzen Jahres 1954 zum Einsatz, jedoch nur bei den Wagen mit Stromlinienform. Der kurze und mittlere Radstand wurde bei den Fahrzeugen mit freistehenden Rädern verwendet.

Ferrari 801 – 1956 (I). Nach dem Tod von Alberto Ascari im Jahr 1955 stellte Lancia seine Beteiligung am Rennsport ein. Das Lancia-Modell »D 50« wurde an Ferrari übergeben. Das Auto wurde leicht geändert und erhielt die Typenbezeichnung »801«. Der Konstrukteur Vittorio Jano montierte einen V-8-Motor (2485 ccm), der 250 PS bei 8100 U/min leistete. Das ZF-Getriebe wurde später durch ein Ferrari-eigenes Getriebe ausgetauscht. Im Jahr 1956 wurde die Leistung auf 270 PS bei 8000 U/min erhöht.

von Moss auf Maserati und Collins auf einem weiteren Ferrari. Die neuen Ferrari-Motoren waren von Lancia entwickelt und mit Hilfe des großen alten Meisters Vittorio Jano getunt worden, der sie auch konstruiert hatte. Er war für diesen Anlaß zum »Zauberer« von Maranello zurückgekehrt, der ihn bereits vor so vielen Jahren zu Fiat gelockt und dann zu Alfa Romeo mitgenommen hatte. Lancia zog sich nach der ersten Hälfte der Saison 1955, schwer getroffen durch Ascaris Tod, zurück.

1957 war wieder Fangios Jahr, diesmal auf einem Maserati. Durch seine Teamwechsel bewies er, daß er den Titel mit jedem Auto gewinnen konnte. Vielleicht lag es auch daran, daß er sich immer die besten Autos aussuchte, wie Ferrari einmal boshaft bemerkte. Moss wurde in einem britischen Vanwall Zweiter, und erstmals erschien auch ein gewisser Jack Brabham mit einem merkwürdigen Cooper mit einem Coventry-Climax-Motor. Damit begann eine neue Philosophie in der Automobilkonstruktion, die dazu führte, daß die britischen Produkte viele Jahre lang in der Formel 1 dominierend waren. Tatsächlich wurde das erste Rennen der 1958er Saison, der Große Preis von Argentinien, von Moss auf einem Cooper mit Heckmotor gewonnen. Es war seit dem Erfolg der Auto Union in den 30er Jahren der erste Sieg für ein Auto dieser Bauart. Der Weltmeisterschaftstitel ging jedoch an Mike Hawthorn auf einem Ferrari 246, einem eleganten Dino-Modell mit V-6-Motor.

1959 setzte sich Brabham mit dem Cooper-Climax durch, und von da an sah man diese beiden Namen oft auf dem Siegerauto. Die Zeit der britischen »Ankäufer«, die zwar eigene Autos bauten, aber fremde Motore verwendeten, hatte begonnen. Ferrari wurde in diesem Jahr durch Tony Brooks Zweiter.

1960 kamen britische Autos mit Climax-Motoren wie eine Lawine über den Rennsport: Brabham errang auf Cooper den Titel, gefolgt von McLaren mit dem gleichen Motor und Moss auf einem neuen Lotus. Ireland wurde, ebenfalls auf Lotus, Vierter und der Amerikaner Phil Hill auf Ferrari Fünfter.

Im selben Jahr hatten versuchsweise auch Formel-2-Autos mit 1500-ccm-Motoren teilgenommen. Im folgenden Jahr wurden sie zur neuen Formel 1. Ferrari, Cooper und Porsche zählten ebenso dazu wie nach mehrjähriger Pause die Marke BRM – ein mutiger, aber erfolgloser Versuch der Briten in den 50er Jahren, ein nationales Auto zu bauen.

Nach dem neuen Reglement von 1961 waren nur Autos mit Motoren ohne Kompressor, einem Hubraum zwischen 1300 ccm und 1500 ccm und einem Mindestgewicht von 450 Kilo zugelassen. Außerdem mußte eine Reihe von Sicherheitsvorschriften erfüllt werden. Damals wurde behauptet, daß die Autos durch die Hubraumbegrenzung und die Festsetzung eines Mindestgewichts den Fahrern größere Sicherheit bieten würden. Das war alles schön und gut, es wird nur etwas schwierig, wenn man versucht zu erklären, warum dieselben Leute, die sich 1961 für die 1500-ccm-Begrenzung einsetzten, 1966 den zulässigen Hubraum verdoppelten und wiederum behaupteten, dies wäre im Interesse der Sicherheit. Aber damit nicht genug, auch das Minimalge-

Vanwall – 1957 (GB). Diese Automobilfirma erschien 1954 erstmals beim Grand Prix, jedoch gelang es ihr bis 1956 nicht, ein Rennteam auf die Beine zu stellen. Das gelang erst im Jahr 1957 mit Stirling Moss, der dann Maseratis schärfster Konkurrent wurde. Der »Vanwall« besaß einen 4-Zylinder-Motor mit 2490 ccm Hubraum (von Norton beeinflußt), der 262 PS leistete. Er hatte einen Rohrrahmen und ein Fünfgang-Getriebe.

Connaught – 1955 (GB). Mit diesem Auto gewann der Fahrer Brooks im Jahr 1955 das Grand-Prix-Rennen in Syracuse. Es war der erste Erfolg eines Rennwagens, der mit Scheibenbremsen ausgestattet war. Obgleich das Rennen nicht für die Weltmeisterschaft zählte, war der Sieg die größte Leistung dieser Automobilmarke. Der 4-Zylinder-Motor (2470 ccm) leistete 250 PS bei 6700 U/min.

Bugatti 251 – 1956 (F). Der Konstrukteur dieses Fahrzeugs war Gioachino Colombo. Das Auto besaß eine hypermoderne technische Ausstattung, wie den querliegenden Mittelmotor (8 Zylinder, 2430 ccm, 245 PS), hinten eingebaut, sowie ein zentrales Mittelgetriebe. Der Wagen trat lediglich einmal in Erscheinung, beim GP-Rennen in Reims mit Trintignant am Steuer.

BRM – 1957 (GB). Dieses Auto errang nur einen einzigen Sieg, nämlich 1959 beim holländischen Grand Prix mit dem Fahrer Bonnier. Ursprünglich konstruiert von P. Berthon, wurde das Auto später von Colin Chapman überarbeitet. Es war mit einem 4-Zylinder-Motor (2491 ccm) ausgestattet, der 280 PS bei 8000 U/min leistete.

Lotus – 1958 (GB). Lotus' erster Auftritt in der Grand-Prix-Szene war im Jahr 1958 in Monte Carlo. Der Fahrer Allison errang den sechsten Platz, während Graham Hill aufgeben mußte. Der 4-Zylinder-Climax-Motor (2207 ccm) leistete 194 PS bei 6250 U/min.

Aston Martin – 1959 (GB). Dieser Wagen belegte in der Rennsaison 1959 mit den Fahrern Shelby und Salvadori respektable Plätze. Das Fahrzeug war mit einem 6-Zylinder-Reihenmotor (2492 ccm) ausgestattet, der 280 PS bei 8250 U/min leistete.

wicht wurde systematisch reduziert. Es ist nicht einfach, mit Gewißheit zu sagen, ob bei geringerem Gewicht auch die Sicherheit abnimmt. Es ist jedoch eine Tatsache, daß die Kosten ungeheuer stiegen, seit sich das Chassis von der herkömmlichen, geschweißten Stahlkonstruktion zu einer Einheitskarosserie aus zusammengenieteten Aluminiumblechen entwickelte. Eigentlich war sie genietet und geleimt, und schließlich wurden zusammengesetzte Werkstoffe wie Verbundplatten, Glasfiber, Karbon und Kevlar verwendet.

1961 gewann zum ersten Mal ein Amerikaner die Weltmeisterschaft, Phil Hill auf Ferrari. Die heckgetriebenen Autos aus dem Maranello-Werk erzielten beim Großen Preis von Belgien einen triumphalen Erfolg, als die vier gestarteten Autos auch die ersten vier Plätze erringen konnten. Beim französischen Grand Prix gewann Giancarlo Baghetti sein erstes Rennen im Ferrari 156.

Im Jahr 1962 gab es eine bedeutende, fast unglaubliche Wende. In diesem Jahr verließen nämlich acht leitende Angestellte die Firma Ferrari, darunter auch der Ingenieur Chiti, den Einsitzer mit Heckmotor konstruiert hatte. Miteinander entwickelten sie die neue Marke ATS, die zwar nur kurze Zeit existierte, aber auch bei den Formel-1-Rennen erschien. Inzwischen war der Ingenieur Mauro Forghieri als Chefkonstrukteur bei Ferrari eingetreten. Diese Stellung hatte er auch noch Mitte der 80er Jahre inne. Großbritannien verzeichnete einen großen Erfolg durch Graham Hill, der in dem neuen BRM Weltmeister wurde, und durch Jim Clark, dem Zweiten, im Lotus 25, dem ersten Wagen in selbsttragender Schalenbauweise und mit Climax-Motor. Sehr erfolgreich waren auch McLaren auf Cooper-Climax und Surtees auf Lola-Climax. Entgegen der allgemeinen Auffassung war es Eric Broadley, der Konstrukteur des »Lola«, der die moderne selbsttragende Karosserieaufhängung erfand, und nicht Colin Chapman, der sie für den Lotus verwendete.

Auch 1963 gab es wieder einen WM-Titelgewinn für Großbritannien durch Jim Clark, der von zehn Rennen sieben gewann und zweimal Zweiter wurde. Im folgten auf den Plätzen die beiden BRM-Fahrer Hill und Ginther. Surtees auf Ferrari war Vierter. Der Climax-Motor besaß die indirekte Benzineinspritzung von Lucas, das einzige Benzinversorgungssystem, das zwanzig Jahre lang verwendet wurde, bis es 1983 durch ein elektronisches System ersetzt wurde. Auch Porsche war in einigen Rennen vertreten, bis die Firma die Formel 1 schließlich aufgab. Porsche kam erst 1983 wieder, als die Teilnahmebedingungen genau seinen Motoren angepaßt waren.

In der schwierigen Saison von 1964 wurde John Surtees, mit Lorenzo Bandini als Teamgefährten, auf Ferrari Weltmeister. Zu dieser Zeit waren nur noch zwei Fahrzeuge als Starter pro Automarke erlaubt, und die sogenannte Mannschaftswertung der früheren Jahre war nicht mehr möglich.

Im letzten Jahr der 1500-ccm-Regel (1965) gab es, dank seines brandneuen Lotus 33, wieder einen WM-Sieg für Jim Clark. Ihm folgten auf den Plätzen Graham Hill und Jackie Stewart auf BRM und Dan Gurney auf Brabham. Honda war zum ersten Mal bei der Formel 1 dabei und

Maserati 250 F – 1957 (I). Eines der langlebigsten Fahrzeuge in der Geschichte der Formel I war das Modell »250 F«. Es bestätigte seine absolute Überlegenheit, als es im Jahr 1957 die Weltmeisterschaft errang. Zu den letzten Änderungen gehörten die Erhöhung der Leistung auf 270 PS bei 8000 U/min, der Einbau eines Fünfgang-Getriebes und der Umbau der Karosserie in eine aerodynamischere Form.

Ferrari 246 – 1958 (I). Der Typ »246« wurde im Jahr 1957 für Formel-II-Rennen herausgebracht. Der V-6-Motor (2417 ccm) leistete 280 PS bei 8500 U/min. Ein Jahr später wurde der Hubraum auf 2497 ccm erhöht und das Auto in »256« umbenannt. Vier Siege wurden mit vier verschiedenen Fahrern erzielt: Hawthorn (Frankreich 1958), Collins (England 1958), Brooks (Frankreich 1959) und Phil Hill (Italien 1960). Es war das letzte von Ferrari gebaute Fahrzeug mit einem Front-Motor.

Cooper-Climax T 51 – 1959 (GB). Eines der wichtigsten Autos in der Renngeschichte der Formel I mit seinem im Heck eingebauten Motor, eine Bauweise, die seither bei allen Einsitzern zur Anwendung kommt. Seine Premiere hatte das Auto 1957 beim Rennen in Monaco mit einem Motor, der eine Hubraumkapazität von nur 1960 ccm besaß, was natürlich in keiner Weise seinen großen Möglichkeiten entsprach. Ab 1959 wurde ein 4-Zylinder-Climax-Motor (2495 ccm) verwendet, der 240 PS bei 6750 U/min leistete. Mit diesem Motor gewann Jack Brabham die Weltmeisterschaft.

Cooper-Climax T 53 – 1960 (GB). Dieses Auto war eine Weiterentwicklung des Modells »T 51«. Es wurden jetzt Spiralfedern anstatt der bisherigen Blattfedern verwendet. Das Auto behielt das alte Fahrgestell, jedoch war das Gewicht reduziert. Die neue Version bekam ein Fünfgang-Getriebe. Mit diesem Rennwagen siegte Brabham in fünf Grand-Prix-Rennen und gewann seinen zweiten Weltmeistertitel.

Ferrari 156 – 1961 (I). Das war das erste Auto aus den Maranello-Werken, das mit einem Heck-Motor ausgestattet war. Mit ihm gewann Phil Hill den Weltmeistertitel. Das Fahrgestell steckte in einer Aluminiumverkleidung, eine Bauart, die Ferrari bis zum Jahr 1973 beibehalten hat. Der 120°-V-6-Motor (1486 ccm) leistete 190 PS bei 9500 U/min.

gewann gegen Ende der Saison in Mexiko seinen ersten Grand Prix.
In Monza probierte Bandini einen neuen Ferrari aus. Der Wagen hatte einen Motor mit 12 sich horizontal gegenüberliegenden Zylindern, der später, auf 2 Liter vergrößert, bei der Europa-Bergmeisterschaft und natürlich in dem künftigen »Boxer« mit 3 Litern verwendet wurde. Man sprach sogar davon, daß sich Ferrari mit der Erforschung eines sagenhaften 18-Zylinder-Motors mit 3000 ccm beschäftigte, bei dem eine dritte Reihe von 6 Zylindern zwischen den ersten beiden eingegliedert werden sollte. Soweit bekannt ist, kam man bei dem 3-Zylinder-Projekt jedoch nicht über das Forschungsstadium hinaus.
Im Jahr 1966 kam das neue Reglement heraus, das bis 1986 Gültigkeit haben sollte, zumindest was den Hubraum, nämlich 3 Liter für normale Vergasermotoren und 1,5 Liter für Kompressormotoren, betrifft. Das Gewicht war ursprünglich auf 500 Kilo festgesetzt, wurde aber 1969 auf 530 Kilo erhöht, um so den Automobilherstellern die Möglichkeit zu geben, zusätzliche Sicherheitsvorkehrungen wie Stabilisatoren, Feuerlöscher etc. einzubauen.
1973 wurde das Minimalgewicht auf 575 Kilo heraufgesetzt, um, wiederum zur Erhöhung der Sicherheit, den Einbau von drei bruchsicheren Benzintanks zu je 80 Liter Fassungsvermögen zu ermöglichen. In diese Jahren wurden auch viele Veränderungen im Bereich der Aerodynamik durchgeführt, um den Fahrzeugen größere Stabilität in den Kurven zu verleihen. Man versah die Autos mit immer größeren und höheren Flügeln, die wie bei alten Flugzeugen manchmal sogar über das Fahrzeug hinausragten. Die Regeln wurden jedoch dann geändert, um diese neue Entwicklung in Grenzen zu halten, die völlig unsinnig war, wenn wenigstens eine geringe Ähnlichkeit zwischen Rennautos und standardmäßigen Serienprodukten bestehen bleiben sollte.
Zur selben Zeit begannen die beiden amerikanischen Reifenhersteller Firestone und Goodyear mit der Erforschung neuer Reifentypen. Sie stützten sich dabei auf amerikanische Erfahrungen mit den »Dragster«-Reifen, die glatt und profillos waren.
1981 wurden die Regeln weiter verändert. Es wurde eine minimale Bodenfreiheit von 6 cm (die Autos mußten bei der Kontrolle vor dem Rennen über ein Brett dieser Stärke fahren) sowie ein nochmals erhöhtes Mindestgewicht von 585 Kilo festgelegt. Das ermöglichte den Einbau von seitlichen Verstärkungen, um sowohl den Fahrer wie die Benzintanks zu schützen. Wankel-, Diesel- und Turbinenmotoren wurden ebenso verboten,

Porsche 804 – 1962 (D). Offiziell beteiligte sich Porsche nur während einer einzigen Saison am Formel-I-Geschehen. Das eingesetzte Fahrzeug besaß einen flachen, luftgekühlten 8-Zylinder-Motor mit einer Leistung von ursprünglich 180 PS bei 9200 U/min, die dann auf 204 PS bei 9300 U/min erhöht wurde.

Honda RA 271 – 1965 (J). Der Fahrer Bucknum war der erste, der mit einem japanischen Auto an einem Formel-I-Rennen teilnahm, und zwar im Jahr 1964 in West-Deutschland. Den einzigen Sieg schaffte der Fahrer Ginther im Jahr 1965 in Mexiko. Der 60°-V-12-Motor (1495 ccm) leistete 230 PS bei 12000 U/min.

Ferrari 312 – 1966 (I). Mit diesem Auto kam Ferrari auf die 12-Zylinder-Reihe zurück. Dabei handelte es sich um eine V-Bauform mit einem Hubraum von 2990 ccm. Trotz der großen Kraftleistung (375 PS bei 10000 U/min) konnte der »312« nur einen Sieg verbuchen, erzielt 1966 beim italienischen Grand Prix mit dem Fahrer Scarfiotti.

Ferrari 312 – 1967 (I). Trotz der Leistungssteigerung auf 390 PS bei 10500 U/min, erreicht durch Einbau von 4 Ventilen pro Zylinder, hatte der »312« keine erfolgreiche Saison. Daran schuld war wohl hauptsächlich der Weggang des Fahrers Bandini sowie ein Unfall, der den Fahrer Parkes für die restliche Saison außer Gefecht setzte.

Eagle-Weslake – 1967 (USA). Sein Grand-Prix-Debüt hatte dieses mit einem Climax-Motor ausgestattete Auto im Jahr 1966 in Belgien. Genau dieses Rennen wurde ein Jahr später gewonnen. 1967 hatte das Fahrzeug einen 60°-V-12-Motor (2997 ccm), der 370 PS bei 9500 U/min leistete.

obwohl sie anfangs in den Reglements durch geeignete gleichwertige Vorschriften berücksichtigt worden waren.
Die letztgenannte Änderung war in Wirklichkeit nicht notwendig, da während der vergangenen Jahre, in denen die neuen Motoren noch zugelassen waren, nur Lotus im Jahr 1971 einen Einsitzer mit Turbinenmotor, den 56 B, für ein Rennen gemeldet hatte. Trotz der Regelung für eine minimale Bodenfreiheit wurde nichts über die erlaubte Seitenfreiheit gesagt. Lotus nutzte dies aus, und im Jahr 1978 erfand der produktive Colin Chapmann die berühmten »Gleitschürzen«, die aus Flügeln bestanden, die an beiden Seiten des Fahrzeugmittelteils angebracht waren. Dadurch entstand unter dem Auto ein Bereich, in dem nach dem Venturi-Prinzip ein Unterdruck erzeugt wurde, der das Auto wirkungsvoll auf die Straße preßte. Diese Idee wurde bereits von Jim Hall beim Chaparral, einem kleinen Sportwagen, angewendet. Er hatte einen Hilfsmotor, der eine Art riesigen Staubsauger antrieb. Der Formel-1-Effekt ist dagegen rein dynamisch und entsteht durch die Geschwindigkeit.
Die umstrittenen »Schürzen« wurden 1982 verboten. Das war auch das Jahr, in dem auf den Druck der britischen Hersteller, die teilweise keine leistungsstarken Turbolader hatten und durch das geringe Gewicht konkurrenzfähig bleiben wollten, das Mindestgewicht wieder reduziert und auf 580 Kilo festgesetzt wurde. 1983 wurde es dann endgültig auf 540 Kilo festgelegt, obwohl die Leistungen weiterhin stiegen. In einem Versuch, den Wirkungsgrad der Turbomotoren, deren Leistung theoretisch unbegrenzt war, zu erhöhen, beschloß man 1984, die höchste zulässige Benzinmenge in den Tanks für Rennen über mindestens 300 und maximal 320 Kilometer auf 220 Liter zu reduzieren. Auch der Vierradantrieb wurde verboten, obwohl er von Herstellern wie Lotus und Cosworth ausprobiert worden und im Konzept der BRM-Autos enthalten war. Eine Alternative zu diesem mechanisch komplizierten und sehr teuren System war jedoch bereits vorhanden. Die Reifen waren nämlich inzwischen so perfektioniert worden, daß sie einen Reibungsfaktor über 2 erreichten. So konnte man sehr hohe Drehmomente auf die Straße übertragen und die Probleme bezüglich Bodenhaftung bei nur zwei antreibenden Rädern lösen.
Auf eine weitere Verringerung der Füllmenge in den Benzintanks, ursprünglich für 1985 vorgesehen, wurde inzwischen verzichtet, während man eine weitere Gewichtsreduzierung – so unwahrscheinlich dies auch klingen mag – bereits in Erwägung zieht.

Honda RA 302 – 1968 (J). Dieser Wagen, bestückt mit einem 120°-V-8-Motor (2987 ccm), der 380 PS bei 9000 U/min leistete, nahm nur einmal bei Grand-Prix-Rennen, nämlich in Frankreich, teil. Nach dem tragischen Tod des Fahrers Jo Schlesser in diesem Rennen zog sich Honda aus dem Rennsport zurück.

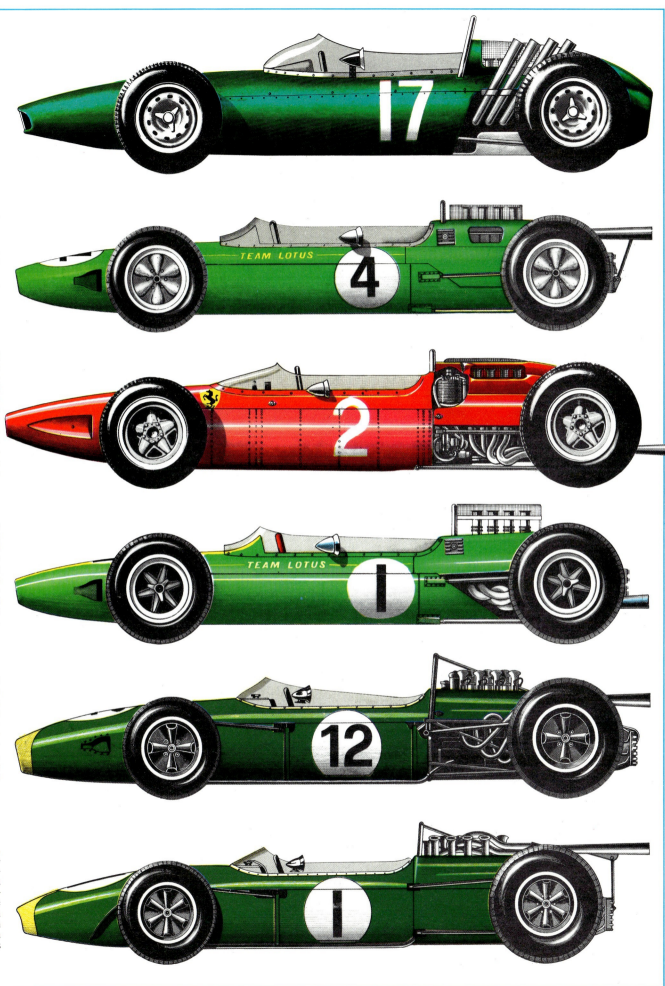

BRM P 56 – 1962 (GB). Das siegreiche Auto des Jahres 1962 war das Modell »P 56«. Es besaß einen 90°-V-8-Motor (1498 ccm) mit der Leistung von 190 PS bei 10 000 U/min. Das Fahrzeug durfte sich verschiedener ausgeküngelter technischer Details rühmen, so einer Transistor-Zündung, Rädern aus Magnesium und Spiralfedern.

Lotus 25 – 1963 (GB). Dieses Auto warf seine Konkurrenz sozusagen mit einem Schlag aus dem Rennen. Das Fahrzeug war mit einem Monocoque-Chassis ausgestattet. Die aerodynamische Form, sein geringes Gewicht und die große Zuverlässigkeit des 8-Zylinder-Climax-Motors (195 PS bei 8200 U/min) machten es zu Jim Clarks »siegreicher Waffe«, mit der er sich 1963 den Weltmeistertitel sicherte.

Ferrari 158 – 1964 (I). Ferrari verwendete bei diesem Auto das Monocoque-Chassis und einen V-8-Motor (1489 ccm) mit 210 PS bei 11 000 U/min. Mit dem Typ »158« konnte John Surtees so die Weltmeisterschaft gewinnen. Für das italienische Grand-Prix-Rennen im Jahr 1965 wurde ein kompakter, flacher 12-Zylinder-Motor montiert. Dieses Auto hatte jedoch in der Formel I keine Zukunft.

Lotus 33 – 1965 (GB). Der Lotus 33 war eine Weiterentwicklung des Modells »25«. Nach einem ziemlich verunglückten Saisonstart 1964 schaffte es Jim Clark jedoch ein Jahr später, mit diesem Rennwagen den WM-Titel zu gewinnen. Der Lotus war mit einem Climax-Motor ausgerüstet, der ca. 205 PS bei 9800 U/min leistete.

Brabham BT 19 – 1966 (GB). Das Modell »BT 19« entstand in Zusammenarbeit zwischen Jack Brabham und Ron Tauranac. Das Auto war mit einem von Oldsmobile adaptierten Motor (konstruiert von Repco) ausgestattet. Seine Leistung: 90°, V 8, 2996 ccm, 315 PS bei 7250 U/min. Jack Brabham selbst wurde in diesem Wagen Weltmeister.

Brabham BT 24 – 1967 (GB). 1967 war ein weiteres höchst erfolgreiches Jahr für das Brabham-Team. Mit Denis Hulme am Steuer gewann es erneut die Weltmeisterschaft. Der Motor wurde wieder von Repco gebaut, jedoch nicht mehr auf der Basis von Oldsmobile. Bei wieder 2996 ccm wurden 335 PS bei 8000 U/min aus dem Motor geholt.

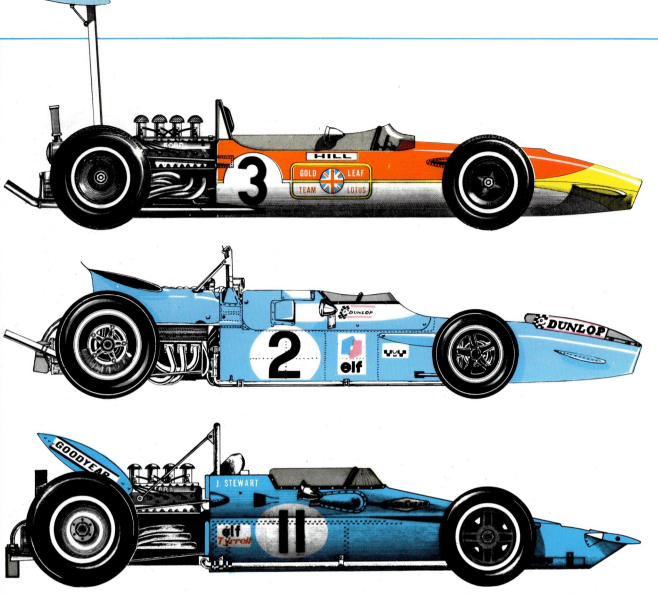

Lotus 49 B – 1968 (GB). Die Konstrukteure dieses Autos waren Colin Chapman und Maurice Philippe. Sie bauten den neuen Ford-Cosworth-Motor (90°, V 8, 2995 ccm) ein. Der »49 B« brachte Lotus bis 1983 viele Erfolge in der Formel I. Zum ersten Mal wurde der Motor auch als tragendes Teil des Fahrzeugs verwendet. Die Leistung betrug 415 PS bei 9200 U/min. Mit diesem Rennwagen errang Jim Clark drei Grand-Prix-Siege und auch den letzten Sieg seiner Karriere im Jahr 1968. Im selben Jahr gewann Graham Hill seinen zweiten WM-Titel mit diesem Auto.

Matra Ford MS 80 – 1969 (F). Der Weltmeister des Jahres 1969 hieß Jackie Stewart. Während der Saison konnte er mit diesem Auto sechs Grand Prix gewinnen. Der Rennwagen wurde von dem immer beliebter werdenden Cosworth-Motor angetrieben, blieb jedoch in dieser Version nur ein Jahr im Einsatz. In der folgenden Saison verwendete Matra nämlich einen eigenen 12-Zylinder-Motor.

Tyrrell 003 – 1971 (GB). Die einfache Bauweise und die Zuverlässigkeit des Cosworth-Motors waren die »Geheimnisse« dieses Autos, mit dem Jackie Stewart seinen zweiten Weltmeistertitel errang. In der Saison 1971 gewann der Rennstall Tyrrell sechs Grand-Prix-Rennen mit Stewart am Steuer und feierte einen weiteren Sieg durch den Fahrer Cévert.

Ferrari 312 B – 1970 (I). Dieses Auto mit dem flachen 12-Zylinder-Boxer-Motor mit 2992 ccm (445 PS bei 11 500 U/min in der ersten Version) erschien erstmals beim Grand Prix in Südafrika. Der Motor wurde dann während der nächsten zehn Jahre in den Ferraris eingesetzt. Jacky Ickx gewann mit dem »312 B« die Grand-Prix-Rennen in Österreich, Kanada und Mexiko. Im italienischen Grand Prix siegte Clay Regazzoni.

Ferrari 312 B 3 – 1973 (I). Zehnmal in der ersten Startreihe und drei Siege, damit nahm Ferrari im Jahr 1973, nach einer katastrophalen Vorjahressaison, seine Spitzenposition wieder ein. Obwohl es denselben Namen wie sein Vorgänger trug, unterschied sich das Auto doch in ganz wesentlichen Teilen. Bis zum letzten Rennen hatte Clay Regazzoni mit diesem Wagen die Chance, noch Weltmeister zu werden.

Ligier JS 7 – 1976 (F). Dieser Ligier hatte einen Matra-V-12-Motor (2993 ccm), der 500 PS bei 12 300 U/min leistete. In der Saison 1977 gab es gute Plazierungen, Jacques Laffite gewann den schwedischen Grand Prix. Das war übrigens der einzige Sieg eines Autos, das mit einem französischen Motor ausgerüstet war.

Tyrrell P 34 – 1976 (GB). Die besonders schmalen vier Vorderreifen dieses Fahrzeugs waren weder von Vorteil noch schädlich für die Leistungsfähigkeit dieses »P 34«. Ausgestattet mit einem Cosworth-Motor, leistete es zufriedenstellende Ergebnisse. Das Auto gewann sogar einen Grand Prix, und zwar im Jahr 1976 in Schweden mit Jody Scheckter.

Brabham BT 45 – 1976 (GB). Dieser Rennwagen war das erste Ergebnis der Zusammenarbeit zwischen der britischen Firma und Alfa Romeo, das den flachen 12-Zylinder-Motor (2995 ccm), der 500 PS bei 11 500 U/min leistete, lieferte. Leider hatten die Fahrer Pace und Reutemann in der ersten Saison große Schwierigkeiten, das Auto hielt selten durch. Im Jahr 1977 kam dann ein Cosworth-Motor zum Einsatz.

Brabham BT 46 – 1978 (GB). Die britische Firma setzte bei diesem Modell noch einmal den von Alfa Romeo gelieferten Motor ein. Die Fahrer des »BT 46« hießen Niki Lauda und John Watson. Der Wagen wurde »berühmt« durch seinen originellen »Saugapparat«, der für eine zusätzliche Bodenhaftung sorgte. Diese Erfindung wurde später verboten, vorher jedoch gewann das so ausgerüstete Auto überlegen den schwedischen Grand Prix.

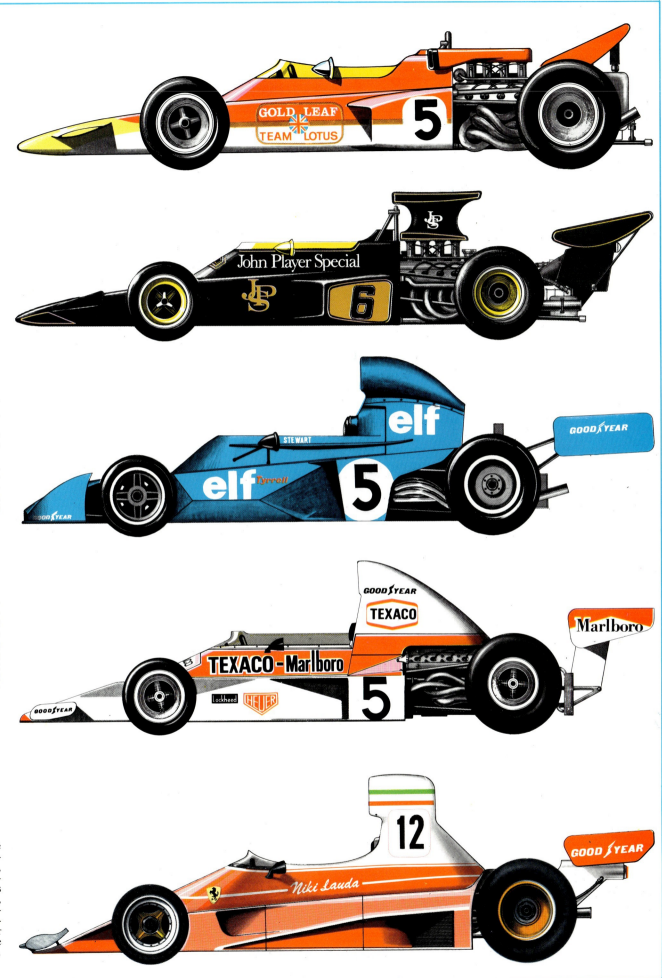

Lotus 72 – 1970 (GB). Dieser Rennwagen erwies sich als das langlebigste Formel-I-Auto. Während der sechs Jahre, in denen es bei Rennen eingesetzt war, gewann es 19 Große Preise. Die Konstrukteure Chapman und Philippe führten zwei wichtige Neuerungen ein: die keilförmige Form und die seitlichen Kühler. Im Jahr 1970, vor seinem tragischen Unfall in Monza, gewann Jochen Rindt fünf Grand-Prix-Rennen. Er wurde posthum Weltmeister.

Lotus 72 (John Player Special) – 1972 (GB). Nach einer eher mäßigen Saison avancierte das Modell »72« in den nächsten drei Jahren zum Favoriten. Emerson Fittipaldi gewann im Jahr 1972 den Weltmeistertitel. Zwischen 1972 und 1974 fuhr dieser »John-Player-Special« fünfzehnmal als Erster ins Ziel. Als interessante technische Neuerungen gab es die innenliegenden Vorderradbremsen und die Torsionsstab-Aufhängung.

Tyrrell 007 – 1973 (GB). Zu jener Zeit war der Cosworth-Motor von den britischen Teams akzeptiert. Es wurde jedoch nötig, das Fahrzeug insgesamt besser abzustimmen, um die Leistung zu erhöhen. So war auch der Tyrrell, mit dem Jackie Stewart 1973 den WM-Titel errang, noch ziemlich konservativ, bis auf die innenliegenden Bremsen. Der Konstrukteur hieß Derek Gardner.

McLaren M 23 – 1974 (GB). Dieses Fahrzeug kam in fünf Rennjahren (1973–1977) zum Einsatz und gewann zweimal die Weltmeisterschaft, 1974 mit Emerson Fittipaldi und 1976 mit James Hunt. Diese lange »Karriere« war sicher auch ein Verdienst von Teddy Mayer, der das Team vorzüglich organisierte.

Ferrari 312 T – 1975 (I). Die Übernahme des Diagonalgetriebes und das exzellente Styling, erdacht von Mauro Forghieri, waren die Hauptgründe für Ferraris neuen Höhenflug. Niki Lauda, der sich als hervorragender Testfahrer erwiesen hatte, wurde geradezu mühelos Weltmeister. Der flache 12-Zylinder-Motor leistete ungefähr 500 PS bei 12 200 U/min.

McLaren M 23 – 1976 (GB). Seine hervorstechenden technischen Merkmale – abgesehen von der Tatsache, daß der Ansaugschnorchel wegfiel – waren die verbesserte Aufhängung, verbesserte aerodynamische Formgebung und der Einsatz eines von Hewland gefertigten Sechsgang-Getriebes. Um jene Zeit lag die Leistung des Cosworth-Motors bei ungefähr 470 PS bei 10 500 U/min.

Ferrari 312 T 2 – 1977 (I). Dieses Auto trug Niki Lauda zu seinem zweiten Weltmeistertitel. Im Jahr zuvor hatte er durch böses Pech den greifbar nahen Titel mit diesem Wagen noch verpaßt. Das Modell »T 2« wurde bis zur Saison 1978 eingesetzt und von Niki Lauda als auch Carlos Reutemann gefahren.

Lotus 79 – 1978 (GB). Dieser Wagen ist typisch für Colin Chapmans Begabung für Neuerungen. Es zog als erstes Auto Nutzen aus dem »Bodenhaftungseffekt«. Das erreichte man durch die »Flügel«. Bis zum Jahr 1982 wurde diese »Erfindung« von allen anderen Rennwagenherstellern nachgemacht. Mario Andretti gewann sechs Grand Prix und wurde Weltmeister. Zwei weitere Große Preise für das Lotus-Team gewann Ronnie Peterson.

Alfa Romeo 179 – 1979 (I). Das aerodynamische, hochentwickelte Modell »179« besaß einen 60°-V-12-Motor (520 PS bei 12 300 U/min), der bereits beim Brabham BT 48 zum Einsatz gekommen war. Nach seiner Premiere beim italienischen Grand Prix zeigte sich der Alfa dem Brabham durchaus gewachsen. 1980 hießen die Fahrer Depailler und Giacomelli. Aber obwohl das Auto sehr schnell war, war es zugleich auch sehr unzuverlässig.

Renault RS 11 – 1979 (F). Dieses Auto, ausgestattet mit Turbo-Motor, hatte zwar schon im Jahr 1977 Premiere, es dauerte aber doch bis 1979, ehe beim französischen Grand Prix der erste Sieg gefeiert werden konnte. Das Modell »RS 11« hatte einen V-6-Kompressor-Motor (1492 ccm), der rund 500 PS bei 11 000 U/min leisten konnte. Mit einem Zweistufen-Kompressor bot es die stärksten Leistungen in Rennen.

Ligier JS 11 – 1979 (F). Nachdem Ligier vom Matra-Motor abgekommen war, baute man den leichteren Cosworth-Motor ein. Es gab jeweils Doppelsiege beim argentinischen und brasilianischen Grand Prix. In Brasilien siegte Laffite vor Depailler, der auch den spanischen Grand Prix gewann. Trotz dieser Erfolge konnte die französische Marke nie ernsthaft um den Weltmeistertitel mitsprechen.

Brabham BT 48 – 1979 (GB). Die Zusammenarbeit zwischen Brabham und Alfa Romeo wurde nach dem italienischen Grand Prix 1979 beendet. In der letzten gemeinsamen Saison gab es nur zwei vierte Plätze. In 23 von 29 Rennen fielen die Wagen vorzeitig aus. Den einzigen Sieg mit einem BT 48 erzielte Niki Lauda in Imola, aber dieses Rennen zählte nicht zur Weltmeisterschaft.

Tyrrell 009 – 1979 (GB). Der »009«, gebaut von Maurice Philippe, war ein gutes, solides Auto, das jedoch nie mehr als eine Nebenrolle spielen konnte. Im Jahr 1979 hießen die Fahrer Pironi und Jarier. Jeder von ihnen belegte zweimal den dritten Platz in WM-Rennen. Gemeinsam belegten sie im Schlußklassement der Weltmeisterschaft Rang zehn.

McLaren M 28 – 1979 (GB). Beim »M 28« wurde zum ersten Mal der Versuch unternommen, ein »Sandwich-Chassis« zu bauen, anstelle der traditionellen genieteten Verkleidungen. Ein richtiger Einsatz im Rennen fand nicht statt. Das Auto wurde mitten in der Saison durch den »M 29« mit dem traditionellen Chassis ersetzt.

Fittipaldi F 6 A – 1979 (BR). Trotz großer Geldmittel und der Unterstützung durch den Sponsor »Copersucar«, nach dem das Auto benannt wurde, gelang es Emerson Fittipaldi nicht, einen konkurrenzfähigen Rennwagen zu bauen. Das sehr konventionelle Modell »F 6« errang 1979 nur einen Punkt in der Weltmeisterschaft.

Lotus 80 – 1979 (GB). Als »Produkt« verstärkter Erforschung der Bodenhaftung wurde dieses Auto nur in drei Rennen eingesetzt (Spanien, Monte Carlo und Frankreich) und dann schon wieder zurückgezogen. Hervorstechende Merkmale des Modells »80« waren seine extreme Stromlinienform bis zum Heck und der Heckflügel.

Williams FW 07 B – 1980 (GB). Nach fünf Grand-Prix-Siegen in der Saison 1979 verhalf der »FW 07 B« dem Australier Alan Jones 1980 zum Weltmeistertitel. Es war ein ausgesprochen zuverlässiges Auto, das 21mal in den WM-Punkterängen landete. Es siegte sechsmal, fünfmal gewann Jones, einmal Carlos Reutemann.

Renault RS 01 – 1977 (F). Das Turbo-Zeitalter begann mit dem Eintritt von Renault in die Formel I. Das Modell »RS 01« wurde erstmals im Jahr 1977 beim britischen Grand Prix eingesetzt. Man vertraute zu Recht auf den Turbo mit einem Übersetzungsverhältnis von 1:2 im Vergleich zu den zuverlässigen traditionellen »Saugern« von Cosworth und Ferrari. Der »RS 01« hatte einen V-6-Motor (1492 ccm), der rund 500 PS bei 11 000 U/min leistete. Im ersten Modell gab es einen Einzel-Turbostrahler. Es zeigte sich aber bald, daß auf diesem Gebiet noch viel Entwicklungsarbeit nötig war.

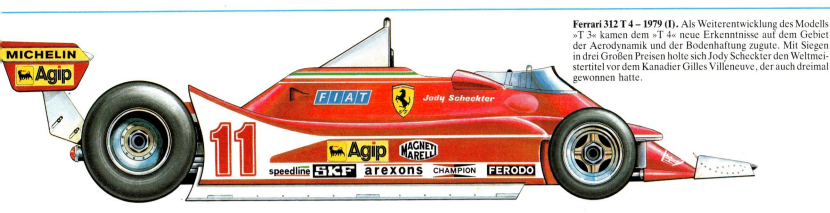

Ferrari 312 T 4 – 1979 (I). Als Weiterentwicklung des Modells »T 3« kamen dem »T 4« neue Erkenntnisse auf dem Gebiet der Aerodynamik und der Bodenhaftung zugute. Mit Siegen in drei Großen Preisen holte sich Jody Scheckter den Weltmeistertitel vor dem Kanadier Gilles Villeneuve, der auch dreimal gewonnen hatte.

Das 1966 verabschiedete Reglement ist sicher das bisher langlebigste und behält bis 1986, zumindest hinsichtlich der Motoren, seine Gültigkeit. Es hat auch zu einer großen Anzahl hochinteressanter technischer Entwicklungen geführt. Aufgrund seiner großen Erfahrung mit Motoren dieser Leistungsklasse konnte Ferrari sofort mit einem V-12-Motor antreten und ließ diesem dann einen flachen 12-Zylinder-Motor folgen, der äußerste mechanische Erlesenheit repräsentiert.

Ohne den zuverlässigen Climax, der beim neuen Reglement nicht mehr dabei sein sollte (obwohl man Forschungen durchgeführt hatte), seinen bisherigen Hubraum von 1500 ccm durch Umstellung auf eine V-6-Version mit 3 Litern zu verdoppeln), waren die Briten in gewisser Verlegenheit. Einige Hersteller erhöhten die Leistungen ihrer 2-Liter-Motoren, während Brabham mit Hilfe der australischen Firma Repco einen V-8-Motor baute, der auf einem standardmäßigen Reihenmotor basierte.

BRM startete ein Programm zum Bau eines grandiosen 16-Zylinder-Motors. Er hatte zwei 8-Zylinder-Reihen mit Aussparungen in den Zylinderköpfen, durch die die Antriebswelle geführt wurde. Von einem einzigen, im Heck angebrachten Kasten, der die Getriebe und das Differential enthielt, übertrug sie die Kraft auf die Vorderräder.

Dieser Motor wurde von BRM und Lotus verwendet. Die tatsächliche Wende kam jedoch erst, als Ford die für ihre Formel-2-Motoren weitbekannte Firma Cosworth beauftragte, einen Formel-1-V-8-Motor zu bauen, und dafür 100 000 englische Pfund zahlte. Durch diesen Motor konnten viele Hersteller ihre Produktion steigern und Erfolge verzeichnen. Er trug auch zu den über 150 Formel-1-Siegen bei, angefangen vom holländischen Grand Prix, den Clark 1967 auf einem Lotus 49 gewann.

Ihr ursprüngliches Ziel war ein 3-Liter-Motor, der kleiner und leichter als der über 400 PS starke 12-Zylinder-Motor von Ferrari sein sollte. Dieser Motor, den der Konstrukteur Keith Duckworth gebaut hatte, wurde in den kommenden Jahren weiterentwickelt und erreichte schließlich eine Leistung von über 500 PS.

Es war jedoch Renault, der die großartigste Neuerung hervorbrachte. Die französische Firma entschloß sich, bei der Rückkehr in die Formel 1, in dem sie in der Anfangszeit eine bedeutende Rolle gespielt hatte, das neue und diffizile Auflade-System zu verwenden. Zwei Jahre lang hatten die Mechaniker mit Problemen zu kämpfen, bis die Firma beim französischen Grand Prix im Jahr 1979 durch Jabouille ihren ersten Sieg verzeichnen konnte. Als deutlich wurde, daß Turboladermotoren eine höhere Leistung erzielen konnten, obwohl sie mit herkömmlichem Benzin fuhren, reagierten die übrigen Firmen schnell und folgten diesem Beispiel. Ferrari verwendete als erster Turboladermotoren, danach die Firma BMW, die ihren eigenen Reihenblock und damit einen unglaublichen 4-Zylinder-Motor entwickelte. Sie konnte bereits nach zwei Jahren den ersten Weltmeisterschaftstitel erringen.

Außer der britischen Firma Hart begannen alle anderen mit der teilweisen Erneuerung, und Ferrari, Honda und Porsche bauten, wie Renault, 6-Zylinder-Motoren. Alfa Romeo produzierte einen V-8-Motor, und es wird sicher noch weitere geben, bevor dieses Reglement zu Ende geht.

Die Höchstleistung der Turbos stieg langsam von 500 PS auf 650 bis 700 PS während der Rennen und sogar auf 900 PS im Training, wenn nur der Kampf um die Startposition entscheidend ist.

Zu Beginn der Saison 1966 geschah etwas Merkwürdiges. Alle traditionellen Rennfirmen wie Ferrari, Maserati und BRM bekamen Schwierigkeiten, und so konnte Jack Brabham mit seinem Auto, das sein Freund Ron Tauranac, auch Australier, mit meisterhaftem Geschick konstruiert hatte, vier von den neun ausgetragenen Rennen gewinnen. Er holte sich den Titel mit einem Motor, der aus einer standardmäßigen Serienversion mit Kurbelstange und Kippventil entwickelt worden war!

Im Jahr 1967 konnte sein Teamkollege, der Neuseeländer Denny Hulme, mit einem verbesserten Motor mit obenliegender Nockenwelle diese Leistung wiederholen.

Erst das letzte Rennen im Jahr 1968, der Große Preis von Mexiko, konnte die hart umkämpfte Weltmeisterschaft entscheiden. Graham Hill gewann das Rennen in einem Lotus Ford 49 B vor McLaren und Oliver und konnte den WM-Titel zum ersten Mal seit sechs Jahren wieder erringen. Der Brite hatte insgesamt sechs Grand Prix gewonnen, genau wie Jackie Stewart auf Matra, der vor Hulme (McLaren), Ickx (Ferrari), McLaren (McLaren) und Rodriguez (BRM) Zweiter wurde. 1969 übernahm Jackie Stewart in einem Matra Ford MS 80 vom Beginn der WM an die Führung und hatte nach dem achten Rennen in Monza den Titel schon so gut wie in der Tasche. Nach Stewart, der sechs der Rennen gewonnen hatte, davon drei hintereinander, folgten Ickx auf Brabham mit zwei Siegen, McLaren (McLaren), Rindt (Lotus), Beltoise (Matra) und Hulme (McLaren). Die Autos mit einem Ford-Motor waren unschlagbar: elf Siege und auch in den übrigen Rennen gute Plazierungen. Danach folgte das tragische Jahr 1970, in dem der Österrei-

Ferrari 126 C – 1981 (I). Das Modell »126 C« war mit einem 120°-V-6-Turbo-Motor ausgestattet und galt schon vor Villeneuves beiden Siegen (Monte Carlo und Spanien) als Sieger-Auto. 1982 war Ferrari mit dem Modell »C 2« auf dem Weg zum Weltmeistertitel, da machten die tragischen Unfälle von Villeneuve und Pironi alle Hoffnungen zunichte.

Renault RE 30 – 1981 (F). Dies war zu Saisonbeginn das Auto, das es zu schlagen galt. Aber trotz der drei Siege durch Alain Prost bei den Großen Preisen von Frankreich, Holland und Italien und trotz der sechs Plätze in der ersten Startreihe hatte der »RE 30« keine Chance gegen die Autos von Brabham und Williams. Ab 1979 setzte Renault zwei Turbos ein, die enorm leistungsstark waren.

Brabham BT 49 – 1981 (GB). Nelson Piquet gewann seinen ersten Weltmeistertitel in diesem Auto, hatte am Schluß gerade einen einzigen Punkt Vorsprung vor Carlos Reutemann. Es war ein technisch ausgereiftes Auto mit einem Chassis aus einer speziellen Legierung und mit Carbon-Scheibenbremsen. Der Brabham war extrem leicht, gerade noch im erlaubten Minimum, und hatte ein spezielles (und illegales) Hydraulik-System, das den Wagen so absenkte, daß es eine Verbindung (Ansaugeffekt) zwischen Boden und Schürzen gab.

McLaren MP 4 – 1981 (GB). Dieser Einsitzer, in dessen Chassis aus Karbonfiber hochentwickelte Technik steckte, war lange Zeit trotz seines herkömmlichen Saugmotors ein Anwärter auf den Weltmeistertitel 1982.

Williams FW 08 – 1982 (GB). Mit einem herkömmlichen Saugmotor, einem konventionellen Chassis und mit nur einem Sieg in einem Großen Preis gewann der Finne Keke Rosberg die letzte Weltmeisterschaft mit einem 8-Zylinder-Cosworth-Motor. Mit seinen lediglich 500 PS war dieser Cosworth-Motor ein »Winzling« im Vergleich mit den Turbos von Ferrari, Renault und BMW.

cher Jochen Rindt nach fünf Siegen in einem Lotus »72/2« am 5. September in Monza vor dem Grand Prix bei einem Trainings-Unfall getötet wurde. Für seine Siege bekam er posthum den Weltmeistertitel zugesprochen. Fittipaldis Sieg in den USA machte den Erfolg für Lotus perfekt. Ickx wurde in der Weltmeisterschaft Zweiter vor Regazzoni (beide fuhren einen Ferrari 312 B). Hulme (McLaren) wurde Vierter, und den fünften Platz teilten sich Brabham (Brabham) und Stewart (Tyrrell).

Favorit für 1971 war der Ferrari 312 B 2, der jedoch nur den Eröffnungs-Grand Prix in Südafrika und den in Holland gewann. Den WM-Titel holte sich wieder Stewart auf einem Tyrrell 003 mit sechs Siegen. Peterson wurde mit dem March 711 Zweiter. Dritter war Cévert (Tyrrell). Ickx, die Nummer eins im Ferrari-Team, kam zusammen mit Siffert (BRM) auf den vierten Platz, und Emerson Fittipaldi auf Lotus wurde Sechster. Regazzoni und Andretti, beide auf Ferrari, errangen den siebenten und achten Platz.

1972 konnte sich Emerson Fittipaldi durch seine Siege in Brands Hatch, Zeltweg und Monza in der zweiten Hälfte der Saison seinen ersten Weltmeistertitel erkämpfen. Stewart, der die letzten beiden Rennen gewann, hatte aber nicht genügend Punkte und wurde Zweiter vor Hulme, Ickx, Revson, Cévert und Regazzoni (beide auf dem sechsten Platz). Nie zuvor hatte ein jüngerer Fahrer als Fittipaldi, der gerade 25 Jahre alt war, den Titel holen können.

1973 hatte Fittipaldi mit zwei Siegen einen guten Start, doch dann begann Stewarts unaufhaltsamer Marsch an die Spitze. Mit fünf Grand-Prix-Siegen errang er zum dritten Mal den Weltmeistertitel. Nach dieser Saison trat er zurück. Der Brasilianer Fittipaldi wurde in einem Lotus 72 Zweiter, Peterson Dritter, Cévert Vierter, Revson Fünfter und Hulme Sechster. Sieben eindeutige Siege für Lotus reichten nicht aus, um Stewart zu besiegen. Die Ford-Motoren lagen weiterhin an der Spitze.

1974 startete Ferrari mit seinen 312 B 3, gefahren von Lauda und Regazzoni, ein Comeback. Regazzoni, der noch vier Rennen vor dem Saisonende an der Spitze lag, wurde schließlich doch von Fittipaldi geschlagen, der ihm mit seinem McLaren M 23 den Titel im letzten Moment noch entriß. Scheckter (Tyrrell) wurde Dritter, Lauda Vierter, Peterson Fünfter und Reuteman Sechster.

1975 gelang es jedoch keinem, Ferrari zu schlagen. Der Österreicher Niki Lauda holte nach elf Jahren wieder den Titel für Maranello. Er gewann fünf der Grand Prix (in einem siegte Regazzoni, die Nummer zwei im Ferrari-Team) und lag zum Saisonende vor Fittipaldi und seinem McLaren. Dritter war Reutemann (Brabham), Vierter Hunt (Hesketh), Fünfter Regazzoni und Sechster Pace.

Auch 1976 schien ein Jahr für Lauda zu werden, aber nach fünf Siegen hatte der Österreicher auf dem Nürburgring einen schrecklichen Unfall. Er fehlte in den nächsten beiden Rennen, kehrte aber zum Großen Preis von Monza wieder zurück, um mit seinem Ferrari 312 T 2 gegen James Hunt anzutreten, der mit seinem McLaren M 23 bereits sechs Siege errungen hatte. Die Entscheidung fiel in Japan, wo Lauda wegen des Regens aufgeben mußte. Hunt gewann den Titel mit einem Punkt Vorsprung, und Scheckter wurde vor Depailler, Regazzoni und Andretti Dritter.

1977 holte sich Niki Lauda wieder den Titel. Er gewann in seinem Ferrari 312 T 2 drei Grand Prix und konnte sich zwei Rennen vor Saisonende, in denen er Villeneuve überholte, des Sieges bereits sicher sein. Der Italo-Amerikaner Andretti auf seinem Lotus 78 hatte zwar vier Rennen gewonnen, das reichte aber nicht, um den Österreicher verdrängen zu können. Sogar Scheckter auf einem Wolf WR 3 gelang es noch, sich vor Andretti zu plazieren. Reutemann wurde Vierter, Hunt Fünfter und Mass Sechster.

1978 war Mario Andretti unschlagbar. Er gewann in seinem eleganten schwarzen »Bodeneffekt«-Lotus 79 sechs Rennen und errang den WM-Titel vor seinem Teamkollegen Peterson, der in Monza auf tragische Weise ums Leben kam. Reutemann mit dem Ferrari 312 T 3 gewann vier Grand Prix und wurde schließlich Dritter vor Lauda mit dem Brabham. Fünfter wurde Depailler (Tyrrell) und Sechster Watson (Brabham).

1979 holte sich Ferrari durch Jody Scheckter, der den Titel gewann, und Villeneuve, der auf den zweiten Platz kam, seine Spitzenstellung zurück. Mit jeweils drei Siegen dieser Fahrer bestätigte sich die Überlegenheit des 312 T 4. Alan Jones wurde in einem Williams PW 07 Dritter, Laffite (Ligier) Vierter, Regazzoni (Williams) Fünfter; Depailler (Ligier) und Reutemann (Lotus) teilten sich den sechsten Platz.

1980 war das Jahr des Williams FW 07 B, mit dem Alan Jones die Weltmeisterschaft gewann und mit dem Carlos Reutemann den dritten Platz belegte. Nelson Piquet gewann in einem Brabham BT 49, mit dem drei Siege erzielt wurden, zwei Rennen. Jones gewann fünf der Rennen (die letzten zwei waren die entscheidenden), und

McLaren MP 4/2 – 1984 (GB). Der »MP 4/2« war der Star der Saison 1984, gefahren von Niki Lauda und Alain Prost. Der von Porsche konstruierte V-6-Motor hat einen Hubraum von 1499 ccm, 2 KKK-Turbostrahler sowie eine von Bosch gelieferte elektronische Benzineinspritzung. Er leistet 670 PS. Das Chassis besteht aus hochmodernen Materialien und wird von der amerikanischen Firma Hercules gebaut, die sich auf Raumfahrt spezialisiert hat.

Reutemann konnte einen Sieg verzeichnen. Laffite wurde vor Pironi und Arnoux Vierter, während Ferrari mit seinem Fahrer Villeneuve keinen Einzelsieg errang und nur auf den zehnten Platz kam.

Die Weltmeisterschaft von 1981 entschied sich beim letzten Rennen in Las Vegas, wo Nelson Piquet in seinem Brabham BT 49 C Fünfter wurde und mit einem Punkt Vorsprung vor Reutemann, der in einem Williams FW 07 C Achter wurde, den WM-Titel errang. Reutemann hatte die Saison in großem Stil begonnen, fiel aber am Ende zurück und war nicht imstande, Piquet zu besiegen. Jones, auch auf einem Williams, wurde Dritter, gefolgt von Laffite (Vierter auf Talbot-Ligier), Prost und Watson.

1982 wurde ein Williams FW 08 Erster, gelenkt vom Finnen Keke Rosberg, der zwar nur einen Grand Prix gewann, aber der beständigste Fahrer der ganzen Saison war.

Ferrari erlitt in dieser Saison arge Verluste, zum einen durch den tragischen Tod von Villeneuve (Zolder) und zum anderen durch den Unfall von Pironi in Hockenheim. Pironi lag zuerst an der Spitze, mußte aber dann bei vier Rennen aussetzen und wurde schließlich nur Zweiter. Ihm folgten Watson (McLaren) auf dem dritten, Prost auf dem vierten, Lauda auf dem fünften und Arnoux auf dem sechsten Platz.

Die aufregendste Meisterschaft gab es im Jahr 1983. Sie wurde erst beim letzten Rennen in Kyalami entschieden, als drei Fahrer um den Titel kämpften: Prost auf Renault RE 40, Piquet auf Brabham-BMW und Arnoux auf Ferrari 126 C 3. Piquet, der als Dritter ins Ziel kam, wurde – zum ersten Mal mit einem Turboauto – Weltmeister vor Prost, Arnoux, Tambay und Rosberg. Watson und Cheever kamen auf den sechsten Platz, und Ferrari holte sich den Titel der Konstrukteure.

1984 war dann das Jahr der Turbos, da alle großen Teams diesen Motortyp einsetzten. Der Kampf war sehr hart, und es gab viele Höhen und Tiefen. Der Österreicher Niki Lauda (McLaren) wurde nach einem Brust-an-Brust-Kampf mit seinem Teamgefährten Prost mit nur einem halben Punkt Vorsprung zum dritten Mal Weltmeister.

Ferrari 126 C 4 – 1984 (I). Dieser »126 C 4« ist eine logische Weiterentwicklung des »C 3« von 1983. Kennzeichnend für ihn ist das Chassis aus hochmodernem Material. Auch der Motor wurde verbessert, er ist jetzt ungefähr 15 kg leichter und hat ein elektronisches Einspritzsystem der Firma Weber-Marelli.

Weiterentwicklung des Designs – Die Karosseriebauer

Zwischen den Kriegen waren Amerika, Frankreich und Großbritannien die bedeutendsten Länder im Bereich des Karosseriebaus. Sie konstruierten Karosserien für die bemerkenswertesten Autos jener Zeit. Nach dem Zweiten Weltkrieg entwickelte sich das Automobildesign in phänomenaler Weise, was fast ausschließlich auf der Arbeit italienischer Konstrukteure beruhte. Sie hatten über einen Zeitraum von dreißig Jahren ihre Vorstellung von einem schönen Auto grundlegend geändert. Autos mit überaus stattlichen und verschwenderischen Formen wurden von Fahrzeugen verdrängt, die hinsichtlich Ausgewogenheit von Aerodynamik und zweckmäßigem Konzept den neuesten technologischen Stand verkörperten. Die Arbeit der Karosseriebauer entwickelte sich von einer hauptsächlich ästhetischen Betrachtungsweise zu einer komplexeren Vorstellung vom Auto: Man berücksichtigte auch die Produktionsmethoden und die Verwendung neuer Werkstoffe. Neben der Herstellung von herrlichen Vorführmodellen, die das ganze Ausmaß ihres Könnens ausdrückten, beschäftigten sich die Designer in ihren Konstruktionsbüros hauptsächlich mit der Entwicklung alltäglicher Autos, die zwar nicht so auffallend wie die Prototypen waren, ihnen an Ästhetik aber gleichkamen. Es ist kein Zufall, daß viele der bedeutenden Hersteller weltweit Aufträge an italienische Designer vergaben und dauernde, traditionelle Beziehungen knüpften. Ein Beispiel für so eine Verbindung ist die 30jährige Zusammenarbeit zwischen Peugeot und Pininfarina, ganz zu schweigen von Giorgio Giugiaro, dessen Konstruktionen beträchtlich zu den Erfolgen von Volkswagen in den 70er und von Fiat in den 80er Jahren beitrugen. Der »Vater« dieser italienischen Designkunst war Battista »Pinin« Farina. Nachdem er im Jahr 1930 die Firma seines Bruders Giovanni verlassen hatte, gründete Farina die »Carrozzeria Pinin Farina«. Dort fertigte er eine Reihe von Karosserien mit ganz neuen Merkmalen wie schräger Windschutzscheibe und waagrecht angelegtem Kühlerschutzgitter. Das Cisitalia-Coupé von 1947 war das erste Modell, das seinen persönlichen Stil verkörperte. Seine Ziele waren Schlichtheit und Zweckmäßigkeit, im Gegensatz zu den übrigen Trends, bei denen man die Interessenten mit ebenso komplizierten wie unsinnigen Formen zu »verblüffen« suchte. 1952 beauftragte die amerikanische Firma Nash Pininfarina mit der Konstruktion und Herstellung einer kleinen Serie von Healey Coupés und offenen Sportzweisitzern. Im selben Jahr begann auch die äußerst erfolgreiche Zusammenarbeit mit Ferrari, aus der zuerst das Cabriolet 212 Inter hervorging. 1953 begann die Produktion des Fiat 1100 TV Coupé. Es war das erste Auto einer langen Serie von gleichen Fahrzeugen, die über die Turiner Firma verkauft wurden. Zwei faszinierende Sportzweisitzer, der Alfa Romeo Giulietta und der Lancia Aurelia B 24, kamen in den Jahren 1954 beziehungsweise 1955 heraus.

Ab 1955 arbeitete auch Peugeot lange Zeit mit Pininfarina zusammen. BMC brachte mit Hilfe des Turiner Konstrukteurs zwei sehr erfolgreiche Modelle auf den Markt, den Austin A 40 von 1958 und den 1100 von 1962. 1963 kam der »Sigma«, der im Hinblick auf die Sicherheit der Insassen entworfen wurde, aufs Reißbrett. Battista Farinas Werk wurde bei mehreren Anlässen offiziell gewürdigt. Er wurde Mitglied der »Royal Society of Arts« in London, außerdem nahm ihn der französische Präsident Charles de Gaulle in die »Légion d'Honneur« auf. »Pinin« lebte von 1893 bis April 1966. Seinem Sohn Sergio und seinem Schwiegersohn Renzo Carli gelang es, die führende Rolle in der Weiterentwicklung des Automobildesigns weiterhin beizubehalten. Im November 1967 wurde die aerodynamische BMC-Limousine vorgestellt. Obwohl nur ein Exemplar hergestellt wurde, entstand ein allgemeiner Trend, und diese Art von Karosserien wurde seitdem für zahllose erfolgreiche Autos verwendet. Die Produktion lag im Jahr 1960 bei über 10 000 Stück und erreichte 1973 sogar eine Zahl von 25 000.

Der Rolls-Royce Camargue von 1975 war das erste in Serie hergestellte Fahrzeug dieser Firma, das von einem ausländischen Konstrukteur entworfen wurde.

Die erste von Giovanni Bertone entworfene und gebaute Karosserie war die des Spa 9000 von 1921. Vor Ende des Krieges bestanden bereits Beziehungen zu den wichtigsten italienischen Firmen, insbesondere zu Lancia. Nach dem Krieg begann die Produktion auf internationaler Ebene unter Leitung von Giuseppe Bertone, der die Firma von seinem Vater übernommen hatte. Arnolt aus Chicago beauftragte 1952 Bertone mit dem Entwurf einer Karosserie für ein eigenes Coupé, die auf ein MG-Fahrwerk gebaut werden sollte. Aber erst zwei Jahre später konnte er mit dem Alfa Romeo Giulietta Sprint, für den man im Laufe von 13 Jahren 40 000 Karosserien produzierte, seinen Ruf klar zur Geltung zu bringen. Danach folgte

Cisitalia 202 (Pininfarina) – 1947 (I). Dieses Auto wurde aus Fiat-1100-Teilen gebaut. Daraus entstand in der Nachkriegszeit ein ganz neuer Sportwagentyp. Bleibende Anerkennung sichert ihm sein Platz im New Yorker Museum of Modern Art. Seine aerodynamische Form ermöglichte es ihm, Geschwindigkeiten bis zu 160 km/h zu erreichen, bei einer Leistung von nur 50 PS.

die serienmäßige Herstellung von höchst erfolgreichen Karosserien, unter anderem für das NSU Prinz Coupé, den Alfa Romeo Giulia GT, das Fiat Dino Coupé, den kleinen Fiat 850 Spyder und das Simca 1200 Coupé. Bertone-Karosserien verwendete man auch für den Alfa Romeo Montreal, alle Lamborghinis, den Fiat X 1/9, den Dino 208 GT 4 und den Lancia Stratos.

Man baute auch futuristische Prototypen, die sich dadurch auszeichneten, daß sie äußerst praktisch waren. Im Abstand von 22 Jahren entstanden zwei Chevrolets, der Testudo, der 1963 auf ein Corvair-Monza-Fahrgestell montiert wurde, und der Ramarro von 1984 auf einem Corvette-Fahrgestell.

Bertone war auch für die Konstruktion einer Reihe weithin beliebter Autos verantwortlich, darunter der Volkswagen Polo von 1975 und der Citroën BX von 1983.

Die Firma Ital Design wurde 1968 von Giorgio Giugiaro gegründet und belieferte – neben der Entwicklung neuer Prototypen – die großen Hersteller auch mit Modellentwürfen, einschließlich Kostenaufstellung und Richtlinien für evtl. Produktionsanlagen. Die Firma entwarf unter anderem den Alfsud und den Alfetta GT für Alfa Romeo, die ersten Versionen des Passat, Scirocco und Golf für Volkswagen, den M 1 für BMW, den Panda, Uno, Lancia Delta, Prisma und Thema für die Fiat-Gruppe sowie den Ibiza für Seat.

Die koreanische Firma Hyundai bestellte bei Giugiaro einen Entwurf für den Pony und den Stellar, während Isuzu in Japan den Piazza in Serie fertigte. Er war ursprünglich als Vorführmodell mit dem Namen »Kreuz As« konstruiert und gebaut worden.

Ein wichtiger Punkt bei der Konstruktion ist, laut Giugiaro, ausreichender Platz für die Insassen. Diese Einstellung führte zu einigen sehr interessanten Ideen. Der Lancia Megagamma von 1978 entstand beispielsweise nach dieser Idee vom »Großraumwagen«, und sein Konzept wurde sofort von vielen japanischen Firmen aufgenommen. Sie hatten bis dahin normal große Autos produziert, versahen diese jedoch mit einer großzügigen Kopffreiheit, um den Platz optimal ausnützen zu können. Bevor er Ital Design gründete, hatte Giorgio Giugiaro seit 1956 beim Fiat Design Centre gearbeitet. Im Jahre 1959 ging er zu Bertone und später dann zu Ghia.

Diese Firma, die 1915 von Giacinto Ghia ursprünglich zum Bau von Karosserien gegründet worden war,

Cadillac (Pininfarina) – 1954 (USA). Die Zusammenarbeit zwischen Cadillac und Pininfarina, die schon auf die frühen fünfziger Jahre zurückgeht, wurde offiziell im Jahr 1984 mit einem Vertrag über die Herstellung der luxuriösen Cabriolet-Karosserie bei den Turiner Karosseriebauern besiegelt. Der abgebildete Zweisitzer mit seinem kreisförmigen Kühlergrill wurde bereits 1954 gebaut.

Aston Martin DB 4 GTZ (Zagato) – 1959 (GB). Die Grundlage dieses Modells war der »DB 4«. Es wurde jedoch nur eine geringe Zahl der Zagato-Modelle produziert, die mit einer Aluminiumkarosserie ausgestattet waren. Dadurch wurde das Gewicht auf 1250 kg reduziert, 200 kg weniger als beim Original. Der von den Briten konstruierte Motor (6 Zylinder, 314 PS, 3670 ccm) entwickelte eine überwältigende Beschleunigung: Von 0 auf 100 km/h in nur 6,5 Sekunden.

Chevrolet »Rondine« (Pininfarina) – 1964 (USA). Die weiche Linie dieses Zweisitzers verbarg unter seiner Haube die kraftvolle Technik der »Corvette Sting Ray«, der vielleicht der berühmteste amerikanische Sportwagen war. Der V-8-Motor (5346 ccm) leistete 250 PS SAE bei 5500 U/min. Der Wagen war ein Einzelstück.

Fiat 2300 S (Pininfarina) – 1964 (I). Dieses außergewöhnliche Exemplar wurde von Pininfarina aus Bauteilen aus der Fiat-2300-S-Serie konstruiert. Der 6-Zylinder-Motor (2279 ccm) leistete 150 PS SAE. Es war ein hochelegantes Fahrzeug mit technischen Details, die auch heute noch verwendet werden, wie eine zweite Reihe Scheinwerfer unter der Stoßstange.

Alfa Romeo Carabo (Bertone) – 1968 (I). Die Einführung dieses Modells fand beim Automobil-Salon in Paris im Jahr 1968 statt. Beim Carabo kam die Technik vom Alfa Romeo 33 mit einem V-8-1944-ccm-Motor zum Einsatz. Neuartiges Aussehen brachte das keilförmige Styling, noch betont durch die durchgezogene schräge Windschutzscheibe und die Seitenfenster, die sich der Formgebung anpaßten.

Maserati Boomerang (italienisches Design) – 1972 (I). Der Konstrukteur dieses Einzelmodells, das beim Genfer Automobil-Salon 1972 vorgestellt wurde, hieß Giorgio Giugiaro. Die technische Grundausstattung wurde vom Maserati Bora übernommen. Das Fahrzeug besaß einen 4,7-l-Mittelmotor mit 8 Zylindern. Charakteristisches Kennzeichen des Autos war die lang durchgezogene Form, verbunden mit großen Glasflächen.

Ferrari 250 P 5 (Pininfarina) – 1968 (I). Dieses einzigartige Rennauto basierte auf den in den sechziger Jahren entwickelten Prototypen, dessen erstes Modell »250 P« im Jahr 1963 herausgebracht wurde. Das Fahrzeug war mit dem klassischen V-12-Ferrari-Motor (2953 ccm) ausgerüstet. Als Spezialausstattung besaß der Wagen Scheinwerfer, die vorn in einer Einzelleiste eingebaut waren. Die gleiche Bauart – leicht vereinfacht – wurde bei dem im Jahr 1969 herausgebrachten Alfa Romeo 33 verwendet.

gehörte seit 1972 Ford. Sie war nach dem Zweiten Weltkrieg sehr erfolgreich, als die amerikanischen Firmen Chrysler, Ford und Packard die Konstruktion diverser »Traumwagen« in Auftrag gaben. Außerdem bestellten sie Designs für eine Anzahl Fahrzeuge, die schon produziert wurden, wie 1958 der Chrysler 300 und 1960 das luxuriöse 6,4-Liter-Modell, von dem 50 Exemplare gebaut wurden. Auch verschiedene europäische Firmen bestellten bei Ghia einen Entwurf für ihre Autos. So entstanden unter anderem der Renault Floride von 1958, der Volvo P 180 von 1959, die beiden Karmann-Ghia-Coupés von Volkswagen und der Fiat 2300 Coupé. 1967 kaufte die amerikanische Gesellschaft die Firma auf und ernannte Alessandro De Tomaso zum Präsidenten. Während dieser Zeit kamen nur der Mangusta (1967) und der Pantera (1970) heraus. Beide Modelle hatten V-8-Motoren von Ford und waren von Giorgio Giugiaro entworfen worden. Nachdem Ford die Firma erworben hatte, produzierte sie viele Versuchswagen für Ford, einschließlich des »Probe III«, nach dessen Modell der Sierra gefertigt wurde.

Mazda MX-81 »Aria« (Bertone) – 1981 (J). Premiere dieses Modells war im Jahr 1981 bei der Automobil-Ausstellung in Tokio. Das Auto entstand in Zusammenarbeit zwischen der japanischen Firma und der italienischen Autofabrik Bertone. Konstruiert wurde das Fahrzeug auf der technischen Basis des Mazda 232 Turbo (1490 ccm, 130 PS). Die wichtigste Neuheit war eine spezielle Fahrerposition hinter einem »Sport-Lenkrad«. Ein aus Gummiblöcken gefertigtes Band »rutschte« um das Armaturenbrett herum. Die Instrumente wurden durch einen Farbmonitor ersetzt.

Auch andere italienische Karosseriehersteller spielten in der Geschichte des Automobildesigns eine bedeutende Rolle. Die seit 1919 bestehende Firma Zagato ist für ihre Sportwagen bekannt. Sie entwarf unter anderem den Aston Martin DB 4 GT von 1958 sowie die Alfa-Romeo-Typen TZ und TZ 2, die viele bedeutende sportliche Details hatten. Sie konstruierten auch viele GTs, die in kleiner Auflage für die herkömmlichen Lancias und Alfa Romeos verwendet wurden. Auf dem Alfa-6-Fahrwerk erschien 1983 der interessante Prototyp Alfa Zeta 6, der eine lange, stromlinienförmige Aluminiumkarosserie hatte.

Nach den wertvollen Erfahrungen bei Giovanni Farina machte sich Giovanni Michelotti 1949 selbständig und konstruierte viele Modelle, die weltweit von den Herstellern in Serie produziert wurden. So entstanden in den 60er Jahren die BMW-Limousinen vom kleinen 700er Typ bis hin zu den 1602–2002-Modellen sowie die Original-Touring-Version. Auch japanische Autos wie der Isuzu Skylinde Sport und der Hino Contessa, die zur selben Zeit herauskamen, basierten auf seiner Konstruktion. Michelotti entwarf auch den Triumph Herald, den TR 5 und das 850er Coupé von Fiat sowie eine Anzahl einzigartiger Exemplare, die auf ein Ferrari-Gestell gesetzt wurden. Darunter war auch der »Meera S« von 1983, der auf dem 400 i basierte.

Auch die Mailänder Firma »Touring«, die 1966 die Produktion einstellte, trug beträchtlich zur Weiterentwicklung des Automobildesigns bei. Sie wurde 1926 gegründet und fertigte neben einigen Weymann-Karosserien eine Baureihe, die als »Flying Star« bekannt wurde. Dies waren außergewöhnliche Sportwagen mit Chassis von Isotta Fraschini und Alfa Romeo. Für den Flying

Lotus Esprit (italienisches Design) – 1972 (GB). Herausgebracht als Einzelmodell im Jahr 1972, kam der Esprit im Jahr 1976 auch in die reguläre Produktion und schaffte im Jahr 1983 bereits seine dritte Serie. Die angebotenen Ausführungen sind ein 4-Zylinder (2174 ccm), der 160 PS leistet, und eine Kompressor-Version, die mit dem gleichen Motor 210 PS leistet. Der Esprit Turbo kam 1980 heraus.

Audi Quartz (Pininfarina) – 1982 (D). Dieser Prototyp verband den ausgeklügelten Vierrad-Antrieb des Audi Quattro mit einer futuristischen Karosserie, die aus völlig neuem Material hergestellt war: Für die Stoßstangen wurde zum Beispiel die »Sandwich«-Technik von Kevlar verwendet, die Motorhaube, das Dach und die Seitenteile sind aus Aluminium, die Türen aus einem Stahl-»Sandwich«, das Heckfenster ist aus Polykarbonat, der Sitz und das Lenkrad aus Karbonfiber.

Die Nachfrage nach wirtschaftlichen Autos und der stärker werdende Wunsch der Verbraucher nach mehr Komfort und Sicherheit zwang die großen Automobilhersteller, den Einsatz neuer Technologien zu verstärken. Die frühen achtziger Jahre waren gekennzeichnet von vielen Prototypen, die neuartiges Material verwendeten und sich neuer Methoden der Serienproduktion bedienten.

Opel Junior – 1983 (D). Durch Einsatz der besten herkömmlichen Technologie schaffte es Opel, mit dem kleinen »Junior« ein vielseitig verwendbares Auto herzustellen. Seine Länge beträgt 341 cm. Das Modell besitzt eine Vielzahl »genialer« Neuerungen. Eine Serienproduktion zu einem vernünftigen Preis ist mit dem 1,2-l-4-Zylinder-Motor des Corsa möglich.

General Motors TPC – 1983 (USA). Dieses Modell von General Motors, der »TPC« (Two Passenger Commuter) wurde 1983 herausgebracht. Sein Luftwiderstand beträgt Cs = 0,31, der zusammen mit dem geringen Gewicht von nur 480 kg den Benzinverbrauch extrem niedrig hält. Der 3-Zylinder-Motor hat einen Hubraum von 800 ccm.

Volkswagen »Auto 2000« – 1981 (D). Dieser Prototyp enthält alle Aspekte der Motortechnik. Konstruiert wurde das Modell für einen Benzin-Kompressor-Motor mit 1050 ccm oder für einen Diesel-Motor mit Direkteinspritzung und 1191 ccm Hubraum in zwei Versionen, die eine mit einem Turbo, die andere mit einem Comprex. Eingehende Forschungen wurden auch in neues Material und bessere Aerodynamik investiert. Der Erfolg zeigt sich bereits darin, daß das Auto nur einen Luftwiderstand von Cs = 0,25 hat.

Renault Vesta – 1983 (F). Dieser fortschrittliche Kleinwagen ist nur 327 cm lang. Sein reduziertes Gewicht, seine gute Aerodynamik, seine optimale Kraftübertragung und Leistungskapazität (3 Zylinder, 716 ccm, 32-PS-Benzinmotor) schaffen es, den Verbrauch auf unter 3 l/100 km bei 90 km/h zu drücken.

Toyota FX-1 – 1983 (J). Die von Toyota bei diesem Modell verwendete moderne Technik kann nur in der kurzen Zeit der Serienproduktion benutzt werden. Die Karosserie besteht aus Stahl und Plastik in Mischbauweise. Der Luftwiderstand beträgt 0,25. Der 6-Zylinder-Motor (2 l) hat 4 Ventile pro Zylinder, einen elektronischen Umformer und einen Zwillingsturbostrahler.

Star entwickelte man später einen speziellen »superleichten« Aufbau, der aus einem röhrenförmigen Stahlrahmen mit Aluminiumverkleidung bestand. Man verwendete diese Konstruktion in den 30er Jahren für viele Sportwagen von Alfa Romeo, wie den 6 C 1750 GT, der bei der Mille Miglia von 1932 in der Tourenwagen-Klasse Erster wurde. 1940 gewann BMW mit seinem 328 souverän die Mille Miglia. Seine Karosserie war auch von Touring, ebenso wie der Ferrari 815 »Superlight«, der für denselben Anlaß entworfen worden war. Zu den bedeutendsten Nachkriegsautos gehörten auch das Lancia Flaminia Cabriolet von 1959, das über die Turiner Firma verkauft wurde, der Maserati 3500 GT, der von 1957 bis 1964 mit großem Erfolg gebaut wurde, sowie der Lamborghini 350 GTV von 1963.

1974 verschwand auch der Name »Vignale« von der Bühne der teuren Autos. Er war dank Alfredo Vignale, der bei Pininfarina wertvolle Erfahrungen sammeln konnte, 28 Jahre lang sehr bekannt gewesen. Die Ferraris der 50er Jahre, darunter auch das Modell für das »Panamerica«-Rennen von 1953, gehörten zu seinen bedeutendsten Entwürfen. Viele Käufer bestellten bei Vignale auch Karosserien für ihren eigenen Ferrari (von denen 140 Einzelstücke mit der technischen Anlage von Maranello gebaut wurden), ihren Rolls-Royce, Cadillac, BMW und Mercedes.

Verschiedene Firmen, darunter American Motors und Daihatsu, beauftragten Vignale auch mit der Konstruktion von Prototypen für Autos, die später in Fließbandarbeit gebaut wurden. 1969 wurde die Firma von Ghia übernommen.

Michele Fenu Die Marken-Weltmeisterschaft

Neben den offiziellen Titeln, die im Laufe der Jahre vergeben wurden, sowie den damit verbundenen Vorschriften war die Hersteller- oder sogenannte Marken-Weltmeisterschaft viele Jahre lang die wichtigste Alternative zu der Fahrer-Weltmeisterschaft. Sie gehörte untrennbar zu dem spektakulären Wettbewerbsgeist, der die Firmen, die ein Teil der Geschichte wurden, durch diese Herausforderung verband. Sie schuf sich durch spannungsgeladene Duelle zwischen großartigen Fahrern und unvermeidbaren tragischen Unfällen ihre eigene Legende.

In den einunddreißig Jahren ihrer stürmischen, aber faszinierenden Geschichte rückte die Meisterschaft sowohl kleine Hersteller wie auch die Giganten der europäischen und amerikanischen Industrie ins Scheinwerferlicht. Darunter waren Ferrari, Mercedes, Aston Martin, Jaguar, Porsche, Ford, Matra, Alfa Romeo, Maserati, Lancia, Cobra und Abarth. Sie unterstützte – besonders früher, als Computer und Simulatoren noch Sciene Fiction waren – die Verbesserung spezieller Teile des Autos, wie Aerodynamik, Reifen, Bremsen, das elektrische System und elektrisch getriebene Zusatzteile.

Zum ersten Mal fand dieser Wettbewerb, inspiriert von den Rennen der 20er und 30er Jahre, besonders von dem 24-Stunden-Rennen in Le Mans, im Jahr 1953 statt, drei Jahre nach Start der Formel 1. Die Ziele waren die gleichen: Man wollte zur Gesundung der durch den Krieg geschwächten Industrie beitragen, den technischen Fortschritt und das öffentliche Interesse anregen. Außerdem sollten an diesen Rennen Autos teilnehmen, die den standardmäßigen Serienprodukten ähnlich waren oder sich zumindest aus ihnen entwickelt hatten. Die ersten drei Ziele wurden problemlos erreicht, das vierte aber, das sich als utopisch und schwer in die Praxis umzusetzen erwies, brachte schließlich wiederholte Auseinandersetzungen und Kompromisse bei der Reglementierung mit sich und führte nur zu noch größerer Verwirrung. Die Meisterschaft erlebte dadurch verschiedene Höhen und Tiefen, und es gab Zeiten, in denen eine einzige Marke führend war. Der Ruf dieses Championats verfiel jedoch als Folge der steigenden Beliebtheit der Grand Prix auf der einen und der steigenden Kosten auf der anderen Seite.

Der Wettbewerb, der ursprünglich als Weltmeisterschaft, dann als internationale Meisterschaft und später wieder als Weltmeisterschaft ablief, ist heute mit dem Begriff »Endurance« (Zuverlässigkeitsrennen) verbunden. Er hat die Öffentlichkeit durch die Gegenüberstellung gänzlich verschiedener Autotypen, sowohl von der Erscheinung wie von der Leistungsfähigkeit her, oft verwirrt, und seine sowieso schon unklaren Reglements wurden zahllose Male modifiziert und geändert. Beispielsweise wurde manchmal für Autos, die sich in Wirklichkeit stark voneinander unterschieden, der gleiche Bewertungsmaßstab angelegt. Von 1953 bis 1961 war die Marken-Weltmeisterschaft nur auf Sportwagen beschränkt. Von 1962 bis 1965 ließ man nur GTs in drei Klassen (bis 1000 ccm, bis 2000 ccm und über 2000 ccm) zu. 1966 erlaubte man nur zweisitzige Rennwagen; von 1967 bis 1971 Sportwagen und Prototypen; 1972 bis 1975 Sportwagen; 1976 bis 1981 »Silhouettes« (mit einer parallelen Weltmeisterschaft für Sportwagen in zwei Saisonen). Seit 1982 dürfen nun alle Autos der Klasse C, die echte Prototypen sind, daran teilnehmen.

In der Zeit von 1953 bis 1983 wurden insgesamt 288 Rennen abgehalten, was ungefähr einer halben Million Kilometern entspricht. Ferrari und Porsche gewannen die meisten Rennen und Titel, und sie waren auch die beständigsten Teilnehmer bei diesem Wettbewerb. Ferrari zog sich 1974 zurück, da es der Firma nicht möglich war, sich gleichzeitig auf die Formel 1 und die Marken-Weltmeisterschaft zu konzentrieren. Porsche ist immer noch dabei.

Die Geschichte der Weltmeisterschaft begann am 8. März 1952 mit dem 12-Stunden-Rennen von Sebring. Nach sieben Rennen, einschließlich der Mille Miglia und der Panamerica, gewann schließlich Ferrari vor Jaguar und Aston Martin. Die Autos hatten vorne angebrachte Motoren, Hinterradantrieb, sehr lange Motorhauben und schmale Reifen. Jaguar brachte in Le Mans mit seinen Scheibenbremsen Unruhe in das Gefüge. Die Fahrer waren Fangio, Farina, Villoresi, Taruffi, Castellotti, Hawthorn und Collins. Den ersten Sieg für Maranello (Ferrari) errang aber ein Amateur, nämlich Giannino Marzotto, bei der Mille Miglia in Brescia am 26. April.

Auch 1954 blieb Ferrari nach heißen Kämpfen gegen Lancia, Osca und Jaguar Meister. Es gab keine Beschränkungen hinsichtlich der Leistung, und Ferrari meldete 3- und 5-Liter-Autos mit 12 Zylindern und 350 PS für den Start.

1955, das Jahr der Le-Mans-Tragödie, schien das Ende für die Meisterschaft zu bringen. Dies kam so: Mike Hawthorn, der sich mit seinem Jaguar auf der Tribünengeraden befand, beschloß, an die Boxen zu fahren. Er bremste, kam ins Schleudern und behinderte Macklins Austin Healey, auf den dann der Mercedes von Levegh mit einer Geschwindigkeit von 250 km/h prallte. Der Motor flog davon, das Auto raste in die Menge und tötete viele Zuschauer. Das Rennen lief dennoch weiter, und Hawthorn wurde Sieger. Nach der ersten feindlichen Welle von Reaktionen auf diesen Unfall schien es, als würde der Rennsport verboten werden. Die Proteste legten sich jedoch wieder, und die Schweiz war das einzige Land, in dem dieser Sport tatsächlich verboten wurde. Mit einem Punkt vor Ferrari errang Mercedes, hauptsächlich dank der Leistungen von Stirling Moss, den Titel. Nach dem Sieg zog Mercedes seinen großartigen 300 SLR mit 8 Zylindern und 2979 ccm Hubraum, der auf den eigenen Formel-1-Versionen basierte, zurück und schied ganz aus dem Motorsport aus. Ferraris Stern begann wieder zu leuchten, und die Firma konnte nach spannenden Duellen mit Maserati die Meisterschaft dreimal hintereinander gewinnen.

Eine weitere Tragödie im Jahr 1957 rüttelte die Rennsportwelt auf. Der Ferrari von Marquis de

Ferrari 375 Plus – 1954 (I). Dieses Fahrzeug besaß einen V-12-Motor (4954 ccm) mit einer maximalen Leistung von 350 PS bei 6000 U/min. Mit diesem Rennwagen siegten Gonzales und Trintignant in Le Mans, und der Fahrer Maglioli gewann das Panamerika-Rennen. Der Motor war eine Weiterentwicklung aus dem früheren Motor mit 4523 ccm Hubraum, der 1953 in den Modellen »375 MM« und »375 America« verwendet wurde.

Ferrari 166 S – 1949 (I). Der »166 S«, gefahren vom Team Chinetti/Seldson, holte den ersten von insgesamt neun Ferrari-Siegen beim Rennen von Le Mans. Der V-12-Motor (1995 ccm) leistete 150 PS bei 7000 U/min und war mit einem Einzelhebel-Ventilgetriebe und einem Weber-Vergaser ausgestattet. Die Durchschnittsgeschwindigkeit des siegreichen Teams beim 24-Stunden-Rennen lag bei 132 km/h.

Jaguar C-Typ – 1951 (GB). Den ersten Sieg in Le Mans erreichte Jaguar mit diesem C-Typ. Die Fahrer Walker und Whitehead erreichten bei ihrer Siegesfahrt eine Durchschnittsgeschwindigkeit von rund 150 km/h. Der 6-Zylinder-Reihenmotor (3442 ccm) leistete 160 PS bei 5000 U/min.

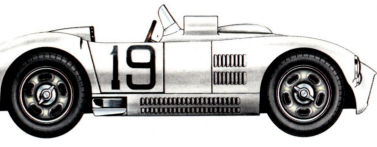

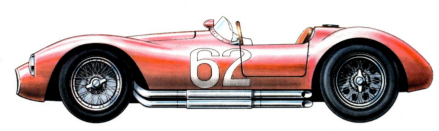

Cunningham C 4 R – 1952 (USA). In den Jahren von 1950 bis 1953 war Briggs Cunningham einer der Stars des 24-Stunden-Rennens von Le Mans. Das Modell »C 4 R« kam 1952 zum Einsatz. Das Auto war mit einem V-8-Chrysler-Motor (5425 ccm) ausgerüstet, der 300 PS bei 5200 U/min leistete. Es belegte den vierten Platz, vom Konstrukteur selbst und dem Fahrer Spear gesteuert. 1953 siegte es beim 12-Stunden-Rennen von Sebring.

Maserati A 16 GCS – 1953 (I). Dieses Auto benützten vor allem Privatfahrer in Rennen. Den Maserati gab es ab 1947 in verschiedenen Versionen. Er wurde sowohl als Sportwagen, als auch als Formel-2-Wagen gebaut und verzeichnet in beiden Klassen Rennsiege. Der 6-Zylinder-Reihenmotor (1978 ccm) leistete 130 PS bei 6000 U/min.

Ferrari 750 Monza – 1954 (I). Es hatte einen 4-Zylinder-Motor (2999 ccm) und leistete 260 PS bei 6400 U/min. Hauptsächlich in Erinnerung geblieben ist es durch den Unfall im Jahr 1955, bei dem Alberto Ascari getötet wurde, und durch negative Kommentare von Gendebien über seine Straßenlage. Ausgestattet war dieses Auto mit einer De-Dion-Hinterachse und einer »Überachs«-Übertragung.

Alfa Romeo 6 C 3000 – 1953 (I). Das war der letzte Sportwagen von Alfa Romeo, bis sich die Automobilfirma in den sechziger Jahren mit dem »33« dem Rennsport zuwandte. Bei der Mille Miglia belegte der »6 C 3000« den zweiten Platz. Aber in Le Mans waren alle drei gestarteten Alfas gezwungen, wegen technischer Fehler aufzugeben. Der 6-Zylinder-Motor (3495 ccm) leistete 246 PS bei 6500 U/min.

Jaguar D-Typ – 1955 (GB). Herausgebracht im Jahr 1954, gewann Michael Hawthorn mit diesem Auto 1955 die 24 Stunden von Le Mans mit einer Durchschnittsgeschwindigkeit von 172 km/h. Er konnte diesen Erfolg in den Jahren 1956 und 1957 wiederholen. Der 6-Zylinder-Motor (3442 ccm) leistete 295 PS bei 5750 U/min. Das Rohr-Chassis war durch Blattprofile verstärkt.

 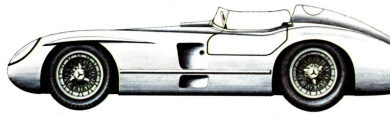

Lancia D 24 – 1954 (I). Dieses Auto, konstruiert von Jano, war hauptsächlich bei Straßenrennen erfolgreich. So gewann Juan Manuel Fangio 1953 die »Panamericana« und Alberto Ascari 1954 die Mille Miglia. Der V-6-Motor (3284 ccm Hubraum, der für die »Panamericana« auf 3099 ccm reduziert wurde) leistete 265 PS bei 6200 U/min.

Mercedes 300 SLR – 1955 (D). Die deutsche Firma gewann mit diesem Modell ihre einzige Konstrukteurs-Weltmeisterschaft. Der »300 SLR« gewann mit Stirling Moss am Steuer die Mille Miglia, die Tourist Trophy und die Targa Florio; Juan Manuel Fangio siegte auf dem Nürburgring und beim schwedischen Grand Prix. Das Fahrzeug besaß einen 8-Zylinder-Motor (2979 ccm), der 310 PS bei 7500 U/min leistete.

Ferrari 290 MM – 1956 (I). Seine Premiere feierte der »290 MM« (Motor: V 12, 3490 ccm, 320 PS bei 7300 U/min) beim 12-Stunden-Rennen von Sebring, das Fangio und Castellotti gewannen. Er siegte zweimal hintereinander bei der Mille Miglia, 1956 mit Castellotti und 1957 mit Taruffi. In diesen beiden Jahren gewann Ferrari auch die Marken-Weltmeisterschaft.

Maserati 450 S – 1957 (I). Der »450 S« war der Star der Saison 1957. Fangio und Jean Behra gewannen die 12 Stunden von Sebring, Stirling Moss siegte in Schweden. Beim Rennen in Le Mans wurde die geschlossene Version, konstruiert von Mike Costin, eingesetzt. Sie lag gut im Rennen um den Titel, schied aber beim letzten Rennen in Venezuela aus. Der V-8-Motor (4477 ccm) leistete 400 PS bei 7000 U/min.

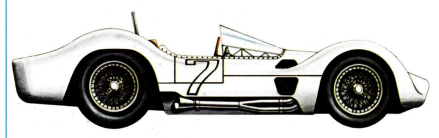

Maserati 61 (Birdcage) – 1960 (I). Der »Birdcage« hatte ein spezielles Chassis. Durch den verringerten Rohrdurchmesser wurde das Gewicht auf 585 kg reduziert. Das im Jahr 1959 herausgebrachte Modell »60« besaß einen 4-Zylinder-Motor (1989 ccm), der 200 PS bei 7800 U/min leistete. Beim Modell »61« hatte der Motor einen Hubraum von 2890 ccm, was eine Leistung von 250 PS bei 6500 U/min ergab. Das erste Rennen wurde in Rouen gewonnen. Besonders erfolgreich war das Auto in den USA.

Rover-BRM – 1963 (GB). Inoffiziell nahm dieses Auto 1963 mit den Fahrern G. Hill/Ginther am 24-Stunden-Rennen von Le Mans teil. Es hatte einen Turbinen-Motor, der ungefähr 150 PS leistete. Wäre das Auto klassifiziert worden, hätte es den achten Platz belegt. Es schaffte 4172,91 km in einer Durchschnittsgeschwindigkeit von rund 173 km/h. 1965 belegte eine sehr ähnliche Version den zehnten Platz im gleichen Rennen.

Portago und seinem Beifahrer Nelsen kam von der Bahn ab und raste in eine Gruppe Zuschauer. De Portago, sein Teamkollege und zehn weitere Menschen starben. Dies war das Ende für die Mille Miglia, bei der Taruffi gewonnen hatte.
1958 gab es für das Maranello-Werk (Ferrari) mit vier Siegen in sechs Rennen (die anderen beiden gewann Aston Martin) keinen ernsthaften Gegner, und der Name des großartigen 3-Liter-Modells mit 300 PS, »Testa Rossa«, wurde berühmt. Das Reglement hatte den Hubraum auf 3000 ccm beschränkt und schloß damit die großen Maseratis und Jaguars von diesen Rennen aus. Porsche, das kleine Sportwagen herstellte, erreichte hingegen jetzt allmählich bessere Plazierungen.
1959 gelang es Aston Martin, in diesem »Ferrari-Zeitalter« Fuß zu fassen. Die britische Firma gewann drei von fünf Rennen, die italienische nur ein einziges. Porsche konnte bei der Targa Florio den ersten Grand-Prix-Sieg einer später schier endlosen Serie erringen. Stirling Moss verblüffte alle, als er beim Nürburgring-Rennen nach einer grandiosen Verfolgungsjagd die Ferraris von Gendebien und Brooks hinter sich ließ. Danach zog sich Aston Martin zurück. Ferrari blieb weiterhin dabei und gewann die Meisterschaft von 1960, vor Porsche, das immer stärkere Erfolge verzeichnen konnte, und vor Maserati, das mit seinem Typ 61, der aber von der Zuverlässigkeit her mangelhaft war, eine spannende Vorstellung bot. Ferrari gewann auch in der nächsten Saison, als die Sportwagen langsam den GTs weichen mußten, die je nach Motorhubraum in drei Gruppen eingeteilt waren. Die Firma ließ ihre Fahrzeuge mit V-12-Motoren und 3 Liter Hubraum sowie den Dino 246 (der erste Ferrari mit Heckmotor) aufmarschieren, und Phil Hill, von Trips, Bandini und Gendebien brauchten weder Porsche, der seine Motoren auf 2000 ccm Hubraum vergrößert hatte, noch die anfälligen Maseratis zu fürchten.
1962, als die Fahrzeuge gemäß dem Reglement Serienwagen sein sollten, hatten die GTs freie Bahn. Als die Mischklasse für Prototypen oder Versuchs-GTs entstand, kamen die Sportwagen, die man – bildlich gesprochen – zur Vordertür hinausgeworfen hatte, zur Hintertür wieder herein. Die erforderlichen 100 Modelle, die man baute, um die Homologierung (Zulassung) zu erreichen, hatten etwas höhere Windschutzscheiben und eine bessere Innenausstattung als die Sportwagen. Nur das Motorengeräusch bei voller Drehzahl war das gleiche. Ferrari verwendete V-6-, V-8- und V-12-Motoren, die entweder vorne oder hinten montiert waren, mit 2 bis 4 Liter Hubraum (das Limit war erhöht worden) und wurde in der Klasse über 2000 ccm Erster. Auch 1963, als die Verwirrung bezüglich der Meisterschaft wuchs, konnte Ferrari gewinnen.

 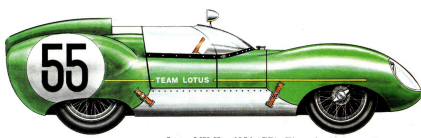

Aston Martin DB 3 S – 1955 (GB). Der »DB 3 S« wurde sowohl als offener Sportzweisitzer als auch als geschlossener Wagen hergestellt. Bei der 55. und 56. Austragung der 24 Stunden von Le Mans belegte er jeweils den zweiten Platz. Die Fahrer hießen Frère Collins und Moss Collins. Das Fahrzeug besaß einen 6-Zylinder-Motor (2922 ccm), der 210 PS bei 6000 U/min leistete. Es hatte ein Viergang-Getriebe und konnte eine Spitzengeschwindigkeit von nahezu 230 km/h erreichen.

Lotus MK II – 1956 (GB). Einer der kleineren Rennwagen aus den fünfziger Jahren war dieses von Mike Costin und Colin Chapman konstruierte Modell, das unter den Autos mit geringer Leistung herausragte. Es hatte einen 1098-ccm-Coventry-Climax-Motor, der 75 PS bei 6500 U/min leistete. Der Lotus belegte den ersten Platz in seiner Klasse in den Jahren 1956 und 1957 in Le Mans.

Ferrari 250 TRS »Testa Rossa« – 1958 (I). Mit einem Hubraum von 2953 ccm konnte der 12-Zylinder-Ferrari-Motor 300 PS bei 7500 U/min leisten. 1958 siegte das Auto bei den 12 Stunden von Sebring, bei der Targa Florio und bei den 24 Stunden von Le Mans. Der Erfolg wurde im folgenden Jahr durch einen Doppelsieg in Sebring bestätigt. Das Auto wurde bis 1960 in Rennen eingesetzt.

Aston Martin DBR 1/300 – 1959 (GB). Dieses Modell ging aus dem »1/250« hervor, das im Jahr 1956 in Le Mans teilgenommen hatte. Mit dem Modell »1/300« wurde die Marken-Weltmeisterschaft gewonnen, als Stirling Moss drei der fünf Rennen gewann. In Le Mans kamen die Aston Martins auf Platz eins und zwei ein. Das Auto hatte einen 6-Zylinder-Motor (2922 ccm), der 265 PS bei 6400 U/min leistete.

Ferrari 246 P – 1961 (I). Das war der erste in Maranello gebaute Sportwagen mit einem Heckmotor. Er hatte einen V-6-Motor (2417 ccm), der 280 PS bei 8500 U/min leistete. Sein Debüt bei der Targa Florio, mit den Fahrern von Trips und Gendebien, wurde gleich mit einem Sieg gekrönt. 1961 und 1962 setzte Ferrari sowohl 12-Zylinder-Frontmotoren (entwickelt von Testa Rossa) als auch V-6-, V-8- und V-12-Heckmotoren in seinen Autos ein.

Ferrari GTO – 1962 (I). Das Modell »Gran Turismo Omologata« war das letzte von Ferrari gebaute Auto mit Frontmotor, das bei Langstreckenrennen eingesetzt wurde. Mit einem V-12-Motor (2953 ccm) erzielte dieses Auto in der GT-Klasse viele Siege, so 1962 beim Rennen in Sebring. Überlegene Siege gab es 1963 in Daytona und bei der Tourist Trophy.

A. C. Cobra – 1964 (USA). 1964 und 1965 gewann der »A. C. Cobra« das GT-Klassement der Marken-Weltmeisterschaft. Das Auto hatte einen V-8-Motor (4727 ccm), der nahezu 380 PS bei 7000 U/min leistete. Es gab auch eine Coupé-Ausführung, die ihr bestes Ergebnis mit einem vierten Platz beim 24-Stunden-Rennen von Le Mans erzielte. Die Fahrer waren damals Gurney und Bondurant.

Ferrari 250 P – 1963 (I). Herausgebracht im Jahr 1963, hatte der klassische V-12-Motor (2953 ccm) ursprünglich eine Leistung von 300 PS bei 7800 U/min. Die später montierten Motoren wurden in ihrer Leistung gesteigert auf 3286 ccm beim Modell »275 P«, 3967 ccm beim Modell »330 P« und 4390 ccm beim Modell »365 P«. Bis 1965 erzielte man gute Ergebnisse, so wurden in zwei aufeinanderfolgenden Jahren (1963 und 1964) die 24 Stunden von Le Mans gewonnen.

Ferrari 330 P 2 – 1965 (I). Von Ferrari wurde dieses mit zwei V-12-Motoren ausgestattete Auto 1965 eingesetzt. Der »330 P 2« hatte einen Hubraum von 3967 ccm, was 410 PS bei 8200 U/min ergab. Die Version »275 P 2« hatte einen Hubraum von 3286 ccm, was eine Leistung von 350 PS bei 8500 U/min erbrachte.

Alfa Romeo 33.2 – 1968 (I). Entstanden aus dem »Spyder«, der in der Saison zuvor seine Sache gut gemacht hatte (speziell in Bergrennen), hatte das Modell »33.2« seine Premiere bei den 24 Stunden von Daytona. Die Fahrer Andretti/Bianchi belegten Platz fünf. Der Motor war eine V-8-Version mit 1995 ccm Hubraum (eine 2510-ccm-Version wurde auch bei der Targa Florio und in Brands Hatch eingesetzt), der 270 PS bei 9000 U/min leistete. Je nach Rennstrecke wurde eine kurze oder lange Karosserie verwendet. Den hervorragenden vierten Platz in Le Mans schaffte das Fahrerteam Giunti/Galli.

Alfa Romeo TZ 2 – 1966 (I). Das war der Star in der GT-Klasse. Der Alfa Romeo kam auf hervorragende Ergebnisse, zuerst ein Sieg mit dem Modell »TZ« im Jahr 1963, dann 1964 mit dem Modell »TZ 2« Siege in Sebring, auf dem Nürburgring, in Le Mans und bei der Tour de France. Ein Merkmal des »TZ« war sein Rohr-Chassis. Der klassische 4-Zylinder-Motor (1570 ccm), der auch beim Modell »Giulia« eingebaut wurde, leistete zuerst 112 PS, wurde jedoch in der letzten Version auf 170 PS bei 7500 U/min erhöht.

Lola T 70 Mk III – 1969 (USA). Dieses Modell fuhr 1968 in der Sportwagen-Kategorie. Der mit Stößelstangen ausgestattete »T 70« hatte einen V-8-Chevrolet-Motor (4990 ccm), der 430 PS (später erhöht auf ungefähr 500 PS) leistete. Der einzige markante Sieg des Modells »MK III« war der im Jahr 1969 bei den 24 Stunden von Daytona. Erzielt wurde der Erfolg vom Fahrerteam Donohue/Parsons in einem von Roger Penske für das Rennen präparierten Auto.

Ford GT 40 – 1968 (USA). Sein Debüt gab der »GT 40« (Motor: V 8, 4262 ccm, ungefähr 350 PS) 1964 beim 1000-Kilometer-Rennen auf dem Nürburgring. Phil Hill wurde Zweiter. Obwohl sich das Auto als sehr schnell erwiesen hatte, gab es in jener Saison keine weiteren Erfolge. Shelby baute das Auto mit einem 4728-ccm-Motor (385 PS), der auch beim Modell »Cobra« zum Einsatz kam, um. Den einzigen Sieg errangen die Fahrer Miles und Lloyd im Jahr 1965 in Daytona. Die Marken-Weltmeisterschaft wurde im Jahr 1966 gewonnen, nachdem der »MK II« (6997 ccm) die ersten Plätze bei den Rennen in Daytona, Sebring und Le Mans belegt hatte. Als in der Sportwagenklasse die 5000-ccm-Begrenzung Vorschrift wurde, wurde das Fahrzeug ausrangiert. Später wurde es von Teams mit Werksunterstützung wie John Wyers Gulf-Mirage-Team wieder eingesetzt. Das Auto bekam neue von Weslake entwickelte Zylinderköpfe sowie eine Hubraumveränderung auf 4942 ccm. In den Jahren 1968 und 1969 wurden wieder wichtige Rennen gewonnen, so 1968 die 24 Stunden von Le Mans mit den Fahrern Ickx und Redman.

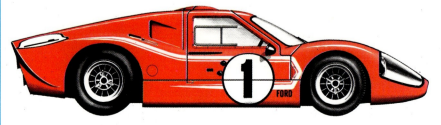

Ford Mk IV – 1967 (USA). Zwischen 1965 und 1967 gab es keine Beschränkung in der Zylinderkapazität. Deshalb baute Ford 7-l-Autos auf der Grundlage des »GT 40«. Die amerikanische Firma beteiligte sich mit diesem Modell das letzte Mal direkt am Renngeschehen. Der »Mk IV«, ausgestattet mit einem V-8-Motor (6980 ccm), der 530 PS bei 6200 U/min leistete, gewann mit den Fahrern McLaren und Andretti die 12 Stunden von Sebring. Das Team Gurney/Foyt war mit einer Durchschnittsgeschwindigkeit von 218 km/h bei den 24 Stunden von Le Mans siegreich.

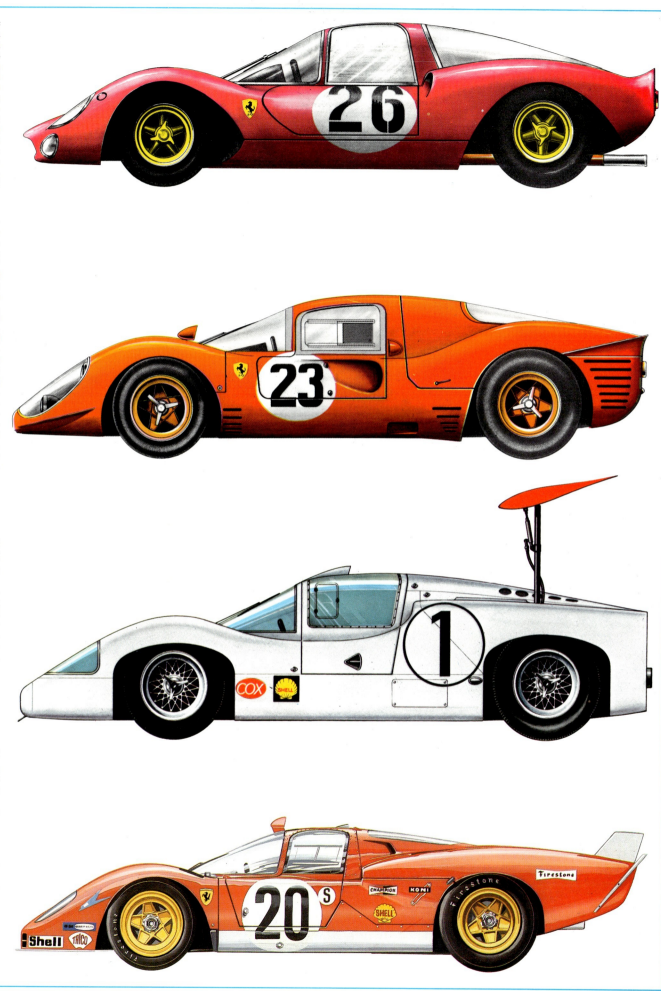

Ferrari Dino 206 S – 1965 (I). Die Prototyp-Serie »V 6 Dino« kam im Jahr 1965 mit den Modellen »166 S« und »206 S« heraus. Das erstgenannte Modell besaß einen 1592-ccm-Motor, der 175 PS bei 9000 U/min leistete. Mit dem Fahrerteam Bandini/Vaccarella wurde der vierte Platz beim Nürburgring-Rennen erreicht. (Die Rennleitung wollte nach dem Rennen die Hubraum-Kapazität überprüfen.) Das Modell »206« wurde bei der Europa-Bergmeisterschaft eingesetzt, die Scarfiotti gewann (Motor: 1987 ccm, 205 PS bei 8800 U/min).

Ferrari 330 P 4 – 1967 (I). Zwischen 1966 und 1967 trugen Ferrari und Ford ein »historisches Duell« aus. 1966 schafften es die Amerikaner, den Ferrari »330 P 3« (Motor: V 12, 3968 ccm, 420 PS) zu schlagen. Im nächsten Jahr holte sich jedoch Ferrari mit dem Modell »330 P 4« (Motor: V 12, 3989 ccm, 450 PS bei 8200 U/min) den Titel zurück. Bei ihrem Debüt schafften Bandini/Amon und Parkes/Scarfiotti mit ihren »P 4«-Modellen den Doppelsieg bei den 24 Stunden von Daytona. Dritte wurden Rodriguez/Guichet mit dem »P 3/4«. Monza wurde wiederum von Bandini/Amon gewonnen. Es folgte eine Reihe weiterer hervorragender Plazierungen, wie der dritte Platz in Le Mans hinter dem Ford Mk IV. Die Modelle »P 3« und »P 4« wurden sowohl offen wie geschlossen gebaut.

Chaparral 2 F – 1967 (USA). Ausgerüstet war das Auto mit einem V-8-Chevrolet-Motor (6997 ccm), der ungefähr 570 PS bei 6500 U/min leisten konnte. Bei diesem Auto waren der hintere verstellbare Flügel, der mit der Aufhängung verbunden war, und das automatische Dreigang-Getriebe bemerkenswert. Das Team Phil Hill/Spence gewann in diesem Auto 1967 die 500 Meilen von Brands Hatch.

Ferrari 512 S – 1970 (I). Der »512 S« war mit einem V-12-Motor (4993 ccm) ausgerüstet, der 550 PS bei 8500 U/min leistete. Später erfolgte eine Steigerung auf 585 PS bis 600 PS bei 8800 U/min. Den einzigen Sieg erzielte die Mannschaft Andretti/Giunti/Vaccarella 1970 bei den 12 Stunden von Sebring. Ferrari konnte nichts gegen den Porsche 917 ausrichten, der zwar nicht stärker war, aber eine bessere Gewichtsverteilung hatte. Auch im folgenden Jahr mit dem modernisierten »512 M«, gefahren von Privatteams, änderte sich nichts. Immerhin erwiesen sich einige Modelle, so der von Roger Penske überarbeitete »512 M Sunoco«, als durchaus konkurrenzfähig.

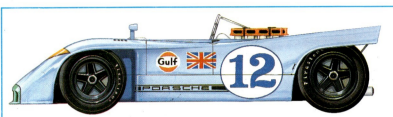

Porsche 908 – 1970 (D). Herausgebracht wurde dieser Porsche erstmals im Jahr 1968 mit einem flachen 8-Zylinder-Motor (2997 ccm), der 350 PS bei 8400 U/min leistete. Ein Jahr später errang Porsche die Marken-Weltmeisterschaft. Damals beteiligte sich die deutsche Firma mit zwei verschiedenen Modellen an den Rennen, und zwar mit der offenen Form (Modell 908.03) sowie dem geschlossenen Typ, der ein langgezogenes Heck besaß. Das superleichte Modell »908.03«, vorgestellt im Jahr 1970, wurde vor allem auf den kurvenreichen Rennstrecken eingesetzt, da die für den großen »917« nicht geeignet waren. Porsche gewann 1970 die Targa Florio und 1970 sowieso 1971 die 1000 Kilometer auf dem Nürburgring.

Porsche 917 LH – 1970 (D). Obwohl Porsche auch eine »917«-Version mit langgezogenem Heck hatte, die bis zu 400 km/h schaffte, war es das Kurzheck-Modell (Konstrukteur Kurz), das in den Jahren 1970 und 1971 in Le Mans gewann. Dann im Jahr 1971 brach für Porsche eine neue Ära an, in der die Überlegenheit dieser Marke überaus deutlich wurde. Es gab sieben Siege, drei durch Rodriguez/Oliver und einen von Helmut Marko. Mit einer Durchschnittsgeschwindigkeit von 222 km/h gewann Van Lennep die 24 Stunden in Frankreich.

Porsche 917 – 1970 (D). Nach einer Test-Saison im Jahr 1969, als dieses Porsche-Modell große Handling-Schwierigkeiten hatte, wurde der »917« privaten Teams überlassen, so auch John Wyer, der wichtige aerodynamische Änderungen anregte. Der Kampf um die Marken-Weltmeisterschaft 1970 wurde völlig von diesem Sportwagen beherrscht. Porsche gewann vier Rennen mit den Fahrern Rodriguez/Kinnunen, zwei Siege erzielte das Team Siffert/Redman, und einmal waren Attwood/Hermann in Le Mans erfolgreich. Der flache, luftgekühlte 12-Zylinder-Motor (der Mittelantrieb wurde fallengelassen) wurde von 4494 ccm im Jahr 1969 auf einen Hubraum von 4907 ccm erhöht. Die Leistung stieg von 540 PS bei 8400 U/min auf ungefähr 600 PS bei 8400 U/min.

Alfa Romeo 33 TT 3 – 1972 (I). Nachdem das Modell »33.3« drei Rennen im Jahr 1971 gewonnen hatte, machte auch das neue Modell mit seinem Rohr-Chassis eine gute Figur gegen den Ferrari »312 P«. Der V-8-Alfa-Romeo-Motor hatte einen Hubraum von 2994 ccm und leistete 440 PS bei 9800 U/min. Vaccarella/De Adamich belegten den vierten Platz in Le Mans.

Ferrari 312 P – 1972 (I). Nach einer erstaunlichen Test-Saison im Jahr 1972 gewann das Modell »312 P« alle Rennen, bei denen es beteiligt war. Der flache 12-Zylinder-Motor war eine Entwicklung aus dem Modell »F 1« (2991 ccm, 450 PS). Die Fahrer Ickx, Andretti, Regazzoni, Redman und Peterson machten es möglich, die Marken-Weltmeisterschaft zu gewinnen.

Alfa Romeo 33 TT 12 – 1975 (I). In der Saison 1974 war der »33 TT 12« nicht in der Lage, mit dem besser vorbereiteten Matra zu konkurrieren (beeinflußt auch durch die Geschäftspolitik von Alfa Romeo). Jedoch errang die Mailänder Firma im folgenden Jahr mit sieben von neun möglichen Siegen den Titel. Der flache 12-Zylinder-Motor (2995 ccm) leistete 470 PS (später gesteigert auf 500 PS) bei 11 000 U/min.

Matra-Simca 660 – 1970 (F). Matra setzte das Modell »650« des Jahres 1969 und das neu entwickelte Modell »660« erstmals in der Rennsaison 1970 ein. Der V-12-Motor, weiterentwickelt aus dem »F 1«, hatte einen Hubraum von 2999 ccm und eine Leistung von 430 PS oder 450 PS, je nach Rennstrecke. Die besten Ergebnisse waren zwei fünfte Plätze in Monza und Brands Hatch. Das Modell »660« nahm auch in den Jahren 1971 und 1972 an Rennen teil, jedoch war ihm dabei kein großes Glück beschieden.

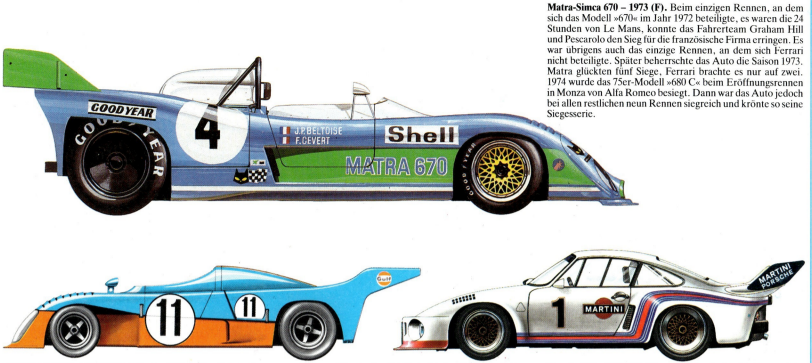

Matra-Simca 670 – 1973 (F). Beim einzigen Rennen, an dem sich das Modell »670« im Jahr 1972 beteiligte, es waren die 24 Stunden von Le Mans, konnte das Fahrerteam Graham Hill und Pescarolo den Sieg für die französische Firma erringen. Es war übrigens auch das einzige Rennen, an dem sich Ferrari nicht beteiligte. Später beherrschte das Auto die Saison 1973. Matra glückten fünf Siege, Ferrari brachte es nur auf zwei. 1974 wurde das 75er-Modell »680 C« beim Eröffnungsrennen in Monza von Alfa Romeo besiegt. Dann war das Auto jedoch bei allen restlichen neun Rennen siegreich und krönte so seine Siegesserie.

Gulf-Ford GR 8 – 1975 (GB). Für das 24-Stunden-Rennen in Le Mans wurden 1975 neue Bestimmungen eingeführt, die jedoch nicht für die Marken-Weltmeisterschaft galten. Es wurde eine Begrenzung für den Benzinverbrauch festgelegt, und zwar mußten mindestens zwanzig Runden zwischen zwei Tankstops liegen. Zwei Stunden nach dem Start ging das Gulf-Ford-Team von John Wyer in Führung, und es gewann auch mit den Fahrern Ickx und Bell nach einer zurückgelegten Distanz von 4594 km. Das Modell »GR 8« war mit einem klassischen V-8-Cosworth-Motor (2995 ccm) bestückt, der ungefähr 370 PS leistete.

Der GT-Kalender beinhaltete Rallyes und Bergrennen, wobei sich die Aufmerksamkeit hauptsächlich auf die Prototypen richtete. Ferrari dominierte in dieser Klasse mit seinem 250 P, der seiner Zeit weit voraus war. Er hatte einen V-12-Motor mit 3000 ccm Hubraum, Einzel-Vorderradaufhängung und Heckantrieb. Die Firma verwendete gegen Ende der erfolgreichen Saison für die Fahrer Scarfiotti, Surtees, Bandini und andere eine Serienversion des Prototyps, den 250 Le Mans.

Die dauernd erfolgreiche Ferrari-Fabrik war zwar klein, aber dennoch bereits zu einer Legende geworden. Besonders jene Konkurrenz, die vergeblich versuchte, die Firma aufzukaufen, wie etwa Ford, hatte so seine Probleme mit ihr. Am 20. Mai 1963 schien es, als wäre die Übernahme von Maranello durch Ford bereits perfekt, aber Enzo Ferrari brachte nach nochmaliger Überlegung die ganze Sache in letzter Minute zum Scheitern. Henry Ford schwor Rache. Die Auseinandersetzungen, die später als »Kampf zwischen David und Goliath« bekannt wurden, begannen 1964. Ein neues Ford-GT-Modell mit V-8-Motor, das auf dem britischen Lola basierte, erschien beim 1000-km-Rennen auf dem Nürburgring. Die Meisterschaft war jedoch auf Prototypen beschränkt, und der Ferrari erfüllte diese Regel. Porsche führte in der 2-Liter-Klasse, und ein an Ford angeschlossenes amerikanisches Team, A. C. Cobra, konnte mit seinen offenen Sportzweisitzern und GTs kräftig mithalten.

Cobra gewann die Trophäe der Hersteller, die wieder auf die üblichen drei GT-Gruppen begrenzt war. Ferrari erhielt jedoch die um einiges schwieriger zu erringende Trophäe der Prototypen. Es kam zu einem aufregenden Kampf zwischen Europa und den USA: Auf der einen Seite Ferrari, der immer noch unabhängig war und nicht zum Fiat-Konzern gehörte; auf der anderen Seite Ford, unterstützt durch den futuristischen Chaparral des Texaners Jim Hall mit einem Chevrolet-Motor (General Motors) und Automatikgetriebe. Ferrari trat mit seinen 330 P 2-Prototypen (3300 ccm und 4000 ccm Hubraum) und Ford mit seinen GT 40 (Rahmen in Halbschalenbauweise, 4200 ccm Hubraum) an. Die Amerikaner wollten beweisen, daß es möglich war, den souverän herrschenden Ferrari mit hochgezüchteten Reihenmotoren, die verbesserte Leistung brachten, zu schlagen. Beim 24-Stunden-Rennen von Le Mans, wo das Duell seinen Höhepunkt erreichte, konnte das Maranello-Werk jedoch mit seinem »250 Le Mans«, der sowohl die offiziellen Autos als auch die 7-Liter-Monster aus Detroit hinter sich ließ, einen triumphalen Erfolg feiern.

Ford gab aber nicht auf und konnte Ferrari im Jahr 1966 schließlich besiegen. Nach einer Reihe sehr ausgeglichener Rennen, aus denen Ferrari mit 36 Punkten an der Spitze und Ford mit 26 Punkten als Zweiter hervorgingen, stand als nächstes Rennen der Große Preis von Le Mans auf dem Terminplan. Der Gewinner dieses Rennens mußte auch den Titel erringen. Diesmal gewann Ford: Sein leistungsstarker »GT Mk II« mit ungefähr 500 PS belegte mit den Fahrerteams McLaren/Amon, Miles/Hulme und Bucknum/Hatchesson die ersten drei Plätze. Die »330 P 3« von Scarfiotti, Rodriguez und Bandini wurden geschlagen, und Ford gewann mit zwei Punkten Vorsprung den Meistertitel.

1967 konnte sich Ferrari den Titel zurückholen, obwohl Ford beim Le-Mans-Rennen (von dem man sagt, es sei so viel wert wie alle anderen zusammen) den ersten Platz holte. Porsche erhöhte weiterhin den Hubraum seiner Motoren, Alfa Romeo kam mit dem »33« mit V-8-Motor und 2 Liter Hubraum, und Matra präsentierte das kleinmotorige Coupé Renault-Alpine.

1968 wurde das Reglement geändert. Nun durften Sportwagen bis 5000 ccm und Prototypen mit bis zu 3 Litern Hubraum teilnehmen. Ferrari paßte, und Ford schlug den Porsche 908 mit 3000 ccm Hubraum. Alfa brachte den »33« mit 2500 ccm-Motor heraus.

In Watkins Glen gab es eine weitere Neuerung.

Porsche 935 – 1976 (D). Dieses Auto war eine Weiterentwicklung aus der »911«-Serie. Es hatte einen flachen 6-Zylinder-Turbo-Motor (2857 ccm), der 630 PS bei 8000 U/min leistete. Der »935« gewann den Titel in der Gruppe 5 in der »Silhouette«-Meisterschaft, während das Turbo-Modell »936« mit 2142 ccm in der Gruppe 6, der Sportwagenklasse, den Titel im selben Jahr holte.

Renault Alpine A 442 B – 1978 (F). Nur ein wenig Glück fehlte dem Renault Alpine 1977 zum Sieg bei den 24 Stunden von Le Mans, nachdem das Fahrzeug 19 ½ Stunden lang in Führung gelegen hatte. Aber im folgenden Jahr schafften es die Fahrer Pironi und Jaussaud, als Erste durchs Ziel zu fahren. Der »A 442 B« besaß einen V-6-Garrett-Turbo-Motor mit einem Hubraum von 1997 ccm und einer Leistung von 500 PS bei 9900 U/min.

Der Start wurde erstmals nach den Formel-1-Richtlinien und nicht mehr auf die von Le Mans her bekannte berühmte traditionelle Art durchgeführt. In Le Mans mußten sich die Fahrer an der anderen Seite der Strecke gegenüber ihren Wagen aufstellen und durften erst nach dem Startsignal in ihre Autos springen und die Motoren anlassen.

1969 begann die Pörsche-Ära. Die deutsche Firma errang vor Ford und Lola ihren ersten Meisterschaftstitel, nachdem ihr Meisterteam Siffert/Redman auf einem 908 alle sieben Rennen gewonnen hatte. Das beeindruckendste Modell wurde dann jedoch der Typ 910, ein Sportwagen mit 12-Zylinder-Boxermotor, 4500 ccm Hubraum und 540 PS. Er kam in Spa zum ersten Mal zum Einsatz und überzeugte, obwohl er anfangs nicht sehr beliebt war, die Fahrer doch bald mit seiner Überlegenheit.

Den ersten Sieg mit diesen Autos schaffte der Belgier Jackie Ickx in Le Mans. Außerdem erschienen in diesem Jahr erstmals der »332« mit 3 Liter Hubraum und der »312 P«, ein weniger erfolgreicher Prototyp von Ferrari.

Auch 1970 und 1971 waren »Porsche-Jahre«, als die Stuttgarter Firma den italienischen Ansturm des 512-S-Sportwagens mit 5000 ccm, der jedoch zu schwer und nicht sehr aerodynamisch war, abwehren konnte. Porsche machte sich den Spaß bei der Targa Florio, ein eigenartiges Auto vorzustellen: eine spezielle »rautenförmige« Variante des 908, die bald den Spitznamen »Fahrrad« bekam. Ferrari konzentrierte sich 1971 auf die Entwicklung eines 3-l-Autos für die Meisterschaft von 1972, die für Sportwagen mit 3000 ccm Hubraum ausgerichtet werden sollte. Kein Problem für Porsche, obwohl auch Alfa Romeo mit drei Siegen wieder im Scheinwerferlicht stand.

1972 wurde für Ferrari zum »Schwanengesang«. Porsche nahm den »917« aus dem Verkehr und zog sich von der Meisterschaft zurück. Weder Alfa noch Matra-Simca konnten das Maranello-Werk übertreffen, das mit dem »312 P« und einem hervorragenden Fahrerteam (Andretti, Ickx, Regazzoni, Peterson, Redman, Pace, Merzario, Schenken) zehn der elf Rennen gewann. »Zur Ehrenrettung der Nation« erzielte Matra wenigstens in Le Mans einen ersten Platz.

1973 wendete sich jedoch das Blatt zugunsten der Franzosen. Ferrari hatte den 312 P nicht ausreichend weiterentwickelt und wurde zusätzlich durch Probleme mit der Kupplung behindert. Bei Alfa Romeo war es das gleiche. Matra-Simca sicherte sich beim letzten Rennen in Watkins Glen die Führung, als Pescarolo/Larrousse in dem »670« vor dem roten »Spyder« von Ickx und Merzario durchs Ziel gingen. 1974 zog sich Ferrari von der Marken-Weltmeisterschaft völlig zurück und konzentrierte sich nur noch auf die Formel 1. Wegen der Ölkrise strich man die Rennen in Daytona und auf dem Nürburgring und kürzte das Rennen in Castellet von 1000 Kilometer auf 200 Kilometer. Matra gewann abermals, die Meisterschaft litt jedoch unter den Folgen der steigenden Kosten und der Konkurrenz der Grand Prix.

1975 war das letzte Jahr der Sportwagen mit 3000 ccm Hubraum. Alfa Romeo nützte seinen Vor-

Lancia LC 2 – 1984 (I). Porsches größter Rivale ist dieses Modell mit einem Motor, der aus dem Ferrari V 8 entwickelt wurde, mit einem Hubraum von 2599 ccm. Seine zwei KKK-Turbostrahler erreichen eine Leistung, die je nach Druck zwischen 600 und 700 PS variiert. Es hat auch eine elektronische Einspritzung von Weber-Marelli.

Porsche 956 – 1984 (D). Dieses Auto beherrschte die Rennszene in den Jahren 1982, 1983 und 1984. Der »956« der Gruppe C hat einen flachen 6-Zylinder-Motor (2650 ccm) mit einem kombinierten Kühlsystem: Luft für die Zylinderkolben und Wasser für die Zylinderköpfe. Ferner hat es zwei KKK-Turbostrahler und ein vollelektronisches Einspritzsystem. Die Leistungskapazität liegt bei 600 PS.

teil und wurde durch die Siege in sieben von neun Rennen mit dem Titel belohnt. Der Turbo von Porsche Carrera war jedoch ein gefährlicher Rivale, und auch Renault erprobte in dem »A 442« schon Turbomotoren.

Eine weitere Porsche-Ära begann 1976 mit der »Silhouettes«-Meisterschaft sowie mit der Weltmeisterschaft der Sportwagen auf kurze Distanzen (bei der Markentrophäe gingen die Rennen über mindestens 1000 km oder sechs Stunden). Porsche gewann beide, erstere mit dem 935 T, letztere mit dem 936 T. Das Silhouette-Reglement war einfach und verlangte nur hinsichtlich der äußeren Erscheinung eine Ähnlichkeit mit normalen Serienmodellen. Weitgehende mechanische Veränderungen waren jedoch erlaubt.

1977 gewann Porsche wieder die »Silhouettes«, Alfa Romeo bekam jedoch den Sportwagentitel. In den Jahren 1978 und 1979 wurde der Wettbewerb auf »Silhouettes« beschränkt, der ein Fest für die Deutschen wurde, obwohl Lancia in Silverstone am 6. Mai 1979 mit seinem »Montecarlo Turbo« antrat. Im nächsten Jahr wurde Lancia Weltmeister, einerseits aufgrund seiner qualitativ hochwertigen Autos und andererseits dank der außergewöhnlichen Fähigkeiten des Teams.

Lancia wiederholte seinen Erfolg 1981 bei einer Meisterschaft, die man »Endurance« nannte, während Porsche sich mit dem Sieg in Le Mans tröstete. Die deutsche Firma kam 1982 mit dem »956« in der Gruppe C wieder an die Spitze und konnte auch 1983 alle Rennen gewinnen, obwohl Lancia einen Wagen mit Zwillingsturbomotor von Ferrari gemeldet hatte.

Weitere Veränderungen wurden zwar hinsichtlich Beschränkung des Benzinverbrauchs und Verbesserung der Elektronik erörtert, es scheint aber, als seien die goldenen 50er und 60er Jahre dieser Meisterschaft endgültig vorüber.

Rallyes

Lancia Fulvia HF – 1971 (I). Der HF-Motor, vor der Vorderachse gelegen, war eine V-4-Ausführung (1584 ccm) mit zwei obenliegenden Nockenwellen, die 160 PS bei 7200 U/min leistete. Das Auto hatte Vorderradantrieb, das Getriebe in einem Block mit dem Differential. Der »Fulvia HF« hatte sich seit 1966 tatkräftig am Renngeschehen beteiligt. Das erfolgreichste Jahr war 1972, als das Auto den Titel und die Rallyes von Marokko, Monte Carlo und San Remo gewann.

Diese Art Wettbewerb entstand 1911, als die erste Rallye Monte Carlo, die ein »Turcat-Méry« gewann, organisiert wurde. Zwischen den beiden Weltkriegen folgten weitere, wie die Rallye Liège–Rom–Liège von 1931, die Marokko-Rallye von 1934 und der Alpen-Cup von 1938. Große Bekanntheit erreichten sie jedoch erst nach dem Zweiten Weltkrieg. Der Hauptgrund dafür war wohl die Einführung eines Reglements, nach dem »Allerweltsautos« gründlich erprobt werden konnten. Bis in die 50er Jahre waren die Teilnehmer an der Rallye Monte Carlo vor allem Privatfahrer, die in Autos wie Delahaye, Hotchkiss, Allard, Ford, Lancia und Jaguar siegten. Bald jedoch veranlaßte der Werbeeffekt dieser Rallyes viele Firmen, speziell dafür entwickelte Autos ihrer Marken zu melden. Langsam, aber sicher wichen sie dabei immer mehr von der lange Zeit streng eingehaltenen Vorschrift, nur Serienautos zuzulassen, ab. Um nun zu gewinnen, waren ganz spezielle Motoren und eine optimale Organisation erforderlich Das war mit so hohen Kosten verbunden, daß eine Teilnahme für private Teams völlig ausgeschlossen war. Das erste Werks-Auto, das eine Rallye gewann, war im Jahr 1958 der Renault Dauphine. Ihm folgten Citroën, Mercedes und Saab.

In den 60er Jahren dominierten die skandinavischen Fahrer, die als erste in den Jahren 1964, 1965 und 1967 mit dem einfach zu handhabenden 100-PS-Mini Cooper sogar Autos ausstachen, die das Doppelte an Leistung hatten.

Nach den erfolgreichen kleinen britischen Autos mit Frontantrieb folgte der »alles hinter sich lassende«, kraftvolle Porsche 911, der 1968, 1969 und 1970 siegte. Zu dieser Zeit führte man die Internationale Marken-Rallye-Meisterschaft durch, um das öffentliche Interesse auch auf andere Rennen auszudehnen. In den frühen 70er Jahren waren Alpine und Lancia abwechselnd erfolgreich. Alpine wurde 1971 und 1973 Meister, Lancia 1972 mit dem Fulvia Coupé HF und 1974, 1975 und 1976 mit dem Stratos, einem speziell für Rallyes konstruierten Auto. Der Fiat 131 Abarth gewann die Meisterschaften von 1977, 1978 und 1980, der Ford Escort RS die von 1979 und der Talbot-Lotus die von 1981. Im selben Jahr erschien auch erstmals der Audi Quattro mit Allradantrieb, der 1982 den Titel errang. Er inspirierte alle anderen Firmen, gleichfalls Modelle mit Vierradantrieb herauszubringen. 1983 ging der Sieg aber an den neuen, noch herkömmlichen Lancia Rallye, ein Auto mit 4 Zylindern, 2 Litern Hubraum und Turbomotor mit 300 bis 310 PS. Zu den wichtigsten Autos in den fünfzehn Jahren der Rallye-Weltmeisterschaft, die seit 1973 offiziell ist, zählten der Datsun 240 Z und der Mitsubishi Colt, die zwischen 1971 und 1976 mehrmals die Ostafrika-Safari gewannen, sowie der Datsun Violet, der im selben Rennen von 1979 bis 1982 siegte. Ferner waren auch der Saab 99, der in Schweden die meisten Siege verzeichnen konnte, der Renault 5 Turbo, der 1981 in Monte Carlo siegte, und der Opel 400, der 1982 und 1983 den Titel errang, recht erfolgreich.

Alpine 1600 S – 1971 (F). Der »Alpine 1600 S« hatte ein Gewicht von nur 760 Kilo. Es wurde die von Porsche entworfene Form mit überhängendem Heckmotor verwandt. Es erwies sich damit als eines der am leichtesten zu handhabenden Autos aus den siebziger Jahren. Der 4-Zylinder-Motor (1565 ccm) besaß eine Ventilsteuerung mit Stößelstangen, die durch vier Vergaser gespeist wurde. Das Fahrzeug leistete 160 PS bei 7200 U/min und hatte ein zentrales Fünfgang-Getriebe. 1971 wurden die Rallyes Akropolis, Österreichische Alpen, Monte Carlo und San Remo gewonnen.

Lancia Stratos – 1974 (I). Das war das erste Auto, das speziell für Rallyes gebaut wurde. Es gewann die Weltmeisterschaft in den Jahren 1974, 1975 und 1976. Der »Stratos« besaß einen zentral gelagerten Motor, sehr kurzen Radstand und eine selbsttragende Allradaufhängung. Der V-6-Motor (2418 ccm) war eine Weiterentwicklung aus dem Ferrari Dino. In der ursprünglichen Fassung leistete der Motor 245 PS bei 8500 U/min. Die aus Plastik gefertigte Karosserie wog lediglich 890 kg.

Renault 5 Turbo – 1981 (F). Der »5 Turbo« gewann zwei Weltmeisterschafts-Rallyes, und zwar 1981 in Monte Carlo und 1982 in Korsika. Es bestehen sehr wenige Ähnlichkeiten zu dem normalen »5«: Der Heck-Motor mit 1397 ccm Hubraum hat mit seinem Turbo eine Basisleistung von 160 PS bei 6000 U/min und eine Benzin-Einspritzung.

Audi Quattro – 1982 (D). Das war das erste Auto mit Vierradantrieb, das in der Rallye-Weltmeisterschaft startete. Die drei Differentiale bewirken einen ausgeglichenen Antrieb. Der überhängende 5-Zylinder-Frontmotor (2199 ccm) ist mit einer Pierburg-Einspritzung und einem KKK-Turbostrahler ausgestattet und hat einen Luft-Luft-Hitzeaustauscher. Mit einer Leistung von 360 PS bei 7000 U/min war der »Quattro« Weltmeister des Jahres 1982 und kam im Jahr 1983 auf den zweiten Platz.

Gianni Rogliatti # Der Geschwindigkeits-Weltrekord zu Lande

Der Geschwindigkeits-Weltrekord zu Lande ist das einzige »Rennen«, in dem es kein Ziel gibt. Jeder Teilnehmer fährt einzig und allein gegen die Uhr. Es begann im Jahr 1898 mit einer Wette, als der Adlige Gaston de Chasseloup-Laubat in seinem Elektroauto Jeantaud zum ersten Mal eine abgemessene Strecke fuhr und den Kilometer aus dem Stand in 57 Sekunden schaffte. Er hatte damit eine Durchschnittsgeschwindigkeit von 63,158 km/h. Seine Leistung wurde sofort von dem Belgier Jenatzy kopiert, der mit seiner »Jamais Contente« die 100-km/h-Marke überschreiten konnte. Dadurch widerlegte er auch den Mythos, daß die Lunge des Menschen bei einer solchen Geschwindigkeit bersten würde. Auf welcher wissenschaftlichen Grundlage diese Behauptung basierte, ist nicht bekannt.

Dem Elektroauto folgte Serpollets Dampfauto und schließlich das erste Benzinauto, der »Mors« des amerikanischen Milliardärs Vanderbilt, der 1902 den Rekord aufstellte. 1906 erreichte der Amerikaner Marriott zum letztenmal mit einem Dampfauto die Geschwindigkeit von 200 km/h. Die Meilendistanz wurde jedoch nicht anerkannt, und so war Hémérys Benz das erste Auto, das offiziell die 200er-Marke überschritt.

Weitere Rekorde, jeweils mit ca. 100-km/h-Ab-

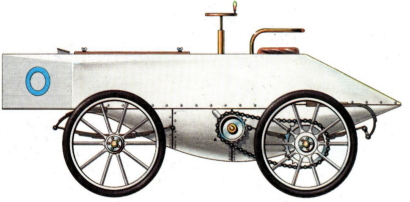

Jeantaud – 1898 (F).
Fahrer: Chasseloup-Laubat
Motor mit elektrischer »Fulmen«-Batterie – 63,158 km/h (Achères, Frankreich)

Jenatzy »La Jamais Contente« – 1899 (F).
Fahrer: Jenatzy
Zwei Motoren mit elektrischen »Fulmen«-Batterien – 105,904 km/h (Achères, Frankreich)

Serpollet – 1902 (F).
Fahrer: Serpollet
4-Zylinder-Dampfmotor – 120,771 km/h (Nizza, Frankreich)

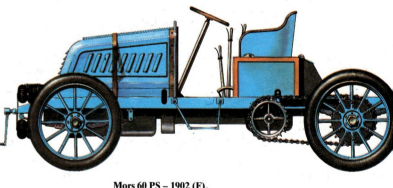

Mors 60 PS – 1902 (F).
Fahrer: Fournier
4-Zylinder, 9200 ccm, 60 PS – 123,249 km/h (Dourdan, Frankreich)

Ford 999 Arrow – 1903 (USA).
Fahrer: Henry Ford
4-Zylinder, 15 700 ccm, 72 PS – 147,014 km/h (Lake St. Clair, USA)

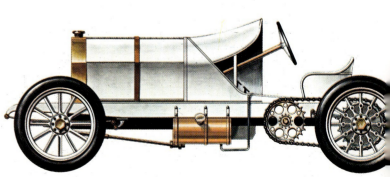

Mercedes Simplex 90 PS – 1904 (D).
Fahrer: Vanderbilt
4-Zylinder, 11 900 ccm, 90 PS – 148,510 km/h (Daytona Beach, USA)

ständen (dazwischen gab es zahlreiche erfolglose Versuche) stellten Segrave mit 327,981 km/h im Jahr 1927 mit einem Sunbeam, Malcolm Campbell mit 408,621 km/h im Jahr 1932, Eyston mit 501,374 km/h im Jahr 1937 und schließlich Cobb mit 634,267 km/h im Jahr 1947 auf.

Nach dem Zweiten Weltkrieg begann mit den Düsentriebwerken eine neue Ära. Anfangs reagierte man darauf eher feindselig, sie paßten nicht zu den bestehenden Statuten, nach denen ein Auto vier Räder zu haben hat, von denen mindestens zwei Antriebsräder sind. Schließlich wurden sie doch akzeptiert, nachdem die Regeln dahingehend geändert wurden, daß ein Auto zwar vier Räder haben, diese jedoch nicht unbedingt paarweise angebracht sein mußten.

Donald Campbell brachte mit dem letzten der Bluebirds, der eine Turbine, aber auch Antriebsräder hatte, den Rekord nach England zurück. Er starb später bei einem Versuch, den Geschwindigkeitsrekord zu Wasser zu brechen. Turbinen- und Raketenantriebe ermöglichten es, sogar die 1000-km/h-Grenze ohne Schwierigkeiten zu überbieten. Zeitweise schafften es sogar torpedoförmige Autos, auf freier Strecke die Schallmauer zu durchbrechen. Diese Fahrzeuge kann man aber trotz ihrer Räder fast nicht mehr als Autos bezeichnen, sondern eher als »Flugzeuge«, die von den Fahrern auf dem Boden gehalten werden mußten.

Die beiden amerikanischen Brüder Summers halten den Rekord für das schnellste Auto aller Zeiten: Es war der »Goldenrod« mit vier modifizierten Serienmotoren, der 1965 eine Geschwindigkeit von 658,527 km/h erreichte. Sogar heute können nur Düsenflugzeuge auf Rädern diesen Rekord brechen. Kein Rad, ob mit oder ohne Reifen, könnte ausreichend Schub für Geschwindigkeiten über 1000 km/h bieten.

Mancher mag fragen, warum diese Männer immer wieder den Rekord brechen wollen. Die Antwort ist die gleiche wie bei denjenigen, die den Everest besteigen: »Weil es ihn gibt«. Beim Geschwindigkeitsrekord zu Lande geht es lediglich darum, auf einer Strecke von einem Kilometer um ein paar Zehntelsekunden schneller zu sein als der bisherige Rekordhalter. Dazu braucht man unglaublich viel Beharrlichkeit. Erst müssen Sponsoren zur Finanzierung gefunden werden, dann muß man die vielen Probleme lösen, die mit der Konstruktion eines geeigneten Autos verbunden sind. Endlich setzt man sich hinters Lenkrad und konzentriert sich auf die Mittellinie, die irgendwo in der Unendlichkeit verschwindet, bis man schließlich das Gaspedal voll durchtritt. Das Ganze dauert nur ein paar Sekunden. Der Rekord ist jedoch erst dann offiziell gültig, wenn man innerhalb einer Stunde nach dem ersten Start dieselbe Distanz in entgegengesetzter Richtung noch einmal zurücklegt.

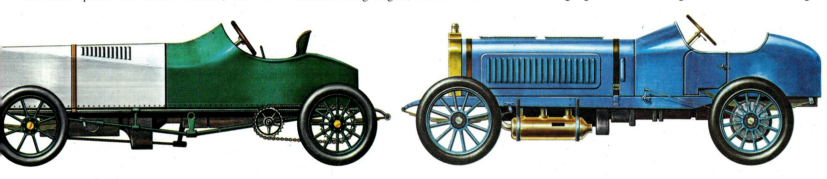

Gobron-Brillié – 1904 (F).
Fahrer: Rigolly
4-Zylinder, 13 600 ccm, 130 PS – 166,628 km/h (Ostende, Belgien)

Darracq – 1904 (F).
Fahrer: Baras
4-Zylinder, 11 259 ccm, 100 PS – 168,188 km/h (Mongeron, Frankreich)

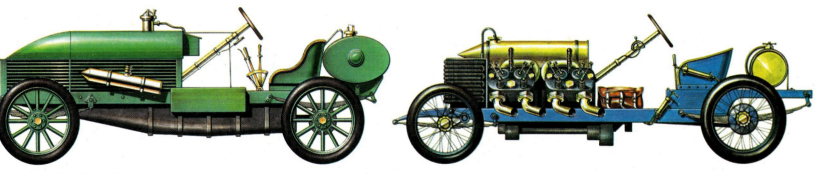

Napier Six – 1905 (GB).
Fahrer: MacDonald
6-Zylinder, 15 000 ccm, 90 PS – 168,381 km/h (Daytona Beach, USA)

Darracq V 8 – 1905 (F).
Fahrer: Héméry
90° V 8, 22 500 ccm, 200 PS – 175,422 km/h (Arles-Salon, Frankreich)

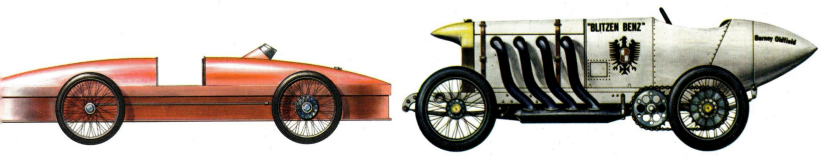

Stanley Rocket – 1906 (USA).
Fahrer: Marriott
2-Zylinder-Dampfmotor, 120 PS – 195,606 km/h (Daytona Beach, USA)

Blitzen Benz – 1910 (D).
Fahrer: Oldfield
4-Zylinder, 21 500 ccm, 200 PS – 211,500 km/h (Daytona Beach, USA)

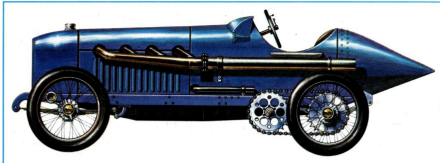

Benz – 1914 (D).
Fahrer: Hornsted
4-Zylinder, 21 500 ccm, 200 PS – 199,676 km/h Durchschnitt in beiden Richtungen (Brooklands, Großbritannien)

Packard 905 – 1919 (USA).
Fahrer: De Palma
V 12, 9900 ccm, 240 PS – 241,148 km/h (Daytona Beach, USA)

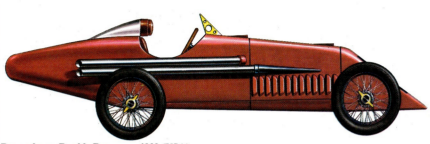

Duesenberg »Double Duesey« – 1920 (USA).
Fahrer: Milton
zweimal 8-Zylinder, 10 000 ccm insgesamt, 184 PS – 251,052 km/h (Daytona Beach, USA)

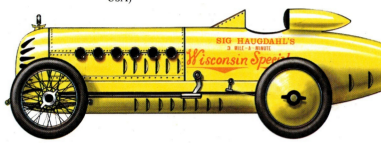

Wisconsin Special – 1922 (USA).
Fahrer: Haugdahl
6-Zylinder, 12 500 ccm, 250 PS – 260,658 km/h (nicht bestätigt) (Daytona Beach, USA)

Sunbeam 350 PS – 1922 (GB).
Fahrer: Guinness
60° V 12, 18 300 ccm, 350 PS – 215,250 km/h Durchschnitt in zwei Runden (Brooklands, Großbritannien)

Sunbeam – 1924 (GB).
Fahrer: Campbell
60° V 12, 18 300 ccm, 350 PS – 235,217 km/h (Pendine Sands, Großbritannien)

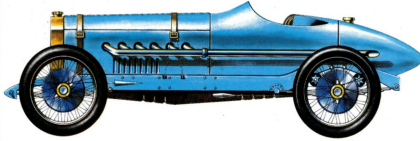

Delage – 1924 (F).
Fahrer: Thomas
60° V 12, 10 600 ccm, 280 PS – 230,634 km/h (Arpajon, Frankreich)

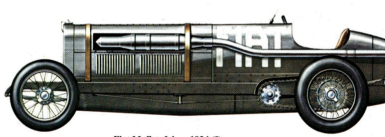

Fiat Mefistofele – 1924 (I).
Fahrer: Eldridge
6-Zylinder, 21 714 ccm, 320 PS – 234,986 km/h (Arpajon, Frankreich)

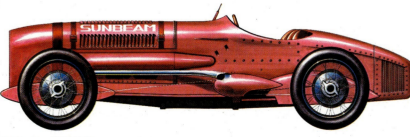

Sunbeam – 1926 (GB).
Fahrer: Segrave
65° V 12 Kompressor, 4000 ccm, 306 PS (Southport, Großbritannien)

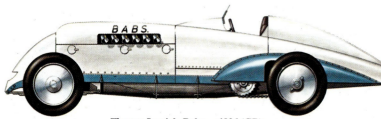

Thomas Special »Babs« – 1926 (GB).
Fahrer: Thomas
45° V 12, 26 900 ccm, 400 PS – 275,229 km/h (Pendine Sands, Großbritannien)

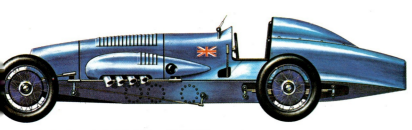

Napier-Campbell »Bluebird« – 1927 (GB).
Fahrer: Campbell
12-Zylinder, 22 300 ccm, 450 PS – 281,447 km/h (Pendine Sands, Großbritannien)

Sunbeam 1000 PS – 1927 (GB).
Fahrer: Segrave
zweimal V 12, 45 000 ccm insgesamt, 870 PS – 327,981 km/h (Daytona Beach, USA)

White Triplex – 1928 (USA).
Fahrer: Keech
dreimal 12-Zylinder, 81 000 ccm insgesamt, 1200 PS – 334,022 km/h (Daytona Beach, USA)

Stutz Black Hawk – 1928 (USA).
Fahrer: Lockhart
V 16, 3000 ccm Kompressor, 385 PS – nicht geglückter Versuch (Daytona Beach, USA)

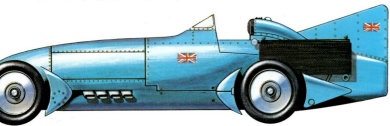

Napier-Campbell – 1928 (GB).
Fahrer: Cambell
12-Zylinder, 22 300 ccm, 450 PS – 333,062 km/h (Daytona Beach, USA)

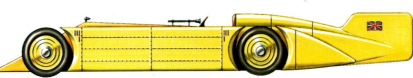

Irving Napier »Golden Arrow« – 1929 (GB).
Fahrer: Segrave
12-Zylinder, 26 900 ccm, 925 PS – 372,340 km/h (Daytona Beach, USA)

Rolls-Royce Campbell »Bluebird« – 1933 (GB).
Fahrer: Campbell
V 12 Kompressor, 36 500 ccm, 2300 PS – 438,123 km/h (Daytona Beach, USA)

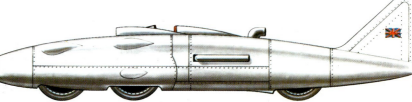

Thunderbolt – 1937 (GB).
Fahrer: Eyston
zweimal V-12-Kompressor (Rolls-Royce), 73 000 ccm insgesamt, 4700 PS – 501,374 km/h (Bonneville, USA)

Railton »Mobil Special« – 1938 (GB).
Fahrer: Cobb
zweimal 12-Zylinder (Napier), 26 900 ccm insgesamt, 1250 PS – 536,471 km/h (Bonneville, USA)

Wingfoot Express – 1964 (USA).
Fahrer: Green
Westinghouse J 46 dreistufiger Rückstoß-Motor, 664,950 km/h (Bonneville, USA)

Spirit of America – 1964 (USA).
Fahrer: Breedlove
General-Electric-J-47-Rückstoßmotor – 665,151 km/h (Bonneville, USA)

Bluebird – 1964 (GB).
Fahrer: D. Campbell
Bristol-Siddeley-Proteus-Turbinen-Motor, 4100 PS – 648,728 km/h (Lake Eire, Australien)

Wingfoot Express II – 1965 (USA).
Fahrer: Tatroe
25-Raketen-Aerojet – J. A. T. O. – ungefähr 933 km/h (nicht bestätigt) (Bonneville, USA)

Spirit of America »Sonic I« – 1965 (USA).
Fahrer: Breedlove
General-Electric-J-79-Rückstoßmotor – 966,571 km/h (Bonneville, USA)

Goldenrod – 1965 (USA).
Fahrer: Summers
viermal V-8-Chrysler, 29 400 ccm insgesamt, 2432 PS – 658,527 km/h (Bonneville, USA)

The Blue Flame – 1970 (USA).
Fahrer: Gabelich
Reaction-Dynamics-Rückstoßmotor – 1001,667 km/h (nicht bestätigt) (Bonneville, USA)

◀ **Green Monster – 1965 (USA).**
Fahrer: Arfons
General-Electric-J-79-Rückstoßmotor – 927,829 km/h (Bonneville, USA)

Thrust 2 – 1983 (USA).
Fahrer: Noble
British-Electric-Rückstoßmotor – 1019,700 km/h (Black Rock, Nevada, USA)
▼

Die großen Erfindungen

Die beiden Deutschen Daimler und Benz entwickelten unabhängig voneinander in den Jahren 1885 und 1886 ein richtiges Automobil. Es war leicht, leistungsstark und zuverlässig und wurde entweder von ihnen selbst oder in Lizenz von den ersten Automobilherstellern gefertigt. Später wurde es kopiert und vervollkommnet, und man konstruierte nach und nach Fahrzeuge, die stärkere Leistung, höhere Drehzahl, mehr Zylinder und einen größeren Hubraum hatten. Daimler hatte früher andere Motore gebaut, die aber stationär und damit auch schwerer waren. Es ist sehr interessant, die Eigenschaften des leichten Daimler-Motors, der an ein Fahrrad montiert wurde (0,5 PS, 20 Kilo, 0,264 Liter, 700 U/min), mit denen der durchschnittlichen Kleinmotoren der heutigen Zeit zu vergleichen. Die letzteren haben einen mit dem Daimler-Motor vergleichbaren Zylinderhubraum, aber da sie gewöhnlich 4 Zylinder besitzen, beträgt der Gesamthubraum 1100 ccm, das Gewicht ungefähr 100 Kilo und die Leistung bei 5000 bis 6000 U/min etwa 60 PS.

Der überwältigendste Fortschritt auf diesem Gebiet zeigt sich jedoch in den heutigen Rennautos: Mit Hilfe der Turbolader ist es möglich, bei einem Motor mit 1500 ccm Hubraum, einem Gewicht von 160 Kilo und einer Drehzahl von 12 000 U/min eine Leistung von über 600 PS zu erzielen.

Nach der Entwicklung der Motoren richteten die damaligen Autohersteller ihr Augenmerk auf die übrigen Bestandteile, die ein »richtiges« Auto erst ausmachten. Es sollte leicht zu lenken sein, auch mit schlechten Straßen fertig werden können, notfalls schnell zum Halten zu bringen sein und, nicht zuletzt, auch keine Schwierigkeiten beim Starten bieten.

Man benötigte also – inzwischen standardisierte – Komponenten wie korrektes Lenksystem, Reifen, Differential, Kugellager, Bremsen, Aufhängung, Getriebe, Kupplung sowie einen geeigneten Platz für den Antrieb. Eine vollständige Karosserie und die entsprechende Ausstattung waren erst später erforderlich, als das Automobil zu einem echten Beförderungsmittel wurde, im Gegensatz zu früher, als es noch eine Seltenheit darstellte.

Daimler entwickelte die Gangschaltung. Benz und langsam auch andere Firmen verwendeten das Kettenradsystem mit Zähnen verschiedener Durchmesser, das in jener Zeit als das einzig zuverlässige angesehen wurde. Da dieses System eine Riemenspannrolle für die schlaffe Kette hatte, erfand man, fast unabsichtlich, die Kupplung, die unerläßlich war, um den Motor im Leerlauf starten und dann mit dem Getriebe verbinden zu können. Als die Leistungen stiegen, verwendeten die Hersteller Zahnräder und entwickelten langsam die Kupplung, wie wir sie heute kennen. Sie bestand aus einer Metallplatte, die ebensogut ein Kegel oder eine zylindrische Trommel sein konnte, die vom Motor mit einem gleichen Teil angetrieben wurde, das mit einem reibungsbeständigen Material (ursprünglich Leder, dann Asbest) bezogen war, um den Antrieb auf das Getriebe zu übertragen.

Die Erfindung des Zwischenschaltungsgetriebes, das heißt direkte Gangschaltung ohne Leistungsverlust für maximale Geschwindigkeit, kann weitgehend Louis Renaults Wellenantrieb zugeschrieben werden, der um die Jahrhundertwende entstand.

Auch mit dem Problem der Lenkung mußte man sich befassen. Zuerst drehte sich die ganze Vorderachse, die, wie früher bei den Reisekutschen, auf Blattfedern angebracht war. Dann erkannte man, daß dieses System sich zwar für die damaligen Geschwindigkeiten der Reisekutschen, jedoch ganz und gar nicht für die immer schnelleren Automobile eignete. An diesem Punkt erinnerte man sich an das Werk eines gewissen Rudolph Ackermann. Der deutsche Karosseriebauer, der 1834 gestorben war, hatte bei seiner Tätigkeit in London ein Lenksystem verwendet und auch patentieren lassen, das auf der Idee eines anderen Deutschen, Lankensperger, basierte. Wie das oft der Fall ist, geriet der Name des ursprünglichen Erfinders schnell in Vergessenheit, und die Parallelogrammsteuerung ist seitdem als Akkermann-Steuerung bekannt.

Von den nicht angetriebenen Vorderrädern abgesehen, die beim Abbiegen Probleme bereiteten, mußte man sich auch mit den Hinterrädern befassen, die gewöhnlich, zumindest früher, die Antriebsräder waren. Gleich ob vorn oder hinten, die Antriebsräder können nicht an einer starren Achse angebracht sein, da das innere Rad in einer Kurve eine kürzere Strecke zurücklegen muß und sich daher langsamer dreht als das äußere. Nun erwies sich ein Mechanismus als nützlich, der im Jahr 1700 von Uhrmachermeistern erfunden wurde. Es handelte sich um »Differentialräder«, ein Zahnradsystem, das die Laufrichtung umkehren oder das Übersetzungsverhältnis ändern konnte. Im Jahr 1828 zeigte der französische Uhrmacher Onesiphore Pecqueur großes Interesse an Cugnots Dampffahrzeug und konstruierte sein eigenes Fahrzeug mit Differentialmechanismus an den hinteren Antriebsrädern, um so das Abbiegen zu erleichtern. Seine Konstruktion wurde aber zu dieser Zeit noch nicht von anderen übernommen. Erst im Jahr 1831 erkannte der Engländer Roberts die Nützlichkeit dieses Mechanismus für motorgetriebene Fahrzeuge. Die Erfindung wurde wiederentdeckt und schließlich für die ersten Motorwagen verwendet.

Kugellager, das heißt zwischen zwei Flächen rotierende Elemente zur Verminderung der Reibung, basieren auf einem Konzept, das älter ist als das des Rades. Man fand sie bereits auf römischen Schiffen, die im See Nemi in Italien gesunken waren. Auch Leonardo da Vinci er-

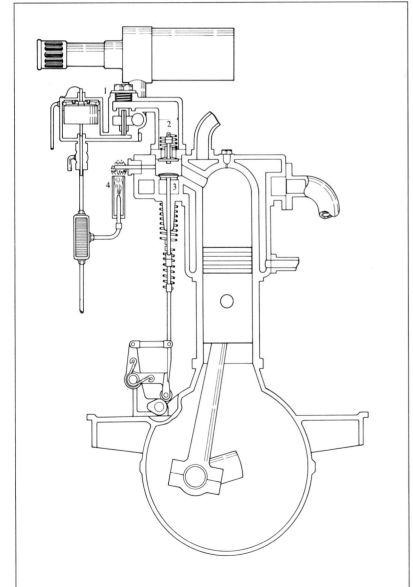

Querschnitt des Daimler-Motors, der die Grundlage für alle nachfolgenden Ausführungen bildete. Er besaß bereits eine von Maybach gefertigte konstant arbeitende Vergaseranlage. 1. Maybach-Schwimmer-Vergaser; 2. automatisches Einlaß-Ventil; 3. Auslaßventilregler; 4. unverglühte Röhrenzündung.

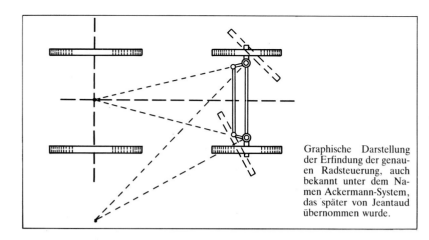

Graphische Darstellung der Erfindung der genauen Radsteuerung, auch bekannt unter dem Namen Ackermann-System, das später von Jeantaud übernommen wurde.

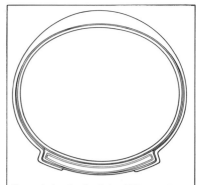

Querschnitt des im Jahr 1888 von dem Schotten Dunlop entwickelten Luftdruckreifens.

wähnte sie schon, aber erst der britische Mechaniker Joseph Hughes befaßte sich eingehend mit ihnen in ihrer modernen Form. Ab 1878 wurden Kugellager von einem anderen Engländer, William Brown, in Serie hergestellt. Mehrfachreihen-Kugellager, zylindrische und konische Walzen sind lediglich Variationen derselben Idee.

Luftreifen waren zwar wenig bedeutend für die Entwicklung des Automobils (das ohne sie genauso funktioniert), sondern mehr für das Erreichen höherer Geschwindigkeiten, machten das Auto aber wirklich unschlagbar als Transportmittel über kurze und mittlere Entfernungen; bis zur Erfindung des Flugzeugs sogar auch über Langstrecken.

Das Konzept für den Luftreifen stammt von dem schottischen Erfinder John Boyd Dunlop, der seine Idee im Jahr 1888 am Fahrrad seines Sohnes in die Tat umsetzte und damit auch gleichzeitig den schlauchlosen Reifen erfand, da er einen Gartenschlauch verwendete. Seine Idee wurde später durch ein System zur Vulkanisierung von Kautschuk verbessert, das sich Charles Goodyear schon 1844 hatte patentieren lassen. Er erhielt das endgültige Patent aber erst 1852 nach einem Gerichtsstreit mit dem Erfinder Robert William Thompson, der das Patent für sich beanspruchte.

1891 erfanden die Brüder Michelin den abnehmbaren Reifen mit Innenschlauch, der die Funktionsfähigkeit des Autos enorm verbesserte. Den endgültigen Beweis für die Überlegenheit der Luftreifen erbrachte Graf Chasseloup-Laubat im Jahr 1897, als er nachwies, daß der Rollwiderstand bei Autos mit Vollgummireifen 35% höher war als bei Autos mit Luftreifen, und das bei nur 25 km/h. Zwei Jahre später erreichte der Belgier Jenatzy mit Michelin-Reifen mit seinem Elektroauto »Jamais Contente« die Geschwindigkeit von 100 km/h.

Die Schwierigkeit, ein fahrendes Auto zum Stehen zu bringen, stieg parallel zur Entwicklung verbesserter Motoren, mit denen höhere Geschwindigkeiten erreicht werden konnten. Die Hersteller mußten daher von den üblichen Bremsen, wie bei Reisekutschen und Fahrrädern, die an den Hinterrädern montiert waren, zu Trommelbremsen übergehen. Sie hatten anfangs einen äußeren Bremsschuh, später ein Band (das einen starken Servo-Effekt bot, wenn es in Drehrichtung um die Trommel gewickelt war) und schließlich innere Bremsschuhe. Lange Zeit wurden die Bremsen ausschließlich an den Hinterrädern angebracht und teilweise von einer Getriebebremse unterstützt.

Trotz großer Unentschlossenheit begann man zu Beginn des Jahrhunderts, auch die Vorderräder mit Bremsen zu versehen. Einer der Pioniere auf diesem Gebiet war der Ingenieur Giustino Cattaneo, der 1910 den Isota Fraschini konstruierte und mit Vorderradbremsen ausstattete. Eine merkwürdige Neuerung wies der schottische »Argyll« von 1911 auf. Er hatte ein diagonal arbeitendes Bremssystem, bei dem je eine Vorder- und eine Hinterradbremse mit Fußpedal und die anderen beiden mit einem Handhebel betätigt wurden. Dies war etwa 60 Jahre vor der an drei Rädern wirkenden Zweikreisbremse, die heute noch bei Volvo und anderen Marken verwendet wird.

Eine weitere bedeutende Entwicklung entstand 1911 durch den Amerikaner Charles Kettering, der die letzten Handgriffe an ein vollständiges elektrisches Zündsystem legte, das einen kleinen batteriegetriebenen Elektromotor hatte. Die Batterie wurde von einem Dynamo aufgeladen, den der Automotor antrieb. Das damals nur im Cadillac eingebaute System wird heute von allen Herstellern verwendet.

Schließlich war auch die Anordnung des Motorblocks von großer Bedeutung, die verschiedene Merkmale aufwies, die man auch bei den modernen Autos noch sehen kann: querliegender Motor mit Frontantrieb und Vorderradaufhängung. Der erste, der dieses System verwendete, war der Amerikaner Walter Christie mit der Fertigung einer Reihe Rennwagen, die einen vorn angebrachten Motor mit 4 Zylindern, entweder in Reihe oder V-förmig, und Frontantrieb hatten. Für die Aufhängung benützte man ein System, das später als Lancia-Aufhängung berühmt wurde. Sie hatte ein Federbein, das für jedes Rad gleichzeitig als Achsschenkelbolzen diente. Die Kraftübertragung bestand aus Halbachsen mit Universalgelenken an den Enden, die von einem Gehäuse umgeben waren, das in einem Stücke aus Bronze gegossen wurde. Die Rennmodelle waren direkt übersetzt und besaßen nur in wenigen Fällen einen niedrigen Gang zum Starten.

Auf die Erfahrungen mit diesen Autos hin fertigte man 1909 eine geringe Stückzahl Taxis, die einen querliegenden 4-Zylinder-Motor mit etwa 2,5 Liter Hubraum hatten. Das Getriebe lag in einer Reihe mit dem Motor, und der Antrieb wurde durch ein Paar zylindrischer Zahn-

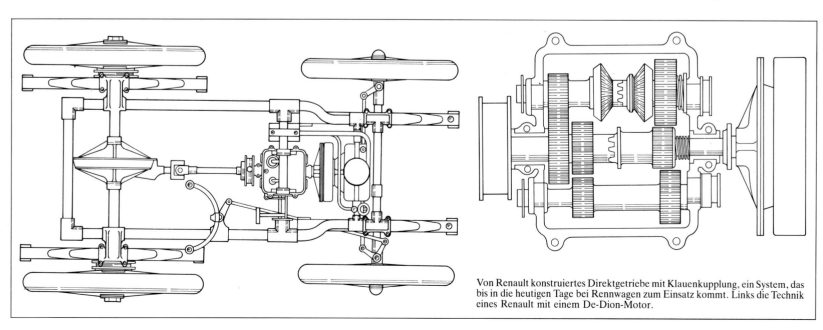

Von Renault konstruiertes Direktgetriebe mit Klauenkupplung, ein System, das bis in die heutigen Tage bei Rennwagen zum Einsatz kommt. Links die Technik eines Renault mit einem De-Dion-Motor.

räder auf das Differential übertragen. Sie hatten ebenso Frontantrieb und die mit der Lenkung gekuppelte Teleskopaufhängung.

Während der ersten 20 oder 30 Jahre seines Bestehens wurde der Motor ständig weiter verändert, bis er viele der Merkmale aufwies, die wir heute kennen. Besonders die 4-Zylinder-Reihenanordnung ist eine der ältesten und beliebtesten Bauformen. Natürlich gab es damals noch nicht die verbesserten Werkstoffe, wie sie heute verwendet werden. Sie kamen aber nach und nach auf den Markt, sobald die jeweilige Industrie sie entwickelt hatte.

Beispiele für derartige neue Werkstoffe sind Bi- und Trimetallager, Leichtmetalle, Eisenlegierungen für dünnwandige Gußstücke, hochfeste Stahllegierungen und Sintermetalle. Das sind nur einige der Werkstoffe, die zur Verbesserung des Automobildesigns durch Leistungserhöhung und Gewichtsreduzierung beitrugen. Nach nunmehr 100jähriger Entwicklung können serienmäßige Benzinmotore ohne Kompressor heutzutage Leistungen von etwa 50–60 PS/Liter und ein Gewicht von 1,5 Kilo/PS erreichen. Bei Rennmotoren mit Turboladern, wie sie für die Formel 1 verwendet werden, sind die Ergebnisse fantastisch: über 400 PS/Liter und weniger als 250 Gramm/PS. Tatsächlich erzielt ein typischer Formel-1-Motor von 1984 eine Leistung von etwa 650 PS bei einem Hubraum von 1,5 Liter (im Qualifikations-Training sogar bis zu 800 PS) und wiegt normalerweise weniger als 160 Kilo.

Zwei weitere bedeutende Neuerungen gab es vor bzw. nach dem Zweiten Weltkrieg. Zum einen bestätigte sich der Wert der obenliegenden Ventile und Nockenwelle, als Lautenschlagers Mercedes 1914 mit einem Sieg beim Grand Prix des französischen Automobil-Clubs zweifelsfrei bewies, daß dieses System anderen überlegen war. Zwischen den beiden Kriegen begannen immer mehr Hersteller, obenliegende Ventile und Nockenwelle, sogar in ihren Tourenwagen, zu verwenden, und Fiat brachte den »509« mit 1 Liter Hubraum und demselben System heraus.

Der andere wichtige Schritt nach vorn war, vor allem in sportlicher Sicht, die Einführung der Kompressoren. Mercedes erprobte dieses System als erster, und auch Fiat war damit sehr erfolgreich. Danach folgten Alfa Romeo und alle anderen Firmen. 40 Jahre lang lag der Roots-Kompressor-Turbo überall, wo Reglements im Sport die Verwendung von Kompressor-Motoren erlaubten, souverän an der Spitze. Erst in den 70er Jahren wurde der Turbola-

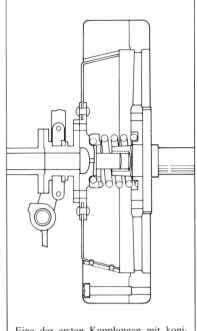

Eine der ersten Kupplungen mit konischer Oberfläche, bei der Leder als Belag verwendet wurde.

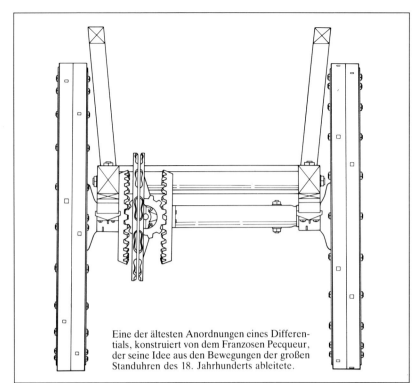

Eine der ältesten Anordnungen eines Differentials, konstruiert von dem Franzosen Pecqueur, der seine Idee aus den Bewegungen der großen Standuhren des 18. Jahrhunderts ableitete.

Das von Citroën entwickelte System des Vorderradantriebs kam erstmals bei großen Serienfertigungen zum Einsatz (rechts). Unten eine Vorderachse, gebaut von Christie, aus dem Jahr 1909, mit allen Elementen eines modernen FWD-Systems – der diagonale Motor mit innenliegender Gangschaltung und Einzelradaufhängung.

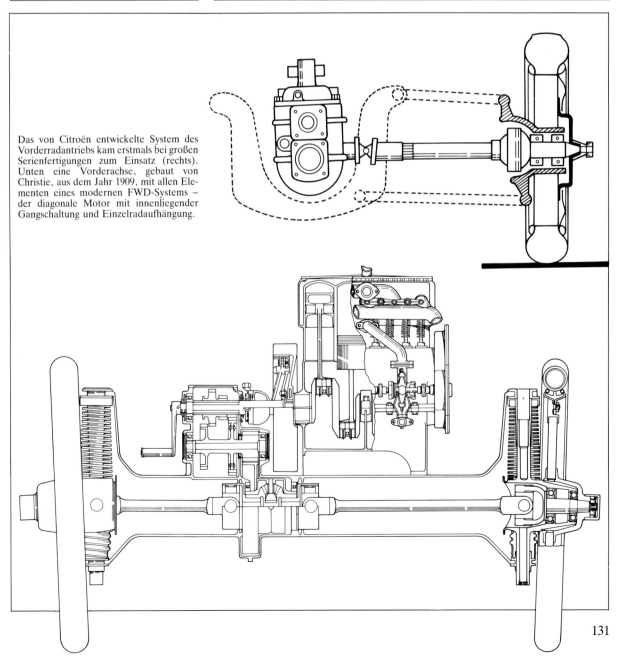

der (Abgas-Rückführung), den es bereits bei großen Dieselmotoren gab und der zu der Leistungsfähigkeit der heutigen Autos führte, wiederentdeckt.

Gegen Ende der 20er und Anfang der 30er Jahre konnte man auch an den anderen Fahrzeugteilen einen Fortschritt erkennen. Der Frontantrieb zum Beispiel wurde zwar von einigen Herstellern angeboten, setzte sich aber erst durch, als der Industrielle André Citroën mutig genug war, ihn in großer Auflage bei einem Serienmodell zu verwenden. Viele Hersteller hatten ihn hauptsächlich in Spezial- oder Luxus-Autos wie Bucciali, Audi, Cord und andere eingebaut. Er wurde auch versuchsweise in verschiedenen Renn-Modellen eingesetzt. Bis zur »Geburt« des legendären Mini von Issigoni war der Citroën jedoch das einzige in großer Auflage produzierte Serienauto mit Frontantrieb. Danach setzte sich ein neuer Trend durch. Je häufiger der Frontantrieb verwendet wurde und je stärker man seine Vorteile erkannte, besonders in Verbindung mit einem querliegenden Motor, desto größer wurde die Zahl der Hersteller, die ihn in ihre Fahrzeuge einbauten. Im Jahr 1984 verwendet, abgesehen von einigen wenigen Firmen, die Automobilindustrie auf der ganzen Welt Frontantrieb. Eine möglicherweise interessante Erscheinung, die sich daraus entwickeln könnte, wäre der Vierradantrieb für normale Autos, der in den 60er Jahren durch die britische Firma Jensen bei Geländewagen eingeführt und von Audi im Jahr 1981 maßgeblich herausgebracht wurde.

Der Vierradantrieb wird auf Rennstrecken und Straßen hauptsächlich wegen der besseren Kraftübertragung verwendet. Da er bekanntlich jedoch besonders unter schlechten Bedingungen die Straßenlage verbessert, bietet er auch einen gewissen Sicherheitsaspekt, der zusammen mit der Umweltverschmutzung in den letzten zwanzig Jahren von wachsender Bedeutung wurde.

Neben den mechanischen Verbesserungen gab es natürlich auch bei der Karosserie, sowohl vom Aufbau als auch von der Form her, Fortschritte. Citroën präsentierte 1934 mit dem »Traction Avant« eine weitere Neuerung: die Stahlblechkarosserie. Lancia hatte bei seinem »Lambda« schon Mitte der 20er Jahre eine ähnliche Karosserie verwendet, die

Die klassischen hydraulischen Bremsen bestehen aus einem kleinen Zylinder mit zwei Kolben, die die Bremsbacken wegdrücken. Bei Scheibenbremsen hingegen drücken die Kolben die Beläge auf die Bremsscheiben.

Den ersten erfolgreichen Kompressor konstruierte Wittig. Es war ein vorverdichteter Propellertyp, der von Fiat verwendet wurde (A). Später wurde er ersetzt durch den von Rootes konstruierten Aufladetyp (B), der auch heute noch zum Einsatz kommt (bekannt als Volumex), als Alternative zum Turbolader.

italienische Konstruktion reichte jedoch nur zur »Taille«, da der Lambda ein offenes Verdeck hatte. Citroën hingegen benützte auch das Dach als verstärkendes Element.
Zur gleichen Zeit stieg auf beiden Seiten des Atlantiks auch das Interesse der Hersteller an aerodynamischen Fahrzeugen. Verschiedene europäische Modelle, vom Lancia Aprilia angeführt, sowie einige amerikanische Autos, wie der Chrysler Airflow zeigten, daß die Forschung in dieser Richtung begonnen hatte. Intuitiv hatte auch Pininfarina das Problem, die Form des Automobils zu verbessern, ohne die aerodynamische Wirkung aus den Augen zu verlieren, gelöst. Dieses Problem wurde jedoch erst in den 70er Jahren auf rein wissenschaftliche Weise unter Verwendung von Windkanälen in Angriff genommen.
Wieder einmal war Pininfarina (nicht der Gründer selbst, sondern seine Nachfolger) die erste Karosseriefirma mit einem eigenen Windkanal zu Forschungszwecken, einem der ersten weltweit.

Obwohl Bugatti einmal sagte, Autos seien zum Fahren, nicht zum Anhalten da, wurde auf die Entwicklung der Bremsen aus naheliegenden Gründen immer viel Wert gelegt. Die großartigste Neuerung neben der Vorderradbremse, wie bereits erwähnt, war die Einführung hydraulischer Bremsen, die in den 30er Jahren entwickelt wurden. Das hydraulische System überträgt die Bremskraft leicht und verläßlich in genau der Stärke, die man möchte. Später wurde im Interesse der Sicherheit das Zweikreis-Bremssystem eingeführt, das paarweise auf die Räder wirkte, um zu gewährleisten, daß das Auto auch stehenblieb, wenn ein Schlauch undicht war. Durch die Entwicklung der Servobremsen erzielte man eine erhöhte Bremswirkung, so daß sogar eine kleine Person in einem großen Auto fahren und doch ständig sicher sein kann, das Fahrzeug bei Bedarf anhalten zu können.
Die letzte Stufe in der Entwicklung der Bremse war die Präsentation von Scheibenbremsen, obwohl sie bereits von Lanchester in den ersten

Jahren unseres Jahrhunderts verwendet wurden. In der Luftfahrt waren Scheibenbremsen schon für ihre Temperaturbeständigkeit bekannt. Später wurden sie mit hervorragenden Ergebnissen in Rennautos getestet, und in den 60er Jahren stattete man auch Serienwagen damit aus. Sie erwiesen sich zwar als äußerst wirksam, trotzdem kehrte man bei den meisten Autos, außer den größten und schnellsten, zur Verwendung von Trommelbremsen an den Hinterrädern zurück. Den letzten Pfiff bekamen die Bremsen mit der Erfindung des elektronischen Antiblockiersystems, das es dem Fahrer erlaubt, auch auf glatten Oberflächen sicher zu bremsen.
Der erwähnenswerteste Fortschritt der 70er und 80er Jahre ist die Weiterentwicklung des Dieselmotors. Obwohl Mercedes ihn bereits in den 30er Jahren in Personenautos erprobte, wurde der Dieselmotor doch erst voll anerkannt, als er sein traditionelles Image, im Vergleich zu seiner Leistung langsam und schwer zu sein, abstreifen konnte und erkannt wurde, daß man Dieselmotoren bauen könnte, die nur geringfügig schwerer als Benzinmotore waren, mit Hilfe eines Turbos jedoch die gleiche Leistung bringen konnten.
Die Forschungen werden nun auf möglichst geringen Benzinverbrauch konzentriert, wobei der Dieselmotor, zumindest momentan, an der Spitze liegt.
Auch bei der Weiterentwicklung des Benzinmotors war man durch breitere Anwendung der Elektronik sehr erfolgreich. Die spezielle Art neuer Technologie wurde nur sehr zögernd im Bereich des Autos angewendet, vielleicht weil die ersten Versuche sehr schwerfällig waren und die Hersteller entmutigten. Die bedeutendsten Anwendungsbereiche der Elektronik in den letzten Jahren sind elektronische Zündung mit vorprogrammiertem Zündzeitpunkt, Kraftstoffeinspritzung kombiniert mit der Zündung (und schließlich mit dem Drehzahlmesser), Antiblockiersystem, Kontrollsystem für die Hauptfunktionen des Autos vom Motor bis zum Licht, Türen etc., Niveauregulierung, Taktgeber für Blinker und Scheibenwischer sowie, als letzte und neueste Errungenschaft, ein System, das durch »gesprochene« Instruktionen dem Fahrer behilflich sein soll.

Die Entwicklung der verschiedenen Marken

ALFA ROMEO

Das Automobil ist 100 Jahre alt und Alfa Romeo »nur« 75. Seit seinem späten Start hat sich Alfa durch viele Rennsiege auf besondere Art und Weise einen Namen gemacht. Ab 1923, als Alfa bei der Targa Florio den ersten, zweiten und vierten Platz belegte, findet man schwerlich eine zweite Automobil-Firma mit Serienproduktion, die so viele Erfolge in Rennen erringen konnte.

Wenn ich an die Anfangszeit von Alfa denke, sehe ich die ernsthaften Pioniere des Motorsports vor mir, die siegessicher auf ihre Portello-Autos vertrauten, wenn sie die Herausforderung, Zeit und Raum zu überwinden, annahmen und dem unvergleichlichen Reiz der neuen Technologie begegneten. Henry Ford bekräftigte mit seinem Ausruf: »Ich ziehe den Hut vor einem vorbeifahrenden Alfa Romeo«, unsere weltweite Bedeutung im Kraftfahrwesen.

Die spätere Entwicklung von einer halbwegs in Handarbeit durchgeführten Fertigung bis zur Serien- und Massenproduktion wurde von der gleichen Tatkraft gefördert. So haben unsere Autos noch immer im Hinblick auf Technologie, Leistungsfähigkeit und Sicherheit außergewöhnlich gute Eigenschaften. Ihre charakteristische Mechanik ist das Ergebnis von ausgiebigen Tests auf den Rennstrecken.

Ein Besuch im Alfa-Romeo-Museum in Arese, einem der wichtigsten und angesehensten Automobilmuseen der Welt, zeigt, daß viele der technischen Neuerungen, die man für moderne Entwicklungen hält, oft schon bei den alten Alfa-Romeo-Modellen verwendet wurden. Inzwischen ist die siegreiche Marke der großartigen Rennfahrer nun auch unverkennbar die Marke zahlreicher Alfa-Enthusiasten geworden.

Das ist jedoch nicht das ganze Geheimnis der langen und glücklichen »Ehe« zwischen Alfa Romeo und dem Automobil. Alfa Romeos Standard in Technologie und Leistungsfähigkeit ergänzt das qualitativ hochwertige Design, mit dem wir, gestern wie heute, einen einzigartigen Stil schaffen wollen.

ETTORE MASSACESI – Präsident der Alfa Romeo S.p.A.

Obwohl Alfa Romeo mit dem Modell »Giulietta« in die Serienproduktion einstieg, blieb die Firma gleichzeitig ihrem traditionell sportlichen Image treu. Nur ein Jahr nach dem »Sprint« wurde im Jahr 1955 die Limousine herausgebracht. Das Modell war mit dem klassischen Doppelwellen-4-Zylinder-Motor (1290 ccm) aus einer Leichtmetallegierung ausgestattet, der 53 PS bei 5500 U/min leistete. Das »T.I.«-Modell des Jahres 1961 leistete 74 PS bei 6200 U/min und erreichte eine Höchstgeschwindigkeit von 155 km/h. Zwischen 1954 und 1965 wurden insgesamt 178 000 Modelle dieser Serie hergestellt.

ALFA ROMEO

Basierend auf der Konstruktion von Giuseppe Merosi wurden zwischen 1910 und 1911 100 Wagen des Modells »24 PS« hergestellt. Dank der Leichtigkeit des Schwungrades besaß der Motor eine besondere Brillanz. Er hatte Volldruckschmierung.

Das Modell »20/30 PS« – eine Weiterentwicklung aus dem vorausgehenden »24 PS« – wurde im Jahr 1914 vorgestellt. Es besaß einen 4-Zylinder-Motor mit 4084 ccm und einer erhöhten Leistung von 49 PS, die eine Spitzengeschwindigkeit von 115 km/h ermöglichte. Insgesamt wurden bis 1920 380 Wagen dieses Typs gebaut.

Die »RL«-6-Zylinder-Serie wurde zwischen 1922 und 1926 produziert. Die stärkste Ausführung war der »Super Sport« mit einem 84-PS-Motor (2994 ccm). Ein Vierrad-Bremssystem wurde ab 1923 montiert.

Das Modell »6 C 1750 Gran Sport« erzielte zahllose Rennerfolge, so im Jahr 1930 bei der Mille Miglia mit den Fahrern Nuvolari/Guidotti, die erstmals eine Durchschnittsgeschwindigkeit von 100 km/h überschritten. Der 6-Zylinder-Motor (1752 ccm) leistete ungefähr 100 PS.

Lediglich ein Jahr lang, 1933, wurde das Modell »6 C 1900« hergestellt. Während dieser Zeit wurden 197 Fahrzeuge produziert. Hervorgegangen aus dem 1750-ccm-Motor mit 46 PS bis 85 PS in der Standard-Serienausführung, leistete dieses Modell 68 PS (1917 ccm), die es auf eine Spitzengeschwindigkeit von 130 km/h brachten.

Zwischen 1934 und 1939 wurde das Modell »6 C 2300« (2309 ccm) hergestellt mit einem Leistungsspektrum zwischen 68 und 95 PS. Das »Mille Miglia«-Modell besaß eine superleichte Touring-Karosserie. Der Fahrer Boratto erreichte im Jahr 1937 mit diesem Fahrzeug den vierten Platz bei der Mille Miglia.

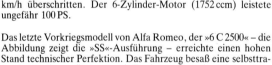

Das letzte Vorkriegsmodell von Alfa Romeo, der »6 C 2500« – die Abbildung zeigt die »SS«-Ausführung – erreichte einen hohen Stand technischer Perfektion. Das Fahrzeug besaß eine selbsttragende Rundumaufhängung mit Torsionsstab an der Hinterachse. Hergestellt wurde das Modell von 1939 bis 1943.

Nach dem Krieg nahm Alfa Romeo mit dem Modell »6 C 2500 Freccia d'Oro« (Goldener Pfeil) die Produktion wieder auf. Es war eines der ersten italienischen Autos mit Lenkradschaltung. Insgesamt wurden 2 717 Fahrzeuge dieses Typs produziert. Sie waren alle mit einem Hubraum von 2443 ccm ausgestattet, der zwischen 87 und 110 PS leistete.

Der erste in Serie hergestellte Auto war das Modell »1900«, das einen 4-Zylinder-Motor mit 90 PS (1884 ccm) besaß. Zwischen 1950 und 1959 wurden 21 089 Fahrzeuge hergestellt. 1954 wurde das Modell »Super« mit 115 PS (1975 ccm) auf den Markt gebracht. Der »1900« war das erste Fahrzeug, bei dem Alfa Romeo eine selbsttragende Karosserie verwandte.

Die Anfänge von Alfa Romeo gehen auf die französische Firma Darracq zurück, die 1906 in Neapel die »Società Anonima Italiana Darracq« gründete, um einige ihrer Modelle in Italien montieren und verkaufen zu können. Kurz darauf verlegte man die Niederlassung in die moderne, neue, 8000 Quadratmeter große Anlage im »Portello«-Gebiet von Mailand.
Das Produktionsprogramm umfaßte 600 Fahrzeuge pro Jahr, aber die Darracq-Modelle fanden auf dem italienischen Markt nur geringen Anklang. Das lag hauptsächlich daran, daß sie den schlechten Straßenzustand jener Zeit nicht gerecht wurden. 1909 entschloß sich die französische Firma, die auch zu Hause in Frankreich in Schwierigkeiten geraten war, die Mailänder Niederlassung zu verkaufen. Mit finanzieller Unterstützung der Mailänder »Banca Agricola«, die eine halbe Million Lire zur Verfügung stellte, erwarb eine Gruppe lombardischer Industrieller die Aktienmehrheit. Ein Jahr später wurde der Firmenname in A. L. F. A. (Anonima Lombarda Fabbrica di Automobili – Lombardische Automobilfabrik GmbH) geändert. Man beauftragte Giuseppe Merosi, der vorher bei Fiat und als Oberingenieur bei Edoardo Bianchi gearbeitet hatte, eine grundlegend neue Produktion auszuarbeiten. Das 24-PS-Modell war das erste Auto mit dem neuen und seitdem unveränderten Firmenzeichen, bestehend aus zwei typisch mailändischen Wappensymbolen, dem roten Kreuz auf weißem Hintergrund für die Stadt Mailand und der Schlange für die einflußreiche Familie Visconti. Dieses 24-PS-Auto von 1910 hatte einen 4-Zylinder-Motor mit 4084 ccm Hubraum, L-förmigem Zylinderkopf und einseitig angebrachten Ventilen. Es erreichte eine Geschwindigkeit von 100 km/h und besaß schon damals die für Alfa Romeo später typischen Merkmale: brillante Leistungsfähigkeit in Verbindung mit hervorragenden Bremsen und guter Straßenlage und die charakteristische Mischung aus Touren- und Sportwagen. All dies verhalf dem 24-PS-Modell bei der Targa Florio von 1911 zu einem Vorsprung vor den übrigen Widersachern, bevor es dann leider aufgeben mußte. Im selben Jahr erschien das 12-PS-Modell mit 2413 ccm Hubraum, dem 1913 die 40- bis 60-PS-Modelle mit 6082 ccm Hubraum folgten. Bis kurz vor dem Ersten Weltkrieg, als die Diskontbank als Hauptaktionär der Firma Nicola Romeo Co. die Leitung übertrug, bestand die Produktion von Alfa aus diesen drei Modellen, die ständig modernisiert wurden. 1912, als die Produktion 200 Fahrzeuge pro Jahr erreichte, wurde die Automobilfertigung vorübergehend unterbrochen, um für militärische Aufträge, wie der Lieferung von Munition und dem Lizenzbau von Isotta-Fraschini-Flugzeug-Motoren, Platz zu machen.
Bei Kriegsende ging A.L.F.A. in Liquidation, und die Portello-Werke wurden Teil der Firmengruppe »S. A. Italiana ing. Romeo & Co.«, die unter anderem in Saronno Eisenbahnmotoren und in Neapel Flugzeuge fertigte. Ab 1918 wurden die Autos unter dem Namen »Alfa Romeo« gebaut. Merosi entwickelte das alte 24-PS-Modell sowie den 20–30-

ALFA ROMEO

Der »1900 Super Sprint« von 1954 war ebenso wie die Limousine unter der technischen Leitung von Ingenieur D'Alessio entstanden. Wie bei seinen Vorgängern »Sprint« und »Disco Volante« (Fliegende Untertasse) – beide hergestellt auf derselben technischen Grundlage – war die Karosserie ein superleichter Touring.

Das Modell »Giulietta Sprint« (oben links) wurde 1953 von Bertone konstruiert. In den folgenden Jahren ging das Auto mit einem 4-Zylinder-Motor (1290 ccm), der 80 PS bei 6300 U/min leistete, in Produktion. 1962 wurde die gleiche Karosserie für das 1570-ccm-Modell »Giulia Sprint« (92 PS bei 6220 U/min) verwendet. Der »Giulietta Spider« (oben rechts) wurde von Pininfarina konstruiert, jedoch blieb die technische Ausstattung die gleiche wie beim »Sprint«. Die offene Version erhielt im Jahr 1962 den Namen und Motor der neuen »Giulia«-Ausführung.

Der »Giulia«, herausgebracht 1962, besaß eine besonders gut durchdachte aerodynamische Form und blieb in Produktion bis 1978. Ursprünglich mit einem 1570-ccm-Motor und 92 PS ausgestattet, wurde die Leistung in der »Super«-Ausführung später auf 98 PS erhöht. 1964 wurde ein 1290-ccm-Motor eingesetzt, der im Jahr 1976 durch einen 1760-ccm-»Perkins«-Diesel ersetzt wurde.

Alfa Romeo kam 1962 beim »2600« auf die 6-Zylinder-Motoren zurück. Dieses Fahrzeug hatte einen 2584-ccm-Motor mit einer Leistung zwischen 130 PS und 145 PS, je nach Ausführung. Außer der Limousine wurden die Modelle »Sprint« (abgebildet), konstruiert von Bertone, »Spider Touring« und »Sprint Zagato« hergestellt.

Der »Spider« kam erstmals 1966 heraus, mit einem 1570-ccm-Motor, bekannt unter dem Namen »Duetto«. Dieser Name wurde später wieder fallengelassen. Ursprünglich besaß der Motor einen Hubraum von 1570 ccm, jedoch kamen in späteren Ausführungen auch Motoren mit 1290 ccm, 1779 ccm und 1962 ccm zum Einsatz. Dieses Fahrzeug war eine weitere Originalkonstruktion von Pininfarina.

Das Modell »Montreal« wurde von 1970 bis 1976 hergestellt. Sein 8-Zylinder-2593-ccm-Motor (200 PS bei 6500 U/min) wurde aus dem Prototyp »33« entwickelt. Das Fahrzeug besaß eine »Spica«-Benzineinspritzung und eine trockene Ölwannen-Schmierung. Der Konstrukteur war Bertone.

Eine direkte Weiterentwicklung aus dem »1600 Giulia« war das Modell »1750« des Jahres 1968, das 132 PS SAE (Society of Automotive Engineers) bei 5500 U/min leistete. Im Juni 1971 wurde das Modell »2000« mit 1962 ccm herausgebracht, das eine Höchstgeschwindigkeit von 190 km/h erreichte.

Das von Bertone konstruierte Modell »Giulia Sprint GT« kam 1963 heraus. Es folgten die Modelle »GT 1300 Junior« (1966), »1750 GTV« (1968) und »2000 GTV« (1971), jedoch alle mit den Namen »Giulia« trugen. Die Wettkampfmodelle »1300« und »1600« waren unter der Bezeichnung »GTA« bekannt.

Das erste in den Pomigliano-d'Arco-Werken hergestellte Auto war der »Alfasud«, der mit einem flachen 4-Zylinder-Motor (1186 ccm) 1972 in die Fertigung ging. Nachfolgend wurden auch Motoren mit 1296 ccm, 1350 ccm und 1490 ccm Hubraum montiert. Die Karosserie war von Giorgetto Giugiaro konstruiert, die auch bei der 1976 herausgebrachten »Sprint«-Ausführung, deren Motoren einen Hubraum von 1300 ccm und 1500 ccm besaßen, Verwendung fand.

1972 kam das Modell »Alfetta« heraus, das ursprünglich mit einem 118-PS-Motor (1779 ccm) ausgestattet war, dessen Leistung im Jahr 1981 auf 122 PS erhöht wurde. Ab 1975 wurden Motoren mit 1570 ccm bzw. 1962 ccm Hubraum (1977) montiert. Das letzte im Jahr 1982 herausgebrachte Modell besaß einen 130-PS-Motor (1962 ccm) mit Benzineinspritzung. Die 1994-ccm- und 2392-ccm-Turbodiesel-Modelle wurden 1980 und 1983 herausgebracht.

Die Premiere des »Alfetta GT 1800« erfolgte im Jahr 1974. Es folgten zwei Jahre später die Modelle »GTV 1600« und »2000«, der letztere nach 1979 auch in einer 150-PS-Turbo-Ausführung verfügbar. Ab 1980 wurde ein V-6-Motor vom Alfa 6 (160 PS, 2492 ccm) montiert. Der Konstrukteur der Karosserie war Giugiaro.

Das Modell »Giulietta« des Jahres 1978 besaß einen 95-PS-Motor (1357 ccm). Es gab auch eine 109-PS-Ausführung (1570 ccm). Die Technik war die gleiche wie beim »Alfetta« mit seiner Überachs-Übertragung und der De-Dion-Hinterachse. Es folgten 1979 das Modell »1800«, 1981 das Modell »2000« und im Jahr 1983 die Modelle »2000 Turbodelta« und »2000 Turbodiesel«.

Technisch in der gleichen Ausstattung wie Vorgänger »Alfasud« besaß das im Jahr 1983 herausgebrachte Modell »33« einen 1350- bzw. 1490-ccm-Boxermotor. 1984 wurde der zuschaltbare Hinterradantrieb lieferbar, 1986 das 1712-ccm-Modell mit Einspritzung und 3-Zylinder-Diesel-Motor. In der 1990 modernisierten Karosserie erschien der 1712-ccm/16-Ventil-Boxer mit 137 PS.

ALFA ROMEO

Das Modell »Spider« wurde im Jahr 1971 umgebaut, und es verlor damit auch sein typisches Heck, das durch das modernere, weniger scharf »abgeschnittene« Heck ersetzt wurde. Die stärkste Ausführung war das Modell »2000 Spider Veloce« mit einem Hubraum von 1962 ccm, das 130 PS bei 5400 U/min leistete (begünstigt durch den Einbau einer elektronischen »Spica«-Einspritzpumpe). Styling-Retuschen seit 1983 waren umstritten, ein Heckspoiler verschwand 1990.

ES-Typ weiter und baute 1921 das erste 6-Zylinder-Auto, den Typ GI mit 6330 ccm Hubraum, von dem aber nur 52 Stück produziert wurden. Das erste wirklich neue Auto war der 6-Zylinder-Typ »RL«, der später viele Rennerfolge hatte. In den Jahren 1922 bis 1926 wurden 2600 Stück hergestellt. 1924 kam der »RM«, eine 4-Zylinder-Version, heraus. Die zunehmende Teilnahme an Rennen führte im September 1923 zur Bildung einer Spezialabteilung unter der Leitung von Vittorio Jano. Nachdem er mit Luigi Fusi den berühmten Grand-Prix-Wagen »P 2« konstruiert hatte, dehnte sich sein Einfluß auch auf die Produktion von Serienwagen aus. Das führte dazu, daß Merosi seinen Rücktritt einreichte. Kennzeichnend für die Zeit zwischen den Kriegen war der 6 C, von dem einschließlich der erfolgreichen 1500-, 1750-, 2300- und 2500-Versionen 7960 Stück hergestellt wurden. Damit gehörte Alfa Romeo zu dem Kreis der potentesten Sportwagenhersteller und konnte diese Stellung durch laufende Rennsiege festigen. 1931 erschien der 8 C, ein Luxuswagen mit hervorragenden Karosserien von Castagna, Touring und Zagato. 1933, als die Aktienmehrheit von der Diskontbank auf das IRI (Institut für industriellen Wiederaufbau) überging, wurde Alfa Romeo verstaatlicht. Kurz vor Ausbruch des Zweiten Weltkrieges wurde immer offensichtlicher, daß man sich nicht mehr ausschließlich auf die Fertigung von Sportwagen spezialisieren sollte. Bei einer Gesamtproduktion von nur 12745 Fahrzeugen in dreißig Jahren brauchte die Firma nun beträchtlich höhere Umsätze. Ein deutliches Wachstum war zweifellos nur durch die Einführung eines weithin beliebten Autotyps erreichbar. Nach einem Produktionsstopp während des Krieges tauchte Alfa Romeo – auch dank Orazio Satta – wieder in seiner traditionellen Rolle als Siegermarke bei den wichtigsten Autorennen auf. 1950 brachte die Firma den »1900«, die erste serienmäßig gefertigte Limousine, heraus. Dank der bemerkenswerten Konstruktionsarbeit von D'Alessio konnte dieser Wagen das auf den Rennstrecken erworbene Image der Portello-Fabrik auch auf das Gebiet der Familienautos übertragen. 1954 war das Jahr des »Giulietta«, von der bis 1965 178000 Stück gebaut wurden und der das industrielle Wachstum der Firma förderte. Der Giulietta erschien anfangs in der Sprint-Version – ein Coupé (2 + 2) nach dem äußerst erfolgreichen Entwurf von Pininfarina –, das unwillkürlich den Maßstab für alle späteren Alfa-Romeo-Modelle setzte, vom Giulia (1962) bis zum »1750« von 1968, dem Alfetta von 1972 und dem neuen Giulietta von 1978. Zwischen 1962 und 1972 brachte die Firma ein 6-Zylinder-Modell vom 2600 ccm Hubraum in verschiedenen Versionen heraus. 1966 wurde der »Duetto« vorgestellt, ein offener Sportzweisitzer von Pininfarina, der mit geringfügigen Veränderungen auch heute noch produziert wird.
Die ständig steigenden Produktionszahlen (1973 waren es 208000) führten zur Eröffnung einer neuen Werksanlage in Arese. 1972 wurde der Alfasud entwickelt, der zusammen mit dem Bau des Pomigliano d'Arco-Werkes bei Neapel den Einstieg der Firma in den Billigmarkt kennzeichnet.
Wegen der Ölkrise, Problemen im Management und Gewerkschaftsauseinandersetzungen hatte es Alfa Romeo in den 70er Jahren nicht leicht. Außer dem »Montreal«, dessen Prototyp »33« von 1968 bis 1972 bei der Marken-Weltmeisterschaft teilnahm, und dem Alfa 6, einem Luxuswagen mit reichlich veraltetem Design, kam bis 1983, als der Nachfolger des Alfasud 33 präsentiert wurde, kein vollständig neues Modell heraus. Das war dann aber der erste Schritt zu einem Modernisierungsprogramm, das unter anderem den Vertrag von 1983 mit Nissan zur Produktion des »Arna«, einem durchschnittlichen Kleinwagen mit Alfasud-Motor und Nissan Cherry/Pulsar-Karosserie, und den Vertrag mit Fiat zur Herstellung eines gemeinsamen Fahrgestells für die Limousinen von Alfa Romeo, Fiat und auch von Lancia enthielt.

1984 war der »Alfetta« zum »Alfa 90« weiterentwickelt worden, doch ein neues Kapitel eröffnete 1985 der »Alfa 75« als Nachfolger der »Giulietta«. Mit sieben Benzin- und zwei Dieselversionen bildet der »Alfa 75« die mittlere Modellreihe zwischen »33« und »164« mit 4-Zylinder- und V-6-Motoren von 1567 bis 2995 ccm.

Der »Alfa 164« mit Pininfarina-Design wurde 1987 präsentiert, zur Wahl stehen 2-Liter-4-Zylinder- und 3-Liter-V-6-Zylinder-Motoren. Spitzenmodell ist der »Alfa 164 Quadrifoglio« mit 200 PS. Gegenüber dem »75« ist der »164« deutlich größer; bei gleicher Motorisierung ergeben sich interessante Alternativen.

In verwegener Form von Zagato erschien 1989 das »Coupé SZ« auf Basis des »Alfa 75« mit der stärksten Ausführung des 3-Liter-6-Zylinder-Motors, der 210 PS leistet, gut für 245 km/h. Die Karosserie besteht aus Kunststoff. Der »SZ« symbolisiert neuen Schwung der Firma, die seit November 1986 dem Fiat-Konzern gehört.

AMERICAN MOTORS

RAMBLER – JEFFERY – HUDSON – NASH – KAISER-JEEP

American Motors als Gesellschaft ist nur wenig älter als dreißig Jahre, der Stammbaum ist jedoch fest verwurzelt und hat viele Äste.
Einer unserer Vorfahren, die Firma Thomas B. Jeffery, begann bereits vor der Jahrhundertwende mit dem Bau von Automobilen und verkaufte im März 1902 bei der Autoschau von Chicago den ersten Rambler.
Ein anderer Vorfahr, die Firma Hudson Motor Car, baute und verkaufte das erste Automobil im Sommer 1909.
Weitere bedeutende Namen in AMCs Ahnentafel sind Charles W. Nash, der im Jahr 1916 die Firma Jeffery kaufte und Nash Motors nannte, sowie John North Willys, in dessen Firma zu Beginn des Zweiten Weltkriegs der berühmte Gebrauchswagen Jeep »geboren« wurde.
American Motors und seine Vorfahren haben in der Tat im Laufe der Zeit wichtige Beiträge zur Geschichte unserer dynamischen Industrie geleistet. Wir sind zuversichtlich, daß die solide Grundlage von American Motors nun, zu Beginn des zweiten Jahrhunderts dieses Industriezweigs, der Firma weiterhin Wachstum und Erfolg ermöglichen wird.

W. PAUL TIPPETT – Präsident und Leitender Geschäftsführer der American Motors Corporation

Das Modell »Eagle« wird in einer zwei- und viertürigen Ausführung sowie als Transporter hergestellt. Als besondere technische Ausstattung besitzt der »Eagle« einen speziellen Vierradantrieb mit drei Differentialen, dessen mittleres feststellbar ist. Der »Pontiac«-Motor hat 4 Zylinder, 89 PS mit 2471 ccm. Es steht auch ein V-6-Motor mit 118 PS (4235 ccm) zur Verfügung, der eine Spitzengeschwindigkeit von 165 km/h erreicht. Die Lenkung basiert auf einem Drehkugellager-System mit variabler, verstärkter Lenkhilfe.

AMERICAN MOTORS

1904 wurde das Modell »Rambler« als ein gelungenes Nutzfahrzeug mit seinen zwei Kubikyards oder 500 Pounds Ladekapazität je nach der seinerzeit gültigen Liste herausgebracht. Dieser Typ 1 kostete 850 Dollar.

Präsident Theodore Roosevelt nahm am 4. April 1905 in einem Auto »Typ 2 Surrey« (ebenfalls hergestellt von Rambler) an der Parade in Louisville teil.

Das Modell »36« des Jahres 1908 wurde zum Preis von 3250 Dollar verkauft. Die Firma versprach jedem Käufer eine silberne Uhr, der in sechs Monaten mehr als 24 000 Kilometer zurücklegte. Über 200 Autobesitzer schafften dies.

Dieser 1909 hergestellte »Hudson« kostete 900 Dollar und war bekannt als Modell »20«. Für die von acht Detroiter Geschäftsleuten gegründete Firma war dieses Auto der erste kommerzielle Erfolg.

Das Modell »Rambler 63 C« aus dem Jahr 1911 war den früheren Elektroautos sehr ähnlich. Es konnte vier Insassen befördern. Die Höhe des Lenkrads war verstellbar.

1913 wurde das »Hudson Coupé 37« herausgebracht, dessen vollendete Ausführung sich um einiges vom Durchschnitt abhob, so wurde Innenausführung in Leder und »Richelieu blue« für die Karosserie (wahlweise grau) angeboten. Die Räder und das Fahrgestell waren blau und schwarz.

Vier Jahre nach dem Tod des Gründers wurde diese 3000 Dollar teure Limousine ihm zu Ehren »Jeffery« genannt. Der seit zwölf Jahren geführte Name Rambler wurde damit aufgegeben. Auf den Markt gebracht wurde das Fahrzeug im Jahr 1914.

Das Spitzenmodell aus der Hudson-Reihe war der Typ »Six-54«, herausgebracht im Jahr 1914 zu einem Preis von 3100 Dollar. Zu jener Zeit, gerade fünf Jahre nach der Gründung, stand Hudson auf dem sechsten Platz in der Reihe der wichtigsten Automobilhersteller in den USA.

Das Modell »96-2« aus dem Jahr 1915 war eines der wenigen von Jeffery gebauten Privatwagen. Die Fabrikation konzentrierte sich stärker auf die Herstellung von Nutzfahrzeugen, von denen 7600 Stück (im Gegensatz zu den 3100 Autos) gebaut wurden. Das abgebildete Modell besaß einen 6-Zylinder-Reihenmotor.

Der Ursprung der heutigen American-Motors-Gesellschaft liegt wohl im Jahr 1902, als die Firma Thomas B. Jeffery in Kenosha, Wisconsin, den ersten »Rambler« mit 1 Zylinder baute. Thomas B. Jeffery, ursprünglich Fahrradkonstrukteur, hatte brennendes Interesse an der neuen »Motorwelt« und baute später viele verschiedene Automobile und Lastwagen. Er spezialisierte sich auf Kettenfahrzeuge. Zu Beginn des Ersten Weltkriegs waren seine Lastwagen mit Vierradantrieb die zuverlässigsten Fahrzeuge auf dem Markt. Deshalb beauftragte ihn die Armee der Vereinigten Staaten, Kettenfahrzeuge für den Fronteinsatz zu liefern.

1916 verließ Charles W. Nash General Motors, wo er Vorstandsmitglied war, kaufte Jefferys Firma mit dem Kenosha-Werk und gründete die Nash Motor Company. Dies war entscheidend für den Wiederaufbau der Firma, die schon bald zum führenden Fahrzeughersteller aufstieg. Zwei Jahre später erwies sich die industrielle Überlegenheit der Firma mit der Gesamtproduktion von 11 000 Autos und Lastwagen. Als Folge der Militärlieferungen im Ersten Weltkrieg stieg diese Zahl in den nächsten Jahren noch weiter an.
Nash, Lafayette und Ajax erzielten 1928 eine Jahresproduktion von 138 000 Fahrzeugen, aber erst

1937 unternahm man mit dem Zusammenschluß von Nash und dem Kühlanlagenhersteller Kelvinator einen wichtigen Schritt, der zur Gründung der Gesellschaft American Motors führte. Die beiden Firmen waren zwar finanziell voneinander abhängig, ihre Produktionswege (Autos bzw. Kühlanlagen) verliefen jedoch weiterhin getrennt. Unter dem Doppelnamen der neuen Firma erschien 1950 der »Rambler«. Er war der erste amerikanische Kompaktwagen, der das Konzept kleinerer Autos auf dem amerikanischen Automarkt einführte. Vier Jahre später, am 1. März 1954, verband die Fusion von Nash-Kelvinator und Hudson alle Namen in der

AMERICAN MOTORS

Zwei Jahre lang wurden die V-8- und V-12-Motoren getestet, ehe im Jahr 1916 eine 76-PS-Ausführung für das Modell »Super Six« zum Einsatz kam. Dieses Auto bot dem Fahrer wenig Schutz.

Im Jahr 1916 wurde das Modell »104 S« als Teil der Chesterfield-Reihe herausgebracht. Die Karosserie dieses Jeffery wurde von der »Seaman Body Corporation« in Milwaukee hergestellt.

Das Modell »Nash 681«, herausgekommen schon im Frühjahr 1918, besaß einen 6-Zylinder-Motor mit obenliegender Nockenwelle, die erst Ende 1917 auf den Markt gekommen war. Über 10 000 Exemplare dieses Typs wurden im Jahr 1918 verkauft.

Dieser Hudson von 1918 besaß allen Komfort, der zu jener Zeit verfügbar war, als Standardausstattung: Automatische Heizung, Innenbeleuchtung, Fußstütze und eine »Sprechanlage«.

Eines der beliebtesten Modelle, das die Firma Essex herausgestellt hat, war der fünfsitzige »Phaeton« des Jahres 1919. Er erzielte auch die beste Zeit beim Straßenrennen von Cincinnati nach Indianapolis.

Dieses 4-Zylinder-»Nash-Modell 41«, verkauft im Jahr 1922 zum Preis von 985 Dollar, war entscheidend für die Firma, um ihren ersten Platz unter den amerikanischen Automobilherstellern zu behaupten.

1923 kam dieses Modell auf den Markt und wurde als »134« für 5 500 Dollar verkauft. Ein Jahr später kaufte Nash sowohl Auto wie auch Marke von der »Lafayette Motor Company« auf, die im Jahr 1920 gegründet wurde.

Im Jahr 1924 wurde ein neuer 6-Zylinder-Motor anstelle der bisherigen 4-Zylinder-Ausführung bei diesem Essex Touring montiert. Das Auto kostete 8 850 Dollar.

1926 bot die Produktionspalette von Nash 24 verschiedene Modelle. Dies ist das »Special-Six Coupé«, von dem 135 000 Fahrzeuge in jenem Jahr verkauft wurden. Damit wurde die »Traummarke« von 100 000 Stück erstmals überschritten.

In nur einem Jahr schaffte es Nash mit dem Modell »338« im Jahr 1928, den Rekord von 138 137 gebauten Autos aufzustellen, was ein entscheidender Beitrag für den Firmenerfolg war. Der Rekord blieb bis zum Jahr 1949 ungebrochen.

Aus den verschiedenen zur Verfügung stehenden Karosserieausführungen entstand im Jahr 1928 das »Hudson-Coupé« mit einem verkürzten Fahrgestell (ungefähr 3 m), dessen Rücksitz als »Schwiegermuttersitz« bekannt wurde.

1929, im Jahr des Börsenkrachs in der Wall Street, brachte Essex diesen kleinen Flitzer heraus. Ab 1930 gab es auch eine genau gleiche Ausführung unter der Marke Hudson.

Die »Essex-Stadt-Limousine« aus dem Jahr 1932. Es war eines der letzten Autos der Marke Essex, da deren Montageabteilungen in jenem Jahr bereits teilweise von der »Hudson Motor Car Company« übernommen wurden.

Im Jahr 1933 ging die Nash-Automobilproduktion auf unter 150 000 Fahrzeuge zurück. Dennoch gehörte das Modell »1194« in jenem Jahr zu den beliebtesten Autos. Es kostete 1955 Dollar.

Das »Hudson Super Six Coupé« wurde mit einem 6-Zylinder-Reihenmotor ausgestattet. Als Serienfahrzeug stand es auch mit einem 8-Zylinder-Motor zur Verfügung.

AMERICAN MOTORS

Das Modell »AMC Pacer« wurde im Jahr 1975 in einer für die USA ungewöhnlichen Form auf den Markt gebracht. Die abgerundete Karosserie bot vier Insassen in einem muschelförmigen Coupé-Rumpf Platz. Ursprünglich hatte der Motor 6 Zylinder (4,2 l).

neuen Firmenbezeichnung American Motors Corporation.
Die Automobilfirma Hudson wurde 1909 von Roy D. Chapin gegründet, dem es gelang, in zwanzig Jahren 300 000 Autos zu fertigen. Das Erreichen dieser Zahl fiel mit dem Wall-Street-Börsenkrach von 1929 zusammen, dessen Auswirkungen die Ursache für Produktionseinbußen waren.
1958 wurden die Namen Nash und Hudson fallengelassen und die Produktion unter dem Namen Rambler weitergeführt. Im darauffolgenden Jahr baute AMC 401 000 Fahrzeuge und erreichte 1963 eine Produktion von 500 000 Stück. Inzwischen hatte die Gesellschaft ihr Produktprogramm erweitert und bot sowohl herkömmliche Autos und Lastwagen an, als auch viele Versionen von Fahrzeugen mit Vierradantrieb, eine Spezialität von American Motors. Auch nach dem Ersten Weltkrieg, als die amerikanische Firmengruppe damit begann, Lastwagen für die Armee zu bauen, wurde dieser Produktionszweig nie ganz stillgelegt.
1968 verkaufte AMC den Firmenteil Kelvinator und konzentrierte sich ausschließlich auf die Herstellung von Automobilen. Neben dem Rambler erschienen weitere neue Modelle wie Rebel, Matador, Javelin, AMX und Hornet auf dem Markt. Sie waren ebenfalls Kompaktwagen und in Amerika recht beliebt. Unmittelbar nach der Übernahme der Firma Kaiser-Jeep im Jahr 1970 ersetzte AMC den Rambler durch den Gremlin.
Die Fusion von AMC und Kaiser-Jeep war von John Willys initiiert worden, der 1911, nur drei Jahre nach der Übernahme der Firma Overland, Werke in Toledo gebaut hatte. 1915 wurde Willys Firma Overland der zweitwichtigste Hersteller für Fahrzeuge mit Vierradantrieb in den Vereinigten Staaten. Dieser spezielle Produktionszweig erwies sich 1941 als nützlich, als die amerikanische Armee einen Prototyp bestellte, der als »General Purpose Vehicle« (Allzweckfahrzeug) bekannt wurde. Der Name wurde bald mit G. P. abgekürzt und dann in

1934 brachte Nash das beliebte Modell »110« mit Lafayette-Merkmalen heraus. Der Preis betrug laut Liste 585 bis 745 Dollar. Das Fahrzeug besaß einen 75-PS-Motor. Insgesamt wurden 12 691 Stück gebaut.

1937 kam das Modell »Hudson Victoria Coupé« auf den Markt, das (für das Exportgeschäft) rechts gesteuert war. Diese Konstruktion war für die USA ungewöhnlich, aber Hudson konzentrierte sich 1937 besonders auf den Export.
Es wurden für den 1939 herausgebrachten »Hudson Brougham Convertible« zwei verschiedene Karosserie-Versionen angeboten, die eine besaß einen 6-Zylinder-Motor mit 110 PS, die andere hatte einen 8-Zylinder-Motor mit 122 PS.

Eines der preiswertesten Autos des Jahres 1936 war das dreisitzige Lafayette-Coupé. In jenem Jahr produzierte Lafayette davon 27 498 Stück, was Nash einen Gewinn von einer Million Dollar einbrachte.

1940 brachte Nash diese viertürige Limousine heraus, die sich auf dem Inlandsmarkt als »Flaggschiff« erwies. Das Auto hatte einen 8-Zylinder-Motor und wurde für 1195 Dollar verkauft. Später wurde der Wagen durch den »Nash 600« ersetzt.

Das einzige völlig neu überarbeitete Modell des Jahres 1941 war der »Nash 600«. Der Benzinverbrauch war sehr niedrig. Man konnte 14 km weit mit 1 l Treibstoff fahren.

AMERICAN MOTORS

Noch unter dem Namen »Nash-Kelvinator Corporation« brachte Nash 1941 den »Ambassador« heraus. Mit 1030 Dollar Verkaufspreis war es das teuerste Fahrzeug der Firma.

Das erste »kompakte« Cabrio von Nash-Rambler erschien im März 1950 auf dem Markt. Es besaß einen 6-Zylinder-Motor. Mit ihm kehrte der Name »Rambler« ins Autogeschäft zurück.

Die »Hornet Limousine« aus dem Jahr 1954 war mit einem 6-Zylinder-Motor ausgestattet, der 160 PS leistete. Beim Einbau von zwei Nockenwellen erhöhte sich die Leistung um 10 PS.

Das Modell »5829-2«, besser bekannt unter dem Namen »Rebel« (Einführungsjahr 1958), besaß einen V-8-Motor. Rambler verwendete ab diesem Jahr ein wirkungsvolleres Rostschutzverfahren.

Während die amerikanischen Serienfahrzeuge immer beliebter wurden, brachte die Firma American Motors einen viertürigen Kombi und ein Cabrio mit einem 6-Zylinder-Motor heraus.

Im Jahr 1970 kam die »Hornet-Limousine« auf den Markt. Das neue zwei- bzw. viertürige Kompaktmodell war sowohl mit 6- wie 8-Zylinder-Motor lieferbar. Im ersten Jahr wurden schon 92 458 Stück verkauft.

Die Firma American Motors stellte im Jahr 1970 das Modell »Gremlin« als erstes »Teil-Kompaktauto« vor. Im ersten Jahr wurden schon 26 000 Stück produziert. Im September kaufte AMC die Firma Windsor Plastics.

Der 1974 herausgebrachte fünfsitzige »Matador« war eine Coupé-Ausführung. Dieses Coupé ergänzte das Angebot, das aus der Matador-Limousine, den Kombi-Versionen, die bereits in Produktion waren, und dem sportlichen »X«-Modell bestand.

Vom ersten Tag seines Erscheinens auf dem amerikanischen Markt im September 1983 an hatte der »Renault Alliance« einen unglaublichen Erfolg. Sein 4-Zylinder-1,4-l-Motor (1397 ccm) hatte elektronische Benzineinspritzung.

Besonders hohen Komfort in der von American Motors hergestellten »Teil-Kompakt-Baureihe« bietet der »Renault Encore«. Das Auto hat fünf Türen, und der Rücksitz kann für größere Gepäckstücke umgeklappt werden.

Der Jeep »CJ-7« von 1984 hat einen neuen 4-Zylinder-2,5-l-Motor, wie er auch in der »Cherokee«-Reihe zum Einsatz kommt. Wahlweise steht er auch mit einem 6-Zylinder-4,2-l-Motor zur Verfügung.

»Jeep« geändert. Nachdem Willys den Auftrag erhalten hatte und offizieller Jeep-Hersteller der Armee geworden war, ließ er sich den Namen patentieren.
Nach dem Krieg, im Jahr 1953, wurde Willys Firma von Henry J. Kaiser übernommen, und die neue Gesellschaft erhielt ab diesem Zeitpunkt den Namen Kaiser-Jeep-Corporation. Sechs Jahre später führte eine Reihe von Ereignissen zu der Bereitschaft, sich AMC anzuschließen. Kaiser-Jeep verkaufte IKA in Argentinien an Renault und Willys in Brasilien an Ford.

1971 gründete AMC, die die Firma Kaiser-Jeep im Jahr zuvor übernommen hatte, unter dem Namen American Motors General eine eigene Abteilung für die Herstellung von Militärfahrzeugen und Postautos.
1979 begann die Zusammenarbeit mit Renault, das 46,6% der Anteile von AMC erworben hatte. Die amerikanische Firma wurde auch in den Vereinigten Staaten und in Kanada Renault-Vertreter.
Heute produziert AMC im Kenosha-Werk (Wisconsin) den »Alliance« (Renault 9) und den »Encore« (Renault 11), während im Toledo-Werk in Ohio die Modelle CJ 5, Wagoneer und Cherokee (»zivile« Jeeps) gebaut werden. Außerdem existieren in weiteren sieben Städten Fabriken, die Ersatzteile herstellen. In Brampton (Ontario, Kanada) wird der AMC Eagle (4 × 4) produziert, und es gibt zwei weitere Firmen zur Herstellung von Motoren und Innenausstattung. Auch in vielen anderen Ländern wie Australien, Bangladesh, Ägypten, Indonesien, Israel, Japan, Südkorea, Marokko, Pakistan, Philippinen, Portugal, Spanien, Sri Lanka, Taiwan, Thailand, Mexiko und Venezuela werden Jeeps hergestellt.

ASTON MARTIN

Die Firma Aston Martin wurde im Jahr 1922 von Lionel Martin in London gegründet. Er entschloß sich, der Firma neben seinem Familiennamen auch den Namen des Aston-Clinton-Bergrennens zu geben, das er 1913 auf einem Isotta Fraschini mit Coventry-Simplex-Motor (1400 ccm Hubraum) gewonnen hatte.

Bis 1925, als man den alten Coventry-Simplex-Motor mit seitlichen Ventilen benützte, finanzierte der Amateur-Rennfahrer Luis Vorov Zborowski die Firma Martin. Der talentierte Pole starb jedoch 1924 bei einem Unfall in Monza, und im Jahr 1926 übernahm Augustus Bertelli die Firma. Unter seiner Leitung erschien der berühmte 1,5-l-Motor, der später viele Rennerfolge verzeichnen konnte. Er wurde vor allem in die Modelle International und Le Mans von 1932 sowie Mark II und Ulster von 1935 eingebaut. 1936 wechselte die Firma wieder den Besitzer, und der neue Eigentümer, Gordon Sutherland, brachte ein 2-l-Modell mit 4 Zylindern und obenliegender Nockenwelle heraus. Als der Krieg zu Ende war, übernahm David Brown die Firma Aston Martin und konnte für die Firma einen klaren Aufschwung, sowohl technisch wie wirtschaftlich, herbeiführen. 1949 begann er die Serienwagen des Typs DB mit einem 6-Zylinder-Motor mit obenliegender Zwillingsnockenwelle auszustatten. Die Konstruktion dieses Motors stammte von der Firma Lagonda, die Brown ebenfalls übernommen hatte. Der ursprüngliche Hubraum des DB 2 wurde 1952 von 2,58 auf 2,91 erhöht. 1959 wurde in den DB 4 ein 3,7-l-Motor eingebaut, der später für die Modelle Lagonda Rapide (eine Luxuslimousine aus den Jahren 1961–1963), DB 5, DB 6 und DBS auf einen Hubraum von 4 l vergrößert wurde.

1969 erschien eine Version mit V-8-Motor und 5340 ccm Hubraum. Dieser Motor wurde in alle späteren Aston Martins sowie in die »futuristische« Lagonda-Limousine von 1976 eingebaut. 1978 präsentierte die Firma das Cabriolet »Volante«.

Herausgebracht 1927 mit einer einzigen obenliegenden Nockenwelle (1495 ccm), enthielt die erste 1,5-l-Serie die Modelle »International«, »Tourer« und »Sport«. Diese Autos wurden bis 1932 hergestellt.

Nach der zweiten Serie, die zwischen 1932 und 1934 gebaut wurde und die aus den Modellen »New International«, »Le Mans« und »Standard« bestand, wurden die Typen »Mk II« und »Ulster« herausgebracht. Deren Motore leisteten 80 PS bei 5250 U/min.

Während des Krieges entwarf Chef-Konstrukteur Claude Hill für Sutherland einen neuen 4-Zylinder-2-l-Motor mit Stößelstangen. Von 1948 bis 1950 wurde er erstmals in die Aston Martins eingebaut. Offiziell hieß die Baureihe »DB 1«.

1949 wurde eine 6-Zylinder-Reihe herausgebracht. Das Modell »DB 2« besaß einen 6-Zylinder-Motor mit 195 PS (2580 ccm) und zwei obenliegenden Nockenwellen. Konstruiert wurde der Motor von W. O. Bentley für die Firma Lagonda. Die Aluminiumkarosserie wurde von der Firma Tickford gefertigt, eine Gesellschaft, die ebenfalls zur David-Brown-Gruppe gehörte.

Das Modell »DB 2/4 Mk III« wurde zwischen 1957 und 1959 mit einem 2,9-l-Motor hergestellt. Diese Ausführung leistete 186 PS bei 5500 U/min.

Das Modell »DB 4« kam 1958 heraus. Es besaß einen 3670-ccm-Motor, der 240 PS bei 5500 U/min leistete. Das Auto hatte eine superleichte Touring-Karosserie. Die Leistung wurde bei den späteren »Vantage«- und »GT«-Ausführungen erhöht. Die »GT«-Version schaffte Geschwindigkeiten bis zu 240 km/h.

Das Modell »DB 5« hatte seine Premiere 1963. Der 3995-ccm-Motor leistete 286 PS bei 5500 U/min. Dieser Motor wurde 1965 sowohl beim Modell »DB 6« (abgebildet) als auch 1967 beim Modell »DB S« eingebaut, der das Vorbild aller späteren Aston Martin war. Der »DB 6« hatte ausschließlich Scheibenbremsen und ein Fünfgang-Getriebe.

Der 5340-ccm-V-8-Motor fand erstmals 1969 beim Modell »DB S V 8« Verwendung. Es hatte eine Hinterachse vom Typ De Dion und erreichte eine Spitzengeschwindigkeit von 272 km/h. Das Cabrio »Volante« kam im Jahr 1978 heraus (306 PS bei 5000 U/Min mit einer Spitzengeschwindigkeit von 240 km/h).

Der im Oktober 1976 herausgekommene »Lagonda« ist eine Limousine in luxuriöser Ausführung. Die technische Ausstattung ist die gleiche wie beim Modell »DB S V 8«. Die Spitzengeschwindigkeit beträgt 225 km/h. Die extrem große Karosserie ist 5,28 m lang und wiegt ungefähr 2 t.

AUDI HORCH – DKW – AUTO UNION – NSU

»Audi« ist die lateinische Übersetzung des Familiennamens von August Horch, dem Gründer der deutschen Firma Horch, die auch seinen Namen trägt. Aufgrund unversöhnlicher Differenzen mit dem Vorstand verließ Horch aber diese Firma im Jahr 1909 und gründete eine neue Gesellschaft. Da ihm untersagt war, der Firma seinen eigenen Namen zu geben, entstand die »Audi Automobilwerke GmbH«. Sein erstes Auto war eine 4-Zylinder-Version mit 10/28 PS und Original-Ventilsteuerung mit gegenüberliegenden, seitlich angebrachten Ventilen. Von Anfang an beteiligte sich die Firma Audi an Autorennen und konnte viele Siege erringen, unter anderem bei der »Tour des Alpes« in den Jahren 1912, 1913 und 1914. Das 14/35-PS-Modell siegte 1913 und 1914 und bekam daraufhin den Spitznamen »Alpensieger«. Nach dem Krieg brachte die Firma den »G«, einen Kleinwagen mit 8/22 PS, heraus, der jedoch nicht sehr erfolgreich war. Danach erschienen mehrere Luxuswagen. Als Folge des Konkurrenzkampfes zwischen Mercedes und Horch sowie der unsicheren finanziellen Situation, in der sich die Firma befand, kam es 1928 zur Fusion mit der Firma DKW, die im selben Jahr ihr erstes Auto, das kleine 2-Takt-Modell P 15, herausgebracht hatte.

DKW war fast ausschließlich für die Konstruktionsarbeit der beiden Firmen zuständig, und Audi stellte seinen prestigeträchtigen Namen zur Verfügung. Die neue Firmengruppe baute einige große Autos, wie den »Dresda« mit 6 Zylindern und den »Zwickau« mit 8 Zylindern, die beide amerikanische Rikkenbaker-Motore hatten. Im August 1932 schlossen sich die Firmen Horch und Wanderer der Gesellschaft an, und es entstand die »Auto Union AG«. Trotzdem behielten alle vier Firmen ihre Unabhängigkeit auf dem Markt bei. Wanderer war nach DKW die beliebteste Marke der Firmengruppe. Sie produzierte aber nach dem Zweiten Weltkrieg nicht mehr.

Während dieser Zeit war die Produktion von Audi durch das »Front«-Modell gekennzeichnet, das Vorderradantrieb hatte und von 1934 an im Horch-Werk gebaut wurde. Das letzte Vorkriegsmodell von Audi war der Front 225. Er hatte einen Motor mit obenliegenden Ventilen. Nach dem Krieg zog

Eines der letzten Horch-Autos, das Modell »853 A« von 1938, gehörte zu der 8-Zylinder-Serie, die erstmals 1930 herausgebracht wurde. Bei diesem Modell hatte der 8-Zylinder-Reihenmotor einen Hubraum von 4944 ccm.

Die Produktion eines 3zylindrigen Zweitaktmotors mit 900 ccm und 30 PS, »3–6«, eine Entwicklung aus dem Prototyp »F 9«, wurde infolge des Kriegsausbruchs verschoben. Die abgebildeten Modelle sind ein Cabrio aus dem Jahr 1953 und eine Limousine von 1956.

Das kleine Cabriolet »F 1« mit Frontantrieb aus dem Jahr 1931 besaß einen 2-Zylinder-18-PS-Motor (584 ccm). Die Karosserie wurde mit zwei Zentralholmen und diagonalen Trägerelementen hergestellt.

Das Modell »1000« wurde 1957 bei der Frankfurter Automobilausstellung vorgestellt. Es war das einzige Auto, das den Namen »Auto Union« trug. Es stand als Limousine, Coupé und Roadster zur Verfügung. Der 3-Zylinder-Motor (980 ccm) leistete 50 PS (bei den Sportmodellen waren es 55 PS). Es war ein Zweitaktmodell mit automatisch verdichtetem Gemisch und einem Kühlwasserthermostat. Das Viergang-Getriebe war in allen Gängen synchronisiert.

In der Fertigung seit 1959, besaß der DKW-Junior den typischen 3zylindrigen Zweitaktmotor (741 ccm), mit einer Leistung von 39 PS SAE bei 4300 U/min. Die Spitzengeschwindigkeit lag bei 115 km/h.

Nach dem Zweiten Weltkrieg wurden in Heilbronn dem Fiat ähnliche Autos hergestellt, die sich jedoch von den italienischen Originalmodellen ziemlich unterschieden. Das Modell »Weinsberger« (links) wurde vom italienischen »Nuova 500« übernommen, während das Modell »Jagst Riviera Coupé« (rechts) auf der Grundlage des Modells »600« entstand.

AUDI

Der »NSU Prinz« kam 1958 mit einem im Heck montierten luftgekühlten Diagonal-Motor mit 2 Zylindern auf den Markt (oben). Er hatte einen Hubraum von 598 ccm, und die Leistung betrug 20 PS. 1962 bekam der »Prinz 4« (unten) einen stärkeren 30-PS-Motor und erhielt ein vom »Corvair« inspiriertes Aussehen. Zwei Jahre später wurde beim »Prinz 1000« ein 4-Zylinder-Motor mit 43 PS (996 ccm) montiert. 1965 gab es eine Ausführung mit längerem Radstand und einem 1117-ccm-Motor, das als Modell »110« bekannt war. 1967 erschien das Modell »1200« auf dem Markt (ganz unten). Das Modell »1000« wurde auch als »TT«- und »TTS«-Sportausführung gebaut.

die Auto Union nach Ingolstadt um (die ursprünglichen Horch- und Audi-Werke lagen in Zwickau/DDR) und fertigte ausschließlich unter dem Namen DKW zwischen 1949 und 1966 Modelle mit traditionellen 2-Takt-Motoren. 1958 übernahm Daimler-Benz die Leitung der Firma und brachte als erstes den Audi heraus, der 1965 bei der Frankfurter Automobilausstellung vorgestellt wurde. Dieses Modell war eine 4-Zylinder-Version des F 1 der Stuttgarter Firma, die auch im Jahr 1969 den Typ »100« entwickelte. 1963 beteiligte sich Volkswagen am Management der Auto Union und übernahm die Firma zwei Jahre später vollständig. Als sich N.S.U. 1969 der Firmengruppe anschloß, änderte man den Namen in »Audi NSU Auto Union AG«. Diese Bezeichnung wurde bis 1984 beibehalten; seitdem verwendet man den Namen »Audi AG«.

Die »Neckarsulmer Strickmaschinen Union« be-

Als unmittelbare Weiterentwicklung des Audi-Prototyps, der Teil des »Auto 2000«-Programms war, entstand 1982 das neue Modell »100« mit Benzin-Motoren von 1800 ccm, 1900 ccm und 2200 ccm sowie einem 2000-ccm-Diesel, alle als Normalvergaser oder in Turbo-Ausführung. Das Top-Modell dieser Klasse ist der 1983 herausgebrachte »Turbo 200«, ausgestattet mit einem 5-Zylinder-Motor (2144 ccm), der mit Hilfe des Turbotriebwerkes die stolze Leistung von 182 PS bei 5700 U/min erbringt. Die Spitzengeschwindigkeit beträgt 230 km/h. Die Version mit Vierrad-Antrieb kam 1984 heraus.

Der »Ro 80« von 1967 hatte ein sehr modernes Design und einen Wankel-Doppelkolbenmotor, dessen Gesamthubraum von 994 ccm eine Leistung von 130 PS SAE bei 5500 U/min ergab. Es war ein Modell mit Frontantrieb, hatte ein halbautomatisches Dreiganggetriebe mit einem hydraulischen Drehmomentwandler. Die Spitzengeschwindigkeit betrug 180 km/h. Die Scheibenbremsen wurden durch einen Bremsregler verstärkt. Die Produktion lief im Jahr 1977 aus.

AUDI

Im Bereich der Mittelklasse-Limousinen war das 1966 herausgebrachte Modell »Super 90« bis 1972 die stärkste Ausführung. Der 1760-ccm-Motor leistete 90 PS bei 5200 U/min und erreichte eine Spitzengeschwindigkeit von 163 km/h.

Das Audi-Spektrum wurde 1968 durch die Modelle »60« und »75« abgerundet. Eines der ersten Autos dieser Art (links) war das 1496-ccm-Modell, das 60 PS bei 5200 U/min leisten konnte und auf eine Spitzengeschwindigkeit von 144 km/h kam. Das Modell »75« schaffte mit einem 75-PS-Motor (1697 ccm) eine Spitzengeschwindigkeit von 150 km/h. Beide Fahrzeuge wurden als zwei- und viertürige Versionen hergestellt. Es gab auch einen Kombi, der den Namen »Variant« trug.

Das Modell »Audi 50« kam 1974 auf den Markt, genau ein Jahr vor dem Volkswagen »Polo«, der die genau gleiche Karosserie besaß. Der 1093-ccm-Motor leistete 50 PS bei der »LS«-Ausführung und 60 PS bei der »GLS«-Ausführung. Das Fahrzeug wurde bis 1978 hergestellt.

Das Modell »Audi 100« hatte 1969 Premiere. Der 4-Zylinder-Motor (1760 ccm) wurde in zwei Versionen angeboten, und zwar mit einer Leistung von 85 PS oder 100 PS. Es gab auch ein 112-PS-Coupé (1871 ccm), das eine Spitzengeschwindigkeit von 185 km/h erreichte. Zur Standardausstattung gehörte ein Viergang-Synchrongetriebe. Es gab aber auch ein automatisches Dreiganggetriebe.

1976 wurde die Serie »100« (oben) von Grund auf modernisiert und um das Modell »Avant« erweitert, das eine Hecktür besaß. Es wurden verschiedene neue Motoren eingeführt: eine 4-Zylinder mit 1600 ccm und drei 5-Zylinder-Ausführungen (1900 ccm oder 2200 ccm für Benzin oder 2000 ccm Diesel). 1982 wurde eine dritte Serie mit einer stärker ausgeprägten Aerodynamik herausgebracht. Das unten gezeigte Modell ist ein »Avant«. In den USA trägt dieses Fahrzeug die Bezeichnung »Audi 5000«.

Die erste »Audi 80«-Serie kam 1972 auf den Markt. Der 4-Zylinder-Motor hatte einen Hubraum von 1296 ccm oder von 1471 ccm, der 60 PS bzw. 85 PS leistete. 1976 wurde beim stärkeren Modell der Hubraum auf 1588 ccm erhöht. Eine zweite Modellreihe wurde 1981 herausgebracht. Es wurden folgende Ausführungen angeboten: 54 PS Diesel (1588 ccm), 70 PS Turbodiesel, ein 4-Zylinder-Motor (1781 ccm) mit 85 PS bzw. 112 PS, zwei 5-Zylinder-Motoren (1900 ccm – nach 1983 2000 ccm bzw. 2144 ccm). Ausführungen mit Allradantrieb standen seit 1983 zur Verfügung, die neue Modellreihe Audi 80/90 begann 1986, sie führte zum Spitzenmodell »Audi 90 quattro 16V«.

Der neue »Audi 100« ist im November 1990 erschienen, straffer dimensioniert als der Vorgänger. Das Design schließt sich an den »Audi 80/90« an. Zum 2-Liter-4-Zylinder- und 2,3-Liter-5-Zylinder-Motor ist der 2,8 Liter-V-6 gekommen.

Flaggschiff der Audi-Modellvarianten ist der »V 8« mit 3,6-Liter-V-8-Zylinder-Motor und permanentem Allradantrieb. 250 PS bietet die Limousine, mit der Audi 1988 in die Oberklasse vorgestoßen ist, auch mit der Pullman-Limousine »Audi V 8 lang«.

gann 1905 mit dem Lizenzbau von kleinmotorigen Autos der belgischen Firma Pipe. 1926 wurde ein neues Werk in Heilbronn eröffnet, das zwei Jahre später von Fiat zur Herstellung der italienischen Autos übernommen wurde. 1958 wandte sich die Firma wieder der Fertigung eigener Autos zu und produzierte in dem neuen »Prinz« einen sehr erfolgreichen Kleinwagen. Besonders beliebt war die Serie Prinz 4 von 1962. 1964 brachte NSU als erste Firma ein Auto mit Wankel-Motor heraus, und da die Produktion des Prinz 1972 eingestellt wurde, war die hochmoderne Limousine Ro 80 mit Rotationsmotor von 1967 das einzige Auto, das bis 1977 die Marke am Leben erhielt. Mit Ausnahme des Audi 50, der von 1974 bis 1978 gebaut wurde, teilte sich die Produktion der 70er Jahre auf zwei Modelle auf. Dies war zum einen der Audi 100 seit 1969, zum anderen der Audi 80 seit 1972, beide mehrfach weiterentwickelt und variiert. Ein besonderes Kapitel bilden die Quattro-Sportwagen mit ihren Erfolgen in vielen Rallyes. Vierradantrieb blieb ein Thema, mit dem sich Audi profilierte. Die Karosserien wurden aerodynamisch vervollkommnet und bewußt zu einer Ähnlichkeit der Modelle entwickelt, mit der das Fabrikat Audi unverwechselbar geworden ist, beim Audi V 8 durch direkte Übereinstimmung; er basiert deutlich auf dem Audi 100/200.

AUSTIN ROVER

AUSTIN – MORRIS – ROVER – MG – TRIUMPH

Die Geschichte der Automobilfirmen, die heute zu BL (British Leyland) gehören, begann zur selben Zeit wie die Automobilproduktion in England. Ihre Entwicklung ist daher mit der Entwicklung der britischen Automobilindustrie in diesem Jahrhundert eng verbunden. Pioniere wie Herbert Austin, William Morris und die Firma Rover, gegründet von John Starley und William Sutton, lieferten wesentliche neue Ideen, die der Industrie in verschiedener Weise zum Aufschwung verhalfen.

Der Name Austin bleibt wahrscheinlich wegen des Austin Seven in guter Erinnerung, dem beliebten Familienauto der 20er Jahre, das auch für »einfache« Leute erschwinglich war. William Morris fügte neue Fertigungsideen hinzu und schuf eine große Zahl Morris- und MG-Modelle, während man den Namen Rover von Anfang an mit stilvollen Autos, basierend auf fortschrittlicher Technik, gleichsetzt. Von all den Modellen, die BL produziert hat, darf jedoch der Mini, ein Produkt von Sir Alec Issigonis, in der Liste jener Autos nicht fehlen, die die Industrie verändert und Millionen Menschen eine neue Dimension des Autofahrens vermittelt haben.

RAY HORROCKS – Leitender Geschäftsführer –
Abteilung Automobile – BL Public Limited Company

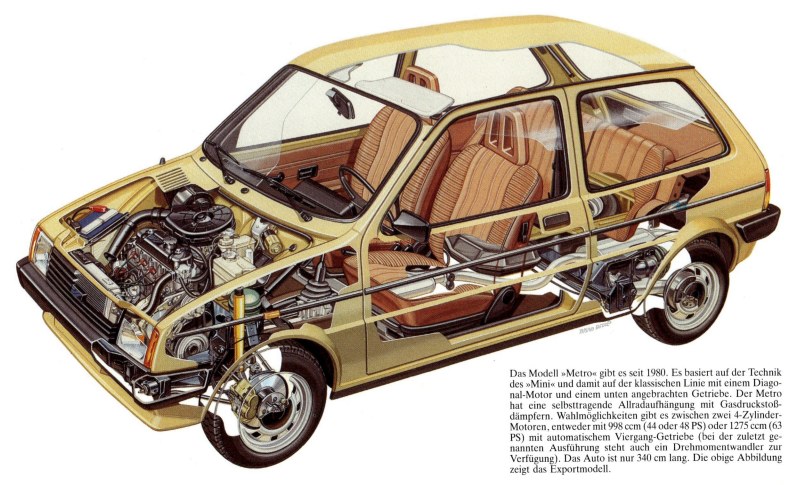

Das Modell »Metro« gibt es seit 1980. Es basiert auf der Technik des »Mini« und damit auf der klassischen Linie mit einem Diagonal-Motor und einem unten angebrachten Getriebe. Der Metro hat eine selbsttragende Allradaufhängung mit Gasdruckstoßdämpfern. Wahlmöglichkeiten gibt es zwischen zwei 4-Zylinder-Motoren, entweder mit 998 ccm (44 oder 48 PS) oder 1275 ccm (63 PS) mit automatischem Viergang-Getriebe (bei der zuletzt genannten Ausführung steht auch ein Drehmomentwandler zur Verfügung). Das Auto ist nur 340 cm lang. Die obige Abbildung zeigt das Exportmodell.

AUSTIN ROVER

Herbert Austin im Jahr 1906 am Steuer seines ersten Autos, einem 32-PS-4-Zylinder.

Dieser »7 PS« wurde im Jahr 1909 mit einem 1-Zylinder-Motor herausgebracht. Seine Karosserie wies den Weg für das Modell »Seven«.

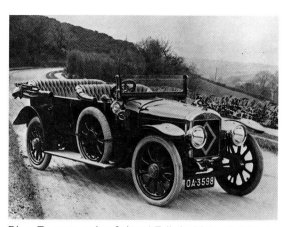

Dieser Tourenwagen besaß einen 4-Zylinder-Motor mit 45 PS, der Geschwindigkeiten bis zu 80 km/h erreichen konnte.

Das Modell »12 PS« kam 1922 heraus und war sofort ein Erfolg. Das Fahrzeug war mit einem 4-Zylinder-Motor (1661 ccm) ausgestattet.

Der im Jahr 1922 vorgestellte Kleinwagen mit dem Modellnamen »Seven« hatte einen 4-Zylinder-Motor (mit 696 ccm, später auf 747 ccm erhöht). Insgesamt wurden 300 000 Stück davon gebaut.

1931 wurde eine neue Ausführung des Modells »Twenty« mit einem 6-Zylinder-Motor (3400 ccm) herausgebracht.

Das neue Modell »A 90 Atlantic«, ein Cabrio, wurde im Jahr 1948 ▶ bei der Londoner Automobilausstellung vorgestellt.

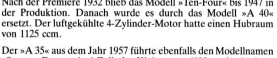

Nach der Premiere 1932 blieb das Modell »Ten-Four« bis 1947 in der Produktion. Danach wurde es durch das Modell »A 40« ersetzt. Der luftgekühlte 4-Zylinder-Motor hatte einen Hubraum von 1125 ccm.

Der »A 35« aus dem Jahr 1957 führte ebenfalls den Modellnamen »Seven«. Es war ein 4-Zylinder-Kleinwagen (800 ccm) mit obenliegenden Ventilen und einem Viergang-Getriebe. ▶

Austin

Der Prototyp des ersten Autos mit dem Namen Austin wurde 1905 auf der Londoner Automobilausstellung vorgestellt, die Produktion lief jedoch erst ein Jahr später an. Herbert Austin hatte sich damals bereits mit einer anderen beliebten Marke, dem Wolseley, einen Namen gemacht. In nur fünf Jahren expandierte Austin auf 1000 Angestellte und produzierte im Jahr 1920 100 Autos pro Woche. Eines der berühmtesten war der Austin Seven, von dem 300 000 Stück gebaut wurden. Der »Seven« bewahrte die Firma in den 20er Jahren vor finanziellen Schwierigkeiten. Sein Chassis wurde von vielen Karosseriebauern und sogar von einigen der »großen« Hersteller wie Morgan und Datsun verwendet, die es mit ihrer eigenen Karosserie versahen. Das Werk, in dem während des Zweiten Weltkriegs viele Flugzeuge produziert wurden, befand sich in Longbridge/Birmingham. Herbert Austin wurde zum »Pair« ernannt und stellte Leonard Lord ein, der als sein Nachfolger einmal die Firma übernehmen sollte. Austin starb im Jahr 1941. 1952, als Leonard Lord schon einige Zeit Präsident der Firma war, schloß sich Austin an die Nuffield(Morris-)-Gruppe an. Dadurch entstand die BMC, die British Motor Corporation.

1959 kam der Mini heraus, der in den Konstruktionsbüros von Longbridge entwickelt worden war und von dem über fünf Millionen Stück hergestellt

Das Modell »A 40 Devon« (links), herausgebracht 1947, erwies sich als eines der beliebtesten Modelle der Nachkriegszeit. Das 1958er Modell »Mk II« (oben) besaß einen 4-Zylinder-Motor mit 48 PS und einen Hubraum von 1098 ccm. Es hatte eine selbsttragende Karosserie, pedalbetriebene hydraulische Bremsen und war wassergekühlt. In Italien wurde das Auto in Lizenz von der Firma Innocenti hergestellt.

AUSTIN ROVER

Beim »Austin Healey Sprite« handelte es sich um einen gänzlich neuen Roadster-Typ. Der 948-ccm-Motor konnte 140 km/h erreichen. Er bewies sein Können auf vielen internationalen Rennstrecken und auch bei Rallyes.

Der »Austin Healey 3000 Mk II« von 1959 hatte einen 6-Zylinder-Motor (130 PS, 2912 ccm), der eine Spitzengeschwindigkeit von 173 km/h erreichte.

Der 1973 herausgebrachte »Allegro« wurde mit einer zwei- oder viertürigen Karosserie, Vorderradantrieb und mit einem 1,1-, 1,3-, 1,5- oder 1,7-l-Motor geliefert. 1983 wurde das Auto durch den »Maestro« (unten) ersetzt, der eine Hecktür hatte. Es wurde mit einem 1,3- oder 1,6-l-Motor und einem Fünfgang-Volkswagen-Getriebe ausgestattet.

Der »A 60 Cambridge« von 1963 wurde mit einem 4-Zylinder-Motor mit 63 PS und einem Hubraum von 1622 ccm ausgestattet. Das Fahrzeug hatte eine selbsttragende Karosserie und Hinterradantrieb.

Das Modell »A 110 Westminster« (6 Zylinder, 2912 ccm, 126 PS) war ein viertüriger Sechssitzer mit selbsttragender Karosserie, Hinterradantrieb und vorderen Scheibenbremsen. Servo-Lenkung stand wahlweise als Extraausstattung zur Verfügung.

Der Name »Princess« erschien noch einmal bei dieser neuen Limousine im Jahr 1975. Sie besaß einen Diagonal-Motor und Vorderradantrieb sowie eine Aufhängung mit Gasdruckstoßdämpfern. Das Fahrzeug hatte ein Viergang-Getriebe und Bremsverstärker.

Das hypermoderne Modell »Montego« aus dem Jahr 1984 steht in acht verschiedenen Ausführungen und drei Motor-Versionen (1,3 bis 2 l) zur Verfügung. Es besitzt auch ein neues elektronisches Armaturenbrett, das seit dem »Maestro« vervollkommnet wurde.

Das 1961 auf den Markt gebrachte Modell »Vanden Plas Princess« war eine klassische Limousine in hoher Vollendung (Motor: 6 Zylinder, 3993 ccm).

Nach einer Konstruktion von Alec Issigonis wurde im Sommer 1959 der »Mini« herausgebracht. Der schmächtige, viersitzige Kleinwagen (nur 3,05 m lang) stellte erstmals den Diagonal-Motor mit Vorderradantrieb vor. Der »Mini« (der auch Markenname wurde) wird immer noch hergestellt, lediglich der Karosserieaufbau erfuhr kleinere Veränderungen. Der Originalmotor des Jahres 1959 besaß einen Hubraum von 848 ccm, der 1984 auf 998 ccm erhöht wurde. Eine Kombi-Ausführung, das Modell »Clubman Estate«, steht ebenfalls zur Verfügung. (Oben: ein 1959er Modell. Unten: das 1984er Modell »Mayfair«.)

wurden. Dieser Kleinwagen war mit Motoren von 848 ccm bis 1300 ccm Hubraum ausgestattet. Man baute sogar für die Targa Florio in Sizilien ein Spezialauto, das zwei verschiedene Motoren hatte, einen Frontmotor mit 1300 ccm Hubraum und einen mit 1100 ccm, der mit den Hinterrädern verbunden war. Das Auto konnte das Ziel zwar nicht mit eigener Kraft erreichen, stellte aber trotzdem ein interessantes Experiment dar.

Im Jahr 1966 schloß sich die Firma mit Jaguar/Daimler und zwei Jahre später, also 1968, mit BLMC zusammen. Die BLMC-Gruppe war durch eine Fusion der Leyland Motor Corporation mit der BMH (British Motor Holding) entstanden. Heute kennt man sie als Austin-Rover-Gruppe, zu der neben Rover und Morris auch MG und Triumph gehören, seitdem Jaguar wieder eine eigene Gesellschaft wurde.

Rover

Nach einigen Jahren der Fahrradherstellung baute die Firma Rover im Jahr 1904 ihr erstes Auto mit einer Leistung von 8 PS. 1919 brachte sie ein weiteres 8-PS-Modell heraus, von dem insgesamt 18 000 Stück produziert wurden, was zu jener Zeit einen Rekord darstellte. Die Rezession im folgenden Jahrzehnt konnte die Firma unter einigen Schwie-

AUSTIN ROVER

Der erste vierrädrige »Rover« wurde 1904 herausgebracht. Er wurde durch einen 1-Zylinder-Motor angetrieben, der 8 PS leistete. Er blieb bis 1912 in der Produktion.

Das Modell »8 PS« wurde 1922 mit einem doppelzylindrigen, luftgekühlten Motor vorgestellt. Es wurde bis zum Jahr 1935 produziert.

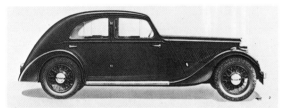

Von dem Modell »14 PS« des Jahres 1935 standen verschiedene Ausführungen zur Verfügung. Das Fahrzeug besaß einen 6-Zylinder-1,6-l-Motor sowie hydraulische Bremsen.

Das »Turboauto Jet 1«, auf dem Markt erschienen 1950, war das erste Fahrzeug, das durch eine Gasturbine angetrieben wurde.

Herausgebracht 1963, hatte das Modell »P 6« oder »2000« eine selbsttragende Karosserie, selbsttragende Frontaufhängung mit horizontalen Spiralfedern sowie eine starre De-Dion-Hinterachse. Der 4-Zylinder-Motor besaß einen Hubraum von 1975 ccm.

Das Modell »12 PS« kam im Jahr 1912 als 4-Zylinder-2,2-l-Modell heraus.

In den Jahren 1925 bis 1928 wurde das Modell »14/45« hergestellt. Angetrieben wurde es mit einem 4-Zylinder-2,1-l-Motor. Es hatte Allradbremsen.

Das Modell »20 PS« von 1939 hatte ebenfalls einen 6-Zylinder-Motor mit einer erhöhten Hubraumkapazität von 2512 ccm.

Das 1950 herausgebrachte und von Pininfarina konstruierte Modell »75« besaß einen 6-Zylinder-Motor (2103 ccm) und hydraulische Girling-Bremsen.

Hergestellt von 1967 bis 1973, besaß das Modell »P 5 B« einen V-8-3,5-l-Motor mit obenliegenden Ventilen, eine in der Mitte liegende Nockenwelle und Hinterradantrieb. Das Fahrzeug hatte ein automatisches Borg-Warner-Dreigang-Getriebe und an allen Rädern Scheibenbremsen.

rigkeiten überstehen. Ihre Fertigung basierte kurz vor dem Zweiten Weltkrieg hauptsächlich auf Qualitätsprodukten. Während des Krieges war das Rover-Werk bei Birmingham mit der Herstellung von Flugzeugmotoren voll ausgelastet. Nach dem Krieg konzentrierten sich Rovers Aktivitäten auf das Solihull-Werk, in dem die Luxuslimousinen P 3, P 4 und P 5 sowie das erste Auto mit Gasturbine gebaut wurden. Große Teile der Fabrik lagen damals still, und Rover übernahm, um sie wieder gewinnbringend auszulasten, einen Regierungsauftrag und fertigte 1948 den Land Rover, einen Geländewagen, von dem bis zur Mitte der 70er Jahre über eine Million Exemplare produziert wurden. Der »2000«, eine klassische Limousine mit obenliegender Nockenwelle und De-Dion-Hinterachse, erschien 1963. 1966 fusionierte die Firma mit BMH. Rover erwarb von General Motors die Lizenz zum Bau des Leichtmetallmotors mit 3,5 l Hubraum, der in die neue Rover-Limousine und den Range Rover eingebaut wurde. Letzterer war ein Geländewagen, der Eleganz verbunden mit Zweckmäßigkeit verkörperte. Zu Beginn der 80er Jahre begann die Produktion des Diesel-Modells 2400, das einen italienischen VW-Motor hatte.

Diese schnelle, sportliche Touring-Karosserie fand auch beim »12-PS-Modell« des Jahres 1947 Verwendung.

Das Modell »100« war Teil der »P 4«-Serie, die mit einem 6-Zylinder-2,6-l-Motor ausgestattet war. Es hatte vorne Scheibenbremsen und einen Schnellgang.

Aufgrund eines Abkommens zwischen Austin Rover und der japanischen Firma Honda erhielt der »Rover 213« 1984 ein neues Aufhängungssystem, einen 1342-ccm-Motor, der 70 PS bei 6000 U/min leistete, und ein Fünfgang-Getriebe. Das Modell »216« mit einem Hubraum von 1600 ccm wurde 1985 herausgebracht.

Seit seinem Erscheinen 1948 ist dieser Geländewagen allgemein bekannt als der »Land Rover« (oben). Seit Jahren haben sich die Produktionszahlen immer stärker erhöht. Die technische Ausstattung und die Karosserie wurden bei verschiedenen Gelegenheiten verbessert. Bis 1979 war der »Land Rover« mit drei unterschiedlichen Motoren lieferbar, und zwar als 2,3 Benziner oder Diesel und als 2,6-Liter-Ausführung. Ebenfalls 1979 kam noch die 3,5-l-V-8-Version heraus. 1984 wurde der neue »Ninety« vorgestellt, der einen kürzeren Radstand hat. Die Abbildung (unten) zeigt den argentinischen Präsidenten Peron in einem der ersten Land Rover. Der »Range Rover« (ganz unten) ist ein Kombi mit Vierradantrieb, einem 3,5-l-V-8-Motor und mit Servo-Scheibenbremsen an allen vier Rädern.

MG

Die Geschichte der Marke MG beginnt in den 20er Jahren, als William Morris eine Firma in Oxford namens »Morris Garage« besaß und seine Sportwagen mit deren Initialen versah. Durch die Montage einer individuellen Karosserie auf das Fahrwerk des Morris Cowley Bullnose entstand der erste MG. Der Midget, der auf ein Morris-Minor-Chassis gebaut wurde, verhalf der Firma zu rascher Expansion. Anschließend produzierte sie den Abingdon. Sehr bald wurde MG wegen seiner kleinen Sportwagen, die den Ruf hatten, robust und zuverlässig zu sein, berühmt. Zu Beginn der 30er Jahre erschienen neue Sportwagenmodelle mit 4- und 6-Zylinder-Motoren, die viele Rennen gewannen. Aufgrund einer Neuorganisation in der Nuffield-Gruppe wurde die Sportwagenproduktion jedoch im Jahr 1935 eingestellt. Während des Zweiten Weltkriegs verließ Cecil Kimber, der als Direktor der »Morris Garage« viel zu deren bemerkenswertem Erfolg beigetragen hatte, die Firma. Das neue Management entschloß sich dazu, Sportwagen und Limousinen nebeneinander zu produzieren, und so entstand der beliebte »TF« zur selben Zeit wie der »YA« und der »Magnette«. 1955 wurde die Produktion des »MG A« (100 000 Stück) aufgenommen, und 1962 kam der »MG B« in Roadster- und Coupé-Ausführung heraus. 1968 schlossen sich BLMC und die Leyland-Gruppe zusammen, und der Name MG erschien erst wieder auf dem MG Metro von 1982.

Das Jahr 1976 brachte die Premiere des neuen Modells »3500«, das zur neuen Touring-Klasse gehörte. Sein äußeres Erscheinungsbild unterschied sich völlig von der bisherigen Rover-Tradition. Die fünftürige Limousine erhielt einen unüblichen V-8-Motor, später auch eine 6-Zylinder-Ausführung mit einem Hubraum von entweder 2600 ccm oder 2300 ccm. 1982 folgten eine 2400-ccm-Turbodiesel-Version sowie das Modell »Vitesse« mit 3500 ccm und Benzineinspritzung.
▼

Das sportliche Modell »MG 14/28 PS« wurde 1924 mit einer Morris-»Bullnose«-Karosserie herausgebracht. Der Motor hatte einen Hubraum von 1548 ccm.

Das erste »Midget«-Modell gab es im Jahr 1928. Der Typ »M« von 1929 besaß die traditionelle Technik: 4 Zylinder, 847 ccm). Die zweisitzige Karosserie hatte das typische »bootförmige« Heck. Das nachfolgende Modell »18/80 Mk I« (unten) war mit einem Doppelvergaser, Bremsverstärkern und einer Viergang-Schaltung ausgestattet.

AUSTIN ROVER-TRIUMPH

1936 kam das Modell »TA Midget« mit einem 1,3-l-Motor heraus. Nach dem Krieg folgten das Modell »TC« (es war der letzte MG mit einer starren Achse) und das Modell »TD« mit Einzelradaufhängung vorne.

1939 erschien der Typ »WA« auf dem Markt. Die Limousine besaß einen 6-Zylinder-2,6-l-Motor. Ihr Nachfolgemodell nach dem Krieg war der 1¼-l-Typ.

Das erste Modell mit selbsttragender Karosserie war der »Magnette«, der 1956 mit einem klassischen 4-Zylinder-Motor (60 PS, 1489 ccm) herauskam.

Das Modell »MG A« von 1955 hatte den gleichen Motor wie das vorausgehende »Midget«-Modell, lediglich verstärkt auf 69 PS. Das Doppelnockenmodell (links) wurde von 1958 bis 1960 hergestellt (insgesamt 2000 Stück). Der Typ »MG A« wurde 1962 durch das Modell »MG B«-Roadster und 1965 durch das Coupé ersetzt. Die Abbildung rechts zeigt den 1,8 l »MGB GT« von 1980 mit seinem neuen Kühlergrill und neuer Stoßstange.

Hervorgegangen aus dem »Austin«-Modell, besaß der »MG Metro« einen stärkeren 1300-ccm-Motor mit 73 PS. Ab 1983 gab es auch eine Turbo-Ausführung mit einer verstärkten Leistung von 94 PS.

Triumph

Die Firma Triumph begann im vorigen Jahrhundert mit der Fertigung von Fahrrädern und dehnte die Produktion später auch auf Motorräder aus. Es vergingen über zwanzig Jahre, ehe das erste Automobil gebaut wurde. Sein Motor stammte von dem Ingenieur Ricardo. Von 1936 an verwendete die Firma Triumph-Motoren anstelle von Coventry-Climax-Motoren. Nach dem Konkurs im Jahr 1939 kaufte T. W. Wards die Gesellschaft auf und verkaufte sie 1945 an Sir John Black, der bereits die Firma Standard besaß. 1950 erschien das Modell Mayflower, das ein röhrenförmiges Chassis und einen Standard-10-Motor besaß. Erst 1952 mit der Produktion des ersten Triumph-Sportwagens nach dem Krieg, dem TR 2, war die Firma wirklich erfolgreich. Sie festigte ihren Erfolg mit dem »Herald«, der eine Karosserie von Michelotti hatte. Diese Zusammenarbeit schien zu funktionieren, und auch der »TR 5«, der »Spitfire« und der »2000« bekamen Michelotti-Karosserien. Danach folgten der »Roadster 2,5 PI« mit Einspritzmotor und der »Stag« mit V-8-Motor. Inzwischen war Triumph-Standard im Jahr 1961 von Leyland, die später British Leyland wurden, übernommen worden. Dadurch erwarb sich die Marke zusätzlich einen guten Ruf und begann im Speke-Werk bei Liverpool mit dem Bau des »TR 7«, dessen Produktion jedoch bald wieder eingestellt wurde. Der Name Triumph erschien erst wieder mit dem »Acclaim«, der nach einem Vertrag mit Honda herausgebracht wurde.

Das erste von Triumph 1927 hergestellte Modell war der »Super Seven«, der als Gegenstück zum »Austin Seven« gebaut wurde. Er besaß einen kleinen 832-ccm-Motor. Insgesamt wurden 15000 Fahrzeuge hergestellt.

Das Modell »Renown« von 1952 besaß einen 4-Zylinder-Motor (2088 ccm) mit obenliegenden Ventilen.

Das Modell »Dolomite« aus dem Jahr 1939, abgebildet als Limousine, war mit einem 6-Zylinder-Motor (1991 ccm) ausgestattet.

Das sehr erfolgreiche Modell »Herald« wurde 1959 vorgestellt und blieb in der Fertigung bis 1971. Konstrukteur Michelotti baute es ursprünglich mit einem 948-ccm-Motor, dessen Kapazität jedoch in späteren Jahren auf 1147 bzw. 1300 ccm erhöht wurde.

Dieser kleine, 1946 hergestellte Roadster hatte den 1800-ccm-Motor und das Getriebe wie der Standard Vanguard.

Der 1966 herausgebrachte »GT 6« war ein kleiner »Hardtop« mit dem Fahrgestell vom »Spitfire Mk IV«. Der 6-Zylinder-Motor (1998 ccm) leistete 95 PS bei 5000 U/min und erreichte eine Spitzengeschwindigkeit von 172 km/h.

AUSTIN ROVER-TRIUMPH

Hervorgegangen aus einem Prototyp, der auf dem Chassis des Vorkriegsmodells »Standard Nine« basierte, handelte es sich bei dem 1952 herausgebrachten Roadster um das erste Modell einer langjährigen Erfolgsserie. Das letzte Modell »TR 7« kam 1975 heraus. Die erste Version war mit einem 4-Zylinder-Motor (1991 ccm) ausgestattet, der 90 PS bei 4800 U/min leistete. Die Spitzengeschwindigkeit betrug 170 km/h. Es hatte ein Chassis aus Stahl, vorne Spiralfedern und hinten halbelliptische Blattfedern. Nach einer erfolgreichen Karriere, die Rennsiege brachte, wurde der »TR 2« 1955 durch den »TR 3« ersetzt.

Für das Modell »TR 5« kam ein neuer Motor zum Einsatz, und zwar ein 6-Zylinder (2498 ccm), der 150 PS bei 5500 U/min leistete. Außerdem besaß dieses Modell vorn Scheibenbremsen.

Eines der erfolgreichsten Modelle mit Namen »Spitfire« kam 1962 auf den Markt, dessen Produktion bis in die 80er Jahre aufrechterhalten wurde. Der ursprünglich 1,2 l starke Motor wurde später auf 1,5 l erhöht. Seine Spitzengeschwindigkeit betrug 160 km/h.

Der »Stag« aus dem Jahr 1970 hatte einen V-8-Motor (2997 ccm), der 147 PS bei 5500 U/min leistete. Die Karosserie wurde von Michelotti konstruiert.

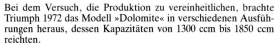

Bei dem Versuch, die Produktion zu vereinheitlichen, brachte Triumph 1972 das Modell »Dolomite« in verschiedenen Ausführungen heraus, dessen Kapazitäten von 1300 ccm bis 1850 ccm reichten.

Das Modell »2500« kam im Jahr 1968 heraus und stand als Limousine und als Kombi zur Verfügung. Der 6-Zylinder-Motor bekam später eine Benzineinspritzung.

Ein neues Coupé, genannt »TR 7«, wurde 1975 mit einem konventionellen 2-l-Motor herausgebracht, als dessen Absatzmarkt speziell die USA gedacht waren. Ab 1979 gab es auch ein Cabrio.

BMW

Seit über siebzig Jahren ist die Marke BMW aus der fahrzeugtechnischen Entwicklung dieses Jahrhunderts nicht mehr wegzudenken. BMW-Flugzeugmotoren zum Beispiel halfen früh, die Basis der modernen Luftfahrt zu setzen, und für die Straße präsentierten BMW-Ingenieure ein Grundkonzept für Tourenmotorräder, das sechzig Jahre später immer noch aktueller Maßstab der Zweirad-Industrie ist.

In den 30er Jahren waren BMW-Autos und -Motorräder Geheimtip einiger privilegierter Sport-Enthusiasten, die sich auf den Rennstrecken Europas trafen. Enthusiasten waren es auch dreißig Jahre später, die als erste die Zukunft kompakter sportlicher BMW-Limousinen erkannten, jener Limousinen also, die sich durch starke Leistung, sportliches Fahrwerk und zweckmäßige Abmessungen auszeichneten. Der Markteinführung dieses modernen Fahrzeugtyps, ohne den kein Wettbewerber auszukommen scheint, ist es zu verdanken, daß BMW heute kein Geheimtip mehr ist, sondern zu einem Weltunternehmen heranwuchs, das in über 100 Ländern mit drei Millionen Automobilen weltweit vertreten ist. Die BMW AG gehört zu den ganz wenigen Unternehmen der westlichen Welt, die alle Geschäftsjahre der letzten zwanzig Jahre mit Gewinn abgeschlossen haben. In dieser Zeit wuchs BMW stärker als irgendein anderes großes Automobilwerk.

Die Erfolge des Unternehmens auf dem Gebiet innovativer Technik – von motorsportlichen Erfolgen angeregt und bestätigt – bewirkten, daß BMW in eine Größenordnung hineingewachsen ist, in der nicht mehr nur aktuelle Produktentwicklung betrieben werden muß und darf. Vielmehr wurde die langfristige Zukunftsforschung eine Domäne des Unternehmens.

BMW wird auch in kommenden Jahren Hersteller eines exklusiven, qualitativ hochwertigen und hohen Leistungen verpflichteten Fahrzeugprogramms bleiben.

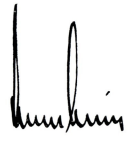

EBERHARD VON KUENHEIM – Präsident und Leitender Direktor der Bayerischen Motoren Werke AG

1978 begann die Herstellung einer kleinen Serie vom Modell »M 1« mit Mittelmotor. Sein Konstrukteuer hieß Giorgio Giugiaro. Der 6-Zylinder-Reihenmotor (3453 ccm) mit 24 Ventilen und zwei obenliegenden Nockenwellen leistete 277 PS bei 6500 U/min. Sein Gewicht betrug 1290 kg. Der »M 1« konnte eine Spitzengeschwindigkeit von 262 km/h erreichen.

Die modernisierten Versionen der »Serie 3«, herausgebracht Ende 1982, enthielten sowohl zwei- wie auch viertürige Modelle.

Die verfügbaren beiden 4-Zylinder-Ausführungen (1767 ccm) sind entweder mit Vergaser (Modell 316) oder mit Benzineinspritzung (Modell 318 i) ausgestattet. Es gibt auch zwei 6-Zylinder-Ausführungen, nämlich das Modell »320 i« (1990 ccm, 125 PS) und das Modell »323 i« (2316 ccm, 150 PS). Die deutsche Karosseriefirma Bauer produzierte ein Cabrio.

Die »Bayerischen Motoren Werke« entstanden im Jahr 1916 durch die Fusion der Firmen »Rapp Motorwerke« und »Gustav Otto Flugmaschinenfabrik«. Unverzüglich nahmen sie die Produktion von Flugzeug- und später von Motorradmotoren auf. Mit der Übernahme von »Dixi«, einer kleinen Firma, die den »Austin Seven« in Lizenz herstellte, begannen sie 1928 auch mit der Produktion von Autos. Der britische Wagen wurde unter dem BMW-Markenzeichen weitergebaut. Die Sportversion gewann 1929 den Mannschaftspreis des Alpen-Cups und 1930 den Klassenpreis bei der Rallye Monte Carlo. Im selben Jahr kam auch der Zweisitzer »Wartburg« mit 748 ccm Hubraum heraus. 1934 präsentierte BMW den ersten echten Tourenwagen, den 20 PS starken »AM 4« mit 975 ccm Hubraum. Unter der Leitung von Fritz Fiedler, der 1933 Oberingenieur wurde, entstand der erste 6-Zylinder-Motor, der noch im selben Jahr in dem Vorfahren einer langen Sportwagenserie, dem Modell 303 (1173 ccm, 30 PS), Verwendung fand. Der bekannteste dieser Serie war zweifellos der »328« von 1937. Kurz vor Kriegsausbruch kam der »325« mit 3485 ccm Hubraum heraus. Nach dem Krieg wurde die Produktion im Jahr 1952 mit dem »501« wieder aufgenommen, der eine Weiterentwicklung des früheren »326« war und, wie auch der »502« mit einem V-8-Motor mit 2580 ccm Hubraum und 100 PS, die Tradition großvolumiger Motoren fortführte. Den gleichen Motor wie der »502« besaß auch das Modell »507«, ein außergewöhnlicher Sportwagen mit 3168 ccm Hubraum und 160 PS bei 4800 U/min, von dem in den Jahren 1955 bis 1959 nur 250 Stück gebaut wurden.

Die Produktion während der 50er Jahre entsprach ganz und gar nicht dem allgemeinen Aufschwung der Nachkriegszeit, so daß BMW im Jahr 1959 dem Konkurs nahe war. Einer der ersten Versuche, ein populäres Auto zu produzieren, war der Lizenzbau des italienischen Kleinstwagens Isetta, der von 1955 bis 1962 relativ erfolgreich war. Mit dem Modell »700« mit 2-Zylinder-Motor und Michelotti-Karosserie konnte die Firma 1959 endlich ihr Ziel erreichen. Bis 1965 wurden über 180 000 Fahrzeuge

Der »3/15 CV« vom Jahr 1928 war in der Ausstattung dem »Austin Seven« ähnlich, um dessen Lizenzbau sich Dixi bemüht hatte. Die kleine Firma Dixi wurde im selben Jahr noch von BMW übernommen.

Konstruiert von Fiedler, war das Modell »315« mit einem 6-Zylinder-Motor (34 PS, 1490 ccm) ausgestattet. Es gab auch eine sportliche Ausführung, das Modell »315/1« mit einer Leistung von 40 PS.

Von 1936 bis 1940 wurde das Modell »326« mit einem 1971-ccm-Motor (50 PS) hergestellt, mit Doppelvergaser von Solex und hydraulischen Bremsen.

462 Stück wurden vom »328« zwischen 1937 und 1939 hergestellt. Dieses berühmte Sportmodell gewann 1940 die Mille Miglia mit einer Durchschnittsgeschwindigkeit von rund 166 km/h. Der Fahrer des siegreichen Wagens hieß Huschke von Hanstein.

Beim Modell »303« von 1933 wurde erstmals ein 6-Zylinder-Motor eingebaut. Es gab sowohl eine Limousine als auch ein Cabrio. Der Motor hatte einen Hubraum von 1173 ccm und eine Leistung von 30 PS.

Der 6-Zylinder-Motor (1911 ccm), konstruiert von Fritz Fiedler im Jahr 1934, bildete die Basis der gesamten Vorkriegsproduktion. Er wurde auch im 1936er Modell »319« eingebaut, von dem es auch eine sportliche Ausführung mit 55 PS gab.

BMW

Das Modell »327«, herausgebracht 1937, stand sowohl als Coupé als auch als Cabrio zur Verfügung. Ausgestattet war das Fahrzeug mit dem 2-l-Motor vom Modell »326«, der 55 PS bei 4000 U/min leistete.

Mit dem Ausbruch des Zweiten Weltkrieges waren alle Chancen für einen erfolgreichen Start des Modells »335« dahin. Dabei handelte es sich um das vornehmste, mit größter Motorleistung ausgestattete Modell, das BMW vor dem Krieg gebaut hatte. Der 6-Zylinder-Motor hatte einen Hubraum von 3485 ccm.

Das Modell »501« wurde 1952 während der Frankfurter Automobilausstellung vorgeführt. Bei einem Hubraum von 1971 ccm leistete der Motor 65 PS bei 4400 U/min. Ab 1955 wurde ein 2077-ccm-Motor montiert.

Die Serie der angesehenen V-8-Motoren begann 1954 mit dem Modell »502«, dessen Karosserie vom Modell »501« übernommen wurde. Der ursprüngliche Hubraum von 2580 ccm wurde später auf 3168 ccm erhöht, dessen Leistung dann 140 PS bei 5400 U/min ergab.

Der letzte V-8-BMW, das Modell »3200 CS« von 1962, besaß eine Hubraumkapazität von 3168 ccm und brachte Leistung von 160 PS bei 5600 U/min. Die Spitzengeschwindigkeit betrug 200 km/h. Es gab Servo-Scheibenbremsen für die Vorderräder.

Herausgebracht 1959, besaß das Modell »700« einen 2-Zylinder-Motor (697 ccm) aus einer Leichtmetall-Legierung, der 35 PS bei 5200 U/min leistete. Die Rundumaufhängung war selbsttragend. Seine Spitzengeschwindigkeit betrug 120 km/h. Es gab auch ein Coupé und ein Cabrio.

Die völlige Modernisierung der BMW-Reihe begann mit dem Modell »1500« im Jahr 1962. Das Modell »1800« wurde 1963 herausgebracht. Motor: 1766 ccm, 90 PS bei 5800 U/min, Spitzengeschwindigkeit 160 km/h. 1966 wurde auch ein Motor mit 1990 ccm eingebaut mit einer Leistung von 100 PS bzw. 130 PS.

Die zweitürige Limousinen-Reihe hatte ihre erfolgreiche Premiere 1966 mit dem Modell »1602« (Motor: 1573 ccm, 85 PS). 1968 wurde das Modell »2002« mit dem stärksten 1990-ccm-Motor herausgebracht, der 100 PS leistete. Bei der »2002 Tii«-Ausführung wurde die Leistung später auf 130 PS erhöht. Es gab auch eine Touring-Version und ein Cabrio, letzteres jedoch nur in der »2002«-Version.

Die 1968 herausgekommene Limousine »2500« besaß einen 6-Zylinder-Motor (2494 ccm), der 150 PS leistete. Es folgten die Modelle »2,8 L« (Motor: 2788 ccm, 170 PS), »3,5 S« (Motor: 2985 ccm, 180 PS), »3,0 Si« (Motor: 195 PS) und »3,3 Li« (Motor: 3210 ccm, 200 PS).

Die 5er Reihe, 1972 erstmals erschienen, erhielt 1981 eine überarbeitete Karosserie und wurde 1988 in das neue Modell verwandelt. Neue 24-Ventil-6-Zylinder-Motoren folgten 1990. Die Reihe besteht aus den Modellen 520i, 525i, 530i, 535i und dem Turbo-Diesel 524 td. An ihr Design knüpfte 1990 die neue 3er Reihe an. Sie bildet die kompakte Alternative mit Motoren vom 316i bis zum 325i und dem 324 t/td.

Die Modelle »628 CSi« (Motor: 2788 ccm, 184 PS) und »635 CSi« (Motor: 3430 ccm, 218 PS) wurden 1978 vorgestellt. Es folgte 1984 das Modell »M 635 CSi«, das einen 6-Zylinder-Motor (3453 ccm) besaß, der 286 PS leistete und der auch beim »M1« eingebaut wurde. Seine Spitzengeschwindigkeit betrug 255 km/h. Nachfolger ist der »850i«.

Die 7er Reihe wurde 1977 präsentiert, gekennzeichnet durch starke Sechszylinder, sie gipfelten 1979 im 745i mit Turbolader. Das neue Modell kam 1987, weiterentwickelt in Technik und Design. Neben den 6-Zylinder-Modellen 730i und 735i präsentierte BMW den V-12-Zylinder 750i mit 5 Liter Hubraum. Das Coupé 850i wird ausschließlich mit dem 12-Zylinder-Motor geliefert.

produziert. 1962 konnte BMW schließlich auch international festen Fuß fassen, als sie den 1500er herausbrachten, der die erfolgreiche Serie viertüriger (1800 und 2000) und zweitüriger (1602 und 2002) Limousinen anführte. 1968 bis 1977 baute BMW eine Reihe geräumiger 6-Zylinder-Limousinen mit 2500- und 3300-ccm-Motoren, aus denen die bekannten CS-Coupés entwickelt wurden. 1966 übernahm BMW die Firma Glas und stellte ihren 3000er mit 8-Zylinder-Motor und ein 1600er Coupé her.

In den 70er Jahren modernisierte und rationalisierte BMW sein Fahrzeugprogramm nach und nach auf drei Basisprodukte: die 3er Serie von 1978 mit kompakten 4- und 6-Zylinder-Limousinen mit 1800-ccm- bis 2300-ccm-Motoren, die 5er Serie von 1972, die 4- und 6-Zylinder-Limousinen mit 1800-ccm- bis 3500-ccm-Motoren hatte, und die 7er Serie, die sich aus ihren 6-Zylinder-Luxusmodellen zusammensetzte, auf denen dann die Coupés der 6er Serie basierten.

In Zusammenarbeit mit ihrer österreichischen »Tochter«-Firma »BMW Steyr Motoren Gesellschaft mbH« entwickelte die Münchner Firma 1983 einen Turbo-Diesel-Motor (6 Zylinder, 2443 ccm, 115 PS bei 4800 U/min), der seitdem im BMW 524 TD verwendet und an Ford in Amerika für den Lincoln Continental geliefert wird. Die Entwicklung bei BMW führte zu einer Steigerung der Produktion von ungefähr 140 000 Fahrzeugen im Jahr 1963 auf 410 000 Fahrzeuge im Jahr 1983.

CHRYSLER

DODGE – PLYMOUTH

Die Erfindung des Automobils veränderte die soziale Entwicklung der Menschheit. Sie bescherte vielen Leuten die Fähigkeit individueller Mobiliät, die sie vorher nicht kannten.
Das Automobil ermöglichte es Männern, Frauen und Kindern, auch über den Horizont ihrer Geburtsorte hinauszuschauen. Was sie dabei sahen, änderte die Art und Weise, wie sie über sich selbst, ihre Familie und ihr Auskommen dachten und fühlten. Ihre Hoffnungen, Erwartungen und die Vorstellungen von einem besseren Leben stiegen.
Zu der Hundertjahrfeier des Autos spreche ich einer Erfindung meine Anerkennung aus, die zu einem Geschenk für die Menschheit wurde. Das Auto brachte eine hohe Zahl persönlicher Vorteile mit sich. Mit seiner Erfindung begann die unendliche Liebesgeschichte zwischen den Menschen und ihren Automobilen.

LEE A. IACOCCA – Vorstandsvorsitzender und Generaldirektor der Chrysler Corporation

Der »Imperial«, ein klassisches amerikanisches Auto im Hinblick auf Größe und technische Ausstattung, kam im September 1980 auf den Markt. Der V-8-Motor (5210 ccm) leistet 142 PS SAE bei 4000 U/min. Das Ventilgetriebe arbeitet mit Stößelstangen und besitzt eine hydraulische Ventilspiel-Nachstellung. Das Auto hat ein automatisches Dreigang-Getriebe, eine »Torque Flite«-Übersetzung. Die Spitzengeschwindigkeit beträgt 180 km/h.

CHRYSLER

Als erster amerikanischer Mittelklassewagen kann der erste Chrysler, der »Six« von 1924, sowohl wegen seiner Motorleistung als auch vom Preis her angesehen werden. Es wurden ungefähr 32 000 Stück davon im Jahr 1924 verkauft.

Im Juni 1925 wurde von Chrysler die 4-Zylinder-Serie »Four 58« vorgestellt. Die Modelle des Jahres 1926 waren mit 6-Zylinder-Motoren ausgestattet.

Ein »Imperial 80« aus dem Jahr 1928 mit einer speziell konstruierten Karosserie, einem Einzelstück. Man beachte die kleine hintere Tür für einen leichteren Zugang zum Notsitz.

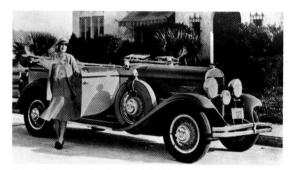

Chrysler brachte 1928 zwei neue Autos heraus, die Modelle »De Soto« und den ersten »Plymouth«. Letzterer besaß einen 4-Zylinder-Motor (45 PS) und kostete zwischen 670 und 725 Dollar.

Chrysler übernahm 1928 die Firma Dodge, deren Umsätze rapide abgesunken waren. Der »Eight« aus dem Jahr 1930 war mit einem 8-Zylinder-Motor (75 PS) ausgestattet.

Das 1930 herausgebrachte Modell »77« war eine weitere Bestätigung der Chrysler-Geschäftspolitik, die Investitionen für Forschung und neue Modelle zu erhöhen. Dieses Modell kostete 1495 Dollar.

Vorgestellt Ende 1932, besaß dieser »Plymouth« einen 6-Zylinder-Motor, der von dem Ingenieur Zeder konstruiert wurde. Zwischen 1930 und 1932 stiegen bei »Plymouth« die Produktionszahlen.

Mit den »Chrysler«- und »De-Soto-Airflow«-Modellen, herausgebracht 1934, wurden neue Karosseriekonzepte vorgestellt. Sie hatten weichere Konturen und eine bessere Gewichtsverteilung. Trotz der Tatsache, daß bei den Nachkriegsautos einige Errungenschaften der neuen Linie übernommen wurden, war das Modell »Airflow« kein großer kommerzieller Erfolg.

Ab 1934 wurden die Autos der »Dodge«-Klasse mit einem Schnellgang, selbsttragender Frontaufhängung sowie einer zentrierten Lenkung ausgestattet. Automatische Kupplung wurde als Sonderausstattung angeboten. Abgebildet eine Limousine aus dem Jahr 1935 (oben) und aus dem Jahr 1938 (unten).

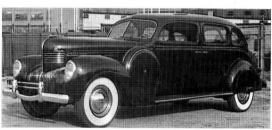

Der »Imperial« von 1939 hatte einen 8-Zylinder-Motor (3235 ccm), der 135 PS leistete. Er war mit einer hydraulischen Kupplung ausgestattet. Dieses Modell kostete 1198 Dollar, während das Modell »Custom Imperial« für 2595 Dollar verkauft wurde.

Ein seltenes Exemplar des 1946 herausgebrachten »Town and Country«-Coupés mit Hardtop. Von diesem Fahrzeug wurden lediglich sieben Stück hergestellt. Die langgezogene Karosserie hatte seitlich hölzerne Verkleidungen.

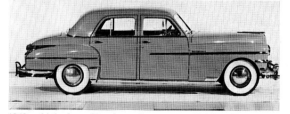

Der »Plymouth Special De Luxe« aus dem Jahr 1948. Der Raddurchmesser war größer als bei den Vorkriegsmodellen, während das Fahrzeuggewicht verringert wurde. Die Karosserieform blieb die gleiche.

1949 erhielt der »Chrysler« einen neuen Kühlergrill und ein verlängertes Heck, ein Vorgeschmack auf die in den 50er Jahren immer beliebter werdenden »Flossen«. Die Abbildung zeigt das Modell »New Yorker«.

CHRYSLER

Vorgestellt 1979, handelt es sich bei dem »Gran Fury« um eine Limousine mit Front-Motor, Hinterradantrieb und einer selbsttragenden Karosserie. Das Fahrzeug hat ein automatisches »Torque Flite«-Getriebe und eine Kugellager-Lenkung. Es werden zwei Ausführungen gefertigt: das Modell »3,7« mit einem 6-Zylinder-Reihenmotor (3678 ccm) und das Modell »5,2« mit einem V-8-Motor (5210 ccm). Keines dieser Modelle ist für den Export bestimmmt.

Walter P. Chrysler gründete 1925 diese Firma, die seinen Namen trägt. Ihr erstes Auto war das Modell »Sechs«, das damals noch als unvorstellbar galt, weil es bei einem vorzüglichen Fahrverhalten ungewöhnlich preisgünstig war. Sowohl Ausführung als auch Design waren so gut, daß bereits schon im ersten Produktionsjahr 32 000 Stück verkauft wurden, ein Riesenerfolg. Der Sechs war das Ergebnis der Konstruktionsarbeit eines Teams von drei Ingenieuren, Zeder, Skelton und Breer, die maßgeblich für den schnellen Erfolg der jungen Firma verantwortlich waren. Im Juni 1925, nur wenige Monate nach dem Erscheinen des »Sechs«, wurde das Modell »Vier« entworfen und hergestellt. Einer der technischen Gründe für den hohen Komfort der Modelle Sechs und Vier war die Einführung der Gummilagerung des leisen Motorblocks, die die Vibrationen verhinderte. 1926 brachte Chrysler vier Modelle auf den Markt, die 50er Serie mit 4-Zylinder-Motoren, die 60er Serie mit 6 Zylindern, den 70er – eine neue Variante des »Sechs« – und den als Imperial bekannten Typ 80. 1927 lag Chrysler mit 192 000 produzierten Autos an fünfter Stelle der amerikanischen Automobilhersteller. Kurz vor der großen Depression baute die Firma Chrysler, die nun enorme Fortschritte machte, das erste Fahrzeug der Plymouth-Reihe (zum Preis von ungefähr 700 Dollar) und den De Soto aus einer 4-Zylinder-Baureihe.

Zur selben Zeit fusionierte Chrysler mit der Firma Dodge, die sich auch auf Lastwagen spezialisiert hatte.
Die Chrysler- und De-Soto-Airflow-Serie kam 1934 heraus. Diese Autos boten um einiges mehr an Komfort als andere Modelle dieser Zeit, da der Motor weit vorne über der Vorderachse angebracht war, was in Europa von Citroën für den »Traction Avant« übernommen wurde.
Im Lauf der Zeit erweiterte Chrysler seine Interessengebiete und betätigte sich in allen technologischen Bereichen, vor allem in jenen, die sich mit »Bewegung« befaßten. Die Firma baute neben Autos und Lastwagen auch Schiffsmotoren und stellte

Der »Dodge Royal« von 1957 hatte einen V-8-Motor (245 PS) mit Benzineinspritzung. Man beachte die vorderen vier Scheinwerfer, die in jenem Jahr erstmals eingebaut wurden.

1955 wurde auch die Karosserieform vom Modell »Plymouth« verändert. So bekam auch der »Belvedere« 1958 sein verlängertes Heck mit den langen Flossen, die für die damalige Zeit typisch waren.

Der 1960 herausgekommene »Dodge Dart« stand in drei Versionen zur Verfügung. Es waren die Modelle »Phoenix«, »Pioneer« und »Seneca«. Phoenix und Pioneer hatten V-8-Motoren, der Seneca einen 6-Zylinder-Reihenmotor.

Dies ist das zweitürige Modell »Plymouth Fury« in Hardtop-Ausführung aus dem Jahr 1961. Der V-8-Viertaktmotor (5907 ccm) leistete 309 PS bei 4600 U/min. Er konnte eine Spitzengeschwindigkeit von 180 bis 200 km/h erreichen.

Der »Chrysler Newport« hatte eine selbsttragende Karosserie und einen 90°-V-8-Motor (5916 ccm). Sein Listenpreis betrug 1962 2964 Dollar.

Nach sechs Jahren Entwicklung wurde 1963 das Modell »Chrysler Turbo« herausgebracht. Die aerodynamische Form machte einen sehr gefälligen Eindruck trotz der klobigen Heckpartie. Die Scheinwerfer waren in die Stoßstange eingebaut.

CHRYSLER

Das Kompaktmodell »Plymouth Valiant« wurde 1962 mit einer selbsttragenden Karosserie, die rostfrei war, vorgestellt. Der 6-Zylinder-Motor leistete 101 PS bei 4400 U/min. Der »Signet« (unten) aus dem Jahr 1967 war eine viertürige Ausführung, die mit einem 6- bzw. 8-Zylinder-Motor zur Verfügung stand.

Der »Plymouth Sport Fury« von 1966 hatte eine zweitürige Karosserie mit Hardtop. Der V-8-Motor wurde vom »Fury« übernommen. Das Fahrzeug hatte eine etwas längere Karosserie und wog ungefähr 1735 kg.

Der Konkurrenzkampf mit den »kleinen« europäischen und japanischen Autos führte auch in den USA dazu, die Größe der eigenen Autos zu reduzieren. Die Abbildung zeigt einen »Dodge Coronet«.

Der 1975 auf den Markt gebrachte »Chrysler Alpine GL« wurde in Großbritannien hergestellt. Das Auto war mit einem 4-Zylinder-Motor (1294 ccm) ausgestattet, der 68 PS bei 5600 U/min leistete und eine Spitzengeschwindigkeit von 150 km/h erreichte. Es war der gleiche Motor, der auch beim »Talbot Simca 1510« verwendet wurde.

Das 1983er Modell »Fifth Avenue« entspricht dem Chrysler-Luxus-Standard. Das Auto gibt es mit vielen Sonderwünschen. Sie reichen von elektrischer Fensterhebung über Klimaanlage und Liegesitzen bis hin zur automatischen Tempokontrolle. Der Preis in Standardausführung betrug 1984 13 990 Dollar. ▶

Der elegante und hochentwickelte »Dodge Custom 880« gehörte zu den Mittelklassewagen. Es standen sechs Versionen zur Verfügung. Die Abbildung zeigt ein viertüriges Modell mit Hardtop von 1962.

Der »Chrysler 300« von 1967, hier gezeigt als zweitürige Hardtop-Ausführung, war ein Luxuswagen. Der 7,2-l-V-8-Motor leistete 350 PS. Es wurden Scheibenbremsen und ein Viergang-Synchrongetriebe eingebaut.

Der sechssitzige »Dodge Monaco« war mit einem V-8-Motor (6286 ccm) ausgestattet, der 279 PS bei 4400 U/min leistete. Die Spitzengeschwindigkeit schwankte zwischen 175 km/h und 185 km/h.

Der »Satellite Sebring-Coupé« mit Hardtop gehörte zu den Plymouth-Mittelklasse-Wagen. Es hatte einen 6-Zylinder-Motor, (3,7 l) und Trommelbremsen. Man konnte sich auch ein automatisches »Torque Flite«-Getriebe einbauen lassen.

Ein 2-l-Modell wurde 1973 von der französischen »Tochter« von Chrysler herausgebracht. Das Fahrzeug besaß Servo-Scheibenbremsen an allen vier Rädern.

◀ Der »New Yorker«, ein amerikanisches Luxusfahrzeug, war auch 1973 noch in der Produktion. Im folgenden Jahr wurde die Karosserie überarbeitet, und es standen nun fünf verschiedene Ausführungen zur Verfügung.

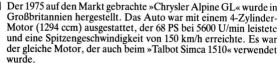

Das 1967er Modell »Dodge Coronet 500«, hier abgebildet mit Hardtop, stand mit sechs verschiedenen V-8-Motoren zur Verfügung, deren Hubraum zwischen 4490 ccm und 6974 ccm lag.

Das neue Modell »Dodge Charger« wurde im Jahr 1966 mit einem »abgeschnittenen« Heck herausgebracht. Die 1968er Serie (oben) hatte V-8-Motoren und eine selbsttragende Karosserie.

Das Kompaktmodell »Plymouth Duster« wurde als Coupé und als Coupé mit Hardtop gebaut. Als Motor stand entweder ein 6-Zylinder, 3,7 l, oder ein 8-Zylinder, 5,2 l, zur Verfügung.

Die 1971 herausgebrachte »Dodge Polara«-Serie war entweder mit einem 6-Zylinder-3,7-l - oder einem V-8-5,9-l-Motor ausgestattet. Das Dreigang-Synchrongetriebe arbeitete mit Schaltstangen.

Der »Chrysler 180« wurde von der französischen Chrysler-Gesellschaft vertrieben. Herausgebracht 1970, besaß das Auto einen 1,8-l-Motor mit 100 PS und Scheibenbremsen an allen vier Rädern. Spitzengeschwindigkeit 170 km/h.

CHRYSLER

Herausgebracht 1981 als Coupé und Cabrio hat der »Dodge 400« einen 4-Zylinder-Motor (2213 ccm), der 85 PS SAE bei 4800 U/min leistet. Die von Mitsubishi hergestellte 2555-ccm-Version steht auch mit 93 PS SAE bei 4500 U/min zur Verfügung. Der gleiche Motor wird auch bei dem Chrysler-Modell »Le Baron« eingebaut, das praktisch eine viertürige Version des Modells »400« ist. Dessen Spitzengeschwindigkeit schwankt zwischen 155 und 165 km/h.

auf der ganzen Welt Panzer, Raketenteile und andere Einzelteile her. In den frühen 80er Jahren überstand Chrysler die Rezession der amerikanischen Wirtschaft und konnte sich dank der Führung ihres Präsidenten Lee Iacocca gut behaupten.
Der Hauptsitz der Firma Chrysler liegt in Michigan, und die Gesamtgesellschaft beschäftigt über 90 000 Mitarbeiter, von denen fast 37 000 im Einzugsgebiet von Detroit arbeiten.
In typisch amerikanischem Stil wurde für Walter P. Chrysler in Erinnerung an seine Leistungen als Mensch und Geschäftsmann vor der Hauptgeschäftsstelle ein Denkmal errichtet.
1984 schloß Chrysler mit Maserati aus Italien, einem Mitglied der De-Tomaso-Gruppe, einen Vertrag und erwarb in Vorbereitung der Produktion eines amerikanischen Autos in italienischem Stil, das in naher Zukunft gebaut werden soll, 5% der Firmenanteile. Die Vereinbarungen, die mit dem Italo-Argentinier Alejandro de Tomaso getroffen wurden, zielten auf die Produktion eines neuen Chrysler-Modells und nicht eines amerikanischen Maserati, obwohl sich der rein italienische »Biturbo« in den USA als sehr erfolgreich erweist.

Obgleich sich die 1984er Modelle »Gran Fury« und »New Yorker« ähnlich sind, sprechen sie doch verschiedene Zielgruppen an. Beide sind viertürige Limousinen, jedoch hat der »Gran Fury« einen V-8-Motor (5,2 l), während der »New Yorker« einen 4-Zylinder-2,2-l-Motor besitzt.

Das 1984 von Chrysler herausgebrachte neue »Laser-Coupé« ist mit einem 2,2-l-Turbomotor ausgestattet. Zusammen mit dem »Dodge Daytona«-Coupé ist es für die sportlichen Fahrer gedacht. Die Spitzengeschwindigkeit liegt bei 180 km/h.

Ein 2,2-l-Turbomotor wird in den 1984er »Dodge 600« eingebaut. Dieses Auto mit Vorderradantrieb gibt es auch als Cabrio.

CITROËN

Es ist unmöglich, etwas über die Firma Citroën und ihren Einfluß auf die Geschichte des Automobils zu erzählen, ohne zuerst den Mann zu nennen, der sie gegründet hat. Es war André Citroën, der 1919 das erste Auto Europas in Serienproduktion herstellen ließ. Er wollte von diesem Modell 100 Stück pro Tag bauen lassen.

André Citroën war einer der ersten, der an die internationale Bedeutung des Automobils glaubte. Er demonstrierte dies durch seine Teilnahme an abenteuerlichen Unternehmungen, wie das Marathonrennen quer durch die Sahara oder eine ähnlich mühsame Fahrt quer durch Asien.

Von 1919 bis 1934 stand Citroën sowohl bei der Verbreitung und Publikation des Automobils als auch auf dem Gebiet der Kommunikation wieder im Vordergrund. Er veröffentlichte ein Reparaturhandbuch und kam auf die Idee, ein Jahr Garantie, freien Service sowie die Abzahlung in Raten zu gewähren. Er perfektionierte neue Methoden der Marktforschung und führte Lehrgänge für seine Verkäufer ein. Gleichzeitig kümmerte er sich um das Image der Firma, die bereits mit 185 000 Exemplaren auf den Straßen vertreten war. Von 1924 bis 1934 strahlte der Name Citroën vom Eiffelturm herab. Citroën erfand auch den »Industrietourismus«, indem er seine Fabriken der Öffentlichkeit zugänglich machte und Führungen veranstaltete. Zusätzlich organisierte André Citroën einen schnellen Busbeförderungsdienst, gründete seine eigene Automobilversicherungsgesellschaft und eröffnete Niederlassungen in Belgien, Schweiz, Italien, Spanien, Deutschland, Großbritannien, Schweden und Polen.

Der letzte und wohl bedeutendste Umstand, den wir erwähnen möchten, ist die Tatsache, daß die Firma Citroën aufgrund ihrer Produkte und Technologie die Welt des Automobils revolutioniert hat. Der Traction Avant von 1934 war das erste Modell einer breitgefächerten Produktion, die bis 1957 aufrechterhalten wurde und deren Produkte die ganze Welt eroberten. Seit 1934 baute Citroën 16 Millionen Autos, alle mit Frontantrieb. Durch den »Traction Avant« erschlossen sich für Citroën neue Forschungsgebiete. Hydropneumatische Dämpfung, Hochdruck-Servobremsen, Servolenkung und die Verwendung neuer Werkstoffe sind Folgen der Entwicklungen seit 1934. Eine neue Philosophie im privaten Transportwesen entstand mit dem »2 CV«. Auch der »DS«, der auf dem Pariser Automobilsalon den Spitznamen »Bombe« erhielt, war mit seiner aerodynamischen Form und seinen modernen Eigenschaften ein revolutionäres Modell. Der »GS« und der »CX« profitieren von diesem technologischen Fortschritt. Auch der »BX« mit seiner Karosserie aus Kunststoff (ein Material der Zukunft, das gute Verarbeitung und geringes Gewicht bietet) ist ein Original.

Die Marke mit dem »Double Chevron« hat durch ihre fortschrittliche Technologie die Welt des Automobils stark beeinflußt. Sie spielt auch heute noch mit ihren Beiträgen zur Entwicklung von Diesel- und Turbomotoren sowie leichten, aerodynamischen und wirtschaftlichen Autos eine bedeutende Rolle.

JACQUES CALVET – Präsident der Firma Automobiles Citroën

Herausgebracht 1970 in der Absicht, die Kluft zwischen den Modellen »2 CV« und »DS« zu überbrücken, besaß das Modell »GS« einen waagerecht gegenüberliegenden 4-Zylinder-Motor mit Luftkühlung (1015 ccm, 55 PS) und Luftfederaufhängung. Das Modell wurde über viele Jahre weiterentwickelt und ist nun unter der Bezeichnung »GSA« bekannt. Es ist mit einem 1301-ccm-Motor mit 64 PS und einem Fünfgang-Getriebe ausgestattet. 1974 wurden auch 847 Autos mit einem 107-PS-Wankel-Drehkolbenmotor hergestellt, die eine Geschwindigkeit von 175 km/h erreichten.

Als der erste Citroën, der Typ »A«, im Mai 1919 das Fließband am Quai de Javel verließ, war André Citroën 41 Jahre alt. Er hatte jedoch schon früher als Industrieller und als Direktor wertvolle Erfahrungen sammeln können. Kurz nachdem er das Polytechnikum verlassen hatte, gründete er zusammen mit mehreren Partnern eine Firma zur Herstellung von Industriegetrieben, die im Gegensatz zu den herkömmlichen geradzahnigen Getrieben abgeschrägte Zähne hatten, dadurch stärker belastet werden konnten und ruhiger liefen. Daraus entstand das Symbol der Marke, die »Punkte« oder die auf den Kopf gestellten »V«, die graphisch die Kegelradgetriebe darstellen und in Frankreich als »Double Chevron« bekannt sind.

Citroëns Beziehung zu Automobilen begann bereits 1907 mit der Übernahme der Firma Mors, die nach anfänglichem Erfolg um die Jahrhundertwende in Schwierigkeiten geriet. Citroën, der vor allem in industrieller Hinsicht ein begabter Organisator war, kaufte kurz vor Beginn des Ersten Weltkriegs am Quai de Javel, südwestlich der Stadtmitte von Paris, ein Stück Land. Dort baute er eine Munitionsfabrik mit ausgezeichneten industriellen Einrichtungen, um die hart bedrängte französische Armee beliefern zu können. Nach Fertigstellung der Fabrik produzierte er dort bis zu 55 000 Granaten und Patronen pro Tag.

Auf dieser Woge industriellen Erfolges erhielt der dynamische André Citroën auch einige Aufträge von der französischen Regierung. Er überwachte die Waffenlieferungen an die Armeefabriken, organisierte die Vorräte für die dortigen Arbeiter und verwaltete das Arsenal in Roanne. Mit diesem Erfahrungsschatz realisierte Citroën die industrielle Revolution, die auch zur steigenden Beliebtheit des Automobils führte. Er wandte sich an eine Gruppe Ingenieure, die ein relativ luxuriöses und leistungsstarkes Auto konstruieren und bauen sollten. Bis 1917 wurden etwa ein Dutzend Prototypen zwischen Roanne und Javel unter normalen Verkehrsbedingungen getestet. Inzwischen zerlegte André Citroën insgeheim in seiner Fabrik einige berühmte amerikanische Autos, wie den Buick, Nash und Studebaker, und studierte an deren Aufbau mögliche Produktionsmethoden für die Serienherstellung von Automobilen.

Tatsächlich war der erste »Citroën« auch das erste Auto Europas, das in großer Serie hergestellt wurde. Es war der Typ »A«, ein auch als »10 PS 8/10« bekannter Roadster mit einem 4-Zylinder-Reihenmotor mit 1327 ccm Hubraum, der eine Leistung von 18 PS bei 2100 U/min entwickelte. Der »Citroën A« war leicht, einfach zu handhaben und äußerst weich und bequem gefedert, was später für alle Citroën-Modelle typisch wurde. Der Antrieb war auf der linken Seite, der Ein- und Ausrückhebel, der direkt mit dem Getriebe verbunden war, zentral angeordnet. Sowohl Motor als auch Kupplung und Getriebe waren in einem einzigen Block untergebracht.

Dies verschaffte dem Auto den Ruf, sehr einfach aufgebaut und leicht lenkbar zu sein, und trug bedeutend zu seinem Erfolg in der Öffentlichkeit bei. Der erste »A« wurde am 4. Juni 1919 zum Preis von 7950 Fancs an einen gewissen M. Testemolle verkauft. Neben dieser Version, der »Conduite Intérieure«, von der insgesamt 18 291 Stück gebaut wurden, produzierte Citroën nach 1921 auch einige offene Sportwagen, die eine Geschwindigkeit von 90 km/h erreichen und mit 1 l Benzin ungefähr 11,5 km weit fahren konnten.

Dem »A« folgte im Juni 1921 der »B 2« mit 1452 ccm

Der erste Citroën. Das Modell »A« war auch das erste europäische Auto, das in großer Serienfertigung hergestellt wurde. Der 18-PS-»Roadster« (1327 ccm), herausgebracht 1919, erreichte eine Spitzengeschwindigkeit von 65 km/h.

Vorgestellt 1921 beim Pariser Automobilsalon, trug das Modell »5 CV« ab 1922 die Typenbezeichnung »C« und war auch als »Citroën« bekannt. Der 11-PS-Mittelklassewagen hatte einen Hubraum von 856 ccm.

Eine Weiterentwicklung aus dem Modell »A« war der Typ »B 2« mit einem Seitenventilmotor (1452 ccm), der statt der bisherigen Thermostatkühlung nun ein Ventilator-Kühlsystem hatte.

Beim Modell »5 CV« wurde im Fond ein dritter Sitzplatz geschaffen. So nannte man den »5 CV« wegen seiner Sitzanordnung auch »trèfle« (Kleeblatt).

Nachdem die Kinderkrankheiten beim Modell »B 10« überwunden waren, verwendete Citroën beim »B 12« erstmals eine Stahlkarosserie.

Das Modell »C 4«, eine Abkürzung aus der Bezeichnung »AC 4« (d. h. Andrée Citroën 4-Zylinder), hier abgebildet in der geschlossenen Karosserieform des Jahres 1929, war dem Modell »C 6« ähnlich, hatte jedoch eine kürzere Haube.

Das Modell »10« von 1932 hatte einen Radstand von 3,15 m, was dadurch erreicht wurde, daß der 36-PS-Motor vom Modell »15« auf den Rahmen vom Modell »8« montiert wurde.

Das Modell »10 A«, die letzte Ausführung der »10er«-Reihe, besaß eine selbsttragende Torsionsstab-Aufhängung vorne.

CITROËN

Die »Petite Rosalie«

Zwischen dem 15. März 1933 und dem 27. Juli 1933 stellte ein modifiziertes Modell vom Typ »8« (mit dem Spitznamen »Petite Rosalie«) einen Streckenrekord von über 300 000 Kilometer auf dem Rennkurs von Monthléry mit einer Durchschnittsgeschwindigkeit von 93 km/h auf. Richtig stolz auf dieses Ergebnis der »Kleinen Rosalie« (links), bot Citroën jedem Fahrer drei Millionen Franc, der es schaffte, diese Leistung zu überbieten. Keiner schaffte es. Rechts abgebildet die »8 CV«-Rosalie-Limousine mit einer Standardkarosserie.

Das ist das erste offizielle Foto vom »7 CV«, dem sagenhaften »Traction Avant«, aus dem Jahr 1934. Dieses Auto wurde in verschiedenen Versionen bis 1957 gebaut.

In der Zeit von September 1934 bis Juli 1957 wurden von diesem Auto über 10 000 Stück hergestellt. Es handelte sich um eine stärkere Ausführung des Typ »7 S«. Es konnten Geschwindigkeiten bis zu 120 km/h erreicht werden.

Herausgebracht 1949 (erste Prototypen waren schon 1939 entwickelt), wird der legendäre »2 CV« auch heute noch hergestellt. Hier der »Special« mit drei Seitenfenstern.

Der unvergeßliche »DS« (produziert vom 6. Oktober 1955 bis 24. April 1975) hatte Luftfederung, die ihn zu einem der modernsten Autos der Nachkriegszeit machten.

Der im April 1961 herausgebrachte »Ami 6« hatte die Grundausstattung vom »2 CV« mit einem flachen 2-Zylinder-Motor (20 PS, 602 ccm) und erreichte eine Spitzengeschwindigkeit von 105 km/h.

Das Modell »Dyane« ist eine weitere Entwicklung aus dem »2 CV«. Es besaß ebenfalls den 602-ccm-Standardmotor, der jedoch 30 PS leistete im Gegensatz zu den 29 PS beim »2 CV«, und der bis zu 121 km/h erreichen konnte.

Die »Break«-Version von dem großen »CX«-Diesel ist das Lieblingsfahrzeug aller jener Leute, die viel reisen, Waren oder Fahrgäste zu transportieren haben. Seine Spitzengeschwindigkeit von 151 km/h und der hohe Komfort sprechen für ihn.

Dieser Citroën wird in Rumänien hergestellt. Er wurde am 15. Oktober 1981 von der Firma Oltcit anläßlich der Bukarester Automobilausstellung herausgebracht. In West-Europa wird er unter dem Namen »Axel« verkauft.

Beim Modell »LNA 11 RE«, dessen 50-PS-Motor (1124 ccm) eine Spitzengeschwindigkeit von 140 km/h erreicht, wird das Chassis vom »LN« verwendet. Es ist ein ins Auge fallendes, kleines Auto mit Bauteilen von der »Peugeot 104«-Karosserie.

Herausgebracht 1979, besitzt das Modell »Mehari 4 x 4« einen 29-PS-Standardmotor (602 ccm), ein Viergang-Getriebe plus vier reduzierte Gänge, und er kann auch mit Vierradantrieb angeboten werden. Die Karosserie ist aus Kunststoff.

Das langlebige Modell »GSA« (vorgestellt 1970) ist bis in die heutige Zeit ein starkes und wirtschaftliches Auto. Seit den 80er Jahren wird es unter dem Namen »Special« geführt und besitzt einen 1301-ccm-Motor. Höchstgeschwindigkeit 160 km/h.

CITROËN

Das Modell »BX« (abgebildet ist das Modell 14 RE) ist das neue von Citroën hergestellte Mittelklasse-Fahrzeug. Es ist auch als Diesel lieferbar und besitzt eine hydropneumatische Federung.

Der Citroën »XM« hat 1989 den seit 1974 gebauten »CX« abgelöst, die hydropneumatische, »hydraktive«, Federung unterscheidet ihn grundlegend von den Klassenkonkurrenten, unter der flachen Haube stehen 4-Zylinder- und V-6-Motoren zur Wahl, 2 und 3 Liter Hubraum, dazu der 4-Zylinder-Diesel.

Der kleine Citroën »AX«, der seit 1986 geliefert wird, kam als Nachfolger der Visa-Reihe. In Leichtbau und aerodynamischer Gestaltung gelang er optimal und dementsprechend sparsam. Neben den Bezinmotoren von 945 bis 1361 ccm erschien 1988 der 1361-ccm-Diesel.

Hubraum, der seinem Vorgängermodell nur wenig ähnelte. 1923 erschien der sportliche 300 B 2 »Caddy« in geringer Stückzahl – ein eleganter Dreisitzer, der bei den damaligen Autofahrern wie bei den heutigen Oldtimer-Fans gleichermaßen beliebt war und ist.

Im Frühling des Jahres 1922 begann auch die Produktion des beliebten zweisitzigen Roadster »C« mit 856 ccm Hubraum. Wegen seiner hellgelben Farbe wurde er auch liebevoll »kleine Zitrone« genannt. Danach folgte die Cabriolet-Version, die ebenfalls das typische bugförmige Heck hatte.

Bereits im Juni 1924 produzierte Citroën über 250 Autos pro Tag. Die Javel-Anlage erstreckte sich inzwischen über den ganzen 15. Bezirk, und die Firma unterhielt weitere Niederlassungen in Belgien, England, Italien, Holland, Dänemark und der Schweiz. Als erste Firma in Europa und als eine der ersten weltweit verwendete Citroën eine Karosserie aus Stahl anstelle von Holz. Dies führte zur Entstehung der Modelle B 12 und B 14, die mit ihrem prachtvollen Armaturenbrett und den verstellbaren Sitzen die bestausgestattetsten Serienwagen waren. In nur zwei Jahren wurden bei Citroën 132 483 der unverwüstlichen B 14-Modelle hergestellt.

Der »AC 4« und der »AC 6« (A und C stellen die Initialen des Herstellers und 4 und 6 die Anzahl der Zylinder dar) wurden auf der Grundlage des »B 14« entwickelt. 1931 erschien der CGL (Citroën Gran Luxe), der auf dem repräsentativen »C 6 F« basierte, jedoch einen Motor mit 53 PS und 2650 ccm Hubraum sowie eine erstklassige Karosserie und Innenausstattung aufwies. Bei der berühmten »Asien-Rundfahrt«, die sie bis zum Himalaya führte, erwarben sich der »AC 4« und der »AC 6« hohes Ansehen. 1932 brachte die Firma den C 4 IX heraus, eine spartanische Version des »C 4« mit 30 PS und 1628 ccm Hubraum, der jedoch in der Öffentlichkeit nicht besonders gut ankam.

Auf dem Pariser Autosalon von 1933 stellte Citroën sein gesamtes Produktionsprogramm vor, das aus dem »8«, »10« und »15« sowie den leichten »10« und »15« bestand. Erst im April 1934 erschien dann der grundlegend neue »7«, bekannt als »Traction Avant«. Von ihm wurden in 23 Jahren (1957 stellte man die Produktion dieses Modells ein) 750 000 Exemplare hergestellt. Mit ihm begann die Ära der Autos mit Frontantrieb. Heute besitzen mehr als zwei Drittel aller Autos weltweit Frontantrieb, davon wurden allein von Citroën in den fünfzig Jahren von 1934 bis 1984 über 16 Millionen Stück gebaut. Der »Traction« veränderte aber auch das Image von Citroën, da er die Bestrebungen der Firma nach fortschrittlicher Technologie und neuesten Techniken signalisierte.

Ein wahrhaft legendäres Auto, das auch heute noch produziert wird, ist der »2 CV«, dessen Prototyp 1939 herauskam (die ersten Forschungen für ein »Volksauto« begannen schon 1936). Wegen des Krieges erschien er aber erst 1949 auf dem Markt. Der unvergeßliche »DS« mit äußerst fortschrittlicher Luftfederung und aerodynamischer Form wurde 1961 präsentiert, danach folgte im Jahr 1963 der kleine, aber unvergleichliche »Ami 6«.

Beim »M 35« von 1970 verwendete Citroën den Rotationsmotor von Wankel und produzierte im selben Jahr auch den »GS«, der einen luftgekühlten Boxermotor mit 1 l Hubraum und Luftfederung hatte, sowie das SM-Coupé mit einem 6-Zylinder-Motor mit 2670 ccm Hubraum von Maserati. Ende 1974 erschien der »CX«, ein Nachfolgemodell des »DS«, und im Jahr 1976 der »LN«, der von der Mechanik her dem Peugeot 104 ZS ähnelte.

Den »GS« hat der »BX« abgelöst, den »Visa« der »AX«, den »CX« der »XM«, und der »2 CV« geht in die Vergangenheit ein. Unverändert bleibt der Citroën-Charakter; immer anders als die anderen.

Diese ungewöhnliche Ausführung des unschlagbaren 2 CV ist unter dem Namen »2 CV 6 Charleston« bekannt. Ursprünglich nur in einer limitierten Auflage gebaut, wurde er zu einem letzten Erfolgsmodell des legendären Typs, der 1990 endgültig Abschied nahm.

FERRARI

Zum Zeitpunkt der Gründung der Automobilfirma Ferrari im Jahr 1945 war die Marke neben anderen Automobilherstellern schon weithin bekannt. Ihre Geschichte beginnt viel früher, da der Gründer bereits seit 1919 auf dem Automobilsektor tätig war und sich dadurch einen reichen Erfahrungsschatz erworben hatte.

Enzo Ferrari hatte schon bei Alfa Romeo Autos gebaut, zum Beispiel den »Scuderia Ferrari«, und auch der »Alfa Bimotore« und der »Alfetta 158« waren seine Schöpfungen. Nachdem er die Mailänder Firma verlassen hatte, baute er zwei Modelle des Sportwagens »Auto Avio Costruzioni«, Typ 815, von 1940.

Das erste wirkliche Ferrari-Modell war dann der »125 Sport«, der Ende 1946 angekündigt und am 11. Mai 1947 in Piacenza vorgestellt wurde.

In der Zwischenzeit konstruierte Ferrari weiterhin Sportwagen und GT und baute die Modelle 166, 212 und 250. (Die Ferrari-Modelle wurden lange Zeit durch die Hubraumangabe von einem der 12 Zylinder gekennzeichnet, beispielsweise entsprach die Zahl 125 einem Hubraum von 1500 ccm, und 250 einem Hubraum von 3 l.) Ebenso entstand ein Formel-1-Einsitzer, der am 5. September 1948 beim italienischen Grand Prix in Turin sein Debüt gab.

Ferraris erste Modelle hatten Kompressormotoren mit 1500 ccm Hubraum. Die Weiterentwicklung auf dem Sportwagensektor führte dann zur Verwendung von Ansaugmotoren mit 4500 ccm Hubraum. Nach dem »F 2« mit 4 Zylindern und 2 l Hubraum folgten ein Exemplar mit 6 Zylindern und 2,5 l Hubraum sowie die 6- und 8-Zylinder-Modelle ohne Ladermotor mit 1,5 l Hubraum, bevor man zu der 3-l-Version mit 12 Zylindern zurückkehrte. Erst als Ferrari seine Modelle mit Karosserien von Pininfarina ausstattete, lief die Produktion von Tourenwagen im internationalen Ausmaß an. Vorher bauten die besten Fachleute jener Zeit von Vignale bis Michelotti die Karosserien für Ferrari. Nach dem Jahre 1952 stammten sie fast ausschließlich von der Firma Pininfarina.

Anhand der Produktionszahlen der für den Markt bestimmten Autos kann man Ferraris internationalen Aufstieg gut verfolgen: 1947 entstanden (einschließlich Rennwagen) sieben Autos, bis 1950 stieg die Zahl auf 70 an; 1960 produzierte die Firma über 300 Fahrzeuge, 1970 fast 1000 (1969 schloß sie sich Fiat an) und erreichte im Jahr 1979 eine jährliche Fertigung von 2000 Stück. Dies konnte sich in den 80er Jahren auf etwa 2500 Autos pro Jahr stabilisieren. Die Ferrari-Werke bestehen aus zwei Fabriken, eine für den Karosseriebau in Modena (die früher Scaglietti gehörte) und eine für die Herstellung der mechanischen Teile sowie für die Endmontage in Maranello. Letztere hat eine Grundfläche von 148 000 Qudratmeter, wovon 68 000 Quadratmeter bebaut sind. Man verlegte die Rennabteilung in eine moderne, unabhängige Anlage in der Nähe des Fiorano-Kursus, und 1984 wurde eine eigene Moto-

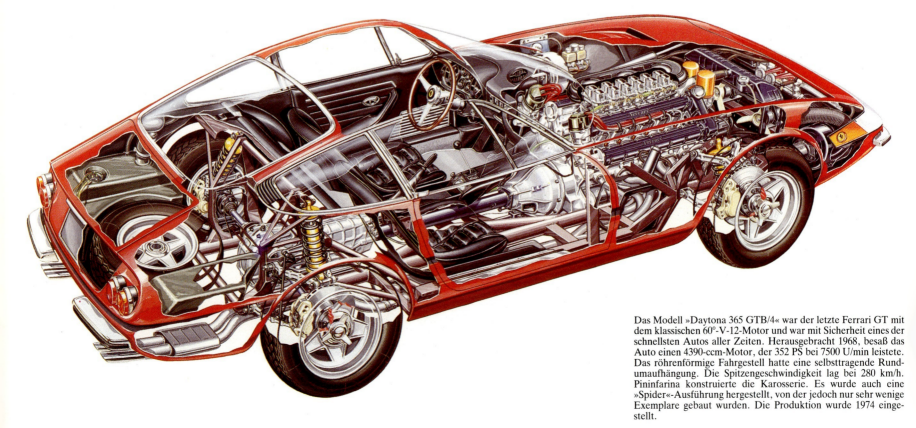

Das Modell »Daytona 365 GTB/4« war der letzte Ferrari GT mit dem klassischen 60°-V-12-Motor und war mit Sicherheit eines der schnellsten Autos aller Zeiten. Herausgebracht 1968, besaß das Auto einen 4390-ccm-Motor, der 352 PS bei 7500 U/min leistete. Das röhrenförmige Fahrgestell hatte eine selbsttragende Rundumaufhängung. Die Spitzengeschwindigkeit lag bei 280 km/h. Pininfarina konstruierte die Karosserie. Es wurde auch eine »Spider«-Ausführung hergestellt, von der jedoch nur sehr wenige Exemplare gebaut wurden. Die Produktion wurde 1974 eingestellt.

Herausgebracht 1984, präsentierte der »GTO« den Einbau vollendeter Wettkampftechnologie bei der Serienproduktion. Der V-8-Motor (2855 ccm) ist insgesamt aus einer Leichtmetall-Legierung hergestellt, er hat vier Ventile pro Zylinder und eine elektronische Benzineinspritzung. Es gibt zwei Turbolader, einen für jede Zylinderreihe, jeweils mit einem Luft-zu-Luft-Hitzeaustauschsystem versehen, das die Leistung auf 400 PS bei 7000 U/min erhöht. Die Spitzengeschwindigkeit beträgt 302 km/h. Er beschleunigt in 4,9 Sekunden von 0 auf 100 km/h.

renprüfabteilung fertiggestellt. Auf den dortigen Prüfständen können Leistungen um 1000 PS gemessen werden. Von den etwa 1600 Angestellten bei Ferrari arbeiten 100 in der Rennabteilung. Auch an der Zahl der errungenen Titel sieht man deutlich Ferraris fortwährende Verbundenheit mit dem Rennsport: Seine Rennfahrer siegten bei den Formel-1-Weltmeisterschaften in den Jahren 1952, 1953, 1956, 1958, 1961, 1964, 1975, 1977 und 1979, während die Firma die Konstrukteurs-Weltmeisterschaften von 1982 und 1983 gewinnen konnte. Die Marken-Weltmeisterschaft, die in Form von Zuverlässigkeitsrennen ausgetragen wird, konnte Ferrari in den Jahren 1953, 1954, 1956 bis 1958, 1960 bis 1965, 1967 und 1972 für sich entscheiden. In den letzten Jahren nahm Ferrari an dieser Endurance-Meisterschaft nicht mehr teil, da er es vorzog, sich noch auf die Formel 1 zu konzentrieren. Die Erfahrungen aus dem Rennsport ermöglichten es Ferrari, einige wertvolle Entwicklungen, wie Benzineinspritzung, elektronische Zündung und Kunststoffe (Karbonfiber, Verbundplatten usw.), auch bei der Produktion herkömmlicher Fahrzeuge zu verwenden.

Ferrari spezialisierte sich auf die Herstellung von GT-Modellen mit großvolumigen V-12-Motoren und insbesondere auf die Produktion von 2- und 3-l-Sportwagen mit V-8-Motoren. Dazu gehört auch der »GTO«, eine Version mit Doppelturbolader. Eines der nächsten Modelle, etwas völlig Neues für Ferrari, wird ein Viertürer sein, der sich zur Zeit noch im Entwicklungsstadium auf dem Reißbrett befindet.

Das Modell »212 Inter« kam 1952 heraus. Der V-Motor besaß einen Hubraum von 2562 ccm und leistete 160 PS bei 7000 U/min. Das Gewicht von nur 850 kg gestattete eine hervorragende Beschleunigung. Die Spitzengeschwindigkeit betrug 220 km/h.

Gedacht hauptsächlich für den amerikanischen Markt, wurde der »342 America« mit einem V-12-Motor (4102 ccm) ausgestattet, der 230 PS bei 6000 U/min leistete. Seine Spitzengeschwindigkeit betrug 186 km/h. Ab 1953 wurde der 4523-ccm-Motor für das Modell »375 America« verwendet mit 300 PS bei 6500 U/min.

Das erste Modell »410 Superamerica« hatte seine Premiere 1956. Der V-12-Motor (4962 ccm) leistete 340 PS bei 6500 U/min. Diese Serie wurde bis 1959 produziert. 1958 konstruierte Pininfarina ein Zweisitzer-Coupé, das oben abgebildet ist.

FERRARI

Der »400 Superamerica« von 1962 leistete 340 PS bei 6750 U/min mit seinem 3967-ccm-Motor. Das Viergang-Getriebe war auch mit einem Schnellgang ausgestattet. Die Spitzengeschwindigkeiten schwankten von 109, 163, 220 und 287 km/h je nach Übersetzungsverhältnis. Das Fahrzeug war 4,3 m lang.

Nach den ersten 1960 vorgestellten »250 GT 2 + 2«-Modellen brachte Ferrari dieses Modell »330 GT 2 + 2« im Jahr 1964 heraus. Der Hubraum betrug 3967 ccm und leistete 300 PS bei 6600 U/m. Ursprünglich besaß das Getriebe vier Gänge plus Schnellgang, das jedoch 1965 gegen eine Ausführung von fünf Gängen ausgetauscht wurde.

Die traditionellste Hubraumkapazität beim »Ferrari V 12« betrug 2953 ccm. Der Motor wurde erstmals 1952 herausgebracht und war auch charakteristisch für den »250 GT«, der von 1955 bis 1963 hergestellt wurde. Die 1958er Ausführung (abgebildet) leistete 235 PS bei 7200 U/min. Die Spitzengeschwindigkeit betrug 240 km/h.

Der »365 GTC/4« wurde 1971 herausgebracht mit einem V-12-Motor (4390 ccm), der 340 PS bei 6800 U/min. leistete. Seine Spitzengeschwindigkeit lag bei 260 km/h. Die Karosserie wurde von Pininfarina auf einem röhrenförmigen Fahrgestell konstruiert. Das Auto besaß versenkbare Scheinwerfer mit zwei zusätzlichen, patentierten Lampen, die eine Doppelfunktion hatten (Aufblendlicht plus Nebelleuchte).

Das Modell »Berlinetta Boxer« wurde 1971 herausgebracht. Der Typ »365 BB« besaß einen flachen 12-Zylinder-Boxer-Mittelmotor mit einem Hubraum von 4390 ccm und einer Leistung von 360 PS bei 7500 U/min. Ab Herbst 1976 wurde ein 4942-ccm-Motor eingebaut, der eine Leistung von 340 PS bei 6200 U/min erbrachte (Modell 512 BB). Das Modell mit Benzineinspritzung »512 i« (Motor: 340 PS bei 6000 U/min), Spitzengeschwindigkeit 280 km/h, wurde 1981 herausgebracht.

Die »Dino«-Serie wurde 1967 vorgestellt. Das Modell »206 GT« mit seinem V-6-Mittelmotor (1968 ccm) leistete 180 PS bei 8000 U/min. Beim »246 GT« (oben) aus dem Jahr 1969 wurde der Hubraum auf 2418 ccm erhöht, was eine Leistungssteigerung auf 195 PS bei 7600 U/min brachte. Ab 1974 wurden die 6-Zylinder-Motoren bei dem Modell »208/308 GT 4« (unten) durch einen V-8-Motor ersetzt. Die Karosserie stammte von Bertone. Das Auto wurde bis 1980 hergestellt.

Der »308 GTB« (oben links) hatte seine Premiere 1975 bei der Pariser Automobilausstellung. Ein Jahr später folgte die offene Ausführung als Modell »GTS« (rechts). Der V-8-Motor (2962 ccm) leistete 230 PS bei 6600 U/min. 1980 wurde eine Benzineinspritzung eingebaut, die die Leistung auf 214 PS reduzierte. Als 1982 jedoch der alte Zylinderkopf gegen eine Ausführung mit vier Ventilen ausgewechselt wurde, konnte die frühere Leistung von 240 PS bei 7000 U/min wieder erreicht werden. Eine 1991-ccm-Version mit 155 PS gab es 1980, die die Grundlage für den 1982 herausgekommenen »208 Turbo« mit 220 PS bildete.

Der letzte Ferrari mit einem V-12-Motor, das Modell »400 i«, wurde 1976 herausgebracht. Das Auto besaß einen 4823-ccm-Motor, der 315 PS bei 6400 U/min leistete und eine Höchstgeschwindigkeit von 235 km/h erreichte. Es stand entweder eine manuelle Fünfgangschaltung oder eine automatische Dreigangschaltung von General Motors, die »Turbo-Hydramatic«, zur Verfügung.

Der »Mondial« wurde 1980 mit dem gleichen Einspritzmotor herausgebracht, wie er bei der »308«-Serie zum Einsatz kommt. Es ist der erste viersitzige Ferrari mit einem Mittelmotor. Das röhrenförmige Chassis ist durch gepreßten Stahl verstärkt. Eine Cabrio-Ausführung (rechts) kam 1984 heraus. Das Modell »Quattrovalvole« aus dem Jahr 1982 erreicht eine Spitzengeschwindigkeit von 240 km/h.

Der »Testa Rossa« wurde beim Pariser Autosalon 1984 mit einem 12-Zylinder-Boxermotor »BB« (pro Zylinder vier Ventile) vorgestellt. Er hatte elektronische Zündung, leistete 400 PS und fuhr 290 km/h.

FIAT

Eine geschichtliche und analytische Aufzählung aller Fiat-Modelle vom Gründungsjahr 1899 bis zur Gegenwart ist die beste und genaueste Möglichkeit, Fiats technische und technologische Beiträge zur Entwicklung des Automobils darzustellen, da sich diese Entwicklung sowohl in unseren Autos als auch in den Zielen, die wir im Laufe der Zeit erreicht haben, widerspiegelt.

Alle Fiat-Modelle liefern echte Beiträge zur Geschichte des Autos, angefangen vom ersten Fahrzeug, dem »4 PS«, einem Zwei- bis Dreisitzer mit querliegendem Motor, getrenntem Getriebe ohne Rückwärtsgang, Kettenantrieb und einer Höchstgeschwindigkeit von 35 km/h, bis hin zum »Zero«, dem ersten Fiat in Serienproduktion mit einem kleinvolumigen Motor und einer Höchstgeschwindigkeit von 70 km/h; vom Modell »500« (der bekannte Topolino) bis zum »Balilla«; vom »1400«, dem ersten Fiat mit einer selbsttragenden Konstruktion, zu den Modellen »1100« und »1500«; von den Typen »124«, »128« und »127«, die jeweils in den Jahren 1967, 1970 und 1972 zum Auto des Jahres gewählt wurden, bis zum »Panda« und dem »Uno«.

Mit der Wahl des »Uno« zum Auto des Jahres 1984 wurden sowohl der Einsatz und das Können aller Fiat-Arbeiter als auch die riesigen finanziellen Investitionen unserer Firma – nämlich 1000 Milliarden Lire – in die Entwicklung dieses hochmodernen Modells belohnt. Seine zukunftsweisende Konstruktion entstand unter Verwendung von Computern im Entwicklungs- und Teststadium sowie von automatisierten und flexiblen Produktionssystemen einschließlich Robotern. Diese fortschrittlichen Methoden stehen mit der Geschichte der Firma Fiat in Einklang, deren Produktpalette zu den modernsten und aktuellsten auf der ganzen Welt gehört.

Ein wichtiger Bestandteil der heutigen Autos ist natürlich ihr Marktwert. Darüber hinaus muß es, was vielleicht noch wichtiger ist, den immer spezifischer werdenden Anforderungen bezüglich Benzinverbrauch, Sicherheit und Freude am Fahren gerecht werden.

UMBERTO AGNELLI, Präsident von Fiat Auto S.p.A.

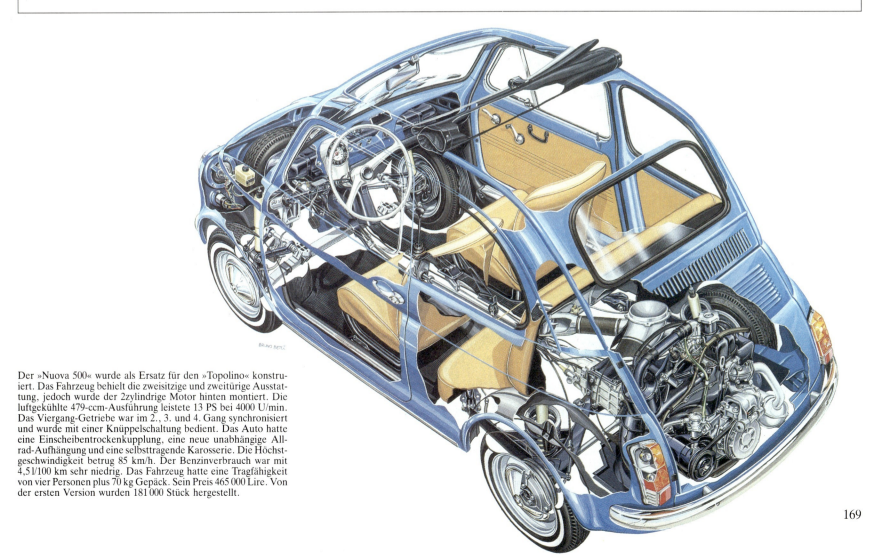

Der »Nuova 500« wurde als Ersatz für den »Topolino« konstruiert. Das Fahrzeug behielt die zweisitzige und zweitürige Ausstattung, jedoch wurde der 2zylindrige Motor hinten montiert. Die luftgekühlte 479-ccm-Ausführung leistete 13 PS bei 4000 U/min. Das Viergang-Getriebe war im 2., 3. und 4. Gang synchronisiert und wurde mit einer Knüppelschaltung bedient. Das Auto hatte eine Einscheibentrockenkupplung, eine neue unabhängige Allrad-Aufhängung und eine selbsttragende Karosserie. Die Höchstgeschwindigkeit betrug 85 km/h. Der Benzinverbrauch war mit 4,5 l/100 km sehr niedrig. Das Fahrzeug hatte eine Tragfähigkeit von vier Personen plus 70 kg Gepäck. Sein Preis 465 000 Lire. Von der ersten Version wurden 181 000 Stück hergestellt.

FIAT

Das erste von Fiat gebaute Auto, das Modell »3 ½ PS« von 1899, war eine offene Konstruktion. Es wurde eine Höchstgeschwindigkeit von 35 km/h erreicht. Der Treibstoffverbrauch lag bei 8 l/100 km. Der hinten liegende 2-Zylinder-Motor (679 ccm) leistete 4,2 PS bei 800 U/min.

1901 wurde das Modell »8 PS« mit einem vorn liegenden 1082-ccm-Motor (10 PS bei 1100 U/min. herausgebracht. Das Fahrzeug besaß am Getriebe und den Hinterrädern mechanische Bremsen sowie ein Dreigang-Getriebe mit Rückwärtsgang und brachte es auf eine Höchstgeschwindigkeit von 45 km/h.

Das erste 4-Zylinder-Modell »12 PS« wurde 1902 herausgebracht. Der vorn liegende 3768-ccm-Motor leistete 16 PS bei 1200 U/min. Die Spitzengeschwindigkeit betrug 70 km/h. Der Treibstoffverbrauch lag bei 20 l auf 100 km. Der Aufbau bestand aus Holz und Metall. Das Auto konnte vier Insassen befördern.

Bei der 4-Zylinder-Serie »24 – 32 PS« wurden drei verschiedene Hubraumkapazitäten angeboten: 6371 ccm, 6902 ccm und 7363 ccm. Die Leistung betrug 32 PS bei 1200 U/min. mit einem Übersetzungsverhältnis von 4,2 : 1. Es waren Luftdruckreifen montiert. Vier bis sechs Reisende konnten transportiert werden.

Das Modell »18 – 24 PS« aus dem Jahr 1907 hatte einen vornliegenden 4-Zylinder-Motor (4502 ccm), der 24 PS bei 1400 U/min leistete. Das Fahrzeug besaß ein Viergang-Getriebe mit Rückwärtsgang, eine Mehrscheibenkupplung sowie am Getriebe mechanische Bandbremsen. Die Höchstgeschwindigkeit lag zwischen 60 und 70 km/h.

Der vorn liegende 4-Zylinder-Reihenmotor (3052 ccm) leistete 20 PS bei 1200 U/min. Dadurch erreichte der Fiat-Ausaldi (1906 unter dem Namen Brevetti bekannt) eine Spitzengeschwindigkeit von nahezu 60 km/h. Der Benzinverbrauch lag bei 14 Litern pro 100 Kilometer.

Vom »Typ 1« (12 – 15 PS) wurden zwischen 1910 und 1912 über 1000 Fahrzeuge hergestellt. Der vorn liegende 4-Zylinder-Reihenmotor (1846 ccm) leistete 15 PS bei 1700 U/min. Fiat brachte zur gleichen Zeit weitere Modelle heraus (»Typ 2« bis »Typ 6«), die höhere Zylinderkapazitäten hatten.

Der Hubraum vom »Typ 2« (15–20 PS) wurde auf 2612 ccm erhöht. Die Leistung betrug 20 PS bei 1700 U/min. Das Fahrzeug wog leer 1300 kg und erreichte eine Höchstgeschwindigkeit von 70 km/h. Das Auto kostete 18 000 Lire und wurde erstmals im Krieg mit Libyen von der italienischen Armee eingesetzt.

Die Firma »Fabbrica Italiana Automobili Torino«, bekannt durch ihre Initialen F. I. A. T., wurde am 1. Juli 1899 von mehreren Gründungsmitgliedern, allen voran Giovanni Agnelli, der später die treibende Kraft in dieser Firma wurde, in Turin ins Leben gerufen.

In den ersten Monaten ihres Bestehens kam die neue Firma schnell voran. Noch ehe der eigentliche Firmenname urkundlich festgelegt war, hatte man schon am Corso Dante in der Nähe des Flusses Po ein Stück Land mit einer Grundfläche von 12 000 Quadratmeter entdeckt, auf dem später die Fabrik gebaut wurde. In der Zwischenzeit wurde in der Werkstatt der Brüder Ceirano gearbeitet, um die ersten Autos fertigzubekommen. Sie basierten auf früheren Versuchen von Ceirano & Co. mit einer »Voiturette« von Aristide Faccioli.

Als die Firma Fiat dann gegründet war, kaufte sie sofort die Ceirano-Gesellschaft, und so wurde die »Voiturette« der erste Fiat, ein 3,5-PS-Modell mit im Heck angebrachtem 2-Zylinder-Motor und offener Karosserie mit vier gegenüberliegenden Sitzen. Enrico Marchesi war Fiats erster Direktor in den Bereichen Handel und Verwaltung. Glücklicherweise standen der jungen Firma auch so talentierte und erfahrene Männer wie Lancia und Nazzaro zur Seite.

Im ersten Jahr baute Fiat etwa 50 Autos des 3,5-PS-Typs (auch bekannt als der »4 PS«), dazu kam ein zweites Modell mit 6 PS (gemessen an den technischen Definitionen jener Zeit). Bis 1984, das heißt 85 Jahre später, stellte Fiat in seinen verschiedenen Werken im In- und Ausland rund 1,5 Millionen Autos her und konnte 1983 einen Stand von 1 371 000 verkaufter Exemplare aufweisen. Im selben Jahr beschäftigte die Firmengruppe 116 400 Mitarbeiter.

Fiat beschränkte sich jedoch nicht nur auf die Herstellung von Autos. Die Gesellschaft betätigte sich auf allen Gebieten des Transportwesens (ihr Motto in den 30er Jahren lautete: »Zu Land, auf See und in der Luft«) und in der Technologie, sie produzierte in Dutzenden von Herstellerfirmen Einzelteile wie Kugellager, Vergaser, Kunststoffe und Elektronikteile. Neben der Produktion von Autos arbeitete Fiat in folgenden Bereichen: Lieferwagen, landwirtschaftliche Traktoren, Planierraupen, metallurgische Produkte, Einzelteile, Produktionssysteme, Ingenieurwesen, Eisenbahnsysteme und -produkte, Luftfahrt, Thermotechnik, Fernmeldewesen, Biotechnik und sogar auf den Gebieten Tourismus, Transport und Finanzierung.

Den Grundstein für diesen Erfolg legten der Firmengründer Giovanni Agnelli, der später Senator des Königreichs Italien wurde, und sein ebenso berühmter Nachfolger Professor Vittorio Valletta. Agnelli sträubte sich von Anfang an gegen bloße sinnlose Originalität und setzte sich für ein solides Produktionsprogramm ein, das nicht allzu moderne Modelle für die Erfordernisse der breiten Masse hervorbringen sollte.

Agnellis Einstellung zum Motorsport, schnell hatte er dessen Bedeutung erkannt, war sehr fortschrittlich. Bis 1927, als die Firma beschloß, sich aus dem Rennsport zurückzuziehen, hatte Fiat glänzende Erfolge auch auf diesem Gebiet verbuchen können. In den letzten Jahren nahm die Firma unter Leitung der neuen Direktoren wieder an allen Sparten des Motorsports teil, und sie kann heute die technologischen Fortschritte und den Werbeeffekt dieser Sportart voll ausnützen.

Ein weiterer bedeutender Grund für Fiats Erfolg war die vernünftige Finanzpolitik. Das Selbstfinan-

Das zwischen 1910 und 1912 gebaute Modell »20 – 30 PS«, oben abgebildet als »Landauer«, wurde als »Typ 3« bekannt. Der 4-Zylinder-Reihenmotor (3967 ccm) leistete 32 PS bei 1600 U/min. Das Auto besaß eine elektrische Anlage mit 11 Volt sowie einen Stahlrahmen. Höchstgeschwindigkeit 80 km/h bei vier bis sechs Insassen. Der Treibstoffverbrauch betrug 22 l/100 km.

Eine »Fiaker«-Ausführung kam 1909 auf den Markt. Bei einem Hubraum von 2009 ccm leistete der Motor 16 PS bei 1400 U/min. Hauptsächlich gebaut für den öffentlichen Verkehr, wurden 1600 Fahrzeuge hergestellt. Mit fünf Insassen plus 150 kg Gepäck erreichte das Auto eine Höchstgeschwindigkeit bis zu 60 km/h. Der Benzinverbrauch lag bei 10 l/100 km.

Das Modell »Zero« aus dem Jahr 1912 war mit einem 1847-ccm-Motor ausgestattet, der 19 PS bei 2000 U/min leistete. Höchstgeschwindigkeit 70 km/h. Das Fahrzeug konnte vier Insassen plus 50 kg Gepäck tragen. Nach 1915 wurde eine elektrische Anlage mit 12 Volt eingebaut. Das Auto kostete 8000 Lire. Zum Leergewicht von 900 kg konnten weitere 300 kg Ladung hinzukommen.

Dieses Auto besaß einen 21-PS-Motor (2001 ccm) und erreichte eine Spitzengeschwindigkeit von 70 km/h. Es wurde im Ersten Weltkrieg von der italienischen Armee benützt. Der Typ »70« hatte an den Hinterrädern mechanische Bremsen.

Das Modell »501 Roadster« aus dem Jahr 1919 besaß einen 1460-ccm-Motor, der 23 PS bei 2600 U/min leistete. Das Fahrzeug hatte einen 80-Watt-Dynamo sowie einen 39-Ampere-Akkumulator. Bei den letzten Serien gab es als Sonderausstattung auch Vorderradbremsen.

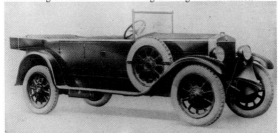
Das Modell »510« war mit einem 6-Zylinder-Reihenmotor (3446 ccm) ausgestattet, der 46 PS bei 2400 U/min leistete. Es konnte mit sechs Fahrgästen und 50 kg Gepäck beladen werden. Das Fahrzeug erreichte eine Höchstgeschwindigkeit von 85 km/h. Der Treibstoffverbrauch lag bei 18,7 l/100 km. Vorderradbremsen standen als Sonderausstattung zur Verfügung.

Die im Jahr 1919 herausgebrachte Limousinen-Ausführung »505« besaß eine Ladekapazität von sechs Personen und 50 kg Gepäck. Die Höchstgeschwindigkeit betrug 80 km/h. Es wurden mechanische Stoßdämpfer montiert. Mit einem Hubraum von 2296 ccm leistete der Motor 30 PS bei 2300 U/min. Der Preis betrug 32000 Lire. Die Abbildung zeigt den offenen Sportwagen (Roadster).

Das Modell »519« aus dem Jahr 1922 hatte einen 6-Zylinder-Reihenmotor (4766 ccm), der 80 PS bei 2600 U/min leistete und eine Spitzengeschwindigkeit von 115 km/h erreichte. Bei sechs Passagieren und 50 kg Gepäck betrug der Treibstoffverbrauch 22,5 l/100 km. Das Auto kostete 78000 Lire und wurde wegen der Straßensteuern offiziell auf 41 PS begrenzt.

Das 1925 herausgekommene Modell »509« mit einem 4-Zylinder-Reihenmotor (990 ccm), der 22 PS bei 3400 U/min leistete, kostete nur 18500 Lire. Höchstgeschwindigkeit 78 km/h, Treibstoffverbrauch 9 l/100 km, Tragkraft vier Insassen und 50 kg Gepäck.

zierungsprogramm half über die Auswirkungen der größeren Wirtschaftskrisen der vergangenen Jahre hinweg, in denen weniger abgesicherte Firmen bankrott gingen. Diese Umsicht ging Hand in Hand mit einem aufgeschlossenen Blick für das Zukunftsbewußtsein. Ein bemerkenswertes Beispiel dafür ist das Lingotto-Werk, das im Jahr 1915, mitten im Ersten Weltkrieg, errichtet wurde. Es war zu jener Zeit die größte Fabrik Europas und wies viele moderne Details auf, zum Beispiel eine Teststrecke auf den Dächern der Fabrikanlagen!

Technisch gesehen entwickelte sich die Produktion den Umständen entsprechend. Nach den beiden ersten Modellen mit Heckmotor kam 1901 eine 2-Zylinder-Version mit Frontmotor heraus. Ein Jahr später stellte die Firma das erste 4-Zylinder-Modell mit 12 PS und Frontwagenkühler vor. Seine Vorder- und Hinterräder waren zwar noch aus Holz, aber doch sehr zweckmäßig. Das 24/32-PS-Modell erschien 1904, das 60-PS-Modell 1905 und das 24/40-PS-Modell 1906. 1908 stellte der Vollblockmotor im 4-Zylinder-Modell eine technische Neuheit dar, und 1912 brachte Fiat den »Zero« heraus. Dieses Auto, bis 1915 produziert, kann als Vorläufer der sportlichen Kleinwagen angesehen werden.

Vor dem Ersten Weltkrieg war Fiat auch im Rennsport sehr erfolgreich. An den Rennen nahmen neben den Serienwagen auch speziell konstruierte Autos teil. Beispiele dafür sind der »75 PS« mit 14112 ccm, der 1904 für den »Gordon-Bennett-Cup« gebaut wurde, und der »130 PS« von 1907, der den Grand Prix des französischen Automobil-Clubs gewann.

Es entstanden auch Modelle mit überaus großvolumigen Motoren, wie die S74er und S76er Rekordversion; letztere mit 4 Zylindern und 28 l Hubraum. Nach dem Ersten Weltkrieg lernten auch andere Firmen von Fiats Rennsport-Technologie. Jano und Bertarione, die zu den ersten Fachleuten gehörten, die mit Erfolg Kompressormotoren in Rennwagen einbauten, wechselten zu Alfa Romeo bzw. Sunbeam und trugen zur Verbreitung der überaus fortschrittlichen Technologie bei.

Inzwischen ging die Verantwortung für die Zukunftsplanung von Giovanni Enrico, dem Nachfolger von Faccioli, auf so berühmte Männer wie Carlo Cavalli, Tranquillo Zerbi und Giulio Cesare Cappa über.

Nach anfänglichen Versuchen mit dem Kompressor erschien ein außergewöhnliches Auto mit einem 12-Zylinder-Motor mit zwei parallelen 6-Zylinder-Reihen, der bei einem Hubraum von nur 1500 ccm 187 PS und eine Höchstgeschwindigkeit von 240 km/h ermöglichte. 1927 nahm Fiat zum ersten Mal am »Voiturettes«-Grand-Prix in Monza teil und konnte dieses Rennen gewinnen. Danach zog sich die Firma bis zu den 60er Jahren fast vollständig vom Rennsport zurück.

Während dieser Zeit erreichten die Produktionszahlen schwindelnde Höhen. Nach den nur 35000 Fahrzeugen, die während des Krieges gebaut wurden, zeigte die Industrie nun deutliche Zeichen der Erholung. Im Jahr 1925 wurden dank der Fließbandtechnik im hochmodernen Lingotto-Werk von knapp 20000 Arbeitern rund 40000 Autos produziert.

Alle Serienmodelle erhielten eine Nummer, vom 501 bis 525 (nicht unbedingt in chronologischer Reihenfolge). 1921 erschien der »520«, der auch »Superfiat« genannt wurde und einen 12-Zylinder-Motor hatte. Von ihm wurden jedoch nur fünf Stück hergestellt. Von 1922 bis 1927 wurde der »519«, ein 6-Zylinder-Modell, produziert. Der »502« von 1923 verwendete, in einer größeren Karosserie, den gleichen Motor wie der »501«. Der klassische »509« mit stark verbessertem Motor mit obenliegender Nok-

FIAT

Als Ersatz für das Modell »510« wurde 1926 der Typ »512« herausgebracht. Das Fahrzeug war mit einem 6-Zylinder-Reihenmotor (3446 ccm) ausgestattet, der 46 PS leistete. Die Limousine fuhr Spitzengeschwindigkeiten bis zu 80 km/h und verbrauchte 19,7 l/100 km. Das Fahrzeug konnte mit sechs Fahrgästen und deren Gepäck beladen werden. Sein Preis: 65 000 Lire.

Der größte technische Fortschritt beim Modell »520« (herausgebracht 1927) war die bei der Sonderausstattung erstmals eingebaute Links-Lenkung und die Spulen-Zündung. Das Auto hatte einen 6-Zylinder-Reihenmotor mit 46 PS, der eine Spitzengeschwindigkeit von 90 km/h erreichte, und kostete 31 000 Lire.

In den ersten beiden Jahren nach seiner Premiere (1926) wurden vom »503« 42 000 Fahrzeuge hergestellt. Das Auto besaß einen 1,5-l-Motor (1460 ccm, 27 PS), beförderte vier Insassen und erreichte eine Spitzengeschwindigkeit von 75 km/h. Es hatte Allradbremsen und wog voll beladen 1535 kg.

Das Modell »525« aus dem Jahr 1928 hatte eine Länge von 5 m und ein Leergewicht von 1 875 kg. Seine Spitzengeschwindigkeit betrug 97 km/h. Das Fahrzeug konnte mit sechs bis sieben Insassen und deren Gepäck beladen werden. Die mechanischen Stoßdämpfer wurden später durch hydraulische ersetzt.

Vom 1929er Modell »514« wurden 37 000 Stück hergestellt. Der vorn liegende 4-Zylinder-Motor (1438 ccm) leistete 28 PS bei 3 400 U/min. Seine Spitzengeschwindigkeit betrug 82 km/h. Das elektrische System war mit 6 Volt, 105 Ampere ausgestattet. Die zweitürige Ausführung kostete 18 500 Lire.

Der »508 Balilla« (gebaut zwischen 1932 und 1934) war der führende Kleinwagen. In drei Jahren wurden über 41 000 Stück hergestellt. Sein 4-Zylinder-Motor (995 ccm) leistete 20 PS bei 3 400 U/min. Das Fahrzeug hatte ein Dreigang-Getriebe und hydraulische Bremsen. Es bot vier Sitzplätze und kostete 10 800 Lire.

Durch Einführung des Modells »518 Ardita« im Jahr 1933 wurden die Modelle »522« und »524« ersetzt. Der 4-Zylinder-Motor (1758 ccm) leistete 40 PS. Das Viergang-Getriebe war im 3. und 4. Gang synchronisiert. Die Fahrzeuglänge betrug 4,33 m. Der »Ardita« erreichte eine Spitzengeschwindigkeit von 100 km/h und kostete zwischen 20 550 und 22 500 Lire.

Das 1936 von Dante Giacosa konstruierte Modell »500« erhielt sofort den Spitznamen »Topolino« (»kleine Nase«). Das Fahrzeug konnte zwei Insassen und deren Gepäck aufnehmen. Sein 569-ccm-Motor (13 PS) schaffte eine Spitzengeschwindigkeit von 85 km/h. Der Treibstoffverbrauch lag bei 6 l/100 km. Das Viergang-Getriebe war im 3. und 4. Gang synchronisiert.

Die wichtigste technische Neuerung war beim Modell »1500«, das 1935 bei der Automobilausstellung in Mailand vorgestellt wurde, die unabhängige Frontaufhängung. Der 6-Zylinder-Motor mit 45 PS und 1493 ccm besaß ein obenliegendes Ventilgetriebe und erreichte eine Spitzengeschwindigkeit von 115 km/h. Das Platzangebot war für fünf Personen ausreichend.

kenwelle, ein typisches Design von Cappa, war der erste »1000er«, der in Massenproduktion hergestellt wurde (von 1925 bis 1929 über 90 000 Stück). Der »503« von 1926 basierte auf den »501« und »502«, und der »512«, der im selben Jahr herauskam, war ein geräumiges Auto mit 6-Zylinder-Motor.

Die 30er Jahre begannen für Fiat mit seinen »514«-, »515«- und »522«-Modellen, die jeweils in verschiedenen Versionen gebaut wurden. Während des Jahrzehnts gab es jedoch durch Fessia und den jungen Ingenieur Dante Giacosa, dem »Vater« der modernen Fiats, einen Richtungswechsel an der technischen Front.

Der »508«, der auch »Balilla« genannt wurde, hatte einen 4-Zylinder-Motor mit den früher üblichen seitlichen Ventilen und einem Hubraum von 955 ccm bei 65 mm Bohrung und 75 mm Hub. Daraus entwickelte sich, nach einer leichten Veränderung der Bohrung, der legendäre 1100er-Motor (68 × 75 mm). Er war eines der langlebigsten Modelle in der Geschichte des Autos, da er bis 1962 und dann, nach erneuter Vergrößerung der Bohrung auf 72 mm, bis 1966 produziert wurde.

Zwei weitere Modelle, deren Namen und Zahlen wieder mit dem zeitlichen Ablauf übereinstimmten, waren der »518 Ardita« mit 4 Zylindern von 1933 und der »527 Ardita« mit 6 Zylindern von 1934. Dann folgte sowohl im Bereich des Designs wie in der Technik eine Revolution. Der »1500« von 1935 hatte einen 6-Zylinder-Reihenmotor mit obenliegenden Ventilen, der bei einem Hubraum von nur 1493 ccm die gleiche Leistung entwickelte wie der »Ardita« mit seinen 2000 ccm, nämlich 45 PS. Außerdem war er mit einem röhrenförmigen Chassis, Einzelvorderradaufhängung und aerodynamischer Karosserie ausgestattet.

Ein Jahr später kam der erste echte Kleinwagen auf den Markt, der »Topolino 500« mit einem 4-Zylinder-Motor mit nur 569 ccm Hubraum und 13 PS. Er war zwar für zwei Insassen gebaut, konnte aber bis zu vier oder fünf Personen aufnehmen. Er wurde serienmäßig mit Einzelvorderradaufhängung und auf Sonderwunsch auch mit Stoßstangen geliefert. Nach dem »500« erschien 1937 der 508 C »Elfhundert« und 1938 schließlich das luxuriöse 6-Zylinder-Modell »2800«. Danach konzentrierte sich die Produktion bis 1945 auf Militärfahrzeuge.

Die Zeit nach dem Krieg war nicht leicht. Beträchtliche Reparaturen an den Fabriken mußten ausgeführt und neue Kunden gefunden werden. Senator Giovanni Agnelli starb am 16. Dezember 1945, sein Sohn Edoardo war am 14. Juli 1935 bei einem Flugzeugunglück ums Leben gekommen, und sein Enkel Gianni war noch zu jung. Giovanni Agnelli hatte jedoch eine gute Wahl getroffen, als er Vittorio Valletta zu seinem Partner machte. Mit Unterstützung von Gaudenzio Bono, Gayal de la Chenaye und anderen gelang es ihm, Fiat nach dem Zweiten Weltkrieg zu neuem Ansehen zu verhelfen. Die Grundlage für den Erfolg war bereits vorhanden, und man baute ein Werk mit Flachbauten in Mirafiori, das noch größer war als das riesige Lingotto-Werk mit seinen fünf Stockwerken.

Das Mirafiori-Werk wurde bereits in den 30er Jahren entworfen und in den 50er und 60er Jahren mehrmals erweitert. Nur ein paar Kilometer von Mirafiori entfernt baute Fiat den neuen großen Rivalta-Komplex. Bald darauf wurde die Produktion durch die Eröffnung neuer, wichtiger Anlagen im südlichen Mittel-Italien dezentralisiert.

Die Modelle, die zu dieser Zeit hergestellt wurden, waren offensichtlich entsprechend modernisierte Vorkriegsversionen, wie der »500 B« und »C«, der »1100 B« und »E« und der »1500 D« und »E«. 1950 erschien ein völlig neues Auto. Der »1400« mit selbsttragender Karosserie und einem von Pininfarina inspirierten Design. Pininfarina hatte mit seinem »Cisitalia Berlinetta«, der aus Teilen des Fiat »1100«

FIAT

Im Juni 1936 wurde der Fiat »500« herausgebracht (umgehend mit dem Spitznamen »Topolino« versehen). Das Auto wurde in einem breiten Produktionsspektrum angeboten (die ersten »Topolino«-Serien waren Zweisitzer, die jedoch später in viersitzige Modelle umgebaut wurden). Ferner wurden die ursprünglich verwendeten viertel-elliptischen Federn bei der hinteren Aufhängung gegen halb-elliptische Blattfedern ausgewechselt. Deshalb war das Auto auch als die »kurze Feder« oder die »lange Feder« bekannt. Die letzte Ausführung, das Modell »B«, wurde 1948 mit einem stärkeren Motor mit obenliegenden Ventilen herausgebracht. Insgesamt wurden rund 120 000 »Topolinos« hergestellt.

Der »1100« aus dem Jahr 1939 unterschied sich hauptsächlich durch eine spezielle »Windbrecher«-Frontlinie vom Vorgänger-Modell »508 C«. Das Fahrzeug blieb bis 1948 in Produktion. Danach kam der »1100 B« auf den Markt, der die gleiche Karosserie, jedoch einen stärkeren Motor und hinten eine variabel flexible Blattfederaufhängung besaß. Mit vier Insassen und 50 kg Gepäck konnte das Auto eine Geschwindigkeit von 110 km/h erreichen.

Der »Spider« wurde erstmals 1966 beim Turiner Auto-Salon vorgestellt, als die offene Version des Modells »124«. Er hatte den 90-PS-1438-ccm-Motor vom Modell »S«. Das Fahrzeug wurde auch mit einem 1600-ccm-, 1800-ccm- und einem 2-l-Motor (beim derzeitigen Modell mit Benzineinspritzung) hergestellt. Mit zwei Personen und 40 kg Gepäck konnte sogar der 1438-ccm-Motor über 170 km/h erreichen. Das Fünfgang-Getriebe war synchronisiert und hatte eine Knüppelschaltung. Die Karosserie wurde durch Pininfarinas Karosseriebauer völlig neu bearbeitet. Jetzt wird das Modell »Spidereuropa« mit einem 2-l-Motor hergestellt. Die erste Version kostete 1 550 000 Lire.

FIAT

Fiats »Flaggschiff« der Vorkriegszeit war das Modell »2800«. Der 6-Zylinder-Motor (85 PS, 2852 ccm) war in der Lage, eine Spitzengeschwindigkeit von 130 km/h zu erreichen. Die Limousine bot Platz für sechs Personen und wog voll beladen mit zusätzlich 50 kg Gepäck 2340 kg. Sein Verkaufspreis betrug 60 000 Lire.

Der »8 V GT« hatte einen V-8-Motor (1996 ccm), der 105 PS bei 6 000 U/min leistete und dessen Spitzengeschwindigkeit 190 km/h betrug. Das Fahrzeug verbrauchte 17 l Treibstoff auf 100 km. Der Zweisitzer wog 997 kg. Es war außerdem das erste Fiat-Auto mit Einzelradaufhängung.

Das neue Modell »1100« aus dem Jahr 1953 führte auch die Bezeichnung »103« und blieb bis 1956 in der Fertigung. Während dieser Zeit wurden über 250 000 Stück hergestellt. Der vorn liegende 4-Zylinder-Motor (1098 ccm), leistete 36 PS bei 4 400 U/min. Mit vier Personen plus 50 kg Gepäck erreichte er noch eine Spitzengeschwindigkeit von 116 km/h. Er kostete 975 000 Lire.

Das Modell »1400« aus dem Jahr 1950 war der erste von Fiat konstruierte Wagen mit selbsttragender Karosserie und Klimaanlage. Der 4-Zylinder-Reihenmotor mit einem Hubraum von 1 395 ccm leistete 44 PS bei 4 400 U/min. Das Getriebe war im 2., 3. und 4. Gang synchronisiert. Das Fahrzeug wurde zum Preis von 1 275 000 Lire verkauft.

Das Modell »600«, herausgebracht im Jahr 1955, kostete nur 590 000 Lire. Sein hinten liegender 633-ccm-Motor leistete 21,5 PS bei 4 600 U/min. Die Spitzengeschwindigkeit betrug 95 km/h. Der Treibstoffverbrauch lag bei 5,7 l/100 km. Das Fahrzeug hatte eine Knüppelschaltung, im Gegensatz zur Lenkradschaltung, die damals Mode war.

Das Modell »1800 – 2300« wurde anläßlich der Automobilausstellung in Genf 1959 vorgestellt. Der vorn liegende 6-Zylinder-Motor (1795 ccm oder 2054 ccm) leistete entweder 75 PS oder 82 PS bei 5000 U/min. Das Auto besaß ein vollsynchronisiertes Viergang-Getriebe und einen Bremskraftverstärker.

1959 kam das »1200-Cabrio« heraus, dessen Karosserie von Pininfarina konstruiert war. Von diesem Fahrzeug wurden über 15 000 Exemplare hergestellt. Seine Spitzengeschwindigkeit betrug 145 km/h. Der Zweisitzer war mit einem 1221-ccm-Motor (Modell 1100 D) ausgestattet, der 58 PS bei 5 300 U/min leistete. Er besaß eine Knüppelschaltung. Das Leergewicht betrug 905 kg.

Die Fertigung des 1960 herausgebrachten Kombiwagens »500« ging 1968 an Autobianchi über. Der horizontale 17,5-PS-Heckmotor hatte einen Hubraum von 449,5 ccm. Das höchstzulässige Gesamtgewicht erreichten vier Reisende plus 40 kg Gepäck oder ein Fahrer plus 200 kg Last.

Von dem im Jahr 1961 herausgekommenen neuen Modell »1300/1500« wurden ungefähr 600 000 Exemplare verkauft. Es standen zwei verschiedene Motorausführungen zur Verfügung: entweder 1295 ccm, 65 PS, 140 km/h oder 1481 ccm, 72 PS, 150 km/h. Das Fahrzeug besaß eine flache hydraulische Kupplung sowie Scheibenbremsen an den Vorderrädern. Sein Preis lag zwischen 1 190 000 und 1 265 000 Lire.

entstanden war und sehr wertvolle technische wie konstruktive Neuerungen aufwies, neue ästhetische Maßstäbe gesetzt.

Nach dem »1400« folgte der »1900« (damals bezeichnete man die Typen nach ihrem Motorhubraum). Im Jahr 1955 erschien der »600«, ein neuer Kleinwagen, der das Autofahren für alle Italiener möglich machte. Sein völlig neues Konzept (Heckmotor und Einzelradaufhängung) kennzeichnete einen Wendepunkt. 1957 wurde der neue »500er«, ebenfalls mit Heckmotor, jedoch in einer luftgekühlten 2-Zylinder-Version, präsentiert. Beide Modelle hatten, mit ihren verschiedenen Varianten und Versionen, ein langes Leben. 1964 kam der aus dem »600« entwickelte »850« heraus. Bereits drei Jahre vorher, 1961, wurden die herkömmlichen Modelle durch neue ersetzt – die 4-Zylinder-Serienlimousinen mit Hinterradantrieb (1300 bis 1500 ccm) sowie die 6-Zylinder-Serie mit 1800 bis 2300 ccm Hubraum und einem neuen Motortyp von Aurelio Lampredi, dem ehemaligen technischen Leiter von Ferrari.

Mit diesen Modellen, den Sportwagen-Varianten, dem »124« und dem »130« (als luxuriöse V-6-Limousine und als Coupé erhältlich), ging Fiat in die 70er Jahre.

1969 fand eine weitere technische Veränderung statt, denn der »128« war der erste Fiat mit querliegendem Motor und Vorderradantrieb. Dieses Konzept, ebenfalls eine Erfindung von Giacosa, war bereits von Autobianchi, einem Mitglied der Fiat-Gruppe, erprobt worden. Tatsächlich war Giacosa einer der ersten, der sich für das System mit vorn angebrachtem Motor und Heckantrieb für Kleinwagen einsetzte, das später in Modellen aller Größen verwendet wurde. Aufgrund gewisser Zweifel an der »Festigkeit« der dafür notwendigen Antriebsgelenke hielt sich Fiat jedoch an seine kluge frühere Einstellung, Neuerungen nicht zu schnell einzuführen.

Dem »128« folgte der »127«, der von 1971 an weltweit eines der erfolgreichsten Autos war. Als letzter Kleinwagen mit Heckantrieb erschien im Jahr 1972 der »126«. Nach ihm kamen 1978 der »Ritmo«, 1980 der »Panda« und im Jahr 1983 der »Uno«. In dieser Zeit behauptete sich Fiat mit dem »131« und dem »132 Argenta«, die 1984 durch den »Regata« und den Typ 4 (»Tipo Quattro«) ersetzt wurden, auf dem Markt der mittleren bis großen Autos mit Frontmotor und Heckantrieb.

Der Dieselmotor, der versuchsweise beim »1400er« eingesetzt und danach wieder vernachlässigt wurde, spielte erst wieder ab Ende der 70er Jahre eine bedeutende Rolle.

In den 60er und 70er Jahren führten steigende Forschungskosten und Bemühungen kleiner und mittlerer Unternehmen, mit den großen Firmen zu konkurrieren, zu einer Konzentration in der Automobilindustrie. Fiat wurde zum Anziehungspunkt für andere italienische Firmen, die sich entweder dem Konzern anschlossen oder übernommen wurden. Die erste Firma war Autobianchi im Jahr 1964, obwohl der offizielle Vertrag erst 1967 in Kraft trat. Danach folgten 1969 Lancia und Ferrari.

Der Versuch, die Firma Citroën in einer internationalen Vereinbarung zu übernehmen, war nicht erfolgreich, und 1982 gab Fiat auch die Firma Seat in Spanien auf, die ursprünglich als eine ihrer Zweigniederlassungen gegründet worden war.

Das Interesse der Firma an Sportwagen stieg in den

FIAT

Vorgestellt am 20. Januar 1983, erhielt das Modell »Fiat Uno« 1984 die Auszeichnung: »Das Auto des Jahres«. Das Fahrzeug wird in zwei Versionen hergestellt und hat Vorderradantrieb. Der Motor basiert auf der Technik der »127er«-Reihe. Die Hubraumkapazitäten betragen beim Modell »45« 903 ccm, beim Modell »55« 1050 ccm und beim Modell »70« 1300 ccm. Der 1300-ccm-Diesel-Motor wird von den brasilianischen Fiat-Werken hergestellt und hat bei den Zündkerzen eine Vorverbrennungskammer. Der »Uno« wird mit Viergang- und Fünfgang-Getriebe geliefert. Auf Wunsch steht auch ein automatisches Getriebe zur Verfügung. Der Wagen hat drei oder fünf Türen. Außerdem stehen Sonderausstattungen zur Verfügung. Es gibt auch eine »ES«-Ausführung (Energy Saving) für sparsameren Benzinverbrauch.

Der im Jahr 1964 herausgebrachte »850« war zweitürig und bot vier bis fünf Personen Platz. Der hinten liegende 34-PS-Motor (843 ccm) erreichte eine Höchstgeschwindigkeit von 125 km/h. Das Fahrzeug war mit einem voll synchronisierten Viergang-Getriebe und unabhängiger Aufhängung ausgestattet. Der Treibstoffverbrauch lag bei 6 l/100 km. Das Auto kostete 750 000 Lire.

1967 kam das Modell »125« (90 PS, 1608 ccm) heraus. Es hatte zwei obenliegende Nockenwellen mit Riemenantrieb, ein Viergang-Getriebe, vorn Einzelradaufhängung und eine starre Hinterachse. Spitzengeschwindigkeit: 160 km/h. Preis: 1 300 000 Lire.

Der »Dino Spider« war der erste Fiat mit vier obenliegenden Nockenwellen. Es handelte sich bei diesem Modell um eine Entwicklung aus dem 2-l-Ferrari, der den gleichen Namen trug. Der 160-PS-Motor (1987 ccm) erreichte eine Spitzengeschwindigkeit von 210 km/h. Das Auto besaß eine hydraulische Kupplung, Fünfgang-Getriebe und ein selbstsperrendes Differential.

Das Modell »128« (1969) hatte Vorderradantrieb und einen diagonal eingebauten Motor (1 116 ccm, 55 PS) obenliegende Ventile und Nockenwellen und ein synchronisiertes Viergang-Getriebe. Höchstgeschwindigkeit: 135 km/h. Platz für fünf Personen.

Die im Jahr 1966 auf den Markt gebrachte Limousine »124« war mit einem vorn liegenden 60-PS-Motor (1197 ccm) ausgestattet, der eine Höchstgeschwindigkeit von rund 140 km/h erreichte. Das Fahrzeug konnte mit fünf Personen plus 50 kg Gepäck beladen werden. Es hatte ein synchronisiertes Viergang-Getriebe und vorn Einzelradaufhängung sowie eine starre Hinterachse.

Eine Weiterentwicklung aus dem »Dino« war das Modell »130-28 000« mit einem V-6-Motor (140 PS) ausgestattet, Höchstgeschwindigkeit 180 km/h. Das Auto besaß Einzelradaufhängung sowie ein automatisches Dreigang-Getriebe von Borg-Warner.

FIAT

Das mit einem 600 ccm starken, hinten liegenden Motor ausgestattete Modell »126« (später erhöht auf 650 ccm) ist eine Weiterentwicklung aus dem Modell »600«. Das Fahrzeug hat einen luftgekühlten Motor mit 2 Zylindern sowie ein Viergang-Getriebe. Beladen mit vier Personen plus 40 kg Gepäck wird noch eine Spitzengeschwindigkeit von 105 km/h erreicht.

Der »Panda 4x4« ist eine 968-ccm-Ausführung, entwickelt aus dem »A 112 Elite«-Modell. Durch ein Konstruktionsteil, das von der österreichischen Firma Steyr-Puch hergestellt wird, kann der Hinterradantrieb sogar in einen Allradantrieb umgewandelt werden.

Der Fiat »Uno« hat sich 1983 mit seiner vernünftigen Form gut eingeführt und wurde 1989 nur in unauffälligen Details geändert. Benzinmotoren von 1 bis 1,5 Liter stehen zur Wahl, dazu Diesel und als sportliche Version der 1372-ccm-»Turbo i.e.«, der 200 km/h Höchstgeschwindigkeit erreichen kann.

Der Fiat »Tipo« knüpfte 1988 im Prinzip am kleineren »Uno« an, er löste erfolgreich den »Ritmo« ab und etabliert sich seit 1990 auch in der 2-Liter-Klasse, doch fängt seine Motorenpalette bei 1,1 Liter an. Es gibt auch Diesel und Turbodiesel; wie beim »Uno« sind einige Versionen nicht in allen Ländern lieferbar.

Der Fiat »Tempra« hat die gleiche technische Basis wie der »Tipo«, von dem ihn vor allem das Stufenheck unterscheidet; er ist auf gleichem Radstand fast 40 Zentimeter länger. Sein Vorgänger war der »Regata«. Der »Tempra« wird mit Motoren ab 1,4 Liter Hubraum gebaut.

Diese zweite Serie des Modells »Supermirafiori 131« gab es in drei verschiedenen Hubraumausstattungen, und zwar 1367 ccm, 75 PS, 155 km/h; 1585 ccm, 97 PS, 170 km/h und 1995 ccm, 113 PS, 175 km/h. Zur Standardausstattung gehörten ein Fünfgang-Getriebe und elektrische Fensterbedienung.

Die dritte Serie vom »127« ist mit einem Hubraum von 903 ccm oder 1049 ccm ausgestattet. Es gibt das Fahrzeug mit Viergang- und Fünfgang-Getriebe mit einem »Begrenzer« an der Hinterachse. Es gibt die drei- oder fünftürige Ausführung. Fünf Personen und 50 kg Gepäck finden Platz.

Der »Regata Super«, ausgerüstet mit einem 1500-ccm- oder 1600-ccm-Benzin-Motor oder auch mit dem neuen 1929-ccm-Diesel-Motor, unterscheidet sich vor allem bei der Innenausstattung vom »Regata«, die höheren Ansprüchen gerecht wird. So gibt es eine Zentralverriegelung und eine elektrische Frontscheibenbedienung.

Seit 1985 ist der Fiat »Croma« auf dem Markt, entstanden in karosserietechnischer Kooperation mit Alfa Romeo, Lancia und Saab, wobei jedes Werk sich die individuelle Ausführung vorbehielt. Der »Croma«, Nachfolger des »Argenta«, wird mit Benzinmotoren von 1,6 bis 2 Liter Hubraum angeboten, die Diesel mit 1,9 bis 2,5 Liter. Das Modell 1991 wurde stilistisch überarbeitet.

letzten zwanzig Jahren immer mehr. Fiat produzierte 1962 die 1500er- und 1600er-Cabriolets, 1965 die 850 Spider und Coupés, 1967 das 124er-Coupé, 1972 den 124 Abarth-Spider und im Jahr 1978 schließlich das 128er-Coupé, den X 1–9 »Five Speed« sowie die Sportwagenversion des Ritmo und des 127.

Mit dem 124-Spider und der 131er-Rallye-Version beteiligte sich die Firma auch an Rennen. Beide Modelle waren aus Serienwagen entwickelt worden und entsprachen von der Leistungsfähigkeit voll den Anforderungen der Rallye-Weltmeisterschaft. Nachdem die Fiat- und Lancia-Teams eine Zeitlang voneinander unabhängig am Rennsport teilnahmen, entschloß man sich zu einer gemeinsamen Organisation. Seitdem starten bei Rallyes und Prototypenrennen nur noch die Wagen einer Marke, die in der Abarth-Werkstatt, die ebenfalls von Fiat übernommen wurde, entstehen.

Natürlich ist Ferrari das Glanzstück im Rennsportsektor, da die Marke nicht nur in der Formel 1 teilnimmt, sondern auch bei den Endurance-Wettbewerben die Motoren für die Lancia-Prototypen liefert. Schließlich soll noch erwähnt werden, daß sich Fiats technischer Beitrag zum Motorsport nicht nur in den Versuchen mit Turboladermotoren (wie dies auch alle anderen Firmen in den 80er Jahren taten) zeigt, sondern auch in der Verwendung herkömmlicher Kompressormotoren, die in eine ganze Reihe Autos eingebaut wurden. Daß diese Entscheidung richtig war, sah man an den guten Ergebnissen des Lancia-Rallye-Modells, des einzigen modernen Autos für Rennen mit Kompressor.

Bei den breitgefächerten Aktivitäten von Fiat spielt auch der Bereich der Luftfahrt eine wichtige Rolle. Seit 1908, als der erste Flugzeugmotor konstruiert wurde, produzierte Fiat mindestens 65 verschiedene Motortypen. In unterschiedlichen Baureihen (unter Verwendung von Kolbenmotoren) wurden insgesamt 33 000 Stück gefertigt.

Die Firma baute auch spezielle Antriebsmaschinen für Weltrekordversuche, unter anderem den Höhenrekord von 6435 m, der 1917 mit dem A-12-Motor erreicht wurde, und die Ausdauer- und Entfernungsrekorde, die 1928 mit dem A 22 T-Motor mit 50 Stunden und 7666 Kilometern aufgestellt wurden. Die interessanteste Höchstleistung, den 1985 immer noch ungebrochenen Geschwindigkeitsrekord für Wasserflugzeuge, stellte Agello 1934 mit dem 24-Zylinder-Motor (3100 PS) in einem Rennflugboot von Macchi auf. In jüngerer Zeit interessierte sich die Firma auch für die Produktion von Turbinenmotoren, darunter der Typ Orpheus von 1960, der unter Lizenz von Rolls-Royce gebaut wurde, oder die Turbinen des Typs JT 10D 232 von 1980 für die zivile Luftfahrt.

Das Interesse an Dieselmotoren wurde bereits 1909 durch das 300 PS starke 2-Takt-Modell für ein Tauchfahrzeug geweckt. Bis 1915 stieg die Leistung auf 2300 PS beim Typ 2 C 176. Fiat produzierte zahllose Motore für die Verwendung zu Land und auf See, und 1922 erschien die erste italienische dieselelektrische Lokomotive. Sie war der erste Versuch mit einem Doppelwirkungs-Zweitaktmotor. Dieses Prinzip, das bei großen Schiffsmotoren mit Leistungen von 32 500 PS (Typ 9012 mit 12 Zylindern und 900 mm Bohrung) Verwendung fand, wurde später zu einer Spezialität von Fiat. Zusätzlich fertigte die Firma seit 1931 Dieselmotoren für Lastwagen und seit 1953 für normale Autos. Gegenwärtig produziert Fiat Dieselmotoren sowohl in normalen Saug- als auch in Turboladerversionen mit 1300 ccm, 1700 ccm, 1900 ccm und 2400 ccm Hubraum.

FORD

LINCOLN – MERCURY

Henry Ford, der Gründer der Firma Ford Motor, spielte zu Beginn der Entwicklung der Automobilindustrie eine entscheidende Rolle. In der kurzen Zeit von nur sechs Jahren entwarf er drei Konzepte, die die Expansion der Industrie in Gang brachten. Erstens entwickelte er das Modell T, das erste wirklich praktische Automobil. Zweitens führte er das Fließband ein, um das Auto in großer Stückzahl produzieren zu können, und drittens zahlte er seinen Angestellten einen Tageslohn von fünf Dollar, wodurch sie in der Lage waren, sein Produkt zu kaufen und den Markt zu erweitern. Jedes dieser drei Konzepte hätte ihm bereits einen ehrenvollen Platz in der Geschichte gesichert. Die Entwicklung aller drei war jedoch in der Tat eine erstaunliche Leistung und schuf die Grundlage dafür, daß die »Ford Motor Company« zu einem multinationalen Unternehmen mit Produktions- und Verkaufsniederlassungen auf sechs Kontinenten werden konnte.

PHILIP CALDWELL – Vorstandsvorsitzender der Ford Motor Company

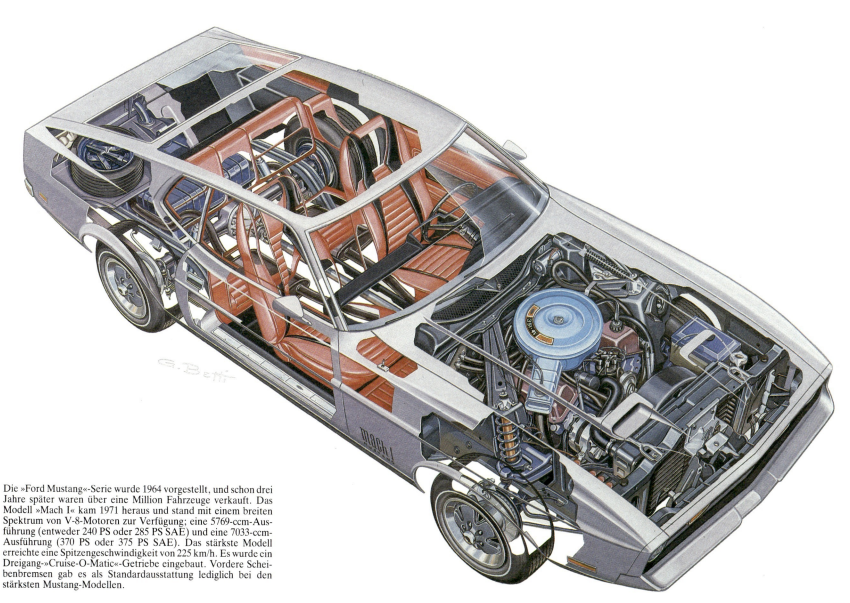

Die »Ford Mustang«-Serie wurde 1964 vorgestellt, und schon drei Jahre später waren über eine Million Fahrzeuge verkauft. Das Modell »Mach I« kam 1971 heraus und stand mit einem breiten Spektrum von V-8-Motoren zur Verfügung; eine 5769-ccm-Ausführung (entweder 240 PS oder 285 PS SAE) und eine 7033-ccm-Ausführung (370 PS oder 375 PS SAE). Das stärkste Modell erreichte eine Spitzengeschwindigkeit von 225 km/h. Es wurde ein Dreigang-»Cruise-O-Matic«-Getriebe eingebaut. Vordere Scheibenbremsen gab es als Standardausstattung lediglich bei den stärksten Mustang-Modellen.

FORD USA

Das Modell »A« aus dem Jahr 1903, hier abgebildet in der umbaubaren Tonneau-Version, war das erste Ford-Fahrzeug, das in eine kleine Serienfertigung ging. Das Auto hatte einen 2-Zylinder-Motor und wurde zum Preis von 850 Dollar verkauft.

Das Modell »R« wurde 1907 herausgebracht und mit einem 4-Zylinder-Motor (15 PS) zum Preis von 750 Dollar angeboten.

Im Oktober 1908 verließ das erste »T«-Modell ein Ford-Werk. In den folgenden 19 Jahren wurden über 15 Millionen Fahrzeuge in verschiedenen Ausführungen verkauft. Das Auto stand mit einem 4-Zylinder-Reihenmotor (21 PS, 2892 ccm) zur Verfügung. 1908 entstand auch das erste Touring-Modell »T«, das für 850 Dollar verkauft wurde. Im Laufe der Zeit sank der Preis auf 260 Dollar (beim Roadster), obwohl einige Verbesserungen im Aussehen und in der Technik vorgenommen wurden. Der enorme Preisunterschied war durch die neuen Produktionsmethoden, die Ford eingeführt hatte, möglich geworden. Oben links: das Modell »T Tourer« aus dem Jahr 1912 mit der Familie Ford; oben rechts: der Kleinwagen des Jahres 1921 (Preis 319 Dollar); rechts: das Modell »Fordor« aus dem Jahr 1927, das 545 Dollar kostete. Die erste viertürige Version wurde 1923 vorgestellt.

Ende 1927 wurde das neue Modell »A«, es ersetzte das aus der Produktion genommene Modell »T«, herausgebracht. Es gab den 4-Zylinder-Motor entweder in einer 2- oder 3-l-Ausführung. 1929 kostete das Standard-Modell vom »Phaeton« 460 Dollar.

Ende 1931 waren bereits fünf Millionen Fahrzeuge vom Modell »A«, von dem 19 verschiedene Ausführungen zur Verfügung standen, verkauft. Die Abbildung zeigt einen »Fordor De Luxe«, der 630 Dollar kostete.

Das neue Modell »V 8« war 1932 revolutionär. Es wurde in 14 verschiedenen Karosserieformen angeboten. Dies ist das Modell »De Luxe Three Window«, das zum Preis von 540 Dollar verkauft wurde.

Das neue Coupé aus dem Jahr 1937 (De Luxe Five Window Club Coupé) war auch mit einem V-8-Motor ausgestattet. Die neue Karosserieform hatte in die Kotflügel eingebaute Scheinwerfer.

Die Geschichte der Firma, die den Amerikanern die Massenmotorisierung bringen sollte, kann man sozusagen bis zum 30. Juli 1863, dem Geburtstag von Henry Ford, zurückverfolgen. Sein Vater war irischer Einwanderer, seine Mutter die Adoptivtochter eines Iren. Während in Europa Forschung und erste Experimente mit Automobilen anliefen, gab es parallel auch in Amerika ähnliche Gedanken, da schon viele Leute fest daran glaubten, daß die zukünftigen Fortbewegungsmittel nur Fahrzeuge sein können, die nicht von Tieren gezogen werden. Henry Ford war einer der eifrigsten Verfechter dieser Meinung. Seine Überzeugung war so stark, daß er den Bauernhof, auf dem er geboren wurde, im Alter von sechzehn Jahren verließ, weil er erkannt hatte, daß er nicht für das Landleben geschaffen war. Er ging nach Detroit, wurde Ingenieur und nahm verschiedene Jobs an. Dadurch erwarb er sich große Erfahrung, die ihn seinem Ziel, so viel wie möglich über die Technik von Automobilen zu lernen, näherbrachte. Er arbeitete eine Woche lang in einer Straßenbahnfabrik, neun Monate in der Werkstatt von James Flowers & Bros. und eine Zeitlang auch in einer der größten Schiffswerften von Detroit. In der Zeit dieser Wechsel von einem zum anderen Job erfuhr der junge Henry aus Artikeln in Fachzeitschriften von der Existenz des Motors von Nikolaus August Otto aus Deutschland. Nachdem Ford Clara Bryant geheiratet und eine Zeitlang mit ihr auf einem kleinen Stück Land bei Dearborn gelebt hatte, übersiedelte das junge Paar im Jahr 1891 wieder in die Stadt Detroit, wo Henry Ford bei der Firma Edison Illuminating Co. eine Stellung als Ingenieur mit einem monatlichen Lohn von 45 Dollar gefunden hatte. Kurz darauf richtete er sich in einer Hütte hinter dem Haus eine Werkstatt ein und begann mit der Entwicklung eines Verbrennungsmotors. Der erste Prototyp, den er zur Erprobung an der Küchenspüle befestigte, entstand zwei Jahre später gegen Ende Dezember. Der Motor arbeitete zufriedenstellend, und Ford wandte sich nun der Konstruktion eines Fahrzeugs zu, in das er ihn einbauen wollte. Mit der Unterstützung von Thomas Alva Edison, der Ford ermutigte, seine Experimente fortzusetzen, erschien dann am 4. Juni 1896 der »Quadricycle«. Ford kündigte seine Stellung bei Edison, um sich ganz der Weiterentwicklung des Automobils widmen zu können, und er gründet mit einigen Geldgebern eine Firma. Sein »Durchbruch« kam jedoch erst 1903, als am 16. Juni die Ford Motor Company offiziell gegründet wurde. Der Gesamtbesitz der neuen Firma bestand aus einer Vielzahl von Patenten sowie einem Kapital von 28 000 Dollar, das von zwölf Teilhabern eingebracht wurde. Das waren neben Ford ein Kohlenhändler und sein Buchhalter, ein Bankier, zwei Brüder (Eigentümer einer Motorenfabrik), ein Zimmermann, zwei Rechtsanwälte, ein Büroangestellter, ein Juwelier und ein Verkäufer von Luftgewehren.

Das erste serienmäßig gefertigte Auto, das unter dem Slogan »Es ist so einfach, daß sogar ein 15jähriger damit fahren kann« angeboten wurde, kaufte ein Zahnarzt aus Chicago, Doktor Pfenning, für 850 Dollar. Der erste Verkauf war für die Teilhaber ein Grund zum Feiern, zumal das Kapital zu jener Zeit auf 223 Dollar geschrumpft war. In nur etwas mehr als fünfzehn Monaten wurden nun 1700 Stück des Modells A produziert, die der Firma fast 100 000 Dollar einbrachten. Nun verlegte Ford sein Hauptwerk auf ein größeres Grundstück an der Ecke Piquette und Beaulieu Avenue. In diesen Jahren mußte sich Ford mit dem Syndikat auseinandersetzen, das Seldens Patentrechte für die Kontrolle über motorbetriebene Fahrzeuge schützte. Nach langwierigen Gerichtsverhandlungen ging Ford jedoch als Sieger hervor.

In der Zwischenzeit wurde bei der Detroiter Automobilausstellung von 1904 der Malcolmson-Ford mit 3,5 l Hubraum und 4 Zylindern vorgestellt. Im Gegensatz zum ersten Modell, dem Quadricycle, hatte dieses Auto bereits Bremssysteme. Im Sommer 1906 verließ Malcolmson die Firma und verkaufte seine Anteile für 175 000 Dollar an Ford, der damit Präsident der Gesellschaft wurde. Er leitete die Produktion des kleinen Modells »N« ein, einem leichten 4-Zylinder-Auto, das für 600 Dollar angeboten wurde. In zwei Jahren verkaufte Ford fast 9000 Stück des »N« sowie einige andere Modelle, die direkt daraus entstanden waren. Sein größtes Werk war jedoch die Präsentation des Modells »T«, das die Geschichte des amerikanischen Automobils verändern sollte, bei der »Olympia Motor Show« in London am 1. Oktober 1908. Das Modell »T« symbolisierte eine neue Ära in der amerikanischen Automobilgeschichte. Es war ein Auto, das »in jeder beliebigen Farbe, unter der Voraussetzung, die Farbe ist Schwarz«, erhältlich war. Es wurde nämlich nur in dieser einen Farbe hergestellt, weil man möglichst geringe Produktionszeiten erreichen wollte und die Lacke von damals für die hohen Produktionsraten an Fords Fließbändern zu langsam trockneten. Fords Modell »T« wurde für Millionen Amerikaner ein Symbol – »das universelle Automobil« – und bekam sehr bald den Spitznamen »Lizzie«. Die extrem schlechten Straßenverhältnisse jener Zeit stellten für die vierrädrige Lizzie kein Problem dar, da ihre Mechanik jeglichen Schlammlöchern und Unebenheiten gewachsen war. Nach 1910 wurden die Ford-Autos in der Highland-Park-Fabrik in Michigan hergestellt, und die Produktionszeit lag bei nur 90 Minuten pro Fahrzeug. Die Fließbandfertigung führte auch dazu, daß Ford seinen Arbeitern ab dem 5. Januar 1914 eine Lohnerhöhung um 100 Prozent auf fünf Dollar pro Tag gewährte. Dadurch konnten sie sich ein eigenes Auto leisten und Kunden der Firma werden. So erweiterte er seinen potentiellen Kundenkreis, und die Verkaufszahlen stiegen.

In einem Zeitraum von 19 Jahren mit einer Produktion von über 15 Millionen T-Modellen veränderte sich nach und nach die Struktur der Firma Ford. Neben der Produktion von Lastwagen und Traktoren begann man 1917 mit dem Bau des riesigen Rouge-Werkes in Dearborn. Fords Beitrag zum Ersten Weltkrieg bestand auch im Bau von Schiffen zur U-Boot-Bekämpfung, den Eagles. Unmittelbar nach dem Krieg, im Jahr 1919, übernahm Henrys Sohn Edsel die Präsidentschaft der Firma. 1922 erwarb Ford die Firma Lincoln Motor Company, und drei Jahre später begann die Produktion der dreimotorigen »196« (liebevoll »Blechente«, engl. »Tin Goose«, genannt), die für die ersten Linienflüge gebaut wurde. Am 31. Mai 1927 wurde das Automobilwerk für sechs Monate stillgelegt. Nach der Wiedereröffnung wurde nun anstelle des Modells »T« das Modell »A« produziert, von dem im Jahr 1931 fünf Millionen Stück fertiggestellt wur-

Diese 1939 herausgebrachte Limousine »De Luxe Fordor« hatte ein neues Front-Styling. Es gab auch eine Cabrio-Version. Der Preis betrug 790 Dollar.

Herausgebracht 1940, galt das abgewandelte »Lincoln Continental«-Cabrio als eines der schönsten Autos seiner Zeit. Die Fertigung wurde durch den Ausbruch des Krieges eingeschränkt.

Die kurz nach dem Krieg hergestellten Autos besaßen nur leicht veränderte Formen im Vergleich zu den 1942er Modellen. Die Abbildung zeigt das Modell »Super De Luxe Fordor« aus dem Jahr 1946.

Das zwischen 1955 und 1957 produzierte zweisitzige Luxusmodell »Thunderbird« war mit einem V-8-5-l-Motor ausgestattet, der 193 PS leistete. Das Fahrzeug wurde entweder mit manuellem oder automatischem Getriebe geliefert. An allen Rädern waren Trommelbremsen angebracht. 16 000 Fahrzeuge wurden im ersten Produktionsjahr hergestellt. Das Standardmodell kostete 2 700 Dollar. Mit allen Sonderwünschen, wie elektrische Fensterbedienung, automatisches Getriebe, Kraftverstärker bei Bremsen und Lenkung, stieg der Preis auf 3 500 Dollar.

FORD USA

Im Jahr 1949 wurde bei allen von Ford hergestellten Fahrzeugen eine radikale Änderung vorgenommen. So erhielt die Karosserie eine sehr viel aerodynamischere Form als zuvor. Es wurde zwar weiter ein V-8-Motor verwendet, jedoch stieg die Hubraumkapazität auf 3916 ccm. Die Abbildung zeigt das Modell »Custom Convertible«.

1952 wurde beim »Mercury« die Frontansicht abgeändert. Das hier gezeigte Modell ist das »Custom Hardtop Sport«-Coupé. In jenem Jahr wurde auch das ganze Produktionsspektrum dieser Firma einer Korrektur unterzogen.

Der erste von Ford hergestellte Sportwagen war der »Thunderbird«, herausgebracht Ende 1954. Dieses Fahrzeug galt als Antwort auf General Motors' »Corvette«. Es handelte sich um einen kleinen Zweisitzer mit einem V-8-Motor (4785 ccm).

Das Produktionsspektrum von Ford bestand 1955 aus den Modellen »Mainline«, »Customline« und »Fairlane«, das bedeutete im Preisspiegel niedrige Klasse, Mittel- und Luxus-Klasse. Außerdem gab es noch den »Thunderbird«. Die Abbildung zeigt den »Fairlane Crown Victoria«.

Es wurde nur eine geringe Anzahl des 1956 herausgebrachten Luxusmodells »Lincoln Continental Mk III« hergestellt, da sich der Käuferkreis für das 9540 Dollar teure Auto in Grenzen hielt.

Vom Modell »Mercury Hardtop Colony Park« wurden 1959 5 929 Fahrzeuge hergestellt. Es war mit einem Preis von 3 932 Dollar eines der teuersten Modell in der Kombi-Klasse.

Eines der erfolgreichsten, von Ford hergestellten Fahrzeuge, das Modell »Fairlane 500«, wurde mit einem 6- und mit einem 8-Zylinder-Motor gefertigt. Als das Fahrzeug 1958 herausgebracht wurde, waren bei der neuen äußeren Form vor allem die vier Scheinwerfer auffällig. Das Modell aus dem Jahr 1962 (rechts) war seinem Vorgänger sehr ähnlich.

Der hypermoderne »Falcon« aus dem Jahr 1960 wurde vor allem als Konkurrenzmodell zu den europäischen Kompaktmodellen konstruiert. Das Fahrzeug besaß einen 6-Zylinder-Motor und hatte eine selbsttragende Karosserie. Der Marktpreis von nur 1 975 Dollar garantierte seinen Erfolg.

Der im Jahr 1962 herausgebrachte »Mercury Meteor« war ein gelungener Kompromiß zwischen den großräumigen Fahrzeugen und den Kompaktautos. Die zwei- oder viertürige Ausführung stand sowohl mit einem 6- wie auch 8-Zylinder-Motor zur Verfügung.

Als motorstarke Ausführung der gehobenen Preiskategorie wurde 1959 der »Galaxy« herausgebracht, der den »Fairlane 500« ablöste. Das Fahrzeug wurde mit einem 6- oder 8-Zylinder-Motor geliefert. Die Abbildung zeigt den »Galaxy 500 Club Victoria« aus dem Jahr 1962.

den. Am 1. April 1932 wurde der erste 8-Zylinder-V-Motor »geboren«. Ford war die einzige Firma der Welt, der es gelungen war, diesen überaus komplizierten Motor in einem einzigen Stück zu gießen. Der Einsatz der V-8-Motoren in den neuen Ford-Modellen brachte jedoch Probleme mit sich, da die querliegenden Blattfedern nun nicht mehr verwendet werden konnten oder zumindest einer technischen Verbesserung bedurften. Man mußte das Chassis also dem Motor anpassen. Das führte zur Entwicklung des Modells »40«, das einen größeren Radstand besaß als das Vorläufermodell, der »18«, und eine Reisegeschwindigkeit von 128,75 km/h erreichte. Bei einer Langstrecken-Rallye über 10 000 Meilen demonstrierte das Modell »40« seine Zuverlässigkeit und seinen geringen Benzinverbrauch. Im selben Monat fand auch das Elgin-Straßenrennen über 203 Meilen statt, das der »40«

(in einer leichteren Sportversion) mit einer Spitzengeschwindigkeit von 165,75 km/h auf der Geraden gewann. 1935 kam der »48« heraus. Mit ihm stieg die Produktion der V-8-Motoren in kurzer Zeit auf zwei Millionen Stück an. Ab 1939, sieben Jahre nach Einführung des ersten V-8-Motors, baute Ford auch Fahrzeuge der Mittelklasse, die Mercury-Serie. Mit diesen »normalen« Familienautos und der Luxus-Version Lincoln (von der Lincoln Motor Company, die Ford 1922 aufgekauft hatte) produzierte die Firma nun Autos, die den wichtigsten Ansprüchen der Kunden gerecht wurden. Die Entwicklung der Modelle mit V-8-Motoren dauerte noch weitere vier Jahre. Danach stellte man die Produktion auf die Bedürfnisse des Zweiten Weltkriegs um und belieferte die Truppen an der Front. Neben Landfahrzeugen für die Armee produzierte Ford auch 8600 B-24-Bomber und 57 000 Flugzeugmotoren.

1943, als der Krieg seinen Höhepunkt erreicht hatte, starb Edsel Ford, und Henry Ford mußte die Firma bis zum 4. September 1945 wieder selbst übernehmen. Nach dem Krieg übergab er sie an seinen Enkel, Henry II, der die Firmenleitung zu einem Zeitpunkt übernahm, als sich die Gesellschaft in einer unsicheren finanziellen Lage befand. Henry Ford I zog sich mit seiner Frau Clara auf seine Farm in Fair Lane in Dearborn zurück, wo er am 4. April 1947 starb.

Dank des langen, aber erfolgreichen Einsatzes, mit dem der junge Henry Ford der Firma wieder auf die Beine verhelfen wollte, konnte Ford zwei Monate vor der Kapitulation Japans sein erstes Nachkriegsfahrzeug herausbringen. Am 3. Juli 1945 übergab Henry Ford II persönlich das Modell Super de Luxe Tudor mit einem 100-PS-Motor an Präsident Harry S. Truman.

FORD USA

Herausgekommen Ende 1970, handelte es sich beim »Pinto« um das erste von Ford gebaute »Sub-Kompakt«-Fahrzeug. Der den europäischen Fahrzeugen nachempfundene Motor kam in zwei Ausführungen heraus: 1599 ccm mit 75 PS oder 1998 ccm mit 100 PS SAE. Ferner besaß das Auto ein synchronisiertes Viergang-Getriebe, selbsttragende Frontaufhängung sowie eine starre Hinterachse mit halb-elliptischen Blattfedern. Als Spitzengeschwindigkeit wurden 150 km/h bzw. 160 km/h erreicht.

Dank der Tüchtigkeit der Leute, die der neue Direktor beschäftigte, erlebte die Firma eine Zeit der Verjüngung. Im September 1945 erschien das Super de Luxe Sportsman Coupé auf dem Markt. Hölzerne Türverkleidung, elektrisch versenkbares Dach und Ledersitze waren im Listenpreis von knapp 2000 Dollar enthalten. Unterdessen waren die wirtschaftlichen Wiederaufbaumaßnahmen voll im Gange, und die industrielle Produktion stieg ständig an. 1948 erschienen die Modelle für das kommende Jahr mit halbelliptischen Heck-Blattfedern und einer neuen Gangschaltung mit Schnellgang. Diese technischen Errungenschaften wurden auch in den Modellen von 1950 kaum verändert, und die neue Art der Federung blieb bei allen drei Typen mit 95- und 100-PS-Motor gleich – nur die Polizeiwagen wurden mit 10 PS stärkeren Motoren ausgestattet.

Das Modell »Comet« aus dem Jahr 1962 war mit neuer Vorderfront und neuen Seitenteilen ausgestattet. Das Fahrzeug besaß einen 6-Zylinder-Motor (85 PS). Das Getriebe hatte eine optimale Automatik.

Das zwei- bzw. viertürige Modell »Monterey« aus dem Jahr 1962 gehörte zur Luxusklasse der von Mercury hergestellten Fahrzeuge. Fünf verschiedene Motor-Versionen standen zur Auswahl: ein 6-Zylinder-Reihenmotor, die anderen gehörten zur V-8-Klasse.

Der 1962 auf den Markt gebrachte »Thunderbird« hat ein neues Heck-Design. Es gab ihn sowohl als Hardtop wie auch als Cabrio. Die Spitzengeschwindigkeit lag bei 200 km/h.

Der als Kompaktmodell 1962 herausgekommene »Falcon Futura« hatte ein recht neuartiges Aussehen. Die selbsttragende Karosserie erfuhr leichte Veränderungen gegenüber der früheren Form.

Fords größter Nachkriegserfolg war das 1964 herausgebrachte neue »Mustang«-Sportmodell. Ende 1965 waren bereits über 500 000 Fahrzeuge dieses Typs verkauft worden.

FORD USA

Beim 1969 herausgebrachten »Fairlane 500« vereinigte sich eine attraktive Form mit einem verhältnismäßig niedrigen Preis von 2 325 Dollar.

Das viersitzige Coupé »Mercury Cougar« aus dem Jahr 1969 war mit einem V-8-Motor (4,7 l) mit Doppelvergaser ausgestattet, der 200 PS bei 4400 U/min leistete.

Die »Cobra«-Modelle aus den Jahren 1969 und 1970 wurden als Sportausführung oder als Sub-Kompakt-Modelle mit der Bezeichnung »Maverick« gefertigt. (Oben): Modell »Shelby Cobra«, ein von Shelby geänderter Mustang mit einem »Cobra 428 Jet Ram«-Motor. Unten: der 1970er »Maverick« mit selbsttragender Karosserie, 6- oder 8-Zylinder-Motor.

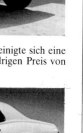

Das Modell »Torino« kam 1968 als eine Weiterentwicklung der Fairlane-Serie heraus. Es gab das Fahrzeug in verschiedenen Ausführungen: Limousine, Hardtop-Modell oder Kombi.

Das 1972 auf den Markt gebrachte zweitürige »LTD«-Coupé besaß einen V-8-Motor (5,8 l) mit Doppelvergaser, der 165 PS bei 4 200 U/min leistete. Die Spitzengeschwindigkeit lag zwischen 170 km/h und 180 km/h.

Fords Luxuswagen war das Modell »Lincoln Continental«, das entweder als Limousine oder als Hardtop-Coupé zur Verfügung stand. Das Fahrzeug besaß eine selbsttragende Karosserie, einen V-8-Motor (7,5 l) und Scheibenbremsen. Das Modell »Mk III« hatte eine Bodenplatte mit Kreuzgliedern. Ganz unten: die 1975er Ausführung.

Das luxuriöse »Thunderbird«-Modell wurde aus einem Sportwagen entwickelt und besaß einen V-8-Motor (7,5 l), der 223 PS bei 4000 U/min leistete.

Der »Ford Pinto« des Jahres 1974 hatte einen stärkeren 2- oder 2,3-l-Motor, eine selbsttragende Karosserie und automatische Gangschaltung.

Als Ersatz für den »Maverick« kam 1978 das Sub-Kompakt-Modell »Fairmont« heraus. Ab 1980 wurde das Fahrzeug mit einem 2,3-l-Motor mit Turbo ausgestattet.

Die Premiere vom Kompakt-Modell »Granada« erfolgte im Juli 1974. Es gab zwei- und viertürige Versionen. Der 6zylindrige Reihenmotor hatte entweder 3,2 l oder 4 l Hubraum.

Die Karosserie vom Modell »LTD« erhielt im Jahr 1979 eine insgesamt kleinere Form. Das Fahrzeug hatte einen V-8-Motor (4,9 l oder 5,8 l).

Der »Mercury Bobcat« (im Aussehen dem Ford »Pinto« ähnlich) wurde 1975 herausgebracht. An der Karosserie wurden im Laufe der Jahre verschiedene Änderungen vorgenommen.

◀ Die neue zweitürige »Thunderbird«-Serie, genannt »Heritage«, kam 1979 auf den Markt mit einem 4,2 oder 4,9 l starken Motor.

FORD USA

Der »Mustang II« erschien 1974 auf dem Markt. Das zweitürige Viersitzer-Coupé hatte eine sportlich-elegante Linie. Das Fahrzeug war kompakter gebaut als irgendein früherer Wagen. Die Karosserieform erfuhr jedoch 1978 eine Neugestaltung, was darauf hinauslief, daß die Dimensionen insgesamt wieder vergrößert wurden. Es standen verschiedene Motorausführungen zur Verfügung: vom 2,3 bis 4,9 l mit Vierfach-Vergaser. Die oben abgebildete Version kam 1982 heraus.

Eine bedeutende Leistung war 1950 die Produktionsrate von über 9000 Fahrzeugen pro Tag, dem höchsten Stand seit dem Börsenkrach in der Wall Street von 1929. Der Krieg in Korea brachte Einschränkungen bei der Zuteilung von Rohstoffen. Außerdem wurde ein Gesetz erlassen, das amtliche Listenpreise festsetzte. Beide Umstände trugen sicher mit dazu bei, daß die jährliche Produktion zwischen 1951 und 1952 von 1,5 Millionen Fahrzeugen auf unter 1 Million fiel.

1954 erschien der berühmte »Thunderbird«, ein zweisitziges Cabrio mit dem neuen 4800-ccm-Motor, der ganz dem amerikanischen Ideal eines Sportwagens entsprach. Da er auf dem Markt sehr erfolgreich war, inspirierte dieses Modell Ford zu einem neuen Typ Auto, das immer länger wurde, bis die Dimensionen sogar für amerikanische Verhältnisse maßlos waren. Dadurch konnten die kleineren europäischen Autos um so leichter auf dem amerikanischen Markt eindringen. In den frühen 60er Jahren gab es auch amerikanische Kompaktwagen, darunter die Ford-Modelle Ford Falcon, bei weiten eines der beliebtesten, Tudor und Fordor. Inzwischen gab es auf dem Sportwagensektor bedeutende Entwicklungen. Der Mustang, ein Auto mit 6 oder 8 Zylindern und Geschwindigkeiten von fast 200 km/h, kam 1964 heraus und erwies sich bei über einer Million verkaufter Exemplare in nur zwei Jahren als noch erfolgreicher als der Thunderbird.

Währenddessen wagte sich Ford auch auf andere

Einer der amerikanischen Luxuswagen war der »Mercury Marquis«, mit einem V-8-(4,9 oder 5,8 l)-Motor. Als Sonderausstattung gab es ab 1980 ein automatisches Getriebe mit Schnellgang. Ab 1983 wurde der Standard-Motor mit 4,9 l und Benzineinspritzung ausgerüstet. Oben: das 1979er »Brougham«-Coupé; unten: die viertürige Limousine von 1981.

Der 1979er »Lincoln Continental« wurde ebenfalls verändert. Die Karosserie erhielt eine gedrungenere Form. Das Fahrzeug bekam eine Benzineinspritzung und das automatische Getriebe einen Schnellgang.

Das Modell »Ford LTD Crown Victoria«, eine viersitzige Limousine (1981) mit einem V-8-Motor und 140 PS (4,9 l).

FORD USA

Der neue »Escort« wurde 1980 mit einem 1,6-l-4-Zylinder-Motor herausgebracht. Von 1984 an steht auch ein 1,6-l-Motor mit Turbo und ein 2-l-Diesel zur Verfügung.

Die Modellreihe »Mercury Lynx« erhielt 1983 einen neuen 1,6-l-Motor. Das »RS«-Modell (oben) leistete 80 bis 84 PS. Unten: das »LN 7«-Coupé.

1983 kam der »Mustang« als zweitüriges Viersitzer-Cabrio heraus. Der V-8-Motor (5 l) brachte es auf 210 km/h.

Das Kompaktmodell »LTD« zählt zur Luxusklasse. Links: die viersitzige Limousine aus dem Jahr 1983. Oben: das Modell »Crown Victoria«, ebenfalls von 1983.

Dieses Coupé »EXP« wurde 1981 auf »Escort«-Basis herausgebracht. (Motor: 1,6 l, 4 Zylinder). Eine Ausführung mit Turbo und Benzineinspritzung kam 1983 dazu. Das Fahrzeug ist mit einem Fünfgang-Getriebe ausgestattet.

Als unmittelbares Konkurrenzfahrzeug für die europäischen Sportwagen erhielt der »Thunderbird« 1983 eine neue, aerodynamische Form. Der Motor hat ein 2,3 l starkes Turbotriebwerk.

Das »Mercury Capri«-Coupé wurde 1978 als Konkurrent für den »Ford Mustang« herausgebracht. Zwischen 1983 und 1984 wurde die Serie völlig neu gestaltet. Das Produktionsspektrum wurde 1984 um die 2,3-, 3,7- und 4,9-l-Motoren erweitert. Außerdem kam eine 2,3-l-Turboausführung mit Benzineinspritzung hinzu.

Das 1984 herausgebrachte Modell »Mercury Topaz«, abgebildet in der viertürigen »LS«-Ausführung, ist ein kleineres Auto, das jedoch in bezug auf Komfort durchaus mithalten konnte, auf dem amerikanischen Automobilmarkt ein sehr wichtiger Faktor. Als Motor steht entweder ein 2,3-l-4-Zylinder oder ein 2-l-Diesel zur Verfügung.

Gebiete. Er bildete mehrere Tochtergesellschaften, darunter die Ford Motor Credit, eine Finanzierungsgesellschaft, die beim Kauf der Autos behilflich war, American Ford Insurance, die Ford Parts Division, die mit Ersatzteilen handelte, und die Philco-Ford Corp., die in den Bereichen Elektronik, Computer, Weltraumtechnologie und Haushaltsgeräte tätig ist. Eine große Veränderung gab es bei Ford im Jahr 1956, als die Firma zu einer Aktiengesellschaft mit über 400 000 Teilhabern wurde. Die folgenden Zahlen sollen nur eine kleine Vorstellung von Fords Entwicklung in den letzten Jahren geben. 1972 verließen von insgesamt 8 802 175 in den USA gefertigten Fahrzeugen 2 399 584 Autos die Fließbänder der Ford Motor Company (einschließlich Mercury und Lincoln). 1978 waren es bei einer Gesamtproduktion von 9 220 240 Autos 2 511 888 Ford-Modelle. 1982 betrug Fords Anteil 1 104 075 von insgesamt 4 942 600 Autos.

Ford in Europa

Die »Ford Motor Company Aktiengesellschaft«, wie Ford in Deutschland ursprünglich genannt wurde, ist vielleicht die einzige Firma, die nicht als Teil der Expansionspolitik der Mutterfirma erworben wurde. Dies war bei General Motors mit dem Kauf von Opel der Fall. Sie wurde auf ausdrücklichen Wunsch von Henry Ford im Jahr 1925 in Berlin gegründet. Er wollte ein europäisches Werk (oder Werke, da er auch British Ford ins Leben rief) errichten, wo er sein Modell »T«, die »Lizzie«, problemlos zu konkurrenzfähigen Preisen herstellen und verkaufen konnte.
1926 entstanden in Berlin 50 T-Modelle pro Tag, die Produktion des Modells »A« lief 1928 an. Am 2. Oktober 1930 begann die deutsche Firma Ford mit dem Bau eines neuen Werkes in Köln, in dem sich heute noch die Hauptverwaltung der Firma befindet. Als im neuen Werk die Arbeit aufgenommen wurde, verließ in Berlin das 25 000ste Modell »A« das Fließband. Am 4. Mai wurde die Firma Ford mit 458 Angestellten offiziell in das neue Gelände verlegt. Bei Ausbruch des Zweiten Weltkrieges stellte die Ford Werke AG (der neue Name der Firma), die 1939 rund 35 000 Fahrzeuge hergestellt hatte, ihre Produktion auf Kriegsgüter um. 1939 kam der erste Taunus heraus, das nächste Modell folgte erst 1948. 1952 erschien der »12 M«, gefolgt vom »15 M« und »17 M«. Im Mai 1961 erreichten die Produktionszahlen in Köln die Millionengrenze. Im vorangegangen Jahr war im neuen Werk der erste Motor serienmäßig gefertigt worden. Eine weitere wichtige Neuentwicklung war der »Transit« von 1965, ein Lieferwagen, der durch sein perfektes Konzept den europäischen Markt erobern konnte. Das nächste wichtige Datum war der 27. August 1968, als die erste Serie des »Escort« vorgestellt wurde. Ihm folgten im Jahr 1969 der »Capri« und im Jahr 1972 der »Consul/Granada«. Mit Einführung des »Sierra« stellte man die Produktion des »Taunus« ein. Der neue »Escort« und der »Orion« werden aber weiterhin auf den Fließbändern von Ford in Deutschland produziert. Dazu kommt jetzt ein weiteres Werk in Saarlouis.
Der Ursprung von British Ford geht bis 1890 zurück, nur zwanzig Jahre nach der europäischen Krise von 1870. Die Begeisterung von Percival Perry trug entscheidend zur Gründung der Firma British Ford bei. Die ersten zwei A-Modelle wurden aber erst im Jahr 1903 aus den USA importiert. Die British Ford Motor Co. nahm am 8. März 1911 ihre Tätigkeit auf

FORD EUROPA

1961 brachte die Firma British Ford eine echte Limousine heraus, der charakteristischen Form des kleineren Typs »Anglia« nachempfunden. Den »Consul Classic 315« gab es als zwei- oder viertürige Ausführung oder als Coupé, das »Consul Capri« hieß. Der 4-Zylinder-Motor (1498 ccm) leistete 59,5 PS SAE bei 4600 U/min und erreichte eine Höchstgeschwindigkeit von 135 km/h. Vorn waren Scheibenbremsen montiert. Das Lenkungssystem basierte auf Kugellagern. Hinten gab es eine starre Achse mit halbelliptischen Blattfedern.

Zwei Modelle »A« führte ursprünglich 1903 ein Engländer nach Großbritannien ein, der die Erlaubnis erhalten hatte, diese Fahrzeuge in Europa zu verkaufen. Die Abbildung zeigt die Limousine von 1928.

Erstmals 1905 in London vorgestellt, besaß das Modell »B« einen 24-PS-Motor, der auch für die »A«-Modelle als Alternative angeboten wurde. Dieser Motor wurde nach 1932 auch bei den deutschen Wagen eingebaut.

Das Modell »Y« wurde 1932 in der »Royal Albert Hall« ausgestellt. Es war der erste echte britische Ford. 1933 wurden 32 958 Fahrzeuge hergestellt. Das Foto zeigt den Typ »18«.

Von dem Modell »V 8«, das 1932 auf den Markt kam, gab es eine Reihe verschiedener Ausführungen. Das Foto zeigt den »Special«, der zwischen 1937 und 1941 hergestellt wurde.

◀ Ford Deutschland brachte 1932 das Modell »Köln« heraus, das dem englischen Typ »Y«, bekannt als »Popular«, sehr ähnlich war. Der 4-Zylinder-Motor (933 ccm) wurde in Großbritannien hergestellt.

Der »Eifel« erschien 1935 auf dem Markt. Er hatte einen stärkeren 4-Zylinder-Motor mit einem Hubraum von 1157 ccm.

FORD EUROPA

1939 brachten die deutschen Ford-Werke den ersten »Taunus« (links) heraus. Die nach dem Krieg gebauten Modelle (rechts) waren die Erfolgsgaranten dieser sehr beliebten Serie. Der »12 M«, Einführungsjahr 1952, blieb bis in die 70er Jahre in der Produktion. Während dieser Zeit gab es aber ständig Änderungen und Verbesserungen. Nach dem »15 M« des Jahres 1955 kam 1957 der »17 M«. Der 4-Zylinder-Reihenmotor (60 PS) hatte einen Hubraum von 1698 ccm. Der 1960 herausgebrachte »17 M« wurde völlig überarbeitet. Er wurde größer und beweglicher und erwies sich als sehr erfolgreich. Der »12 M« des Jahres 1962 hatte Vorderradantrieb.

1952 – Taunus 12 M

1955 – Taunus 15 M De Luxe

1957 – Taunus 17 M De Luxe

1962 – Taunus 12 M

1960 – Taunus 17 M P3

1968 – Taunus 15 M RS P6

1966 – Taunus 12 M

1967 – Taunus 17 M P7

1968 – Taunus 15 M P6

und begann mit der Montage des Modells »T«. Fließbandproduktion, eine Erfindung von Henry Ford, gab es erst 1918, als in Manchester über 12 000 Fahrzeuge gebaut wurden. Die endgültige Entscheidung, eine Fabrik in Dagenham zu errichten, war für viele eine Überraschung, aber obwohl das Grundstück dafür bereits 1925 gekauft worden war, dauerte es noch bis 1931, ehe der Bau schließlich begonnen wurde. Ford errichtete auch eine neue Wohnsiedlung für die Angestellten und ihre Familien. Das bedeutendste Modell der britischen Firma war der »Y« mit 8 PS. Danach folgten der »BF« mit 14,9 PS, der »24 B« und 1938 der »Prefect« mit 10 PS. Ein Jahr später begann die Produktion des »Anglia«. Die Modelle mit V-8-Motoren wurden vielen Änderungen unterzogen und erreichten ihren Höhepunkt im »Pilot« von 1948. Während des Krieges konzentrierten sich die Bemühungen von British Ford auf die Herstellung von Traktoren, Geländewagen und Kanonen-Lafetten. 1947 betrug die Produktion des Dagenham-Werkes insgesamt 115 000 Fahrzeuge und erhöhte sich bis 1953 auf 300 000. In den 50er Jahren nahm die Beliebtheit des »Anglia« mit 997 ccm Hubraum zu. Ihm folgten die Modelle »Zephyr«, »Zodiac«, »Cortina«, »Consul«, »Granada«, »Capri« und »Escort«. In der Zwischenzeit stieg die Anzahl der Ford-Werke. Zu ihnen gehörten nun auch die Fabriken in Halewood (für Lieferwagen), Basildon, Langley und Southampton. In Übereinstimmung mit ihrer Dezentralisierungspolitik eröffnete die Firma British Ford 1965 auch ein Werk in Swansea zur Herstellung von Achsen und Karosserien. 1974 wurden mehr als eine halbe Million Fahrzeuge (davon 384 000 Autos) produziert, was im Export über 400 Millionen englische Pfund einbrachte.

FORD EUROPA

Der 1976 herausgebrachte »Fiesta« wurde 1983 umgestaltet. Zu den ursprünglich zwei Motorausführungen (957 ccm, 45 PS und 1117 ccm, 53 PS), kam 1977 eine neue Version mit 1297 ccm und 66 PS und 1984 eine Version mit 1608 ccm und 54 PS hinzu. Die Diesel-Ausführung erreichte eine Spitzengeschwindigkeit von 148 km/h.

Der »Zodiac« kam 1953 heraus. In den folgenden Jahren wurden bei dem Wagen eine Menge Veränderungen vorgenommen. Die Ausführung von 1962 war dem »Zephyr Four«, hergestellt im selben Jahr, recht ähnlich (oben).

Von der englischen Ford-Gesellschaft wurde 1959 ein neues Modell mit kleiner Motorleistung herausgebracht. Der »Anglia« besaß einen 4-Zylinder-Vorkriegsmotor mit einem Hubraum von 997 ccm. Das Fahrzeug wurde als Limousine und als Kombi verkauft.

Der »Cortina«, eine englische Version des deutschen »Taunus«, kam 1962 heraus. In vier Jahren wurden von diesem Fahrzeug über eine Million Stück verkauft. Es war das erste Auto, das mit Motoren mittlerer Stärke (1,3, 1,5 und 1,6 l) ausgestattet war. Die Karosserie wurde 1970/1974 geändert und hatte schließlich 1979 die gleiche Konstruktion wie der »Taunus«.

1968 stellte die britische Ford-Gesellschaft 543 611 Fahrzeuge her. Als Ersatz für den »Anglia« erschien nun der »Escort«, der sehr erfolgreich war. Die GT-Ausführung besaß einen 4-Zylinder-Motor (1098 ccm), der 75 PS bei 6000 U/min leistete. Der Hubraum wurde später auf 1298 ccm erhöht. Dieses Modell hatte vorn Servo-Scheibenbremsen.

Zwischen 1964 und 1967 war der »Taunus 20 M« auf dem Markt. Die zweitürige Limousine war mit einem 60°-Motor (1998 ccm, 85 PS) ausgestattet. Höchstgeschwindigkeit 160 km/h.

FORD EUROPA

Der »Capri« kam 1969 mit einem 57-PS-Motor (1300 ccm) heraus. Die englische und deutsche Version waren identisch.

In den sechs Jahren nach Einführung des »Consul« (1950) wurden insgesamt 350 000 Fahrzeuge dieses Typs hergestellt. Für das zwischen 1972 und 1974 herausgebrachte Modell »L« (Foto) standen drei verschiedene Motor-Ausführungen zur Verfügung: 2, 2,5 oder 3 l.

Die »Escorts« von 1977 hatten 4-Zylinder-Motoren mit einem Hubraum von 1,1 bis 1,6 l und eine neugestaltete Karosserie. Das Foto zeigt den 1300er »Escort Sport«.

Der neue »Orion« mit seinem 1,3- oder 1,6-l-Motor findet großes Interesse bei den Käufern.

Der kleine Ford »Fiesta« hat sich seit 1976 im Charakter nicht verändern müssen, erst 1989 erschien die gründlich überarbeitete Ausführung mit Verfeinerungen und dem Gesicht der jüngsten Ford-Modellgenerationen, Bilder rechts.

Die Modelle »Granada GXL« und »XL«-Coupé (rechts) kamen 1972 heraus. Beide hatten den gleichen V-6-Motor mit 2,6 oder 3 l, ein Viergang-Getriebe mit Rückwärtsgang, Scheibenbremsen vorn und erreichten eine Spitzengeschwindigkeit von 175 bis 182 km/h. Die Produktion der Coupé-Karosserie wurde 1974 eingestellt.

Der »Taunus« wurde ständig verändert. Das 1976 herausgebrachte Modell »GL« (links) war mit der gleichen Technik wie das Vorgängermodell ausgestattet, jedoch wurde die Karosserie völlig umgestaltet, was sich auch als Erfolg erwies. Eine weitere beliebte »Taunus«-Ausführung kam 1981 heraus (rechts: die »L«-Version), mit drei Motortypen von 1,3 bis 2,3 l zur Auswahl. Vorn wurde ein neuer Kühlergrill montiert. Ferner gab es rundherum »Stoßstangen«, und neu waren auch die seitlichen Gummistreifen.

Zu den Mittelklasse-Kompaktautos kam 1979 dieser »Granada Ghia« hinzu, entweder mit 2,3 oder 2,8 Liter-V 6.

Dieser 1982 herausgebrachte »Granada« hatte einen 2,8-l-Motor mit Benzineinspritzung, ein Fünfgang-Getriebe und erreichte eine Spitzengeschwindigkeit von 190 km/h. Es gab auch eine 2,5-l-Diesel-Ausführung.

Eine neue Version des »Capri« wurde 1981 auf der Genfer Automobilausstellung vorgestellt.

Sehr positiv wurde von den Käufern der 1982 herausgebrachte »Escort« mit seinen vielen Versionen aufgenommen.

Mit Schrägheck: Ford »Escort«.

Mit Stufenheck: Ford »Orion«.

Stufenheck wahlweise: Ford »Sierra«.

Stufenheck wahlweise: Ford »Scorpio«.

GENERAL MOTORS
BUICK – CADILLAC – CHEVROLET – OLDSMOBILE – PONTIAC

Wie bei allen neuen Unternehmungen, begann auch die Zeit des Automobils mit Zweifeln und Verwirrung und brachte für Tausende von Industriegiganten den finanziellen Ruin mit sich.

Tatsächlich ist die Geschichte des Automobils, global betrachtet, die Geschichte eines mühsamen Kampfes ums Überleben. Für General Motors begann sie mit dem Werk von R. E. Olds, der 1897 das erste »Oldsmobile« mit 5 PS und einer Höchstgeschwindigkeit von 24 km/h baute.

Mit der Übernahme der Cadillac Automobile Company, die sich auf die Herstellung einer geringen Anzahl qualitativ hochwertiger Luxuswagen spezialisierte, gründeten die Gesellschaften Buick Motor Company, Oakland Motor Company und die Pontiac-Automobilabteilung unter dem großen William C. Durant, besser bekannt als der »sagenhafte Bill«, am 16. September 1908 die General Motors Corporation und stellten sich dadurch einer großen Aufgabe.

Zu einem späteren Zeitpunkt schlossen sich noch die Firmen Chevrolet und Dayton Engineering Laboratories Company (Delco) an GM an.

General Motors war der erste Automobilhersteller der Welt, der sich in den späten 20er Jahren von der Ein-Modell-Produktion abwandte und ein breiteres Fahrzeugprogramm einführte. Man prägte den Slogan »Für jeden Wunsch und jeden Geldbeutel das passende Auto«.

Aufgrund von Umstellungen hatte GM auch nach dem großen Zusammenbruch gleich wieder eine starke Position, und sein Anteil am gesamten amerikanischen Automobilmarkt lag bei rund 50%. Die Firma beteiligt sich mit eigenen ständigen Vertretern und hohen Summen an weitreichenden, gemeinnützigen Unternehmungen und unterstützte auch medizinische Forschungsinstitute. Darüber hinaus organisiert sie für ihre Angestellten Schulungen und Vorträge, die Universitätsstandard entsprechen.

Im Bereich der Weltraumforschung ist General Motors mit dem Lenk- und Navigationssystem für Apollo 8, das von der AC-Elektronikabteilung entwickelt und gebaut wurde, in hohem Maße beteiligt.

Jedes zweite in Amerika verkaufte Auto stammt heute aus den Werken dieser Gesellschaft.

An jenem 16. September 1908 hätte nicht einmal der »sagenhafte Bill« geahnt, daß die von ihm gegründete Firma einmal zu dieser Größe anwachsen würde.

GENERAL MOTORS

Der »Cadillac Fleetwood« von 1965 besaß einen V-8-Motor mit einem Hubraum von 7033 ccm, der 345 PS SAE bei 4600 U/min leistete. Mit seinem automatischen Dreigang-»Turbo-Hydramatic«-Getriebe erreichte das Auto eine Höchstgeschwindigkeit von 200 km/h. Dieser klassische Luxuswagen war 5,70 m lang und wog 2165 kg. Es wurde auch ein sockelloses Hardtop-Modell, genannt »Calais«, hergestellt.

GENERAL MOTORS

Die Firma Olds Motor Vehicle Company brachte ihr erstes Auto 1897 mit einem 1-Zylinder-Motor mit 5 PS heraus. Heute kann man das Fahrzeug im Smithsonian-Institut in Washington bewundern.

Der erste »Buick«, genannt »Flint«, wurde im Juli 1904 mit einem 22-PS-2-Zylinder-Motor herausgebracht.

Das 1903 gebaute »Cadillac«-Modell »A« besaß eine abnehmbare Karosserie (Fahrgastraum), die es erlaubte, den Zweisitzer in einen Viersitzer zu verwandeln. Das Auto hatte einen horizontalen 1-Zylinder-Motor.

Der »Curved Dash« trug als erstes Auto den Namen Oldsmobile. Das Fahrzeug mit seinem 1-Zylinder-Motor und 7 PS wurde zwischen 1901 und 1907 hergestellt.

Der »Buick D« wurde 1907 herausgebracht und hatte einen 4-Zylinder-Motor mit 30 PS. Das fünfsitzige Touring-Modell kostete ursprünglich 2 500 Dollar.

Die Firma Oakland konstruierte 1907 ihr erstes Auto mit einem 2-Zylinder-Motor (20 PS). Zwei Jahre später wurde sie von General Motors übernommen.

Dieses wirtschaftliche 4-Zylinder-Auto wurde von Oldsmobile als Modell »M« im Jahr 1908 herausgebracht. Es gab auch die Modelle »Palace Touring« und »Flying Roadster«.

Der »Cadillac Thirty« kam Ende 1908 auf den Markt und blieb für die nächsten acht Jahre in der Produktion. Bei der Version des Jahres 1912 (oben) wurde ein 4-Zylinder-Motor (32,4 PS) verwendet.

Der »Oldsmobile Limited« wurde 1910 mit einem neuen 6-Zylinder-Motor (60 PS) herausgebracht, der eine Höchstgeschwindigkeit von 100 km/h erreichte.

Die Geschichte des amerikanischen Automobilgiganten begann 1892, als R. E. Olds all seine Ersparnisse zusammenkratzte, um die Schiffs- und Industriemotorenfabrik seines Vaters in die neue »Olds Motor Vehicle Company« umzuwandeln und dort die neuen »pferdelosen Kutschen«, die man Automobile nannte, zu bauen. In den ersten fünf Jahren kam die Entwicklung des »Oldsmobile« (wie seine Autos genannt wurden) jedoch nicht über das Versuchsstadium hinaus. Im Jahr 1895 ging das erste Modell, ein Viersitzer mit Benzinmotor, einer Leistung von 5 PS und einer Geschwindigkeit von 30 km/h, auf Probefahrt. Olds erwies sich nicht nur als ausgezeichneter Erfinder, sondern auch als guter Geschäftsmann, und hatte großen Erfolg mit seinem ersten Modell, von dem nur ein paar Exemplare gebaut wurden. Dadurch konnte er in Detroit, der damaligen und heutigen Metropole der Automobilindustrie in Amerika, die erste amerikanische Fabrik gründen, die sich ausschließlich auf den Bau von Automobilen spezialisierte. Das erste Auto war ein Luxusmodell zu einem Preis von 1250 Dollar. Das zweite Modell war jedoch schon zu einem Listenpreis von 650 Dollar erhältlich und auf dem Markt sehr erfolgreich. Olds hatte zwei Jahre später, zur Jahrhundertwende, bereits 1400 dieser preisgünstigen Fahrzeuge verkauft. 1902, mit einer einzigartigen Produktion von 2500 Exemplaren, hatte sich »Oldsmobile« als wahrer Pionier in der Geschichte des serienmäßig hergestellten Automobils bestätigt.

Im selben Jahr gründete der Ingenieur David Buick, der sich vorher ebenfalls mit dem Bau von Schiffsmotoren beschäftigt hatte, unter seinem Namen eine Fabrik in Detroit. Während dieser Entwicklungszeit in der Automobilindustrie entstand in Detroit noch eine dritte Firma – die Cadillac Automobile Company, die von Henry Leland gegründet wurde. Er baute bereits Automobilmotoren, nachdem er in der Oldsmobile-Fabrik bis 1901, als die Firma durch einen Brand teilweise zerstört wurde, gearbeitet und Erfahrungen gesammelt hatte. Gegen Ende des Jahres 1902 erschien der erste Cadillac – ein Auto, das sich von Anfang an durch seine luxuriöse Ausstattung auszeichnete. Zu jener Zeit galt es schon als Luxus, wenn im Verkaufspreis Hupe und Ölanzeigelampe enthalten waren. Im darauffolgenden Jahr wurde die Stangensteuerung durch das Lenkrad ersetzt. Man führte das Untersetzungsgetriebe ein und stattete einige Autos sogar mit Windschutzscheiben aus Zelluloid aus. Oldsmo-

Der erste fünfsitzige Chevrolet, genannt »Six«, verließ im Jahr 1912 das Detroiter Werk. In diesem Jahr wurden 2 999 Fahrzeuge der Reihe »Classic Six« hergestellt.

Bei dem 1916 entstandenen »Buick D-55« handelt es sich um einen großen Tourenwagen mit einem 6-Zylinder-Motor (25,3 PS). Er kostete 1 485 Dollar.

Mit der Cadillac-Serie »51«, herausgekommen im Jahr 1915, wurde der neue V-8-Motor vorgestellt, der konsequenterweise Veränderungen der Leistung mit sich brachte.

Die »FA-4«-Limousine von Chevrolet aus dem Jahr 1918. Die Tür rechts lag in der Mitte, um auch einen Zugang zu den Rücksitzen zu ermöglichen, während die Tür links direkt zum Fahrersitz führte.

Der 1923 entstandene »Oldsmobile 37 B« war eine viertürige Limousine mit einem 6-Zylinder-Motor und 40 PS.

Der erste Pontiac war das »6,27 Landau«-Coupé, das bei der New Yorker Automobilausstellung 1926 vorgestellt wurde. Von diesem Fahrzeug (6 Zylinder, 40 PS) wurden 76 742 Stück in zwölf Monaten verkauft.

Die 1926 herausgebrachte »Cadillac 314«-Serie hatte einen neuen Motor, einen 90°, V 8, der 86 PS bei 3000 U/min leistete.

Das Cadillac-Modell »La Salle«, herausgebracht 1927, war vom Beginn seines Erscheinens an ein Erfolg. In den ersten drei Jahren wurden bereits 54 000 Fahrzeuge verkauft.

Der »Buick Master Six 28–58« von 1928 war ein fünfsitziges Coupé mit einem 6-Zylinder-Motor und 75 PS. Das Auto kostete 1 850 Dollar.

bile erreichte eine Jahresproduktion von 4000 Autos.
1907 wurde auch die Oakland Motor Car Company gegründet. Auf Initiative von Edward Murphy, der seine Fabrik, die ursprünglich Kutschen herstellte, umgebaut hatte, wurde daraus später die »Pontiac Motor Division«.
Mit der Entwicklung der Magnetzündung und dem Schwungradanlasser sowie einer Hochdruckschmierung konnten die Autos im Jahr 1904 technisch weiter verbessert werden. Dem allgemeinen Bedarf entsprechend wurde auch ein 4-Zylinder-Modell angeboten. Das erste serienmäßige 4-Zylinder-Auto brachte Buick jedoch erst 1906 heraus.
Bis 1903 gab es in einer Zeit, in der der Markt sehr instabil war, so viele verschiedene Hersteller, daß die schwächsten unter ihnen aufgeben mußten und die stärksten gezwungen waren, sich zusammenzuschließen. Dadurch wurde am 16. September 1908 mit der Fusion von Oldsmobile und Buick die Firma General Motors gegründet, der sich 1909 auch Cadillac und Oakland anschlossen.
Dieser Zusammenschluß zeitigte sofort erste Erfolge: Für die Ausstattung seiner Autos mit auswechselbaren Teilen (einem bedeutenden Beitrag zur Ermöglichung der Serienproduktion) gewann Cadillac in London den Dewar-Preis. Der »Caddy«, wie er in Amerika in Anlehnung an den Golf-Caddy liebevoll genannt wurde, war auch das erste Auto mit Batterie und besaß damit eine unabhängige elektrische Energiequelle. Mit der standardmäßigen Einführung der Elektrozündung erhielt Cadillac 1912 zum zweiten Mal den Dewar-Preis. Durch diese technische Ausrüstung wurde das Automobil auch bei den amerikanischen Frauen beliebt, da es jetzt noch einfacher zu bedienen war. 1912 baute die Delco Company, die heute noch zur Gesellschaft gehört, den ersten Elektromotor.
Durch die Fusion von Reliance Motor und Rapid Motor Vehicle Company, deren Lieferwagen von 1902 als erste Lastwagen Amerikas betrachtet werden können, entstand die General Motors Truck Company. Nach zwei Jahren der Vorbereitung wurde unter dem Namen GMC-Truck das erste Industriefahrzeug verkauft. 1908 wurde von dem Karosseriebauer Fisher die »Fisher Closed Body (geschlossene Karosserie) Corporation« gegründet. Er hielt es für unvernünftig und unbequem, im Regen und auf staubigen Straßen mit offenen Autos fahren zu müssen, und er entwarf und produzierte deshalb vollkommen geschlossene Automobilka-

GENERAL MOTORS

Dieser »F–31« war ein Roadster mit 6-Zylinder-Motor, der 1931 in dem Oldsmobile-Werk Lansing entstand. Dank sehr hoher Tagesproduktion wurden in jenem Jahr insgesamt 47 279 Oldsmobiles hergestellt.

Der »Cadillac V 16« wurde 1930 vorgestellt. Das Fahrzeug hatte einen wassergekühlten Motor und Trommelbremsen.

Die von Chevrolet 1933 herausgebrachten »Eagle«-Modelle, auch »Master« genannt, waren völlig neu konstruiert. Sie kosteten nur noch 565 Dollar und waren sofort ein großer Erfolg.

Der 6-Zylinder-Motor, der bei dieser 1935 von Pontiac als »Standard Six« herausgebrachten Limousine eingebaut wurde, war eine unmittelbare Entwicklung aus der 8-Zylinder-Version (80 PS bei 3800 U/min). Das Auto hatte hydraulische Bremsen.

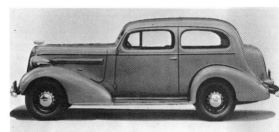
Das 1936 in der Buick-Serie 40 herausgebrachte »Special Victoria«-Coupé hatte einen 8-Zylinder-Motor mit 30 PS. Je nach Modelltyp kostete das Fahrzeug zwischen 885 und 905 Dollar.

Ein Combi, der 1940 in der Serie 60 herauskam. Die Firma Oldsmobile verwendete erstmals in diesem Jahr eine automatische »Hydramatic«-Schaltung.

1940 bot Chevrolet drei verschiedene Modellreihen an: »Master 85«, »Master De Luxe« (Foto: eine »Stadtlimousine«) und »Special De Luxe«. Insgesamt wurden in jenem Jahr 895 734 Fahrzeuge hergestellt.

1946 brachte Oldsmobile in der Serie 60 das Coupé »Special Convertible« heraus, dessen 6-Zylinder-Motor 100 PS bei 3400 U/min leistete. Das Grundmodell kostete 1 657 Dollar. Im Einführungsjahr wurden 194 755 Fahrzeuge verkauft.

Cadillac bot auch 1947 immer noch als Sonderausstattung die »Hydramatic«-Schaltung an. Es wurden in jenem Jahr 59 436 Fahrzeuge hergestellt. Das Foto zeigt ein Coupé aus der Serie »62«.

Obwohl nur sehr geringe Veränderungen gegenüber den alten Modellen vorgenommen wurden, stieg im Jahr 1948 der Umsatz. Von den 775 982 gebauten Fahrzeugen wurden immerhin 715 992 Stück verkauft. Das Foto zeigt das Coupé »Fleetmaster«.

Von diesem erfolgreichen Oldsmobile 88 Hardtop »Holiday De Luxe« wurden im Jahr 1950 über 11 000 Fahrzeuge produziert. Der neue V-8-»Raketen«-Motor bewährte sich in Rennen. Das abgebildete Modell »98« (rechts) ist eine viertürige Limousine, bei der der gleiche Motor eingebaut wurde.

rosserien, die sich als überaus erfolgreich erwiesen. Im Jahr 1910 bestellte Cadillac 150 Stück und ließ schon bald auch viele andere GM-Marken von demselben Karosseriebauer ausstatten. Schließlich erwarb General Motors 60% der Anteile an der Fisher Body Company.
1911 brachte Louis Chevrolet, ein Chauffeur Schweizer Abstammung, ein Auto heraus, das er selbst entwickelt und gebaut hatte. W. C. Durant, einer der Gründer von GM, fand Gefallen an seinem Projekt, und so entstand im selben Jahr, auch in Detroit, die Chevrolet Motor Company. Die von dieser Firma produzierten Autos waren technisch gesehen für die damalige Zeit sehr fortschrittlich, ein Umstand, der entscheidend zu ihrem kommerziellen Erfolg beitrug. In sehr kurzer Zeit waren die »Chevys« in ihrem Bereich marktführend. 1918, kurz vor dem Waffenstillstand im Ersten Weltkrieg, wurde auch die Chevrolet Company an die General Motors Company angegliedert. Während der Kriegsjahre konzentrierte sich die Produktion bei General Motors auf die Lieferung von Militärfahrzeugen.
In jener Zeit fertigten die GM-Werke Motoren für die Liberty-Flugzeuge. Cadillac baute die meisten der für die Front bestimmten Traktoren und Sanitätswagen, und die Industriefahrzeuge von GMC wurden das Standardmodell der Alliierten. Trotz eines leichten Rückgangs der Verkaufszahlen, besonders bei dem beliebten Chevrolet, der zu einem plötzlichen Sturz bei General-Motors-Aktien um 50 Punkte in zwei Tagen führte, erwarb die Gesellschaft mehrere bedeutende Herstellerfirmen für Einzelteile. 1919 kaufte GM die Kühlanlagenfabrik Frigidaire. Diese Firma profitierte erheblich von GMs technischer und finanzieller Unterstützung und konnte ihre Produktion auf die Herstellung eines breiten Angebots an großen Haushaltsgeräten ausdehnen. Im selben Jahr beschloß GM, sich der Bedürfnisse potentieller Käufer ihrer Produkte anzunehmen und gründete die General Motors Acceptance Corporation, eine Finanzierungsgesellschaft, die günstige Ratenzahlungen anbot.
In den folgenden Jahren wurden von GM mehrere Fabriken gebaut, um die für die Produktion erforderliche Ersatz- und Einzelteilversorgung gewährleisten zu können. Durch die Übernahme weiterer Firmen entwickelte sich die amerikanische Gruppe

GENERAL MOTORS

1934 wurden alle von Buick hergestellten Fahrzeuge völlig neu gestaltet. Sie waren jetzt mit unabhängiger Frontaufhängung und einem 8-Zylinder-Motor ausgestattet. Die Abbildung zeigt das Modell »29/31«, das 925 Dollar kostete.

langsam zu einem Industriegiganten, der sich in allen Marktbereichen behauptete. 1925 fusionierte die GM-Truck-Company mit der Yellow Cab Manufacturing Company, um gleichzeitig Taxis und Lastwagen herstellen zu können. Zum Zeitpunkt des Zusammenschlusses, im Jahr 1943, besaß General Motors bereits die Mehrheit der Anteile.

In jenen Jahren ging der technische Fortschritt mit den Neuentwicklungen auf finanziellem Gebiet, wie der Gründung von Versicherungsgesellschaften, Hand in Hand. 1928 präsentierte Cadillac das synchronisierte Getriebe, und 1933 lösten die Ingenieure von GM das Problem der Einzelvorderradaufhängung. Im nächsten Jahr brachte GM die erste Dieselwagen-Serie mit Zwei-Takt-Dieselmotoren heraus, und 1939 entwickelte Oldsmobile für die Modelle von 1940, dem Jahr, in dem GM die 25-Millionen-Grenze erreichte, das Automatikgetriebe. Im Kriegsjahr 1941 begann GM auch mit der Herstellung von Waffen und anderen Produkten für die Armee. Die Produktion umfaßte 119 Millionen Bomben und Granaten, 206 000 Flugzeugmotoren, 190 000 Kanonen, 1,9 Millionen Maschinengewehre, über 3 Millionen Gewehre, 13 000 Flugzeuge, 854 000 Lastwagen und Amphibienfahrzeuge sowie 38 000 Sturmpanzer und andere Fahrzeuge mit Gesamtkosten von 12,3 Milliarden Dollar. Dies bedeutete nicht nur in dieser speziellen Periode einen immensen Aufwand, sondern ist für jede Wirtschaft zu jeder Zeit problematisch. Der Aufschwung in den Nachkriegsjahren ging nur langsam voran. Da

1953 erhielt auch der »Roadmaster Riviera« ein neues Aussehen. Das Fahrzeug besaß einen V-8-Motor und eine automatische »Dynaflow«-Schaltung (1948 erstmals von Buick vorgestellt).

1955 war für General Motors ein gutes Jahr, denn die Produktionszahlen stiegen um 50%. Mit dem »Bel Air« hatte Chevrolet einen wesentlichen Anteil an diesem Erfolg.

Das Pontiac-Modell »Star Chief Custom Catalina« aus dem Jahr 1954 hatte erstmals die Klimaanlage unter der Motorhaube installiert, anstatt wie bisher üblich im Kofferraum.

Der 1953 von Chevrolet vorgestellte »Corvette« war der erste amerikanische Sportwagen und gleichzeitig das erste Auto, das eine Fiberglas-Karosserie besaß. Auf dem Foto das 1956er Modell.

193

GENERAL MOTORS

Einen »Traumwagen« brachte Cadillac 1957 heraus. Der »Eldorado Brougham« war mit einem rostfreien Stahldach, einem hydroelastischen Aufhängungssystem sowie Doppelscheinwerfern ausgestattet.

Der 1961 von Chevrolet herausgebrachte »Lakewood«-Kombi hatte eine größere Ladefläche als irgendein anderes Fahrzeug jener Zeit.

Das berühmte Pontiac-Modell »Catalina« wurde 1962 modernisiert und erhielt eine selbsttragende Karosserie. Außerdem wurden Frontansicht und Heck neu gestaltet. Das Fahrzeug bekam auch eine neue Frontaufhängung.

Das erste Kompaktfahrzeug von Oldsmobile war das Modell »F 85« (auf dem Foto als »Cutlass Sport-Coupé« von 1961), das eine selbsttragende Karosserie besaß und mit einem vornliegenden V-8-Motor (155 PS, 3523 ccm) ausgestattet war.

Das 1962 von Oldsmobile herausgebrachte »Starfire«-Coupé« besaß ein Fahrgestell mit seitlichen Profilträgern, Servo-Trommelbremsen und einen V-8-Motor mit 345 PS (6456 ccm).

In der Klasse der wirtschaftlichen Autos brachte Chevrolet 1958 die »Biscayne«-Serie heraus. Das Fahrzeug war mit einem 6-Zylinder-Motor (3851 ccm) ausgestattet. Das obige Foto zeigt ein Modell von 1962.

Die 1962 von Oldsmobile angebotene sportliche Limousine verband mit der aerodynamischen Linie auch den Komfort und die Bequemlichkeit einer viertürigen Karosserie. In der Standardausführung besaß das Auto einen 330-PS-»Skyrocket«-Motor und eine »Hydramatic«-Schaltung.

Das Chevrolet-Modell »Bel Air«, abgebildet in einer zweisitzigen Ausführung von 1962, war Teil einer großen Sechssitzer-Klasse. Der 6-Zylinder-Motor hatte eine Leistung von 3,8 l.

Buick führte 1960 bei seinen Modellen eine Reihe technischer Verbesserungen ein. Das 1962 herausgekommene »Invicta«-Hardtop-Modell besaß einen Fahrgestellrahmen mit x-förmigen Profilträgern sowie eine automatische Schaltung.

Bei der Modellreihe »62« wurden von Cadillac 1962 nur sehr wenige Veränderungen an Form und Technik vorgenommen. Es gab eine automatische Viergang-Schaltung plus Rückwärtsgang.

Das »Starfire«-Coupé, ein von Oldsmobile 1962 herausgebrachtes Modell, besaß einen Fahrgestellrahmen mit seitlichen Profilträgern, eine manuelle Dreigang-Schaltung mit Rückwärtsgang und einen 6,5-l-V-8-Motor.

Das von Pontiac 1965 herausgebrachte V-8-Modell »Grand Prix«-Coupé war der Vorläufer einer neuen Karosserieform ohne die hinteren Flossen.

Das Kompakt-Modell »Pontiac Tempest«, hier gezeigt in der 1965 hergestellten »Custom«-Coupé-Ausführung, besaß einen »super«-querliegenden 4-Zylinder-Motor (1961). Wahlweise standen ab 1965 auch Autos mit 6- und 8-Zylinder-Motoren zur Verfügung.

Durch die Einbuchtung, die über die ganze Seitenfläche verlief, hatte das Modell »Chevrolet Chevelle Malibu« ein markantes Kennzeichen. Für die viertürige Limousine stand entweder ein 6- oder 8-Zylinder-Motor zur Verfügung.

Das Modell von Chevrolet »Chevy II Nova« wurde 1965 in der Absicht entworfen, mehr Autos zu verkaufen. Wahlweise gab es verschiedene Motoren.

Das erste Chevrolet-Modell »Caprice«, das im April 1967 die Montagehallen verließ, war gleichzeitig auch das 100millionste Auto von General Motors.

Das Cadillac-Modell »Calais« des Jahres 1966 war mit einem neuen Turbo-Hydramatic-Getriebe ausgestattet und hatte durchgezogene Seitenprofile.

Die sportliche Linie des 1967 herausgebrachten »Pontiac Firebird« wurde beim »Chevrolet Camaro« fortgeführt. Das Auto konnte mit einem 6- oder 8-Zylinder-Motor ausgerüstet werden.

GENERAL MOTORS

Nach vielen Jahren der Forschung, die schon 1959 begann, brachte Oldsmobile 1966 das Modell »Toronado« heraus, das sich sofort als Verkaufserfolg erwies. Die neue Karosserieform hatte ein »Fastback«-Heck. Außerdem wurden vorn versenkbare Scheinwerfer und ein sehr schmaler Kühlergrill eingebaut. 1967 wurde eine besonders wirksame Klimaanlage entworfen, deren Lüftungsschlitze im Kofferraum eingebaut waren.

In der erfolgreichen Chevrolet-Reihe nahm der »Impala« einen wichtigen Platz ein. Es standen sechs Ausführungen zur Auswahl: Cabriolet, Sport-Coupé, Sport-Limousine, viertürige Limousine sowie zwei Kombi-Modelle.

Das 1967 herausgebrachte Buick-Modell »Le Sabre« besaß ein neues Fahrgestell mit durchgezogenen Seitenteilen. Als Sonderausstattung gab es ein automatisches Getriebe sowie vordere Scheibenbremsen.

1967 erhielt das Pontiac-Modell »Le Mans« eine neue Karosserieform. Das Auto war entweder mit einem 6- oder 8-Zylinder-Motor mit Hinterradantrieb und mechanischer Schaltung ausgestattet. Scheibenbremsen vorn gab es als Sonderausstattung.

Ende 1966 brachte Chevrolet den Sportwagen »Camaro« auf den Markt. Das Auto besaß eine selbsttragende Karosserie, ein höhenverstellbares Lenkrad, eine Knüppelschaltung und Einzel-Vordersitze.

Auch Pontiac hatte eine Sport-Version, das Modell »GTO«, das 1968 herausgebracht wurde. Die Motorausstattung war variabel. Es gab eine Servo-Lenkung und auf Wunsch auch eine automatische »Turbo-Hydramatic«-Schaltung.

Das Buick-Modell »Electra 225« war ein Auto aus der Luxusklasse von General Motors. Verschiedene Karosserietypen standen zur Auswahl. Das abgebildete Auto hatte einen V-8-Motor mit 7 l.

1967 brachte Cadillac ein neues Luxus-Modell heraus. Der »Fleetwood Eldorado« hatte Vorderradantrieb und einen V-8-Motor mit 7 l.

Der »Buick Skylark« hatte einen 8-Zylinder-Motor mit 3,8 l. Dieses Modell erschien erstmals 1953 auf dem Markt.

Einer der größten Verkaufserfolge war der von Chevrolet 1969 herausgebrachte Mittelklassewagen »Chevelle Malibu« (367 100 verkaufte Fahrzeuge).

GENERAL MOTORS

Seit seiner Einführung 1953 wurde das Aussehen der »Corvette« von Chevrolet über Jahre hinweg verändert und verbessert. Die Karosserie ist aus Fiberglas hergestellt. Das Auto hat unabhängige Hinterrad-Aufhängung und Scheibenbremsen an allen Rädern. Das Foto zeigt das »Sting Ray«-Coupé von 1969 mit dem neuen V-8-Motor mit 7 l.

Chevrolets Spitzenmodelle wurden 1969 verändert. Die Abbildung zeigt den »Impala«.

1970 bekam das Buick-Modell »Riviera« einen neuen V-8-Motor mit 7,5 l. 1971 wurde die Karosserie völlig umgebaut und erhielt nun ein »Fastback«-Heck.

Der Sportwagen »GS« von Buick erhielt 1971 eine neue Frontansicht. Das Fahrzeug besaß einen V-8-Motor mit 5,7 l.

Als Renommier-Fahrzeug brachte Chevrolet 1970 den »Monte Carlo« auf den Markt. In der äußeren Form unterschied er sich von allen anderen von Chevrolet gebauten Fahrzeugen. Es standen fünf verschiedene Motor-Ausführungen zur Auswahl.

Das Modell »Cadillac Sixty Special Brougham« von 1971 war eine viertürige Limousine und gehörte auch zur Luxusklasse.

Der »Vega«, ein neuer »kleiner« Chevrolet, kam 1971 heraus, mit einem 4-Zylinder-Motor (2,3 l). Der Motorblock war aus Aluminium gefertigt.

Die Oldsmobile-Motoren mit hoher Leistung wurden 1971 in ihrer Leistung reduziert. Foto: der »Cutlass Supreme«.

Das 1972 herausgebrachte Oldsmobile-Modell »Toronado« besaß Vorderrad-Antrieb, einen 7,4-l-Motor und eine starre Hinterachs-Aufhängung.

Mit dem Typ »SS« wurden die Fahrzeuge der »Camaro«-Reihe 1972 völlig modernisiert. Er erhielt eine neue Vorderfront, neue Scheinwerfer und einen neuen Kühlergrill.

Das Modell »Chevrolet Impala« war einer der Bestseller in den USA. Die Abbildung zeigt das »Custom«-Coupé von 1972.

Das Modell »Delta 88 Royale« zählte zur Luxusklasse der von Oldsmobile hergestellten Fahrzeuge. Es hatte einen 5,7-l-V-8-Motor.

Das 1973 von Pontiac herausgebrachte »Grand-Prix«-Coupé hatte einen 6,6-l-V-8-Motor und ein automatisches Getriebe. Eine 7,5-l-Ausführung stand ebenfalls zur Verfügung.

Präsident Nixon schenkte 1972 Leonid Breschnew einen Cadillac, Modell »Eldorado«, mit Vorderradantrieb.

GENERAL MOTORS

Das 1973 von Buick hergestellte Kompaktfahrzeug »Century Luxus« besaß eine ausgeprägte Stromlinienform. Der 8-Zylinder-Motor hatte einen Hubraum von 5665 ccm.

Der 1974 von Chevrolet gebaute Sportwagen »Monza« war eine Entwicklung aus dem Modell »Vega«. Es standen Motoren von 2,5 bis 3,8 l zur Auswahl.

Das Cadillac-Modell »Seville« war mit Vorderradantrieb und unabhängiger Aufhängung ausgestattet. Es stand auch eine Diesel-Ausführung zur Verfügung.

die Produktion auf die Bedürfnisse des Marktes ausgerichtet war, konnte sie trotz anfänglicher Schwierigkeiten wegen der mangelnden Rohstoffe dann doch stetige Fortschritte verzeichnen.

Das allgemeine Interesse an Autos mit Automatikgetriebe führte dazu, daß GM seine Forschungen auf dieses Gebiet konzentrierte. Bis 1950 waren alle in den Vereinigten Staaten gefertigten Modelle mit Automatikgetriebe erhältlich. Die »Hydramatic« wurde für die Oldsmobile-, Pontiac- und Cadillac-Modelle verwendet, »Dynaflow« für den Buick und »Powerglide« für den Chevrolet.

Ungefähr zur gleichen Zeit wurden auch Karosserien mit größeren Glasflächen und besserer aerodynamischer Form entwickelt. 1949 stellte man eine Limousine mit offener, zweitüriger Karosserie und einem Stahldach vor, das bei Bedarf aufgesetzt werden konnte.

Bei Ausbruch des Korea-Krieges wurde ein Teil der Produktion auf Materiallieferungen für die Armee umgestellt. Im Vergleich zum Zweiten Weltkrieg war dieser Anteil jedoch sehr gering. Er betrug anfangs 19% und fiel von 1956 an auf 5% der Gesamtproduktion. Auch heute ist General Motors noch einer der Hauptlieferanten von Fahrzeugen für die amerikanische Armee.

1951 baute GM ein revolutionäres Modell, den »XP Sabre« mit neuem Motor, neuer Aufhängung sowie vollständig überarbeitetem Lenkgehäuse. Dieser Prototyp war zwar für den Autorennsport entwickelt worden, führte dann aber zur Entstehung des Chevrolet Corvette Sport, der von 1953 an als Serienwagen mit sehr großem Erfolg produziert wurde. Aus Anlaß der Herstellung des 50millionsten Autos, einem Chevrolet-Cabrio mit Hardtop (ein 1955er Modell), fanden im Jahr 1955 große Feiern statt. Das Auto war innen und außen golden lackiert und wurde in 65 amerikanischen Städten ausgestellt. Die Öffentlichkeit konnte alle GM-Fabriken und deren Tochtergesellschaften besichtigen, und jeder einzelne konnte sich selbst ein Bild vom Stand der Rationalisierung machen, der in den GM-Werken bisher erreicht wurde.

Zwischen 1951 und 1955 erhielten die fünf Marken der heutigen General-Motors-Gruppe (Buick, Chevrolet, Pontiac, Oldsmobile und Cadillac) einen neuen standardmäßigen V-8-Motor mit einem höheren Kompressionsverhältnis. Außerdem wurde die Spannungsversorgung von 6 auf die zuverlässigeren 12 Volt erhöht. Alle Autos erhielten Servo-Lenkung und Servo-Bremsen und eine noch größere Fensterfront ringsum, um Sichtweite und Sicherheit zu erhöhen. Mit dem Einbau der ersten Klimaanlage für Autos konnte auch von der Innenausstattung her der Komfort verbessert werden.

Während dieser Zeit tauschte GM die klassischen Limousinen gegen die viertürigen »Hardtop«-Modelle, einer Serie mit vollständig neuer Karosserie. Sicherheitsgurte auf den vorderen Sitzen stellten die ersten Sicherheitsmaßnahmen dar. Von 1950 bis

Das sportliche Pontiac-Modell »Firebird« ist ein Viersitzer mit selbsttragender Karosserie, der in verschiedenen Versionen angeboten wird. Eine völlige Neugestaltung wurde 1981 vorgenommen. Es wurden von da an die neuen 2,5-, 2,8- und 5-l-Motoren eingebaut. Die letzte Veränderung gab es 1984 (190 PS). Das hier abgebildete Modell »Trans Am Turbo« mit Rädern aus einer Aluminium-Legierung kam 1982 heraus.

GENERAL MOTORS

◂ Als Experiment kam 1974 das Chevrolet-Modell »Corvette« mit einem Doppel- oder Vierkreiskolbenmotor heraus. Das waren die Vorläufer der Autos mit Kreiskolben-Motoren. Auch die Formgestaltung schloß einige Merkmale ein, die ihrer Zeit weit voraus waren.

Das viersitzige Pontiac-Sport-Coupé »Trans Am« von 1974 hatte eine selbsttragende Karosserie und neue verstärkte Stoßstangen. Das Fahrzeug blieb bis 1980 in der Produktion. ▸

Das 1974 herausgebrachte Oldsmobile-Kompaktmodell »Omega« mit Frontantrieb wurde bis in die 80er Jahre hinein hergestellt und während dieser Zeit ständig verbessert.

Der 1976 herausgekommene Chevrolet »Chevette« war wichtig wegen seines niedrigen Treibstoffverbrauchs. Er hatte einen 1,6-l-Motor.

Der Chevrolet »Caprice Classic« von 1977 hatte eine kleinere und damit auch leichtere Karosserie. Das Fahrzeug war mit einem 6-Zylinder-Motor (3,7 l) ausgestattet.

1978 brachte Oldsmobile ein 2 + 2-Coupé, Modell »Starfire«, mit einem 4-Zylinder-Motor (2,5 l) auf den Markt. Als Weiterentwicklung des Modells »Monza« stand das Auto auch mit einem V-6-Motor mit 3,8 l zur Verfügung.

Das Buick-Modell »Skylark« (das Foto zeigt ein 77er Modell) war ab 1979 Teil der »GMX«-Serie. Das mit Vorderradantrieb ausgestattete Kompakt-Auto gab es mit einem 4-Zylinder- und einem 6-Zylinder-Motor.

Trotz des neuen Trends, kleinere und wirtschaftlichere Autos zu bauen, brachte Buick 1978 dieses Luxus-Modell »Riviera« mit Vorderradantrieb heraus. Es hatte einen V-6-Turbo- oder einen V-8-Motor.

In der Mittelklasse baut Buick seit 1981 den »Regal«. Es stehen Ausführungen mit 3,8 l, V-8- oder Turbo-Motoren zur Verfügung, ebenso wie eine Diesel-Ausführung mit Einspritzpumpe.

In der Serie der kleinen Mittelklassewagen brachte Chevrolet das Modell »Chevette« in Deutschland als »Opel Kadett« und in England als »Vauxhall Chevette« auf den Markt. Die Fahrzeuge hatten 6-Zylinder-Motoren (1,6 l).

Die Firmen Chevrolet, Pontiac und Cadillac stellten 1981 ein völlig neues Auto-Konzept vor. Die als »J«-Autos bekanntgewordenen Modelle hatten kleinere Karosserien, die aber nicht den Komfort vernachlässigten, wohl aber die Unterhaltskosten senkten. Die mit Vorderradantrieb ausgestatteten Autos hatten 4-Zylinder-Diagonalmotoren (1800 ccm). Oberstes Bild: Chevrolet »Cavalier«; oben: Pontiac »J 2000«; unten: Cadillac »Cimarron«.

Pontiac brachte 1980 das Kompaktmodell »Phoenix« mit einem 4-Zylinder-Motor (2,5 l) und Vorderradantrieb heraus.

Das von Chevrolet 1979 herausgebrachte Modell »Citation« war ein kleines Kompaktauto mit Vorderradantrieb und einem 4-Zylinder Motor (2,5 l).

Einer der von GM herausgebrachten Mittelklassewagen war das 1982 erschienene Modell »Pontiac 6000«. Es besaß Vorderradantrieb und einen 4-Zylinder-Motor (2,5 l) und ein automatisches Getriebe.

Das Buick-Modell »Electra« von 1982 hatte noch Hinterradantrieb. Zur Standardausstattung gehörten automatisches Getriebe mit Schnellgang. Ab 1984 erhielt das Fahrzeug Vorderradantrieb.

GENERAL MOTORS

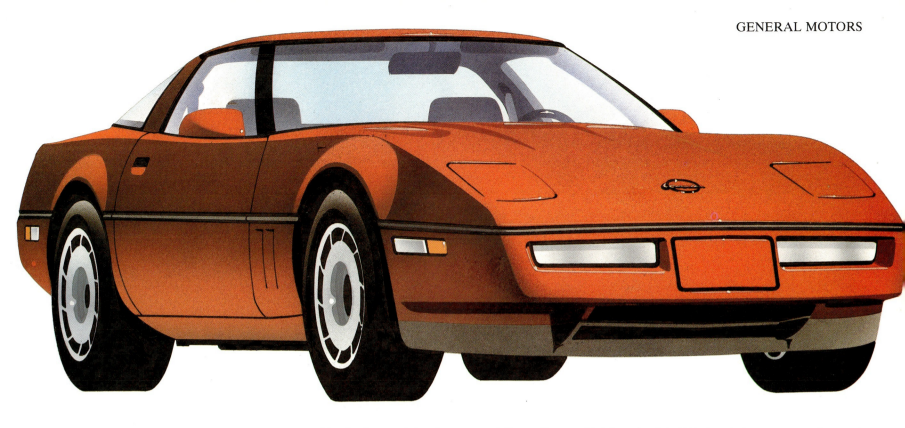

Dreißig Jahre liegen zwischen dem ersten und diesem »Corvette«-Modell aus dem Jahr 1983, das mit einem V-8-Motor (5733 ccm) ausgestattet ist, der 205 PS bei 4300 U/min leistet. Die Höchstgeschwindigkeit beträgt 225 km/h, und die Beschleunigung von 0 auf 100 km/h erfolgt in 7,5 Sekunden. Die Kunststoffkarosserie ist auf einem Rahmen aus Stahl und Aluminium aufgebaut. Das Gesamtgewicht beträgt 1 415 Kilo. Beim Getriebe stehen entweder eine automatische Viergang-Schaltung oder eine manuelle Viergang-Schaltung mit Schnellgang zur Auswahl.

1960 blühte in den Vereinigten Staaten das Geschäft, da der Bedarf an Zweitwagen in den Familien stieg. Der Marktanteil der verkauften Kombiwagen stieg von weniger als 2% auf 10%, und auch die kleineren europäischen Autos verzeichneten größeres Interesse. GM beschloß, mit dem Pontiac Tempest eine Kompaktversion zu produzieren. Er erschien gemeinsam mit dem Buick Special und dem Oldsmobile F 85, und alle drei Modelle waren auf Anhieb erfolgreich. Die Marktstellung der Firmengruppe erreichte in den 70er Jahren einen Höhepunkt. Diese Position konnte sie zehn Jahre lang halten, bis sie einen bedrohlichen Schwund der Produktion hinnehmen mußte. Durch eine Rückkehr zu den traditionellen Modellen, an die die Amerikaner seit der Anfangszeit des Kraftfahrwesens gewöhnt waren, lösten sich die Probleme der »Krise« von selbst. Tatsächlich fiel, vielleicht durch Zufall, die Reduzierung der Automobilgröße mit der Rezession auf dem Markt zusammen, während die Rückkehr zu größeren Autos den Beginn des Aufschwungs markiert.

Zusammen mit dem Pontiac »Firebird« wurde im Januar 1982 von Chevrolet das Modell »Camaro Z 28« herausgebracht. Das Auto hat einen V-8-Motor mit 5 l und ein manuelles Getriebe.

◀ Das von Oldsmobile 1982 produzierte Modell »Firenza« gehörte zur GM-Serie »J«-Auto und hatte einen 4-Zylinder-Diagonalmotor.

Das neue Pontiac-Coupé wird »Fiero« genannt. Es ist der erste ▶ amerikanische Zweisitzer mit Mittelmotor. Das Fahrzeug ist mit einem 2,5-l-Motor und einer unabhängigen Rundum-Aufhängung ausgestattet.

Cadillac brachte 1983 in der Luxus-Klasse den zweitürigen »Eldorado« (links) und den viertürigen »Seville« (rechts) heraus. Die Autos haben vornliegende Motoren und eine unabhängige Rundum-Aufhängung.

In der klassischen Form brachte Cadillac 1984 die Limousine »Fleetwood Brougham« mit einem 4,1- oder 5,7-l-V-8-Motor heraus.

OPEL
VAUXHALL

Gegen Mitte des 19. Jahrhunderts beschloß Adam Opel aus Rüsselsheim, nachdem er mit verschiedenen Tätigkeiten sogar bis nach Paris gekommen war, sich fest niederzulassen. Er begann im Stall seines Onkels mit der Produktion der ersten Nähmaschine, denn sein Onkel, ein Schlosser, hatte ihm nicht erlaubt, in seiner Werkstatt zu arbeiten. Anfangs sträubten sich die meisten Schneidermeister energisch gegen Opels Erfindung, weil sie glaubten, die Maschine würde ihnen ihre Arbeit wegnehmen. Schließlich wurde sie doch akzeptiert und bis 1911 produziert, bis ein großer Teil der Rüsselsheimer Fabrik durch einen Brand zerstört wurde. Zu diesem Zeitpunkt beschlossen die Brüder Opel, das Nähmaschinengeschäft aufzugeben und sich ausschließlich auf den Bau von Autos und Fahrrädern zu konzentrieren. Unter Verwendung der neuen Methoden aus England, das damals im zweirädrigen Transportwesen führend war, gelang es der Opel-Fabrik zu expandieren, besonders nach der Erfindung des Luftreifens durch den Schotten John Boyd Dunlop und des neuen Reifens durch den Franzosen Michelin.

1898 begann in Rüsselsheim die Produktion des ersten Opel. Sie wurde von Lutzmann unterstützt, der in Berlin den ersten Automobil-Club gründete, nachdem er mit einem selbstgebauten vierrädrigen Fahrzeug ein Rennen gewonnen hatte. Die Brüder Opel beobachteten das Rennen sowie die wichtigsten technischen Eigenschaften des Autos, einschließlich der großzügigen Verwendung von Kugellagern an Rädern und Antriebswelle, und beschlossen, mit Lutzmann ins Geschäft zu kommen. Anfang 1899 kamen die ersten Opel-Patent-Motorwagen zum Verkauf, elf Autos einer langen Reihe, die bis zum heutigen Tag noch andauert. Mit dem Heckmotor mit 4 PS und 1500 ccm Hubraum konnte das Auto eine Höchstgeschwindigkeit von 20 km/h erreichen. Die Opel-Modelle waren kleine, leichte Zweisitzer. Es wurden jedoch auch einige Viersitzer und ein Lieferwagen gebaut.

1899 stellten die Brüder Opel zusammen mit Lutzmann ein größeres Auto her, das vier Insassen mit 40 km/h befördern konnte. Die Opel-Wagen konnten damals jedoch nicht mit der weiter fortgeschrittenen französischen Fahrzeugtechnologie konkurrieren, und da durch die Herstellung von Automobilen das Kapital aus dem Nähmaschinengeschäft immer mehr aufgebraucht wurde, schloß man die Automobilabteilung und fertigte nur noch »Fahrräder«, jedoch nun in einer motorgetriebenen Version: als Motorrad.

Während einer Fahrt nach Paris erwarben die Brüder Opel die Konzession zum Verkauf von Renaults in Deutschland. Da Renault jedoch nicht genügend Autos liefern konnte, um die Organisation eines Verkaufs-/Service-Systems wirtschaftlich zu rechtfertigen, schlossen die Brüder Opel einen weiteren Vertrag, um auch die kleinen »Darracqs« in Deutschland verkaufen zu können. Der Darracq, ein kleines französisches Auto mit Kardanwellenantrieb und 8-PS-Doppelzylinder-Motor, zeigte sich in Deutschland als großer kommerzieller Erfolg. Im folgenden Jahr erhöhten die Brüder Opel den Hubraum von 1100 ccm auf 1360 ccm und brachten so ein Opel-Darracq-Modell mit 9-PS-Motor heraus.

Hauptsächlich wegen des breiten Angebots verschiedener Modelle, die in einem für die heutige Industrie unmöglichen Maße laufend verändert wurden, hatte sich Opel bereits einen guten Ruf als Automobilhersteller erworben. Die Produktionszahlen stiegen von 358 Stück im Jahr 1905 auf 3519 (Autos und Lastwagen) im Jahr 1914. Durch Werbekampagnen und Rennerfolge konnte Opel auf dem Markt fest Fuß fassen. Bis zum 50. Jahr ihres Bestehens produzierten sie gleichzeitig Lastwagen, Traktoren für die Landwirtschaft und sogar Flugzeugmotoren. Zu jener Zeit befand sich die Technologie jedoch noch in ihrem Anfangsstadium, was man an Opels Produktionszeiten erkennen kann: Der Bau des Chassis für eine kleine Limousi-

Der erste Kadett der Nachkriegszeit kam 1962 mit einem 993-ccm-Motor heraus. Es folgten Ausführungen mit einem Hubraum von 1078 ccm und 1196 ccm. Das Modell »Rallye 1,9 S« war eine 90-PS-Version mit einem Hubraum von 1897 ccm. 1973 wurde die Serie völlig modernisiert, trotzdem blieb es bei der traditionellen Anordnung mit vorn liegendem Motor und Hinterradantrieb. Es gab auch eine zwei- oder viertürige Limousine sowie eine Caravan-Version mit 993 ccm oder 1196 ccm. Die Produktion wurde, als der »Kadett D« mit Vorderradantrieb eingeführt wurde, 1979 eingestellt.

Der erste patentierte »Opel« war mit einem Lutzmann-Antriebs-System ausgestattet. Von diesem Modell wurden jedoch nur sehr wenige Fahrzeuge hergestellt. Später wurden bessere Motoren eingebaut.

Das 1902 herausgebrachte Modell »10/12 PS Tonneau« hatte einen vertikalen 2-Zylinder-Motor (1884 ccm). Bei einem speziell für »Voiturettes« veranstalteten Rennen am 31. August 1902 war dieser Wagen der erste, der in Frankfurt eintraf.

Ein 4-Zylinder-Motor wurde 1908 beim Modell »10/18 PS« verwendet, hier abgebildet in einer Phaeton-Ausführung.

Das 1909er »4/8 CV«-Modell wurde unter dem Namen »Doktorwagen« bekannt, weil er von vielen Ärzten für ihre Hausbesuche benutzt wurde. Er hatte eine offene, zweisitzige Karosserie mit einer kleinen Motorhaube.

Das erste deutsche in Serienproduktion hergestellte Auto war der »Laubfrosch« von 1924. Er hatte einen 4-Zylinder-Motor mit 4/12 PS. Das Modell »4/14« (Foto) kam 1925 heraus.

Zwischen 1931 und 1933 (Opel gehörte inzwischen schon zur General-Motors-Gruppe) wurde diese 1,8-l-Limousine hergestellt. Sie hatte einen 6-Zylinder-Seitenventil-Motor mit 1,8 l.

Das 1935 auf den Markt gebrachte Modell »P 4« war der billigste Opel und kostete 1937 nur 1 450 Reichsmark. Ohne jede Veränderung wurde dieser Wagen bis 1938 gebaut. Er hatte einen 4-Zylinder-Motor mit 1074 ccm Hubraum.

1936 fand in Deutschland die Olympiade statt. Deshalb bekam auch das neue Opel-Modell den Namen »Olympia«. Die selbsttragende Karosserie war aus Stahl. Das Fahrzeug kostete nur 2 500 Reichsmark.
◀ Der »Kadett« kam 1937 heraus und blieb mit demselben Seitenventil-Motor (1,1 l, 4 Zylinder) bis 1939 in der Produktion.

ne dauerte sechs Wochen und für ein größeres Fahrzeug sogar bis zu drei Monaten. Allein die Lackierung der Karosserie nahm manchmal bis zu fünf Wochen in Anspruch, da die Farben damals so lange zum Trocknen brauchten.

Zwei der erwähnenswertesten Modelle jener Tage sind das »Volksautomobil« mit seinem 1-Zylinder-Motor und der offene »Doktorwagen«, ein kleiner Zweisitzer als Cabrio, der bevorzugt von Ärzten benützt wurde. Inzwischen nahmen die Opel-Modelle auch an zahlreichen Rennen teil und konnten mehrere Siege erringen. Dies war damals die Zeit der Rennen und Rekorde.

Gleich nach dem Ersten Weltkrieg konzentrierte sich Opel wieder auf den Bau von Automobilen, was während des Krieges zugunsten der Produktion von Militärfahrzeugen unterbrochen worden war. In der Zeit des langsamen Aufschwungs nach dem Krieg erwies sich das breite Verkaufsangebot, das nach 60jähriger Geschäftserfahrung nun aus den verschiedensten Produkten, wie Nähmaschinen, Fahrrädern und Motorrädern bestand, als äußerst nützlich.

Bei der Berliner Automobilausstellung 1921 stellte Opel Modelle mit 4- und 6-Zylinder-Motoren sowie Roadster vor.

In der Zeit vor Hitlers Machtübernahme litt Deutschland unter den Auswirkungen der Inflation und der instabilen Lage. Im Jahr 1923 wurden nur 910 Autos produziert. Zwei Jahre später konnte schon eine fünfstellige Zahl erreicht werden, und 1935 stieg die Produktion auf 100 000 Fahrzeuge. Bezeichnend für diesen Erfolg war Wilhelm Opels Reise nach Amerika, wo er Fords System der Serienproduktion sehen und bewundern konnte. Kurz darauf verlegte sich Opel auf die Fertigung eines einzigen Modells, das dem Citroën 5 CV sehr ähnlich war. Es war mit einem 4-Zylinder-Motor mit seitlichen Ventilen und 12 PS Leistung und einer Drei-Gang-Schaltung ausgestattet. Wegen seiner meist grünen Farbe wurde es als »Laubfrosch« bekannt. Sein französisches Gegenstück erhielt aufgrund seiner hellgelben Farbe den Spitznamen »Zitrone«. Der Laubfrosch kostete 4000 Mark und ließ die Verkaufszahlen in sehr kurzer Zeit hochschnellen. Allein im Jahr 1928 wurden 42 771 Stück produziert, was einem Anteil von 26% aller in Deutschland verkauften Autos entsprach.

Amerikanische Automobilfirmen drängten mit dem Import kompletter Autos und dem Bau von Fabriken auf die europäischen Märkte, wodurch sich die Situation bei Opel wiederum veränderte. Die amerikanische Expansion begann mit dem Kauf der Firma Vauxhall Motors durch GM für 2,5 Millionen Dollar. Am 18. März 1929 wurde die Partnerschaft von GM und der Firma Opel, die für 30 Millionen Dollar einen Teil ihrer Aktien an die amerikanische Gesellschaft verkaufte, bekanntgegeben. 1931 übernahm Reuter, ein Direktor von GM, der bereits Oldsmobile erfolgreich geleitet hatte, mit dem Erwerb der restlichen Aktien die Firma Opel komplett, und das bisherige Familienmanagement war zu Ende.

Nach der anfänglichen Produktion des kleinen Opel »P 4« mit 1200 ccm Hubraum von 1935 brachte die Firma im Jahr 1937 den ersten »Kadett« heraus. Er hatte einen größeren Radstand als der P 4 und war mit einem Preis von 2100 Mark für die damalige Zeit noch erschwinglich. Vor Kriegsbeginn wurden

GM-OPEL

Das hochelegante Modell »Admiral« kam 1937 auf den Markt. Das viertürige Fahrzeug besaß einen 6-Zylinder-Motor mit 95 PS (3620 ccm). Es kostete 6500 Reichsmark.

In der Nachkriegszeit wurden Modelländerungen, sogar innerhalb derselben Serie, in erschreckender Vielzahl vorgenommen. Die Leistung beim Modell »Kapitän« wurde 1959 auf 80 PS erhöht.

Die neue Form wurde 1963 auch für das Modell »Rekord« verwendet. Das Auto war etwas länger und niedriger. Zum ersten Mal standen wahlweise vorn auch Servo-Scheibenbremsen zur Verfügung.

Der »Kadett« wurde 1962 im neuen Bochumer Werk hergestellt. Das Fahrzeug war völlig neu überarbeitet. Es besaß einen querliegenden 1-l-Motor mit einem Hubraum von 933 ccm. Das 1983er Modell »Kadett GTE« (oben) hat eine sportliche Stromlinienform und unterscheidet sich wesentlich von der nüchternen zweitürigen Karosserie des Jahres 1962.

Als Weiterentwicklung aus dem »Kadett« wurde das »GT«-Coupé 1967 mit 1,1- oder 1,9-l-Motor vorgestellt. Es hatte eine zweisitzige Karosserie und versenkbare Scheinwerfer, die vom Fahrer bedient werden konnten.

Ein weiteres Modell aus dem Jahr 1970 war das sportliche, zweitürige »Manta«-Coupé, das anstatt eines Kühlergrills die Luftschlitze hinter der Stoßstange verborgen hatte. Es standen Motoren von 1,6 bis 2 l zur Auswahl. Das Modell »GT/E« hatte eine elektronische Treibstoffeinspritzung.

Der »Ascona« wurde 1970 herausgebracht, um die Lücke zwischen Kadett und Rekord zu schließen. Das Modell wurde in vier verschiedenen Motor-Varianten und drei Karosserie-Stylings angeboten. Das Foto zeigt eine »L«-Ausführung von 1976. Die »Ascona«-Serie (1980) enthält auch eine 2-l-Ausführung mit Benzineinspritzung.

In der Luxusklasse wurden von Opel 1978 die Modelle »Monza« (oben) und »Senator« (unten) angeboten. Der Monza kam als Coupé, der Senator als Limousine auf den Markt. Für beide Modelle gab es Motoren mit 2,8 oder 3 l. Sie hatten die gleiche Bodenplatte und hinten unabhängige Aufhängung.

Der Opel »Omega« ist 1986 aus dem »Rekord« hervorgegangen und gipfelt im Opel-Flaggschiff »Senator«, andererseits auch in der Hochleistungsversion »Opel Lotus Omega« mit 3,6 Liter-Biturbo-Motor. Das Basismodell hat 1,8 Liter Hubraum, die Staffelung bis zum 3-Liter und 2,3-Liter-Diesel ergibt klare Charaktere.

107 000 Kadett-Modelle gebaut. Inzwischen konstruierte man neue Motoren für den Kadett und den »Olympia«. Letzterer bekam einen neuen 1,5-l-Motor, der eine Leistung von 37 PS erreichte. Der »Kapitän« mit 6-Zylinder-Motor und einer dem Kadett ähnlichen selbsttragenden Karosserie erschien 1939. Zwei Jahre zuvor hatte man bereits den »Admiral« vorgestellt, der mit seinem 95-PS-Motor mit 3620 ccm Hubraum zu den luxuriösen Vorkriegsmodellen zählte. Dieser viertürige Luxuswagen war das Flaggschiff der Opel-Modelle.

Die einstige Rolle des »Kadett« als Opel-Kleinwagen hat 1982 der »Corsa« übernommen, 1985 wurde das Angebot mit 4 und 5 Türen erweitert, die Motorisierung wuchs 1987 vom 1-Liter-Basismodell bis zu 1,6 Liter beim Benzin- und 1,5 Liter beim Diesel-Motor.

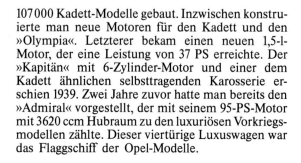

Der Opel »Kadett« bildet eine Modellreihe der unteren Mittelklasse mit allen dazugehörigen Varianten einschließlich Cabriolet, Kombi und Kombi-Limousine neben dem 4-Türer Stufenheck. Die Motoren-Auswahl entspricht der Klassenkonkurrenz mit der weiten Palette von 1,3 Liter bis 2-Liter-»G Si« mit 150 PS.

Der Opel »Vectra« hat 1988 den »Ascona« abgelöst und umfaßt ein Mittelklasse-Programm mit 4-türigen Schräg- und Stufenheck-Karosserien, Benzinmotoren 1,6 bis 2 Liter Hubraum und den 1,7-Liter-Diesel, auch Vierradantrieb in Gestalt des »Vectra 4x4«. Hochleistungsversion ist der 150 PS-»Vectra 2000 16V«.

Der Opel »Calibra« wurde 1989 als Nachfolger des »Manta« präsentiert. das zweitürige Coupé ist mit 2-Liter-4-Zylinder-Motoren ausgerüstet, 115 und 150 PS werden wahlweise offeriert, Frontantrieb oder permanenter Allradantrieb stehen zur Verfügung, beim 115- PS-Modell Automatik mit Economy/Sport/Winter-Programm.

Das europäische Bestseller-Modell seiner Klasse war in den 70er Jahren der Opel »Rekord«. Eine radikale Änderung fand 1977, eine weitere Umgestaltung 1983 statt. In diesem Jahr enthält die Serie zwei Benzin-Motoren (1796 ccm, 90 PS oder 1979 ccm, 110 PS) sowie eine Diesel-Ausführung (2260 ccm), die als Normalvergaser mit 65 PS oder als Turbolader mit 86 PS zur Verfügung steht.

Vauxhall

British Vauxhall, 1925 von General Motors aufgekauft, verdankte sein Wachstum hauptsächlich den amerikanischen Investitionen. Vorher war sie noch eine vergleichsweise kleine Firma. Durch ihre Übernahme beabsichtigte General Motors, seine Expansionsmöglichkeiten auf dem europäischen Markt von den USA aus in Zusammenarbeit mit der ansässigen Industrie zu verbessern. Einige Jahre später (1931) erwarb GM auch die Firma Opel in Deutschland. Vauxhall produzierte Autos, die speziell auf den britischen Markt zugeschnitten waren, indem sie, inspiriert von der Opel-Philosophie, deren Modelle leicht abänderte. Die Zwillingsversionen des Opel Kadett und des Vauxhall Viva (1963) sowie des Rekord und des »Carlton« entstanden erst vor kurzer Zeit. Die erste deutsche Produktion nach britischem Vorbild zeigte sich dann im »Rekord Facelift«, der die gleiche Frontkonstruktion wie der Carlton hatte.

Vauxhalls Rolle als Teil des europäischen General-Motors-Konzerns besteht in der Produktion von Fahrzeugen, die zwar deutsch »angehaucht« sind (Opel), den Anforderungen des britischen Marktes jedoch gerecht werden sollen.

Der preiswerte »Vauxhall Cadet« hatte einen 17- oder 26-PS-Motor und kostete 280 bis 295 englische Pfund.

◀ Das erste »Vauxhall«-Auto, Modell »SCV«, kam 1903 mit einem 1-Zylinder-Motor (5 PS) heraus. Insgesamt wurden 40 Fahrzeuge hergestellt.

Das 1954 auf den Markt gebrachte Modell »Cresta« hatte einen 6-Zylinder-»Velox«-Motor. Die Vorderfront wurde 1956 abgeändert.

Vom Vauxhall-Modell »Victor Typ F« aus dem Jahr 1975 wurden insgesamt 390 745 Fahrzeuge hergestellt.

Der neue Fahrzeugtyp »Viva«, herausgebracht 1971, besaß einen größeren Innenraum und eine verbesserte Geräuschdämmung.

Der »Carlton« kam im Oktober 1978 mit der gleichen Karosserieform und Technik wie der Opel Rekord heraus. Das Fahrzeug war mit einem 2-l-Motor (100 PS) ausgestattet.

HONDA

Honda, der größte Motorradhersteller der Welt, begann im Jahr 1962 mit der Herstellung von Autos. Die ersten Modelle waren offensichtlich vom Design der Motorräder stark beeinflußt. Sie hatten einen kleinen Fahrgastraum und in vielen Fällen luftgekühlte Vier-Takt-Motoren.

Das erste Exemplar war ein 44-PS-Roadster mit 531 ccm Hubraum und einer maximalen Motordrehzahl von 8000 U/min. Es besaß einen Frontmotor und Heckantrieb und konnte aufgrund des doppelten Kettenantriebs (eine Kette pro Rad) seine »Abstammung« von den Motorrädern nicht verleugnen.

Bei der Automobilausstellung in Genf 1964 wurde das kleine Honda-Modell zum ersten Mal öffentlich vorgestellt. Zwei Jahre später gab es zusätzlich eine Coupé-Version mit einem auf 800 ccm vergrößerten Hubraum.

Im Gegensatz zu den Motorrädern waren die Autos von Honda auf dem Weltmarkt jedoch nicht sehr erfolgreich. Als die Verkaufszahlen weiter sanken, brachte die Firma 1966 den »N 360« heraus. Dieser kleine Zweisitzer ähnelte stark dem britischen Mini und wurde von der Öffentlichkeit sofort »Mini-Honda« genannt. Er war mit Frontantrieb und einem luftgekühlten 2-Zylinder-Motor mit 31 PS und 354 ccm Hubraum ausgestattet, der quer in eine Karosserie von 2,5 m Länge und 1,2 m Breite eingebaut war. Seine Höchstgeschwindigkeit lag bei

Das zweitürige Modell »N 360« wurde 1966 in Tokio vorgestellt. Das Fahrzeug war mit einem luftgekühlten 2-Zylinder-Motor (31 PS, 354 ccm) mit Frontantrieb ausgestattet. Der Typ »N 500« (unten) hatte eine leicht verbesserte Leistung (500 ccm, 40 PS) und war für den Export bestimmt.

Das Coupé »S 600«, auch als Cabrio lieferbar, war ein 2-Zylinder-Modell mit einem Hubraum von 606 ccm. Der 4-Zylinder-Reihenmotor leistete 57 PS bei 8500 U/min und erreichte eine Höchstgeschwindigkeit von 150 km/h.

Die Limousine »N 1300« besaß einen vorn liegenden 4-Zylinder-Reihenmotor (1298 ccm), der 96 PS bei 7200 U/min leistete. Seine Höchstgeschwindigkeit lag bei 175 km/h.

Das Touring-Modell »N 600« war ebenfalls ein kleinformatiges Auto. Das Fahrzeug hat einen luftgekühlten, querliegenden 2-Zylinder-Honda-Motor (598,7 ccm), der 38 PS bei 6000 U/min leistet. Er erreicht eine Spitzengeschwindigkeit von 125 km/h.

Das Modell »Z«, herausgebracht 1970, hatte einen wassergekühlten 2-Zylinder-Motor mit Frontantrieb. Sein Hubraum betrug 354 ccm. In der »TS«-Ausführung leistete der Motor 36 PS bei 9000 U/min. Es hatte eine selbsttragende Karosserie und an allen Rädern Trommelbremsen.

Das Kompakt-Modell »Civic« ist seiner Formgebung nach ein Klassiker. Das Fahrzeug mit Frontantrieb hat entweder einen querliegenden 1,3- oder 1,5-l-Motor. Als Karosserieform stehen zwei-, drei-, vier- oder fünftürige Ausführungen zur Verfügung. Seit seiner Einführung im Juli 1972 wurden verschiedene Verbesserungen vorgenommen. Beim »Civic« wurden die Abmessungen erweitert, die Karosserieform verändert sowie hinten eine unabhängige Aufhängung eingebaut.

Die mit Frontantrieb ausgestattete Limousine »Accord« kam 1976 auf den Markt. Sie war mit einem querliegenden 4-Zylinder-Motor (1,6 l) und unabhängiger Aufhängung ausgestattet, und wurde erfolgreich weiterentwickelt.

Zur »Civic«-Familie gehört auch der neue Kombi, der den Namen »Shuttle« trägt. Die fünftürige Karosserie ist fast 4 m lang und 1,62 m breit. Seine Höhe beträgt 1,48 m. Diese Maße ergeben einen besonders großen Innenraum.

115 km/h. Später entstanden Versionen mit 500- und 600-ccm-Motoren, das 360-Modell blieb jedoch weiterhin in Produktion.

Die erste bedeutende Neuerscheinung war der »N 1300«, eine fünfsitzige, viertürige Limousine mit querliegendem 4-Zylinder-Motor, 96 PS, 1298 ccm Hubraum und Vorderradantrieb, die 1968 bei der Automobilausstellung in Tokio vorgestellt wurde. Zwei Jahre später erschien der »Z«, ein klassisches 2 + 2-Modell mit abgerundeter Karosserie und der Mechanik des »360«. Aus ihm entstand 1971 die endgültige Verbesserung des »360«, der »Life«. Die Limousine »Civic« mit 1160 ccm Hubraum und Vorderradantrieb folgte ein Jahr darauf.

Neben den erwähnten Modellen, die mit nur geringen Veränderungen auch heute noch produziert werden, entstanden der »Accord« und der »Prelude«. Der Vertrag mit Austin-Rover zur Herstellung des »Acclaim« (basierend auf dem »Ballade«) in Großbritannien erwies sich als bedeutender Schritt nach vorn und führte zur Entwicklung des »Rover 213«, dem neuesten Produkt aus der Zusammenarbeit zwischen Honda und Austin-Rover. Die Produkte von Honda werden inzwischen in 92 Ländern verkauft. Bei Rover führte die Kooperation zum 820/827 mit eigenständigem Profil des Designs und der Fahreigenschaften.

Honda Civic

Honda Civic Shuttle RT 4WD x ALB

Honda CRX

Honda Accord

Honda Legend Coupé

Honda NSX

JAGUAR
DAIMLER

Jaguar, heute einer der berühmtesten Automobilhersteller, verdankt seine Entstehung William Lyons und William Walmsley, die 1920 die Firma Swallow zur Herstellung von Motorrad-Beiwagen gründeten. Eine Niedrigpreispolitik sicherte dem Unternehmen kommerziellen Erfolg, und die beiden Partner beschlossen 1927 ihre Produktion auszuweiten. Sie änderten den Firmennamen in »Swallow Sidecar und Coachbuilding Co.« und fertigten anfangs Karosserien für billige Chassis (eine der bekanntesten war der Austin Seven). Später wurde das Wort »Sidecar« aus dem Firmennamen weggelassen. Der erste »SS« (für Swallow Sports) erschien 1931 bei der Londoner Automobilausstellung. Er besaß einen Standard-6-Zylinder-Motor mit Viergang-Schaltung, 48 PS und 2 l Hubraum, und er war mit seinem Preis von 310 englischen Pfund für die damalige Zeit sehr billig. 1935 kam die erste Sportversion, der »SS 90«, mit 90-PS-Motor und 2700 ccm Hubraum auf den Markt. Die neue, viertürige Limousine mit 2,7 l Hubraum und einer erhöhten Leistung von 104 PS, die zu einem Preis von 395 englischen Pfund im selben Jahr angeboten wurde, ließ bereits die künftige Jaguar-Form erahnen. Die Marke Jaguar erschien jedoch erstmals 1937 auf einer Limousine mit 1,5-l-Standard-Motor. Das nächste Modell, das einen 65-PS-Motor mit 1776 ccm Hubraum und eine Kipp-Ventilsteuerung besaß, war sehr beliebt. Während des Krieges konzentrierte sich die Produktion auf Flugzeugteile. 1945, als der Firmenname in »Jaguar Cars Ltd.« geändert wurde, verschwand die Marke SS. Abgesehen vom Jahr 1946, das Jaguar mit roten Zahlen abschließen mußte, erwies sich die neugegründete Firma als überaus erfolgreich. Zu Beginn der 50er Jahre präsentierte Jaguar mit der Einführung der XK-Serie die ersten, wirklich neuen Ideen der Nachkriegszeit. Diese Baureihe enthielt unter anderen den »XK 120« mit einem langhubigen 6-Zylinder-Motor mit 3,4 l Hubraum, der bei einer Drehzahl von 5400 U/min eine Leistung von 160 PS entwickelte. Bei diesem Modell wurde zum ersten Mal in einem standardmäßigen Tourenwagen, der auch eine aerodynamische Form sowie Einzelradaufhängung aufwies, ein Motor mit obenliegender Zwillingsnockenwelle verwendet. Zu dieser Zeit konnte Jaguar auch in Rennen gegen Ferrari, Talbot und andere der besten Marken jener Zeit die ersten Sportserfolge für die Markenweltmeisterschaft erringen. 1957 gab es bei den Modellen »XK 150« mit Motoren von bis zu 3800 ccm Hubraum und 265 PS erstmals Scheibenbremsen als Sonderausstattung. 1951 war inzwischen eine sechssitzige Limousine, die »Mk VII«, mit dem XK-160-PS-Motor erschienen, die vorrangig für den amerikanischen Markt bestimmt war. Die amerikanischen Bestellungen erreichten innerhalb von sechs Jahren eine Rekordhöhe von 27 Millionen Dollar für 30 000 Stück. Von 1953 an gab es ein Zweigang-Automatikgetriebe von Borg-Warner, und im folgenden Jahr wurde der »Overdrive« (eine Art Nebengetriebe, ein »Schnellgang«) eingeführt. Die Limousinen der Mk-Serie wurden weiterhin produziert. Der »Mk IX« von 1959 wurde mit »frei tragendem« Chassis, standardmäßigen Scheibenbremsen und Servo-Lenkung ausgestattet.

1960 begann die Produktion einer kleineren Baureihe mit neuen Motoren und Karosserien. Der »Mk II«, der bis 1969 gebaut wurde, war wahlweise mit 2,4-, 3,4- oder 3,8-l-Motoren erhältlich. Der E-Typ, ein Coupé mit extrem langer Motorhaube, wurde 1961 bei der Automobilausstellung in Genf vorgestellt, später folgte eine Roadster-Version (offener Sportwagen). Nach der Übernahme der Firma Daimler begann Jaguar in den frühen 60er Jahren mit dem Bau von Bussen und gepanzerten Fahrzeugen.

Später übernahm die Firma auch die Lastwagenfabrik Guy und die Coventry-Climax- und Meadows-Motorenfabriken. 1966 gab Jaguar seine Unabhängigkeit auf und schloß sich der »British Motor Group« an, aus der 1968 die staatseigene Firma British Leyland wurde. Während dieser Zeit kamen der »XJ 6« und der neue 12-Zylinder-Motor auf den Markt. Erst in den 70er Jahren lief die Produktion des E-Typs aus.

Neben dem Angebot an Limousinen brachte Jaguar 1984 neue, von den Limousinen inspirierte Cabrios heraus und wurde Ende des Jahres wieder selbständig.

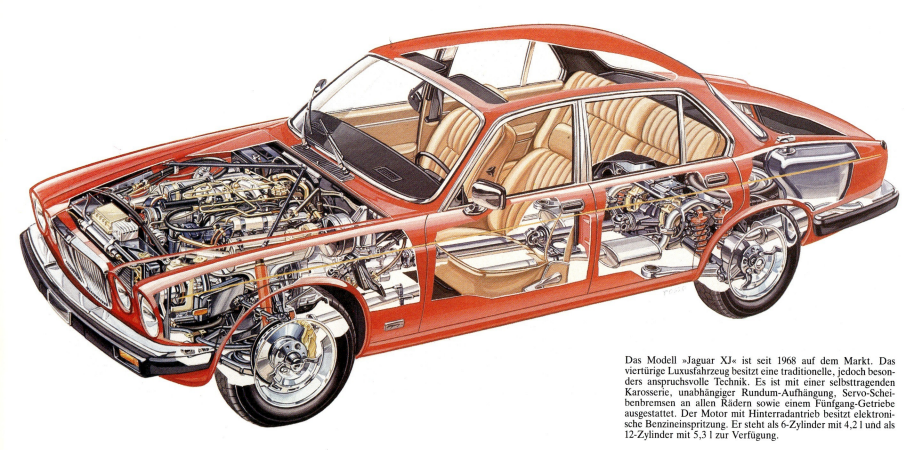

Das Modell »Jaguar XJ« ist seit 1968 auf dem Markt. Das viertürige Luxusfahrzeug besitzt eine traditionelle, jedoch besonders anspruchsvolle Technik. Es ist mit einer selbsttragenden Karosserie, unabhängiger Rundum-Aufhängung, Servo-Scheibenbremsen an allen Rädern sowie einem Fünfgang-Getriebe ausgestattet. Der Motor mit Hinterradantrieb besitzt elektronische Benzineinspritzung. Er steht als 6-Zylinder mit 4,2 l und als 12-Zylinder mit 5,3 l zur Verfügung.

JAGUAR

Dieses 1934 herausgebrachte Modell »SS 1« besaß in der Standardausführung einen 6-Zylinder-Seitenventil-Motor (2143 ccm), der 48 PS leistete. Das Fahrzeug hatte ein Viergang-Getriebe, eine Einscheibenkupplung sowie mechanische Seilzug-Bremsen.

Das Modell »SS 100« von 1936 hatte einen 6-Zylinder-Motor und 104 PS mit sieben Kurbelwellenlagern. Mit seinem kurzen, zweisitzigen Fahrgestell gewann der Wagen viele Rennen. Es gab auch einige »SS 100«-Modelle, die mit einem 3,5-l-Motor (125 PS) ausgestattet waren und eine Höchstgeschwindigkeit von 160 km/h erreichten.

Die »XK«-Reihe entwickelte sich aus verschiedenen Varianten des Modells »120«. Das Fahrzeug besaß eine neue, obenliegende Nockenwelle mit hoher Leistung und einen 6-Zylinder-Motor (160 PS, 3442 ccm). Es siegte in vielen Rennen.

Das Modell »140« ist innerhalb der »XK«-Familie so eine Art Zwischending. Sein 6-Zylinder-Motor blieb bei einem Hubraum von 3442 ccm, jedoch stieg die Leistung auf 190 PS, beim »140 MC« sogar auf 210 PS. Die Karosserie hatte eine damals sehr beliebte abgerundete Seitenform.

Das dritte und erfolgreichste Modell in der »XK«-Reihe war der Typ »150«. Der 6-Zylinder-Standardmotor (3442 ccm) leistete 190 oder 210 PS, als »S«-Typ sogar 250 PS. Das Fahrzeug wurde 1957 vorgestellt. Beim Modell »150« standen wahlweise auch Scheibenbremsen vorne zur Verfügung.

Als Bindeglied zwischen den »Mk«-Limousinen und der neuen Jaguar-Generation wurde 1966 das Modell »420« auf den Markt gebracht. Die imposante Limousine erreichte eine Länge von fast 5 m.

Dieses eindrucksvolle Modell »Mk X« (Mark Ten) kam 1961 als letztes Fahrzeug in der Reihe der »Mk«-Limousinen heraus. Sein 3800-ccm-Motor erreichte eine Höchstgeschwindigkeit von 190 km/h. Trotz seiner Größe war das Auto sehr leicht zu fahren.

1961 erschien der »E«-Typ als Sportcoupé. Später folgte auch eine Roadster-Ausführung. 1964 wurde der 3,8-l-Motor auf 4,2 l mit 269 PS erhöht. Das Viergang-Getriebe war voll synchronisiert und das Differential mit einer Durchrutschsperre versehen.

Das 1968er Modell »XJ 6« besaß wieder traditionellere Motorleistungen. Es gab auch eine 6-Zylinder-Ausführung mit 2800 ccm und obenliegenden Doppelnockenwellen. Servo-Scheibenbremsen wurden später eingebaut. Oben ein 1984er Modell.

Die neuen Jaguar-Cabrios erschienen Ende 1983. Das Modell »XJ-SC« hat eine neue Karosserieform und einen neuen Motor, einen 6-Zylinder-Einspritzmotor mit 228 PS und 3,6 l.

Der Jaguar XJ 6 erschien 1986 in neuer Form mit bedeutenden Fortschritten unter dem Blech, nicht zuletzt für die modernisierte Produktion. Der 3,6-Liter-Sechszylindermotor wurde 1989 auf 4 Liter Hubraum vergrößert. Parallelmodell ist der Daimler »4.0«.

Die neueste Version der Daimler-»Double Six«-Limousine ist mit einem V-12-Motor (5,3 l) ausgestattet, der eine Höchstgeschwindigkeit von 240 km/h erreicht. Sie hat eine automatische Schaltung und Scheibenbremsen an allen Rädern.

LAMBORGHINI

Ferruccio Lamborghini gründete seine Autofabrik 1961 in Sant'Agata, ein paar Kilometer außerhalb von Modena in Italien. Ziel der Firma war die Produktion von exklusiven Autos mit sehr sportlicher Form. Sie stellte sich mit dem 350 GTV Coupé vor, das eine Scaglione-Karosserie, Hinterradantrieb und einen 12-Zylinder-Frontmotor in einer Metall-Legierung hatte, dessen Höchstgeschwindigkeit 280 km/h betrug.

Nach dem ersten Modell »350« folgten 1964 GT-Version und der 3,5-l-Motor, dessen Hubraum später bei dem Modell »400« auf fast 4000 ccm vergrößert wurde. Die Karosserien waren extrem stromlinienförmig, aber von fragwürdigem ästhetischen Reiz. Erst 1966, mit der Präsentation des »P 400 Miura«, erreichte Lamborghini höchste Qualität und technische Perfektion. Dieses elegante, stromlinienförmige 350-PS-Modell mit 4-l-Motor und Fünfgang-Getriebe, auch von Lamborghini, war seiner Zeit weit voraus. Es hatte erstmals einen quer in der Mitte liegenden Motor, woraufhin der Frontmotor nicht mehr eingesetzt wurde. Der »Miura« entstand in verschiedenen Versionen und stellt auch heute noch das Glanzstück vieler Automobilsammlungen dar.

Gegen Ende des Jahres 1970 zog sich Ferruccio Lamborghini aus der Firma zurück. Er verkaufte sie an eine Schweizer Firmengruppe, nachdem ein Auftrag aus Bolivien über 5000 Traktoren (Lamborghini hatte sein Vermögen gleich nach dem Krieg mit der Fertigung von Traktoren aufgebaut) aufgrund dortiger politischer Veränderungen storniert worden war und die Firma daraufhin in ernstliche Schwierigkeiten geriet. Seit dieser Zeit entstanden bei der Firma »Lamborghini Automobiles« der ultra-aerodynamische »Countach«, der »Urraco«, der »Jalpa« und, erst vor kurzem, der »LMA« (1982). Das ist ein Geländewagen mit der Leistungsfähigkeit eines GT (12 Zylinder, 4754 ccm Hubraum, 332 PS), der für die Verwendung in der Wüste entworfen wurde, speziell für die Armee der Vereinigten Arabischen Emirate.

Der erste Lamborghini kam 1963 als »350 GTV« auf den Markt. Mit einer Touring-Karosserie folgte 1964 der »GT«. Der Motor wurde insoweit verändert, daß er statt des bisherigen »senkrechten« Weber-Systems nun sechs waagerecht liegende Vergaser erhielt. Der 12-Zylinder-Motor leistete 270 PS bei 6500 U/min. Die »GTV«-Ausführung schaffte 360 PS bei 8000 U/min.

Die Karosserie des 1968 herausgebrachten »Islero GT« wurde von der Firma Marazze in Varese hergestellt, während die Mechanik vom »400 GT« übernommen wurde. Es war ein V-12-Motor mit 320 PS und sechs Doppelvergasern. 125 Fahrzeuge wurden gebaut.

Für den »Espada« hatte ebenfalls Bertone die Karosserie entwickelt. Das Auto hatte die klassische technische Ausstattung: V 12, 4 l, 326 PS, Höchstgeschwindigkeit 245 km/h.

Der »Countach LP 500« wurde 1971 als Prototyp und Ersatz für den »Miura«, dessen Produktion gerade auslief, herausgebracht. Bei der Serie »LP 400 S« (oben), die zwischen 1972 und 1978 hergestellt wurde, erhöhte man die Motorkapazität auf 4 l. Auf Wunsch gab es einen Heckspoiler. Die Serie »LP 500 S« (links) von 1982 hatte einen Frontspoiler und einen V-12-Motor mit 375 PS (4754 ccm).

Für dieses sensationelle Auto wurde der Name einer Zuchtrasse von Kampfstieren gewählt: »Miura«. Das von Bertone konstruierte Auto kam 1966 heraus und wurde seither ständig verbessert. Das zwischen 1969 und 1971 hergestellte Modell »S« (links) besaß einen 12-Zylinder-Motor mit 370 PS, der bei den Fahrzeugen der »SV«-Klasse (oben) zwischen 1971 und 1972 auf 385 PS erhöht wurde.

Während der Ölkrise 1975 kam der »Urraco« auf den Markt. Er stand mit einem 2-l-Motor (der kleinste von Lamborghini) oder 3-l-Motor zur Verfügung. Seine Produktion wurde 1977 eingestellt.

◀ Erstmals herausgebracht 1970, blieb der »Jarama« bis 1972 als »S«-Ausführung in der Produktion. Sein V-12-Motor leistete 360 PS. Die selbsttragende Karosserie hatte Bertone entworfen.

Im März 1981 wurde der »Jalpa 350« auf den Markt gebracht. Er war mit einem V-8-Motor (3,5 l) ausgestattet, der 255 PS leistete und eine Höchstgeschwindigkeit von 248 km/h erreichte.

LANCIA
AUTOBIANCHI

Außer Lancia können sich nur sehr wenige Automobilfirmen rühmen, ihre »Produktionsphilosophie« in Übereinstimmung mit den Zielen und Richtlinien ihrer Gründer völlig beibehalten zu haben. Exakt den Absichten von Vincenzo Lancia (1881 bis 1937) entsprechend, baute die Firma traditionsgemäß immer technologisch hochentwickelte Autos mit vielen Neuerungen, die erhöhte Leistungsfähigkeit, Zuverlässigkeit, Sicherheit und Komfort enthielten und eine Klasse für sich darstellten. Wie durch einen Wink des Schicksals trug sogar der Firmenname zu dieser einzigartigen Mischung aus Geschichte und Technologie bei.

Mit dem Wort »Lancia«, das im italienischen »Lanze« heißt, verbindet sich die Vorstellung von einem schlanken Gegenstand, der leise und geschmeidig durch die Luft schwirrt. Die Lancia-Autos wiesen seit den ersten Modellen vom September 1907 schon immer diese Eigenschaften auf. Bereits das erste Lancia-Modell war schneller und leistungsstärker als die anderen Autos jener Zeit. Es besaß einen 4-Zylinder-Motor mit seitlichen Ventilen (obwohl der brillante Vincenzo Lancia bereits den Entwurf für eine revolutionäre Version mit obenliegenden Ventilen vorbereitet hatte), der bei 1450 U/min 14 PS leisten konnte. Im Vergleich zu anderen Motoren mit 1000 bis 1200 U/min war dies eine sehr hohe Drehzahl.

Am 29. November 1906 wurde Lancia beim Notar Ernesto Torretta offiziell als Firma unter den beiden Namen Lancia Vincenzo und Fogolin Claudio registriert. Schon bald konnte man ihre technische Überlegenheit und führende Stellung erkennen, die ein dreiviertel Jahrhundert andauerten. Der erste echte Lanica, d. h. das erste Auto, das den Firmennamen trug, war der »Alpha« von 1908, benannt nach dem ersten Buchstaben im griechischen Alphabet. Dieses Modell, das als zu schnell und zu leicht angesehen wurde, war für die damalige Zeit fast schon zu fortschrittlich. Es war mit einem 4-Zylinder-Motor mit 2543 ccm Hubraum, Viergang-Getriebe und einem modernen Kardanantrieb ausgestattet und konnte eine Geschwindigkeit von 90 km/h erreichen.

Zwischen 1908 und 1909 baute die Firma 108 Stück dieses ersten Lancia, der eine Länge von 3,8 m hatte. Einige davon wurden auch ins Ausland, besonders nach England, verkauft.

Nach dem Alpha folgten 1908 der »Dialfa«, 1909 der »Beta« (das erste Auto mit Monoblock-Motor) und 1910 der »Gamma«. Auch bei zwei neueren Modellen von 1972 bzw. 1976 verwendete Lancia noch einmal die Namen Beta und Gamma. Die nächsten Modelle waren der »Delta« (auch diese Bezeichnung wurde 1979 erneut verwendet), der »Didelta«, der »Epsilon« und der »Eta«. Letzterer hatte einen 5-l-Motor mit einer trocken laufenden Einscheibenkupplung, einer von Lancias vielen technischen Neuerungen. Eine weitere technische Novität war im Jahr 1912 die Einführung der Artillerieräder aus Metall anstelle der hölzernen Speichenräder, was an die alten Lafettenfahrzeuge erinnerte. Der »Theta« von 1913, von dem fast 1700 Stück produziert wurden, war das erste Auto mit eingebautem elektrischen System, während alle übrigen Hersteller dies in Form von Zusatzteilen anboten.

Ohne Frage einer der größten Erfolge in der Lancia-Geschichte: Das Coupé »B 20« aus der »Aurelia«-Serie. Das Auto besaß eine von Pininfarina entworfene Karosserie und wurde bei der Turiner Automobilausstellung 1951 vorgestellt. Bis zum Produktionsstopp 1957 baute man insgesamt 3 111 Autos dieser Serie. Die in sechs verschiedenen Serien aufgeteilten Fahrzeuge besaßen alle einen 60°-V-6-Motor, dessen Hubraum zwischen 1991 ccm (Original-Version) und 2451 ccm variierte. Dieses Modell siegte 1954 bei der Rallye Monte Carlo.

LANCIA

Das war das erste von Vincenzo Lancia konstruierte Auto. Der »Alpha« hatte einen 4-Zylinder-Motor (2543 ccm), dessen Höchstgeschwindigkeit 90 km/h betrug. Das Foto zeigt den »Doppel-Phaeton«.

Einer der ersten 6-Zylinder-Motoren, die gebaut wurden, war die 3,8-l-Ausführung, die im Sommer 1908 für den »Dialfa« herausgebracht wurde. Trotzdem wurden von diesem Auto nur 23 Stück hergestellt, weil die zu erreichende Spitzengeschwindigkeit von 110 km/h als »zu schnell« angesehen wurde.

Das 1909 entstandene Modell »Beta« hatte einen 3120-ccm-Einzelblock-Motor mit 34 PS, der eine Höchstgeschwindigkeit von 90 km/h erreichte. Insgesamt wurden 150 Fahrzeuge hergestellt. Ein Auto kostete 15 000 Lire.

Eine Weiterentwicklung aus dem »Beta« war die Limousine »Gamma« (1910), gebaut auf verschieden große Chassis. Der 4-Zylinder-Motor (3460 ccm) leistete 40 PS bei 1500 U/min.

Mit einer Höchstgeschwindigkeit von 115 km/h erschien 1911 der »Delta« auf dem Markt. Das Auto besaß einen 4-Zylinder-Motor mit einem Hubraum von 4080 ccm. Es wurde auch eine begrenzte Zahl von Sportwagen mit dem Namen »Didelta« produziert.

Das schnellste italienische Auto seinerzeit war der »Eta« von 1911. Dank seinem 4-Zylinder-Motor (5 l) mit 80 PS bei 1800 U/min leistete, erreichte das Fahrzeug 120 km/h. Es war das erste Auto mit einer Einscheiben-Trockenkupplung.

Das erste europäische Auto mit einem elektrischen Anlasser war der »Theta«. Es handelte sich um einen Luxuswagen, dessen Motor eine Kapazität von nahezu 5 l hatte. 1913 auf den Markt gebracht, wurden bis zum Produktionsstopp 1919 insgesamt 1 696 Fahrzeuge dieses Modells produziert.

Lancia brachte nach dem Ersten Weltkrieg sein erstes Modell 1919 heraus. Der Typ »Kappa« (rechts) besaß einen 4940-ccm-Motor und erreichte eine Höchstgeschwindigkeit von rund 120 km/h. Es folgte 1921 eine Sport-Ausführung, genannt »Dikappa« (unten abgebildet in einer Roadster-Version), die 130 km/h als Höchstgeschwindigkeit erreichte. Schließlich entstand 1922 das Modell »Trikappa« (unten rechts). Es war das erste Fahrzeug mit einem V-Motor. Mit seinen 98 PS und einer Höchstgeschwindigkeit von 130 km/h kann es als das »Flaggschiff« der damaligen Zeit angesehen werden. Sein Preis: 69 000 Lire.

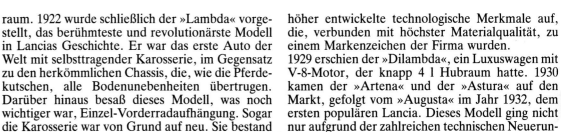

Als Italien in den Weltkrieg verwickelt wurde, machte die Regierung mit Beschluß vom 24. Mai 1915 Lancia zum »kriegswichtigen Betrieb«, und die Produktion konzentrierte sich hauptsächlich auf den Bau von Militärfahrzeugen.

Nach dem Krieg kam in den 20er Jahren der »Kappa« (70 PS, 120 km/h) heraus, der ebenfalls seiner Zeit voraus war. Er besaß eine verstellbare, abgewinkelte Lenksäule, elektrischen Pedalstarter und einen – im Gegensatz zu dem früher außerhalb der Karosserie angebrachten – zentralen (inneren) Ganghebel. Im selben Jahr erschienen der sportlichere »Dikappa« mit 87-PS-Motor (130 km/h) und Speichenrädern aus Metall sowie der große »Trikappa« mit seinem 8-Zylinder-Motor mit 4,5 l Hubraum. 1922 wurde schließlich der »Lambda« vorgestellt, das berühmteste und revolutionärste Modell in Lancias Geschichte. Er war das erste Auto der Welt mit selbsttragender Karosserie, im Gegensatz zu den herkömmlichen Chassis, die, wie die Pferdekutschen, alle Bodenunebenheiten übertrugen. Darüber hinaus besaß dieses Modell, was noch wichtiger war, Einzel-Vorderradaufhängung. Sogar die Karosserie war von Grund auf neu. Sie bestand aus einem Metallrahmen, der mit Stahlblech überzogen war. Der Lambda erwies sich als enormer Erfolg und wurde in der Zeit von 1923 bis 1930 in einer Stückzahl von 13 000 Exemplaren produziert. Seit diesem Jahr war fast jeder Lancia ähnlich erfolgreich. Jedes Modell wies noch modernere und höher entwickelte technologische Merkmale auf, die, verbunden mit höchster Materialqualität, zu einem Markenzeichen der Firma wurden.

1929 erschien der »Dilambda«, ein Luxuswagen mit V-8-Motor, der knapp 4 l Hubraum hatte. 1930 kamen der »Artena« und der »Astura« auf den Markt, gefolgt vom »Augusta« im Jahr 1932, dem ersten populären Lancia. Dieses Modell ging nicht nur aufgrund der zahlreichen technischen Neuerungen in die Geschichte ein, sondern auch wegen seiner »Freilauf«-Vorrichtung, die die Trägheit des Fahrzeugs ausnützte, um den Benzinverbrauch zu reduzieren. 1937 stellte Vincenzo Lancia, der im Winter dieses Jahres im Alter von 56 Jahren starb, ein weiteres Meisterstück vor – den »Aprilia«, ein

Vorgestellt in Paris im Oktober 1922, besaß der »Lambda« eine selbsttragende Karosserie und vorn Einzelradaufhängung. Das Fahrzeug blieb bis 1931 in der Produktion. Während dieser Zeit wurden 13 000 Stück produziert.

Auch der »Dilambda« wurde 1929 in Paris herausgebracht. Der Luxuswagen hatte einen 4-Zylinder-V-8-Motor. Eines der Hauptmerkmale dieses Autos war die obenliegende Nockenwelle.

Das 1931 herausgebrachte Modell »Astura« kann als die »große Schwester« vom Typ »Artena« angesehen werden. Während der 30er Jahre konnte man dieses Auto wegen seiner Qualität als Krönung der Lancia-Produktion bezeichnen.

Das Modell »Artena« von 1931 besaß einen schmalen V-4-Motor mit einem Hubraum von 1924 ccm, der 55 PS bei 4000 U/min leistete und eine Höchstgeschwindigkeit von 115 km/h erreichte. Sein Verkaufspreis betrug 31 000 Lire.

1932 und 1938 wurde der »Augusta« gebaut. Es handelte sich um den ersten von Lancia gebauten Kleinwagen. Der Motor hatte nur einen Hubraum von 1196 ccm. Das Auto war mit hydraulischen Bremsen und einer Ganzstahlkarosserie ausgestattet.

Der »Aprilia« war eines der ersten Autos mit einer aerodynamischen Form. Er kam 1937 auf den Markt und galt als Vincenzo Lancias Meisterstück. Es hatte vorn und hinten Einzelradaufhängung.

Ab 1939 wurde das Modell »Ardea« hergestellt. Es war das erste Lancia-Fahrzeug mit einem Hubraum unter 1 l. Der 903-ccm-Motor erreichte eine Höchstgeschwindigkeit von 108 km/h. Der Benzinverbrauch lag bei 7 l/100 km.

1950 wurde der »Aprilia« durch den »Aurelia«, genannt »B 10« (links), ersetzt. Der 6-Zylinder-Motor hatte einen Hubraum von 1754 ccm. 1951 folgten das 2-l-Modell »B 21« und das Coupé »B 20«, das Pininfarina entworfen hatte. Auch der Spider »B 24« (rechts) von 1955 stammte von Pininfarina.

Basierend auf vorhandenen Bauteilen, wie der Bodenplatte vom Modell »Delta«, entstand Ende 1982 der »Prisma«. Mit diesem Auto wurde die erfolgreiche Produktion bei Lancia wiederbelebt. Die Limousine mit Frontantrieb war Lancias erster Diesel. Drei Motor-Varianten standen zur Verfügung: 1,3, 1,5 und 1,6 l. Das Auto hatte eine unabhängige Aufhängung, vorn Scheibenbremsen, hinten Trommelbremsen. Das Modell »1600« hatte an allen Rädern Scheibenbremsen.

LANCIA-AUTOBIANCHI

Die zweite »Appia«-Serie kam 1956 heraus (die erste erschien 1953). Die Autos hatten einen auf 43 PS aufgestockten Motor, der in der Lage war, eine Höchstgeschwindigkeit von 128 km/h zu erreichen. Der Verkaufspreis betrug 1 220 000 Lire.

Der »Flaminia« (1957–1964) hatte Schwierigkeiten, den Platz von »Aurelia« zu übernehmen. Das Auto besaß einen V-6-Motor mit 2458 ccm, der später auf 2775 ccm erhöht wurde und 125 PS leistete. 1957 betrug sein Preis 2 940 000 Lire.

Das revolutionäre Modell »Flavia« wurde 1960 herausgebracht. Es war das erste italienische Auto mit Frontantrieb. Es hatte einen waagerecht gegenüberliegenden 4-Zylinder-Motor (mit ursprünglich 1500 ccm) und rundum Scheibenbremsen.

Das »Fulvia«-Coupé von 1965 war ein kleiner Sportwagen mit sehr individueller Formgebung. Sein 80-PS-Motor (1216 ccm) erreichte eine Höchstgeschwindigkeit von 160 km/h. In diesem Auto wurden noch viele aufsehenerregende Entwicklungen erprobt.

1971 gab es beim »Flavia« weitere Veränderungen. So wurde der waagerechte Kühlergrill durch das traditionell senkrechte Lancia-Schild ersetzt, und das neue Modell »2000« war geboren. Es gab auch eine Ausführung mit einem 2-l-Einspritzmotor (125 PS).

In der »Nach-Fiat«-Ära kam Lancia mit dem Modell »Beta« heraus. Es standen drei verschiedene Motorentypen zur Auswahl: 1,4, 1,6 und 1,8 l. Es war der erste Lancia mit Diagonal-Motor und Diagonal-Getriebe.

Der 1976 herausgebrachte »Gamma« wurde von Pininfarina konstruiert. Der flache Motor besaß lediglich 4 Zylinder (2 und 2,5 l). Die Tatsache schmälert irgendwie seinen Ruf als Auto der internationalen Spitzenklasse.

Die Karosserie des 1979 herausgebrachten »Delta« wurde von Giorgetto Giugiaro entworfen. Ursprünglich gab es zwei Motortypen mit 1,3 und 1,5 Liter, im weiteren Ausbau entwickelte sich die Reihe zu 1,6- und 2-Liter-Modellen. 1986 erschien der 1,9 Liter-Turbodiesel, 1987 der »HF Integrale« mit permanentem Vierrad-Antrieb, 1989 die Turbo-16V-Version.

Die 4-türige Stufenhecklimousine »Dedra« kam 1989 als mittleres Lancia-Modell heraus, angeboten mit Benzin-Motoren von 1,6 bis 2 Liter Hubraum und dem 1,9-Liter-Turbodiesel. Die technische Basis stimmt mit dem Fiat »Tipo« überein.

revolutionäres Modell, das bis 1949 in Produktion blieb. Dann folgte der »Ardea«, ein »Miniauto« mit nur 903 ccm Hubraum, das nur 750 kg wog. Dank des Fünfgang-Getriebes konnte man 14 km weit mit 1 l Benzin fahren.

Die nächsten Modelle, die in dieser Reihenfolge bis heute erschienen, waren der »Aurelia« vom Mai 1950, der »Appia«, der »Flaminia«, der »Flavia« (das erste italienische Auto mit Vorderradantrieb und Boxermotor), dann »Fulvia«, »Stratos«, »Beta«, »Gamma«, »Trevi«, »Delta« und »Prisma«, das erste Auto in der Geschichte von Lancia mit Dieselmotor. Erst vor kurzem kam der »Thema« heraus, und die Firma präsentierte unter dem Codenamen »Y 10« einen Kleinwagen, der den »A 112« ablösen

Der Lancia »Thema« ist das Parallelmodell zum Fiat »Croma« mit grundsätzlich gleicher Technik. Sie gipfelt im »Thema 8.32« mit 2,9-Liter-Ferrari-V8-Motor.

soll und jederzeit in Produktion gehen kann. Der A 112 wurde ursprünglich unter der Marke Autobianchi herausgebracht, jedoch über Lancias Verkaufsnetz und in Übereinstimmung mit den Prinzipien der Firmengruppe verkauft. Im Herbst 1969 hatte Fiat die Firma Lancia übernommen, um ihr aus ernsten finanziellen Schwierigkeiten, die die Überlebenschancen der Firma stark gefährdeten, herauszuhelfen.

Heute ist Lancia jedoch erfolgreicher denn je. Die steigenden Verkaufszahlen sichern der Firma fast 9% des italienischen Marktes. Damit nimmt sie hinter dem Giganten Fiat (ihrer »Mutterfirma«) und vor Alfa Romeo den zweiten Platz unter den Automobilherstellern Italiens ein.

◀ A 112

Y 10 ▶

Autobianchi hießen Versionen des Fiat 500 mit eigenen Karosserien, die sich seit 1957 beliebt machten. Die Kooperation führte 1969 zur Übernahme der Marke durch Fiat, der Autobianchi A 112 profilierte die Marke und wurde 1985 mit neuer Karosserie in den Lancia »Y 10« verwandelt. Das kompakte Fahrwerk, Variante einer Fiat-Konstruktion, erlaubte neben dem 1-Liter-Basismodell die hohen Fahrleistungen des 1,3 Liter-»X 10 GT i.e.«, und 1986 erschien die Allrad-Version »4WD« mit Hinterrad-Freilauf.

LOTUS

Das in den 70er Jahren herausgebrachte Modell »Seven S 4« war eine neue Ausgabe des »Mark 7 Seven« von 1957. Das Auto gab es mit diversen Ford-Motoren. Verkauft wurde auch eine zweisitzige Roadster-Ausführung mit einer Karosserie aus Fiberglas.

Das erste Auto, das mit einer Fiberglas-Karosserie ausgestattet war, das Modell »Elite«, wurde zwischen 1958 und 1959 hergestellt. Die Konstruktion erwies sich als so teuer, daß die Firma nahezu an den Ruin getrieben wurde.

Anthony Colin Bruce Chapman hegte schon immer den Wunsch, eine Firma zur Herstellung von Sportwagen, die sich durch Eleganz und hohe Wettkampftauglichkeit von anderen Marken unterschieden, zu gründen. 1948 baute er mit Hilfe von Colin Dare und Rodney Nuckey den »Lotus 1« (nach einer exotischen Blume benannt) für Probefahrten. Die neue Firma, die auch den Namen Lotus erhielt, begann 1952 mit der Produktion von Chassis und Aufhängungen für Sportwagen. Der »Lotus Mark VI« besaß bereits Merkmale, die man auch heute noch an den modernen »Sevens« erkennen kann. Die Entwicklung ging besonders bei Chassis und Aufhängung weiter, worin sich die Firma stark erwies, und die Autos erhielten die Motore von Mark 8, 9 und 10, Bristol, Ford, Coventry Climax und MG. Der »Mark 11« war das letzte Modell aus der Mark-Reihe, die darauf folgenden Fahrzeuge bekamen entweder einen symbolischen Namen oder sie wurden mit dem Wort »Typ« und der Nummer versehen.

Das Modell »Elite«, der erste Lotus mit Glasfaserkarosserie, wurde 1957 bei der Londoner Automobilausstellung präsentiert. Drei Jahre später stieg Lotus mit dem Fahrer Stirling Moss, der den Großen Preis von Monte Carlo gewann, in die Formel 1 ein. Seit jener Zeit errang Lotus noch viele Rennsiege. Die Autos von Colin Chapman wurden auf den Rennkursen bekannter als im normalen Straßenverkehr, obwohl die »Straßenwagen« der Firma die gleiche sportliche Form und Leistungsfähigkeit bieten.

Das erste »Elan«-Modell war der Typ »26« als Cabrio, von dem insgesamt 12 224 verkauft wurden. Es folgten die Typen »36« und »45«, die als »Elan«-Serie 3 und S 3 bekannt wurden. Links: das Modell »S 4« von 1972. Dieses Auto war mit einem 4-Zylinder-Motor (1558 ccm) mit obenliegender Doppelnockenwelle ausgestattet. Der Typ »Elan + 2 S« (rechts), war ein 2 + 2-Coupé mit einem 119-PS-Motor (1,6 l) und Allrad-Scheibenbremsen, das 1967 herausgebracht wurde.

750 000 englische Pfund kosteten die drei Jahre Entwicklungsarbeit am Modell »Elite« (1974). Die Innenausstattung wurde in den Giugiaro-Karosseriewerken hergestellt. Der 4-Zylinder-2-l-Lotus-Motor besaß 4 Ventile pro Zylinder.

Das 1967 herausgebrachte Modell »Europa« besaß einen abgewandelten Renault-16-Motor. Das 1972er Modell »Europa-Spezial« war mit einem 4-Zylinder-Mittelmotor (1,6 l) mit obenliegenden Doppelnockenwellen ausgestattet.

Das Modell »Eclat« (1975) ist eine Elite-Variante, bei der die gleiche Technik (2 l), jedoch eine andere Karosserie verwendet wird. Ab 1982 wurde die Serie unter dem Namen »Excel« fortgesetzt. Sie besitzt nun einen größeren 2,2-l-Motor, der 160 PS bei 6500 U/min leistet. Höchstgeschwindigkeit 216 km/h.

Die Karosserie des 1975 herausgebrachten »Esprit« konstruierte Giugiaro, jedoch blieb es bei der gleichen Motor-Ausführung mit 2 l und 16 Ventilen. 1980 wurde die Kapazität auf 2,2 l erhöht, und im selben Jahr wurde auch ein Turbolader herausgebracht.

MASERATI

Wie bei fast allen älteren Marken, war auch die Bezeichnung Maserati der Familienname des Gründers. Tatsächlich gab es sieben Maserati-Brüder. Sechs von ihnen waren von dem »neugeborenen« Automobil fasziniert (der siebente wandte sich der Malerei zu), und sie konnten bei Isotta Fraschini, Fiat und Bianchi arbeiten. Alfieri Maserati eröffnete schließlich unter seinem Namen eine Werkstatt zum Bau von Isotta-Fraschini-Motoren. Zwei seiner Brüder schlossen sich ihm bald an. Es dauerte jedoch zwölf Jahre, bis der erste Maserati erschien – der Typ 26, eine Version mit 1500 ccm Hubraum und Kompressor.

Sportmodelle kennzeichneten Maseratis Produktion bis nach dem Zweiten Weltkrieg. 1947 wurde der »A 6« mit 6-Zylinder-Motor, 1500 ccm Hubraum, 65 PS und drei Vergasern sowie einer Berlinetta-Karosserie von Pininfarina vorgestellt. 1954 entstand unter dem Dreizack-Zeichen der »A6 G54«, ein Sportmodell, das eher für die Serienproduktion als für die Rennstrecken bestimmt war. Es besaß einen 6-Zylinder-Motor mit 2000 ccm Hubraum und war in Spider- oder Coupé-Versionen von Allemano, Frua und Zagato erhältlich.

Das Firmenzeichen stammte offensichtlich von Mario, dem malenden Bruder, der nach dem Vorbild an dem Gebäude am Neptun-Platz in Bologna eine stilisierte Version von Neptuns Dreizack entworfen hatte.

Am Beginn einer langen Zeit finanzieller Einschränkungen brachte die Serienproduktion der Firma einen positiven Aufschwung. 1957 zog sich Maserati offiziell vom Rennsport zurück und organisierte seinen Betrieb um. Bald waren schon die ersten Anzeichen der Erholung sichtbar, und die Produktion wurde auf den steigenden Absatz des »3500 GT« (220 PS) konzentriert. Der Name Maserati wurde wieder mit dem Rennsport in Verbindung gebracht. Auf Wunsch des Schah von Persien brachte die Firma einen »5000« heraus, der das Interesse vieler Karosseriebauer weckte. 1962 erschien der »Sebring Berlinetta« (benannt nach dem amerikanischen Rennkurs), entworfen von Vignale. Dieses 2 + 2-Modell mit 6-Zylinder-Motor mit 3485 ccm Hubraum konnte bei einer Leistung von 235 PS eine Höchstgeschwindigkeit von 235 km/h erreichen.

Im folgenden Jahr produzierte Maserati seine erste und einzige Limousine, den viertürigen »Quattroporte«. Sein V-8-Motor mit 260 PS und einem Hubraum von 4136 ccm ermöglichte eine Geschwindigkeit von 230 km/h.

1964 setzte sich die Produktpalette unter anderem aus dem »Sebring«, dem »3700 GTI«, dem »Convertible« (3692 ccm Hubraum) und dem »Quattroporte« zusammen. 1966 erschien der »Mexiko« von Vignale mit Quattroporte-Motor (4,2 l). Im selben Jahr kamen auch der 4,7-l-Mexiko mit V-8-Motor, 290 PS, 4719 ccm Hubraum und einer Höchstgeschwindigkeit von 255 km/h sowie der »Ghibli«, ein von Ghia entworfenes Coupé mit einem auf 330 PS vergrößerten 4,7-l-Motor des Typs Mexiko und 280 km/h Spitzengeschwindigkeit heraus.

1967 entwarf Frua den »Mistral« mit Coupé- und Spider-Version. Für sie wurden die gleichen 3692-

Das im Jahr 1947 von Pininfarina entworfene Modell »A 6« war das erste Maserati-Fahrzeug, das nicht für Rennen entwickelt wurde. Der 6-Zylinder-Motor (65 PS, 1500 ccm) erreichte eine Höchstgeschwindigkeit von 170 km/h.

Das modernisierte »A 6«-Grundmodell, bezeichnet als »A 6 G«, besaß den gleichen 6-Zylinder-Motor (65 PS, 1500 ccm). Die Karosserie war jedoch abgerundeter und bot den Fahrgästen im Innenraum mehr Platz.

Das Modell »5000 GT« (abgebildet mit einer Ghia-Karosserie) wurde 1959 auf der Turiner Automobilausstellung vorgestellt. Dank seines V-8-Motors mit 4935 ccm, der 350 PS bei 6000 U/min leistete, war das Auto außerordentlich erfolgreich.

Das Modell »3500 GT« mit Einspritzung leistete 220 PS bei 5500 U/min und hatte einen Hubraum von 3485 ccm. Der Karosseriebauer hieß Touring.

Der »Sebring« des Jahres 1962 war eine Vignale-Limousine (mit einer Coupé-Karosserie 2 + 2). Dieses Auto gab es auch als Roadster. Der Motor hatte 6 Zylinder und 3,5 l.

Beim Typ »Mexico 4,2« handelte es sich ebenfalls um eine Vignale-Limousine. Sie war mit einem 90°-V-8-»Quattroporte«-Motor (4136 ccm) ausgestattet und leistete mit vier obenliegenden Nockenwellen 260 PS bei 5200 U/min.

Den 1967 herausgebrachten »Mistral« gab es als Coupé und als Roadster. Es standen zwei Motor-Varianten zur Verfügung: 3692 ccm und 4014 ccm (für das »Sebring«-Modell). Mit nahezu 8 Millionen Lire war es seinerzeit das teuerste Auto seiner Klasse.

Als erstes Maserati-Auto mit Mittelmotor kam 1971 der »Bora« heraus. Der 310 PS starke V-8-Motor (4700 ccm) hatte vier Vergaser. Die zweisitzige Karosserie wurde von Giugiaro entworfen.

Das Modell »Biturbo« – genannt nach den zwei Turbofedern, die den V-6-Motor speisten, einen für jede Zylinderbank – kam 1982 auf den Markt. Sein Listenpreis mit ungefähr 20 Millionen Lire erzeugte so manchen »Aufschrei«. Man war sich einig darüber, daß sich die Firma mit diesem Wagen sozusagen in Szene setzen wollte. Jedoch zeigte sich, daß der 180 PS starke 2-l-Motor (außerhalb Italiens auch mit 2,5 l lieferbar) so gut arbeitete, daß das Auto tatsächlich ein Verkaufserfolg wurde. Das Fahrzeug hatte einen nicht unwesentlichen Anteil an der finanziellen Gesundung von Maserati.

ccm- und 4014-ccm-Motore verwendet, wie beim neuen Sebring. Bei ständig steigendem Markterfolg verkauften die Brüder Orsi, die die Firma 1937 übernommen hatten, Maserati an Citroën. In Übereinstimmung mit einem vorher festgelegten Programm kam ein Jahr später der »Indy« heraus, gefolgt von der Spider-Version des Ghibli und einer neuen Version des Quattroporte mit 4700-ccm-Mexico-Motor. Als Produkt der Zusammenarbeit von Maserati, das den V-6-Motor mit 170 PS und 2670 ccm Hubraum lieferte, und Citroën, von dem die fast 5 m lange viertürige Coupé-Karosserie stammt, kam im Frühling 1970 der »SM« auf den Markt. Er wurde in Citroëns Fabriken zusammengebaut und über deren Filialnetz vertrieben. 1971 ersetzte man den 4700-ccm-Mexico-Motor des Indy durch eine vergrößerte 5-l-Version. Einige Monate später wurde der neue »Bora« mit Giugiaro-Karosserie und herkömmlichem 4700-ccm-Motor präsentiert. Nach Veränderungen an der Heckkonstruktion erschien das Auto unter dem Namen »Merak« im folgenden Jahr erneut. Er war im gleichen Stil gehalten, besaß jedoch einen mittleren 3-l-Motor, der aus dem beim SM eingebauten Motor entwickelt wurde. Um die Serie fortzuführen, erhielt auch die Bertone-Limousine (2 + 2) den Namen eines afrikanischen Windes, nämlich »Khamsin«.

Im April 1975, zwei Monate nachdem die Produktion der SS-Version des Merak mit von 190 PS auf 220 PS erhöhter Leistung und Höchstgeschwindigkeit von 250 km/h angelaufen war, gab Citroën seine Entscheidung bekannt, Maserati aufzulösen. Zu diesem Zeitpunkt griffen GEPI und der Italo-Argentinier Alejandro De Tomaso ins Geschehen ein und übernahmen die Firma in Modena. Am 8. August sicherte ein Vertrag Maseratis weiteres Bestehen. Bei der Automobilausstellung in Genf 1976 wurde der »Kyalami« vorgestellt, ein Auto mit V-8-Motor, 270 PS und 4135 ccm Hubraum. Erst 1979 erschien das nächste Modell, der »Quattroporte Mk III« mit 4,2-l-Motor und einer neuen Karosserie von Giugiaro. Drei Jahre später –1982 – brachte De Tomaso den »Biturbo« heraus, ein Modell mit 2-l-6-Zylinder-Motor, einem Kompressor pro Zylinderreihe und 180 PS. Sein kommerzieller Erfolg auf den Märkten in Europa und sogar in den USA und Kanada war größer, als es sich sein Hersteller je erträumt hätte.

Das Modell »Ghibli« wurde sowohl als Coupé als auch als Spider 1966 von Ghia konstruiert. Als Motorvarianten standen 4,7 l oder 5 l zur Auswahl. Es besaß hervorstehende Scheinwerfer und eine besonders »weiche« Formgebung. Die Spider-Version ebenfalls von Ghia kam erst 1969 auf den Markt.

Dieses »Boomerang«-Coupé wurde 1972 bei der Genfer Automobilausstellung vorgestellt. Der Konstrukteur war Giugiaro. Die technische Ausstattung wurde vom Modell »Bora« übernommen. Man beachte das Front-Styling und die Verbindung zur Windschutzscheibe, die in einer geschlossenen Linie verläuft.

Giugiaro konstruierte auch das Modell »Merak« von 1972. Dieses Auto war eine Entwicklung aus dem Modell »Bora« (1971). Der V-6-Mittelmotor war eine Entwicklung aus dem SM-3-l. Er hatte drei Doppelvergaser und elektronische Zündung.

Das Modell »Khamsin« – konstruiert von Bertone als ein 2 + 2-Typ – hatte seine Premiere 1973. Der vornliegende V-8-Motor mit 320 PS (5 l) erreichte eine Höchstgeschwindigkeit von 280 km/h. Die Lenkung war mit einem fortschrittlichen Servo-System ausgestattet.

Eine augenfällige Neugestaltung des »De Tomaso« (Longchamp) führte 1976 zum neuen Typ »Kyalami« (eine südafrikanische Rennstrecke). Das Auto war mit einem V-8-Motor (270 PS, 4135 ccm) ausgestattet und erreichte 240 km/h. Es gab auch eine von Frua für Maserati überarbeitete 2 + 2-Karosserie.

Der erste Quattroporte kam 1963 heraus. Die elegante, klassische Limousine war mit einem V-8-Motor (260 PS, 4136 ccm) ausgestattet. Die Höchstgeschwindigkeit lag bei 230 km/h. Die letzte 1979 herausgebrachte Serie war etwas mehr abgerundet, der Konstrukteur war Giugiaro.

MAZDA

Mazda gehört wohl mit Recht zu den Rekordbrechern unter den japanischen Herstellern. Dies zwar weniger wegen ihrer Produktionsrate, denn die Fabrik in Hiroshima liegt – national gesehen – nur an dritter Stelle hinter Toyota und Nissan, auf jeden Fall aber wegen des hohen technologischen Standards, der immer das Markenzeichen der Firma war, und wegen der Firmenpolitik, die sich auf die Produktion von klein- und sehr kleinmotorigen Autos konzentriert.

Mazda ist die Marke, mit der die Autos der japanischen Firma Toyo Kogyo Co. Ltd. in aller Welt bekannt geworden sind. Die Firma, die 1920 unter dem Namen Toyo Cork Kogyo Co. in Hiroshima entstand, produzierte bis 1927 ausschließlich Kork. Im Jahr 1928 begann die Fertigung von Werkzeugmaschinen, und 1931 entstanden die ersten Lastwagen. Das waren ursprünglich dreirädrige Fahrzeuge mit Vorderradantrieb, die einfach zu bedienen waren und bis zu 2000 kg Nutzlast befördern konnten.

Hiroshima ist in der Geschichte des 20. Jahrhunderts auf tragische Weise bekannt geworden, die Atombombe von 1945 zerstörte auch die Toyo-Kogyo-Fabrik vollständig. Doch innerhalb von zehn Jahren konnte die Firma die Produktion wieder aufnehmen. Sie nutzte ihre Vorkriegserfahrungen mit Lastwagen sowie einige Automobilentwürfe aus den 40er Jahren und konnte 1960 das erste Mazda-Auto herausbringen. Der »R 360« war ein zweisitziges Mini-Coupé, das von einem V-2-Heckmotor mit nur 356 ccm Hubraum und einer Leistung von 16 PS angetrieben wurde, jedoch bei einem Benzinverbrauch von etwa 3 l/100 km eine Höchstgeschwindigkeit von 105 km/h erreichen konnte. Zwei Jahre später erschien der »P 360«, eine viersitzige Version mit 4-Zylinder-Motor (358 ccm Hubraum, 20 PS). Von diesem Modell wurde auch eine viertürige Version gebaut, die als »Carol« bekannt wurde. 1964 stand Mazda mit seinem Angebot von vier Modellen (drei davon vollständig neu) an dritter Stelle der japanischen Automobilhersteller. Neben

Beim »323« handelt es sich um ein Auto mit Hecktür mit einem vornliegenden 4-Zylinder-Motor (1000 ccm oder 1300 ccm), das 1977 erstmals auf dem Markt erschien. Das 1980er Modell »Familia« (dieser Name wurde in Japan verwendet) hatte Frontantrieb und einen vornliegenden Diagonal-Motor. Es gibt drei-, vier- oder fünftürige Limousinen sowie eine Cabrio-Version.

Nach seiner Vorstellung 1978 wurde der »Savanna« (oder RX-7) schnell einer der beliebtesten Sportwagen. Das besonders kompakt gebaute Fahrzeug hat eine sehr gute Straßenlage, die durch den niedrigen Schwerpunkt und die ausgezeichnete Gewichtsverlagerung entsteht. Seit 1983 gibt es auch einen Turbo-Rotations-Motor mit Einspritzung. Der »Savanna« hat an vielen Rennen und Rallyes teilgenommen. Seine besonderen Qualitäten konnte das Auto bei Endurance-Wettbewerben beweisen.

einem größeren Carol mit 600-ccm-Motor und 28 PS gab es noch den »Familia«, den »Luce« und den aufregenden, äußerst fortschrittlichen »Cosmo« mit Rotationsmotor. Der Familia war ein kleines, dreitüriges Modell mit 4-Zylinder-Frontmotor und Hinterradantrieb (782 ccm Hubraum, 42 PS und 105 km/h), während der Luce des Italieners Bertone wahlweise mit 993-ccm- oder 1484-ccm-Motor erhältlich war.

Natürlich erweckte das stromlinienförmige Cosmo-Coupé sofort die größte Aufmerksamkeit. Es wurde von einem 2-Zylinder-Rotationskolben-Motor mit 800 ccm Hubraum und 70 PS angetrieben und bot hervorragende Fahreigenschaften. Obwohl der Cosmo laufend weiterentwickelt und erprobt wurde, kam er über das Stadium des Prototyps, der 1964 bei der Automobilausstellung in Tokio vorgestellt wurde, nicht weit hinaus.

Der Luce ging 1966 in Produktion. Beim Cosmo dauerte es jedoch noch ein weiteres Jahr, bis man eine zweckmäßige Ausführung mit einem 982-ccm-Motor (immer noch mit Rotationskolbensystem), 110 PS und einer Höchstgeschwindigkeit von 175 km/h gefunden hatte. Dieses Modell kennzeichnete die künftige Politik der Firma Mazda, die heute weltweit als einzige – nachdem auch Citroën und NSU die Produktion dieses Motortyps einstellten –

Ein dreirädriges »Mazda«-Fahrzeug kam erstmals 1931 heraus. In jenem Jahre wurden 66 Modelle dieses Typs gebaut.

Mazdas erster Personenwagen wurde erst 1960 vorgestellt. Das Modell »R 360« war ein zweitüriges Coupé mit einem 2-Zylinder-Motor.

Unter dem Namen »Carol« wurden 1962 die neuen Modelle »360« und »600« herausgebracht. Die Autos hatten einen luftgekühlten 4-Zylinder-Motor.

Die Limousine »800«, bekannt unter dem Namen »Familia«, kam 1964 auf den Markt, sofort gefolgt von einer Coupé-Ausführung mit einem erhöhten Hubraum von 985 ccm.

1966 entstand das neue Modell »Luce«. Es war mit einem wassergekühlten 4-Zylinder-Motor und einem Viergang-Getriebe ausgestattet. Die Karosserie wurde von Bertone entworfen.

Das Modell »Capella« wurde 1970 herausgebracht. Der Typ »616« hatte einen 1,6-l-Motor, während der Typ »RX-2« einen Doppel-Rotationskolbenmotor von Wankel besaß.

MAZDA

Auch beim 1971er Modell »Savanna« (RX-3) kam noch der Doppel-Rotationskolbenmotor zum Einsatz, obgleich zur selben Zeit auch ein 4-Zylinder-Modell herausgebracht wurde.

Das 1972 entstandene kleine, zweitürige Modell »Chantez« war mit einem wassergekühlten Zweitaktmotor mit 2 Zylindern und einem Hubraum von 359 ccm ausgestattet.

Der 4-Zylinder-Motor des Modells »929« (oder »Luce«) des Jahres 1977 hatte einen erhöhten Hubraum von 1800–2000 ccm. Auch mit einem Wankel-Kreiskolbenmotor angeboten.

Das Modell »MX 02« wurde 1983 in Tokio vorgestellt. Die extrem leichte, aerodynamische Karosserie ist aus Karbonfiber. Das Auto besitzt einen 16-Ventil-Motor (1300 ccm), Vierrad-Antrieb, eine elektronisch kontrollierte Aufhängung und einen eingebauten Computer.

Das Modell »Cosmo 110 S« (1967) war das erste Auto mit einem Doppel-Rotationskolbenmotor von Wankel. Die 1975er Serie hatte entweder einen 4-Zylinder-Motor (Modell »121« und »121 L«) oder einen Doppel-Rotationskolbenmotor (Typ RX-5).

Beim »Capella« von 1978 hatte man die Wahl zwischen einem 4-Zylinder-Motor mit 1,6, 1,8 oder 2 l. Er hatte Servo-Scheibenbremsen vorn und Trommelbremsen hinten.

Das neue Modell »Familia« kam im Jahr 1977 heraus. Das »323er« Modell wurde mit einem 1- oder 1,3-l-Motor verkauft. 1979 wurde die Leistung auf 1400 ccm (oben) und 1980 auf 1500 ccm erhöht. 1983 kam auch eine Turbo-Ausführung hinzu. Unten: das dreitürige Modell mit Heckklappe des Jahres 1982.

Das 1982er Modell »Luce« oder »929« (links) war das erste Auto mit einem Turbo-Rotations-Motor. Es werden bei allen Rädern Scheibenbremsen eingebaut. Die unabhängige Aufhängung wird durch einen Computer automatisch gesteuert. Rechts: das Modell »13 B RE« Hardtop von 1984.

Der kleine Mazda »121« mit Faltdach ist am britischen Mini orientiert. Er wird seit 1985 gebaut und seit 1988 in Europa angeboten, motorisiert mit 1,1 und 1,3 Liter Hubraum, die schnellste Version erreicht 175 km/h im Geist des Mini-Cooper.

regelmäßig Autos mit Wankel-Rotationsmotoren herstellt.

Der wechselhafte Erfolg und die technische Beharrlichkeit der Firma, ein System beizubehalten, das aufgrund der Probleme mit übermäßigem Benzinverbrauch und schlechten Abgaswerten von anderen renommierten Herstellern bereits fallengelassen wurde spiegelte, sich in vielen Mazda-Modellen wider. Dazu gehörten der »Cosmo 110 S«, der »R 100«, das »Luce Rotary-Coupé«, der »RX-2«, der »Capella XR«, der »Familia Rotary TSS«, und die RX-7-Zweischeiben-Modelle. Geblieben ist der sportliche »RX-7«, doch seit 1990 setzt der »Eunos Cosmo« dazu an, dem Wankel-Motor die weitere Zukunft zu sichern.

Ein Volltreffer ist der offene Zweisitzer »MX-5 Miata«, sportlich motorisiert mit dem 1,6 Liter/16-Ventil-Vierzylinder-Triebwerk, 195 km/h sind erreichbar, doch der Reiz des Modells ergibt sich vor allem aus der Form nach klassischen Mustern.

Die Modellreihe Mazda »323« umfaßt kompakte Wagen mit 2 und 4 Türen, Schräg- und Stufenheck und den Kombi. In Kooperation mit Ford wird der Typ weltweit angeboten, das Motorenangebot von 1,3 bis 1,8 Liter auf den jeweiligen Markt eingestellt.

Der Mazda »626« bietet neben dem größeren Stufenheck-4-Türer »929« ein breiteres Angebot aller gängigen Karosserietypen mit 4 Türen und ein 2-türiges Coupé, Versionen werden je nach Markt dosiert, Motoren von 1,8 bis 2 Liter Hubraum.

MERCEDES-BENZ

Das 100jährige Jubiläum des Automobils ist für Daimler-Benz ein Ereignis von besonderem Traditionswert, denn es erinnert an die großen technischen Leistungen unserer Firmengründer Karl Benz und Gottlieb Daimler. Sie haben mit ihren bahnbrechenden Erfindungen das automobile Zeitalter eingeleitet, das den Wunsch der Menschheit nach freier, ungebundener Mobilität erfüllt und uns einen sozialen, wirtschaftlichen und technischen Fortschritt ohnegleichen gebracht hat.

Die Geschichte des Automobils ist zugleich die Geschichte bemerkenswerter technischer Innovationen, und wir sind stolz darauf, daß die Namen Daimler und Benz durch unser Unternehmen hiermit eng verbunden geblieben sind. Unser Ziel ist heute wie damals das gleiche: Die Vielzahl von Einzeltechniken und -kriterien, aus denen ein Automobil entsteht und denen es entsprechen muß, sind zu einem optimalen Ganzen zu vereinen. Getreu dem Leitwort von Gottlieb Daimler: »Das Beste oder nichts« geht es uns unverändert darum, mit unseren Autos die höchsten Anforderungen an Sicherheit, Wirtschaftlichkeit und Umweltfreundlichkeit ebenso zu erfüllen wie unsere traditionellen Maßstäbe für Komfort, Qualität und hohen Gebrauchsnutzen. Auf diese Weise wollen wir uns auch in Zukunft dem Erbe von Karl Benz und Gottlieb Daimler würdig erweisen.

Professor Dr. WERNER BREITSCHWERDT – Vorsitzender des Vorstandes der Daimler-Benz AG

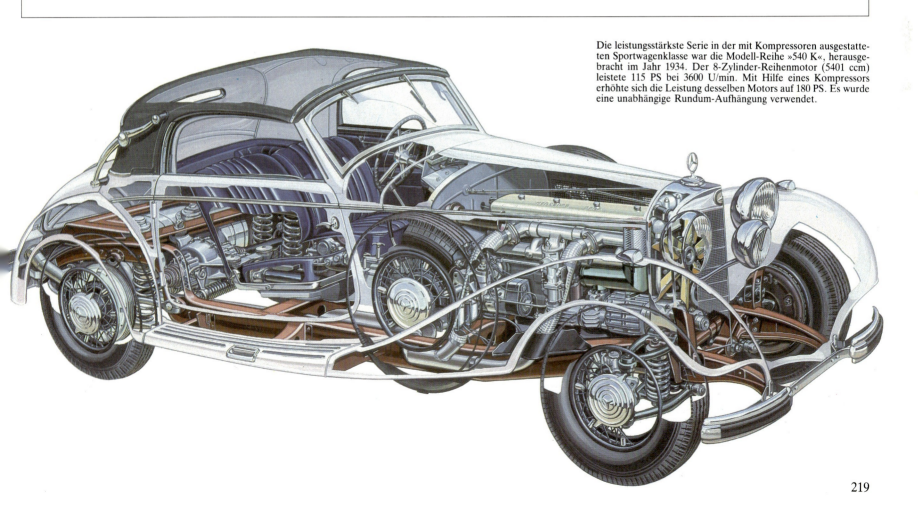

Die leistungsstärkste Serie in der mit Kompressoren ausgestatteten Sportwagenklasse war die Modell-Reihe »540 K«, herausgebracht im Jahr 1934. Der 8-Zylinder-Reihenmotor (5401 ccm) leistete 115 PS bei 3600 U/min. Mit Hilfe eines Kompressors erhöhte sich die Leistung desselben Motors auf 180 PS. Es wurde eine unabhängige Rundum-Aufhängung verwendet.

MERCEDES-BENZ

Der 1886 von Daimler und Maybach konstruierte 1-Zylinder-Motor (469 ccm) leistete 1,5 PS bei 700 U/min. Er war in diesem kleinen Fahrzeug eingebaut und erreichte eine Höchstgeschwindigkeit von 16 km/h.

Für einen neuen Fahrzeugtyp erhielt Benz im Jahr 1886 ein Patent. Das Automobil bot eine harmonische Einheit zwischen Fahrgestell und Motor. Der 1-Zylinder (984 ccm) leistete 0,9 PS bei 400 U/min und erreichte eine Höchstgeschwindigkeit von 15 km/h.

Das 1894 herausgebrachte Modell »Benz Velo« war weltweit das erste Fahrzeug, das in Serie produziert wurde. Sein 1-Zylinder-Motor (1,5 PS) besaß einen Hubraum von 1050 ccm. Es gab sowohl eine Standardausführung als auch eine »Komfort«-Version (Foto).

Das »dos-à-dos« (Rücken an Rücken) und die geschlossene Ausführung des Modells »Mylord« aus dem Jahr 1897 war ausgestattet mit einem 2-Zylinder, gegenüberliegendem 2,7-l-Motor. Seine Leistung betrug 9 PS bei 900 U/min. Die Höchstgeschwindigkeit lag bei 40 km/h.

Das zwischen 1900 und 1901 auf den Markt gebrachte Modell »35« verwendete erstmals den Namen »Mercedes«. Der neue 4-Zylinder-T-Kopf-Motor besaß Seitenventile, die mittels einer äußeren Nockenwelle bedient wurden und 35 PS bei 1000 U/min leisteten. Mit einem Hubraum von 5,9 l erreichte das Auto 72 km/h.

◀ Erhöhte Motorleistungen erforderten zwangläufig ein verbessertes Kühlersystem. Das 1899 konstruierte Modell »Ideal« (5 PS) erhielt deshalb einen zusätzlichen Wasserbehälter, der unter der kleinen Fronthaube versteckt wurde. Der 1050-ccm-Motor leistete 4,5 PS bei 750 U/min und erreichte eine Höchstgeschwindigkeit von 40 km/h.

Gottlieb Daimler und Karl Benz trafen sich nie. Ihre jeweiligen Bemühungen, das spätere Automobil zu planen und zu konstruieren, verliefen 40 Jahre lang parallel. In diesem Zeitraum erreichten sie nach damaligem Maßstab wirklich außergewöhnliche Resultate.

Daimler, zehn Jahre älter als Benz, war zwischen 1872 und 1882 Oberingenieur bei der Gasmotorenfabrik Deutz, wo Wilhelm Maybach Chefkonstrukteur war und wo der erste Viertakt-Motor von Nikolaus Otto produziert wurde.

Nachdem er sich zusammen mit Maybach selbständig gemacht hatte, bekam Daimler 1883 ein Patent für einen Erstlingsmotor, der der Vorläufer des Motors war, den er 1886 in eine Automobilkarosserie einbaute. Benz, der Eigentümer der Mannheimer »Benz & Co.«, die stationäre Motoren fertigte, stellte im selben Jahr sein Dreirad vor. Es war das erste Fahrzeug, das im Hinblick auf eine vernünftige Einheit von Motor und Chassis konstruiert wurde. Während die 1890 gegründete Daimler Motoren Gesellschaft ihre Motoren an alle Arten von Fahrzeugen einschließlich Schiffen und Zeppelinen anpaßte, arbeitete Benz weiter an der Perfektionierung seines eigenen Fahrzeugs. Der »Velo« von 1894 war das erste, in einer kleinen Serie hergestellte Auto. Im selben Jahr nahm es am ersten Autorennen in der Geschichte, der Rallye Paris–Rouen, teil.

Benz und Daimler erzielten ausgezeichnete Ergebnisse und erkannten sofort die Bedeutung der Wettrennen für die Werbung für ihre Fahrzeuge. Aus der Zeit dieser Rennen stammt der Markenname »Mercedes«. Er war das Pseudonym des österreichischen Konsuls Emil Jellinek, der unter dem Namen seiner ältesten Tochter an Rennen teilnahm. Jellinek, der in Nizza lebte, war von 1898 an einer von Daimlers Hauptagenten (wie wir es heute nennen würden), da er auch in Kommission Rennwagen von ihm bezog; anfangs den »Phönix« 25 PS, später den »35 PS«. Von letzterem kaufte er unbesehen 36 Stück und verkaufte die Daimler-Autos unter dem Namen Mercedes, dessen schnell wachsender guter Ruf alle von 1902 an in Stuttgart produzierten Autos charakterisierte. Im Jahr 1900 starb Daimler, und Maybach übernahm die Firma.

Auch Benz konnte Rennerfolge verzeichnen. Der bemerkenswerteste war wohl der Geschwindigkeitsrekord von 205 km/h auf der Rennstrecke in Daytona im Jahr 1909 mit dem sogenannten »Blitzen-Benz« (200 PS). 1910 stellte der Wagen mit 228 km/h einen neuen Rekord auf.

Die ersten Jahre des 20. Jahrhunderts waren durch den ständigen Fortschritt in der Automobiltechnologie gekennzeichnet. Zwei der besten Beispiele dafür waren der »Mercedes Simplex« und der »Benz Phaeton«. Dank Daimlers erstem 6-Zylinder-Motor konnten Limousinen-Motoren bald eine Leistung von 40 PS bis 60 PS erreichen.

Mercedes erlebte mit den ersten drei Plätzen beim Großen Preis von Frankreich im Jahr 1914 und dem Sieg in Indianapolis im Jahr 1915 große Erfolge. Wegen der drohenden Kriegsgefahr wurden die großen Industriefirmen auf die Produktion von Kriegsgütern umgestellt. Daimler baute in Sindelfingen eine Fabrik zur Herstellung von Flugzeugmotoren, und auch Benz begann mit der Produktion solcher Motoren.

In den schwierigen Nachkriegsjahren mußten die beiden Firmen ihre Produktionsprogramme reduzieren. Trotzdem begannen Daimler und auch Benz 1921 wieder mit dem Rennsport und konnten wichtige Erfolge erringen.

Unter optimaler Nutzung erster Erfahrungen aus den ersten Experimenten von 1885 und der Arbeit auf dem Gebiet der Luftschiffahrt brachte Daimler 1921 zwei Autos heraus, eines mit 1500-ccm- und das andere mit einem 2600-ccm-Motor. Beide Modelle waren mit Kompressoren ausgestattet, die auch in die Rennautos eingebaut wurden. Von den 269 Siegen der Daimler- und Benz-Wagen im Jahr 1924 wurden 93 mit Kompressormotoren errungen. Das war der Beginn einer Ära, die bis 1939 andauerte. Die Mercedes-Modelle 15/70/100 und 24/100/140 von 1924 waren zwei Beispiele für leistungsstarke

MERCEDES-BENZ

und überaus bequeme Limousinen, die ersten Exemplare einer langen Reihe von Automobilen, die bei einer reichen und anspruchsvollen Kundschaft großen Anklang fanden.

Zu Beginn der 20er Jahre gab es in Deutschland 86 Automobilfabriken, die 150 verschiedene Modelle herstellten. In dieser für die deutsche Wirtschaft so kritischen Periode konnte der Konkurrenzkampf nicht aufrechterhalten werden, und so schloß man 1924 einen Vertrag zur technischen Zusammenarbeit von Daimler und Benz. Er brachte die drei besten Konstrukteure jener Zeit zusammen: Ferdinand Porsche, Fritz Nallinger und Hans Nibel. Obwohl Porsche nur zwei Jahre bei Daimler-Benz blieb, bevor er die Konstruktionsabteilung unter der Leitung von Hans Nibel verließ, leistete er auf dem Gebiet der Entwicklung von Fahrzeugen und Kompressormotoren bedeutende Beiträge.

Am 28. Juli 1926 entstand aus der bisherigen Zusammenarbeit eine offizielle Fusion. Dies führte zur Formation der »Daimler-Benz AG«, deren Produktion seitdem durch die Marke Mercedes-Benz bekannt wurde. Bis 1930 teilte sich das Produktprogramm auf die Modelle Stuttgart, Mannheim und Nürnberg auf. Letztere waren mit ihrem U-förmigen Chassis, der hohen Elastizität und den halbelliptischen Blattfedern Klassiker ihrer Zeit. Im folgenden Jahrzehnt folgten sogar noch bedeutendere technische Neuerungen.

Schon die S- und K-Modelle, die aus dem »140« mit Kompressormotor entstanden waren, errangen zahllose Renn-Erfolge, aber erst die neuen SS- und SSK-Versionen waren dann wirklich gewaltige Fahrzeuge mit Leistungen bis zu 225 PS.

Von den Serienfahrzeugen repräsentiert das 170er Modell von 1930, von dem 1400 Stück gebaut wurden, ein wichtiges Stadium in der Entwicklung des Mercedes. Es besaß einen 6-Zylinder-Motor, Einzelradaufhängung mit schwingenden Halbachsen, Hydraulikbremsen, Temperaturregler und eine Gangschaltung mit Overdrive. 1933 kam die kleine »380«-8-Zylinder-Serie heraus, deren Modelle eine Leistung von 120 PS und erstmals eine Einzelvorderradaufhängung mittels Parallelogrammführung und zylindrischen Schraubenfedern aufwiesen.

In der zweiten Hälfte der 20er Jahre umfaßte die Mercedes-Produktion verschiedene Baureihen, von der kleinen 130er-4-Zylinder-Limousine mit Heckmotor, dem 150er-Sportwagen und dem »170 H« bis zu zwei überaus beliebten Autos, dem »170 V« und dem 6-Zylinder-Typ »230« mit V-förmigen Chassis, die in vielen Versionen produziert wurden. An der Spitze der Produktpalette lagen der »370 S«, die sehr berühmten Typen »500 K« und »540 K« mit Kompressormotoren und schließlich der »Große Mercedes« von 1938. Dieser Wagen, der in einer 150-PS-Version mit normalem Saugmotor und in einer 200-PS-Version mit Kompressormotor gebaut wurde, bot alles, was die Automobiltechnologie bis dahin erreicht hatte, einschließlich eines Fünfgang-Synchrongetriebes.

Im Februar 1936 wurde das erste Fahrzeug mit Dieselmotor, das auch für »normale Kunden« erhältlich war, bei der Berliner Automobilausstellung vorgestellt. Der »260 D« war ein äußerst haltbares Auto, dessen Motor aus dem Vorkammer-Verbrennungsmotor von Benz von 1922 entwickelt wurde, der bereits 1923 in ein Auto eingebaut worden war. Man sagt, daß der Besitzer einer Transportgesellschaft in Württemberg mit diesem Auto 1 300 000 km zurückgelegt hat, wobei der Motor alle 250 000 Kilometer ausgetauscht wurde. Viele dieser Wagen kann man noch heute auf den Straßen sehen.

Das Modell »Simplex«, hergestellt zwischen 1902 und 1906, war wesentlich leichter als sein Vorgänger, der »35 CV«. Vorgestellt wurde das neue Auto bei der Pariser Automobilausstellung 1902.

1914 wurde das Modell »28/95« herausgebracht. Das Auto war mit einem 6-Zylinder-Motor (7,28 l) ausgestattet, der 95 PS bei 1800 U/min leistete und eine Höchstgeschwindigkeit von 120 km/h erreichte. Das Auto siegte beim Florio-Cup im Jahr 1921.

Der mit Kompressor ausgestattete 1500-ccm-Motor des Jahres 1921 wurde beim sportlichen Modell »6/25/40« eingebaut. Er leistete 40 PS bei 2800 U/min. Trotz seines Gewichts von 1800 kg konnte das Auto eine Geschwindigkeit von 110 km/h erreichen.

Das letzte Auto, das vor dem Zusammenschluß mit Daimler konstruiert wurde, war 1924 das Mercedes-Modell »24/100/140«. Der 6-Zylinder-Motor (6,2 l) leistete mit Hilfe eines Kompressors 140 PS bei 2800 U/min. Seine Höchstgeschwindigkeit lag bei 125 km/h. Das Auto hatte ein Gewicht von 2400 kg.

Die großen, mit Kompressor ausgestatteten Sportwagen, die Mercedes ab 1926 herstellte, können als der »Gipfel« der damaligen Motor-Technologie betrachtet werden. Das Modell »K« des Jahres 1926 (hier abgebildet mit einer Spezial-»Saoutchik«-Karosserie) war die verkürzte Version vom Modell »140«. Die 1927 herausgebrachte S-Ausführung besaß einen Hubraum von 6,8 l und leistete 180 PS bei 3000 U/min. Mit einem Gewicht von 1270 kg wurde eine Höchstgeschwindigkeit von 180 km/h erreicht. Obgleich nicht als echter Rennwagen konzipiert, errang das Auto 1928 53 Siege und brach 17 Rekorde. Die Entwicklung der 6-Zylinder-Motoren wurde 1928 bei der »SS«-Serie fortgesetzt. Der Hubraum wurde auf 7,1 l und die Leistung auf 225 PS erhöht. Die leichtere »SSKL«-Ausführung aus dem Jahr 1930 wurde teilweise für Rennzwecke konstruiert. Es war das letzte Modell dieser Serie, die zwischen 1931 und 1932 große Rennerfolge verbuchen konnte.

K – 1926

SS – 1928

◀ S – 1927

SSKL – 1930

MERCEDES-BENZ

Das Modell »Stuttgart« trug erstmals den neuen Namen Mercedes-Benz. Sein 6-Zylinder-Motor (2 l) leistete 38 PS bei 3500 U/min.

Das Modell »Mannheim« gehörte zur 6-Zylinder-Serie, deren Motorspektrum von 3 bis 3,7 l reichte. Je nach Kapazität wurden zwischen 55 und 75 PS geleistet. Das Fahrzeug wurde ab 1926 hergestellt. Im Jahr 1930 wurde das letzte Modell »370 S« (Foto) herausgebracht. Motor: 75 PS bei 3100 U/min, Höchstgeschwindigkeit 100 km/h.

Die »Nürburg«-Serie bestand aus großräumigen Autos mit 8-Zylinder-Motoren (4,6 bis 4,9 l). Das Cabrio »F« mit 110 PS entstand im Jahr 1931.

Während der 30er Jahre galt das Modell »Grande Mercedes« als das Firmen-Flaggschiff. Diese Serie war mit einem 8-Zylinder-Motor (150 PS, 7,7 l) ausgestattet. Mit Hilfe eines Kompressors wurde die Leistung auf 200 PS hochgeschraubt. Rechts: eine Cabrio-Ausführung vom Modell »Grande Mercedes« aus dem Jahr 1930. Unten rechts: der »Kaiserwagen« aus der gleichen Serie. Im Jahr 1938 kam eine neue Kompressorausführung mit 230 PS heraus, die hier als Limousine (unten) abgebildet ist.

1934 kam das Modell »540« auf den Markt. Es hatte einen 5,4-l-Motor, der mit Kompressor 180 PS und ohne Kompressor 115 PS leistete. Zwei Versionen aus dem Jahr 1936 sind abgebildet: das Coupé (oben) und der zweisitzige Roadster »540 K« (unten).

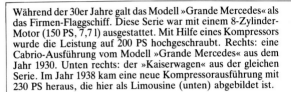

1933 wurde das kleine Modell »130« mit Heckmotor konstruiert, das die Grundlage für die Sport-Ausführung (oben) war. Diese war als Typ »150 H« bekannt und mit einem 4-Zylinder-Motor (1500 ccm) ausgestattet, der 55 PS leistete.

Die 3-l-Klasse repräsentierte das Mercedes-Modell »290«, das 1933 herausgebracht wurde. Der 6-Zylinder-Motor leistete 68 PS. Oben: das »290 Cabriolet C« von 1933; unten: das zweisitzige »320 Coupé« mit Faltdach von 1937.

Das 4-Zylinder-Modell »170 V« (oben) kam 1935 heraus. Der Motor besaß einen Hubraum von 1,7 l und leistete 38 PS. Das 6-Zylinder-Modell »230« (unten als Cabrio abgebildet) wurde 1938 herausgebracht. Es leistete 55 PS bei 3600 U/min.

Zwischen 1931 und 1935 wurden über 14 000 Autos vom Modell »170« produziert. Es besaß einen 6-Zylinder-Motor und unabhängige Blattfederaufhängung an Vorder- und Hinterrädern. Es war eine der beliebtesten Mercedes-Typen in den 30er Jahren.

MERCEDES-BENZ

Als eine unmittelbare Entwicklung aus dem Rennwagen »300 SL« des Jahres 1952 bedeutete die im Jahr 1954 entstandene Straßen-Version eine Rückkehr zum großen Sportwagen. Der 6-Zylinder-Motor (2996 ccm) leistete 215 PS bei 5800 U/min und erreichte eine Höchstgeschwindigkeit von 260 km/h. Das röhrenförmige Fahrgestell besaß rundum unabhängige Aufhängung sowie sogenannte »Möwenschwingen«-Türen. Das Auto bereitete den Weg für den konventionelleren Roadster des Jahres 1957.

Die 30er Jahre waren »heroische Jahre« für die Rennwagen von Mercedes-Benz. Der »W 25« mit 345 PS war in den Jahren 1934 und 1935 führend, im Jahr 1936 teilten sich jedoch Alfa Romeo und Auto Union acht der neun Grand-Prix-Siege. Im nächsten Jahr gelang es dem neuen »W 125«, alles wieder gutzumachen, als er dank seines röhrenförmigen Chassis und dem 646-PS-Motor, der eine Geschwindigkeit von 300 km/h ermöglichte, sechs der elf Grand Prix gewann. 1938 entstand durch die Hubraumbegrenzung auf 3000 ccm der »W 154«, der im selben Jahr bei den Rennen in Tripolis, Reims, auf dem Nürburgring und in Bern siegte.

Die Rennsaison von 1939 war die letzte vor Ausbruch des Zweiten Weltkrieges. Sechs Jahre später sah sich die Firma Daimler-Benz mit der Zerstörung von 80% der Fabriken und dem Verlust der Belegschaft der entmutigenden Aufgabe gegenübergestellt, in allen Bereichen neu aufzubauen. Zusätzlich war der Verlust der internationalen Absatzgebiete zu beklagen, die Daimler selbst erschlossen hatte und die nach dem Ersten Weltkrieg so gekonnt wieder etabliert worden waren.

Trotz alledem waren bis 1946 214 Stück des Typs »170 V« produziert worden, und das neue Modell »170 D« folgte kurz darauf. Mercedes war auf den Weltmarkt zurückgekehrt.

Die 50er Jahre markierten den Beginn des modernen Zeitalters bei Mercedes-Benz. Seitdem behielt die Firma ihre Beständigkeit hinsichtlich Technologie und Stil bei, vernachlässigte es aber trotzdem nicht, moderne und zeitweise avantgardistische Neuerungen einzuführen.

Die Entwicklung von Limousinen basierte damals auf dem 180er Modell von 1953. Das neue, röhrenförmige Chassis bildete mit dem Grundgestell eine Einheit, wodurch eine hohe dynamische Elastizität erreicht und eine sehr komfortable Fahrweise garantiert wurde. Die Karosserie war mit großzügigen Glasflächen versehen, und die gesamte äußere Form stellte, besonders hinsichtlich der Frontkonstruktion, die Basis für die späteren Mercedes-Benz-Modelle dar. Von diesem Modell wurden auch verschiedene andere Versionen mit größeren Motoren gebaut.

1954 lief die Produktion eines weiteren »historischen« Fahrzeugs an, des »300 SL«, der aus der Renn-Version gleichen Namens entwickelt wurde. Erstmals wurde ein direktes Benzin-Einspritzsystem verwendet, und das Auto konnte bei einer Leistung von 215 PS und einer Höchstgeschwindigkeit von 267 km/h noch im vierten Gang bei einer Geschwindigkeit von nur 25 km/h weich beschleunigen. Eines seiner herausragenden Merkmale waren die Knickflügeltüren, die 1957 mit Einführung der Roadster-Version jedoch wieder verschwanden. Die Rennversion »300 SLR« von 1955 errang erste und zweite Plätze bei der Mille Miglia, auf dem Nürburgring, bei der Targa Florio, in der Schweiz und bei der Tourist Trophy.

Im selben Jahr kam das 4-Zylinder-Modell »190 SL« mit 105 PS und einer Höchstgeschwindigkeit von 170 km/h auf den Markt. Stilistisch gesehen war es

MERCEDES-BENZ

Der Mercedes »260 D« war das erste Serien-Fahrzeug, das mit einem Diesel-Motor ausgestattet war. Der 4-Zylinder-Motor (2,6 l leistete 45 PS bei 3000 U/min. Die Höchstgeschwindigkeit betrug 97 km/h. Der durchschnittliche Treibstoffverbrauch lag bei 9,5 l Diesel auf 100 km.

Der mit dem Modell »170 S« erreichte Stand wurde 1951 noch um das 6-Zylinder-Modell »220« erweitert. Dieses Fahrzeug leistete 80 PS bei 4600 U/min und besaß ein Kraft-Gewicht-Verhältnis von nur 16,5 kg pro PS.

Das Modell »180« war erstmals mit einer Knautschzonenkarosserie ausgestattet. In der Ursprungs-Version mit einer Leistung von 52 PS bei 4000 U/min ausgestattet, erwies sich diese Ausführung in den 50er Jahren als die beliebteste Mercedes-Limousine. 1955 kam eine 40-PS-Diesel-Ausführung hinzu, deren Leistung zwei Jahre später auf 43 PS erhöht wurde. 1955 kam das noch leistungsstärkere Modell »190« und 1958 das »Modell 190 D« hinzu.

Mit der 6-Zylinder-Serie »300« holte sich Mercedes in den 50er Jahren den Ruf als Automobilfirma, die anspruchsvolle und hochwertige Modelle baut, zurück. Links: Typ »300 a« von 1951. Das Fahrzeug besaß einen Hubraum von 2996 ccm und leistete 115 PS (1954 erfolgte beim Modell »300 b« eine Steigerung auf 125 PS). Das Auto hatte eine obenliegende Nockenwelle und ein Ventilgetriebe mit Vibrationsdämpfern. Die Geschwindigkeitsspitze betrug 160 km/h. Die hintere Aufhängung war elektrisch regulierbar. Rechts: das »300 Sc«-Coupé von 1955. Es erreichte eine Höchstgeschwindigkeit von 180 km/h. Der 6-Zylinder-Einspritzmotor leistete 175 PS bei 5400 U/min.

Das Modell »220«, herausgebracht 1954, hatte das gleiche Aussehen wie der »180«. Es war die erste 6-Zylinder-Serie, die in den 50er Jahren den Spitzenplatz bei Mercedes einnahm. Die Leistung wurde 1956 beim »220 S« auf 100 PS und 1958 beim Einspritz-Modell »220 SE« auf 115 PS erhöht. Auf dem Foto oben die Limousine »220 S« von 1956 und aus demselben Jahr, unten: das Cabriolet »220 S«.

Das 1954 herausgebrachte Modell »300 SL« besaß einen 6-Zylinder-Motor (2996 ccm), der 215 PS bei 5800 U/min leistete. Die Höchstgeschwindigkeit lag bei über 260 km/h. Ursprünglich wurde das Modell als ein Coupé mit »Möwenschwingen«-Türen vorgestellt. 1957 kam das Fahrzeug auch als Roadster (Foto) auf den Markt und blieb bis 1963 in der Produktion.

1959 wurde das Modell »220« herausgebracht, und zwar in drei verschiedenen Ausführungen: Modell »220« 6-Zylinder-Motor mit 2,2 l und 95 PS; Modell »220 S« mit 110 PS und Modell »220 SE« mit 120 PS. Zwischen 1959 und 1965 wurden insgesamt 313 798 Fahrzeuge hergestellt, von denen viele exportiert wurden.

dem »300 SL« sehr ähnlich, das Chassis basierte jedoch auf dem 180er Modell.
1954 und 1955 waren denkwürdige Jahre für die Grand-Prix-Autos von Mercedes-Benz. Zweimal gewann Juan Manuel Fangio in dem »W 196« mit 250 PS die Weltmeisterschaft, und auch Moss und Taruffi errangen große Siege. Sozusagen unbesiegt verließ Mercedes gegen Ende der Saison von 1955 den Rennsport und kehrte nie wieder in die gleiche Klasse zurück.
1959 wurden bei der Konstruktion des neuen »220« erstmals die Probleme der Sicherheit systematisch in Angriff genommen. Dieser Aspekt war bereits in der Vergangenheit in Betracht gezogen worden und hatte zur Einführung gewisser Sicherheitsmaßnahmen geführt, wie dem 180er Chassis und, seit 1951, einer Sicherheitsverriegelung, die verhinderte, daß die Türen bei einem Unfall verschlossen blieben.
Mindestens 80 Vorserienfahrzeuge wurden Crash-Tests unterzogen, die für die Einführung vieler Maßnahmen, einschließlich der umfassenden Polsterung des Fahrgastraumes, ausschlaggebend waren, um bei Unfällen das Risiko zu reduzieren und die Verletzungen so gering wie möglich zu halten.
Der 220 SE Coupé von 1961 war das erste Modell mit Scheibenbremsen, die seitdem in alle Mercedes-Benz-Fahrzeuge eingebaut wurden.
Später erschienen der »190« in Benzin- und Dieselversion und der »300 SE«. 1963 folgte der »190 SL«, der durch den »230 SL« mit seinem charakteristischen Pagodendach ersetzt wurde. Der »600« mit seinem 6300-ccm-V-8-Motor wurde zum neuen »Flaggschiff«. In den folgenden Jahren legte man noch mehr Wert auf die Forschung im Bereich der Sicherheit, was zur Entstehung der Konzepte für »Aktive Sicherheit« (Unfallverhütung durch verbesserte Technik und sicheres Fahren) und für »Passive Sicherheit« (Reduzierung der Unfallfolgen) führte. Für die neue 200 D-/280 SEL-Serie von 1969 entstand der »C 111«, die erste Versuchsversion eines Sportfahrzeugs. Ein Jahrzehnt lang war dieses Modell ein fahrendes Labor für Experimente im Bereich technischer Neuentwicklung, wie dem Wankel-Rotationsmotor und Synthetikmaterialien für die Karosserie, sowie im Bereich weiterer Erforschungen des Dieselmotors und der Aerodynamik. Unter den Rekorden, die dieses Modell 1978 auf dem Nardò-Kurs aufstellte, ist einer besonders herausragend – die Durchschnittsgeschwindigkeit von 314,463 km/h über einen Zeitraum von zwölf Stunden.
In Zusammenarbeit mit Bosch entstand das ABS-System, das ein Blockieren der Räder beim Bremsen unter allen Bedingungen, sogar auf vereisten Straßen, verhinderte. Damit wurde ein kontrolliertes Fahren zu jeder Zeit ermöglicht.
Bezüglich der passiven Sicherheit und aufgrund der Tests mit dem Versuchsfahrzeug (ESV) von 1971 konnten durch die Entwicklung eines Luftkissensystems bedeutende Fortschritte erzielt werden.

MERCEDES-BENZ

Mit der Serie »W 201« kehrte Mercedes 1982 zum Sektor der Kompaktwagen zurück. Im Dezember 1982 wurde das Modell »190« (1997 ccm, 90 PS) und das Modell »190 E« (1997 ccm, 122 PS) vorgestellt; das letztere ausgestattet mit einem mechanischen Einspritzsystem, das elektronisch gesteuert wurde. Ein Jahr später erschien das Modell »190 D« (1997 ccm, 72 PS Diesel) auf dem Markt. Bei allen Ausführungen ist die besonders anspruchsvolle rückwärtige Aufhängung hervorzuheben. Jedes Rad besitzt fünf variable, drei-dimensionierte geometrische Arme.

Zwischen 1955 und 1963 wurde das zweisitzige Modell »190 SL« hergestellt. Es hatte ein Fahrgestell, das dem bei den Limousinen »180« und »220« verwendeten sehr ähnlich war. Der 4-Zylinder-Motor (1,9 l) leistete 105 PS bei 5700 U/min und erreichte eine Höchstgeschwindigkeit von 170 km/h.

1961 erhielten die Modelle »190« und »190 D« (Motor: 4 Zylinder, 1897 ccm, 75 bzw. 50 PS) neue Karosserien. Sie folgten damit der Formgebung des Modells »220«. 1965 wurden die neuen Benzin-Modelle »200«, »230« und »230 S« (rechts) vorgestellt. Der letzte Serientyp war mit einem 6-Zylinder-Motor ausgestattet. Es gab auch eine Diesel-Ausführung, Typ »200 D« (links).

Der Nachfolger des »Großen Mercedes« aus den 30er Jahren war das Modell »600«, das 1963 mit einem V-8-Motor (6,3 l, 250 PS) auf den Markt kam. Das Fahrzeug besaß eine Luftfederung. Es gab sowohl eine Normalausführung als auch Pullman-Version, die mit einem größeren Radstand ausgestattet war.

1963 wurde das Modell »230 SL« mit einem 6-Zylinder-Motor (150 PS, 2,3 l) eingeführt. Die Leistungskapazität wurde 1966 auf 2,5 l (Modell »250 SL«) und 1968 auf 2,8 l (Modell »280 SL«) erhöht. Die Fahrzeuge wurden bis 1971 produziert.

Detaillierte Forschungsarbeiten auf dem Gebiet der Sicherheit führten 1965 zu einer neuen Karosserieform. Die »passiven Sicherheitseinrichtungen« fanden durch den Einbau von Knautschzonen in der Front- und Heckpartie mehr Beachtung. Es handelte sich um die Typen: »250 S«, »250 SE«, »300 SE« und »350 SEL«.

MERCEDES-BENZ

Als neue Mercedes-Generation kamen 1968 die 4-Zylinder-Benzin-Modelle (»200« und »220«) oder 6-Zylinder-Benzin-Modelle (»230« und »250«) heraus. Als Diesel-Ausführungen wurden die Modelle »200 D« und »220 D« angeboten.

1968 kamen auch zwei neue Coupé-Modelle auf den Markt: Typ »250 C« und Typ »250 CE«.

Als neue Sportwagen wurden 1971 der zweisitzige Roadster, Typ »350 SL«, und das viersitzige Coupé, Typ »SLC«, mit einem längeren Radstand, herausgebracht. Die 6-Zylinder-Fahrzeuge, Typ »280 SL« und Typ »280 SLC«, kamen 1974 heraus, während das Modell »450 SLC 5,0« 1978 auf den Markt gebracht wurde. 1980 wurde eine neue Serie von V-8-Motoren bei den Modellen »380 SL« und »500 SL« eingebaut.

Die neue Serie »W 123« (genannt nach der internen Produktions-Nummer) wurde 1976 herausgebracht. Ursprünglich gab es nur eine Limousinen-Version, jedoch kam 1977 auch ein Kombi-Fahrzeug (T-Serie) hinzu (unten).

1972 wurde bei den Modellen »280 S«, »280 SE«, »350 SE« und »450 SE« die neue S-Serie vorgestellt. Das unter anderem mit einer hydropneumatischen Aufhängung versehene Modell »450 SE, 6,9« kam 1975 hinzu. Der für den amerikanischen Markt konzipierte Turbodiesel »300 SD« wurde 1977 herausgebracht.

In Zusammenarbeit mit der Firma Steyr-Daimler-Puch gesellte sich Mercedes-Benz 1979 zur Gruppe der Geländewagen-Hersteller. Für die Modelle »240 GD«, »300 GD«, »230 GE« und »280 GE« wurden die Motoren der W 123-Serie benutzt. Die Fahrzeuge wurden in offener Form oder als Kombiwagen hergestellt. Das Modell »280 GE« wurde mit zwei verschiedenen Radständen angeboten (oben: das Modell »240 GD SW« mit kurzem Radstand).

Es gab eine neue Richtung sowohl im Design als auch in der Technologie bei der S-Serie (W 126). Mit den 1979 herausgebrachten neuen V-8-Motoren (3,8 und 5,0 l) wurden die Modelle »380 SE« und »500 SE« ausgestattet. Die 6-Zylinder-Ausführung (2791 cm³) wurde bei den Modellen »280 S« und »280 SE« eingebaut. Der Modelltyp »SEL« aus dieser Serie besaß einen längeren Radstand. Der Turbodiesel »300 SD« wird ausschließlich für die Vereinigten Staaten produziert. 1981 erschienen die Coupés »380 SEC« und »500 SEC«.

Die Modellreihe Mercedes-Benz 190 erschien 1982, mit neuartiger Hinterachse und markantem Design war sie richtungsweisend auch für größere Typen. Dank intensiver Modellpflege ist der »190« nicht gealtert, 1990 wurde der Innenraum erweitert, auch die Motorenentwicklung ist bemerkenswert. 1985 wurde der 2,6 Liter-6-Zylinder lieferbar, 1988 löste der 2.5-16 den 2.3-16 ab.

Oben: Die neue S-Klasse 1991

1989 sorgte der neue Mercedes-Benz »SL« für Aufsehen mit seiner harmonischen, auch aerodynamisch perfekten Linienführung und optimierter Technik, hinten Raumlenkerachse, dazu fortschrittlichste Ausrüstung. Wahlweise werden zwei 6-Zylinder-Motoren mit 3 Liter Hubraum (»300 SL« und »300 SL-24«) und der 5-Liter-V-8 (»500 SL«) angeboten (links).

Die Modellreihe Mercedes-Benz »200« bis »300 TD« kam 1984 auf Linie des »190« mit entsprechender Technik bei mehr Raum, der Kombi »T« folgte 1985. Das Motorenprogramm wurde weiterentwickelt, 1990 erschien die Sportversion »500 E« mit 5-Liter-V8/32-Ventil-Motor. Auch das Coupé »CE« gehört zu dieser Modellreihe. Die neue S-Klasse folgt dem gleichen Stilprinzip mit einer Fülle fortschrittlichster Einzelheiten.

Das Coupé 230 CE (4 Zylinder) und 300 CE (6 Zylinder) gehört zur mittleren Modellreihe.

MITSUBISHI

Der Ursprung der modernen japanischen Industrie geht auf das Jahr 1870 zurück, als Yataro Iwasaki eine kleine Schiffahrtsgesellschaft mit dem Namen Tsukumo Shokai gründete. Sein Nachfolger Mitsubishi Goshi Gaisha teilte das Industrie-Imperium, das sich daraus entwickelt hatte, in verschiedene Sektoren auf, darunter Werften, Banken, Minen und Versicherungsgesellschaften. Später wurde jede Sparte unabhängig.

Einige Jahre danach, 1917, entstanden mit dem Modell »A« die ersten Mitsubishi-Automobile. Dieser Typ konnte auf dem japanischen Markt in so ausreichender Stückzahl verkauft werden, daß eine industriemäßige Produktion gerechtfertigt war. Drei Jahre später wurde die Mitsubishi-Flugzeugabteilung gegründet, in der man abschließende Tests mit den ersten Kampfflugzeugen für Flugzeugträger durchführte. 1923 begann die Firma auch mit dem Bau von Lastwagen, die nach einem schrecklichen Erdbeben in Tokio für die behelfsmäßigen Wiederaufbaumaßnahmen benötigt wurden. Im Jahr 1934 entstand durch eine Fusion der Werften mit der Flugzeug-Industrie die Firmengruppe »Mitsubishi Heavy Industries«. Der erste japanische Diesel-Lastwagen, der im folgenden Jahr gebaut wurde, war der Vorläufer für die heutige Baureihe von Lastwagen und Bussen unter dem Namen »Fuso«. Während des Zweiten Weltkrieges bot Mitsubishi ein breit gefächertes Produktionsprogramm an, darunter auch zweimotorige Bomber. 1946 begann die Fertigung eines Motorrollers, der den erfolgversprechenden Namen »Silberne Taube« erhielt. Er kam zusammen mit dem »Mitzushima«, einem kleinen dreirädrigen Lastwagen, auf den Markt. Das erste wirtschaftliche Auto, der »Mitsubishi 500«, erschien 1960. Erst fünf Jahre später, im Jahr 1965, begann mit dem Bau einer Fabrik in Thailand (ein gemeinsames Wagnis mit einer ansässigen Firma) die wahre Expansion von Mitsubishi. Nach Abschluß eines Vertrages mit der amerikanischen Firma Chrysler im Jahr 1971 kamen die verschiedenen Mitsubishi-Produktionen auf den amerikanischen Markt. Auch für die langsame Expansion einiger Chrysler-Niederlassungen weltweit erwies sich diese Unternehmung als nützlich. Tatsächlich wurde im nächsten Jahr auf den Philippinen eine Chrysler-Niederlassung eröffnet, die sofort in »Canlubang Automotives Resources Corporation« umbenannt wurde. Später lief die Produktion in Indonesien an, wo die Autos mit dem Markenzeichen der drei Diamanten für die Iwasaki-Familie, verbunden mit den drei Eichenblättern für die Yamanouchi-Familie, herausgebracht wurden.

1975 exportierte Mitsubishi seine Autos nach Großbritannien, Holland, Belgien und Luxemburg. Im folgenden Jahr wurde der Markt um Finnland und Norwegen erweitert und umschloß schließlich auch Dänemark, die Bundesrepublik, die Schweiz und Österreich. 1977 wurde eine Geschäftsstelle in Europa eröffnet.

1979 erwarb Mitsubishi ein Drittel der Anteile an der australischen Firma von Chrysler und übernahm sie im nächsten Jahr zu 99%. 1980 erschienen die neuen Serien »Galant« und »Sapporo« mit 2,3-l-Turbodiesel-Motor, gefolgt von den Modellen »Tredia«, »Cordia«, »Lancer« und »Pajero«, eine Geländeversion mit Turbolader. Heute spezialisiert sich Mitsubishi auf Benzin- und Diesel-Kompressor-Motoren.

Das Modell »Starion« ist ein erfolgreiches 2 + 2-Coupé. Es wurde 1982 bei der Genfer Automobilausstellung vorgestellt. Das Turbo-Fahrzeug ist mit einem 2-l-Motor mit elektronischer Einspritzanlage, Servo-Scheibenbremsen an allen Rädern und einem Fünfgang-Getriebe ausgestattet. Das Modell besitzt eine sehr sorgfältig erprobte aerodynamische Karosserieform. Die Höchstgeschwindigkeit beträgt 220 km/h.

MITSUBISHI

Die Firma Mitsubishi brachte ihr erstes Auto, Modell »A«, 1917 heraus. Es war auch das erste japanische Auto, das in Serie produziert wurde.

Auf Drängen der Regierung nach einem erschwinglichen Auto wurde das Modell »500« konstruiert. Es war das erste japanische Auto, das ein wirtschaftlicher Erfolg wurde.

1962 entstand das Modell »Minica«. Es war eine kleine viersitzige Limousine mit einem luftgekühlten 2-Zylinder-Zweitaktmotor (359 ccm).

Auf das Modell »Colt 600« (oben links) folgte 1965 das Modell »Colt 800« (links). Die fünfsitzige Limousine (zweitürig) besaß einen wassergekühlten 3-Zylinder-Reihenmotor. Der Typ »1000« besaß ebenso wie der Typ »1100« (oben) einen 4-Zylinder-Motor, letzteres Modell außerdem ein voll synchronisiertes Viergang-Getriebe.

Das Coupé »Sapporo« (unten) von 1976 entwickelte sich aus dem 73er »Galant« (oben). In Japan trugen diese Autos die Namen »Galant Sigma« bzw. »Galant Lambda«, in den USA »Dodge Challenger« bzw. »Plymouth Sapporo«. Es gibt Motoren mit 1,6 oder 2 l, seit 1980 auch einen 2,3-l-Turbodiesel-Motor.

Für den 1982er »Lancer« (oben) gibt es drei Motortypen: 1,2, 1,3 oder 1,6 l. Es werden vorne Scheiben- und hinten Trommelbremsen montiert. Nur die »GT«-Ausführung ist rundum mit Scheibenbremsen ausgestattet. 1983 wurden das Aussehen und die technische Ausstattung des »Lancer« modernisiert. Er steht jetzt mit einem 1,8- bzw. 2-l-Motor zur Verfügung. Der »Lancer Turbo« (unten) besitzt zwei von Bosch hergestellte elektronische Einspritzanlagen. In den USA hat das Auto den Namen »Plymouth Arrow«.

Mitsubishi Colt

Mitsubishi Lancer

Modelle 1990

Mitsubishi Galant

Mitsubishi Space Wagon

MORGAN

Henry Frederick Stanley Morgan gründete seine Fabrik zur Herstellung von dreirädrigen Autos im Jahr 1910. Er hatte mit seinen Autos in Wettkämpfen und auf dem Markt beträchtlichen Erfolg, bis der Regierungswechsel im Jahr 1935 dazu führte, daß für Autos, »die ein Rad zu wenig hatten«, keine finanzielle Unterstützung mehr gewährt wurde. Morgan befand sich in einer schwierigen Lage und mußte seine Produkte eilig denen seiner Konkurrenten anpassen, die bereits seit einiger Zeit vierrädrige Versionen bauten. Morgans erstes Vierradfahrzeug war der »4/4« von 1936 mit 4-Zylinder-Boxermotor mit 1122 ccm Hubraum. Die Firma stellte jedoch bis 1952 weiterhin dreirädrige Fahrzeuge her.

Der erste bedeutende Umschwung kam nach dem Zweiten Weltkrieg, als 1950 im Malvern-Link-Werk ein Standard-Vanguard mit 2100-ccm-Motor und einer Leistung von 68 PS produziert wurde. Der »Plus Four« ersetzte den »4/4«. Bis auf die etwas längere Motorhaube hatte er die gleiche Karosserie und zeichnete sich durch eine bedeutende Neuentwicklung in Form von hydraulischen Bremsen aus. Morgan gewann mit diesem Auto bei vielen Wettkämpfen, unter anderem bei der RAC und den portugiesischen Rallyes. 1954 war das Auto auf Wunsch auch mit einem Triumph-TR-Motor mit 2000 ccm Hubraum und Doppelvergaser erhältlich. Seine Höchstgeschwindigkeit betrug 160 km/h.

Der 4/4 erschien 1955 bei der Londoner Automobilausstellung erneut, diesmal mit einem Ford-100-E-Motor (1172 ccm Hubraum, seitliche Ventile, Dreigang-Getriebe, wobei der Ganghebel am Armaturenbrett angebracht war). Auch andere Ford-Motoren, die sich aus denen vom »Anglia« und »Cortina« entwickelten, wurden später bei diesem Modell eingesetzt. Nachdem Triumph 1968 die Produktion der großen 4-Zylinder-Motoren eingestellt hatte, verwendete Morgan den »Rover V 8« mit 3528 ccm Hubraum (der aus der Buick-Version entstanden war) für seinen »Plus-8«, der bis zu 210 km/h fahren konnte. Morgans guter Ruf beruhte auf der Qualität seiner Autos, die in Handarbeit – das Werk hatte kein Fließband – gefertigt wurden. Diese Tradition blieb auch unverändert, als Peter Morgan 1959 die Firma von seinem Vater übernahm. Im Jahr 1974 wurden von dem Modell Plus-8, das 2163 englische Pfund kostete, neun Stück pro Woche gebaut.

Ein Jahr nach ihrer Gründung brachte die Firma Morgan 1911 ihren ersten Zweisitzer heraus. Es war das erste Auto einer langjährigen Baureihe von dreirädrigen Automobilen, deren offene Karosserie mit einem Segeltuchverdeck ausgestattet war.

Dieser »Rekordbrecher« wurde 1930 konstruiert. Er besaß immer noch drei Räder. Auf dem Brooklands-Rundkurs erreichte das Fahrzeug eine Höchstgeschwindigkeit von beinahe 190 km/h. Man beachte die Verkleidung des dritten Rades.

1936 entstanden viersitzige Dreirad-Ausführungen. Dieses Modell »F 4« benutzte einen 4-Zylinder-»Ford«-Motor (1172 ccm). Im selben Jahr stellte Morgan seine Produktion auf vierrädrige Fahrzeuge um.

Die »4/4«-Coupé-Serie kam unmittelbar nach dem Krieg heraus. Auch dieses 1949er Modell hatte noch eine offene Karosserie mit einem wasserdichten Segeltuchverdeck.

1950 wurde das Modell »Plus Four« mit einem »Standard-Vanguard«-68-PS-Motor (2100 ccm) vorgestellt. Morgan brachte bei diesem Modell erstmals hydraulische Bremsen an.

Mit dem Coupé »Plus 4 Plus« des Jahres 1965 entfernte sich Morgan von der bisher eingeschlagenen klassischen Linie mit ihren geschlossenen Karosserien. Der beliebteste erhältliche Motor stammte von Ford.

Das Modell »Plus-8« wird auch heute noch hergestellt mit einem von Rover-Buick gefertigter V-8-Motor mit 155 PS (3528 ccm), der jetzt im Rover-Werk zusammengesetzt wird. Höchstgeschwindigkeit 210 km/h.

Für das gegenwärtige Modell »4/4« stehen wahlweise 4-Zylinder-Motoren (1660 ccm) zur Verfügung, entweder von Ford oder von Fiat. Beide haben ein Fünfgang-Getriebe und vorne Scheibenbremsen. Die sehr ähnlichen offenen Karosserien werden als zwei- oder viersitzige Versionen angeboten.

NISSAN-DATSUN

Es sind nun 100 Jahre seit der Erfindung des Automobils vergangen, und der starke Einfluß dieses Beförderungsmittels auf viele Bereiche unseres Lebens ist auf der ganzen Welt spürbar. Es verursachte eine Revolution im Transportwesen und führte zu gewaltigem Wirtschaftswachstum und zur Entstehung einer weithin motorisierten »Automobilgesellschaft«.

Das 21. Jahrhundert, die neue Ära der »Informationsgesellschaft« mit allen Vorteilen der Mikroelektronik, wird uns bald erreichen. Wir werden abwarten müssen, wie sich das Informationszeitalter entwickelt; wir glauben jedoch, daß das Automobil, eine der bedeutendsten Erfindungen in der Geschichte der Zivilisation, nie seine Nützlichkeit verlieren wird, egal welche Veränderungen in der Zukunft auf unsere Gesellschaft zukommen werden. Trotzdem muß die Automobilindustrie auch weiterhin bemüht sein, möglichst sichere und wirtschaftliche Fahrzeuge zu entwickeln, die den Bedürfnissen und Annehmlichkeiten der Menschheit vollkommen gerecht werden. Daher ist es unser Ziel, den großen Beitrag, den das Automobil für unsere Gesellschaft darstellt, ständig zu steigern und es dem Automobil zu ermöglichen, die noch bedeutendere Rolle, die es in dieser neuen Ära spielen muß, auch bewerkstelligen zu können.

Die Gründung der Nissan Motor Company im Dezember 1933 basierte auf dem Bestreben, eine unabhängige Automobilindustrie in Japan zu errichten. Trotz der vielen Schwierigkeiten, die diese Bemühungen mit sich brachten, gelang es Nissan, das erste Massenproduktionssystem für die Herstellung von Automobilen durchzusetzen. Das ständige Streben nach neuen Technologien und höchstem Qualitätsniveau ließen Nissan zu einem der führenden Automobilhersteller der Welt werden. Eines der grundlegendsten Ziele unserer Firma war es immer, durch die Herstellung des zur jeweiligen Zeit bestmöglichen Automobils zur Weiterentwicklung unserer Gesellschaft beizutragen. Im gleichen Sinne werden wir uns bemühen, ein Automobil für die Zukunft zu entwickeln, das perfekt mit den Bedürfnissen des Zeitalters harmoniert.

Katsuji Kawamata

KATSUJI KAWAMATA – Vorsitzender der Nissan Motor Co., Ltd.

Die Modelle »Leopard« und »Leopard TR-X« unterscheiden sich praktisch nur in der Namensgebung. Dem Trend der letzten Jahre folgend, ist dieses Auto ein weiteres Beispiel für die Forschungsarbeit in Sachen Aerodynamik. Auffallend auch die großen Fenster. Es stehen verschiedene Versionen zur Wahl: 2-l-Einspritzmotor oder 2-l-Turbotriebwerk mit Einspritzanlage. Ferner steht ein Fünfgang-Getriebe bzw. ein automatisches Drei- oder Viergang-Getriebe (beim Turbo) zur Verfügung.

NISSAN-DATSUN

1919 trugen die Autos dieser Firma den Namen »Dat«. Der Typ »41« war ein viersitziger Kleinwagen mit einem 4-Zylinder-Motor.

Nach dem Zusammenschluß der Firmen Dat Motor Co. und Jitsuyo Jidosha Seizo kam 1924 als erstes gemeinsames Auto das Modell »Lily Typ JC« (oben) auf den Markt. Es folgte später der zweisitzige Roadster (rechts).

Ein weiteres Dat-Modell, Typ »51«, wurde 1923 herausgebracht.

Die ersten Datsuns erschienen 1932 auf dem Markt. Es standen verschiedene Modelltypen zur Auswahl. Allen gemeinsam war die geringe Hubraumkapazität und der niedrige Preis. Oben links: Typ »10«; oben rechts: Typ »A«.

Beim Typ »12« des Jahres 1933 handelte es sich um eine Fortsetzung der kleinmotorigen Datsun-Reihe, mit einem Hubraum von 747 ccm.

Dieser 1934 gebaute Phaeton besaß einen neuartigen Kühlergrill. Der 4-Zylinder-Motor hatte eine Leistung von 10 PS.

Zum Kleinwagenspektrum dieser Firma gehörte auch der Typ »14«, der 1935 herausgebracht wurde.

Nissan, der zweitgrößte Automobilhersteller Japans in bezug auf die Anzahl der produzierten Autos und das drittgrößte Automobil-Imperium der Welt nach General Motors und Toyota, ist hauptsächlich in den Bereichen Automobile und Lieferfahrzeuge tätig. Darüber hinaus gibt es in geringerem Ausmaß Aktivitäten in der Luft- und Raumfahrtindustrie sowie bei der Herstellung von Textilverarbeitungsmaschinen, Werkzeugmaschinen, Industriemaschinen und Schiffsmotoren.

Bei 59 000 Angestellten mit einer, wie bei anderen großen japanischen Firmen auch, sehr hohen Pro-Kopf-Produktivität, weist Nissan einen durchschnittlichen Jahresumsatz von 16 Milliarden Dollar auf. Die Firma besteht aus einem Dutzend Hauptfabriken in Japan und 25 Montagewerken in 20 weiteren Ländern. In Europa ist Nissan in Spanien (Motor Iberica), Irland (Datsun Ltd.) und Italien, wo man in Zusammenarbeit mit Alfa Romeo den »Arna« baute, vertreten. In den Vereinigten Staaten unterhält man Tochtergesellschaften in Kalifornien, Tennessee und auf Hawaii.

Wie bei den meisten japanischen Firmen, sind die Auslandsmärkte auch für Nissan bevorzugte »Jagdgebiete«. 55% der Gesamtproduktion gehen in den Export, während nur 45% für den »Heimverbrauch« bestimmt sind.

Nissan ist einer der ältesten Automobilhersteller des Ostens. Das »Kwaishinsha Motor Car«-Werk, eine Maschinenbaufirma in Tokio, hatte ein ziemlich herkömmliches Auto gebaut, das von 1912 an regelmäßig produziert wurde. Zwei Jahre später kam ein völlig neues Auto, der »DAT«, heraus, der nach den Anfangsbuchstaben der drei Firmenpartner *D*en, *A*oyama und *T*akeuchi benannt wurde. Von 1925 an wurden neben den »Dats« auch Lieferwagen unter

NISSAN-DATSUN

1937 entschied man sich, mit Hilfe der amerikanischen Firma Graham-Paige eine Produktionserweiterung vorzunehmen. So entstand diese 6zylindrige Limousine, Modell »Nissan 70 Special«.

Ab 1937 teilte sich Datsun den Markt mit Nissan. Bei dem abgebildeten Modell handelt es sich um den Datsun »Typ 17« aus dem Jahr 1938.

Die zwischen 1948 und 1950 herausgebrachten Autos waren die gleichen wie die der Vorkriegszeit. Oben: ein Datsun DX »Typ DB«, unten: das Standard-Modell »Typ DA«.

Dieser kleine, gefällige Datsun-Sportwagen entstand 1952.

Das 1953 herausgebrachte Datsun-Modell »DS 5« spiegelte noch die Vorkriegsform wider.

1955 brachte Datsun das Modell »110« heraus, das mit einem 4-Zylinder-Seitenventil-Motor (860 ccm) ausgestattet war. Das Viergang-Getriebe war voll synchronisiert.

Die Modelle Datsun »210« (oben) und »Sakura« (rechts) nahmen an der australischen Rallye teil. Der »210« belegte den ersten Platz, der »Sakura« den vierten Platz in der A-Klasse.

Das Modell »Skyline« aus dem Jahr 1957 stammte von »Prince Motors«, die sich 1965 der Nissan-Gruppe anschloß. Das Auto war mit einem 4-Zylinder-Motor ausgestattet.

Das 1961er Modell »310« war auch unter dem Namen »Bluebird« bekannt. Der Hubraum von ursprünglich 1189 ccm wurde später auf 1300 ccm erhöht. Das Auto hatte Trommelbremsen und ein Dreigang-Getriebe mit Rückwärtsgang.

Das 1960 herausgebrachte Nissan-Modell »Cedric« hatte einen 4-Zylinder-Motor mit 1883 ccm, später auf 2000 ccm erhöht. Ab 1964 gab es den »Cedric« auch mit Diesel-Motor, erstmals bei einem Nissan-Auto.

1965 wurde das Nissan-Spektrum um das Nobel-Modell »President« erweitert. Für das Auto standen ein 6- und 8-Zylinder-Motor (3 l) zur Verfügung.

Der Datsun-Sportwagen »1500« war unter dem Namen »Fairlady« bekannt. Das Coupé trug den Namen »Silvia« (rechts). Die vorderen Scheibenbremsen wurden von Dunlop gefertigt. Oben: Modell »Fairlady 2000« aus dem Jahr 1967.

NISSAN-DATSUN

Vom Einführungstag an war das 1966 herausgebrachte Datsun-Modell »1000« (auch »Sunny« genannt) ein Markterfolg. Das Auto besaß einen 4-Zylinder-Motor (988 ccm) und Trommelbremsen.

Das Datsun-Modell »Cedric« wurde 1971 in verschiedenen Ausführungen (Typ »220 C«, »240 C« und »260 C«) mit einem Hubraum von 2 bis 2,6 l angeboten.

Das Coupé »Fairlady Z« erschien 1969 mit einem 6-Zylinder-Motor (2 l) auf den Markt. Gleichzeitig kam das Modell »Z 432« mit einem stärkeren Motor (160 PS anstatt 130 PS) heraus.

Das 1976er Modell »Bluebird« stand mit einem Motorspektrum von 1,6 bis 2 l zur Verfügung. Oben: das Modell »1800 SSS«.

Das Modell »Laurel 2000« wurde 1980 umgebaut. Das Auto hatte einen 1,8- oder einen 2-l-Motor. Es gehörte zu den Mittelklassewagen.

Das Modell »Auster« kam 1981 mit Frontantrieb heraus. Es hatte einen 1,6- oder einen 1,8-l-Motor.

1967 wurde aus dem »Bluebird«-Modell ein neues Auto entwikkelt, das eine erhöhte Hubraumkapazität von 1,6 l hatte.

1973 wurde das neue Datsun-Modell »Violet« (oder Typ »140 J/ 160 J«) herausgebracht. Das Auto war mit einem 1,4- oder einem 1,6-l-Motor ausgestattet. Es gewann 1979 und 1980 die afrikanische Safari-Rallye.

Das umgebaute »Bluebird«-Modell des Jahres 1979 stand auch mit Einspritzanlage zur Verfügung, und zwar entweder mit Turbotriebwerk oder als Diesel-Ausführung.

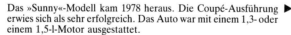

Das »Sunny«-Modell kam 1978 heraus. Die Coupé-Ausführung erwies sich als sehr erfolgreich. Das Auto war mit einem 1,3- oder einem 1,5-l-Motor ausgestattet.

Ein neues Modell mit dem Namen »Langley« kam 1980 auf den Markt. Es war in der gleichen Bauweise wie das Modell »Pulsar« hergestellt. Für das Auto mit Frontantrieb standen Motoren mit 1,3 oder 1,5 l Hubraum zur Verfügung.

Der 1981 herausgebrachte »Skyline« war mit einem 4- und einem 6-Zylinder-Motor lieferbar. Er hatte Hinterradantrieb.

Das »Skyline«-Modell »2000« aus dem Jahr 1968 besaß einen 6-Zylinder-Motor, ein Viergang-Getriebe und Servo-Bremsen.

Das Nissan-Modell »President« erhielt 1973 eine neue Karosserie. Für das Auto stand ein V-8-Motor mit 3 oder 4,4 l zur Verfügung.

Das Nissan-Modell »Cherry« kam 1970 heraus. Es war das erste Auto dieser Firma mit Frontantrieb. Der Diagonal-Motor besaß einen Doppelvergaser und unabhängige Aufhängung.

1979 wurde das Datsun-Modell »Cedric 2000« mit einem neuen Turbotriebwerk herausgebracht. Das Auto hatte eine computergesteuerte und mit ECCS versehene Einspritzanlage.

»Liberta« (Foto) und »Pulsar« (1982) glichen sich in der Bauweise. Es gab 1,3- oder 1,5-l-Motoren oder eine 1,5-l-Turbo-Ausführung mit Einspritzanlage.

NISSAN-DATSUN

Bei dem »Micra« von 1982 (in Japan als »March« eingeführt) handelt es sich um ein Kompaktfahrzeug mit Frontantrieb und einem 988-ccm-Motor aus einer Leichtmetall-Legierung.

Das 1982 auf den Markt gebrachte Modell »Laurel Spirit« war mit einem 1,3- oder 1,7-l-Motor mit Frontantrieb ausgestattet.

Der 1982 herausgekommene »Prairie« (oben) entstand aus dem »Nissan Sunny«-Modell. Dieses sehr geräumige Fahrzeug (1,60 m hoch) hat hinten Schiebetüren. Der Motor hat 1,5 oder 1,8 l. Das Auto besitzt ein Fünfgang-Getriebe. Den Typ »Sunny« (unten) gab es mit einem größeren Motorspektrum (1,3 l, 1,5 l und 1,7-l-Diesel). In den USA heißt dieses Modell »Sentra«.

Das 1984 entstandene Modell »Gloria« hatte den neuen V-6-Motor mit einem Hubraum von 2000 oder 3000 ccm. Wahlweise gibt es auch eine 2,8-l-Diesel-Ausführung.

Auch das 1984er Modell »Skyline« erhielt einen neuen Motor: 2000 ccm DOHC. Das Auto ist mit einem Fünfgang-Getriebe ausgestattet und besitzt rundum Scheibenbremsen.

Das frontangetriebene Modell »Stanza« (oder »Auster«) von 1984 war entweder mit einem 1600-ccm- oder einen 1800-ccm-Motor zu haben, letzterer mit Einspritzung. Das Auto hat vorne Servo-Scheibenbremsen.

Der 1984 herausgebrachte »Bluebird« hat Frontantrieb. Es stehen verschiedene Motortypen zur Auswahl: von 1600 bis 2000 ccm; ein 1800-ccm-Turbo mit Einspritzanlage sowie ein 2-l-Diesel.

Das Modell »Nissan Maxima« ist eine Limousine der Oberklasse mit einem quer eingebauten V-6-Motor mit 2960 ccm.

Der neue »Micra Super S«, eine dreitürige Limousine mit 1200-ccm-Motor wurde Anfang der 90er Jahre vorgestellt.

Das traditionsreiche Modell »Sunny« in modernisierter Form, wahlweise mit neuer Vier-Ventil-Technik oder als Diesel erhältlich.

Für die Modellreihe »Primera« stehen wahlweise 1,6- und 2,0-l-Motoren sowie verschiedene Karosserieformen zur Wahl.

dem Firmennamen »Dat Motor Car Co.« verkauft. 1926 entstand aus der Firma die »Dat Automobile Manufacturing Co.«. Ihr Hauptsitz befindet sich in Osaka.
Nachdem Dat eine Zeitlang Lieferwagen gebaut hatte, wendete sich die Firma im Jahr 1930 wieder der Produktion von Autos zu und stellte den »Dat 91«, den Vorläufer des »Datson« von 1931, vor. Im selben Jahr wurde die japanische Firma von der »Tabota Imono Co.«-Gruppe übernommen, und 1932 änderte sich der Firmenname von »Datson« in »Datsun« (man verband das ursprüngliche »Dat« mit »sun« für Sonne, dem Symbol des japanischen Kaiserreiches). Mit einem Kapital von 10 Millionen Yen gründete man 1933 die »Jidosha Seizo Co.« zum Bau der Datsun-Wagen. Im Jahr 1934 gab man der Firma schließlich den Namen »Nissan Motor Co. Ltd.«. In der Zeit vor dem Zweiten Weltkrieg ähnelten die kleinen Datsuns sehr dem kleinen britischen »Austin Seven«, und die Nissans übernahmen Stil und Aufbau großer amerikanischer Modelle, wie des »Graham-Paige«. Nach der Fertigung von Militärausrüstungen während des Krieges kehrte Nissan 1946 wieder zur Produktion von Zivilfahrzeugen zurück. Man baute Lieferwagen. Die Datsun-Modelle waren jedoch reine Nachbildungen der Vorkriegswagen. Nach 1960 erschien die Marke Nissan wieder auf den Autos.
Inzwischen hatte Nissan von 1952 an, als Folge eines Vertrages mit British Austin, mit dem Lizenzbau des »A 40« und später des »A 50« begonnen. Die dabei verwendeten Motoren waren den britischen Typen ähnlich. 1959 überflügelte der »Datsun 310« die erfolgreiche Bluebird-Serie (1965 konnten 200 000 Stück, vor allem in die USA, exportiert werden), und 1960 tauchte mit dem »Cedric« die Marke Nissan wieder auf. Der erste von der Firma produzierte Diesel erschien in einem 1964er Modell. Seitdem erlangte Nissan hinsichtlich technischer Zuverlässigkeit und Stil einen guten Ruf und mußte in seiner Entwicklung keinerlei Rückschläge hinnehmen. Die Nissan-Weltpolitik erfordert eine Vielzahl von Modellen, unter anderem Pao, Micra, Sunny, Bluebird, Maxima, Skyline, 300 ZX mit Auswahl für den jeweiligen Markt.

Die Modellreihe »Silvia« wurde 1979 vorgestellt, als die Automobilfirma eine Sportwagen-Serie mit Bord-Computer produzieren wollte. Die Standard-Ausführung besitzt einen 4-Zylinder-Motor mit einem Hubraum von 1800 oder 2000 ccm. Es steht auch eine 1,8-l-Turbo-Ausführung mit Einspritzung zur Verfügung. Das »Silvia«-Fahrgestell ist das gleiche wie beim Typ »Gazelle«. Die abgebildete Version ist das 1984er Modell.

Der 1985 herausgebrachte »Pulsar« ist ein zweitüriges Coupé mit Frontantrieb. Mit seinem 1,5-l-Motor gehört es zur unteren Mittelklasse. Der vorne diagonal gelagerte Motor leistet 85 PS bzw. in der Turbo-Ausführung 115 PS. Es steht auch ein 95-PS-Einspritz-Motor (1,5 l) und ein 1,7-l-Diesel zur Verfügung. Die Höchstgeschwindigkeit liegt zwischen 160 und 185 km/h.

PEUGEOT-TALBOT

SIMCA – SUNBEAM

Wenn unser Land nun die Hundertjahrfeier des Automobils begeht, empfinde ich unwillkürlich großen Stolz bei dem Gedanken, daß die Geschichte unserer Firma so eng mit der Automobilindustrie verbunden ist.
Das Jubiläum des französischen Automobils sollte für Hersteller und Allgemeinheit gleichermaßen eine Anregung sein, auf diesen Industriezweig zurückzublicken. Er hat sich seit Beginn des Jahrhunderts bis zum heutigen Tag laufend weiterentwickelt und ausgebreitet und repräsentiert nun eine der größten Industrien unseres Landes. Darüber hinaus spielt er beim Handel mit anderen Ländern eine wesentliche Rolle.
Die Geschichte des Automobils ist noch nicht zu Ende, und die Hundertjahrfeier – wenngleich ein bedeutendes Stadium – stellt darin nur einen Meilenstein dar. Rückblickend können wir die reichhaltigen Erfahrungen jedes Herstellers in den verschiedensten Bereichen von der Planung bis zur Produktion, hinsichtlich Design, Reduzierung des Benzinverbrauchs, Wettbewerben und so weiter richtig einschätzen.
Die Firma »Automobiles Peugeot« konnte zur Weiterentwicklung des Autos einen bedeutenden Beitrag leisten, da die Peugeot-Modelle, die während des letzten Jahrhunderts auf den Markt kamen, oft wichtige technische Neuentwicklungen aufwiesen. Das verhalf der Firma auch im Sport zu einem ausgezeichneten Ruf. Hinsichtlich des Benzinverbrauchs wurden von Peugeot in Zusammenarbeit mit der »L'Agence pour la Maitrise de l'Energie« wertvolle Forschungen betrieben.
Ich bin zuversichtlich, daß Peugeots ständiges Streben nach Modernisierung, Anpassung und Verbesserung des Autos der Firma die Möglichkeit bietet, an der künftigen Weiterentwicklung der Industrie noch aktiver teilzuhaben.

ROLAND PEUGEOT – Aufsichtsratsvorsitzender der Peugeot S. A.

Der 1935 herausgebrachte »402« war eine Neuerscheinung mit vollautomatischer Übersetzung, einem am Armaturenbrett befestigten Schalthebel, Scheinwerfern, die hinter dem Kühlergrill plaziert waren, und einem 4-Zylinder-Motor mit Stößelstangen und einer Leistung von 60 PS bei 2 l Hubraum.

Dieses 1892 entstandene Modell »Vis-à-Vis« war eines der ersten Peugeot-Fahrzeuge, das einen Daimler-V-2-Motor verwandte.

Der Typ »19« wurde zwischen 1897 und 1902 hergestellt. Das Fahrzeug besaß einen horizontal liegenden 2-Zylinder-Peugeot-Motor.

Der Typ »20« aus dem Jahr 1902 war mit einer achtsitzigen Omnibus-Karosserie ausgestattet. Der 2zylindrige Motor lag unter dem Vordersitz.

Die vorne angebrachten Schmutzfänger dieses 1905 herausgebrachten Doppel-Phaetons hatten die Aufgabe, die Reisenden vor Straßenstaub zu schützen.

Beim Modell Typ »69« (genannt Bébé«) wurden in der Zeit von 1905 bis 1913 (Abbildung rechts) viele Veränderungen vorgenommen. Der ursprünglich verwendete 1-Zylinder-Motor erhielt später 4 Zylinder. Das von Ettore Bugatti konstruierte »Bébé«-Modell konnte mit einem 10-PS-Motor (856 ccm) eine Geschwindigkeit von 55 km/h erreichen.

Die ersten Beispiele für »Peugeots« mit eigener Antriebskraft waren die dampfgetriebenen, dreirädrigen Fahrzeuge von Serpollet im Jahr 1888. Die Werkzeugmaschinenfabrik Peugeot, die von Anfang an an die »pferdelosen Kutschen« glaubte, hatte bereits bis 1889 zwei vierrädrige Fahrzeuge mit Benzinmotoren getestet. Der Bau von Automobilen, wie wir sie heute kennen, begann 1891, als die Fabrik praktisch all ihre Kraft auf diesem Gebiet einsetzte. Die ersten Peugeots erhielten die Bezeichnung »Typ«, gefolgt von der Erkennungsnummer. Eines der berühmtesten Modelle der damaligen Zeit, in der es gar nicht ungewöhnlich war, im Angebot eines einzigen Herstellers bis zu 100 verschiedene Modelle zu finden, war der Typ 39. Es war das erste Auto der Firma mit 4-Zylinder-Motor mit 1042 ccm Hubraum und Viergang-Getriebe. Davon wurden nur knapp 100 Stück gebaut. Daneben entstand auch der beliebte »Bébé« (Typ 69) mit 1-Zylinder-Motor, 652 ccm Hubraum und 6 PS, von dem nach 1905 über 400 Stück produziert wurden. Peugeot-Fabriken gab es anfangs in Valentigney und Audincourt, später auch in Lille. 1902 konzentrierte sich die Produktion auf Lille und Audincourt. 1913 wurde die Sochaux-Fabrik gegründet. Ein paar Jahre nach der Eröffnung dieses Werkes begann man dort mit dem Bau von Lastwagen. Der erste, der unseren modernen Versionen ähnelte, war der Typ 109 mit einer Miximal-Traglast von 3 t und einer Geschwindigkeit von 20 km/h. Die Produktion von Lieferwagen erlebte während des Krieges einen großen Aufschwung, ging dann aber wieder zurück. In der Vorkriegszeit gewann Peugeot viele Rennen, darunter auch das 500-Meilen-Rennen von Indianapolis 1913. Peugeot offerierte ein komplettes Fahrzeugprogramm für jeden Bedarf, und sein Stil zeichnete sich schon damals durch die heute bekannten Merkmale aus: Haltbare, hochklassige Autos mit exzellenter Verarbeitung, die aber nicht billig waren. Hauptsächlich spezialisierte sich Peugeot jedoch auf die Produktion von Gebrauchsmodellen, wie dem »Bébé«. 1920 präsentierte man auf der Automobilausstellung in Brüssel den »Quadrilette«, dessen äußere Form auf der des Bébé basierte. Dieses Modell führte später zur Entwicklung des »5 CV«, der mit einer Produktionszahl von 82 904 Chassis einen Rekord aufstellte.

Die Geschichte des modernen Peugeot begann jedoch erst mit der Präsentation des »201« auf der Pariser Automobilausstellung von 1929. Dieses vollständig neue Modell, das ursprünglich mit einem 1122-ccm-Motor ausgestattet war, verhalf Peugeot zu seinem Ruf als Hersteller von robusten, verläßlichen Autos. Drei Jahre später bezeichnete der »301«, ein eleganteres Modell als der 201, den Beginn von Peugeots neuem Streben, seinen Kunden »nützliche« Autos anzubieten. Der 301 war auch in einer Familienversion oder als Kombi erhältlich. In dieser Zeit wurden die Karosserien des 201 und 301 immer eleganter und attraktiver und schufen einen charakteristischen »Stil«, der sich sehr stark am damaligen Trend orientierte.

1934 wurden mit dem 301 die ersten aerodynamischen Tests durchgeführt. Zu Beginn desselben Jahres brachte Peugeot das 6-Zylinder-Modell »601« heraus, das sich jedoch als nicht sehr erfolgreich erwies. Auch der »401« erschien im gleichen Zeitraum, aber kein Modell kam dem 201 gleich, von dem bis zum Produktionsende im September 1937 142 000 Stück gebaut wurden. Mit dem Prototyp des »402«, bei dem die Scheinwerfer hinter dem Kühlergrill angebracht waren, begann die aerodynamische Serie. Außerdem führte man bei diesem Modell das Numerierungssystem ein, das auch heute noch zur Bezeichnung der Autos verwendet wird. Nach dem 402, der in der einfachen Limousinen-Ausführung etwa 24 000 Francs kostete, präsentierte Peugeot im Jahr 1936 bei der Pariser Automobilausstellung den »302«, eine neue, verkleinerte Version des 402. Die bedeutendste Neuerung beim 402 war die Verwendung eines Synchrongetriebes. Darüber hinaus war er der erste Tourenwagen mit Dieselmotor (1938).

Die Produktion stagnierte während des Krieges und kam, als Folge der Schäden durch die alliierten Bomber, fast völlig zum Stillstand. Gleich nach dem Krieg wurde sie, zwar in geringerem Maße, mit dem 202 von 1938 wieder aufgenommen. Gegen Ende des Jahres 1947 wurde er durch den »203« ersetzt, von dem 685 000 Stück mit selbsttragender Karosserie und 45-PS-Motor mit 1300 ccm Hubraum gebaut wurden. Er blieb fast zwölf Jahre ohne größere Veränderungen in der Produktion.

PEUGEOT-TALBOT

Ebenso wie andere Automobilfirmen konzentrierte sich die Peugeot-Fertigung während des Krieges auf Militärfahrzeuge. Daraus entstand diese Lafette aus dem Jahr 1915.

Nach dem Krieg erschien das elegante Landaulet-Modell »174«. Das Fahrzeug besaß einen 4-Zylinder-Seitenventil-Motor. Zwischen 1922 und 1928 wurden insgesamt 810 Stück gebaut.

Das erste Modell »201« wurde 1929 bei der Pariser Automobilausstellung vorgestellt. Es war in Frankreich das erste Fahrzeug mit kleiner Motorkapazität, das in großer Serie hergestellt wurde. Das Modell »M« kam 1936 auf den Markt.

1932 wurde das Peugeot-Spektrum um ein neues Modell erweitert. Der Typ »301« stand in verschiedenen Ausführungen zur Verfügung. Der 35-PS-Motor (1465 ccm) war der gleiche wie beim »201«.

Das Modell »302«, auch ein erfolgreiches Auto, wurde zwischen 1936 und 1938 produziert. Während dieser Zeit entstanden insgesamt 25 000 Fahrzeuge.

Das 1934 herausgekommene Modell »401«, oben abgebildet als Taxi, besaß einen 4-Zylinder-Motor (1720 ccm), der 44 PS leistete. Insgesamt wurden 13 545 Fahrzeuge produziert.

1955 wurde der »403« vorgestellt. 1959 erhielt das Fahrzeug einen sehr modernen Diesel-Motor, der von Peugeot konstruiert wurde.

Einen enormen Markterfolg erzielte das von Pininfarina konstruierte und 1960 herausgebrachte Modell »404«. Die Coupé-Ausführung mit Diesel-Motor erwies sich beim Monthléry-Rennen und bei den afrikanischen Rallyes als sehr erfolgreich.

Das Modell »203« wurde 1948 herausgebracht. Es war mit Winkelventilen und einem halbkugelförmigen Zylinderkopf ausgestattet. Diese Technik wurde zu jener Zeit sonst nur bei Luxusfahrzeugen verwendet.

Der »504« war ein weiteres neues Modell aus dem Jahr 1968. Dieses Fahrzeug gab es als Limousine, Coupé oder Cabrio. Die letztgenannten beiden Modelle wurde von Pininfarina konstruiert.

Der 1969 herausgebrachte »304« hatte einen diagonalen 70-PS-Motor (1,3 l), Frontantrieb und obenliegende Nockenwellen.

Der 1965 herausgebrachte »204« mit Frontantrieb und obenliegender Nockenwelle war mit einem 4-Zylinder-Reihenmotor aus einer Leichtmetall-Legierung ausgestattet. Der Hubraum betrug 1130 ccm. Höchstgeschwindigkeit 138 km/h.

Als kleinere europäische viertürige Limousine kam 1972 das Modell »104« heraus. Das mit einem 954-ccm-Motor ausgestattete Fahrzeug mit Frontantrieb besaß vorne Scheibenbremsen. Der Treibstoffverbrauch betrug 8 l auf 100 km.

Als Ergebnis der Zusammenarbeit zwischen Peugeot, Renault und Volvo wurde 1975 der »604« auf den Markt gebracht. Das Auto besaß einen V-6-Motor mit einem Hubraum von 2664 ccm. Der gleiche Motor wurde auch für das Coupé und das Cabrio, Typ »504« verwendet.

Der »Peugette«-Roadster mit einem Hubraum von 954 ccm kam 1976 heraus. Von diesem von Pininfarina konstruierten Fahrzeug wurde lediglich ein einziges Exemplar gebaut.

PEUGEOT-TALBOT

Im April 1955 begann Peugeots Zusammenarbeit mit dem Karosseriebauer Pininfarina. Seitdem wurden die Autos mit dem Zeichen eines sich drohend aufrichtenden Löwen versehen. Das erste Modell mit diesem Markenzeichen war der neue »403«, der als Limousine und Kombi hergestellt und im Jahr 1959 mit einem 48-PS-Dieselmotor mit 1800 ccm Hubraum versehen wurde.

Im Mai 1960 erschien eine modernere Version des 403, der »404«. Er wurde entweder mit 1486-ccm- oder 1618-ccm-Vergasermotor (ein Modell mit Benzineinspritzung kam später heraus) oder mit einem Dieselmotor mit knapp 2 l Hubraum angeboten. Ein wichtiges Merkmal des 404 war seine Vielseitigkeit, da er als Limousine, Coupé, Cabrio, Familienauto oder Allzwecktransporter erhältlich war. Bis August 1963 wurden insgesamt 2 450 000 Fahrzeuge hergestellt, und inzwischen feierte Peugeot bereits die Fertigstellung des millionsten 403.

Auf dem Lieferwagensektor erschien unterdessen der Transporter »J 7« mit Vorderradantrieb. Mit seinem hohen Zuladungsvermögen war er trotz der begrenzten äußeren Ausmaße einer der wenigen Transporter seiner Klasse, in denen ein Mann aufrecht stehen konnte. Er war mit den gleichen Benzin- oder Dieselmotoren wie der 403 erhältlich. Im April 1965 wurde mit dem kleinen, neuen »204« mit 1130-ccm-Benzinmotor und 58 PS der Vorderradantrieb eingeführt. Die »4er«-Serie wurde im Laufe der Jahre ergänzt und enthielt den »304« (ein leistungsstärkerer 204 mit anderer Karosserie) und den »504«, der bis zum Erscheinen des »604« das »Flaggschiff« des Angebots war. Danach folgte der kleine, neue »104«, der infolge eines Vertrages mit Citroën entstand.

1978 erwarb die Peugeot-Citroën-Gruppe die Leitung der Chrysler-Unternehmens in Europa, zu denen damals auch Simca gehörte. Als Folge dieses neuen Vertrages trat der alte und nicht mehr benützte Name Talbot, der bei dem britischen Sunbeam und den französischen Modellen Talbot und Matra verwendet wurde, wieder in Erscheinung.

Die Geschichte von Peugeot geht mit der »5er«-Serie weiter, die heute mit den Typen »205«, »305« und »505« auf dem Markt ist. Diese Modelle sind mit Vergasermotoren, mit Einspritzmotoren oder mit Turbo-Dieselmotoren ausgestattet.

Als völlig neue Fahrzeugkonzeption wurde das 1983 herausgebrachte Modell »205« angesehen. Es wurde sofort als Durchbruch gefeiert. Der Diagonal-Motor stand mit einem Hubraum von 954 ccm, 1124 ccm oder 1360 ccm zur Verfügung. Das Auto mit Frontantrieb hatte ein Fünfgang-Getriebe. Die Diesel-Ausführung, der »GTI« und der »Turbo 16« wurden später herausgebracht. Das neueste Rallye-Modell mit Mittelmotor besitzt Allradantrieb.

Der »505« erschien 1979 auf dem Markt. Seither wurden über 20 verschiedene Ausführungen angeboten; so auch das Einspritz-Modell »505 Turbo« mit einer Leistung von 160 PS.

Der Prototyp »Vera 02 Diesel« wurde 1982 bei der Genfer Automobilausstellung vorgestellt. Er stellt einen wichtigen Peugeot-Beitrag auf dem Gebiet der Energieeinsparung dar. Mit einem 1360-ccm-Motor und bei einer Geschwindigkeit von 90 km/h beträgt der Treibstoffverbrauch nur 3 l/100 km.

PEUGEOT-TALBOT-SIMCA

Als erstes »Simca«-Modell wurde in der Tat der Fiat 508 »Balilla« herausgebracht, der im Nanterre-Werk im Jahr 1935 zusammengebaut und unter dem Namen »Fiat France« bekannt wurde.

Als ein Modell, das ausschließlich in Frankreich hergestellt wurde, erschien im März 1936 der »Simca-Fiat 5« (links), konstruiert auf der Grundlage des Fiat 500 Topolino. Das Auto wurde fünf Monate vor Einführung des italienischen Topolino herausgebracht. Es besaß einen 4-Zylinder-Motor mit 13 PS (569 ccm) und wurde 1949 durch das Modell »6«, einer neuen Version des »550 C« (rechts), abgelöst.

Auf der Basis eines anderen Fiat-Modells (des neuen »Balilla 1100«) wurde 1945 der »Simca 8« herausgebracht. In Frankreich war dieser Typ mit seinem 4-Zylinder-Motor (32 PS, 1098 ccm) außerordentlich erfolgreich.

Mit dem Modell »Simca 9 Aronde« (links) von 1951 endete das von Fiat beeinflußte Design. Die viertürige Limousine hatte eine selbsttragende Karosserie und einen 4-Zylinder-Reihenmotor mit 45 PS (1221 ccm). Es folgte das zweitürige Modell »Grand Large« (rechts). Ein »Monthléry«-Modell kam 1959 mit einem »Rush«-Motor (56 PS, 1290 ccm) heraus.

1975 kam der »1308« mit einem 1442-ccm-Motor, der 85 PS bei 5600 U/min leistete, auf den Markt. Die technische Ausstattung war die gleiche wie beim Modell »1100«, jedoch mit einer fünftürigen Limousinen-Karosserie.

Der erfolgreichste Simca war der »1000«. Der wassergekühlte 4-Zylinder-Reihen-Heckmotor (944 ccm) leistete 35 PS. Die Kapazität wurde später auf 44 PS erhöht.

Diese dreitürige Limousine wurde 1977 unter dem Talbot-Simca-Sunbeam-Markenzeichen herausgebracht. Es standen drei verschiedene Motor-Ausführungen zur Wahl: 0,9 l, 1,3 l oder 1,6 l. Das Auto hatte eine selbsttragende Karosserie und ein Viergang-Getriebe.

Simca und Talbot

Die französische Firma Simca, 1935 für den Lizenzbau von Fiat-Modellen gegründet, ging 1958 in die Regie von Chrysler über und erwarb 1959 die Rechte der einst renommierten Marke Talbot. In den 80er Jahren sollte Simca unter dem Namen Talbot im Peugeot-Konzern eigenständig weiterleben, doch die Profilierung unter dem Dach der PSA Peugeot-Citroën gelang nicht, vom letzten Talbot ging die Entwicklung des Peugeot 309 aus. Gut entwickelte sich dagegen die unauffällige Kooperation Peugeot-Citroën, bei der interessante Alternativen gelangen – so zwischen dem Citroën »XM« und dem Peugeot »605«.

Nicht einmal der Talbot-Sportmarke gelang es, die Krise in der Nachkriegszeit zu überleben. Nachdem Anthony Lago 1959 die Firma an Simca übergeben hatte, wurde dieses Talbot-Lago-»America«-Coupé konstruiert. Das Auto war mit einem V-8-BMW-Motor ausgestattet, etwas völlig Neuem, nachdem bisher nur Ford-V-8-Motoren zum Einbau kamen. Es wurden von diesem Modell lediglich zwölf Fahrzeuge gebaut.

Die Limousine Peugeot »505« demonstrierte 1979 eine neue Richtung des Peugeot-Designs und gelang überzeugend. Benzin-Motoren mit 1,8 und 2 Liter waren im Angebot, dazu seit 1980 der 2,5 Liter-Turbodiesel. 1982 kam eine neue Motorenreihe, 1990 lief das erfolgreiche Modell auf dem deutschen Markt aus.

Das dreisitzige Talbot-Matra-Bagheera-Coupé erschien 1973 auf dem Markt. Die selbsttragende Karosserie bestand aus Polyester-Harz, verstärkt durch Glasfiber. Der 84-PS-Motor hatte einen Hubraum von 1294 ccm (ab 1979 85 PS und 1442 ccm).

Der Talbot-Matra-Murena, oben abgebildet in einer »S«-Ausführung des Jahres 1980, war eine Entwicklung aus dem Modell »Bagheera«. Es standen Motorvarianten von 1,6 oder 2,2 l zur Auswahl. Höchstgeschwindigkeit 182 bzw. 200 km/h.

Der Peugeot »205« ist ein überaus glückliches Modell, das 1983 erschien und zum Bestseller wurde. Ein breiter Fächer von Motoren zwischen 1,0 und 1,9 Liter wird für die verschiedenen Märkte angeboten, 1986 erschienen das Cabriolet und der 130 PS-GTI, 1988 folgte eine neue Motorengeneration.

Der Peugeot »405« ging 1987 in Serie. Er schloß am Design des »505« an und erfüllt mit Motoren von 1,4 bis 1,9 Liter einschließlich Diesel-Versionen die Funktion eines geräumigen, aber nicht üppig bemessenen Mittelklassewagens, karossiert als 4-Türer mit Stufenheck und als 5-türiger Kombi.

Das »Tagora«-Modell wurde in den GLS-, DT- und SX-Ausführungen mit einem 2-l-, 2,3-l- oder 2,6-l-Motor angeboten. Der Motor des »SX«-Modells leistet 165 PS bei 6000 U/min, hat vier Scheibenbremsen, einen Bord-Computer, einen elektronischen Drehzahlmesser sowie elektronische Transistorzündung.

Der Peugeot »309« aus dem Talbot-Erbe paßte ins Peugeot-Programm, indem er den veraltenden »305« zunächst ergänzte und dann ablöste. Er wird mit Motoren zwischen 1,1 und 1,9 Liter bestückt, 1986 kamen der 1,9 Liter-Diesel, der 130 PS-GTI und die 3-türige Ausführung, 1989 der Turbodiesel und der 16-Ventil-GTI mit 158 PS.

Der große Peugeot »605« ist als komfortable Reiselimousine für Motoren bis zum 3-Liter-V-6-Zylinder konzipiert, aber auch mit dem 2-Liter-4-Zylinder nicht untermotorisiert; der kleinste Motor der Reihe bietet immerhin 108 PS und verspricht 197 km/h laut Werk. Der »605« wurde 1989 vorgestellt.

Die erfolgreiche »Horizon«-Serie von 1983 wurde um die Diesel-Ausführung (LD und EXD; 1,9 l, 65 PS mit Einspritzanlage) sowie das Modell »Premium« (95-PS-Motor mit 1592 ccm) erweitert.

PORSCHE

Ferdinand Porsche war 73 Jahre alt, als das erste Auto mit seinem Namen herausgebracht wurde. Es entstand in der kleinen Werkstatt in Gmünd, wohin das »Porsche-Büro« nach dem Krieg umgezogen war, um seine Tätigkeit mit der Reparatur von Militärfahrzeugen wieder aufzunehmen. Die Firma war bereits von 1929 an aktiv, und die Werkstatt in der Kronenstraße in Stuttgart entwickelte sich aufgrund der wertvollen Erfahrungen, die Porsche bei Lohner, Mercedes und Austro-Daimler gesammelt hatte, zu einem wahren Konstruktionszentrum, wo die fähigsten Leute jener Zeit unter Verwendung der fortschrittlichsten Techniken alle Arten von Fahrzeugen bauten, von Automobilen bis zu Panzerwagen und Motorrädern. Kommerziell gesehen, war der »Porsche 60«, der eindeutige Prototyp des Volkswagens, zweifellos das Meisterstück der Vorkriegszeit. Es gab aber auch andere außergewöhnliche Projekte, wie die Grand-Prix-Wagen der Auto Union mit in der Mitte liegendem Motor, die 1934 herauskamen. Danach wurde der Heckmotor zur festen Tradition bei Porsche, erstmals bei dem ersten »356« von 1948 mit einem 4-Zylinder-Volkswagen-Motor mit 1131 ccm Hubraum. Ursprünglich sollte der Motor in der Mitte eingebaut werden, dieser Plan wurde jedoch aufgrund von Kostenproblemen und verringertem Fahrgastraum fallengelassen. Das Auto wurde, zusammen mit einer Coupé-Version, 1949 beim Automobilsalon von Genf offiziell vorgestellt. Dieser »356«, entworfen vom Porsche-Büro«, erreichte bei 4000 U/min eine Leistung von 40 PS und eine Höchstgeschwindigkeit von 150 km/h. Das flache Chassis besaß einen Mittelträger mit querliegender Drehstabfederung, ein weiteres charakteristisches Merkmal der Stuttgarter Autos mit Heckmotor und Heckantrieb. In Gmünd wurden 46 356er-Modelle mit handgefertigten Aluminiumkarosserien gebaut.

1950 kehrte Porsche nach Stuttgart zurück, wo die Produktionskapazität infolge eines Vertrages mit dem Karosseriebauer Reuttler über die Lieferung von Karosserien, diesmal aus Stahl, gestiegen war. 1952, ein Jahr nach dem Tod von Ferdinand Porsche, der seinem fähigen Sohn Ferry die Leitung der Firma überlassen hatte, wurde das neue Werk in Zuffenhausen eröffnet.

Der »356« wurde mit Motoren ausgestattet, deren Hubraum zwar ständig vergrößert wurde, die aber alle die gleiche Grundstruktur mit horizontalen Zylindern und Luftkühlung besaßen, wobei das Gebläse vertikal angebracht war. 1951 verwendete man einen 1300-ccm-Motor, auf den im nächsten Jahr ein 1500-ccm-Modell folgte. Der »356 A« von 1956 wurde mit 1300-ccm- (bis 1957 in Produktion) oder mit 1600-ccm-Motor angeboten. Der »356 B« von 1959 war das Ergebnis eines maßvollen Umbaus und erschien in drei verschiedenen 1600-ccm-Motorversionen. Der stärkste war der »Super 90«, der nach seiner PS-Zahl benannt wurde. Das letzte Modell dieser Serie war der »SC« von 1963 mit 95 PS.

Von 1955 an wurde auch der »Carrera« produziert, dessen Motor mit zweifacher Nockenwelle erstmals in dem »RS Spider« von 1953, dem ersten für Rennen konstruierten Modell, eingesetzt worden war. Mit dem Typ »2000« von 1961, der eine Leistung von bis zu 130 PS entwickelte, waren die »356 GS«-Carrera-Modelle in den GT-Rennen sehr erfolgreich.

Ein würdiger Nachfolger dieser herausragenden Autos war der »904 GTS« von 1964, der noch einige Merkmale der Touren-Rennwagen besaß. Diese Eigenschaft verschwand beim nächsten Modell, dem »906« von 1966 mit 6-Zylinder-Motor, vollständig. Dieses Auto kündigte eine lange Serie an, deren Modelle bei den Sportwagen-Prototypen sehr erfolgreich waren und während der späten 60er Jahre (mit den Typen »907«, »908« und »917«) in außergewöhnlicher Beständigkeit hinsichtlich Technik und Stil aufeinander folgten.

Die Versuche in der Formel 1 während der Jahre 1961 und 1962 waren jedoch nicht sehr erfolgreich, da es Porsche in diesen zwei Jahren nur einmal – 1962 beim Großen Preis von Frankreich, mit Dan Gurney als Fahrer – gelang, als Sieger die Ziellinie zu überqueren.

1964 erschien das 6-Zylinder-Modell »911«, das einer der bedeutendsten Sportwagen der Nachkriegszeit war. Sein Motor war wiederum ein Boxermotor, der längs über dem zentral gelegenen Getriebe angebracht war. Auch die Luftkühlung blieb, obwohl mit horizontalem Lüfter ausgestattet, unverändert. Der ursprüngliche Hubraum von 2000 ccm wurde 1969 auf 2200 ccm, 1971 auf 2400 ccm und 1973 auf 2700 ccm vergrößert. Der 3000-ccm-Motor von 1975 wurde anfangs in den »Carrera« und von 1979 an in das kombinierte Modell »911 SC« eingebaut. Beim »SC Carrera« von 1983 wurde der Hubraum auf 3200 ccm erhöht. Im Laufe von 20 sehr

Die Standard-Ausführung des »356« wurde mit einem verringerten Hubraumvolumen von 1086 ccm herausgebracht, der Prototyp hatte 1131 ccm. Das Auto blieb unverändert bis 1953 in der Produktion. Der Roadster aus Aluminium wog lediglich 596 kg. 1951 gewann die Coupé-Ausführung in ihrer Klasse die 24-Stunden von Le Mans mit einer Durchschnittsgeschwindigkeit von 122 km/h trotz der reduzierten Leistung von 48 PS.

Der »356 B« kam 1959 heraus. Der Motor hatte einen Hubraum von 1582 ccm. Die Leistung betrug 60 PS, 75 PS oder 90 PS. Die Höchstgeschwindigkeiten lagen je nach Stärke bei 160, 175 und 180 km/h. Ab 1952 erhielt der »356« ein neues Getriebe. Es handelte sich um das patentierte »Bush«-Synchron-System, das später auch von vielen anderen Automobilfirmen verwendet wurde.

Im März 1977 wurde der »928« mit einem anderen vornliegenden V-8-Motor (4474 ccm) mit Überachs-Übertragung herausgebracht. Die hintere unabhängige Aufhängung war durch das Zusammenwirken der Ausgleichsvorrichtung höchst wirkungsvoll. Zum ursprünglich mit einem 240-PS-Motor ausgestatteten Fahrzeug kam 1979 das Modell »928 S« mit einem erhöhten Hubraumvolumen von 4664 ccm und einer Leistung von 300 PS. Höchstgeschwindigkeit 250 km/h.

Der erste Porsche mit Frontantrieb war der »924«. Er kam im November 1975 mit einem 4-Zylinder-Motor (1984 ccm) heraus, der 125 PS bei 5800 U/min leistete. Die Übersetzung erfolgte durch das Transachs-System. 1978 wurde das Turbo-Modell vorgestellt. Es hatte eine erhöhte Leistung von 170 PS bei 5500 U/min und erreichte eine Höchstgeschwindigkeit von 230 km/h.

PORSCHE

1964 wurde der »911« in die Produktion aufgenommen. Ursprünglich besaß das Auto einen 2000-ccm-Motor, der 130 PS bei 6100 U/min leistete und eine Höchstgeschwindigkeit von 210 km/h erreichte. 1965 folgte eine neue Ausführung, und zwar das Modell »912«, das mit einem 4-Zylinder-»Super-90«-Motor ausgestattet war. Die »Targa«-Version folgte mit einem großen hinteren »Überrollbügel« und abnehmbarem Mitteldachteil.

erfolgreichen Jahren stiegen die Motorleistungen von ursprünglich 130 PS auf 231 PS. 1975 erschien auch ein Modell mit einem KKK-Tubolader, der mit einem Hubraum von 3000 ccm bei 5500 U/min 260 PS entwickelte. Im September 1977 kam mit dem 3300-ccm-Motor mit 300 PS eine weitere Neuentwicklung heraus. Der Erfolg des »911« wurde nicht geschmälert, als 1975 der »924« und 1977 der »928« präsentiert wurden, die beide mit einem, für Porsche zumindest, revolutionären Frontmotor und Hinterradantrieb mittels Kardanwelle ausgestattet waren. Der »924« hat einen 4-Zylinder-Motor (1984 ccm) mit einer Leistung von 125 PS und ist seit 1978 auch in einer Turboversion mit 170 PS erhältlich.

Der »928« wird mit einem kraftvollen V-8-Motor mit 4474 ccm Hubraum angeboten. Das Modell »928 S« von 1979 mit einem Hubraum von 4664 ccm leistet 300 PS. Der »944« von 1981 ist eine Variation des »924« mit 4-Zylinder-Motor und 2479 ccm Hubraum.

1969 entstand durch den Vertrag mit Volkswagen die Marke VW-Porsche, die jedoch nur ein einziges Auto hervorbrachte: Den weniger erfolgreichen »914« mit Mittelmotor. Trotz der Anforderungen, die eine qualitativ hochwertige Produktion mit sich bringt, übernahm Porsche weiterhin Konstruktionsaufträge für andere Firmen. Ein gutes Beispiel dafür ist die für Studebaker entwickelte Limousine »542«

von 1953 mit luftgekühltem V-6-Heckmotor. Dieses Auto ging nicht in Produktion. Porsche war auch mit dem Rennsport schon immer eng verbunden. Allein das Modell »911« errang auf Rennstrecken und in Rallyes sowie bei bedeutenden Straßenrennen großartige Siege. Bemerkenswert ist hier Paris–Dakar im Jahr 1983. Zur gleichen Zeit wurde die Prototypen-Klasse durch die erfolgreichen, neuen Modelle »936«, »956« und »962« bereichert.

1983 weitete Porsche mit dem Turbomotor, der für die »Techniques d'Avant Garde« entwickelt wurde und mit dem der McLaren die 1984er Rennsaison beherrschte, seine Erfolge auch auf die Formel 1 aus.

Die »Turbo«-Version ist das leistungsstärkste Modell des »911«, (1977). Der 3299-ccm-Motor hat ein KKK-Turbotriebwerk mit 300 PS bei 5500 U/min. Beschleunigung aus dem Stand von 0 auf 100 nur 5,4 Sekunden. Höchstgeschwindigkeit 260 km/h. Das Fahrzeug ist mit einem Viergang-Getriebe ausgestattet.

Seit 1981 wird der »944« hergestellt. Er hat einen 4-Zylinder-Motor (2479 ccm), der 163 PS bei 5800 U/min leistet. Das Fahrzeug hat eine elektronische Treibstoffeinspritzung und erreicht eine Spitzengeschwindigkeit von 220 km/h. Die 220-PS-»Turbo«-Ausführung kam 1984 heraus. Dieses Modell erreicht eine Höchstgeschwindigkeit von 250 km/h.

Eine Cabrio-Ausführung vom »911« kam 1982 heraus. Dieses Fahrzeug ist mit der Technik des Typs »SC« ausgestattet, der bereits seit 1979 produziert wurde. Die Leistung betrug 204 PS bei 5900 U/min, die Höchstgeschwindigkeit 235 km/h. 1983 erhielt die gesamte Reihe den 3164-ccm-Motor, der 231 PS bei 5900 U/min leistet und eine Spitzengeschwindigkeit von 245 km/h erreicht.

Das, unter der Marke Volkswagen/Porsche verkaufte Modell »914«, ausgestattet mit Mittelmotor, wurde bis 1975 hergestellt. Es standen zwei Varianten zur Auswahl: 4 Zylinder, 1679 ccm, 80 PS und 6 Zylinder, 1991 ccm, 110 PS. Das Fahrzeug hatte ein Fünfgang-Getriebe, und die Höchstgeschwindigkeit betrug je nach Motorleistung zwischen 175 und 200 km/h.

RENAULT

1898 brachte Louis Renault sein erstes Automobil heraus. Im darauffolgenden Jahr erfand er die Antriebswelle, einer der wichtigsten Meilensteine in der Geschichte des Kraftfahrzeugs. Damit begann für diesen Hersteller, der eine außergewöhnliche Persönlichkeit darstellte, ein großes Abenteuer, das bald auch in technologischer und kommerzieller Hinsicht sehr abenteuerlich wurde.

Mit ungefähr 33 Millionen produzierter Autos seit dem Krieg ist die Marke Renault heute auf allen größeren Märkten der Welt vertreten und baut ständig ihr Image aus, das auf der »Philosophie« basiert, besonderen Wert auf die Zuverlässigkeit und Haltbarkeit der Motoren, auf geringen Benzinverbrauch und hohen Komfort zu legen. Diese Ziele wurden an das gesamte Fahrzeugangebot, das möglichst jedem Kundenwunsch gerecht werden soll, angelegt. Schon in den 30er Jahren erstreckte sich die Modellauswahl vom »6 CV NN« bis zum repräsentativen »40 CV«, eine Limousine, die häufig von Staatsoberhäuptern benützt wurde.

Nach dem Krieg wurde Renault verstaatlicht und entwickelte sich langsam zu einem großen multinationalen Unternehmen mit technischem und kommerziellem Erfolg. Das Angebot bestand aus den Modellen »4 CV« mit 750 ccm Hubraum, dem ersten Beispiel für einen beliebten Viersitzer mit Einzelradaufhängung und Heckmotor, dem Renault 4, der in den 60er Jahren entstand und als wirtschaftliches Auto »par excellence« schnell zu einem Symbol für die Jugend wurde, und dem Renault 16, der das Konzept für das moderne Mehrzweck-Auto einführte. In den 70er Jahren erschien der erfolgreiche Renault 5, der wegen seiner großen Vielseitigkeit den allgemeinen Geschmack traf und von dem bis zum heutigen Tag bereits über fünf Millionen Stück gebaut wurden.

Renault, im Bereich der Technologie immer an vorderster Front, war die erste Firma, die Benzinmotoren mit Turbolader erfolgreich im Motorsport testete. Sie profitierte von den dabei gewonnenen Erkenntnissen, indem sie dieses System in großer Zahl auch bei der Standardproduktion verwendete.

BERNARD HANON – Präsident und Leitender Direktor der »Régie Nationale des Usines Renault«

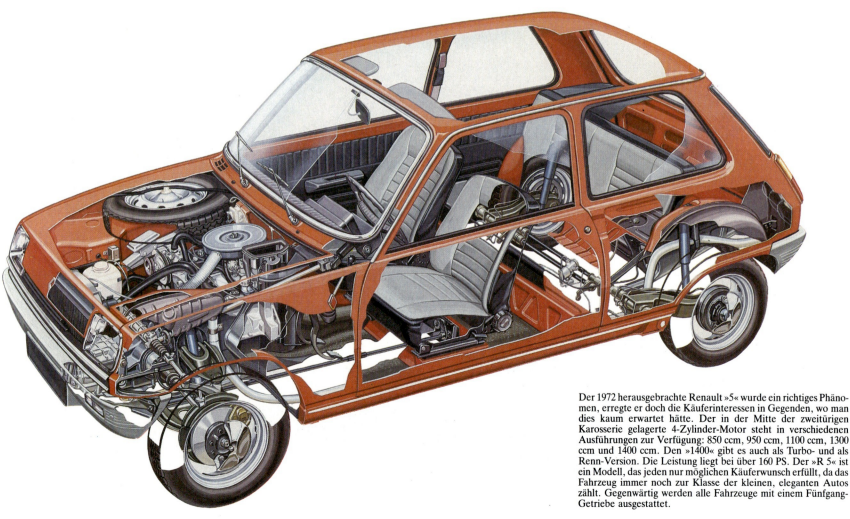

Der 1972 herausgebrachte Renault »5« wurde ein richtiges Phänomen, erregte er doch die Käuferinteressen in Gegenden, wo man dies kaum erwartet hätte. Der in der Mitte der zweitürigen Karosserie gelagerte 4-Zylinder-Motor steht in verschiedenen Ausführungen zur Verfügung: 850 ccm, 950 ccm, 1100 ccm, 1300 ccm und 1400 ccm. Den »1400« gibt es auch als Turbo- und als Renn-Version. Die Leistung liegt bei über 160 PS. Der »R 5« ist ein Modell, das jeden nur möglichen Käuferwunsch erfüllt, da das Fahrzeug immer noch zur Klasse der kleinen, eleganten Autos zählt. Gegenwärtig werden alle Fahrzeuge mit einem Fünfgang-Getriebe ausgestattet.

RENAULT

Die berühmteste Automobilfabrik Frankreichs verdankt ihre Existenz der Leidenschaft für die Technik, die Louis Renault schon in seiner Jugend zeigte. Louis, der Sohn eines Tuchhändlers, baute bereits 1888 im Alter von elf Jahren sein Zimmer in ein Labor um. Im folgenden Jahr fuhr er unbemerkt auf der Strecke Paris–Rouen auf dem Tender einer Dampflokomotive mit, um sich selbst davon zu überzeugen, wie sie in der Realität funktionierte. Ein Jahr später bekam er erstmals die Geschwindigkeit auf der Straße zu spüren, als ihn sein Vater in seinem dampfgetriebenen Auto mitnahm. Nach diesem denkwürdigen Erlebnis überredete Louis seinen Vater, ihm einen alten Panhard-Motor zu kaufen, den er zu verschiedenen Zwecken umfunktionierte. Er konzentrierte seine Bemühungen jedoch verstärkt auf die wahre Leidenschaft seines Lebens, das Automobil. Nach Beendigung des Militärdienstes kaufte er im Alter von einundzwanzig Jahren einen De Dion-Bouton mit ¾PS und tat sich mit einigen Männern zusammen, um dieses Modell in Tag- und Nachtarbeit umzubauen und zu verbessern. Mit vollständig neu entworfenem Getriebe unternahm der gänzlich modernisierte und umgewandelte »Quadricycle« an einem Abend im November 1898 unter den Platanen von Billancourt seine erste Fahrt und erreichte eine Geschwindigkeit von 50 km/h. Man betrachtet dieses Modell als den ersten Renault, der die Entstehung einer Industrie signalisierte, die den Kurs der französischen Wirtschaft im Bereich der Automobilproduktion verändern sollte.

Zu Beginn des 20. Jahrhunderts dehnten sich die Renault-Werkstätten in Billancourt rund um das Geburtshaus von Louis Renault aus. Unmittelbar nach dem Ersten Weltkrieg, im Jahr 1920, baute Renault eine Brücke über die Seine zur Insel Séguin, wo sich heute die Hauptverwaltung der »Régie« befindet. Früher waren dort ein Stadion und Parkanlagen. Heute nehmen die Automobilwerke von Renault die ganze Insel ein. In der Zeit zwischen den beiden Kriegen erwarben sich die französischen Autos wegen der rationalisierten Konstruktion und ihres Designs einen so guten Ruf, daß die Renault- und Citroën-Modelle in Deutschland und anderen Ländern, wo die Automobilindustrie noch in den Anfängen steckte, als Vorbild dienten.

In den Jahren 1938 bis 1939, kurz bevor der Zweite Weltkrieg Renaults Produktion völlig auf den Kopf stellte, entstanden auf den Fließbändern der Ile Séguin 45 388 Autos und 15 613 Industriefahrzeuge (im selben Zeitraum produzierten Citroën 61 460 und Peugeot 52 796 Autos). Die Firmentätigkeit wurde durch den Kriegsausbruch schwerwiegend beeinflußt. Die Produktion ging zwar weiter, beschränkte sich aber auf die Herstellung von Industriefahrzeugen. Im Oktober 1944, dem Jahr der Befreiung von Paris, starb Louis Renault. Seine Position als Kopf der Firma übernahm Pierre Lefaucheux, der am 11. Februar 1955 auf dem Weg nach Straßburg, wo er vor einer Gruppe katholischer Studenten einen Vortrag halten wollte, bei einem tragischen Autounfall ums Leben kam. Lefaucheux und später auch Dreyfus saßen an demselben Schreibtisch, von dem aus Louis Renault seine Anweisungen erteilt hatte. In ähnlicher Weise behielten die Mitarbeiter in allen Abteilungen der Firma während der Zeit des Wiederaufbaus und auch danach ihre Stellungen bei. Dasselbe Team, das 1939 den »Juvequatre« konstruiert hatte, ein Auto, das Renaults Stellung auf dem europäischen Markt hätte festigen sollen, entwarf auch in der Zeit zwischen 1942 und 1944 unter strenger Geheimhal-

Das Renault-Modell »3/4« wurde 1898 herausgebracht. Es basierte auf einem De-Dion-Bouton-Dreirad. Angetrieben wurde das Fahrzeug durch einen luftgekühlten 198-ccm-1-Zylinder Motor (¾ PS), der eine Geschwindigkeit von 35 km/h erreichen konnte. Das Gewicht betrug 250 kg. 1899 präsentierte Louis Renault sein erstes echtes Voiturette-Modell, den »Typ A«, der mit einem 1-Zylinder-Motor mit einem Hubraum von 237 ccm ausgestattet war. Das Auto fuhr schon 45 km/h und wurde durch Renaults erste Werbekampagne im Magazin »Nature« bekannt.

Am 25. April 1901 stellte Renault das 1-Zylinder-Cabrio mit 1½ PS bei der Pariser Automobilausstellung vor. Das Auto wog 500 kg und erreichte eine Höchstgeschwindigkeit von 40 km/h. Die Wasserkühlung erfolgte durch Seitenradiatoren.

Die ersten Ausführungen des »Typs G« erinnerten stark an den Typ D des Jahres 1901. Der 1-Zylinder-Motor mit 6 PS (860 ccm) wurde durch Seitenradiatoren, die aus zwölf Bauteilen bestanden, wassergekühlt. Die Höchstgeschwindigkeit betrug 40 km/h.

Das erste vollständig von Renault produzierte Modell war der »Typ H« des Jahres 1902. Das Fahrzeug besaß einen Zweizylinder-Motor mit 14 PS, der eine Höchstgeschwindigkeit von 65 km/h erreichte. Sein Gewicht betrug 800 kg. Eine Weiterentwicklung aus dem »Typ G«.

◀ 1902 beherrschten die Brüder Renault die Rennszene. Marcel siegte beim Rennen Paris – Wien mit der Rekord-Durchschnittsgeschwindigkeit von 71 km/h. Der »Typ K« besaß erstmals einen 4-Zylinder-Motor, der von Billancourt konstruiert wurde.

RENAULT

Das 1903 herausgebrachte Modell »Typ L« war mit einem wassergekühlten 1-Zylinder-Motor mit 10 PS (940 ccm) ausgestattet, der eine Geschwindigkeit von 40 km/h erreichte. Es wurden einige wenige Spezialkarosserien gebaut, wie die oben abgebildete.

Ähnlich wie das Modell aus dem Vorjahr wurde der »Typ AG« des Jahres 1906 mit seinem 2-Zylinder-Motor (8 PS) hauptsächlich als Taxi konstruiert. Allein die Kosten für das Fahrgestell betrugen laut Preisangabe bei der Pariser Automobilausstellung im Jahr 1905 5 700 Francs.

Die Limousine »Typ V-1« von 1907, ausgestattet mit einem 4-Zylinder-Motor (20 PS), besaß aufgrund ihrer Robustheit einen sehr guten Ruf. Zu den Bewunderern dieses Fahrzeugs zählte auch der Sohn des Königs von Siam.

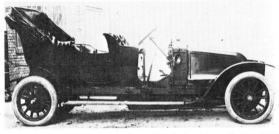

1908 kam der »Typ X-1« mit einem 4-Zylinder-Motor (14 PS, 3050 ccm) auf den Markt (Bohrung mal Hub 90 × 120 mm). Das Chassis kostete 13 000 Francs und wurde normalerweise für eine offene vier- bis fünfsitzige Karosserie verwendet.

◀ Das 1910 herausgebrachte zweisitzige Cabrio »Typ AX« war mit einem 2-Zylinder-Motor (1060 ccm) ausgestattet. Dieses Auto löste einen Streik der Arbeiter aus. Sie wollten nicht akzeptieren, daß man ihre Arbeit mit der Stoppuhr maß.

Dieses geschlossene Coupé wurde 1909 auf der technischen Grundlage des »Typs AG-1« konstruiert. Das Auto besaß einen 2-Zylinder-Motor (1205 ccm) mit einer Leistung von 8 PS (80 × 120 mm) und erreichte eine Höchstgeschwindigkeit von 55 km/h. Es kostete 5 000 Francs.

1910 entstand als Nachfolger des Modells X-1 der »Typ BX«. Das Fahrzeug war mit einer größeren Karosserie ausgestattet und bot zahlreiche Verbesserungen. Das Auto hatte einen 4-Zylinder-Motor mit 14 PS (3050 ccm), war 4,35 m lang und wog 1550 kg.

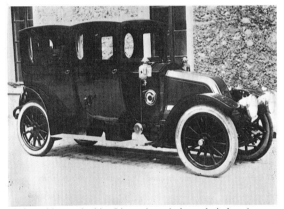

1910 erschien auch obige Limousine mit der technischen Ausstattung des »Typs BY«. Hierbei wurde ein 4-Zylinder-Motor mit 20 PS (4390 ccm) verwendet. Es gab zwei Radstände: 435 cm oder 455 cm. Das Gewicht betrug 1450 kg oder 1650 kg.

Das Kombi-Fahrzeug aus dem Jahr 1912 besaß die technische Ausstattung vom Typ CC (4-Zylinder-Motor mit 14 PS und 3560 ccm). Allein das Fahrgestell kostete 12 000 Francs. Das Auto hatte eine Spezialkarosserie.

1913 wurde eine Taxi-Karosserie auf das Fahrgestell »Typ DM« montiert. Der 4-Zylinder-Motor (2120 ccm) erreichte eine Leistung von 10 PS, die jedoch mit 11 PS angegeben wurde. Das Modell wurde aus der C-Serie des Jahres 1912 entwickelt.

1920 kam ein neues preiswertes Auto, »Typ GS«, auf den Markt (10 PS). Die elegante Karosserie war mit speichenfreien Rädern ausgestattet. Die Abbildung zeigt die geschlossene Ausführung.

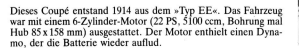

Dieses Coupé entstand 1914 aus dem »Typ EE«. Das Fahrzeug war mit einem 6-Zylinder-Motor (22 PS, 5100 ccm, Bohrung mal Hub 85 x 158 mm) ausgestattet. Der Motor enthielt einen Dynamo, der die Batterie wieder auflud.

RENAULT

Die Länge des 40-PS-Modells wurde im Jahr 1927 etwas erhöht und erreichte damit über 5 m. Voll beladen wog das Auto 2700 kg. Der große 6-Zylinder-Motor hatte einen Hubraum von 9120 ccm und schaffte die seinerzeit beachtliche Leistung von 40 PS. Die große Limousine bot fünf oder sieben Insassen Platz. In seiner Klasse war es eines der kostspieligsten Fahrzeuge. Während der Pariser Automobilausstellung 1927 wurde der Preis allein für das Fahrgestell mit 105 000 Francs angegeben.

Dieser Roadster hatte eine Karosserie vom »Typ GR«, jedoch um 20 cm verkürzt. Das Modell »18 CV« des Jahres 1920 besaß einen 4-Zylinder-Motor (4535 ccm) und erreichte eine Höchstgeschwindigkeit von 75 km/h. Sein Preis betrug 1919 33 000 Francs.

1921 wurde das dreisitzige Cabrio, konstruiert auf der Grundlage des »Typs IG«, auf den Markt gebracht. Das Fahrzeug mit seinem 4-Zylinder-Motor (10 PS, 2120 ccm) stand mit einem rechts- als auch linksseitigen Lenksystem zur Verfügung.

tung einen ungewöhnlichen Prototyp, aus dem in der Endfassung der »4 CV« entstand. Er war das erste Auto, das in enormer Stückzahl hergestellt wurde und das Vermögen der französischen Staatsindustrie vermehrte. Bei seiner Ernennung zum Leitenden Direktor am 4. Oktober 1944 wurde Lefaucheux gleich mit mehreren Problemen konfrontiert: mit einer Firma, die zweimal von den Briten und einmal von den Amerikanern bombardiert wurde, 4000 zerstörten Autos, 10 000 zerbrochenen Fensterscheiben und einem Maschinenpark, der abgesehen davon, daß er bereits 20 Jahre alt war, auch durch die Angriffe völlig ruiniert worden

war. Von den ursprünglich 38 000 Angestellten in den Jahren 1938 und 1939 waren in Billancourt noch 14 000 übriggeblieben, von denen 8000 gleich mit den Wiederaufbauarbeiten betraut wurden. Unterdessen kamen die Bemühungen, Renault zu einem Staatsunternehmen umzufunktionieren, zum Abschluß, und am 16. Januar 1945 wurde die Verstaatlichung der »Usines Renault« offiziell bekanntgegeben. Die Unterzeichnenden waren der Präsident der vorläufigen Regierung, Charles de Gaulle, Robert Lacoste, Pierre Mendès-France, Alexandre Parodi und René Pleven aus den Ministerien für Industrieproduktion, nationale Wirtschaft, Arbeit und Fi-

Dieses dreisitzige geschlossene Coupé entstand aus dem Modell 10 CV »Typ IG« und hatte einen 4-Zylinder-Motor. Renault versuchte mit dem Typ 10 CV in Frankreich ebenso erfolgreich zu sein wie Ford mit dem Modell T in Amerika.

Bei diesem 1923 herausgebrachten Roadster kam die Technik des »Typ KZ« zum Einbau. Der Motor war mit den normalen 4 Zylindern (10 PS, 2120 ccm) ausgestattet. Die an allen vier Rädern montierten Bremsen bedeuteten eine technische Neuerung.

RENAULT

Das 1924 herausgekommene 4-Zylinder-Modell mit 6 PS »Typ NN« wurde in der viertürigen, viersitzigen Ausführung (Foto) außerordentlich populär. Der Motor hatte einen Hubraum von 950 ccm. Das Auto kostete im Dezember 1925 19 550 Francs.

Geschlossene Karosserien wurden immer beliebter, so auch der »Typ MG« aus dem Jahr 1925 (Foto). Das Fahrzeug war mit einem 6-Zylinder-Motor (18/22 PS, 4767 ccm) ausgestattet. In der Normalausführung kostete allein das Fahrgestell 53 900 Francs, die geräumigere Fassung sogar 56 900 Francs.

1928 kam dieser Vivasix »Typ RA« auf den Markt. Das Fahrzeug mit seinem 6-Zylinder-Motor (15 PS, 3180 ccm) war sehr beliebt. Bemerkenswert war die neue hintere Aufhängung. Das Foto zeigt eine viersitzige Limousine.

Der »Typ NN« aus dem Jahr 1927, hier abgebildet in der wetterfesten Coupé-Ausführung, war ein 2 + 2-Modell, das mit der konventionellen Renault-Technik ausgestattet war: 4-Zylinder-Motor mit 6 PS, 950 ccm) Geschwindigkeit 75 km/h. Preis: 27 000 Francs.

Das Modell Reinastella »Typ RM« besaß einen 8-Zylinder-Motor mit 41 PS (7125 ccm), der eine Höchstgeschwindigkeit von 125 km/h erreichte. Sein Preis betrug zwischen 14 000 und 17 000 Francs. Die Limousine von 1932 (Foto) erreichte eine Höchstgeschwindigkeit von 145 km/h. Es gab auch eine 5- bis 7sitzige Ausführung.

Das 1935 herausgebrachte Modell Celtaquatre »Typ ZR 2« hatte einen 4-Zylinder-Motor (1463 ccm). Die Höchstgeschwindigkeit betrug 100 km/h. Die zweitürige, viersitzige Limousine wog voll beladen 1300 kg (Leergewicht 880 kg). Das Fahrzeug kostete 16 500 Francs.

Die Limousine Vivastella »Typ ACR 1« wurde 1935 vorgestellt. Die fünf- oder siebensitzige Karosserie stand mit zwei verschiedenen Radständen zur Verfügung. Der 6-Zylinder-Motor mit 23 PS (4 l) erreichte eine Höchstgeschwindigkeit von 130 km/h.

Als völlig neues Fahrzeugmodell kam 1937 der »Typ AEB 2« Juvaquatre auf den Markt. Es war das erste von Renault konstruierte Auto mit unabhängiger Frontaufhängung. Der 4-Zylinder-Motor (1003 ccm) erreichte eine Höchstgeschwindigkeit von 95 km/h. Das Gewicht betrug 725 kg.

1937 kam das Viva-Grand-Sport-Modell »Typ ACX 3« heraus. Das Fahrzeug besaß einen 6-Zylinder-Motor (4085 ccm), der eine Höchstgeschwindigkeit von 130 km/h erreichte. Voll beladen betrug das Gewicht 2100 kg. Die viertürige, sechssitzige Limousine (Foto) kostete 32 900 Francs.

nanzen. Durch diesen Erlaß wurde die »Régie Nationale des Usines Renault« zu einem staatlichen Unternehmen, was sie bis zum heutigen Tage geblieben ist. Daraufhin wurde Pierre Lefaucheux am 31. März zum Generalmanager der Firma ernannt.
Das erste Fahrzeug nach dem Krieg (im August vor der Befreiung von Paris waren 1045 Industriefahrzeuge gebaut worden) wurde am 10. Oktober, gerade sechs Tage nach Lefaucheuxs Antritt, fertiggestellt. Einige Tage später stieg die Produktionsrate auf 5 Stück pro Tag und steigerte sich noch vor Weihnachten auf 30 Stück. In den ersten Monaten des Jahres 1945 konnte man dann Renaults wahren Aufschwung erkennen: Billancourt produzierte auf seinen Fließbändern 60 Fahrzeuge pro Tag, eine beachtliche Leistung angesichts der Probleme, denen sich die Industrien durch den Rohstoffmangel gegenübergestellt sahen.
Inmitten der Unstimmigkeiten im Management (die Mehrheit war für die Produktion eines höherklassigen Fahrzeugs) kam der »4 CV« heraus. Der Geschäftsleiter hatte einen Vorschlag zur Produktion von 300 Modellen des »4 CV« pro Tag in einem Werk, das bislang nur eine Tagesrate von 250 Einheiten erreicht hatte, unterbreitet.
Die Idee zu dem »4 CV« war bereits vor dem Krieg entstanden, als Louis Renault in Deutschland von Hitler empfangen wurde und Einsicht in die Pläne für den »KdF« (Kraft durch Freude) erhielt, ein kleines Auto, aus dem kurze Zeit später der Volkswagen entstand. Der erste Prototyp des »4 CV« mit nur zwei Türen und stark abgerundeter Motorhaube besaß große Ähnlichkeit mit dem deutschen VW. Seine in selbsttragender Schalenbauweise ausgeführte Stahlkarosserie war für die damalige Zeit revolutionär und hochmodern, auch dann noch, als sie als Auto mit 4-Zylinder-Heckmotor mit 760 ccm Hubraum und Hinterradantrieb am 12. August 1947 in reguläre Produktion ging.
Lefaucheuxs Geheimwaffe war die Einführung des ersten kompletten Automatisierungssystems in der Absicht, die Montage zu beschleunigen und so die Produktionsrate zu erhöhen. Diese Entscheidung erwies sich als weise und wurde auch durch die Tatsache bestärkt, daß der Schlüssel zum Erfolg der blühenden amerikanischen Industrie in der wirtschaftlichen Nutzung der Serienproduktion lag. Die Wirklichkeit bewies, daß er recht hatte, und obwohl die Régie im April des Jahres mit dem ersten Streik konfrontiert wurde, konnten 1948 doch 35 000 Lastwagen und 32 000 Autos hergestellt werden. Unterdessen hatte der »4« großen Markterfolg und gewann viele Geschwindigkeitsrennen in seiner Klasse.
Parallel dazu weitete die Firma ihre Absatzmärkte im Ausland aus, die 1949 20% der Gesamtproduktion ausmachten.
Durch den übermäßig großen Absatz im Ausland kam es im Jahr 1950 zu Renaults erster Krise. Sie war durch das unerwartet starke Interesse in den USA entstanden. Die Régie glaubte, den amerikanischen Markt mit einer Liefermenge von 1000 Autos pro Monat abdecken zu können, die Staaten bestellten aber in nur einem Monat nicht weniger als 3200 Modelle »4«.
Mit ihren insgesamt 50 000 Angestellten erhöhte

Renault die Tagesproduktion von etwa 300 auf 500 Exemplare, und die Kapazitäten waren für Monate im voraus voll ausgelastet. Diese Situation führte schnell zu einer Dezentralisierungspolitik, so daß der »4« dann auch in den entlegensten Winkeln der Welt, von Großbritannien bis Belgien, Südafrika und sogar in Australien, montiert werden konnte. Währenddessen brachte Renault im April 1950 die Modelle »Prärie« und »Colorale« (zusammengesetzt aus COLOniale und ruRALE) heraus, die – mit Frontmotor und Hinterradantrieb – hauptsächlich als Nutzfahrzeuge entworfen waren. Die Tatsache, daß die Billancourt-Fabrik, die mittlerweile im Herzen von Paris lag, nicht erweitert werden konnte, stellte für die interne Expansion von Renault ein ernstes Hindernis dar. Etwa 40 km von Paris entfernt, an der Seine in Richtung Flins, gab Lefaucheux den Bau eines weiteren Werkes in Auftrag, wofür nur bestes Material verwendet wurde. Dieses besondere Anliegen war für Renault seit 1917 von vordringlicher Bedeutung. Damals war in Billancourt eine Mauer zusammengebrochen und hatte 250 Arbeiter getötet.

In der Zwischenzeit hatte sich Renault auf dem eindeutig aufstrebenden Markt fest etabliert und brachte im November 1950 den Prototyp des »Fregate« heraus. Die Fertigung dieses Modells begann anfangs in Billancourt, wurde dann aber ins neue Werk in Flins verlegt, wo die Produktion von März 1952 an mit einer Tagesrate von 50 Exemplaren weiterging. Auch in dieser Zeit verzeichnete der »4« noch aufgrund des Unternehmungsgeistes und der Begeisterung privater Fahrer, die ihn zu Wettkämpfen anmeldeten, Siege bei Autorennen. Daraufhin entstand bei Renault eine Rennwagen-Abteilung, in der eine Sportversion des »4« mit 1062-ccm-Motor konstruiert wurde.

Als die »Régie« nach dem Tod von Pierre Lefaucheux, der keinen Nachfolger hatte, ohne Direktor dastand, wurde der Ministerialbeamte Pierre Dreyfus mit dieser Stellung betraut. Durch seine Arbeit als technischer Berater des Industrieministeriums und als Generalinspektor für Industrieproduktion hatte er bereits mit der Automobilindustrie zu tun gehabt. In der Zeit unter Dreyfus wurde das »Projekt 109« in die Wege geleitet, das zur Entwicklung des »Dauphine« führte, des Nachfolgers des »4«, von dem man wertvolle Erfahrungen gewonnen hatte. Nachdem er im Dezember 1956 »vom Stapel« gelassen wurde, exportierte man den »Dauphine« (der seinen Namen der Tatsache verdankte, daß man 4 CV als »Königin« betrachtete, der Nachfolger mußte daher der »Dauphine« sein) sofort in die USA, in der Hoffnung, er könnte dort eine ähnliche, erfolgreiche Marktstellung wie der »4« erringen. Am 8. März wurde der »Dauphine« beim Genfer Automobilsalon der Presse und der Öffentlichkeit vorgestellt. In den USA bot man ihn zu einem Marktpreis von 1600 Dollar an, 400 Dollar weniger als das dort damals billigste Auto.

Am 5. September 1956 lief ein weiteres Projekt an, das zu einem neuen Geschwindigkeitsrekord für Turbinenfahrzeuge führte: Auf dem Salzsee in Bonneville in den USA stellte der »Shooting Star« von Renault mit 270-PS-Motor den Rekord von 309 km/h auf.

Im folgenden Jahr hatten über 4000 Amerikaner einen »4 CV« und über 28 000 einen »Dauphine« gekauft, der sowohl in Flins auf einer zusätzlichen Produktionsstraße als auch in einem Werk in England gefertigt wurde. Das Defizit in der Zahlungsbilanz Frankreichs führte zu einem fakultativen Einverständnis, womit die Regierung der Régie erlaubte, mindestens zwei Drittel der Überproduktion zu exportieren. Daraus resultierte, daß Renault bei dem Überschuß von 50 000 Autos je 9 von 10 Stück ins Ausland verkaufte.

Bei einer täglichen Produktionsrate von 1000 Exemplaren entstand der 100 000. »Dauphine« weniger als ein Jahr nach seinem erstmaligen Erscheinen.

Eine von Dreyfus' Reisen in die USA, um das dortige Marktpotential von Renault abzuschätzen, führte zur Entwicklung eines neuen Autos, des »Floride«. Er hatte fast die gleiche Mechanik wie der Dauphine und war ebenso in einer Cabriolet-Version erhältlich. In den USA wurde der »Floride« später in »Caravelle« umgetauft, um etwaige Gedanken einer »Bevorzugung« einzelner Staaten der USA zu vermeiden. Ende 1958 feierte Renault die Produktion des millionsten »4 CV« und des 500 000. »Dauphine«, von denen ein hoher Prozentsatz in die USA verkauft worden war. Währenddessen konstruierte Amédée Gordini, der noch lange Zeit danach sein Markenzeichen auf den kleinen, sportlichen Renaults hinterlassen sollte, in Frankreich eine spezielle, begrenzte neue Serie des »Dauphine« mit

In den frühen Nachkriegsjahren war dieses Modell das beliebteste Renault-Fahrzeug. Nach einer Konstruktionsphase während des Krieges (geheim, denn die Deutschen hätten Aktivitäten dieser Art nicht erlaubt) kam ein Prototyp im Jahr 1946 heraus. Die Serienfertigung begann am 12. August 1947. Alle Fahrzeuge erhielten eine sandgelbe Tarnfarbe, die aus der Hinterlassenschaft von Rommels Afrika-Korps stammte, da zu jener Zeit andere Farbe noch nicht zur Verfügung stand. Im folgenden Jahr wurden schon einige »4 CV« in schwarzer Farbe angeboten. Das Modell besaß einen 4-Zylinder-Motor (760 ccm) und blieb bis zum Erscheinen des Typs »R 3 / R 4« in der Produktion.

RENAULT

Die »Colorale«-Serie erlebte ihren Start im Mai 1950. Der 46-PS-Motor hatte einen Hubraum von 2383 ccm. Das Modell »Colorale Savane« stand auch als Kombi (Foto) zur Verfügung.

Das »Floride«-Modell wurde im Frühling 1962 vom Modell »Caravelle« abgelöst. Das Fahrzeug war mit einem 48-PS-Motor (956 ccm) ausgestattet. Das neue Viergang-Getriebe war im ersten Gang nicht synchronisiert.

Das Modell »R 4 L« hatte die gleiche Motor-Ausstattung wie die Typen »R 3« und »R 4«, jedoch gab es ein drittes Seitenfenster und Chromverzierung. Die viertürige Karosserie hatte zum leichteren Beladen eine Heckklappe.

Die »R 8«-Limousine kam 1964 mit einem neuen 4-Zylinder-Motor (48 PS, 956 ccm) heraus. Noch im selben Jahr erhielt das Fahrzeug ein neues Armaturenbrett. Das »Major«-Modell stand auch mit einem 1100-ccm-Motor zur Verfügung.

1970 erfolgte die Einführung des stärkeren Modells »R 10 Major«. Der Hubraum wurde von 1108 auf 1289 ccm erhöht und leistete nun 52 PS. In der äußeren Form gab es keinen Unterschied zu den früheren Modellen. Eine Ausnahme bildete lediglich das Namensschild an der Rückseite.

1971 wurde eine neue »R 16«-Ausführung mit leicht erhöhter Leistung herausgebracht. Der 4-Zylinder-Motor besaß einen Hubraum von 1565 ccm. Es stand auch ein automatisches Getriebe zur Verfügung. Dieses Fahrzeug wurde 16 Jahre lang produziert.

Die Einführung des Modells »15 TL« erfolgte 1972 mit einem R-12-Motor (1289 ccm, 68 PS). Die 8 zusätzlichen PS entstanden durch den Doppel-Vergaser. Sein Preis betrug 15 500 Francs.

Das Modell »R 17 TS« von 1972 war eine verstärkte Ausführung des »R 15« mit einem 1565-ccm-Motor wie beim »R 16«, jedoch auf 120 PS aufgestockt. Weil die Zahl »17« in Italien als Unglückszahl gilt, erhielt der »R 17« in Italien die Bezeichnung »R 177«.

Der beliebte 47-PS-Motor (1108 ccm) wurde noch einmal beim »R 6 TL« benutzt. Das fünftürige Fahrzeug war für seine Klasse sehr geräumig. Die Vorderansicht und die Dachkonstruktion wurden bei diesem 74er Modell geändert.

Beim Modell »R 12 TR« von 1974 wurde die Form des »TL« mit der Technik des »TS« verbunden. Der 60-PS-Motor besaß einen Hubraum von 1289 ccm und ein automatisches Dreigang-Getriebe.

Das Modell »R 20 TL«, herausgebracht 1976, war mit einem 90-PS-Motor (1647 ccm) ausgestattet. Das Fahrzeug hatte einen vorne liegenden Motor mit Allradantrieb. Die Straßenlage war ausgezeichnet.

Bei der Automobilausstellung in Paris 1978 wurde das Modell »R 30 TX« vorgestellt. Das Auto besaß einen V-6-Motor mit 142 PS (2664 ccm) und einer K-Jetronic-Bosch-Einspritzanlage. Das Modell unterschied sich nicht nur bezüglich der Motor-Leistung vom »R 20«, sondern auch in der besseren Ausstattung.

Das Modell »R 14 GTL« von 1979 zeichnete sich vor allem durch seine hypermoderne Karosserieform aus. Das Auto mit Frontantrieb hatte einen 57-PS-Motor (1218 ccm) sowie ein Viergang-Getriebe. Es stand bei diesem Modell auch eine stärkere Ausführung, nämlich der »R 14 TS«, mit 69 PS zur Verfügung.

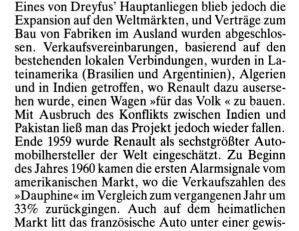

etwas sportlicherer Form. In Dieppe lief die Produktion des »R. D. L.« an, der später – bekannt als »Alpine« – zu einem der Wagen für den Rennsport der Firma wurde.

Im Oktober 1958 traf Renault eine Vereinbarung mit Alfa Romeo, um den »Dauphine« in Italien montieren und unter dem Namen »Dauphine-Alfa Romeo« auf dem italienischen Markt verkaufen zu können.

Eines von Dreyfus' Hauptanliegen blieb jedoch die Expansion auf den Weltmärkten, und Verträge zum Bau von Fabriken im Ausland wurden abgeschlossen. Verkaufsvereinbarungen, basierend auf den bestehenden lokalen Verbindungen, wurden in Lateinamerika (Brasilien und Argentinien), Algerien und in Indien getroffen, wo Renault dazu ausersehen wurde, einen Wagen »für das Volk« zu bauen. Mit Ausbruch des Konflikts zwischen Indien und Pakistan ließ man das Projekt jedoch wieder fallen. Ende 1959 wurde Renault als sechstgrößter Automobilhersteller der Welt eingeschätzt. Zu Beginn des Jahres 1960 kamen die ersten Alarmsignale vom amerikanischen Markt, wo die Verkaufszahlen des »Dauphine« im Vergleich zum vergangenen Jahr um 33% zurückgingen. Auch auf dem heimatlichen Markt litt das französische Auto unter einer gewis-

RENAULT

Der 1984 neu herausgebrachte »R 25« wurde aus dem Vorgänger-»Flaggschiff«, »Typ 30 TX«, entwickelt. Als Motor-Varianten stehen zur Verfügung: 144 PS starker Motor mit elektronischer Einspritzung (2664 ccm); 4-Zylinder, 103 PS (2000 ccm oder 2200 ccm); 2068-ccm-Diesel entweder mit Kompressor mit 64 PS oder in Turbomotor-Ausführung mit 85 PS.
Die Karosserie des Modells »25« ist zweifellos die erfolgreichste der letzten zehn Jahre. Die Innenraumausstattung, und hier besonders der Komfort und die Bequemlichkeit bei den Rücksitzen, kann einmalig genannt werden.

sen Stagnation, und man wurde mit dem Problem konfrontiert, den speziellen Anforderungen der amerikanischen Autofahrer gerecht zu werden. Dies war der Beginn eines fast vollständigen Stillstandes auf dem amerikanischen Markt, während in Frankreich die Vorbereitungen für die Projekte »112« und »113« anliefen, die später zum »R 4« und zum »R 8« führen sollten.
Bei dem Projekt »114«, das als großes 6-Zylinder-Fahrzeug den »Fregate« ersetzen sollte, unterlief der Firma ein Fehler. Nach Abschluß aller Berechnungen stellte sich heraus, daß der Preis für dieses Auto 25% über dem des »Fregate« hätte liegen müssen. Durch Dreyfus' schnelles und entschlossenes, persönliches Eingreifen entstanden die Grundzüge des neuen Autos. Es sollte 4 Zylinder haben,

eine neue äußere Form aufweisen, praktisch und zweckmäßig sowie vom Preis her wettbewerbsfähig sein. Das Resultat war der »R 16«, das Produkt des 115-Projekts. Er blieb 16 Jahre in Produktion, und einige seiner Merkmale werden auch heute noch beibehalten. Während der »R 8« und der »R 10«, der daraus entstand, noch Heckmotor und Heckantrieb hatten, besaßen der »R 4« und der »R 16« bereits Frontmotor und Frontantrieb. Dies kündigte eine neue Generation von Renault-Modellen an. Parallel zur Autoproduktion hatte Renault auch mit der Fertigung des »Estafette« begonnen. Dieser Transporter für Haus-zu-Haus-Lieferungen wurde erst zu Beginn der 80er Jahre durch den »Trafic« ersetzt. Anfang 1966 schlossen Renault und Peugeot einen partnerschaftlichen Vertrag, in den sie auch

Citroën mit einbeziehen wollten. 1969 entstand der »R 12«, der sofort in einer TS-Version herausgebracht wurde, und kurz darauf folgten die Coupés »15« und »17«. 1972 erschien der »R 5«, ein Auto, das in der Gunst der Käufer weit oben stand und den Erfolg der Régie auf den europäischen Märkten vergrößerte. Die weiteren Modelle in der Reihenfolge ihres Erscheinens waren der »R 14«, der »R 20/30«, der »R 18«, der »R 9«, der »R 11«, der »R 25« und das »Fuego-Coupé«. Diese Autos festigten Renaults Stellung auf den Märkten vieler Länder. Auch Dieselversionen wurden vorgestellt, und die Erfahrung aus der Formel 1 führte zum Einsatz von Turboladern an Diesel- wie Benzinmotoren.

Der Renault »5« ist seit 1972 jung geblieben, die völlige Neukonstruktion von 1984 mit etwas größerer Karosserie wurde im Design nicht betont. 1985 kam der 5-Türer heraus, 1988 erschien die neue Motorenpalette von 1,1 Liter bis zum 1,4 Liter-Turbo.

Der Renault »Clio« mit 1,2 und 1,4 Liter Hubraum enthält als jüngstes Modell alle Fortschritte, die sich aus den Erfahrungen mit den kompakten Modellen ergeben haben. Design-Aufgabe war es, einen neuen Typ mit maximaler Geräumigkeit zu schaffen, ohne die Außenmaße des Renault 5 wesentlich zu vergrößern.

Der mit einem 1565-ccm-Motor ausgestattete »Fuego« leistet dank eines Turbotriebwerks 132 PS. Dieses zuletzt herausgebrachte Coupé-Modell (1983) steht auch mit einem 1647-ccm-Benzinmotor oder einem 2068-ccm-Turbodiesel-Motor (88 PS) zur Verfügung.

Die 1988 präsentierte Modellreihe Renault »19« umfaßt Schrägheck-Limousinen mit 2 und 4 Türen, dazu seit 1990 den Stufenheck-Viertürer »19 Chamade«. Der Renault »19 16V/16S« ist Spitzenprodukt der Motorenentwicklung.

Der Renault »21« bildet eine Modellreihe, die Ausführungen mit 4 und 5 Türen, Kombi- und Stufenhecklimousine und auf längerem Radstand den Kombi »21 Nevada« enthält. Die breite Motorenpalette ab 1,7 Liter Hubraum gipfelt im 2-l-Turbo und im 2,1-l-Turbodiesel.

Der »Espace« ist das Kombi-Fahrzeug der 90er Jahre, ein Vertreter der geräumigen Fahrzeugtypen. Das außerordentlich vielseitige Auto ist mit einem 2-l-Benzinmotor ausgestattet, hat sieben Sitzplätze und eine großzügige Ladefläche.

ROLLS-ROYCE MOTORS

BENTLEY

In der Geschichte des Automobils ist es sicherlich einzigartig, daß durch die Begegnung zweier Gentlemen im Mai 1904 in Manchester eine Automarke entstand, die weltweit zu einem Symbol für hervorragende Qualität wurde. Die Namen der beiden Gentlemen waren Charles Rolls und Henry Royce.
Die Marke Rolls-Royce hat, seit nun 80 Jahren, einen Ruf, der auf dem einfachen Grundsatz von Henry Royce: »Nimm etwas Bestehendes und mach etwas Besseres daraus« basiert. Dieser Perfektionismus, der von der Anzahl erstklassiger Materialien bis zur abschließenden Qualitätskontrolle reicht, führte bis zum heutigen Tag zu einer Produktion von 95 000 Autos. Etwa 60% dieser Autos kann man heute noch auf den Straßen sehen.
Rolls-Royce war nie »avantgardistisch«. Die solide Firmenphilosophie, nach höchster Vollkommenheit hinsichtlich mechanischer Verläßlichkeit, Sicherheit, Langlebigkeit und unübertroffenem Komfort zu streben, hat sich als richtig erwiesen. Die Rolls-Royce- und Bentley-Modelle (Bentley Motors wurde 1931 von Rolly-Royce aufgekauft), von denen heute etwa 2200 Stück pro Jahr hergestellt werden, sind zu wahren Legenden geworden. Ihre traditonelle, klassische Eleganz wird in der heutigen Welt hektischer Entwicklungen und rascher Veränderungen hoch eingeschätzt.

ROLLS-ROYCE

Das neue Modell »Phantom II« wurde zwischen 1929 und 1935 hergestellt. Der Motor besaß 6 Zylinder, die in zwei Blocks mit je 3 Zylinder und einem Aluminiumkopf aufgeteilt waren. Das Viergang-Getriebe befand sich ebenfalls im Motorblock. Nach 1933 waren der dritte und vierte Gang synchronisiert, nach 1935 auch der zweite Gang.

ROLLS-ROYCE

1904 wurden lediglich drei Modelle vom »12 PS« produziert. Der Motor besaß einen Hubraum von 1800 ccm.

Den »10 PS« (1904–1906) gab es als zwei- oder viertürige Ausführung. Es wurde noch der gleiche 1800-ccm-Motor benutzt.

Dieses Modell »15 PS« kam 1905 auf den Markt. Der 3-Zylinder-Motor (3 l) war mit einem Dreigang-Getriebe plus Rückwärtsgang und einem direkten dritten Gang ausgestattet.

Das Modell »30 PS«, das zwischen 1905 und 1906 hergestellt wurde, hatte eine Limousinen-Karosserie. Die 6 Zylinder des 6-l-Motors waren in je drei Gruppen angeordnet. Es gab ein Dreigang-Getriebe mit Rückwärtsgang und einen direkten dritten Gang.

Mit dem zwischen 1905 und 1906 herausgebrachten Modell »20 PS« gewann der Fahrer C. S. Rolls 1906 die »Tourist Trophy« mit einer Durchschnittsgeschwindigkeit von 63,25 km/h. Der 4-Zylinder-Motor besaß einen Hubraum von 4000 ccm.

Das erste Modell »Silver Ghost« kam 1907 auf den Markt. Dieses Auto brachte der Gesellschaft den Ruf ein, hochwertige Automobile herzustellen. Der Wagen blieb bis 1925 in der Produktion. Während dieser Zeit wurden insgesamt 6173 Stück hergestellt.

Der Slogan »Das beste Auto der Welt«, der 1907 für das Modell »Silver Ghost« erdacht wurde, paßt auch heute noch zum Image der Firma.
Von Anfang an war es das Hauptziel von Frederick Henry Royce und Charles Stewart Rolls, ihren Ehrgeiz und ihre Begeisterung mit dem Wissen und der Technologie des frühen 20. Jahrhunderts zu verbinden, um so das bestmögliche Auto zu produzieren. Henry Royce fertigte anfangs in seiner Firma »Royce Ltd.« in Manchester Elektrokräne und Dynamos. Er war schon 40 Jahre alt, als er 1904 einen ausländischen 2-Zylinder-Décauville kaufte.
Obwohl das französische Modell bestimmt nicht zu den schlechtesten Autos der damaligen Zeit gehörte, stellte es ihn doch nicht völlig zufrieden, und Royce, der zusätzlich die Produktion in seiner Elektrowarenfabrik abwechslungsreicher gestalten wollte, baute drei 2-Zylinder-Autos mit 10 PS. Es war nichts Außergewöhnliches an diesen Autos, sie waren aber mit hoher Präzision gebaut worden. Dem hohen Qualitätsstandard entsprechend, den Royce während seiner Lehre bei der Great Northern Railway zu schätzen gelernt hatte, zeichneten sie sich durch hohe Lebensdauer aus.
Die ersten Royce-Modelle vom 1. April 1904 waren solide, leise, vibrationsfrei – soweit dies bei einem 2-Zylinder damals möglich war – und auch wendig. Eines ihrer bedeutendsten Merkmale war, daß der Motor im Leerlauf gehalten und dann auf einfache Art und Weise auf 1000 Umdrehungen gebracht werden konnte. Zu dieser Zeit waren bei den meisten anderen Autos beträchtliche Regulierungen an Vergaser, Ansaugluft und Zündung nötig, um auch nur die geringsten Veränderungen der Motordrehzahl zu erreichen.

Royce war es tatsächlich gelungen, ein Auto zu bauen, das seinem »Décauville« weit überlegen war. Sein Erfolg sprach sich bald herum und erreichte auch Charles Rolls, den britischen Panhard-Importeur, der von Royces Ideen und seiner Entschlossenheit stark beeindruckt war und den neuen Automobilhersteller gern treffen wollte. Eines Tages, während des Mittagessens, diskutierten sie über ihre Pläne für den Bau eines neuen Autos, des Rolls-Royce, der neue Maßstäbe für außergewöhnliche Qualität setzen würde.
Offensichtlich sollten die Rolls-Royce-Modelle nicht »nur« 2 Zylinder besitzen, denn die ersten Autos waren mit 3-Zylinder- (von dem nur sechs Stück gebaut wurden) und 4-Zylinder-Motoren ausgestattet.
Die neuen Luxuswagen brachten einen schnellen Erfolg auf dem Markt, und ihr guter Ruf wurde durch Siege bei Autorennen noch verbessert. Den ersten Triumph konnte die leichte 4-Zylinder-Modell mit 20 PS bei der Tourist Trophy 1906 feiern. Darauf folgten ein neuer Rekord beim Rennen Monte Carlo–London sowie Siege in den USA, einschließlich der Silver Trophy in Empire City und des neuen Rekordes für Autos bis zu 60 PS in Ormond Beach (Florida). Alle Erfolge wurden mit Autos errungen, die sich aus dem ursprünglichen Royce-Prototyp, von dem 1904 bis 1907 nicht ganz 100 Stück hergestellt wurden, entwickelt hatten.

Der erste wahre Rolls-Royce, der 40/50 PS – später als »Silver Ghost« bekannt – wurde 1906 bei der Pariser Automobilausstellung vorgestellt und besaß bereits den charakteristischen dorischen Bogen auf dem Kühler, jenen griechischen »Tempel«, der in stilisierter Form auch heute noch beibehalten wird. Sein 6-Zylinder-Motor hatte einen Hubraum von fast 7 l, seitliche Ventile und Doppelzündung. Er leistete 48 PS und erreichte eine Höchstgeschwindigkeit von 150 km/h.
Das herausragendste und ungewöhnlichste Merkmal des Autos war sein Hochdruckschmiersystem. Das Chassis – die Karosserien wurden von mehreren Karosseriebauern individuell gefertigt – kostete 985 Pfund. Sogar in jener Zeit konnten die Motoren über 30 000 Kilometer zurücklegen, bevor ein Service fällig wurde.
1907 zog die Firma von Manchester nach Derby um und richtete kurz darauf einen Kundendienst ein, um technische Inspektionen auch bei den Kunden daheim durchführen zu können. Darüber hinaus wurde eine Rolls-Royce-Fahrschule eröffnet.
Von 1908 an betrieb die Firma eine Ein-Modell-Produktion. Unterdessen hatte sich Rolls bis in die Luftfahrtindustrie ausgebreitet. Es war auch ein Flugzeugunglück, bei dem Rolls 1910 in einem Wright-Doppeldecker, der aus einer Höhe von nur sieben Metern abstürzte, ums Leben kam.
1911 erschien erstmals der »Spirit of Ecstasy« auf dem Kühler des Silver Ghost. Die berühmte geflügelte Figur wurde auf Vorschlag des Lord Montagu von Beaulieu von Charles Sykes jr. gestaltet.

ROLLS-ROYCE

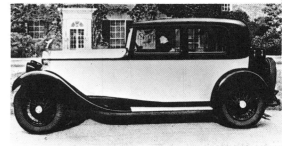

Als Nachfolgemodell vom Silver Ghost entstand im Jahr 1925 der neue Typ »Phantom I«. Der 6-Zylinder-Motor mit obenliegender Nockenwelle hatte einen Hubraum von 7668 ccm. Insgesamt wurden 2212 Stück hergestellt. 1929 erfolgte die Ablösung durch das Modell »Phantom II« (rechts), das auch mit einem neuen Fahrgestell ausgestattet war. Das Viergang-Getriebe befand sich in einem Block mit dem 6-Zylinder-Motor. Das Auto hatte eine Einscheibentrockenkupplung und eine halbelliptische Blattfeder-Aufhängung vorne und hinten. Insgesamt wurden 1767 Fahrzeuge hergestellt.

Das zwischen 1929 und 1936 produzierte Modell »20-25 PS« besaß einen 6-Zylinder-Monoblock-Motor mit obenliegenden Ventilen. Ab 1932 bekam das Fahrzeug ein vollsynchronisiertes Viergang-Getriebe. Insgesamt wurden 3827 Fahrzeuge gebaut.

Das im Jahr 1936 auf den Markt gebrachte Modell »25-30 PS« war mit einem 6-Zylinder-Motor ausgestattet, dessen Leistung auf 4257 ccm erhöht wurde. Das Viergang-Getriebe war im dritten und vierten Gang synchronisiert.

Das Modell »Silver Wraith« wurde 1938 herausgebracht. Das Fahrzeug wurde auch nach dem Krieg noch mit dem gleichen Motor (6 Zylinder, 4257 ccm) hergestellt. 1955 wurde die Leistung auf 4887 ccm erhöht. Vorne war das Auto mit hydraulischen Bremsen ausgestattet. Nach 1952 stand auch ein automatisches Getriebe zur Verfügung. Links: Limousine aus dem Jahr 1938; rechts: Touring-Limousine aus dem Jahr 1955.

Bei der Londoner Automobilausstellung 1935 wurde das Modell »Phantom III« mit einem neuen 12-Zylinder-Motor (7340 ccm) vorgestellt. Die Übersetzung erfolgte durch ein Viergang-Getriebe, das nur im ersten Gang nicht synchronisiert war. Die unabhängige Frontaufhängung erfolgte durch Spiralfedern.

Die zwischen 1950 und 1956 hergestellte Limousine »Phantom IV« besaß eine Park-Ward-Karosserie. Es wurden lediglich 16 Fahrzeuge produziert, hauptsächlich für die königliche Familie und einige Staatsoberhäupter. Der 8-Zylinder-Reihenmotor hatte einen Hubraum von 5675 ccm.

Vom Modell »Silver Cloud I« (1955 – 1959) standen verschiedene Versionen zur Verfügung. Das automatische Viergang-Getriebe war mit dem 6-Zylinder-Motor (4887 ccm) zusammengebaut. 1959 kam als Nachfolger das Modell »Silver Cloud II« (unten) mit einem 8-Zylinder-Motor (6230 ccm) auf den Markt. Das Fahrzeug war mit Servo-Bremsen ausgestattet.

Von dem zwischen 1949 und 1955 hergestellten Modell »Silver Dawn« wurden insgesamt 760 Fahrzeuge gebaut. Während dieser Zeit gab es neun verschiedene Serien. Der 6-Zylinder-Motor hatte einen Hubraum von 4257 ccm, später 4566 ccm.

Das Modell »Phantom VI«, herausgebracht 1968, war das nobelste Rolls-Royce-Fahrzeug. Es hatte einen V-8-Motor (6750 ccm) und an allen Rädern Trommelbremsen.

Obwohl andere Firmen den elektrischen Anlassermotor seit 1914 verwendeten, wurde er aufgrund der vorsichtigen Haltung der Firma gegenüber Neuerungen erst 1919 eingebaut.
Bis 1925 entstanden 6000 Silver Ghost (die während des Krieges sogar als gepanzerte Wagen benützt wurden) mit vielen verschiedenen Karosserien. Im Krieg erhöhte Rolls-Royce die Produktion von Flugzeugmotoren und gründete eine eigene Luftfahrtabteilung.
Dem legendären Silver Ghost folgten die verschiedenen »Phantoms« (I, II, III), der »Twenty« (das billigste Modell im Angebot), der »20/25«, der »25/30« und der »Wraith«, der letzte Rolls vor Ausbruch des Zweiten Weltkrieges.
Nach dem Tod von Henry Royce im Jahr 1933 wurden die zwei »R« auf dem Kühler von Rot in Schwarz umlackiert. Bis dahin war die Marke Rolls-Royce schon zu einer Legende geworden. Diese Legende besteht heute noch und wird durch gewisse Eigenarten der Firma weiter geschürt. Rolls-Royce gibt keinerlei Einzelheiten über die Leistungen seiner Motoren bekannt und beschreibt sie nur als »ausreichend«. Außerdem möchte die Firma erreichen, daß ihre Autos so leise fahren, daß man bei 100 km/h noch das Ticken einer Uhr hören kann. Legende hin, Legende her, Rolls-Royce und Bentley (eine weitere glorreiche Marke, die 1931 von Rolls-Royce übernommen wurde) produzieren zwar Autos, denen andere Produkte technologisch gesehen gleichwertig oder sogar überlegen sind, die aber hinsichtlich Klasse, Stil, Materialqualität und Preis ganz bestimmt unübertroffen sind.

ROLLS-ROYCE - BENTLEY

Das 1965 auf den Markt gebrachte Modell »Silver Shadow« war an allen Rädern mit neuen Scheibenbremsen ausgestattet. Der Hubraum des V-8-Motors mit 6,2 l wurde 1970 auf 6,7 l erhöht (wie beim »Silver Shadow II«, rechts).

Für die Formgebung des Coupés »Camargue« sorgte Pininfarina. Das Fahrzeug ist mit einem V-8-Motor (6750 ccm), einem automatischen Getriebe mit Turbo-Hydramatic von General Motors und unabhängiger Aufhängung ausgestattet.

Der viertürige »Silver Wraith II« wurde 1977 bei der Genfer Automobilausstellung vorgestellt. Die Limousine besitzt einen V-8-Motor (6,75 l) und hat eine selbsttragende Karosserie.

Der »Silver Spirit« (1980) erhielt eine neue aerodynamische Form und einen größeren Innenraum. Der Anteil der Glasfläche wurde um 30 % erhöht. Es wird der übliche V-8-Motor (6,75 l) eingebaut. Automatisches Getriebe und Klimaanlage gehören zur Standard-Ausführung.

Der »Silver Spur« unterscheidet sich durch Veränderungen der Innenausstattung vom Modell »Silver Spirit«. Die technische Ausrüstung ist die gleiche, jedoch ist das abgebildete Fahrzeug um 10 cm länger.

Dieses Bentley-Modell wurde nach einer berühmten Kurve auf dem Le-Mans-La-Sarthe-Rundkurs, die »Mulsanne«, benannt. Die technische Ausstattung ist die gleiche wie bei der »Silver-Spirit«-Serie. Das Fahrzeug ist unverwechselbar durch den klassischen Bentley-Kühler mit dem berühmten geflügelten »B«. Das 1982er Turbo-Modell (unten) ist mit einem V-8-Motor (6,75 l) mit Turbotriebwerk ausgestattet. Seine Höchstgeschwindigkeit beträgt 200 km/h.

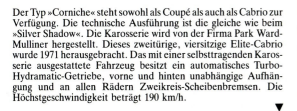

Der Typ »Corniche« steht sowohl als Coupé als auch als Cabrio zur Verfügung. Die technische Ausführung ist die gleiche wie beim »Silver Shadow«. Die Karosserie wird von der Firma Park Ward-Mulliner hergestellt. Dieses zweitürige, viersitzige Elite-Cabrio wurde 1971 herausgebracht. Das mit einer selbsttragenden Karosserie ausgestattete Fahrzeug besitzt ein automatisches Turbo-Hydramatic-Getriebe, vorne und hinten unabhängige Aufhängung und an allen Rädern Zweikreis-Scheibenbremsen. Die Höchstgeschwindigkeit beträgt 190 km/h. ▼

SAAB

Der erste Saab wurde 1949 von zwei Luftfahrtingenieuren, die ein besonders aerodynamisches Auto bauen wollten, in Schweden hergestellt. Der Luftwiderstandsbeiwert dieses ersten Saab wurde seitdem nicht übertroffen: Der neue »9000« hat einen Wert von 0,35, während das Vorgängermodell nicht mehr als 0,32 aufwies.
In einer Weltwirtschaft, in der viele Firmen zu ihrem Schutz Holding-Gesellschaften bilden, belegt Saab einen idealen Platz. Die Firma produziert etwa 120 000 Autos pro Jahr und verdankt Scania (ein Großhersteller von Industriefahrzeugen) sowie einer Luft- und Raumfahrtabteilung, die Flugzeuge zur Verteidigung des schwedischen Territoriums entwirft und produziert, ihre finanzielle Absicherung. Kürzlich wurde mit der amerikanischen Firma Fairchild ein Vertrag zur Herstellung von zweimotorigen Turboprop-Triebwerken abgeschlossen.
Die Firma Saab ist auch mit dem Motorsport schon lange eng verbunden. Die Marke verzeichnete zeitweise große Erfolge bei Rallyes, besonders bei Rennen in Schnee und Eis und extremer Witterung wie der Rallye Monte Carlo und der Rallye der Tausend Seen.

Das erste in Serienproduktion hergestellte Saab-Modell war der Typ »92«, der 1949 herauskam. Der Zweitakt-Motor hatte einen Hubraum von 764 ccm.

Die von Saab konstruierte Sportwagen-Serie lief unter dem Namen »Sonett«. Die erste Ausgabe mit einem 2-Zylinder-Motor (750 ccm) erschien 1956 auf dem Markt, gefolgt 1966 vom Modell »Sonett II« (oben), das mit einem 3-Zylinder-Motor (60 PS, 846 ccm) und einer Kunststoff-Karosserie ausgestattet war.

Die von Saab bis dahin verfolgte Linienführung wurde 1968 mit dem Modell »99« geändert. Die zweitürige Limousine erhielt einen 4-Zylinder-Triumph-Motor (Hubraum 1700 ccm). Der »99 EMS« von 1975 (unten) hatte einen 110-PS-Saab-Motor (2000 ccm) mit Benzin-Einspritzung.

Das Modell »93« kam 1955 mit einem 3-Zylinder-Motor (748 ccm) heraus. Die Stilrichtung war die gleiche wie beim »92«. In den folgenden Jahren wurden mehrere Versionen auf den Markt gebracht.

Vom Modell »93« wurde 1955 ein Familienwagen mit der Typenbezeichnung »95« herausgebracht. Das 5- bis 7sitzige Fahrzeug hatte eine leicht erhöhte Motorleistung: 3 Zylinder, 843 ccm.

Äußerlich recht ähnlich den Vorgänger-Modellen, entstand 1960 der Typ »96«, ausgestattet mit einem 3-Zylinder-Motor (843 ccm) und einer Leistung von 14 PS. Die Höchstgeschwindigkeit betrug 120 km/h. Es wurde auch eine »GT«- und Sportwagen-Version angeboten.

1984 modernisierte Saab sein Angebot durch den »9000 Turbo 16«, der mit einem 4-Zylinder-Motor (175 PS, 1985 ccm) ausgestattet ist. Die Karosserie wurde von Giugiaro konstruiert. ▶

Das Modell »900« (1978) stand als drei- oder fünftürige Ausführung zur Verfügung. Das Fahrzeug wurde sofort ein kommerzieller Erfolg. Es gab eine »GL«-, »GLE«- und Turbo-Ausführung mit einem 2-l-Motor. Auf dem Foto das Turbo-Modell von 1980.

TOYOTA

TOYOTA

Die Geschichte dieses japanischen Giganten begann zwar erst 1935, Toyota war jedoch bereits 1971 hinter American Ford und General Motors weltweit der drittgrößte Hersteller von Autos und Industriefahrzeugen. Toyota wendete sich von den typischen Trends auf dem japanischen Markt ab und konzentrierte sich auf die Produktion von klassischen Autos, ohne großes Interesse für avantgardistische Designs zu zeigen. Die Toyota-Modelle weisen sehr wenig elektronische Spielereien auf. Ihre Produktions- und Planungsphilosophie stimmt eher mit der des Westens überein, was zu Toyotas größter Beliebtheit auf den Weltmärkten geführt hat. Die Aktivitäten der Firma begannen ursprünglich in der Textilindustrie, und aus dem Toyota-Werk für Automatik-Webstühle wurde 1935 die »Toyota Motor Company«. Sie nützte die wirtschaftliche Lage, die seit Beginn dieser Industrie nie günstiger war, um ihren Aktionsradius auf den Bau von Automobilen auszudehnen. Da Toyota kein eigenes Planungsprogramm hatte, holte sich die Firma Anregungen von der amerikanischen Industrie wohl nicht aufgrund der Qualität der amerikanischen Produkte, sondern auch aufgrund des steigenden Bedarfs an japanischen Autos auf dem amerikanischen Markt. Der Toyota »A 1« war durch die Chrysler-Airflow-Limousine inspiriert, die als eines der modernsten und erfolgreichsten Modelle der damaligen Zeit galt. Aus dem Toyota »A 1« entwickelte sich im darauffolgenden Jahr, 1936, der »AA« mit 6-Zylinder-Reihenmotor mit 3,4 l Hubraum, obenliegenden Ventilen und einer Leistung von 62 PS. Das Modell mit seiner klassischen, abgerundeten Form war im großen und ganzen ziemlich erfolgreich. Ein paar Monate später kam der »AB« Roadster heraus, auf den drei Jahre später der »AE« mit kleinerer Karosserie und auf 2258 ccm verringertem Hubraum folgte. Toyota unterbrach den Bau von Zivilfahrzeugen während des Zweiten Weltkrieges nicht, sondern führte neben der massiven Produktion von Kriegsmaterial auch ein Fahrzeugprojekt weiter. Der »BA«, der nicht amerikanisch beeinflußt war, sondern auf dem »PV 60«, einem von Volvos erfolgreichsten Modellen, basierte, kam erst 1943 auf den Markt, obwohl er bereits 1940 zum ersten Mal produziert wurde.

Dieses »Tercel«-Modell wurde mit einer fortschrittlichen Karosserieform herausgebracht, denn die Traglast-Kapazität wurde durch die Fahrzeughöhe erheblich verbessert. Der Kombiwagen hat Frontantrieb, kann jedoch auch mit Hinterradantrieb geliefert werden. Der 83-PS-Motor hat einen Hubraum von 1452 ccm.

TOYOTA

1935 brachte Toyota sein erstes Auto, genannt »A1«, heraus. Diese fünfsitzige Limousine besaß einen 62-PS-Motor (3400 ccm) und erreichte eine Höchstgeschwindigkeit von 100 km/h. Es war ein Prototyp, von dem nur drei Stück gebaut wurden.

Von dem »AA« (1936), einer direkten Weiterentwicklung des Prototyps »A1«, wurden insgesamt 1404 Autos gebaut. Es wurde auch der gleiche 6-Zylinder-Motor mit 62 PS (3,4 l) mit obenliegenden Ventilen benutzt. Das Auto wurde bis 1943 hergestellt.

Toyota brachte ebenfalls 1936 als zweites Modell diesen »Phaeton«, Typ »AB«, heraus. Das Auto war eine Entwicklung aus dem Modell »AA«. Bis zum Produktionsstopp 1942 wurden insgesamt 353 Wagen hergestellt.

1939 begann die Produktion des Toyota-Modells »AE«. Dieses Auto war kleiner als der Typ »AA«. Der 4-Zylinder-Motor mit 48 PS (2258 ccm) erreichte eine Höchstgeschwindigkeit von 100 km/h. 1941 bis 1943 wurden 76 Fahrzeuge hergestellt.

Das 1940 herausgebrachte Modell »BA« hatte den üblichen 2,3-l-Motor mit 48 PS, der eine Höchstgeschwindigkeit von 100 km/h erreichte. Eines der charakteristischen Merkmale dieses Fahrzeugs war die Verwendung eines beträchtlichen Anteils an Holzbauteilen, da Stahl für Kriegszwecke benötigt wurde.

Ein neues, stärkeres Modell entstand 1943 mit einem 75-PS-Motor (3,4 l), das eine Geschwindigkeit von über 100 km/h erreichen konnte. Insgesamt wurden 115 Fahrzeuge gebaut.

Toyota konstruierte 1944 einen Luxus-Prototyp. Die Limousine, Typ »B«, bot sieben Insassen Platz und schaffte mit dem »normalen« 3,4-l-Motor, dessen Leistung auf 85 PS erhöht wurde, eine Geschwindigkeit von 120 km/h.

Das erste Toyota-Auto der Nachkriegszeit war das Modell »SA«. Der 4-Zylinder-Motor mit 27 PS (1 l) erreichte eine Höchstgeschwindigkeit von 87 km/h. Bis 1952 wurden insgesamt 215 Fahrzeuge hergestellt.

Das Modell »SD« (1949) wurde als Taxi konstruiert. Die Höchstgeschwindigkeit des 27 PS starken Motors (995 ccm) betrug 77 km/h. Das Fahrzeug blieb bis 1951 in der Produktion. Während dieser Zeit entstanden auch noch andere Modell-Versionen.

Ab 1951 wurde das Modell »SF« herausgebracht. In zwei Jahren wurden insgesamt 3653 Autos gebaut. Der Fünfsitzer war mit einem 4-Zylinder-Motor (1 l) ausgestattet und erreichte eine Höchstgeschwindigkeit von 79 km/h.

Der 1953 vorgestellte fünfsitzige »RH Super« besaß einen neuen 4-Zylinder-Motor mit 48 PS (1453 ccm). Nach den 5845 gebauten Fahrzeugen kam 1955 das neue Modell »Crown RS« heraus.

Der »RS Crown« kam 1955 auf den Markt. Es war das erste ausschließlich in Japan hergestellte Auto. Das viertürige Fahrzeug hatte einen 58-PS-Motor (1,5 l) und erreichte eine Höchstgeschwindigkeit von 100 km/h. Davon gab es zahlreiche Versionen.

Die Japaner nehmen fast für jedes industriell gefertigte Objekt ein bereits bestehendes Modell zum Vorbild, zeichnen sich aber durch die allgemein anerkannte Fähigkeit aus, die Kopie besser als das Original werden zu lassen. Der »BA« war zwar eine Kopie des Volvo, besaß aber eine verbesserte Mechanik mit einem 4-Zylinder-Motor mit 48 PS.

Die Nachkriegsproduktion begann 1947 mit der Einführung des »SA«, dem ersten Modell der »S«-Serie. Von 1947 bis 1951 erschienen verschiedene S-Modelle, das letzte von ihnen war der »SF« mit reduziertem Hubraum und kleinerer Karosserie, die eher viereckig war und diesmal dem Fiat 1400 ähnelte. Die Expansion auf dem Markt und die entsprechenden folgenden Produktionsspitzen waren 1955 am stärksten zu spüren, als die R-Serie vorgestellt wurde. Hier ist besonders der »RS Crown« zu nennen, eine Limousine mit fast 3 m Länge und einem 4-Zylinder-Motor mit 1,5 l Hubraum. Zwei Jahre später erschien der »Corona«, eine kleine 1000-ccm-Limousine, die auf den populären Marktbereich der Kleinwagen zielte. Allgemeine Anerkennung fand Toyotas Fahrzeugangebot in den frühen 60er Jahren, als die Firma begann, auf die Auslandsmärkte vorzustoßen und sehr viele Autos zu exportieren, vor allem in die USA. Das Basisangebot bestand aus vier Modellen in zehn Versionen: Der viersitzige »Publica« mit 700 ccm Hubraum, der mit 1 l Benzin fast 20 km zurücklegen konnte, der viertürige »Corona« für vier bis fünf

TOYOTA

Dieses Auto wurde als Familienwagen oder zur Verwendung als Taxi konstruiert. Die viertürige Limousine »Corona ST 10« hatte einen 4-Zylinder-Motor mit 33 PS (1 l), wog 960 kg, war 3,91 m lang und 1,47 m breit.

1960 entstand die zweite Generation vom »Corona«. Der 4-Zylinder-Motor besaß einen Hubraum von 986 ccm. Die Leistung wurde 1961 auf 1500 ccm erhöht. Die Abbildung zeigt eine viertürige Limousine aus dem Jahr 1961.

Das Modell »1000« aus dem Jahr 1961 (auf dem einheimischen Markt unter dem Namen »Publica« bekannt) besaß einen luftgekühlten 2-Zylinder-Motor (700 ccm). Der Hubraum wurde für den Export auf 1000 ccm erhöht. Die Höchstgeschwindigkeit betrug 155 km/h.

Eine zweite Serie vom Modell »Crown« kam im Oktober 1962 heraus. Das Fahrzeug war völlig umgearbeitet und stand als Limousine und als Kombi zur Verfügung. Der 90-PS-Motor hatte einen Hubraum von 1900 ccm.

Das Modell »Sport 800« von 1964 basierte auf der technischen Ausstattung des »Publica«. Der 2-Zylinder-Motor mit 45 PS (790 ccm) erreichte eine Höchstgeschwindigkeit von 155 km/h. Der Benzinverbrauch lag bei 1 l für 31 Kilometer.

1965 erschien der »2000 GT« zuerst als Prototyp auf dem Markt. 1967 ging das Auto in die Serienproduktion. Der 6-Zylinder-Motor mit 150 PS (1988 ccm) erreichte eine Geschwindigkeit von 220 km/h. Es wurden insgesamt 351 Stück hergestellt.

Die zweitürige Limousine »Corolla« wurde ab November 1966 angeboten. Der 4-Zylinder-Motor mit 60 PS (1,1 l) erreichte eine Höchstgeschwindigkeit von 160 km/h. Es standen auch eine viertürige Version und ein Kombi zur Verfügung.

Die dritte Generation des Modells »Crown« erschien 1967. Der 6-Zylinder-Motor mit 105 PS (1988 ccm) hatte obenliegende Nockenwellen. In Japan gab es auch ein 4-Zylinder-Modell. Das Fahrzeug wurde als Limousine oder Kombiwagen angeboten.

Eine Sport-Ausführung vom »Corolla« kam 1968 unter dem Namen »Sprinter« heraus. Der 1077-ccm-Motor leistete 73 PS und erreichte 160 km/h. Das Fahrzeug war zweitürig und erhielt ab September 1969 einen 1200-ccm-Motor.

Der 1968 herausgebrachte »Cressida« war eine viertürige Limousine, die ein Gewicht von 990 kg hatte. Der 100-PS-Motor besaß einen Hubraum von 1591 ccm. Es standen auch eine zweitürige Hardtop-Ausführung und ein Kombiwagen zur Verfügung.

Die dritte Generation vom Modell »1000« kam im April 1969 heraus. Die zweitürige Limousine hatte einen luftgekühlten 4-Zylinder-Motor (933 ccm), der 58 PS bei 6000 U/min leistete. Im September 1969 wurde der Hubraum auf 1200 ccm erhöht.

Im Leistungsbereich zwischen den Modellreihen »Corona« und »Corolla« lag im Dezember 1970 der Typ »Carina«. Oben: die zweitürige Limousine »1600 De Luxe«, ausgestattet mit einem 4-Zylinder-Motor (100 PS, 1588 ccm).

Personen mit 986 ccm Hubraum, der »Tiara RT 20« mit 1500 ccm Hubraum (der auch als Kombiwagen erhältlich war) und die sechssitzige Limousine »Crown« mit einem 1900-ccm-Motor und einer Leistung, die, abhängig vom Kompressionsverhältnis, zwischen 80 und 95 PS lag. All diese Modelle besaßen ein klassisches Design, Frontmotor und Hinterradantrieb, selbsttragende Karosserie, Einzelvorderradaufhängung mit starrer Hinterachse und Trommelbremsen. Der »Publica« hatte als einziges Modell Luft- statt Wasserkühlung. Gegen Mitte der 60er Jahre brachte Toyota für den »Crown« einen neuen Motor mit 6 Zylindern, obenliegender Nockenwelle, einer Leistung von 105 PS und einem Hubraum von 2 l heraus. Außerdem erschien ein Vorführmodell, genannt »the Century«, mit V-8-Motor mit 2600 ccm Hubraum.

Dann wurde die Produktion des »Tiara« eingestellt und durch den neuen »Crown« mit 1500- oder 1600-ccm-Motor ersetzt. Anfang der 70er Jahre kamen zwei neue Sportmodelle, die auf der Mechanik der Limousinen basierten, auf den Markt: Ein 790-ccm-Roadster und ein 2-l-Coupé mit 6-Zylinder-Reihenmotor. Für diesen Motor wurden bedeutende technische Neuerungen eingeführt. Anstelle der einfachen Version erhielt er eine doppelte obenliegende Nockenwelle, und die Leistung wurde von 105 auf 150 PS erhöht, wodurch das Auto eine Höchstgeschwindigkeit von 200 km/h erreichte. 1970 betrug Toyotas Jahresproduktion 1,5 Millionen Autos

TOYOTA

Die Vorstellung des »Starlet«, eine Version der »1000«er Serie, fand im April 1973 statt. Das 1166-ccm-Coupé leistete 74 PS.

Ab Ende 1970 wurde der »Celica« angeboten. Der abgebildete Typ »2000 GT Liftback« kam 1973 heraus. Das Fahrzeug besaß einen 4-Zylinder-Motor (1968 ccm) mit zwei obenliegenden Nockenwellen, der 145 PS leistete.

Eine dritte Generation des »Cressida« gab es ab 1976. Das Fahrzeug war leichter und kompakter als seine Vorgänger. Es gab eine 6-Zylinder-Ausführung mit 2600 ccm oder eine 4-Zylinder-Ausführung mit 2000 ccm. Oben: die starke Version mit einem 135-PS-Motor (2563 ccm).

Als Coupé-Ausführung vom »Cressida« kam 1977 der »Chaser« auf den Markt. Die Version »Hardtop SGS« (Foto) war mit einem 6-Zylinder-Motor mit 125 PS (1988 ccm) ausgestattet. Es stand auch eine 4-Zylinder-Ausführung mit 1800 ccm oder 2000 ccm zur Verfügung.

Das Modell »Celica Supra 2800 G« (wahlweise auch mit einem 6-Zylinder-2-l-Motor) wurde im April 1978 verändert. Die Schaltung, ausgestattet mit Schnellgang, war in den 145-PS-Motor (2759 ccm) integriert.

Der »Land Cruiser« wurde bereits ab 1951 gebaut. Das Fahrzeug war mit einem 93-PS-Diesel-Motor (3168 ccm) ausgestattet. Es stand auch eine Benzin-Version mit einem Hubraum von 4200 ccm zur Verfügung. Es gab wahlweise drei Radstände: 2,3 m, 2,4 m und 3 m.

Ein Kombiwagen vom Modell »Land Cruiser« wurde 1980 herausgebracht. Der 98-PS-Motor hatte einen Hubraum von 3431 ccm. Außerhalb Japans gab es auch eine 4200-ccm-Benzin-Ausführung und später eine Version mit einem 6-Zylinder-Diesel-Motor (4000 ccm).

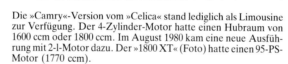

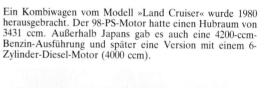

Der »Corsa« kam zur gleichen Zeit wie der »Tercel« auf den Markt. Beide Autos hatten Frontantrieb. Der »1500 GSL« (Foto) besaß einen 83-PS-Motor (1452 ccm). Auf dem heimischen Markt wurde bei den Modellen »Corsa« und »Tercel« auch eine 1300-ccm-Ausführung angeboten.

Die »Camry«-Version vom »Celica« stand lediglich als Limousine zur Verfügung. Der 4-Zylinder-Motor hatte einen Hubraum von 1600 ccm oder 1800 ccm. Im August 1980 kam eine neue Ausführung mit 2-l-Motor dazu. Der »1800 XT« (Foto) hatte einen 95-PS-Motor (1770 ccm).

Die im Februar 1978 herausgebrachte zweite Generation vom »Starlet« stand als drei- oder fünftürige Ausführung zur Verfügung. Der 72-PS-Motor hatte einen Hubraum von 1290 ccm. 1980 erhielt das Auto ein neues Aussehen. Es wurden auch neue rechteckige Scheinwerfer eingebaut.

Die vierte Generation des »Cressida« stand mit verschiedenen Motor-Ausführungen zur Verfügung: 4-Zylinder, 1800 ccm oder 2000 ccm; 6-Zylinder, 2759 ccm (Foto) oder eine 2-l-Version, die 145 PS leistete. Das Auto gab es wahlweise als Limousine oder als viertürigen Hardtop.

Toyota Starlet

Toyota Corolla 1,3 XLi

Toyota Liftback GLi

TOYOTA

Die siebte Generation des »Corona« wurde ab 1983 als viertürige Limousine angeboten. Es gibt vier verschiedene Motor-Ausführungen: 1500 ccm, zweimal 1800 ccm und einen 2000-ccm-Diesel. Oben: die Limousine AD, Typ »1800 EX« mit einem 115-PS-Motor (1832 ccm).

(mehr als die Hälfte war für den Export bestimmt) in 17 verschiedenen Versionen. 1971, als 45 verschiedene Versionen erhältlich waren, stieg der kommerzielle Erfolg der Firma schlagartig an. Diese breitgefächerte Produktpalette bedeutete, daß Toyota alle Automobilimporteure, die hier die für die speziellen Belange ihrer Länder geeignetsten Autos fanden, zufriedenstellen konnte. Dieser bemerkenswerte Zuwachs an lieferbaren Versionen war die Folge der Einführung des »Sprinter«, des »Carina« und des »Celica« gewesen.

Der »Land Cruiser«, eine Geländeversion, verdient es, gesondert erwähnt zu werden. Er wurde seit 1951 produziert und erschien 1974 in einer Dieselversion. Der Erfolg dieses Fahrzeugs auf allen Weltmärkten spricht für die Qualität des Toyota-Produktes. Der »Land Cruiser« wurde sowohl für zivile Zwecke in den afrikanischen Wüsten und auf den eleganten Plätzen europäischer Städte als auch von der israelischen Armee während des Sechs-Tage-Krieges mit großem Erfolg gefahren.

Toyotas Angebot auf Weltstandard-Basis enthielt drei Versionen des Publica mit 800-ccm-, 1000-ccm- und 1200-ccm-Motoren, neun »Corollas« mit 1200-ccm- und 1400-ccm-Motoren und Limousinen- oder Coupé-Karosserien, vier »Sprinters«, ebenso mit 1200-ccm- und 1400-ccm-Motoren, drei »Carinas« mit 1400-ccm-und 1600-ccm-Motoren, vier »Corollas« mit den gleichen 1400-ccm- und 1600-ccm-Motoren, 17 Coronas mit 1500 ccm bis 1900 ccm Hubraum, vier »Crowns« mit 2-l-Motoren, jedoch wahlweise in 4- oder 6-Zylinder-Version, und einem »Century« mit 4-l-V-8-Motor. Das Angebot erstreckt sich darüber hinaus natürlich auch auf die Geländeversionen und Nutzfahrzeuge. Seit der Übernahme der Hino-Fabrik im Jahr 1966 fertigte Toyota neben dem »Land Cruiser« auch zahlreiche andere Modelle, die auf den europäischen Märkten weniger bekannt sind. Die finanziellen Schwierigkeiten der Hino-Fabrik wurden gelöst, da Toyota nach der Übernahme die gesamte Technologie auf dieses Werk übertrug. Hino hatte sich auf die Produktion aller Arten von Nutzfahrzeugen, einschließlich Zugmaschinen für außergewöhnliche Lasten, sowie auf Fahrzeuge mit Vierradantrieb spezialisiert, die sich für Geländefahrten sowie zur Verwendung in Steinbrüchen und auf Baustellen eigneten. Die Firma hatte auch eine kleine Zahl von Autos gebaut, die kurze Zeit nach der Übernahme durch Toyota noch in Produktion blieben.

Im Laufe der Jahre veränderte Toyota das Design seiner Autos erheblich. Daraus folgte, daß sie nun den speziellen Anforderungen aller Märkte in vollkommener Weise gerecht werden. Die Verkaufszahlen sind nur in den Ländern schlecht, wo bestimmte Einfuhrbeschränkungen bestehen, um den eigenen Markt durch eine Begrenzung des Autoimports zu schützen. Im Gegensatz dazu sind die Verkaufszahlen in denjenigen Ländern hoch, die keine eigenen Hersteller haben, wie zum Beispiel in der Schweiz.

Die Einstellung auf weltweite Märkte mit schnellen Reaktionen auf Trends macht die Typologie zur Wissenschaft. Eine Gesamtübersicht müßte 1990 ohne die Geländewagen nicht weniger als 13 Modellreihen erfassen: Starlet, Corolla, Sprinter, Tercel, Corsa, Corona, Carina, Celica, MR 2, Camry/Vista, Cressida/Chaser/Cresta, Crown, Soarer, Century und die Großraumlimousine Tredia.

Toyota Carina II Liftback

Toyota Celica 2,0 GTi

Toyota MR 2

VOLKSWAGEN

1986 wird das Automobil einhundert Jahre alt. Im gleichen Jahr feiert der Volkswagen seinen 50. Geburtstag. Von Professor Porsche und seinen Mitarbeitern in den 30er Jahren konstruiert, erlebte dieses Automobil jedoch erst nach dem Ende des Zweiten Weltkriegs seine große Zeit. Er wurde für viele in Deutschland, ebenso wie später in über 150 Ländern der Welt, das Medium für eine neue individuelle Mobilität.

Seine Wirtschaftlichkeit, Robustheit und technische Zuverlässigkeit waren die Voraussetzungen für seinen Erfolg. Fast 21 Millionen Mal wurde er gebaut. Aber nicht nur technisch stand dieser Wagen als Symbol für fortschrittlichen Automobilbau, sondern auch volkswirtschaftlich wurden seine Produktionszahlen zum Synonym für das deutsche Wirtschaftswunder in der Nachkriegszeit.

Wirtschaftlichkeit, Zuverlässigkeit und hochwertige Technik sind auch die charakteristischen Eigenschaften der neuen Volkswagen-Modellgeneration, die Anfang der 70er Jahre die Nachfolge des legendären Volkswagen-Käfers angetreten hat. Die Namen Golf, Passat, Polo und Scirocco stehen heute für fortschrittliche zeitgemäße Automobile, weltweit.

CARL H. HAHN – Vorstandsvorsitzender der Volkswagen Werke AG

Beim »Käfer« wurden während der fast vierzigjährigen Produktionszeit ständig Änderungen und Verbesserungen vorgenommen. Der einmalige Erfolg bestand jedoch darin, daß diese baulichen Veränderungen keinen grundsätzlichen Einfluß auf den Charakter des Autos ausübten. Die wichtigsten Modernisierungen fanden 1950 mit der Einführung des hydraulischen Bremssystems und 1960 mit dem Einbau eines vollsynchronisierten Getriebes statt. 1972 wurde eine zeitgemäßere Ausführung, Modell 1303, herausgebracht. Das Auto hatte eine abgerundete Windschutzscheibe und einen größeren Kofferraum. Aus diesem Typ entstand das Karmann-Cabrio, das bis 1976 in Produktion war.

VOLKSWAGEN

Porsche-Zündapp, Typ 12. Dieser 1932 konstruierte Prototyp hatte einen sternförmigen wassergekühlten 5-Zylinder-Motor (1200 ccm), der 26 PS bei 3000 U/min leistete, und ein Viergang-Getriebe. Das Auto war 3,33 m lang.

Einer der 30 Vor-Serien-Wagen, die 1936 gebaut wurden. Man nannte sie »Volkswagen 30«. Der Motor mit einem Hubraum von 985 ccm leistete 23,5 PS bei 3000 U/min. Die Höchstgeschwindigkeit betrug 100 km/h. Länge: 3,99 m; Radstand: 2,40 m; Gewicht: 600 kg.

Porsche-NSU, Typ 32. Von diesem Modell wurden zwischen 1933 und 1934 verschiedene Versionen konstruiert, die jedoch alle auf der Vorgängerkonzeption basierten, nämlich hintenliegender Motor und zentralgelagertes Getriebe. Der flache, luftgekühlte 4-Zylinder-Motor (1,45 l) leistete 20 PS bei 2600 U/min.

Porsche, Typ 60, herausgebracht 1938. Mit diesem Modell wurde die endgültige Richtung des zukünftigen »Käfers« entschieden. Die Massenherstellung konnte jedoch erst 1945 aufgenommen werden. Der 1131-ccm-Motor leistete 25 PS bei 3300 U/min. Höchstgeschwindigkeit: 100 km/h. In den oberen zwei Gängen war das Viergang-Getriebe synchronisiert. Abmessungen: 4050 x 1540 x 1500 mm. Gewicht: 720 kg.

Die 1962er Version mit Schiebedach und 40-PS-Motor (1192 ccm). Die »Käfer«-Produktion lief in der Bundesrepublik Deutschland 1975 aus, jedoch wurden die Modelle »VW Sedan« in Mexiko, »VW Fusca« in Brasilien, »VW Beetle« in Nigeria und »VW 1300« in Peru weitergebaut.

Die Idee vom »Auto für das Volk« entstand in den frühen 30er Jahren, als die deutsche Regierung erkannte, daß die Zeit reif sei, einem größeren Teil der Bevölkerung die Gelegenheit zur »Mobilisierung« zu geben.
Das erarbeitete Programm enthielt den Ausbau des Straßennetzes und die Produktion eines neuen Kleinwagens. Ferdinand Porsche, der früher bei Mercedes angestellt war und seit 1928 seine eigene Werkstatt in Stuttgart besaß, hatte bereits zwei Projekte für »Ein Auto für jeden« (zuerst für Zündapp, dann für NSU) entworfen. Folgerichtig beauftragte ihn das Transportministerium, sich das Volkswagenprojekts anzunehmen.
Die grundsätzlichen Eigenschaften des neuen Autos wurden 1934 bei der Berliner Automobilausstellung bekanntgegeben: Es sollte nicht zu klein sein, wirtschaftlich, robust und voll ausgestattet. Ferner mußte es preiswert und in der Lage sein, auf den deutschen Autobahnen, die gerade im Bau waren, gleichmäßig mit einer Geschwindigkeit von 100 km/h fahren zu können. Das Projekt wurde unter der Leitung von Porsche von der Vereinigung der deutschen Automobilindustrie beaufsichtigt.
1936 war der erste Prototyp mit modernsten Techniken, wie unabhängige Drehstabfederung, Servo-Bremse mit Nocken und Gummilagerung des Motors, fertig. Der luftgekühlte Boxermotor mit 4 Zylindern und 23,5 PS war als 2- oder 4-Takt-Version entworfen. Man wählte schließlich letztere. Die endgültige Version von 1938 war das Resultat der Zusammenarbeit der Konstruktionsbüros von Porsche, NSU und Daimler-Benz, unter Mitarbeit der Karosseriefirma Reuttler & Co.
Die Entwicklung des Autos basierte auf den Ergebnissen einer Forschungsreihe, die im vorangegange-

Das erste Volkswagen-Cabrio war ein Einzelstück, das für den britischen General Radclyffe gebaut wurde. Eine geringe Zahl dieser Fahrzeuge wurde dann in den Herbmüller-Werken hergestellt, bis schließlich die endgültige Version im Jahr 1949 vorgestellt wurde. Damit begann zugleich die Zusammenarbeit mit den Karmann-Karosseriewerken.

Der Geländewagen »Porsche, Typ 82« mit Allradantrieb wurde während des Krieges hergestellt. Das Fahrzeug hatte ein Fünfgang-Getriebe. Einige Modelle waren zum Einsatz in schwierigem Gelände vorne mit Walzen ausgestattet. Auf der gleichen technischen Basis entstanden auch rund 14 000 kleine Amphibienfahrzeuge.

VOLKSWAGEN

nen Jahr mit 30 Versuchsfahrzeugen über eine Strecke von fast 2,5 Millionen km durchgeführt wurde. Der 4-Takt-Motor, dessen Leistung auf 24 PS erhöht wurde, erwies sich bei den Straßentests als äußerst zuverlässig.

Fachleute und Öffentlichkeit waren begeistert von dem Auto. Die Vereinigung der Autoindustrie zog sich jedoch aus dem Unternehmen zurück und wurde durch eine staatliche Organisation ersetzt. Man gründete die »Volkswagen GmbH« unter Verantwortung von Porsche, Dr. Laffarenz und Herrn Werlin und baute eine Fabrik in der Nähe von Wolfsburg, um die sich die Stadt, in der die Angestellten lebten, entwickelte. Während des Baues führte die Regierung das VW-Sparprogramm ein, das jedem ermöglichte, sich durch eine monatliche Zahlung von 5 Mark (zur damaligen Zeit eine beträchtliche Summe) eines der neuen Autos zu reservieren. In nur wenigen Monaten waren bereits 170 000 Bestellungen eingegangen.

Das Produktionsprogramm enthielt Pläne für eine Limousine und ein Cabriolet, und Porsche entwickelte auch eine aerodynamische Rennversion. Der Krieg stoppte jedoch alle Pläne.

Das neue Werk wurde requiriert und auf Rüstungsproduktion umgestellt. Während des Krieges verwendete Volkswagen den Entwurf des künftigen Käfers als Grundlage für die Produktion eines kleinen Geländewagens und, eines Amphibienfahrzeugs, von dem 14 276 Stück gebaut wurden (etwa 100 Exemplare sind heute noch in Gebrauch).

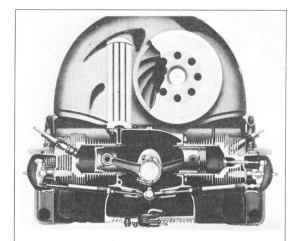

Der Motor der ersten Serien-Volkswagen (1945) war eine Direktentwicklung aus dem zwischen 1936 und 1937 herausgebrachten 985-ccm-Modell. Außer einer geringen Änderung in der Hubraumkapazität im Jahr 1954 (1192 ccm, 30 PS bei 3300 U/min) blieb das Auto praktisch bis zum Jahr 1960 unverändert. Dann erfolgte eine völlige Modernisierung. Der Motorhubraum blieb gleich, leistete nun aber 34 PS bei 3600 U/min.

Gleichzeitig fertigte das Wolfsburger Werk auch 630 zivile Limousinen, für die der Krieg ein harter »Test« wurde.

Mit zu 60% zerstörten Fabriken begann 1945 die Zeit des Wiederaufbaus und der Neuorganisation, aus der die Firma gestärkt hervorgehen sollte.

Nur ein einziges technisches Merkmal des Käfers von 1945 blieb unverändert, der Griff an der vorderen Motorhaube. Alles andere wurde laufend modifiziert und vervollkommnet, um diesen speziellen Volkswagen zu einem der zuverlässigsten Autos zu machen, die je produziert wurden.

1953 wurde in Brasilien ein Montagewerk gebaut, das 1959 eine unabhängige Produktionsniederlassung wurde. VW Mexico S.A. entstand 1964, und später wurden auch in Südafrika und in Entwicklungsländern Werke eröffnet.

Die Marke VW war aber auch in der Vergangenheit nicht nur auf den Käfer beschränkt. 1955 wurde von Ghia in Zusammenarbeit mit Karmann ein interessantes 1200-ccm-Coupé entwickelt, das auch in einer Cabriolet-Version erhältlich war. 1961 erschien der »1500« in Limousinen-, Familien- und Cabriolet-Version. Obwohl er hinsichtlich Motor und Aufhängung das gleiche Grundkonzept wie der Käfer aufwies, war das neue Auto doch das Produkt einer völlig eigenen Konzeption. Sein besonderes Merkmal war die auf nur 40 cm verringerte Höhe des Motors, wodurch über dem Motor noch ein Gepäckraum entstand.

Nach schwierigen Perioden der Loslösung von der Heckmotor-Konzeption kam die Volkswagen AG auf den Kurs zu neuem Erfolg mit Frontantriebsmodellen. Audi wirkte bei dieser Entwicklung mit. Das Angebot umfaßt 1991 sechs Grundmodelle mit vielen Versionen, konzentriert auf den Hubraumbereich von 1 bis 1,9 Liter.

Das Coupé »Karmann Ghia 1200« von 1955 wurde auf das Käfer-Fahrgestell montiert. Später erhielt das Auto einen 1600-ccm-Motor.

Das Volkswagen-Modell »1500« des Jahres 1961 hatte einen flachen, luftgekühlten 4-Zylinder-Motor (1493 ccm), der 45 PS bei 3800 U/min leistete, mit Viergang-Getriebe und Torsionsstab-Aufhängung. Es war 4,22 m lang und wog 860 kg. Die Modelle »1600« von 1965 und »411« von 1968 waren die Nachfolge-Serien.

Der »K 70« war der erste Volkswagen, bei dem der moderne Frontantrieb Verwendung fand. Der 4-Zylinder-Reihenmotor (1605 ccm) leistete 75 PS bei 5200 U/min und hatte obenliegende Nockenwellen und ein Ventil-Getriebe. Länge: 4,42 m. Es wurde auch eine 90-PS-Ausführung hergestellt. Vorne waren Servo-Scheibenbremsen montiert.

Der »Passat« erschien 1973. Die Konstruktion basierte auf dem Audi »80«, der 1972 seine erfolgreiche Karriere begonnen hatte. Das Stufenheck blieb zunächst Audi vorbehalten. Der »Passat« startete als Kombilimousine und Kombi, für den Raumgewinn im Bodenbereich war eine neue Hinterradfederung erforderlich. 1981 wurde das Modell umgestaltet. Audi ging eigene Wege, die Passat-Version »Santana« erschien mit Stufenheck.

Volkswagen Polo CL Steilheck

Volkswagen Polo Coupé Fox

Volkswagen Golf GTI G60 syncro

VOLKSWAGEN

Der »Golf«, ein würdiger Nachfolger des Käfers, wurde von dem Italiener Giorgio Giugiaro konstruiert. Von der ersten Serie, die 1975 herauskam, wurden sechs Millionen Autos gebaut. Die Produktionsstätten lagen in Wolfsburg, Mexiko (VW Caribe), USA (VW Rabbit), Jugoslawien und Südafrika. In den letzten Jahren wurde das Auto in verschiedenen Motor-Varianten angeboten. Die Hubraumkapazität reichte von 1100 ccm bis 1800 ccm. 1976 wurde ein erstaunlich kleiner 1500-ccm-Diesel-Motor entwickelt, dessen Hubraum 1980 auf 1600 ccm gesteigert wurde. Später gab es auch ein Turbotriebwerk. Im Herbst 1983 kam eine neue Version mit vollkommen veränderter Karosserie heraus.

Volkswagen Golf Country

Volkswagen Golf Cabriolet

Volkswagen Jetta

Volkswagen Scirocco

Volkswagen Passat Variant GT syncro

Volkswagen Passat GT syncro

Volkswagen Corrado G60

VOLVO

Für die Entwicklung der Wirtschaft und der Beschäftigungslage in den größten Industrieländern spielen Autos und der Industriezweig, der sie herstellt, eine entscheidende Rolle.
Als Volvo 1927 mit dem Bau von Automobilen begann, war die Belegschaft klein, und die Autos wurden von Hand gefertigt. Heute ist Volvo mit 76 000 Angestellten und einem Aktionsradius, der sich neben der Produktion von Beförderungsmitteln auch auf die Bereiche Energie, Nahrungsmittelverarbeitung und Maschinenbau erstreckt, das größte Industrieunternehmen Skandinaviens. Die Grundsteine für Volvos heutige Produktionspalette, die sich durch ein hohes Maß an Qualität, Sicherheit, Komfort und Leistungsfähigkeit auszeichnet, wurden bereits 1927 gelegt, als der erste Volvo gebaut wurde. Im Laufe der Jahre führte Volvo in vielen Bereichen, einschließlich der Sicherheit, Neuerungen ein, die standardmäßig verwendet und auch von der Konkurrenz übernommen wurden. Beispiele sind die Windschutzscheiben aus Verbundglas, der 3-Punkt-Sicherheitsgurt, die Karosseriekonstruktion, die einem »Sicherheitskäfig« gleichkommt und durch Knautschzonen vorne und hinten die Aufprallkräfte abschwächt, ein an je drei Rädern wirkendes Zweikreis-Bremssystem und vieles mehr.
In den Jahren 1970 bis 1971 unternahm Volvo in seiner Pionierarbeit einen weiteren Schritt nach vorne. Als erster europäischer Hersteller bildete man ein Team für Crash-Untersuchungen. Mittels sorgfältiger, gründliche Studien über Unfälle sammelten Volvos Sicherheitsforscher und Ingenieure unschätzbare Informationen zum Wohl des Produkts und der Sicherheit der Kunden.
Die »Volvo Car Corporation« ist innerhalb der Volvo-Gruppe seit 1979 eine staatliche Gesellschaft mit beschränkter Haftung. Dank aggressiver Produktentwicklung und Marketing-Bemühungen gelang es der Volvo Car Corporation, ihre Position unter den Automobilherstellern der Welt zu festigen.
Seit 1980 stiegen die Verkaufszahlen der Volvo Car Corporation um 35%, das bedeutet um fast 100 000 Autos. Die wichtigsten Märkte für die Volvo-Modelle liegen in Skandinavien, Westeuropa und Nordamerika. 1983 verkaufte Volvo 365 000 Autos, ungefähr 85% davon außerhalb Schwedens. Dies macht Volvo zu einem der exportorientiertesten Automobilhersteller der Welt.

ROGER HOLTBACK – Präsident der Volvo Car Corporation

Der »244« von 1974 bietet einen bemerkenswert hohen Grad an passiver Sicherheit. In die Karosserie wurde eine Knautschzone eingebaut, die Frontpartie wurde verstärkt, ebenso die Tür-Verkleidungen. Der Treibstofftank wurde strikt vom Innenraum getrennt. Zusätzlich wirkten die Bremsen garantiert auf drei Räder (die beiden Vorderräder und ein Hinterrad), sogar wenn irgend etwas anderes »passierte«.

VOLVO

Assar Gabrielsson und Gustav Larson gründeten 1926 eine Automobilfirma mit dem Namen Volvo, den bereits die schwedische Kugellagerfabrik SKF benützte. Der Name kommt von dem lateinischen »volvere«, was »rotieren« bedeutet. Tatsächlich war es die finanzielle Unterstützung der Firma SKF (200 000 Kronen), mit der die beiden Partner die Produktion der ersten 1000 Fahrzeuge, einschließlich Tourenwagen und Limousinen, in Gang bringen konnten. Das Firmenemblem, das auf dem Kühler angebracht war, stellte das Symbol für Eisen dar: Ein Ring, den diagonal ein Pfeil durchschneidet. Das erste Auto, der »ÖV 4«, wurde später »Jakob« genannt. Sein Motor mit fast 2 l Hubraum ermöglichte eine Höchstgeschwindigkeit von 60 km/h. Ende April 1927 begann die Serienproduktion. Danach folgte der »PV 4« mit Universal-Bremssystem, von dem in der Zeit von 1927 bis 1929 770 Stück gebaut wurden. Weiterhin entstand die 6-Zylinder-Reihe, die bis 1950 produziert wurde. 1930 erschien der »TR 671«, ein siebensitziges Taxi mit 65-PS-Motor, und 1933 wurde die Industriefahrzeug-Serie modifiziert, um Hesselman-Motoren, die unter Lizenz gebaut wurden, einpassen zu können. Diese Motoren fuhren mit Dieselkraftstoff, besaßen jedoch Funkenzündung. Der »PV 36« (bekannt als »Carioca«) war mit Synchrongetriebe, sechs Sitzen und Einzelradaufhängung ausgestattet und nach dem gleichen aerodynamischen Konzept wie der »Venus Bilo« von 1933 konstruiert worden. Erstmals besaß dieses Modell auch eine Ganzmetallkarosserie. Durch die Aufstockung des Kapitals von 4 auf 13 Millionen Kronen und der Eingliederung des Motorenherstellers Pentaverken kam es 1935 zu einer bedeutenden Steigerung der Notierungen für Volvo-Aktien an der Börse. Ende des Jahres 1938 hatte die Firma einschließlich Taxis, Autos, Bussen und Lastwagen 35 000 Fahrzeuge gebaut, mit Ausbruch des Krieges gingen die Produktionszahlen jedoch zurück. 1944 lief der Bau des 4-Zylinder-Modells »PV 444« an, der bis 1958 dauerte.
1956 kam der erfolgreiche »P 121/22«, bekannt als »Amazon«, heraus. 1975 übernahm Volvo die holländische Firma DAF. Als Folge erschien das Modell »66«, gefolgt von der 340er-Serie. Währenddessen kamen der »144« (1966) und der »164« (1968) auf den Markt, aus denen sich 1974 die 240er-Serie entwickelte. Inzwischen wurde Volvo auch für seine Kombiwagen berühmt, die 30% der 240er-Serie ausmachen. Einen weiteren Aufschwung erlebte die Firma im Februar 1982, als die 740/760-Serie herausgebracht wurde.

Der »TPV« wurde für die schwedische Armee konstruiert. Das Auto besaß die Taxi-Karosserie mit einem längeren Radstand und Allradantrieb. Als Motor wurde die übliche, 1946 entstandene Version mit 6 Zylindern (3670 ccm) verwendet.

Der erste Volvo, Modell »ÖV 4«, wurde ab April 1927 produziert. Der 4-Zylinder-Motor besaß einen Hubraum von fast 2 l. Die Höchstgeschwindigkeit betrug 60 km/h. Foto: die Sportwagen-Version.

Der »652« kam ebenfalls 1930 auf den Markt. Es handelt sich um eine Variante des Typs »651« mit dem gleichen 3000-ccm-Motor. Die hydraulischen Bremsen und das synchronisierte Getriebe waren neu. 1932 kostete das Auto 6700 schwedische Kronen.

1936/37 wurde der »PV 51-52« vorgestellt. Im Design folgte er der »Carioca«-Linie. Der stärkere 6-Zylinder-Motor (3670 ccm) leistete 86 PS bei 3400 U/min, die Karosserei war leichter.

Der »PV 444« war der erste Volvo, der sich von der bisher verfolgten Konstruktionslinie entfernte. Das Auto hatte eine selbsttragende Karosserie, einen 4-Zylinder-Motor (1410 ccm), der 40 PS leistete, und ein Dreigang-Getriebe. Höchstgeschwindigkeit: 110 km/h. Bis 1958 entstanden mehrere Varianten dieses Modells. Bei den jeweiligen Modernisierungen wurden auch Details an der Karosserie verändert. Dieses Modell 1955 – 1957 hatte noch die geteilte Windschutzscheibe.

Das 1930 herausgebrachte Modell »PV 650« hatte eine geschlossene Karosserieform. Heute würde man diesen Typ als Coupé bezeichnen. Der 6-Zylinder-Motor (3010 ccm) leistete 55 PS. Alle vier Räder waren mit mechanischen Bremsen ausgestattet.

Zwischen 1931 und 1934 wurde der »673« hergestellt. Das Auto war mit einem 6-Zylinder-Motor (3266 ccm) ausgestattet, der 65 PS leistete. Der Innenraum bot Platz für sieben Mitfahrer. Tatsächlich wurde dieses Auto vor allem als Taxi benützt.

Das neue Taxi »PV 801-802« erhielt ebenfalls den »normalen« 6-Zylinder-Motor (3670 ccm). Die größere Karosserie mit einem Platzangebot für acht Personen wurde zwischen 1938 und 1947 gebaut.

Die ersten Tests für den »PV 60« gehen auf das Jahr 1939 zurück. Offiziell wurde das Auto aber erst 1944 vorgestellt. Die größte technische Neuerung war die unabhängige Aufhängung vorne. Der 6-Zylinder-Motor hatte 3670 ccm.

VOLVO

Im Februar 1982 wurde der »760 GLE« mit einem V-6-Motor (2800 ccm) herausgebracht. Kurz darauf folgte der von VW produzierte 6-Zylinder-Turbo-Diesel (2400 ccm) und dann eine 4-Zylinder-Benzin-Version (2300 ccm) mit Turbolader und »Zwischenkühler«.

Der zwischen 1956 und 1957 entstandene »P 1900« hatte eine Karosserie aus Glasharz. Der 1410-ccm-Motor leistete etwas über 40 PS. Es wurden nur 67 Autos auf dem Exportmarkt verkauft, für den das Modell auch konzipiert war.

Die Kombiwagen-Serie »120« war mit einem 85-PS-Motor (1780 ccm) ausgestattet. Sie bereitete den Weg für die modernen schwedischen Familien-Fahrzeuge. Zwischen 1962 und 1969 wurden verschiedenen Versionen produziert.

Der »P 130« wurde zwischen 1961 und 1970 produziert. 1984 wurde das Auto mit einem Spezialsitz ausgerüstet, der die Wirbelsäule in anatomisch bester Position hielt. Damit wurde ein völlig neues Konzept eingeleitet.

Die 1966 angebotene Limousine »144« vereinigte eine besonders erfolgreiche Formgebung mit fast perfekten aktiven und passiven Sicherheitseinrichtungen. Das Auto war mit einem B-18-Motor (85 PS, 1780 ccm) ausgestattet.

Auf den »144« folgte fast unmittelbar der Typ »142« (1967). Die neue Fahrzeug-Karosserie hatte jedoch nun zwei Türen anstelle der vier Türen beim Vorgänger-Modell. Auf dem schwedischen Markt war dieses Auto sehr beliebt.

Volvo 440-460

Volvo 480

Volvo 960

WEITERE FIRMEN

AC

Die Firma Autocarriers, die im Jahr 1900 in England zum Bau von Automobilen gegründet und 1922 in AC umbenannt wurde, erwarb sich durch die Produktion eines dreirädrigen Transporters mit 1-Zylinder-Motor einen guten Namen. AC wurde auch durch seinen 6-Zylinder-Motor mit 1991 ccm Hubraum bekannt, der von 1919 bis 1963 produziert und dessen ursprüngliche Leistung von 40 PS allmählich auf 105 PS gesteigert wurde. Die Firma erlebte zwischen den beiden Kriegen eine schwere Zeit, wurde jedoch in den 60er Jahren von Carroll Shelby, einem ehemaligen Berufsfahrer, damit beauftragt, seine Autos mit 4,7- bis 7-l-Ford-Motoren herzustellen. Die Verbindung AC-Shelby-Ford entwickelte sich bis 1969 weiterhin gut. Als Shelby die Gruppe verließ, verwendete AC für die hochklassigen Coupés, die er zusammen mit dem italienischen Karosseriebauer Frua baute, nach wie vor Ford-Motoren. 1980 kam das 3-l-Coupé AC 3000 ME heraus.

AC 3000 Sport - 1980 (GB)

Alpine

Die »Société des Automobiles Alpine«, schlicht als »Alpine« bekannt, wurde 1955 von Jean Rédélé gegründet. Ihr erstes Modell »A 106«, eine kleine Glasfiberlimousine, deren Technik auf dem zeitgenössischen Renault 4 basierte, entstand in Zusammenarbeit mit den Karosseriebauern Michelotti. Rédélé nahm mit diesem Auto in der entsprechenden Klasse an der Mille Miglia von 1952 und 1954 teil und konnte auch beim Alpencup und der Rallye Monte Carlo gute Ergebnisse erzielen. Seine Werkstatt expandierte bald zu einer Fabrik mit 13 000 m² Grundfläche, wo weitere Modelle produziert wurden, die ständig konkurrenzfähiger wurden. Das Chassis des »A 110« von 1963 hatte einen Mittelträger, und sein Motor stammte direkt von den Modellen »R 8« und »Caravelle« von Gordini ab. Als die Fabrik immer erfolgreicher wurde, kam es zu engen Beziehungen mit Renault, wodurch immer leistungsstärkere Motoren entstanden. Ein typisches Beispiel hierfür ist das 1600er Coupé mit einem modifizierten R-16-TS-Motor, 5-Gang-Getriebe und R 8-Aufhängung von Gordini. Während der 60er Jahre errang die Firma Hand in Hand mit Renault zahllose Erfolge im Sport. Der »A 310«, eine Straßenversion des »A 110«, war mit dem gleichen V-6-Motor ausgestattet, der im »R 30« verwendet wurde. Die Kunststoffkarosserie mit 2/2 Sitzen gab dem »310« mehr den Charakter eines Tourensportwagens. Das neue Modell erschien 1976, die heutige Ausführung wird als »Renault Alpine V6 GT« mit 2,9 Liter und als »V6 Turbo« mit 2,5 Liter Hubraum gebaut. Die Ausstattung ist äußerst reichhaltig.

Avanti

Die »Avanti Motor Corporation«, die 1965 aus den Resten von Studebaker entstand, wurde von zwei früheren Studebaker-Packard-Vertretern, N. Altman und L. Newman, gegründet. Sie entschlossen sich, das Werk zu übernehmen und bauten eine verbesserte Version des »Avanti«, dem letzten Studebaker-Modell, mit Fiberglaskarosserie und V-8-Motor von Chevrolet mit 5763 ccm Hubraum und 270 PS. Das immer noch elegante Nostalgiemodell wird als Coupé, Cabriolet und viertürige Limousine geliefert.

AZLK (auch Moskwitsch)

Seit der Gründung im Jahr 1929 in der Sowjetunion war die Firma auf die Montage von Autoteilen spezialisiert, die an die »Gorki Automobilova Zavod« (besser bekannt als GAZ) geschickt wurden. Erst 1940 stellte sie die Tätigkeit auf diesem Gebiet ein und produzierte im selben Jahr drei komplette Autos. Sie basierten auf einem britischen Ford und wurden als »Kim 10« bekannt. Nach dem Krieg, im Jahr 1946, änderte sich der Firmenname in »Moskovskij Zavod Malolitrajnnich Avtomobilej« (MZMA), und ab 1947 erschienen die Autos unter dem Namen »Moskvich« auf dem Markt. Das erste Modell, der »400«, war in der Tat ein Kriegserzeugnis, da die benutzten Montageanlagen des Opel Kadett (von 1936) zu jener Zeit auf sowjetisch besetztem Gebiet lagen. Der Moskvich 400 war also in Wirklichkeit eine sowjetische Version des Kadett. Das änderte sich 1956 vollständig, als der »402« mit 1220 ccm Hubraum, der nicht mehr von Opel inspiriert war, vorgestellt wurde. Ein Jahr später kam der »423«, der erste sowjetische Kombiwagen, heraus. Danach folgte im Jahr 1958 der »407« mit 45-PS-Motor, 1358 ccm Hubraum und obenliegenden Ventilen. Erst sechs Jahre später erschien mit dem »408« eine völlig neue Baureihe. 1967 stellte die Firma ihr millionstes Auto her (das zweimillionste kam im Jahr 1974) und brachte im selben Jahr den »412« auf den Markt, das erste sowjetische Auto mit obenliegender Nockenwelle. In dieser Zeit wurde die Hauptverwaltung der Firma nach Ishevsk in der Nähe des Flusses Ish verlegt, und der Firmenname änderte sich abermals in »Avtomobilnji Zavod Imeni Leninskogo Komsola« (AZLK). Man begann mit dem Bau von Lieferwagen. Der »Moskvich 1500« mit 83-PS-Motor, in einer dem »412« ähnlichen Karosserieausführung wurde 1975 vorgestellt. Heute wird die Produktion mit den Limousinen- und Kombiserien fortgesetzt, die mit 1,5- und 1,8-l-Motoren ausgestattet sind.

Daihatsu

Die Geschichte des Automobils in Japan reicht nur bis zum Jahr 1923 zurück, in dem sie in einem unerwarteten Ausmaß ihren Anfang fand.
In dieser Zeit brachte Daihatsu neben der Motorenfertigung, ihre Hauptproduktion seit 1907, mit einem motorgetriebenen Dreirad, das fast 20 Jahre lang auf dem Markt war, eine neue Baureihe heraus. 1958 präsentierte Daihatsu das erste dreirädrige Auto, den »Bee«, eine viertürige Version mit luftgekühltem 2-Zylinder-Heckmotor mit 540 ccm Hubraum. Dann folgte fünf Jahre später der »Compagno«, ein viertüriges Modell mit 4-Zylinder-Motor mit 797 ccm Hubraum, der als Limousine, Coupé oder Kombi erhältlich war. Es erhielt später einen Einspritzmotor mit 958 ccm Hubraum und Scheibenbremsen an den Vorderrädern. 1968 wurde Daihatsu von Toyota übernommen. Heute umfaßt das Programm die Geländewagen »Rocky« und »Feroza« als Nachfolger des »Taft« neben den erweiterten Personenwagen-Modellen »Cuore«, »Charade« und »Applause«.

Alpine A 310 – 1982 (GB)

Avanti – 1967 (USA)

Daihatsu Charade - 1978 (J)

De Tomaso Pantera - 1972 (I)

De Tomaso

Die Firma, die 1959 von dem Argentinier Alejandro de Tomaso gegründet wurde, erwarb die Karosseriefirmen Ghia und Vignale, bevor sie selbst von der Ford Motor Company übernommen wurde. Sie war mit ihren Modellen bei Rennen in der Formel 2 und in niedrigeren Formelklassen, bei den Prototypen und mit einem Modell sogar in der Formel 1 sehr aktiv. De Tomaso brachte im November 1963 den Roadster »Vallelunga« heraus. Ihm folgte eine kleine Limousine mit dem 1,5-l-Ford-Corsair-Motor, dessen Leistung auf 105 PS erhöht wurde. Vier Jahre später präsentierte De Tomaso bei der Automobilausstellung in Turin zwei neue Modelle, den Roadster »Pampero«, der aus dem »Vallelunga« entwickelt wurde, und den »Mangusta«, ein großes Sportmodell mit V-8-Motor von Ford und einem Hubraum von nahezu 5 l. Darüber hinaus wurde in Turin das Elektroauto »Rowan« vorgestellt, das in Zusammenarbeit mit der Rowan Company und der Karosseriefirma Ghia gebaut worden war. Dieses Modell kam jedoch nie über das Stadium des Prototyps hinaus. 1968 eröffnete De Tomaso in der Nähe von Modena eine neue Fabrik und brachte die endgültige Version des »Mangusta« mit 305 PS, 4700 ccm Hubraum und einer Höchstgeschwindigkeit von 250 km/h heraus. Zwei Jahre später folgte der »Pantera«, der sich aus dem Mangusta entwickelt hatte. Er wurde ebenfalls mit einem Ford-Motor ausgestattet, kam jetzt jedoch in einer 330-PS-Version mit 5730 ccm Hubraum auf den Markt.
Beim Turiner Automobilsalon von 1970 wurde der »Deauville«, eine viertürige, hochklassige Limousine, präsentiert, deren Motor dem des »Pantera« glich, aber mit einem Automatikgetriebe versehen war. Knapp 5 m lang, konnte er eine Höchstgeschwindigkeit von 240 km/h erreichen. Zwei Jahre später kam das Coupé »Longchamp« mit Ghia-Karosserie heraus. Es war direkt aus dem »Deauville« entwickelt worden und hatte die gleiche Technik wie die Limousine. Unmittelbar darauf, bei der Automobilausstellung in Genf, wurde der »Pantera 290« als »ruhigere« Version des Modena-Sportwagens vorgestellt. Er hatte ein ähnliches Design, war jedoch mit dem auf 210 PS gesteigerten V-6-Motor des Ford Capri ausgestattet. Seit Ende 1972 wird der »Pantera« mit Ghia-Karosserie im früheren Vignale-Werk produziert und immer wieder modernisiert.

HINDUSTAN-RELIANT

Hindustan
Dieser indische Automobilhersteller begann, obwohl die Firma bereits 1942 gegründet wurde, erst in den 50er Jahren mit dem Bau von Autos. Er beschränkte sich auf die Lizenzmontage oder Lizenzfertigung europäischer und amerikanischer Modelle. Eines der beliebtesten Hindustan-Modelle war der »Ambassador Mk II«, eine indische Kopie des »Morris Oxford II«, von dem allein 1970 22 000 Stück gebaut wurden. Das neueste Produkt der Firma ist der »Contessa Classic«.

Holden
Die Fusion von Holden's Motor Body Builders Ltd. und der australischen Abteilung von General Motors führte 1931 zur Gründung der Firma Holden. Mit Kapital vom amerikanischen Konzern GM baute Holden zwischen den beiden Kriegen britische und amerikanische Modelle in Australien. Das erste Auto nach dem Krieg, der »FX«, war in Wirklichkeit ein 1938er Buick, dessen Produktion aufgrund der Beteiligung der USA am Krieg nicht verwirklicht wurde. Diese 2,2-Liter-Limousine erwies sich auf dem Markt erfolgreich. 1954 folgte der »FJ«, ein verbessertes Modell mit modernerer Karosserie.
1965 wurde mit dem »HD«, der europäischen und amerikanischen Autos noch stärker ähnelte, das Powerglide-Automatikgetriebe vorgestellt. Zwei Jahre später folgte der »Torana«, der nach und nach mit immer stärkerer Motoren ausgestattet wurde, bis schließlich die Sechszylinder-Version mit 3300 ccm Hubraum, 193 PS und einer Höchstgeschwindigkeit von 195 km/h entstand.
Das Produktprogramm der achtziger Jahre enthielt den »Gemini«, eine Exportversion des »Isuzu« von der gleichnamigen Firma, den »Camira« und den »Commodore«, die auf den Opel-Modellen basieren.

Holden Premier - 1967 (GB)

Hyundai
Die »Hyundai Motor Company« wurde 1967 in Korea gegründet und begann ihre Automobilproduktion im November 1968 mit einer Version, die den gleichen Namen wie ein europäisches Modell erhielt, Cortina. Seit dem Januar des folgenden Jahres stellten sie auch Lastwagen und Kipper her. Hyundai wurde durch die japanische Firma Mitsubishi unterstützt, von deren reichhaltigen Erfahrungen und technologischem Wissen sie profitierte. Im selben Jahr entstand in der neugegründeten Firma der erste Bus in Südkorea. Erst im Oktober 1974 wurde bei der Turiner Automobilausstellung das erste Originalauto der Firma, der »Pony«, vorgestellt. Er war als Limousine und Coupé mit 1200-ccm-Motor (der später auf 1400 und dann auf 1600 ccm erhöht wurde) erhältlich. Zwei Jahre später erschienen auch ein Kombi und ein offener Lieferwagen. Die Baureihe behielt ihren Namen bei, während Design und Technik beträchtlich weiterentwickelt wurden und neue Modelle namens »Stollar« und »Sonata« hinzukamen, um die Erweiterung des Exports zu ermöglichen.

Innocenti
1960 entstand bei Innocenti in Lambrate/Italien infolge eines Vertrages mit der britischen BMC-Gruppe das erste Modell der ungewöhnlich geformten A 40-Limousinen, deren Karosserien an Kombiwagen erinnerten. Auf den »A 40« folgte der Roadster »Innocenti 950« mit Karosserie von Ghia (aus Turin) und dem gleichen Motor wie sein Vorgänger, jedoch in Doppelvergaser-Version mit höherer Leistung. Die Motoren der zweiten Serie A 40 von 1963 waren auf 1098 ccm Hubraum vergrößert worden und konnten eine Höchstgeschwindigkeit von 135 km/h erreichen. Der

Innocenti 1000 - 1975 (I)

gleiche Motor wurde in die Roadster-Version »S« eingebaut. Im Mai desselben Jahres kam die fünftürige Limousine »IM 3« mit Scheibenbremsen, Hydrolastic-Ausführung, Vorderradantrieb und querliegendem Motor heraus. Dieses Auto erwies sich jedoch als ziemlich unzuverlässig.
Auf den »IM 3« folgte der »J 4« mit 1098-ccm-Motor und einer reduzierten Leistung von 58 PS auf 50 PS. Alle Motoren wurden aus Großbritannien importiert, während die Karosserien im Lambrate-Werk bei Mailand entstanden, das sich bereits vor dem Krieg mit dem weltweiten Vertrieb von Innocenti-Schläuchen und gleich danach mit dem Bau von Lambretta-Rollern einen guten Namen gemacht hat. Die italienische Version des »Mini«, der nach dem Modell des Austin-Morris entstand, wurde bei dem Turiner Automobilsalon von 1965 vorgestellt.
Als der Gründer Ferdinand Innocenti 1966 starb, erlebte die Firma eine kritische Zeit. Sechs Jahre später wurde sie von British Leyland übernommen, und gleich darauf lief die Produktion des »1300 Mini Cooper« und des »Regent«, der auf den britischen »Allegro« basierte, an. Nach der Übernahme durch den Industriellen De Tomaso wurde der »Mini« von dem Karosseriebauer Nuccio Bertone umgestaltet und erhielt seine heutige Form. Man verwendete aber weiterhin den gleichen Motor. Heute ist der »Mini« mit einem japanischen 3-Zylinder-Motor von Daihatsu mit 1000 ccm Hubraum ausgestattet und in Vergaser-, Turbo- oder Dieselausführung erhältlich. Außerdem stellt das Werk Einzelteile für Maserati her.

Isuzu
Die Firma, die 1937 nach der Fusion von »Ishikawajima« und der »Tokyo Gas and Electric Company« (durch die auch die Firma Hino entstand, die später von Toyota übernommen wurde) gegründet wurde, spezialisierte sich hauptsächlich auf die Produktion von Lastwagen und Nutzfahrzeugen auf dem Bausektor. 1953 weitete die Firma ihren Tätigkeitsbereich erstmals auf Autos aus. Unter Lizenz montierte man den britischen »Hillman Minx« und fügte 1961 einen in Japan gebauten Motor hinzu. 1962 kam die Limousine »Bellet« mit einem 4-Zylinder-Motor mit 1471 ccm Hubraum, der später auf 2 l vergrößert wurde, heraus. Sie wurde durch den »Florian« mit 1600 ccm Hubraum ersetzt. Beide Autos waren auch in Coupé-Version erhältlich, die von Giugiaro und Ghia in Italien entworfen worden waren. Eine weitere Spezialität von Isuzu war die Konstruktion von Geländefahrzeugen, bekannt unter dem Namen »Trooper«, im Personenwagenprogramm treten derzeit die »Gemini«-Modelle und der »Piazza« hervor.

Isuzu Florian 2000 - 1983 (J)

Otosan
Otosan wurde 1967 in Istanbul gegründet und baut in Zusammenarbeit mit der britischen Firma Reliant Motors Autos der Marke Anadol. Die ersten »Anadols« waren mit dem 1200-ccm-Ford-Anglia-Motor und Glasfiberkarosserie ausgestattet. 1973 erschien ein viertüriges Modell und ein Kombiwagen. Letzterer hatte einen 1,6-l-Motor von Ford. Die heutigen Modelle tragen ihre Herkunft im Namen: »Otosan Ford Taunus« - es handelt sich um den »Sierra«-Vorgänger.

Puma
Die Firma Puma, einer der jüngsten Autohersteller der Welt, wurde 1962 auf die Initiative von Gennaro Malzoni, eines nach Brasilien emigrierten Italieners, gegründet. Ihr erstes Auto war ein Coupé mit Vorderradantrieb und 3-Zylinder-DKW-Motor, der von Vemag produziert wurde und mit Zweitaktgemisch fuhr. Die Marke Puma erschien jedoch erst bei dem nächsten Modell, das 1966 herauskam. 1975 nahm die Firma dann den Namen Puma Industria de Veiculos S. A. an. 1967 wurde die Firma Vemag von Volkswagen Brasilien übernommen und stellte die Produktion des bis dahin verwendeten DKW-Motors ein. Puma schloß daraufhin einen Vertrag mit VW über die Lieferung von 1584-ccm-Motoren. Die Firma änderte auch das Design ihrer Coupés, die eine aerodynamischere und sportlichere Form erhielten. 1973 wurden ein neuer 4-Zylinder-Motor mit 2512 ccm Hubraum oder ein 6-Zylinder-Chevrolet-Motor mit 4093 ccm Hubraum verwendet. Das GTI-Coupé wurde 1980 modifiziert und besitzt nun den gleichen Motor und das gleiche Chassis wie der VW 1600.

Reliant Kitten 850 - 1975 (GB)

Reliant Scimitar GTE - 1970 (GB)

Reliant
Die Geschichte dieser Firma begann 1935, als T. L. Williams beschloß, eine Fabrik zur weiteren Herstellung des Motordreirades von Raleigh zu gründen. Die anfangs verwendeten Motorradmotoren wurden Ende 1938 durch den Austin-Seven-Motor mit 747 ccm Hubraum ersetzt. Als dadurch Produktionsprobleme entstanden, erwarb Reliant die Rechte zur selbständigen Herstellung des Motors. Dieses System wurde beinahe unverändert bis 1962 beibehalten. Der erste Tourenwagen von Reliant, den man bei der Londoner Motorradausstellung von 1951 sehen konnte, war ein kleiner viersitziger Roadster mit Viergang-Synchrongetriebe und natürlich drei Rädern. Durch Veränderungen an der Karosserie entstand die Limousine von 1956, die erstmals eine Glasfiberkarosserie besaß. Dadurch entstand eine Tradition, die die Firma von da an bei allen Modellen beibehielt. 1962 wurde die Produktion des Austin-Seven-Motors eingestellt, und Reliant verwendete nun eine selbst entwickelte und gefertigte Leichtmetall-Version mit 598 ccm Hubraum und 24 PS.
Reliants System, Mechanik- und Karosserieteile gesondert zu montieren, bedeutete, daß die Autos auch in anderen Fabriken und in Ländern, die zu jener Zeit technologisch noch nicht so fortgeschritten waren, gebaut werden konnten. Daher wurde die Marke Reliant auch in Griechenland, der Türkei und Israel hergestellt. 1961 brachte Reliant schließlich im eigenen Land ein traditionelles vierrädriges Modell, den »Sabra«, auf den Markt. Es wurde anfangs mit einem Ford-Consul-1,7-l-Motor und später mit der Ford-Zephyr-6-Zylinder-Version mit 2,5 l Hubraum aus-

gestattet. 1965 erschien das erfolgreichere »Scimitar«-Coupé mit einem Ford-Zephyr-Motor mit 2500 ccm Hubraum und 120 PS, der später durch den Ford-V-6-Motor mit 3 l Hubraum und 146 PS ersetzt wurde. Mit der Einführung der Kombi-Version im Jahr 1968, die von 1972 an mit 6-Zylinder-Ford-Granada-Motor erhältlich war, erreichte die Produktion des Scimitar ihren Höhepunkt. 1969 hatte Reliant seinen einzigen Konkurrenten auf dem »Dreirad-Markt«, die Firma Bond Cars, aufgekauft und brachte unter deren Mitwirkung 1974 die zweisitzige Limousine Robin mit 748-ccm-Motor heraus. Der »Kitten« von 1975 war mit einem 848-ccm-Motor ausgestattet, und 1980 erschien der Scimitar, ein sportlicher Zweisitzer mit 1,4 und 1,8 Liter Hubraum.

Skoda 105 GL - 1984 (CS)

Seat

Die spanische Firma, die 1950 gegründet wurde, brachte erst 1953 ihr erstes Auto, das baugleich mit dem 1400er Fiat war, heraus. Tatsächlich fertigte Seat (»Sociedad Española de Automobiles de Turismo« – Spanische Automobilfabrik für Tourenwagen) unter Lizenz von Fiat, ihr Angebot war jedoch im Vergleich zu anderen europäischen Märkten nicht gerade auf dem neuesten Stand. Die spanischen Importbestimmungen waren so streng, daß man sie nur umgehen konnte, wenn man entweder direkt in Spanien eine Fabrik baute oder mit einem ansässigen Hersteller einen Vertrag abschloß. So wurde mit Hilfe des INI (dem spanischen Gegenstück des IRI) die Firma SEAT gebildet. 1957 folgte auf den »1400« der »600«, der auch in einer neuen viertürigen Version erhältlich war.
Seat baute auch ganz eigene Versionen des »1500« und »850«, gefolgt von dem »124« und dem »1430«, der in dieser Variante nur in Spanien zu haben ist. Nachdem Fiat die Produktion des »Pamplona«, einer Version des »124«, eingestellt hatte, wurde das Modell auch in andere Länder exportiert. Durch eine entsprechende Vereinbarung mit Seat lief die Produktion jedoch dann wieder an, und der »Pamplona« wurde aufgrund seiner Zähigkeit und Zuverlässigkeit bei Taxifahrern sehr beliebt. Das 1600er Coupé des »124« erschien 1970, danach folgten der 1800 Diesel, 1972 die zwei- und dreitürigen Versionen des »127« (der nun auch als »Fura« in einer fünftürigen Version erhältlich ist) und 1974 der »133«.
Die Einführung des »Ronda« (der spanischen Version des italienischen Ritmo) auf anderen europäischen Märkten führte sofort zu einem Streit, den der Pariser »Schiedsgerichtshof« zugunsten von Seat, die weiterhin exportieren durften, entschied.
Seitdem montierte die Firma auch 1200- und 1500-ccm-Porsche-Motoren und Getriebe. 1984 erschien infolge eines Vertrages mit VW der »Ibiza«, und die spanische Firma stellt inzwischen auch andere Modelle aus dem Volkswagenangebot her.

Skoda

Als die tschechoslowakische Firma 1925 mit der Produktion von Automobilen begann, war der Name »Skoda« bereits in den Bereichen Industriefahrzeuge und Waffen (besonders Maschinengewehre) bekannt. Die ersten Autos von Skoda ähnelten stark den Laurin & Klement-Modellen. Ende 1925 hatten die Modelle »110« und »120«, die Skoda auch in Anlehnung an Laurin & Klement baute, die alten Autos ersetzt. Sie waren die Vorläufer des neuen Skoda, und die Firma entwickelte sich zu einem der bedeutendsten tschechischen Automobilhersteller. Sowohl der »110« als auch der »120« waren mit 4-Zylinder-Motoren mit 1794 ccm und 1944 ccm Hubraum ausgestattet und hatten eine Leistung von 25 bzw. 30 PS. Aus dem »120« entstand 1928 der »4 R«, der die Grundlage für den »6 R« mit 6 Zylindern und 2918 ccm Hubraum bildete. Im folgenden Jahr erschien ein 8-Zylinder-Modell mit nahezu 4 l Hubraum, von dem nur einige Exemplare gebaut wurden. Richtig bekannt wurde Skoda 1933 mit dem »420«, einem zähen, zuverlässigen Kleinwagen, der einen Motor mit knapp 1 l Hubraum besaß. Die Modelle »Popular« und »Rapid« wurden aus dem »420« entwickelt und waren etwas leistungsstärkere Versionen mit vorzüglicher Ausführung. Auf dem Großwagenmarkt war Skoda weiterhin mit dem »Superb« (6 Zylinder, 2,5 l Hubraum) von 1935 vertreten, der auch aus dem »6 R« von 1928 entstanden war. Der Motorhubraum des »Superb« wurde nach und nach bis auf 3 l vergrößert, das Modell war jedoch nie ein großer Erfolg. Bei Ausbruch des Zweiten Weltkrieges umfaßte das Skoda-Angebot die Modelle »Superb«, die 4-Zylinder-Limousine »Favorit« mit 2091 ccm Hubraum, den 1588-ccm-»Rapid« sowie zwei Versionen des »Popular«, eine mit 4-Zylinder-Motor (995 ccm) und die andere mit einer neueren 1089-ccm-Version mit obenliegenden Ventilen. Dieser Motor blieb bis 1964 in Produktion.
Nach dem Krieg wendete sich die Firma wieder der Produktion von zivilen Fahrzeugen zu und fertigte anfangs eine Nachbildung des »Popular«, den »1101«. Er wurde 1954 gebaut und war fünf Jahre lang das einzige Skodaprodukt.
1959 kam der »Octavia«, eine Weiterentwicklung des »440«, heraus, die auch in einer Sportversion, dem »Felicia«, gebaut wurde. Skoda hatte schon vor dem Krieg viele internationale Rallyes gewonnen. Der »Felicia« besaß ursprünglich einen 1100-ccm-Motor, später wurde ein stärkerer 1200-ccm-Motor mit 53 PS verwendet. Grundlegende Veränderungen im Jahr 1964 führten dazu, daß mit Ausnahme des Kombi, der auf dem »Octavia« basierte, die Produktion aller Modelle eingestellt wurde. Der Kombi wurde dann durch den »1000 MB« ersetzt, dessen bedeutendste Neuerung die Verwendung des Heckmotors, im Gegensatz zur bisherigen Verwendung von Frontmotor und Hinterradantrieb, war. Der »1000 MB« mit einem 42-PS-Motor erreichte eine Höchstgeschwindigkeit von 125 km/h. 1970 wurde eine stärkere Version mit 1100-ccm-Motor und auf 47 PS erhöhter Leistung fertiggestellt.

Die beiden Autos wurden im folgenden Jahr unter den Bezeichnungen »100« und »110« bekannt. 1987 stellte Skoda die Produktion auf den ganz neuen Frontantriebswagen »Favorit« mit Bertone-Design um. Die Zukunft in Mladá Boleslav wird sich unter dem Dach des Volkswagen-Konzerns entwickeln.

Subaru

Die »Fuji Heavy Industries Group« wurde 1953 gegründet und vereinigte verschiedene Firmen, die auf unterschiedlichen Gebieten tätig waren. Subaru, auf dem Gebiet der Automobilherstellung aktiv, nahm seine Arbeit gegen Ende der 50er Jahre mit dem »360« auf, einem kleinen 2-Zylinder-Zweitakt-Modell mit einem Rahmen in selbsttragender Schalenbauweise. Diverse Veränderungen an Rohkarosse und Motor führten 1970 zur Entwicklung des »R 2« mit Einzelradaufhängung und neuer Karosserie. 1974 kam der »Rex« mit seinem »abgeschnittenen« Heck dazu. Ende der 70er Jahre präsentierte Subaru bei seinem 1800er Spitzenmodell eine neue Veränderung. Man konnte den Antrieb auf die Hinterräder zuschalten und erhielt so zwei Antriebsachsen. Heute besteht das Standardangebot von Subaru aus Limousinen, Coupés und Kombis aus einem reichlichen Modellvorrat für die vielen Exportländer neben dem heimischen Markt – wie bei allen japanischen Firmen ist die Typenkunde insgesamt ein Wissenschaft, aber im jeweiligen Land doch übersichtlich. »Justy«, »Sedan«, »Coupé«, »Station«, »Legacy«, »Libero«, »XT 1800« – schon hat man's.

Subaru 1800 Limousine - 1979 (J)

Subaru 1300 DL Coupé - 1979 (J)

Subaru 700 - 1981 (J)

Subaru 4WD 1800 Coupé - 1983 (J)

Seat Ronda - 1983 (E)

Seat Ibiza - 1984 (E)

Suzuki GX Coupé - 1980 (J)

Suzuki

Die Produktion bei Suzuki, die 1909 anlief, bestand anfangs aus Maschinen für die Textilverarbeitungsindustrie. Erst zehn Jahre später begann die Fertigung von Fahrrädern und Motorrädern. 1954 änderte sich der Firmenname von »Suzuki Loom Manufacturing Co.« (Hersteller von Webstühlen) in »Suzuki Motor Company«. Das erste, regulär produzierte Auto war der »Suzulight« von 1961 mit viersitziger Karosserie und luftgekühltem 2-Zylinder-Motor mit 360 ccm Hubraum (er war offensichtlich aus den Motorrädern entwickelt worden), der eine Höchstgeschwindigkeit von 85 km/h erreichte. Drei Jahre später erschien der »Fronte 800« mit 3-Zylinder-Motor, geräumigerer Karosserie und Vorderradantrieb. Unter anderem ist Suzuki seitdem auch mit kleinen Industriefahrzeugen, oft mit Allradantrieb, auf dem Automobilmarkt vertreten. Die kompakten Geländewagen machten Suzuki auf Exportmärkten populär, zum weiterentwickelten »SJ 410« und »SJ 4113« mit 1 bzw. 1,3 Liter Hubraum kam 1988 der »Vitara« mit elegantem Design und 1,6-l-Motor. Daneben bietet Suzuki vor allem die »Swift«-Modelle mit 1 und 1,3 Liter Hubraum neben dem 0,8-l-»Alto« an.

Tatra

Die Anfänge dieser tschechoslowakischen Marke gehen auf das Jahr 1850 zurück, als I. Schustala in Nesselsdorf im österreichisch-ungarischen Kaiserreich eine Karosseriefabrik gründete. Die Werkstatt expandierte und begann 41 Jahre später mit dem Bau von Eisenbahnwaggons. In dieser Zeit änderte die Firma ihren Namen, und Hugo Fischer von Rösselstamm wurde ihr Direktor. Von 1897 an setzte er sich für den Bau von Automobilen ein. 1898 kam der »Päsident« mit Heckmotor, ein 2-Zylinder-Boxermotor von Benz, heraus. Dieses Fahrzeug war die Grundlage für die Modelle »Météore« und »Typ A« von 1899, als außerdem auch ein Rennmodell gebaut wurde, das an der Rallye Paris–Wien teilnahm.
1906 wurde das 4-Zylinder-Modell »S 20/30« von Ledwinka mit einer Höchstgeschwindigkeit von 85 km/h herausgebracht. Darauf folgte 1910 der »S 40/50« mit standardmäßigem 6-Zylinder-Motor und eingebautem elektrischen System. Mit dem Untergang der österreichisch-ungarischen Monarchie änderte sich die politische Situation nach dem Ersten Weltkrieg völlig, und Nesselsdorf lag nun in der Tschechoslowakei. Die Firma änderte sowohl Nationalität wie Name und wurde von da an als »Tatra« bekannt, nach der naheliegenden Gebirgskette, die die Grenze zu Polen bildet. Tatras bedeutendstes Erzeugnis in dieser Zeit war der »Typ II«, der ebenso von Ledwinka entworfen wurde.
Vor dem Zweiten Weltkrieg baute Tatra luftgekühlte Mittelklassewagen sowie eine kleine Serie von »Flaggschiff«-Autos, die sich hauptsächlich durch ihre Wasserkühlung von ersteren unterschieden. Bei Ausbruch des Krieges stellte man die Produktion um und lieferte Kriegsmaterial, was dazu führte, daß die Firma begann, sich auf die Herstellung von Industriefahrzeugen zu spezialisieren, die sie bis zum heutigen Tag noch herstellt.
Nach dem Krieg fertigte Tatra wieder die gleichen Modelle wie fünf Jahre zuvor. 1949 wurde der »Tatraplan« herausgebracht, den dann der »603« von 1957 mit V-8-Motor, 100 PS und 2,5 l Hubraum ersetzte. Bis 1975 (T 613) blieben verschiedene modernisierte Versionen des T 603 in Produktion. Dann änderte Tatra seine Struktur und konzentrierte die Produktion hauptsächlich auf Industriefahrzeuge. Heute gibt es im Firmenangebot nur noch den Repräsentationswagen »613-3« mit luftgekühltem V-8-Motor, er hat 3,5 Liter Hubraum und kaum mehr eine Zukunft.

Trabant

Trabant gehört zu der Gruppe von Firmen, die nach dem Zweiten Weltkrieg infolge der Reorganisation deutscher Unternehmen entstanden. Ein VEB (volkseigener Betrieb) übernahm die Audi- und DKW-Werke und begann 1949 unter der Marke »IFA«, die es bis 1955 gab, mit dem Bau von Automobilen. Bis 1958 trug die Firma die Bezeichnung »AWZ«, und 1959 wurde sie schließlich als »Trabant«, dem heutigen Namen, bekannt. Der erste Trabant, der »P 50«, wurde1958 gebaut und besaß einen Zweizylinder-Motor mit 500 ccm Hubraum, 18 PS und Vorderradantrieb. Wegen seiner leichten Glasfiberkarosserie konnte er eine Höchstgeschwindigkeit von 90 km/h erreichen. 1962 wurde der Motor auf 600 ccm vergrößert. Seitdem ist der Trabant in zahlreichen Einzelheiten weiterentwickelt worden. Im wesentlichen unverändert blieben die technische Basis und die Karosserie mit Kunststoffschalen auf einem Stahlblechgerüst. Auf osteuropäischen Märkten war der Trabant ein Massenmodell, 1990 erhielt er einen VW-Viertaktmotor und eine neue Hinterradführung, aber nach Öffnung der politischen Grenzen brach die Nachfrage zusammen, die Produktion wurde 1991 eingestellt.

T. V. R.

Die Firma, die ursprünglich unter dem Namen Layton gegründet und 1962/63 in Grantura umbenannt wurde, erhielt 1966 ihren endgültigen Namen T. V. R. Der erste »TVR« hatte eine Glasfiber-Wabenkarosserie und einen Austin-A-40-Motor mit 1100 ccm Hubraum. Die meisten dieser Modelle, von denen 30 Stück gebaut wurden, hatten ein offenes Verdeck und wurden in den USA unter dem Namen »Jomar« verkauft. 1960 wurde ein Coupé mit gleichem Rahmen, jedoch veränderter Aufhängung mit Drehstabfeder und Schwingstab herausgebracht. Ursprünglich baute man Ford- oder Coventry-Climax-Motoren mit doppelter obenliegender Nockenwelle ein, später wurden Motoren von MGA (1600 ccm) und MGB (1800 ccm) verwendet. Die TVR waren auch deswegen berühmt, weil sie als Bausatz erhältlich waren.
Der »TVR Mk III« von 1962 wurde auch in den USA verkauft, wo er mit einem Ford-V-8-Motor mit 4,7 l Hubraum und 285 PS versehen war und so eine Höchstgeschwindigkeit von 260 km/h erreichte. 1965 wurde TVR aufgelöst, und das neue Management beschloß, die Produktion auf billigere Modelle auszurichten. Der »Trident« von 1965 wurde 1968 mit einem 1,6-l-Ford-Cortina-Motor neu herausgebracht. 1970 enthielt die Produktionspalette die Modelle »Vixen« und »Tuscan«, beide mit Ford-Motoren. 1980 erschien der »Tasmin« mit 4-Zylinder-Ford-Motor, und 1983 folgte der »Tasmin 350« mit 3,5-l-V-8 von Rover. Die heutigen Modelle sind Neuauflagen des nostalgisch geschätzten Roadsters.

UAZ

Die Firma UAZ, die 1941 in der Sowjetunion gegründet wurde, begann mit dem Bau von Lastwagen. Von 1954 an enthielt das Angebot auch das Geländefahrzeug »GAZ 69 AM«, von dem bis 1965 250 000 Stück gebaut wurden. Seitdem wird das Modell unter Lizenz auch in Rumänien und Nordkorea gebaut. Der »UAZ 469 B«, der erst 1972 herauskam, ist das modernste russische Geländefahrzeug. Es ist mit Benzin- oder Dieselmotor erhältlich und wegen seiner Robustheit auf allen europäischen Märkten relativ beliebt, obwohl es hinsichtlich der Leistungsfähigkeit anderen Geländemodellen unterlegen ist.

Wartburg

1898 wählte die Fahrzeugfabrik Eisenach den Namen Wartburg, mit dem der unter Lizenz gefertigte »Décauville« auf den Markt kommen sollte. 1903 verschwand die Marke Wartburg ganz und wurde erst von BMW im Jahr 1930 mit einem 748-ccm-Zweisitzer wieder zum Leben erweckt. Alle BMW-Wagen wurden bis zum Zweiten Weltkrieg dort gebaut, einige Modelle noch bis 1956 in der enteigneten Firma unter der Marke EMW. Dann übernahm das Werk den weiterentwickelten DKW, der nach dem Krieg als »F 9« erschienen war und in Eisenach als »Wartburg« weiterentwickelt wurde. Als »353« wurde der Wagen mit 1-l-Zweitakt-3-Zylinder-Motor bis 1988 gebaut, mit 1,3-l-Viertaktmotor von VW als »1.3« bis 1991.

Yue Loong

Sogar auf der Insel Taiwan gibt es eine Automobilfabrik, die »Yue Loong Motor Co. Ltd.«, die unter Lizenz der japanischen Firma Nissan Autos produziert. Tatsächlich stammen die Autos direkt von Nissan-Produkten ab, wie der »Datsun-Cherry«, der seit dem Vertrag zwischen Nissan und Alfa Romeo in Europa auch als »Arna« bekannt war. YLN baute einige Jahre lang auch unter Lizenz Motorroller der italienischen Firma Innocenti. Yue Loong wird weiterhin Nissan-Modelle übernehmen, derzeit ist es der frühere Nissan »Stanza« als »101«.

Zastava

Die jugoslawische Firma ZCZ (Zavodi Crvena Zastava), eine ehemalige Waffen- und Werkzeugmaschinenfabrik, begann mit der Autoherstellung erst in den 50er Jahren mit dem Lizenzbau von Fiat-Modellen. Eines der ersten Autos war die einheimische Version des »600«, worauf der »1300« folgte, der recht beliebt war. Mitte der 70er Jahre konzentrierte sich die Produktion bei Zastava auf den »101«, eine jugoslawische Version des Fiat 128. Er besaß zwar den gleichen Motor, das Heck der Karosserie wurde jedoch von Grund auf verändert. Im Gegensatz zum kompakten, viertürigen Fiat 128 mit Stufenheck bekam der »Yugo 101« eine Heckklappe. Der kleine »Yugo 45/60« ist vom Fiat »127« abgeleitet, der »Yugo Florida« steht dem Fiat »Uno« nah.

ZAZ

Die Firma ZAZ, die 1958 auf dem Gelände einer ehemaligen Traktorenfabrik gegründet wurde, ist einer der jüngsten sowjetischen Betriebe. Mit dem »ZAZ 965«, der eine stark an den Fiat 600 erinnernde Karosserie und einen V-4-Heckmotor mit 746 ccm Hubraum und 23 PS besaß, gab die Firma 1960 ihr Debüt auf dem Markt. Auf diesem Modell basierend, entstanden die Versionen »965 A und B«, deren Hubraum auf 867 ccm und deren Leistung auf 27 PS vergrößert wurden. Die B-Version war zusätzlich mit einer elektromagnetischen Kupplung mit Ein- und Ausrückhebel ausgestattet. Die Einführung des »966 B« im Jahr 1966, der von der Karosserie her leicht an die amerikanischen Fords oder sogar an den NSU Prinz erinnerte, obgleich er etwas größer war, bezeichnete einen grundsätzlichen Wandel. Er stellte im Vergleich zu den vorherigen Modellen aufgrund seiner auf 30 PS erhöhten Leistung, dem viel größeren Fahrgastraum und einem ziemlich geräumigen Kofferraum eine bedeutende Verbesserung dar. Ende der 60er Jahre brachte ZAZ ein kleines Geländefahrzeug mit Vierradantrieb (der Antrieb der Vorderachse konnte zugeschaltet werden) und speziellem Getriebe heraus, das wegen des ausgezeichneten Fahrverhaltens bei Schnee erwähnenswert ist. 1970 erschien der »969« und 1972 der »968«, der auch heute noch mit einem V-4-Motor mit 1196 ccm Hubraum produziert wird. Eines der Hauptmerkmale der ZAZ-Modelle ist ihr extrem niedriger Wiederverkaufspreis, verglichen mit anderen Autos auf dem sowjetischen Markt.

ZIL

Die sowjetische Firma nahm unter dem Namen AMO im Jahr 1916 ihre Produktion auf. Ihre ersten Automobile basierten auf Konzepten, die denen der alten Fuhrwerke noch sehr ähnlich waren. 1931 wurde die Fabrik völlig modernisiert und erhielt den neuen Namen Zavod Imjeni Stalina (ZIS). Er wurde später in ZIL – Likhacheva (nach dem Werksdirektor Likhachev) geändert. 1933 wurde die erste kleine Autoserie mit dem Buick-5650-8-Zylinder-Reihenmotor produziert. 1936 erschien der »ZIS 101«, der mit seiner stromlinienförmigen, aerodynamischen Karosserie dem momentanen Trend in den USA folgte. Der »101« stellte wegen der Einführung von Klarsichtscheiben, Synchrongetriebe und sogar einem Temperaturregler, Doppelwirkungs-Stoßdämpfer und Zwillingsvergaser einen Wandel in der sowjetischen Automobiltechnologie dar. Der »ZIS 101« blieb bis 1940 in Produktion, als dann der »101/A« mit modifiziertem Vorderteil herausgebracht wurde. 1946 nahm ZIS/ZIL die Arbeit wieder auf und präsentierte ein neues »Flaggschiff«, das eine echte Kopie des Packard 180 war. Es besaß einen 6-l-Motor mit 140 PS, wog 2500 kg und war 6 m lang. Es wurde als Dienstwagen, Taxi und sogar als Krankenwagen verwendet und bis 1958 produziert. In diesem Jahr kam der »ZIL III«, ein 6-l-Modell mit V-8-Motor und 200 PS, heraus, der erstmals mit einem Zweigang-Automatikgetriebe ausgestattet war. Der »114« von 1967 hatte einen größeren Radstand und eine längere Karosserie. Zudem besaß er einen größeren 7-l-Motor aus Leichtmetall anstelle von Gußeisen. Weitere Neuerungen bei dem »114« waren Scheibenbremsen, Elektrozündung sowie die erste Zentralverriegelung. Die Limousine »117« mit kurzem Radstand (3,30 m) erschien im Jahr 1972. Sie war auch in einer Version mit Faltverdeck (117 V) erhältlich. 1978 kam die 4104-Limousine mit 7,7-l-V-8-Motor auf den Markt.

Stichwortverzeichnis

(Die fettgedruckten Seitenzahlen verweisen auf Abbildungen)

A

Abarth, 114, 116, 176
AC (Autocarriers), 269
- 3000, **269**
- Cobra, **117, 121**
- Shelby, 269
- Six, **49**
Ackermann, Rudolph, 129
Adler 7/15 PS, **22**
A.E.G., 22
Agabashian, Freddie, 74
Agnelli, Edoardo, 74
Agnelli, Gianni, 172
Agnelli, Giovanni, 170, 172
Agnelli, Umberto, 169
Ajax, 139
A.L.A.M. (Association of Licensed Automobile Manufactures), 32
Albion A6, **24**
Albôretô, Michele, 122
A.L.F.A. (Anonima Lombarda Fabbrica Automobili), 20, 23, 52, 135
- 12 PS, **53**
- 24 PS, **31**
Alfa Romeo S.p.A., 40, 43, 44, 70, 82, 84, 90, 95, 98, 105, 112, 114, 122, 132, 134, 135, 136, 137
- 6C 1750 Grand Prix, **135**, 137
- 6C 1750 GT, **113**
- 6C 1900, **135**
- 6C 2300 »Mille Miglia«, 44, **135**, 137
- 6C 2500 SS, **135**, 137
- 6C 2500 »Freccia d'oro«, **135**
- 6C 3000, **115**
- 8C, 137
- 8C 2300, 42, **42**
- 8C 2900, 44
- 12 PS, 135
- 20/30 PS, **135**
- 20/30 PS, **135**
- 24 PS, 135, **135**
- 33, 90, **91**, 111, 121, 136, **137**, 137
- 33.2, **118**
- 33 TT 12, **120**
- 40/60 PS, 135
- 90, 90, 137
- 158 »Alfetta«, 44, **95**, 96
- 179, **104**
- 308, 44
- 1300 »Disco Volante«, 136
- 1750, **136**, 137
- 1900, **135**
- 1900 Super, 135
- 1900 Super Sprint, **136**
- 2000, 136
- 2600, 136
- 2600 sprint, **136**
- 2600 spider Touring, 136
- 2600 sprint Zagato, 136
- Alfa 6, 112, 137
- Alfa 75, **137**
- Alfa 164, **137**
- Alfa Coupé SZ, **137**
- Alfasud, 90, 91, 109, **136**, 137
- Alfa Zeta 6, 112
- Alfetta, 90, **136**, 137
- Alfetta GT, 109, **136**, **136**
- Alfetta GTV 2000, 136
- Arna, 90, **137**, 231
- Bimotore, **43**
- Carabo, **111**
- Duetto, 136, 137, **137**
- G1, 137
- Giulia, 84, **84**, **136**, 137
- Giulia 1300 GT, 136
- Giulia 1750, 136
- Giulia GT, 109
- Giulia GTA, 136

- Giulia sprint, 136
- Giulia sprint GT, **136**
- Giulia Super, 84, 136
- Giulietta, 108, **134**, **136**, 137
- Giulietta spider, 136
- Giulietta sprint, 108, 134, **136**, 137
- Montreal, 108, **136**, 137
- P2, 40, **41**, 137
- RL, **135**, 137
- RL Super Sport, 135
- RL Targa Florio, **40**
- RM, 137
- TZ, 112
- TZ2, 112, **118**
- Alfieri, 97
- Allard, 123
- Allemano, 214
- Allison, 98
- Alpine, 123, 269
- 1660 S, **123**
- A 106, 269
- A 110, 269
- A 310, 269, **269**
- Altman, N., 269
- Alvis, 68
- 12/50 (Duck's Back), **54**
- Firebird, 68
American Motors Corporation, 36, 79, 82, 89, 90, 138, 139, 141
- AMX, 141
- Eagle, **138**, 142
- Essex Phaeton, **140**
- Essex Speed-about, **140**
- Essex Touring, **140**
- Essex Town Sedan, **140**
- Gremlin, 88, 141, **142**
- Hornet, 141
- Hudson 1918, **140**
- Hudson 1928, **140**
- Hudson Convertible Brougham, 141
- Hudson Modell 20, **139**
- Hudson Modell 37, **36, 139**
- Hudson Six 54, **139**
- Hudson Super-Six, **140**
- Hudson Victoria, 141
- Javelin, 141
- Jeep Cherokee, 142
- Jeep CJ-5, 142
- Jeep CJ-7, **142**
- Jeep Wagoneer, 142
- Jeffery, 139
- Jeffery 96-2, **139**
- Jeffery 104S Chesterfield, **140**
- Lafayette coupé, 141
- Lafayette Modell 110, **141**
- Lafayette Modell 134, **140**
- Matador, 141, **142**
- Nash, **141**
- Nash 41, **140**
- Nash 338, **140**
- Nash 600, **141**
- Nash 681, **140**
- Nash 1194, **140**
- Nash Ambassador, **142**
- Nash Four, **48**
- Nash Healey, 108
- Nash Rambler, **142**
- Nash Special-Six, 140
- Pacer, **141**
- Rambler 63C, **139**
- Rambler American, 142
- Rambler Cross Country 38 PS, **34**
- Rambler Hornet Sedan, **142**
- Rambler Rebel, 141
- Rambler Typ 1, **139**
- Rambler Typ 2 Surrey, **139**
- Renault Alliance 89, 142, **142**
- Renault Encore, 89, 142, **142**
American Motors General, 142

Amilcar, 45, 52
- 1926, **45**
- CGS, 52
- G6, 52
AMO, 272
Amon, Christopher, 119, 121
Andretti, Mario, 75, 77, 104, 106, 118, 120, 122
Ansaldi, Michele, 23
Ansaldo, 23, 48
- 4A, 48
- 4C, **48**
Anzani, 52
Apollo Werke AG, 25
- Apollo 4/12 PS, **25**
Arfons, Arthur, 128
Argyll, 130
Arnolt, 108
Arnoux, René, 106, 107
Ascari, Alberto, 77, 96, 97, 98, 115, 116
Aster, 23
Aston Martin Lagonda Ltd., 114, 116, 143
- 1,5 l, 143, **143**
- 1,5 l International, 143
- 1,5 l Mk II, 143
- 1,5 l Le Mans, **62**, 143
- 1,5 l New International, 143
- 1,5 l Sport, 143
- 1,5 l Standard, 143
- 1,5 l Ulster, 143
- 1922, **53**
- 1959, **98**
- DB1, 143
- DB2, 143, **143**
- DB2/4 Mk III, 143
- DB3S, **117**
- DB4, 110, 143, **143**
- DB4 GT, 112
- DB4 GTZ, **110**
- DB5, 143
- DB6, 143, **143**
- DBR 1/300, **117**
- DBS, 143
- DBS V8, 143, **143**
- Lagonda, 143, **143**
ATS, 98
Attwood, Richard, 120
Auburn, 35, 57, 58
- 8-63, 58
- 8-88, 58
- 851, **58**
Audi AG, 145
Audi Automobilwerke GmbH, 59, 70, 82, 89, 132, 144
Audi NSU Auto Union AG, 145, 265
- Audi 10/28 PS, 144
- Audi 14/35 PS »Alpensieger«, 144
- Audi 50, 146, **146**
- Audi 60, **146**
- Audi 75, 146
- Audi 80, 89, **89**, 146, **146**
- Audi 100, 89, **90**, 145, 146, **146**
- Audi 100 Avant, 90, **146**
- Audi 200, **145**
- Audi 4000, 146
- Audi 5000, 146
- Audi Dresda, 144
- Audi F 102, 145
- Audi Front, 144
- Audi Front 225, 144
- Audi G 8/22 PS, 144
- Audi K 14/50 PS, **49**
- Audi Quartz, 112
- Audi Quattro, 123, **123**, 146
- Audi Super 90, **146**
- Audi V8, **146**
- Audi Zwickau, 144
- Auto Union 1000, **144**
- Auto Union CV16, 43

- Auto Union Typ C, **43**
- Auto Union Typ D, **44**
- DKW 3-6, 144
- DKW F1, **68, 144**
- DKW F9, 144
- DKW Junior, 144
- DKW P 15, 52, 144
- Horch 10/50 PS, 59
- Horch 16/50 PS, 59
- Horch 300, 59
- Horch 400, 59
- Horch 405, 59
- Horch 830 B, 59
- Horch 853, 59, **59**
- Horch 853 A, **144**
- NSU Jagst Riviera coupé, **144**
- NSU Prinz, 108, **145**, 146
- NSU Prinz 4, 83, **84**, **145**, 146
- NSU Prinz 110, 145
- NSU Prinz 1000, 145
- NSU Prinz 1200, **145**
- NSU Weinsberger, **144**
Austin, Herbert, 30, 147, 148, **148**
Austin, 21, 68, 80, 148, 149
- 1908, **31**
- 7 PS, 148
- 12 PS, 148
- 750, 45
- A 35, 148
- A 40, 84, 108, 234
- A 40 Devon, 148, **148**
- A 40 Mk II, **148**
- A 50, 234
- A 60 Cambridge, 149
- A 110 Westminster, **149**
- Allegro, 89, **149**
- Healey, 85, 114
- Healey »100 Six«, 85
- Healey 3000, **85**
- Healey 3000 Mk II, **149**
- Healey Sprite, 83
- Maestro, 89, **149**
- Mayfair, **148**
- Metro, 147
- Mini, 83, 89, 147, **148**
- Montego, 149
- Princess, **149**
- Seven (Chummy), 46, 50, 51, 52, 68, 80, 81, 147, **148**, 148, 152, 155, 206, 234, 270
- Ten, 87
- Ten-Four, 148
- Twenty, 148
- Vanden Plas Princess, **149**
Austin-Rover Group, 90, 147, 148, 149
- Austin 1908, 31
- Austin 7 PS, 148
- Austin 12 PS, 148
- Austin 750, 45
- Austin A 35, 148
- Austin A 40, 84, 108, 234
- Austin A 40 Devon, 148, **148**
- Austin A 40 Mk II, **148**
- Austin A 50, 234
- Austin A 60 Cambridge, 149
- Austin Allegro, 89, **149**
- Austin Healey, 85, 114
- Austin Healey »100 Six«, 85
- Austin Healey 3000, **85**
- Austin Healey 300 Mk II, **149**
- Austin Healey Sprite, 83
- Austin Maestro, 89, **149**
- Austin Mayfair, 148
- Austin Metro, **147**
- Austin Mini, 83, 89, 147, **148**
- Austin Montego, 149
- Austin Princess, 149
- Austin Seven (Chummy), **46**, 50, 51, 52, 68, 80, 81, 147, **148**, 148, 152, 155, 206, 234, 270

- Austin Ten, 87
- Austin Ten-Four, 148
- Austin Twenty, 148
- Austin Vanden Plas Princess, 149
- MG-A, 51, 152
- MG-A Twin Cam, **152**
- MG-B, 151, 152
- MG B GT, **152**
- MG Magnette, 151, 152
- MG Magnette Sport, 45
- MG Metro, 151, **152**
- MG Midget, 151
- MG Midget »M«, **54**, 83, **151**
- MG Midget 18/80 Mk I, **151**
- MG TA Midget, **152**
- MG TC Midget, 152
- MG TD Midget, 152
- MG TF, 151
- MG Typ WA, **152**
- MG YA, 151, 152
- Morris Cowley, **50**
- Morris Cowley Bullnose, 151
- Morris Eight, 68
- Morris Mini Motor, **81**, 132
- Morris Minor, 51, 68, 80, **81**, 151
- Rover 8 PS, 149, **150**
- Rover 12 PS, **25**, **150**
- Rover 12 PS Sport Tourer, **150**
- Rover 14/45 PS, **150**
- Rover 20 PS, **150**
- Rover 75, **150**
- Rover 100, **150**
- Rover 200, 205
- Rover 213, **150**
- Rover 216, **150**
- Rover 2400, 150, **151**
- Rover 3500, 151
- Rover BRM, 116
- Rover Land Rover, 150, **151**
- Rover Land Rover Ninety, **151**
- Rover P3, 150
- Rover P4, 150
- Rover P5, 150
- Rover P5B, **150**
- Rover P6 (2000), 150, **150**
- Rover Range Rover, 89, 150, **151**
- Rover Turbocar Jet 1, 150
- Triumph 2.5, 152, **153**
- Triumph 2000, 152
- Triumph Acclaim, 89, 152, 205
- Triumph Dolomite, 152, **153**
- Triumph GT6, 152
- Triumph Herald, 112, 152, **152**
- Triumph Mayflower, 152
- Triumph Renown, 152
- Triumph Spitfire, 152, **153**
- Triumph Spitfire Mk IV, 152
- Triumph Stag, 152, **153**
- Triumph Super Seven, **50**, 152
- Triumph TR 2, **152**, **153**, 229
- Triumph TR 3, 153
- Triumph TR 5, 112, 152, **153**
- Triumph TR 7, 152, 153, **153**
Austro-Daimler, 26, 27, 52, 242
- 1921, **39**
- AD 617, **52**
- ADV 17/60 PS, 52
- Maja, 27
Austro-Fiat, 52
Auto Avio Costruzioni Typ 815, 166
Autobianchi, 82, 174
- A 112, **91**, **212**, 212
- A 112 Elite, 176
- Primula, 84
Auto-Union AG, 43, 44, 59, 70, 81, 82, 98, 144, 242
- 1000, **144**
- CV 16, 43
- Typ C, **43**

273

- Typ D, **44**
Avanti Motor Corporation, 269
- II, 269
AZLK (Moskvich-MZMA), 269
- Kim 10, 269
- Moskvich 400, 269
- Moskvich 402, 269
- Moskvich 407, 269
- Moskvich 408, 269
- Moskvich 412, 269
- Moskvich 423, 269
- Moskvich 1500, 269

B

Baghetti, Giancarlo, 98
Baker, **16**
Ballot, 39, 40
- 1921, **38**
- 4.9, **73**
Bandini, Lorenzo, 98, 100, 116, 119, 121
Baras, **125**
Barbadoux, Marius, 54
Barker, 253
Barnato, Wolf, 42
Barsanti, Eugenio, 14
Barzini, Luigi, 29, 30
Bauer, 155
Baumer, 155
Bean 14 PS, 49
Beau de Rochas, Alphonse, 14
Becchia, Walter, 39
Beighton, 10
Bell, Derek, 121
Bellentani, 97
Beltoise, Jean Pierre, 105
Bendix, 58
Benoist, Robert, 40, 41
Bentley Motors, 40, 43, 50, 57, 68, 252, 254
- 4 1/2 l, **53**
- 4500, **42**
- Mulsanne, **255**
Bentley, W.O., 143
Benz & Co., 15, 16, 20, 24, 30, 32, 40, 51, 54, 59, 124, 220, 221
- 1914, **126**
- 20/35, **22**
- Blitzen Benz, **125**, 220
- Phaeton, 220
- Velo, **14**, 15, 59, 220, **220**
- Viktoria, 15, **15**, 22
Benz, Karl, **13**, 15, 16, 20, 22, 29, 129, 219, 220
Berliet 16 PS, **48**
Bernardi, Enrico, 15, **15**, 18, 22
Berthon, Peter, 45, 98
Bertarione, Vincenzo, 39, 171
Bertelli, Augusto Cesare, 143
Bertone, Giovanni, 84, 108
Bertone, Giuseppe, 108, 109, 111, 112, 136, 137, 208, 215, 217, 270
Bettenhausen, Tony, 74
Bianchi, 23, 52, 135
- 20/30 PS, **26**
- S4, **52**
Bianchi, Luciano, 118
Bignami, 44
Bignam Sport, 40
Binder, Henry, 67
Biondetti, Clemente, 44
Bira, 44, 45
Birkigt, Marc, 66
Birkin, Henry, 42
Biscaretti di Ruffia, Roberto, 170
Black, John, 152
B.L.M.C. (British Leyland Motor Co.), 82, 89, 149
Bluebird, **125**, **127**
Blue Crown Spark Plug Special, **75**
B.M.C. (British Motor Co.), 80, 82, 108, 148, 270
- 1100, 108
B.M.H. (British Motor Holding), 82, 149, 150
BMW (Bayerische Motoren-Werke AG), 51, 81, 83, 89, 105, 106, 112, 113, 154, 155
- 2.8/3.0/3.3, 156
- 3/15 CV, **155**
- 303, 155, **155**
- 315, **155**
- 315/1, **68**, 155
- 315 Touring Sport, 68
- 319, **155**
- 320i, **155**
- 326, **69**, 155, **155**, 156
- 327, **156**
- 328, 113, **155**
- 335, **156**

- 501, 155, **156**
- 502, 155, **156**
- 507, **81**, 155
- 520i, 525i, 530i, 535i, **156**
- 524 TD, 156
- 628/635 CSi, **156**
- 630, 90
- 700, 83, 112, 155, **156**
- 728/732/733/735/745, **156**
- 750il, **156**
- 1500, 83, 156, **156**
- 1602/2002, 112, 156
- 1800/2000, 156
- 2002, **156**
- 2500, **156**
- 2500/3300, 156
- 3200 CS, **156**
- AM 4, 155
- Isetta, 155
- M1, 109, **154**, **156**
- M 535i, 156
- M 635 CSi, **156**
- Wartburg, 155
BMW-Steyr Motoren Gesellschaft mbH, 156
BNC – 1927, **45**
Boillot, André, 38
Boillot, Georges, 38
Bollée, Amédée, 12, 13, 22
- Mancelle, **11**, 12
- Nouvelle, 12
- Obéissante, 12
- Rapide, 12
Bollée, Léon, **18**, 20
Bond Cars, 271
Bonetto, Felice, 95
Bonnier, Joakim, 98
Bono, Gaudenzio, 172
Boratto, 135
Bordino, Pietro, 77
Bordino, Virginio, **11**, 39
Borg-Warner, 78
Borghese, Scipione, 29, 30
Borghi Automobilwerke, 81
- Hansa, 81
- Isabella, 81
Borzacchini, Baconin, 77
Bouton, George, 20, 29
Brabham, 102, 104, 105, 106
- BT 19, **101**
- BT 24, **101**
- BT 45, **102**
- BT 46, **102**
- BT 48, **104**
- BT 49, **106**
- BT 49C, 106
Brabham, Jack, 98, 99, 101, 105, 106
Brabazon, John Theodore, 31
Brands Hatch, 500-Meilen-Rennen von, 118, 119, 120
Brasier, Henri, 24
- VL, **24**
Brasseur, 226
Brauchitsch, Manfred von, 44
Brayton, George, 14
Breedlove, 127, 128
Breer, 159
Breitschwerdt, Werner, 219
Breznev, 196
British Electromobile, 16
British Leyland, 89, 94, 147, 270
- Allegro, 89
- Maestro, 89
- Range Rover, 89
Brixia-Züst, 28
BRM, 98, 100, 105, 106
- 1957, **98**
- P 56, **101**
Broadley, Eric, 98
Broesel, Hermann, 37
Brooklands, 500-Meilen-Rennen von, 43
Brooks, Tony, 98, 99
Brown, 14
Brown, David, 143
Brown, William, 130
Brush 1910, **34**
Bryant, Clara, 178, 180
B.S.A., 68
BUC, 63
Bucciali, 63, 132
- Double Huit, **63**
Bucciali Angelo, 63
Bucciali, Paul Albert, 63
Bucknum, Ronnie, 100, 121
Bueb, Ivor Leon, 115
Bugatti, 21, 44, 45, 57, 60, 67
- 22 Brescia, **45**, 60
- 24/26 PS, 45
- 30/33 PS, 22

- 35, 40, **41**, 60
- 41 Royale, 60, **61**, 67
- 50, 61
- 51 GP, 42
- 55, **42**
- 57, 60
- 59, **43**
- 101, 60
- 251, 60, **98**
- Black Bess, 60
- Pur Sang, 60
- T 30, 39, 40
- Typ 13, 40, 60
Bugatti, Ettore, 22, 31, 40, 47, 57, 60, 132, 237
Buggyaut, 32
Buick, David, 190
Buick Motor Company, 35, 78, 189, 191, 229
- 29/31, **193**
- Bug, 31
- Century Luxus, **197**
- D, **190**
- Electra 225, **195**, **198**
- GS, **196**
- Invicta, **194**
- Le Sabre, **195**
- Master Six Modell 28–58, **191**
- Regal, **198**
- Riviera, **196**, **198**
- Roadster Riviera, **193**
- Series 40 Special Victoria, **192**
- Six, **48**
- Skylark, **195**, **198**
- Special, **199**

C

Cacherano di Bricherasio, Emanuele, 170
Cadillac Automobile Company, 35, 51, 78, 113, 130, 189, 190, 191
- 314-7, **51**
- 1954, **109**
- A 33, 190, **190**
- Calais, 189, **194**
- Cimarron, **198**
- Eldorado, 82, **196**, **199**
- Eldorado Brougham, **82**, **194**, **199**
- Fleetwood, **198**
- Fleetwood Eldorado, **195**
- Serie 51, **191**
- Serie 62, **192**, **194**
- Serie 314, **191**
- Seville, **197**, **199**
- Sixty Special Brougham, **196**
- Thirty, **190**
- V-16, 55, **192**
Cagno, Alessandro, 30
Caldwell, Philip, 177
Calthorpe, 25
- Minor, **25**
- Sporting Four, 25
Campbell, Malcolm, 125, 127
Campbell, Donald, 125, 127
Canlubang Automotives Resources Corporation, 227
Cappa, Giulio Cesare, 171
Caracciola, Rudolph, 42, 43, 44
Carli, Renzo, 108
Carrera Panamericana, 113, 114, 116
Carrozzeria Pinin Farina, 108
Castagna Ercole, 67, 137
Castellotti, Eugenio, 114, 116
Castro, 66
Cattaneo, Giustino, 56, 130
Cavalli, Carlo, 171
Cawley, 10
Ceirano, Giovanni S.A.
- CS, **54**
- CS2, 54
- CS4, 54
Ceirano, Giovanni Battista, 23
Ceirano, Matteo, 23
Ceirano & C., 170
Ceriana Maynery, Michele, 170
Cévert, François, 102, 106
Chadwick, 37
- Great Six, 37
- Six Modell 19, **37**
Chadwick, Lee, 37
Chaparral, 100, 121
- 2 F, **119**
Chapin, Roy D., 141
Chapman, Anthony Colin Bruce, 98, 100, 102, 103, 104, 117, 213
Charron, 29
Chasseloup-Laubat, Gaston de, 16, 30, 124, 130

Cheever, Eddie, 107
Chenard-Walcker, 40
Chevrolet, Gaston, 73
Chevrolet, Louis, 73, 76, 192
Chevrolet Motor Company, 35, 55, 192
- AA, 55
- Bel Air, **193**, **194**, **197**
- Biscayne, **194**
- Camaro, **194**, **195**
- Camaro SS, **196**
- Camaro Z 28, **199**
- Caprice, **194**
- Caprice Classic, **198**
- Cavalier, **198**
- Chevelle Malibu, **194**, **195**
- Chevette, **198**
- Chevy II Nova, 82, **194**
- Citation, **198**
- Classic Six, **191**
- Corvair, 82, **82**, 83
- Corvair »Monza«, 82, 109
- Corvette, 109, 180, **193**, 196, **197**, **198**, **199**
- Corvette Sting Ray, 110, **196**
- Eagle, **192**
- FA-4, **191**
- Fleetmaster, **192**
- Impala, **195**, **196**
- Impala Custom, **196**
- Lakewood, **194**
- Master 85, 192
- Master DeLuxe, **192**
- Master Special DeLuxe, **192**
- Master Town Sedan, **192**
- Monte Carlo, **196**
- Monza, **197**
- Ramarro, 109
- Rondine, 110
- Six, **191**
- Superior, 50
- Testudo, 109
- Vega, **196**, 197
Chinetti, Luigi, 115
Chiribiri, Milano, 49
Chiron, Louis, 43
Chiti, Carlo, 98
Christie, Walter, 130, **131**
Chrysler Corporation, 35, 55, 78, 82, 88, 94, 112, 157, 161, 227
- Chrysler 50, 159
- Chrysler 60, 159
- Chrysler 70, 159
- Chrysler 77, **158**
- Chrysler 62, **192**, **194**
- Serie 314, **191**
- Chrysler 160, 241
- Chrysler 180, **160**, 241
- Chrysler 300, 112, 160
- Chrysler Airflow, 55, **55**, 67, 132, **158**, 159
- Chrysler Alpine GL, **160**
- Chrysler Custom Imperial, **158**
- Chrysler Fifth Avenue, **160**
- Chrysler Four Series 58, **158**
- Chrysler Horizon, 88
- Chrysler Imperial, **62**, **157**, **158**
- Chrysler Laser, 161
- Chrysler Le Baron, 161
- Chrysler Newport, **159**
- Chrysler New Yorker, **158**, **160**, 161
- Chrysler Six, **158**, **159**, 160
- Chrysler Town and Country, **158**
- De Soto Airflow, 55, **158**, 159
- Dodge 400, **161**
- Dodge 600, **161**
- Dodge Challanger, 228
- Dodge Charger, **160**
- Dodge Coronet, **160**
- Dodge Coronet 500, **160**
- Dodge Custom 880, **160**
- Dodge Dart, **159**, 265
- Dodge Dart Phoenix, 159
- Dodge Dart Pioneer, 159
- Dodge Dart Seneca, 159
- Dodge Daytona, 161
- Dodge Eight, **158**
- Dodge Monaco, **160**
- Dodge Omni, 88
- Dodge Polara, **160**, 265
- Dodge Polara Lancer, **79**
- Dodge Royal, **159**
- Plymouth Arrow, 228
- Plymouth Belvedere, **159**
- Plymouth Duster, **160**
- Plymouth Fury, **159**
- Plymouth Gran Fury, **159**, **161**
- Plymouth Sapporo, 228
- Plymouth Satellite Sebring, **160**
- Plymouth Special DeLuxe, **158**
- Plymouth Sport Fury, **160**
- Plymouth Valiant, 160

- Plymouth Valiant Signet, **160**
Chrysler France, 160, 241
Chrysler, Walter P., **159**, 161
Church, 11
Cisitalia, 108, 174
- D46, **95**
- 202, 109
Citroën, André, 132, 162, 163
Citroën, 21, 25, 46, 67, 79, 80, 82, 83, 88, 94, 123, 162, 165, 239
- 2 CV, 79, 83, 88, 162, **164**, 165
- 2 CV6 »Charleston«, **165**
- 5 CV Trèfle, 163
- 5 CV Typ C, **47**, 51
- 7A, 70
- 7B, 70
- 7C, 70
- 7 CV, 67, 70, **164**, **165**
- 7S, 164
- 8, 163
- 8 CV Rosalie, **164**
- 10, 163
- 10A, **163**
- 10 PS, 163
- 11 AL, 70
- 11 CV, 67, **164**
- 11 UD, 70
- 15 Six G, 70
- A, 46, 47, 163, **163**, 165
- AC 4, 163, 165
- AC 6, 165
- Ami 6, 83, 88, **164**, 165
- AX, **165**
- Axel, 164
- B, 47
- B 2, 163, 165
- B 12, 46, 163, 165
- B 14, 165
- BX, 109, 162, 165
- BX 14 RE, **165**
- C, **164**, 165
- C 4, **163**
- C 4 IX, 165
- C 6, 163
- C 6F, 165
- CX, 162, **164**, 165
- DS, 79, 88, 162, **164**, 165
- DS 19, **79**
- Dyane, 88, 164
- GS, 88, 94, 162, **162**, 165
- GSA, 162, **164**
- LN, 165
- LN 11 RE, **164**
- M 35, 165
- Mehari, **164**
- Oltcit, 164
- Petite Rosalie, 164
- SM, 165
- Traction Avant, 67, 70, 132, 159, 162, 164, 165
- Visa, 94, 165
- XM, **165**
Clark, Jim, 76, 98, 101, 102, 105
Clegg, Owen, 20, 25
Clément, Alphonse, 21
Clément-Bayard, 21, 23
- 4M, **24**
Clément-Gladiator-Humber, 21
Clément-Talbot, 20, 21, 49, 241
- 10/23 PS, **49**
- 12 PS, 241
- 25 PS, 241
Clyde 12/14 PS, 19
CMN, 40
Coatalen, Louis, 39
Cobb, 125, 127
Cobra, 114
Collins, John Peter, 99, 114, 117
Colombo, Gioachino, 95, 97
Colt-Ford, **76**
Connaught 1955, **98**
Cooper, 98
- Climax, 98
- Climax T 51, **99**
- Climax T 53, **99**
Cooper, Gary, 57
Cooper, Peter, 14
Coppa Florio, 221
Cord, 58, 132
- 810, 58
- 812, 58
- L29, **58**
Cord Corporation, 57, 58
Cord, Erret Lobban, 57, 58
Costin, Mike, 117
Coupe de l'Auto, 31, 66
Coupe des Alpes, 269
Critérium du Mans, 45
Crossley, 178

Cugnot, Nicolas Joseph, 10, **11**, 129
Cummins Diesel Special, **74**
Cunningham, Briggs, 115
- C4R, **115**

D

Dacia, 94
- 1310, 94
Daf, 66, 86, 267, 268
- 44, 86
- 55, 86
- Daffodil, 86
- Daffodil »33«, 86
- Daffodil 750, 86, **86**
Daihatsu, 87, 113, 269
- Bee, 269
- Charade, 269, **269**
- Compagno, 269
Daimler, 21, 24, 26, 51, 56, 68, 83
- 4.2, **207**
- Double Six, **207**
- SP 250, 83
Daimler-Benz AG, 51, 56, 82, 89, 145, 219, 221, 223, 264
Daimler, Gottlieb, **13**, 14, 15, 16, 20, 22, 29, 129, 219, 220
Daimler Motoren-Gesellschaft, 28, 220
- Phönix 25 CV, 220
Daimler, Paul, 59
D'Alessio, 136, 137
Damevino, Luigi, 170
Dare, Colin, 213
Darracq, 18, 20, 200, 241
- 1094, **125**
- 8/10 PS, 18
- 14/16 PS, 20
- Typ A 25, **48**
- V8, **125**
Darracq, Alexandre, 20
Dat Automobile Manufacturing, 234
Dat Motor Car Co., 234
- Dat, 231
- Dat 91, 234
Datson, 234
- Lila Typ JC, **231**
- Typ 41, **231**
- Typ 51, **231**
Datsun Ltd., 148, 231
- 110, **232**
- 210, **232**
- 240 Z, 87, 123
- 310 (Bluebird), **232, 233, 234**, 234
- 1500, 232
- Bluebird 1800 SSS, **233**
- DS, **80**
- DS 5, **232**
- DX Typ DB, **232**
- Fairlady 2000, **232**
- Fairlady Z, **233**, 234
- Fairlady Z 431, 233
- Prairie, **234**
- Sakura, **232**
- Sentre, 234
- Silvia, **232**
- Standard Typ DA, **232**
- Sunny, 87, **233**, 234
- Typ A, **231**
- Typ 10, **231**
- Typ 12, **231**
- Typ 14, **231**
- Typ 17, **232**
- Violet, 123, **233**
Da Vinci, Leonardo, 10
Davis, Floyd, 74
Dawson, Joe, 72
Daytona, 24 Stunden von, 118, 119, 122
De Adamich, Andrea, 120
Dean Van Lines, **75**
Décauville, 21, 253, 272
- 3,5 PS, **18**
- Voiturelle, 21
De Cosmo, 26
De Cristoforis, Luigi, 14
De Dietrich, 22, 24, 60
De Dion, Albert, 18, 24, 29
De Dion-Bouton, 14, 16, 18, 20, 21, 22, 23, 27, 72, 245
- 25 PS, **48**
- Populaire, **20**
De Dion-Bouton und Trépardoux, 20, 29
De Gaulle, Charles, 108, 247
De Jong, Sylvain, 26, 52
De la Chenaye, Gayal, 172
Delage, 21, 40, 56, 57, 67
- 1924, 126
- 1500, **41**
- D6, 56

- D8, **56**, 56, **62**
- D8S, 56
- D8SS, 56
- D8SS 100, **56**
- DI, 56
- DIS, 56
- DISS, 56
- DM, 56
- DR, 56
- GP, 56
Delage, Louis, 40, 56, 57
Delahaye, 18, 26, 44, 56, 67, 123
- 1907, 67
- 1912, 67
- 1938, **44**
- 12V, 67
- 135, **54, 66**, 67
- 135 Competition, 54
- 235, 67
Delamarre-Deboutteville, Edouard, **12**, 15
Delaunay Belleville, 25, 54
- HB, **25**
Delco (Dayton Engineering Laboratories Company), 189, 191
Depailler, Patrick, 104, 106
De Palma, Ralph, 72, 73, 77, 126
De Paolo, Peter, 77
De Portago, Alfonso Cabeza de Vaca, 114
De Rivaz, Isaac, 14
De Soto, 55, 158, 159
- Airflow, 55, **158**, 159
De Tomaso, 269
- Décauville, 269
- Longchamp, 215, 269
- Mangusta, 112, 269
- Pampero, 269
- Pantera, 112, 269, **269**
- Pantera 290, 269
- Rowan, 269
- Vallelunga, 269
De Tomaso, Alessandro, 112, 161, 215, 269, 270
Deutz, 14, 15, 60, 220
Diatto, 23
- 20, 50
- 20 A, **50**
- 20 S, 50
Dixi, 21, 155
DKW, 51, 52, 70, 144, 145
- 3-6, **144**
- F1, **68, 144**
- F9, 144
- Junior, **144**
- P 15, 52, 144
Doble, Abner, 35
Dodge, 158, 159
- 400, **161**
- 600, **161**
- Callenger, 228
- Charger, **160**
- Coronet, **160**
- Coronet 500, **160**
- Custom 880, **160**
- Dart, **159**, 265
- Dart Phoenix, 159
- Dart Pioneer, 159
- Dart Seneca, 159
- Daytona, 161
- Eight, **158**
- Monaco, **160**
- Omni, 88
- Polara, **160**, 265
- Polara Lancer, **79**
- Royal, **159**
Donohue, Mark, 118
Dreyfus, Pierre, 245, 249, 250, 251
Dreyfus, René, 44
Duckworth, Keith, 105
Duesenberg, 40, 55, 57, 58, 74
- 1921, **38**
- A, 58, **58**
- Double Duesey, **126**
- J, 57, 58
- SJ, 55, **57**, 58, **58**
- X, 58
Duesenberg, Augie, 58
Duesenberg, Fred, 58, 76
Du Gast, Camille, 29
Dunlop, John Boyd, 130, **130**, 200
Du Pont, 54
- G, 54
- Touring, **54**
Durant, William C., 55, 189
Durant Motor Inc., 55
- PY (The Wonder Car), 55
Duray, Léon, 39, 75
Duryea, 32
- 1893, **33**
- 1910, **33**

Duryea, Charles, 32, 33
Duryea, Frank, 32, 33

E

Eagle
- Offenhauser, **76**, 77
- Weslake, **76**
Eckhart, Charles, 58
Eckhart, Frank, 58
Edge, S. F., 30
Edison, Thomas Alva, 179
Edoardo Bianchi, 23, 52
Eldridge, Ernest, 126
Electric Carriage and Wagon & Co., 16
ENASA, 66
Enrico, Giovanni, 17
ERA 44, 95
- 1939, **44**
- Typ D, 45
Erskine, Albert, 50
Escher-Wyss, 14
E.S.V. (Experimental Safety Vehicles), 92
Evans, Oliver, 123
Excelsior, 26
Eyston, George, 125, 127

F

Faccioli, Aristide, 18, 23, 170, 171
Facel-Vega, 85
- Excellence, 85
- Facel II, 85
- Facellia, 85, **85**
- HK 500, 85
Fagioli, Luigi, 96
Fagnano, 81
Fangio, Juan Manuel, 96, 98, 114, 116, 224
Faraday, Michael, 14
Farina, Battista, 108, 132
Farina, Giovanni (Pinin), 62, 67, 108, 112
Farina, Nino, 95, 96, 114
Fasa-Renault, 94
Fergusson, David, 36
Ferrari, 82, 84, 95, 96, 98, 100, 105, 106, 107, 108, 113, 114, 116, 121, 166, 175, 176
- 125, 95, **95**
- 125 Sport, 166
- 126 C, **105**
- 126 C2, 105
- 126 C3, 107
- 126 C4, **107**
- 156, 98, **99**
- 158, **101**
- 166, 166
- 166S, **115**
- 206 GT Dino, 168
- 206 S Dino, **119**
- 208/308 GT4, **168**
- 208 Turbo, 168
- 212, 166
- 212 Inter, 108, **167**
- 246 Dino, 98, **99**, 116
- 246 GT, **168**
- 246 P, **117**
- 250, 166
- 250 GT, **168**
- 250 Le Mans, 121
- 250 P, 111, 116, **118**
- 250 P5, **111**
- 250 TRS (Testa Rossa), 116, **117**
- 290 MM, **116**
- 308 GTB, **168**
- 308 GTS, **168**
- 312 (1966), **100**
- 312 (1967) **100**
- 312 B, **102**
- 312 B2, 106
- 312 B3, **102**, 106
- 312 BB, **168**
- 312 P, **120**
- 312 T, **103**, 106
- 312 T2, **104**, 106
- 312 T3, 106
- 312 T4, **105**, 106
- 330 GT, **168**
- 330 P2, **118**, 121
- 330 P3, 119, 121
- 330 P3/4, 119
- 330 P4, 119
- 342 America, 167
- 365 BB, 168
- 365 GTB/4 Daytona, **166**
- 365 GTC/4, **168**
- 375 America, 114, 167
- 375 MM, 114

- 375 Plus, **114**
- 400i, **168**
- 400 Superamerica, **168**
- 410 Superamerica, 167
- 500 (1952), **97**
- 500 (1953), **97**
- 512 BB, 168
- 512 M, 119
- 512 M Sunoco, 119
- 512 S, **119**
- 750 Monza, **115**
- 801, **97**
- 815 »Superleggera«, 113
- Dino, 98
- Dino 206 GT, 168
- Dino 206 S, **119**
- Dino 246, 98, **99**, 161
- Dino 246 GT, **168**
- GTO, **117**
- Meera S, 112
- Mondial, 168
- Quattrovalvole, 168
Ferrari, Enzo, 40, 82, 98, 121, 166
Ferrari Scuderia, 43, 166
Ferrero di Ventimiglia, Alfonso 170
Ferris, Geoff, 77
Fessia, 172
Fiat Auto S. p. A., 23, 30, 31, 39, 40, 52, 67, 70, 79, 81, 82, 84, 88, 94, 98, 108, 132, 137, 169, 170, 171, 172, 174, 175, 176
- 3 1/2 PS, **18**, 23, 170, **170**
- 4 PS, 169, 170, **170**
- 6 PS, 170
- 8 PS, **170**
- 12 PS, **170**, 171
- 12-15 PS (Typ 1), **170**
- 15-20 PS (Typ 2), **170**
- 18-24 PS, **170**
- 20-30 PS (Typ 3), **171**
- 24-32 PS, **170**, 171
- 24-40 PS, 171
- 60 PS, 171
- 70 PS, **171**
- 75 PS, 171
- 124, 94, 169, **173**, 174, 175, 176
- 124 Spidereuropa, 173
- 125, 94, **175**
- 126, 94, **174**, 176
- 127, 89, **91**, 94, 169, 174, **176**
- 128, 89, 94, 169, 174, **175**
- 130, 174, **175**
- 131, 174, **176**
- 131 Rallye, 176
- 132 (Argenta), 174, **176**
- 500 (Topolino), 70, **71**, 79, 81, 82, 169, 172, **172, 173**, 240
- 500 B, 173, 174
- 500 C, 174, 240
- 501, **48, 171**, 172
- 502, 172
- 503, 172, **172**
- 505, **171**
- 508 (Balilla), 70, **71**, 169, 172, **172**, 240
- 508 C, 81, 172, 173
- 509, 52, 132, **171**, 172
- 510, **171**, 172
- 512, 172, **172**
- 514, 172, **172**
- 515, 172
- 518 L (Ardita), 70, 172, **172**
- 519, **171**, 172
- 520 (Superfiat), **51**, 172, **172**
- 522, 172
- 524, 172
- 525, 172, **172**
- 527 (Ardita), 172
- 801, 39
- 804, 39
- 805, **39**
- 850, 108, 112, 174, **175**, 176
- 1100, 79, 81, 109, 169, **173, 174**
- 1100 B, 173, 174
- 1100 D, 81
- 1100 E, 174
- 1100 R, **81**
- 1100 TV, 108
- 1100/103, 81
- 1200, 81, **174**
- 1300, 94
- 1300-1500, 174, **174**
- 1400, 81, **84**, 169, 174, **174**
- 1500, 81, 172, **172**, 176
- 1500D, **174**
- 1500E, 174
- 1600, 176
- 1800-2100, 174, **174**
- 1900, 84, 174
- 2300S, **110**

- 2300 coupé, 112
- 2800, 172, **174**
- Ardita (518), 70, 172, **172**
- Ardita (527), 172
- Argenta (132), 174
- Balilla (508), 70, **71**, 169, 172, **172**, 240
- Croma, **176**
- Dino 84, 109, **175**
- Dino 208 GT4, 109
- Mefistofele, 126
- Nuova Balilla 1100, 240,
- Nuova 500, 144, 169, **174, 174**, 176
- Panda, 89, 109, 169, **174, 174**, **176**
- Regata, 90, **174, 176**
- Ritmo, 89, 174, **176**
- SB4, 31
- S74, 171
- S76, 171
- Superfiat (520), 51, 172, **172**
- Typ Fiacre, **171**
- Typ Quattro, 174
- Tempra, **176**
- Tipo, **176**
- Topolino (500), 10, **71**, 79, 81, 82, 169, 172, **172, 173**, 240
- Uno, 89, 109, 169, 174, **175**, 176
- X1-9, 109, 176
- Zero, 26, 169, 171, **171**
Fiedler, Fritz, 68, 155
Figoni & Falaschi, 67
Fisher 10/33 PS, **28**
Fisher Body Company, 51, 191 192
Fisher, Carl G., 72, 73, 74
Fisher, Laurence, P., 51
Fittipaldi, Emerson, 103, 104, 105, 106
- F6A, **104**
Flaherty, 75
Flying Star, 112
FN (Fabrique Nationale D'Arme de Guerre), 26
Fogolini, Claudio, 209
Ford, Edsel, 180
Ford, Henry, 30, 32, 34, 35, 121, 124, 177, 178, 179, 180, 184, 186
Ford,
- 8V DeLuxe Five Window Club, **178**
- 8V DeLuxe Three Window, **178**
- 8V »Super DeLuxe«, 78
- 18, 180
- 18 V8, **68**
- 24B, 186
- 40, 180
- 48, 180
- 999 Arrow, 30, **124**
- A, 32, **33, 178**, 184, **185**
- A DeLuxe Fordor, 180
- A Standard Phaeton, **178**, 180
- Anglia, 68, **81, 185**, 186, **187**, 229
- Arrow, 30, **124**
- B, **185**
- B-24, 180
- BF, 186
- Capri, **88, 188**
- Cobra, 182
- Comet, **181**
- Consul Capri, 185, 196
- Consul Classic 315, **185**, 186
- Consul/Granada, 186
- Consul L, **188**
- Cortina, 186, **187**, 229
- Custom Convertible, 180
- Customline, 180
- DeLuxe Fordor, 179
- Eagle, 179
- Eifel, **185**
- Escort, 83, 88, **184**, 186, **187, 188**
- Escort RS, 123
- EXP, **184**
- Fairlane, 82, 180
- Fairlane 500, 180, **180, 182**
- Fairlane Torino, 182
- Fairmont, 181
- Falcon, **180**, 184
- Falcon, Futura, 181
- Fiesta, **187**
- Fista XR-2, **188**
- Granada Ghia, **188**
- Granada GXL, **188**
- Granada XL, **188**
- GT Mk III, 121
- GT 40, **118**, 121
- Heritage, **182**
- K, **34**
- Köln, **185**
- Lizzie (T), 32, 35, **35**, 37, 46, 50, 55, 177, **178**, 180, 184, 186
- LTD, **182, 184**
- LTD Crown Victoria, **183, 184**
- Mainline, 180

- Maverick, 182, **182**
- Mk IV, **118,** 119
- Mustang, 88, 177, **181,** 184, **184**
- Mustang II, **183**
- Mustang Mach 1, **177**
- N, 179
- Orion, 186, **188**
- Pilot, 186
- Pinto, 88, **181, 182**
- Popular (Mod. Y), 68, 185, 186
- Prefect, 68, 186
- Probe III, 112
- Quadricycle, 178, 179
- R, **178**
- Shelby Cobra, **182**
- Scorpio, **188**
- Sierra, 88, **89,** 112, 186, 188, **188**
- Spezial, **185**
- Super De Luxe Fordor, **179**
- T (Lizzie), 32, 35, **35,** 37, 46, 50, 55, 177, **178,** 180, 184, 186
- Taunus, **90,** 184, 186, 187, 188
- Taunus GL, **188**
- Taunus L, **188**
- Taunus 12 M, 184, **186**
- Taunus 15 M, 184, **186**
- Taunus 17 M, 184, **186**
- Taunus 20 M, **187**
- Ten, 68
- Thunderbird, **179,** 189, **180, 181, 182,** 183, 184, **184**
- Transit, 186
- Typ 18, **185**
- Vedette, 186, **187**
- Zephyr, 186, **187**
- Zodiac, 186, **187**
- Y (Popular), 68, 85, 186

Ford Motor Company, 32, 35, 50, 67, 68, 70, 76, 78, 79, 80, 81, 82, 88, 94, 105, 112, 114, 121, 122, 123, 142, 156, 177–186, 269
Ford Motor Company Aktiengesellschaft, 184
Ford Motor Credit, 184
Ford Parts Division, 184
Ford Werke AG, 184
Forghieri, Mauro, 98, 103
Foyt, Anthony, 74, 75, 76, 118
Fraschini, Antonio, 56
Fraschini, Oreste, 56
Fraschini, Vincenzo, 56
Frazer, Joe, 78
Frazer-Nash, 52
- Shesley, 52

Frazer-Nash, Archibald, 52, 54
Frère, Paul, 117
Frontenac, 74, 76
- 1920, **73**

Frua, 169, 214, 215
FSO, 94
- Polonez, 94

Fuel Injection Special, 75
Fuji Heavy Industries, 271
Fusi, Luigi, 137

G

Gabelich, Gary, 128
Gable, Clark, 56
Gabriel, Fernand, 29
Gabrielsson, Assar, 267
Gaggenau, 24
- 10/18, **24**

Galamb, J., 35
Galli, Giovanni, 118
Gardner, Derek, 103
GAZ (Gorki Automobilova Zarod), 269
Gendebien, Olivier, 115, 116, 117
General Motors Acceptance Corporation, 192
General Motors Corporation, 35, 49, 51, 55, 68, 78, 80, 82, 88, 94, 139, 150, 184, 189, 191, 192, 201, 203, 269
- Buick 29/31, **193**
- Buick Bug, **31**
- Buick Century Luxus, **197**
- Buick D, **190**
- Buick Electra 225, **195, 198**
- Buick GS, **196**
- Buick Invicta, **194**
- Buick Le Sabre, **195**
- Buick Master Six Modell 28–58, **191**
- Buick Regal, **198**
- Buick Riviera, **196, 198**
- Buick Roadster Riviera, **193**
- Buick Serie 40 Special Victoria, **192**
- Buick Six, **48**
- Buick Skylark, **195, 198**
- Buick Special, 199
- Cadillac 314-7, **51**
- Cadillac 1954, **109**
- Cadillac A, **33,** 190, **190**
- Cadillac Calais, 189, **194**
- Cadillac Cimarron, **198**
- Cadillac Eldorado, 82, **196, 199**
- Cadillac Eldorado Brougham, **82, 194, 199**
- Cadillac Fleetwood, **189**
- Cadillac Fleetwood Eldorado, **195**
- Cadillac Serie 51, **191**
- Cadillac Serie 62, **192, 194**
- Cadillac Serie 314, **191**
- Cadillac Seville, **197, 199**
- Cadillac Sixty Special Brougham, **196**
- Cadillac Thirty, **190**
- Cadillac V-16, 55, **192**
- Chevrolet AA, 55
- Chevrolet Bel Air, **193, 194,** 197
- Chevrolet Biscayne, **194**
- Chevrolet Camaro, 194, **195**
- Chevrolet Camaro SS, **196**
- Chevrolet Camaro Z 28, **199**
- Chevrolet Caprice, **194**
- Chevrolet Caprice Classic, **198**
- Chevrolet Cavalier, **198**
- Chevrolet Chevelle Malibu, **194, 195**
- Chevrolet Chevette, 88, **198**
- Chevrolet Chevy II Nova, 82, **194**
- Chevrolet Citation, **198**
- Chevrolet Classic Six, 191
- Chevrolet Corvair, 82, **82,** 83
- Chevrolet Corvair »Monza«, 82, 109
- Chevrolet Corvette, 109, 180, **193,** 196, 197, **198, 199**
- Chevrolet Corvette Sting Ray, 110, **196**
- Chevrolet Eagle, **192**
- Chevrolet FA-4, **191**
- Chevrolet Fleetmaster, **192**
- Chevrolet Impala, **195, 196**
- Chevrolet Impala Custom, **196**
- Chevrolet Lakewood, **194**
- Chevrolet Master, 85, 192
- Chevrolet Master DeLuxe, 192
- Chevrolet Master Special DeLuxe, 192
- Chevrolet Master Town Sedan, **192**
- Chevrolet Monte Carlo, **196**
- Chevrolet Monza, **197**
- Chevrolet Ramarro, 109
- Chevrolet Rondine, **110**
- Chevrolet Six, **191**
- Chevrolet Superior, 50
- Chevrolet Testudo, 109
- Chevrolet Vega, **196,** 197
- Oldsmobile 37 B, **191**
- Oldsmobile 43 A, **48**
- Oldsmobile 88 Holiday De Luxe, **192**
- Oldsmobile 98, **192, 194**
- Oldsmobile Curved Dash, 32, **32, 190**
- Oldsmobile Cutlass Supreme, **196**
- Oldsmobile Delta 88 Royale, **196**
- Oldsmobile F-31, **192**
- Oldsmobile F 85, **194,** 199
- Oldsmobile Firenza, **199**
- Oldsmobile Holiday DeLuxe (88), **192**
- Oldsmobile Limited, **190**
- Oldsmobile M, **190**
- Oldsmobile Omega, **198**
- Oldsmobile Serie 60, **192**
- Oldsmobile Serie 60 Special Convertible, **192**
- Oldsmobile Starfire, **194, 198**
- Oldsmobile Toronado, **196**
- Pontiac 6.27 Landau, **191**
- Pontiac 6000, **198**
- Pontiac Catalina, **194**
- Pontiac Fiero, **199**
- Pontiac Firebird, **194,** 197
- Pontiac Firebird Trans Am, **197, 198**
- Pontiac Grand Le Mans, **92**
- Pontiac GTO, **195**
- Pontiac J 2000, **198**
- Pontiac Le Mans, **195**
- Pontiac Phoenix, **198**
- Pontiac Standard Six, **192**
- Pontiac Star Chief Custom Catalina, **193**
- TPC, **113**
- XP 300 Sabre, 197

General Motors Truck Company, 191, 193
Germain, 24
- 18/22 PS, **24**

Ghia 111, 213, 214, 215, 264, 269, 270
Ghia, Giacinto, 112
Giacomelli, Bruno, 81, 104
Giacosa, Dante, 81, 172, 174
Ginther, Richard, 98, 100, 116
Giugiaro, Giorgio, 90, 93, 94, 108, 109, 111, 112, 136, 154, 212, 213, 214, 215, 264, 265, 270
Giunti, Ignazio, 118, 119
G. & J. Weyr, 20
Gladiator Pinganet, 16
Glas, 83, 156
- 600 GT, 83
- Goggomobil, 83
- Isar, 83

GN, 52
- Vitesse, **54**

Gobron-Brillié, **125**
Godfrey, H. R., 52, 54
Goldenrod, 125, **128**
Goliath, 81
Gonzales, José Froilan, 114
Goodyear, Charles, 130
Gordini, Amédée, 95, 240, 250
Gordon Bennet, Coppa, 30, 72, 171
Gordon Bennett, James, 30
Goria-Gatti, Cesare, 170
Goux, Jules, 38, 72
Gräf, Carl, 56
Gräf, Franz, 56
Gräf, Heinrich, 56
Gräf & Stift, 56, 67
- MF6, 56
- S3, 56
- SP8, **56**
- SRA, 56

Graham-Paige, 232, 234
Grand Prix von Angoulême, 95
Grand Prix von Argentinien, 98, 104
Grand Prix von Belgien, 100
Grand Prix von Brasilien, 104
Grand Prix von Deutschland, 43, 44
Grand Prix von Dieppe, 56
Grand Prix von Frankreich, 30, 31, 38, 39, 40, 58, 99, 100, 104, 105, 171, 220, 242
Grand Prix von Großbritannien, 104
Grand Prix von Holland, 105, 106
Grand Prix von Imola, 104
Grand Prix von Italien, 38, 39, 41, 43, 44, 98, 100, 101, 102, 103, 104, 105
Grand Prix von Kanada, 102
Grand Prix von Korsika, 40
Grand Prix von Mexiko, 98, 100, 102
Grand Prix von Monaco, 44, 99
Grand Prix von Montecarlo, 104, 105
Grand Prix von Monza, 98, 105, 106, 120, 121
Grand Prix von Österreich, 102
Grand Prix von Schweden, 102, 116
Grand Prix von der Schweiz, 44
Grand Prix von Spanien, 40, 43, 104, 105
Grand Prix von Stockholm, 96
Grand Prix von Südafrika, 106
Grand Prix von Syracuse, 98
Grand Prix von Tripolis, 44
Grand Prix der Voiturettes, 40
Green Monster, **128**
Green, Tom, 127
Gregoire, 25
- 13/18 PS, **25**
- 14/24 CV, 25

Grégoire, Jean-Albert, 80
Guichet, Jean, 119
Guidotti, 135
Guinnes, Kenelm Lee, 126
Guizzardi, Ettore, 29, 30
Gulf-Ford GR8, **121**
Gulf Mirage, 118
Gulinelli, 60
Gulotta, Tony, 77
Gurney, Dan, 76, 98, 117, 118, 242
Gurney, Goldsworthy, **11,** 12
Gustav Otto, Flugmaschinenfabrik, 154
Guyot, 39

H

Hall, Jim, 100, 121
Hancock, 11
- Enterprise, **11**

Hands, G.W., 25
Harroun, Ray, 73, 74
Hatchesson, 121
Haugdall, 126
Hautefeuille, 10
Hawthorn, John Michael, 98, 99, 114
Healey, David, 85
Héméry, Victor, 30, 124, 125
Henry, Ernest, 40
Herbmüller, 263
Hermann, Hans, 120
Hero v. Alexandrien, 10
Hill, **11**
Hill, Claude, 143
Hill, Graham, 76, 98, 102, 105, 116, 121
Hillman, 21, 68, 80, 83
- Imp, 83, **83**
- Minx, 80, 87, 270

Hill, Phil, 98, 99, 116, 118, 119
Hindustan, 270
- Ambassador Mk II, 270
- Ambassador Mk IV, 270

Hino, 261, 270
- Contessa, 112

Hispano-Suiza, 21, 23, 26, 46, 57, 66, 67
- 2,6 l, 66
- 68, 66
- 68 B, 66
- Alfonso, 66
- coupé Guiet, **66**
- H6B, 66, **67**
- H6C, 66

Hitler, Adolf, 248
Holden, 94, 270
- Camira, 270
- Commodore, 270
- FJ, 270
- FX, 270
- Gemini, 270
- HD, 270
- Premier, 270
- Statesman, 270
- Torama, 270

Holden's Motor Body Builders Ltd., 270
Holland, Bill, 75
Holtback, Roger, 266
Honda Motor Co., 87, 90, 92, 105, 150, 152, 204
- Acclaim, 205
- Accord, **204,** 205, **205**
- Ballade, 89
- Civic, 89, **204, 205**
- Civic Shuttle RT4W+ALB, **205**
- CR-X, **205**
- Legend Coupé, **205**
- Life, 205
- N 360, 87, 204, **204**
- N 500, **204**
- N 600 Touring, **204**
- N 1300, 87, **204,** 205
- NSX, **205**
- Prelude, 205
- RA 271, **100**
- RA 302, **100**
- S 600, **204**
- Shuttle, **205**
- TS, 86
- Z, **86, 204,** 205

Horch, 22, 59, 70, 144
- 10/50 PS, 59
- 16/20 PS, 59
- 300, 59
- 400, 59
- 405, 59
- 830 B, 59
- 853, 59, **59**
- 853 A, **144**

Horch, August, 59, 144
Hornstead, L. G., 126
Horrocks, Ray, 147
Hotchkiss, 49, 52, 67, 123
- AL, **49**

Howe, Earl, 42
Hudson Motor Car Company, 36, 79, 138, 140, 141
- 1918, **140**
- 1928, **140**
- 20, **139**
- 37, **36, 139**
- Convertible Brougham, **141**
- Six-54, **139**
- Super-Six, **140**
- Victoria, **141**

Hugon, 14
Hugues, Joseph, 130
Hullier, 16
Hulme, Denis, 101, 105, 106
Humber, 19, 21, 50, 68, 80, 83
- 8 PS, **19**

Hunt, James, 103, 106
Huygens, Christian, 10
Hyundai Motor Campany, 94, 270
- Cortina, 270
- Pony, 94, **94,** 109, 270
- Stellar, 94, 109, 270

I

Iacocca, Lee A., 161
Ickx, Jacques Bernard, 102, 105, 106, 118, 120, 121, 122, 226
IKA, 142
Imperia, 26, 52
Indianapolis, 500-Meilen-Rennen von, 38, 55, 56, 58, 72, 77, 95, 220
Innocenti, 84, 148, 270
- 950, 270
- 1000, **270**
- A 40, 270
- IM3, 270
- Lambretta, 270
- Mini, 84, 270
- Mini 1300, 270
- Regenti, 270

International Trophy, 45
Invicta 54, 78
- 4500S, **54**

Ireland, Robert McGregor Innes, 98
Irving Napier »Golden Arrow«, **127**
Ishikawajima, 270
Isotta, Cesare, 56
Isotta Fraschini, 23, 52, 56, 60, 67, 70, 112, 130, 135, 143, 214
- 12 PS, 56
- 16 PS, 56
- 24 PS, 56
- 100 PS, 56
- FE Grand Prix, 56, 60
- Typ 8, **56**

Issigonis, Alec, 80, 132, 147, 148
Isuzu, 87, 270
- 117 coupé, 87
- Bellet, 87, 270
- Florian, 87, 270
- Florian 2000, **270**
- Piazza, 109
- Skyline Sport, 112
- Trooper, 270

Itala, 23
- 35/45, **29**

Ital Design, 109, 111, 112
Iwasaki, Yataro, 227

J

Jaboille, Jean Pierre, 80, 105
Jaguar Cars Ltd., 80, 82, 83, 114, 116, 123, 206
- 420, **207**
- C, **115**
- D, **115**
- Daimler Double Six, **207**
- E, 83, **85,** 206, **207**
- Mk II, 206
- Mk VII, 206
- Mk IX, 206
- Mk X, **207**
- SS 1, **207**
- SS 90, 206
- SS 100, **207**
- XJ 4.2, **206**
- XJ 6, 206, **207**
- XJ-SC, **207**
- XK 140, **207**
- XK 140 MC, 207
- XK 150, 206, **207**
- XK 150S, 207

Jamais Contente, 16, 30, 124, **124,** 130
James Flowers & Brothers, 178
Jano, Vittorio, 40, 41, 97, 98, 137, 171
Jarier, Jean Pierre, 104
Jarrott, Charles, 30
Jaussaud, Jean-Pierre, 121
Jeantaud, 16, 30, 124, **124**
- Torpilleur, 16

Jeep, 138, 142
- Cherokee, 142
- CJ-5, 142
- CJ-7, **142**

Jeffery, Thomas B., 34, **139**
- 96-2, **139**
  140S Chesterfield, **140**

Jellinek, Emil, 26, 27, 220
Jenatzy, Camille, 16, 30, 124, 130
Jensen, 132
Jitsuyo, Jidosha Seizo, 231, 234
John Zink Special, **75**
Jones, Alan, 104, 106
Jones, Parnelli, 76
Joy, Henry B., 64
Junior, 22

K

Kaiser, 49, 78
- Special, 78

Kaiser, Henry J., 78, 142
Kaiser Jeep Corporation, 138, 141, 142
- Jeep Cherokee, 142
- Jeep CJ-5, 142

- Jeep CJ-7, **142**
- Jeep Wagoneer, 142
- Karmann, 263, 264, 265
- Karrier, 68
- Kawamata, Katsuji, 230
- Keech, 127
- Kellner, Alexis, 61, 67
- Kelvinator, 139
- Kettering, Charles, 51, 78, 130
- Kikkunen, Leo, 120
- Kimball, Fred M., 16
- Kimber, Cecil, 151
- Kissel, 50
- 6-45, **50**
- 8-75, **50**
- Kling, 224
- Knight, Charles, 28
- Kraft Durch Freude (KDF), 248
- Krebs, 28
- Krieger, 16
- K.R.I.T., 34
- 25/30 PS, **34**
- Krittenden, Kenneth, 34
- Kurtis, 74
- Kuzma, Eddie, 75
- Kwaishinsha Motor Car, 231

L

- Labourdette, 67
- Lacoste, Robert, 247
- Lafayette Motors Co., 139, 140
- coupé, **141**
- Modell 110, **141**
- Modell 134, **140**
- Laffite, Jacques-Henry, 102, 104, 106
- Lago, Anthony, 241
- Lagonda, 143
- 14/60 PS, **50**
- Aston Martin Lagonda, **143**
- Rapide, 143
- Lambert, Percy, 241
- Lamborghini, 108, 208
- 350 GT, 208
- 350 GTV, 113, 208, **208**
- 400, 208
- Countach, 208
- Countach LP 400S, **208**
- Countach LP 500S, **208**
- Espada, **208**
- Islero GT, **208**
- Jalpa, **208**
- Jalpa 350, **208**
- Jarama, **208**
- LMA, **208**
- P400 Miura, **208**
- P400S, **208**
- P400 SV, **208**
- Lamborghini, Ferruccio, 208
- Lampredi, Aurelio, 174
- Lancia, 23, 52, 67, 70, 82, 84, 90, 97, 108, 114, 123, 132, 137, 176–209
- 2000, **212**
- Alpha, **31**, 209, **210**
- Appia, 212, **212**
- Aprilia, 70, 71, **78**, 132, **211**, 212
- Ardea, 70, **71**, 212
- Artena, 210, **211**
- Astura, 210, **211**
- Augusta, 210, 211
- Augusta 1200, 70
- Aurelia B10, **211**, 212
- Aurelia B20, **209**, 211
- Aurelia B21, 211
- Beta, 209, **210**, 212, **212**
- D50, 97
- Delta, 90, 109, 209, **210**, 212, **212**
- Dialfa, 209, **210**
- Didelta, 209
- Dikappa, 210, **210**
- Dilambda, **62**, 211
- Epsilon, 209
- Eta, 209, **210**
- Flaminia, 113, 212, **212**
- Flavia, 84, 212, **212**
- Fulvia, 84, 212, **212**
- Fulvia HF, 123, **123**
- Gamma, **90**, 209, **210**, 212, **212**
- Lambda, **49**, 52, 132, 210, **211**
- LC2, **122**
- Megagamma, 109
- Prisma, 90, 109, **211**, 212
- Rallye, 123
- Stratos, 109, 123, **123**, 212
- Thema, 90, 109, 212, **212**
- Theta, **26**, 209, **210**
- Trevi, **212**
- Trikappa, 210, **210**
- Y10, **212**
- Lancia, Vincenzo, 23, 31, 209, 212
- Lanchester, 19, 68
- 8 PS, **19**
- 20 PS, **24**
- Langen, Eugen, 14
- Lang, Hermann, 44
- Lankensperger, 129
- Lanza, Michele, 16, 22
- Larson, Gustav, 267
- Lauda, Niki, 102, 103, 104, 106, 107
- Lautenschlager, Christian, 31, 38, 132
- Lauzin & Klement, 271
- Lawson, Henry J., 21
- Lazzarenz, 264
- Leaf, 54
- Lea-Francis, 54
- Hyper, 54
- Ulster, **54**
- Le Baron, 62
- Lebon, Philippe, 14
- Le Castellet, 1000-km-Rennen von, 122
- Lefaucheux, Pierre, 245, 247, 248, 249
- Lehmann, Ernst, 26
- Leland, Henry, 190
- Lenoir, Etienne, **12**, 14
- Leonard, Joe, 76
- Le Mans, 24-Stunden-Rennen von, 40, 42, 44, 52, 54, 67, 80, 114, 115, 116, 117, 118, 120, 121, 122, 242
- Levassor, Emile, 29
- Levegh, Pierre, 114
- Le Vélocipède, 20
- Leyland Motor Corporation, 50, 82, 149
- Le Zèbre, 25
- A, 25
- B, 25
- D, 25
- Light Automotive Act, 29
- Ligier, 106
- Cosworth, 104
- JS7, **102**
- JS11, **104**
- Lincoln Motor Company, 62, 180
- 1928, **62**
- Continental, 156, **179**, **182**, 183
- Mark III, **180**, 182
- Lloyd, 81
- Lockhart, Frank, 74, 127
- Locomobile, 49
- Junior Eight, **49**
- Lohner, 26, 242
- Lola, 121, 122
- Climax, 98
- Cosworth, 77
- Ford, **76**
- T70 Mk III, **118**
- Lombard, 45
- Lord, Leonard, 148
- Lorraine-Dietrich, 22, 55
- 15 CV B/3/6, **54**
- Lotus, 98, 105, 106, 213
- 25 F1 76, 98, **101**
- 29, 76
- 33, **101**
- 38, 76
- 49, 105
- 49 B, **102**
- Simca 660, 120
- 56, 76
- 56 B, 100
- 72, **103**, 106
- 72 (John Player Special), **103**
- 72D, 106
- 72/2, 105
- 78, 106
- 79, **104**, 106
- 80, **104**
- 1958, **98**
- Eclat, **213**
- Elan + 2S, **213**
- Elan S3, 213
- Elan S4, 213
- Elan Typ 26, 213
- Elan Typ 36, 213
- Elan Typ 45, 213
- Elite 213, **213**
- Esprit, **112**, 213
- Esprit Turbo, **112**
- Europa, **213**
- Europa Special, 213
- Excel, 213
- Ford 49B, 105
- Mark VI, 213
- Mark 7, 213
- Mark 8, 213
- Mark 9, 213
- Mark 10, 213
- Mark 11, **117**, 213
- Seven S4, **213**
- Lozier, 37
- 50 PS, **37**
- Lutzmann, Friedrich, 22, 200, 201
- Lyons, William, 206

M

- Macauley, Alvan, 64
- Maglioli, Claudio, 114
- Malandin, Léon, 15
- Malcomson, 179
- Ford, 179
- Malzoni, Gennaro, 270
- Marazze, 208
- March 711, 106
- Marchand, 21
- Marco, Pierre, 39
- Marko, Helmut, 120
- Markus, Siegfried, **12**, 14
- Marmon 35, 57
- 16 V, 57, **57**, 74
- 34, 57
- Wasp, 57, **73**
- Marmon, Howard, 57
- Marmon, Walter, 57
- Marriott, Fred, 124
- Martina, 16
- Martin, Lionel, 143
- Martini, 24
- 12/16 PS, **24**
- Marzotto, Giannino, 114
- Maserati, 40, 98, 105, 114, 116, 161, 165, 214
- 4 CL, 44
- 4CLT, 95, **95**
- 8CM, 41
- 61 (Birdcage), 116, **116**
- 250 F, **97**, 99
- 450S, 116
- 3500 GT, 113, 214, **214**
- 3700, 214
- 5000, 214
- 5000 GT, **214**
- A6, 214, **214**
- A6G, **214**
- A6 G54, 214
- Biturbo, 161, 215, **215**
- Boomerang, **111**, 215
- Bora, **111**, 214, **215**
- Boyle Special, **74**
- Ghibli, 214, 215, **215**
- Indy, 215
- Khamsin, 215, **215**
- Kyalami, 215, **215**
- Merak, 215, **215**
- Mexico, 214, **214**, 215
- Mistral, 214, **214**
- Quattroporte, 214, 215, **215**
- Sebring, 214, **214**, 215
- »Sedici Cilindri« V4, 41
- SM, 215
- Massacesi, Ettore, 134
- Mateu, Damian, 66
- Matford, 55, 67
- Mathis, 55, 60
- Matra, 102, 105, 114, 239
- Ford MS 80, **102**, 105
- Simca 670, **121**
- Simca 670C, 121
- Matteucci, Felice, 14
- Maxwell 50-6, **36**
- Maybach, 56, 57
- DS 7, 56
- DS 8, 56
- SW 35, 56
- SW 38, 56
- SW 42, 56
- W3, 56
- W5, **56**
- W5 SG, 56
- Maybach, Karl, 56
- Maybach, Wilhelm, 13, 14, 15, 18, 56, 220
- Mayber, Teddy, 103
- Mays, Raymond, 44, 45
- Mazda, 87, 92, 94, 216
- 121, **218**
- 323 (Familia), 87, 94, **216**, 217, **218**
- 323 Turbo, 112
- 616 (Capella), 217
- 626, **218**
- 800, **217**
- 929 (Luce), **218**, 219
- 929 (Luce 13B RE), **218**
- Capella, 217, **217**, 218
- Capella (RX-2), 217
- Capella XR, 218
- Carol, 216, 217, **217**
- Chantez, **218**
- Cosmo, 87, 217, 218
- Cosmo 110S, **87**, 218, **218**
- Cosmo 121, 218
- Cosmo 121 L, 218
- Familia (323), 87, 94, **216**, 217, 218, **218**
- Luce, 87, 217, **217**, 218, **218**, 219
- Luce Rotary, 218
- MX 02, **218**
- MX-5 (Miata), **218**
- MX-81 Aria, **112**
- P 360, 216
- R 360, 216, 217
- RX-2, 218
- RX-3 (Savanna), **218**
- RX-4 (Luce), 218
- RX-5 (Cosmo), 218
- RX-7, **217**, 218
- R 100, 218
- Savanna, **217**, 218
- McLaren, 105, 106, 107, 243
- M 23, **103**, **104**, 106
- M 28, **104**
- M 29, 104
- MP4, 106
- MP4/2, **107**
- Offy, 76
- McLaren, Bruce, 98, 105, 121
- Mears, Rick, 74
- Mendès-France, 247
- Mercedes-Benz, 29, 30, 31, 38, 43, 44, 70, 72, 81, 89, 92, 113, 114, 123, 132, 144, 219–225, 242
- 1914, **31**
- 1923, **74**
- 6/25/40, **221**
- 15/70/100, 221
- 24/100/140, 221, **221**
- 28/95, **221**
- 35 CV, 22, 220, **220**, 221
- 130, 221, 222
- 140, 221
- 150, 221
- 150 M, **222**
- 170, **69**, 221, 222
- 170 D, 223
- 170 H, 221
- 170 S, **224**
- 170 V, 221, **222**, 223
- 180, 223, 224, **224**
- 190, 224, 225
- 190 D, 224, **225**
- 190 E, **225**
- 190 SL, **223**, 224, **225**
- 200, 69
- 200/220D, **226**
- 200/280, 224
- 220, **224**
- 220 S, 224, **224**
- 220 SE, **86**, 224
- 230, 221, **222**
- 230 S, 225
- 230 SL, 224, **225**
- 230/280 GE, **226**
- 240 GD, 226
- 240 GD SW, **226**
- 250 C/250 CE, **226**
- 250 SL, 225
- 260 D, 70, **224**
- 280 GE, 226
- 280 S/SE, 226, **226**
- 280 SL, 225
- 280 SL/SLC, 226
- 290 C, **222**
- 300a, **224**
- 300 GD, 226
- 300 Sc, **224**
- 300 SD, 226
- 300 SE, 224
- 300 SL, 81, 223, **223**, 224, 226
- 300 SLR, 114, **116**, 223
- 320, **222**
- 350 SE, 226
- 350 SL/SLC, **226**
- 370S, 221, **222**
- 380, **62**, 221
- 380 SE, 226
- 380 SEC, 226
- 380 SL, 226
- 450 SE, 226
- 450 SL5, 226
- 500 K, 221
- 500 SE, 226
- 500 SEC, 226
- 500 SL, 226
- 540 K, **69**, **219**, 221, **222**
- 600, 224, **225**
- 700, 57
- C 111, 224
- GP, **31**
- Grande Mercedes, 57, 221, **222**, 225
- Ideal, **220**
- K, **67**, 221, **222**
- Keiserwagen, **222**
- Mannheim, 221, 222
- Mylord, **220**
- Nürburg, 221, **222**
- S, 221, **221**
- Simplex, 220, **221**
- Simplex 90 PS, **124**
- SS, 221, **221**
- SSKL, **42**, 221, **221**
- Stuttgart, 221, **222**
- W 25, **43**, 223
- W 25B, 43, 44
- W 123, 226
- W 124, 226
- W 125, 43, **44**, 223
- W 126, 226
- W 154, **43**, 44, 223
- W 163, 44
- W 165, 44
- W 196, **97**, 224
- Mercer, 35
- 35, 72
- Mercury, 180
- Bobcat, **182**
- Capri, 184
- Cougar, **182**
- Custom Hardtop Sport, **180**
- Hardtop Colony Park, **180**
- Lynx, 184
- Lynx LN7, **184**
- Lynx RS, **184**
- Marquis, **183**
- Meteor, **180**
- Monterey, **181**
- Topaz, **184**
- Merosi, Giuseppe, 135, 137
- Merzario, Arturo, 122
- Métallurgique, 26
- 12 CV, **24**
- MG, 68, 80, 89, 147, 151
- A, 51, 152
- A Twin Cam, **152**
- B, 151, 152
- B GT, **152**
- Magnette, 151, 152
- Magnette Sport, **45**
- Metro, 151, **152**
- Midget, 151
- Midget »M«, **54**, 83, 151
- Midget 18/80 Mk I, 151
- TA Midget, **152**
- TC Midget, 152
- TD Midget, 152
- TF, 151
- Typ WA, **152**
- YA, 151, 152
- Miani, Silvestri & C., 28
- Miari Giusti & C., 22
- Michelin, 67, 130, 209
- Michelotti, Giovanni, 112, 152, 153, 166, 269
- Middleby, 32
- Miles, Kenneth, 118
- Mille Miglia, 42, 44, 113, 114, 115, 116, 135, 155, 269
- Miller, 76
- 1927, **74**
- 1929, **75**
- Ford 8V, **75**
- Miller, Harry, 55, 76
- Million-Guiet, 63
- Milton, Thomas W., 73, 74, 126
- Minerva, 28, 63
- 1927, **63**
- 30 PS, **52**
- AL 40 PS, 52
- Mitsubishi Goishi, Gaisha, 227
- Mitsubishi Heavy Industries, 227
- Mitsubishi Motors Corporation, 87, 94, 227
- 500, 227, **228**
- A, 227, **228**
- Colt, **91**, 123, **228**
- Colt 600, **228**
- Colt 800, **228**
- Colt 1000, 228
- Colt 1100, **228**
- Colt 1600 turbo ECI, **91**
- Colt GTI-16 V, **228**
- Cordia, 227
- Galant, 227, **228**
- Galant Dynamic 4, **228**
- Galant Lambda, 228
- Galant Sigma, 228
- Lancer, 227, **228**
- Minica, **228**
- Mizushima, 227

- Pajero, 227
- Sapporo, 227, **228**
- Space Wagon, **228**
- Starjon, 227
- Tredia, 227

Monroe, 73
Montagu of Beaulieu, Lord, 254
Moore, 12, 31
Morgan, Henry Frederick Stanley, 229
Morgan Motors Company, 22, 148, 229
- 4/4, 229, **229**
- F4, **229**
- Plus Four, 229, **229**
- Plus 4 Plus, **229**
- Plus 8, 229, **229**

Morgan, Peter, 229
Morris, 54, 68, 80, 147, 148, 149, 151
- Cowley, **50**
- Cowley, Bullnose, 151
- Eight, 68
- Mini Minor, **81**, 132
- Minor, 51, 68, 80, **81**, 151

Morris Garage, 151
Morris, William, 147, 151
Mors, 18, 20, 29, 30, 124, 162
- 1901, **30**
- 6 PS, 20
- 60 PS, **124**

Moskvich, 202, 269
Moss, Stirling, 98, 114, 116, 117, 213, 224
Motor Iberica, 231
Mulliner, 255
Murdock, William, 12
Murnigotti, Giuseppe, 14
Murphy, Edward M., 49, 190
Murphy, Jimmy, 38, 40
Murphy, Walter M., 57
MZMA, 269

N

Nallinger, Fritz, 221
Namag, 16
Napier, 21, 30, 31
- 30 PS, **30**
- 40/50, **48**
- Campbell, **127**
- Campbell »Bluebird«, **127**
- Six, **125**

Nash Motors Company, 34, 48, 79, 108, 138, 139, 140, 141, **141**
- 41, **140**
- 338, **140**
- 600, **141**
- 681, **140**
- 1194, **140**
- Ambassador, **142**
- Four, 48
- Healey, 108
- Rambler, **142**
- Special-Six, 140

Nash, Charles W., 138, 139
Nash-Kelvinator Corp., 141, 142
National, 72
Nazzaro, Felice, 23, 30, 39
Newcomen, Thomas, 10
Newman, L., 269
Newton, Isaac, **10**
Nibel, Hans, 221
Nissan-Datsun, 87, 230-235
- Dat, 231
- Dat 91, 234
- Dat Datson, 234
- Dat Lila Typ JC, **231**
- Dat Typ 41, **231**
- Dat Typ 51, **231**
- Datsun 110, **232**
- Datsun 210, **232**
- Datsun 240 Z, 87, 123
- Datsun 310 (Bluebird), 232, 233, **234**, 234
- Datsun 1500, 232
- Datsun Bluebird 1800 SSS, **233**
- Datsun DS, **80**
- Datsun DS 5, **232**
- Datsun DX Typ DB, **232**
- Datsun Fairlady 2000, **232**
- Datsun Fairlady Z, **233**
- Datsun Fairlady Z 431, **233**
- Datsun Prairie, **234**
- Datsun Sakura, **232**
- Datsun Sentre, **234**
- Datsun Silvia, **232**
- Datsun Standard Typ DA, **232**
- Datsun Sunny, 87, **233**, 234
- Datsun Typ A, **231**
- Datsun Typ 10, **231**
- Datsun Typ 12, **231**

- Datsun Typ 14, **231**
- Datsun Typ 17, **232**
- Datsun Violet, 123, **233**
- Nissan 70 Special Sedan, **232**
- Nissan Auster/Stanza, **233**, 234
- Nissan Bluebird, 87
- Nissan Cedric, **232**, **233**, 234
- Nissan Cherry, 87, **233**
- Nissan Cherry/Pulsar, 137
- Nissan Gazelle, 235
- Nissan Gloria, **234**
- Nissan Langley, 233
- Nissan Laurel, 87, **233**
- Nissan Laurel Spirit, **234**
- Nissan Leopard, 230
- Nissan Leopard TR-X, **230**
- Nissan Liberta, **233**
- Nissan Maxima, **234**
- Nissan Micra/March, **234**
- Nissan Micra Super S, **234**
- Nissan President, **232**, **233**
- Nissan Primera, **234**
- Nissan Pulsar, 233, **235**
- Nissan Silvia, **232**, 235
- Nissan Skyline, **232**, 233, **233**, 234

Nissan Motor Company, 80, 87, 90, 94, 230, 234
Nixon, 196
Noble, 128
Nordhoff, Heinz, 81, 262
Novi Special, 74
NSU (Neckarsulmer Strickmaschinen Union), 82, 144, 145, 146, 263, 264, 265
- Jagst Riviera coupé, **144**
- Pinz, 108, **145**, 146
- Prinz 4, 83, **84**, **145**, 146
- Prinz 110, 145
- Prinz 1000, 145
- Prinz 1200, **145**
- Weinsberger, 213

Nuckey, Rodney, 213
Nuffield, 68, 80
Nuffield Trophy, 44
Nürburgring, 1000-km-Rennen auf dem, 118, 119, 120, 122, 223
Nuvolari, Tazio, 42, 43, 44, 135

O

Oakland Motor Car Company, 49, 189, 190, 191
-6-54, **49**
- 20 PS, **190**
Offenhauser, 75, 76, 77
Offenhauser, Fred, 76
Officine Meccaniche, 28
Oldsmobile, 32, 35, 50, 101, 191
- 37 B, **191**
- 43 A, **48**
- 88 Holiday DeLuxe, **192**
- 98, **192**, 194
- Curved Dash, 32, **32**, 190
- Cutlass Supreme, **196**
- Delta 88 Royale, **196**
- F-31, **192**
- F 85, **194**, 199
- Firenza, **199**
- Holiday DeLuxe (88), **192**
- Limited, **190**
- M, **190**
- Omega, **198**
- Serie 60, **192**
- Serie 60 Special Convertible, **192**
- Starfire, **194**, **198**
- Toronado, **196**

Olds Motor Vehicle Company, 32, 190, 201
- 5 PS, **190**
Olds, Ranson Eli, 50, 189
Oliver, Jack, 105, 120
Oltcit, 94
O.M., 28, 48, 70
- 469, **49**
Opel, 20, 22, **22**, 51, 81, 82, 94, 189, 200, 203
- 10/12 PS, **201**
- 10/18 PS, **201**
- 400, 123
- Admiral, 202, **202**
- Ascona, 88, 202, **202**
- Blitz, 202
- Calibra, **202**
- Commodore, 202, **202**
- Corsa, **93**, 113, **202**
- Corsa TR, 93
- Doktorwagen (4/8 CV), 201, **201**
- Junior, **113**
- Kadett, 70, 83, **200**, 201, **201**, 202, **202**, 203

- Kadett City, 88
- Kadett GT, **202**
- Kadett GTE, **202**
- Kapitän, 202, **202**
- Laubfrosch (4/14), 51, 201, **201**
- Manta, **202**
- Monza, **202**
- Olympia, 70, **201**, 202
- Omega, **202**
- P4, **69**, 201 **201**, 202
- Patent Motorwagen, 200
- Rekord, **202**, 203, **203**
- Senator, **202**
- Vectra, **202**
- Volksautomobil, 201
Opel, Adam, 20, **22**, 51, 80, 199, 200, 203
Opel-Darracq, 200
Opel, Wilhelm, 201
Osca, 114
Ostafrika-Safari, 87
OTAV, 22, 23
- 5,5 PS, 22
- 18/24 PS, 22
Otosan, 270
- Anadol, 270
- Anadol STC16, 270
Otto, Nikolaus August, 14, 178, 220
Overland, 49, 142

P

Pace, Carlos José, 102, 106, 122
Packard, 35, 55, 57, 64
- 120, 64
- 905, **126**
- K, 64
- Light Eight, 64
- Phaeton, **65**
- Single Eight, 64
- Single Six, 64
- Super Eight, 64
- Twelve Phaeton, **64**
Packard, James Ward, 64
Panhard, 29, 30, 46, 63, 79, 80, 82
- 1933, **63**
- 10 PS, 46
- 16 PS, 46
- 24 C, 80, **80**
- 24 CT, 80
- Dyna, 79
- Dyna 54, 80
- PL 17, 80
- PL 17 »Tigre«, 80
Panhard-Levassor, 14, 15, 16, 18, 21, 28, 29
- X17 SS, **28**
Papin, Denis, 10
Parkes, Michael Johnson, 100, 119
Park Ward, 67, 255
Parodi, Alexandre, 247
Parsons, Johnnie, 118
Patrese, Riccardo, 122
Pecori, 11
Pecqueur, Onesiphore, 129, **131**
Peerless 24 PS, **33**
Penske, Roger, 77, 118, 119
Penske-Cosworth PC 12, 77
Pentaverken, 267
Perrone, 23
Perry, Percival, 186
Pescarolo, Henri, 121
Peterson, Ronald Bengt, 104, 106, 120, 122
Petillo, Kelly, 77
Petit, E., 45
Peugeot, 29, 31, 38, 40, 49, 67, 73, 76, 79, 83, 88, 92, 94, 108, 236, 237, 239, 241, 251
- 104, 164, **238**, 239
- 104 2S, 164
- 174, **238**
- 201, 237, **238**
- 202, **239**
- 203, 79, **238**, 239
- 204, 83, **238**, 239
- 205, 239, **239**, **241**
- 301, 237, **238**
- 302, 237, **238**
- 304, **238**, 239
- 305, 239
- 309, **241**
- 401, 237, **238**
- 402, 67, **236**, 237
- 403, **238**, 239
- 404, **80**, 83, **238**, 239
- 405, **241**
- 504, **238**, 239
- 505, 239, **239**

- 601, 237
- 604, **238**, 239
- 605, **241**
- Bébé, **47**, 237
- Daimler, 17
- Double-Phaeton, **21**
- GP, **31**, 72, 73
- J 7, 239
- Peugette, 238
- Quadrilette, 46, 237
- Typ 19, **237**
- Typ 69 (Bébé), 237, **237**
- Typ 109, 237
- Vera 0.2, **239**
- Vis-à-vis, 237
Peugeot, Armand, 15, 16, 18
Peugeot, Roland, 236
Peugeot-Talbot, 236, 241
- Peugeot 104, 164, **238**, 239
- Peugeot 104 2S, 164
- Peugeot 174, **238**
- Peugeot 201, 237, **238**
- Peugeot 202, 239
- Peugeot 203, 79, **238**, 239
- Peugeot 204, 83, **238**, 239
- Peugeot 205, 239, **239**
- Peugeot 301, 237, **238**
- Peugeot 302, 237, **238**
- Peugeot 304, **238**, 239
- Peugeot 305, 239
- Peugeot 401, 237, **238**
- Peugeot 402, 67, **236**, 237
- Peugeot 403, **238**, 239
- Peugeot 404, 80, 83, **238**, 239
- Peugeot 504, **238**, 239
- Peugeot 505, 239, **239**
- Peugeot 601, 237
- Peugeot 604, **238**, 239
- Peugeot Bébé, **47**, 237
- Peugeot Daimler, 17
- Peugeot Double-Phaeton, **21**
- Peugeot GP, **31**, 72, 73
- Peugeot J 7, 239
- Peugeot Peugette, 238
- Peugeot Quadrilette, 46, 237
- Peugeot Typ 19, **237**
- Peugeot Typ 69 (Bébé), 237, **237**
- Peugeot Typ 109, 237
- Peugeot Vera 0.2, **239**
- Peugeot Vis-à-vis, 237
- Simca 1000, 83, **240**
- Simca 1200, 108
- Simca 1307, 241
- Simca 1308, 241
- Simca Fiat 5, **240**
- Simca Fiat 6, 79, **240**
- Simca Fiat 8, 79, **240**
- Simca Fiat 9 Aronde, **240**
- Simca Gordini, 95
- Simca Grand Large, **240**
- Sunbeam 1923, 39
- Sunbeam 1924, **126**
- Sunbeam 1926, **126**
- Sunbeam 3 l, 31
- Sunbeam 20 PS, 54
- Sunbeam 350 PS, **126**
- Sunbeam 1000 PS, **127**
- Sunbeam Mabley, 21
- Talbot 1924, **45**
- Talbot 10/23 PS, **49**
- Talbot Horizon, **241**
- Talbot Matra Bagheera, 93, **241**
- Talbot Matra Murena S, **93**, **241**
- Talbot Samba, **241**
- Talbot Solara, **241**
- Talbot Tagora, **241**
Philco-Ford Corporation, 184
Philippe, Maurice, 102, 103, 104
Picard, Paul, 51
Pic Pic R2, **51**
Pictet, Jules, 51
Pierce, 36
- Great Arrow 24/28 PS, 36
- Motorette, 36
Perce-Arrow, 35, 36, 55
- 48, **36**
Pigozzi, 240
Pininfarina, 62, 80, 84, 91, 108, 109, 110, 111, 112, 132, 136, 137, 148, 150, 166, 167, 168, 173, 174, 209, 212, 238, 239, 241, 255
Pininfarina, Sergio, 108
Pipe (Compagne Belge de Construction d'Automobiles) 26, 146
Piquet, Nelson, 106, 107
Pironi, Didier, 104, 105, 106, 107, 121
P.J. Colt, 77
Pleven, René, 247
Plymouth, **68**, **158**, 159
- Arrow, 228

- Belvedere, **159**
- Duster, 160
- Fury, **159**
- Gran Fury, **159**, 161
- Sapporo, 228
- Satellite Sebring, 160
- Special DeLuxe, 158
- Sport Fury, **160**
- Valiant, 160
- Valiant Signet, 160
Pontiac Motor Division, 49, 189, 190
- 6.27 Landau, **191**
- 6000, **198**
- Catalina, **194**
- Fiero, **199**
- Firebird, **194**, 197
- Firebird Trans Am, **197**, **198**
- Grand Le Mans, 92
- GTO, **195**
- J 2000, **198**
- Le Mans, **195**
- Phoenix, **198**
- Standard Six, **192**
- Star Chief Custom Catalina, **193**
- Porporato, Giovanni, 77
- Porsche, 84, 94, 98, 105, 114, 116, 121, 242
- 60, 242
- 356, 242, **242**
- 356 A, **242**
- 356 B, **84**, 242, **243**
- 356 Carrera, 242
- 356 GS Carrera, 242
- 356 Super 90 (S 90), 84, 242, 243
- 542, 243
- 804, **100**
- 904 GTS, 242
- 906, 242
- 907, 242
- 908, 242
- 908.02, 120
- 908.03, **120**
- 908 3000, 122
- 911, 123, 242, **243**
- 911 Cabriolet, **243**
- 911 Carrera, 242
- 911 SC, 242, 243
- 911 SC Carrera, 242
- 911 Targa, 243
- 911 Turbo, **243**
- 912, 243
- 914, **243**
- 917, 119, **120**, 122, 242
- 917 LH, **120**
- 917 Sport, 122
- 924, **242**, 243
- 928 S, 242, **243**
- 935, **121**
- 935 T, 122
- 936, 243
- 936 T, 122
- 944, **243**
- 956, 122, **122**, 243
- 962, 243
- Carrera Turbo, 122
- RS Spider, 242
Porsche, Ferdinand, 26, 27, 43, 52, 221, 242, 263, 264
Porsche, Ferry, 242
Premier, 73, 81
Prince Motors, 232
Prinetti & Stucchi, 22, 60
Prost, Alan, 106, 107
PSA, 88
Puch, 27, 52
Puch, Johann, 27
Puma, 270
- GTI, 270

R

Racca, Carlo, 170
Radclyffe, C.R., 263
Rafford, 16
Railton Mobil Special, 127
Rallye von Montecarlo, 31, 54, 67, 87, 155, 269
Rambler, 34, 138, 139, 141, 142
- 63C, **139**
- American, 142
- Cross Country 38 PS, **34**
- Hornet Sedan, **142**
- Rebel, 141
- Rebel 5892-2, **142**
- Typ 1, **139**
- Typ 2 Surrey, **139**
Rappe Motorenwerke, 155
Rauch & Lang, 16

Read, Nathon, 12
Rédélé, Jean, 269
Redman, Brian, 118, 120, 122
Regazzoni, Clay, 102, 105, 106, 122
Reliant, 270, 271
- Kitten 850, **270**, 271
- Robin, 271
- Sabre, 270
- Scimitar, 271
- Scimitar GTE, **270**
Renault (Régie Nationale des Usines Renault), 18, 20, 22, 46, 56, 67, 79, 88, 89, 94, 105, 106, 142, 200, 244, 245, 247, 249, 250, 251
- 1902, **19**
- 3/4, 245
- 4 CV, 79, 244, 247, 248, 249, **249**
- 6 CV NN, **49**
- 9 CV, **27**
- 10 CV, 46
- 12 CV, **48**
- 40 CV, 244, **247**
- Alpine A 442 B, **121**
- Caravelle, **86**, 249, **250**, 269
- Celtaquatre (Typ 2R2), **248**
- Clio, 251
- Colorale, 80, 249, 250
- Colorale Prairie, **80**, 249
- Colorale Savane, 80, 249, **250**
- Colorale Taxi, 80, 249
- Dauphine, **80**, 86, 123, 249, 250, 251
- Dauphine Alfa Romeo, 250
- Espace, 251
- Estafette, 251
- Floride, 80, 86, 112, 249
- Fregate, 249, 251
- Fuego, 251, **251**
- Juvaquatre (Typ AEB2), 67, 245, **248**
- R3, 249
- R4, 83, 249, 251, 269
- R4L, **250**
- R5, 88, 244, **244**, 251, 269
- R5 Turbo, 123, **123**
- R5 TX, **251**
- R6, 83
- R6 TL, **250**
- R8, **86**, 250, 251, 269
- R8 Caravelle, **86**
- R8 Major, 250
- R9, 89, **89**, 142, 251
- R10 Major, **250**, 251
- R11, 89, 142, 251
- R12, 94, 250, 251
- R12 TR, **250**
- R14, 251
- R14 GTL, **250**
- R15 TL, **250**, 251
- R16, 213, 244, **250**, 251
- R16 TS, 269
- R17, 251
- R17 TS, **250**
- R18, 251
- R18 Turbo, **89**
- R19, **251**
- R20 TL, **250**, 251
- R21, **251**
- R25, 251, **251**
- R30, 269
- R30 TX, **250**, 251
- R177, 251
- RE 30, **105**
- RE 40, 107
- Reinastella (Typ RM), **248**
- RS 01, **104**
- RS 11, 104
- Trafic, 251
- Typ 2R2 (Celtaquatre), **248**
- Typ A, **19**, 245
- Typ ACR 1 (Vivastella), **248**
- Typ ACX 3 (Viva Grand Sport), **248**
- Typ AEB 2 (Juvaquatre), 67, 245, **248**
- Typ AG, **246**
- Typ AG-1, **246**
- Typ AX, **246**
- Typ B, **19**
- Typ BX, **246**
- Typ BY, **246**
- Typ CC, **246**
- Typ D, 245
- Typ DM, **246**
- Typ EE, **246**
- Typ G, **245**
- Typ GR, **247**
- Typ GS, **246**
- Typ H, **245**
- Typ IG, **247**
- Typ K, **245**
- Typ KZ, **247**
- Typ L, **246**

- Typ MG, **248**
- Typ NN, 244, **248**
- Typ RA (Vivasix), **248**
- Typ RM (Reinastella), **248**
- Vesta, 113
- Viva Grand Sport (Typ ACX 3), **248**
- Vivasix (Typ RA), **248**
- Vivastella (Typ ACR 1), **248**
Renault, Louis, 29, 129, 244, 245, 248
Renault, Marcel, 29, 31, 245
Reo Flying Cloud, **50**
Resta, Dario, 38, 73
Reutemann, Carlos, 102, 104, 106
Reuter, 201
Reutter, 264
Revson, Peter, 106
Ricardo, 152
Richard Brasier, 24, 30
Richard, Georges, 24
Rigolly, 125
Riley, 19, 21, 45, 68, 80
- 1936, **45**
- 10 PS, **19**
- Brooklands Nine, 45
- Four, 68
Rindt, Jochen, 103, 105
Roberts, Floyd, 130
Robson, George, 75
Rodriguez, Pedro, 105, 119, 120, 121
Rolland, Pilain, 39
Rolls, Charles Stewart, 252, 253
Rolls-Royce, 53, 67, 68, 80, 113, 252, 253, 254
- 10 PS, **253**
- 12 PS, **253**
- 15 PS, 253, **253**
- 20 PS, 253, **253**
- 20/25 PS, **57**, 252, **254**
- 25/30 PS, 252, **254**
- 30 PS, **253**
- 40/50 PS Silver Ghost, 23, 253, **253**, 254
- Camargue, 108, **255**
- Campbell »Bluebird«, **127**
- Corniche, **255**
- Phantom, 254
- Phantom I, 65, **254**
- Phantom II, **65**, 252, **254**
- Phantom III, **254**
- Phantom IV, **254**
- Phantom VI, **254**
- Silver Cloud, **254**
- Silver Cloud II, **254**
- Silver Dawn, **254**
- Silver Ghost, **23**, 253, **253**, 254
- Silver Shadow, 254, 255, **255**
- Silver Shadow II, **255**
- Silver Spirit, **255**
- Silver Spur, **255**
- Silver Wraith, **254**
- Silver Wraith II, **255**
- Twenty, 254
- Wraith, 254
Romeo, Nicola, 135
Roosevelt, Theodore, 139
Rootes Motor Ltd., 68, 80, 82, 83
Rootes, William, 83
Rosberg, Keke, 106, 107
Rose, Mauri, 74, 75
Rosemeyer, Bernd, 44
Rougier, Henri, 31
Rover, 21, 68, 80, 89, 147, 149, 150
- 8 PS, 149, **150**
- 12 PS, 25, **150**
- 12 PS Sport Tourer, **150**
- 14/45 PS, **150**
- 20 PS, **150**
- 75, **150**
- 100, **150**
- 200, 205
- 213, **150**
- 216, **150**
- 2400, 150, **151**
- 3500, **151**
- BRM, **116**
- Land Rover, 150, **151**
- Land Rover Ninety, **151**
- P3, 150
- P4, 150
- P5, 150
- P5 B, **150**
- P6 (2000), 150, **150**
- Range Rover, 89, 150, **151**
- Turbocar Jet 1, **150**
Rowan, 112
Royce, Frederick Henry, 21, 252, 253, 254
Rubin, Bernard, 42
Ruppe & Sohn, 25
Russo, Joe, 77
Russo, Paul, 77

S

Saab, 70, 86, 123, 256
- 92, **256**
- 93, 256, **256**
- 95, **256**
- 96, 86, **256**
- 99, 123, **256**
- 99 EMS, **256**
- 900, **256**
- 9000, **93**, 256
- Sonett, **256**
- Sonett II, **256**
Sachsering, 59
Sailer, Max, 74
S. A. Italiana ing. Romeo & C., 135
Salamano, Carlo, 39
Salmson, 45, 52
- 1921, **45**
- SGE (Randonnée), 52
Salomon, Jules, 25
Sampson, **74**
Saoutchik, Jacques, 67
Satta, Orazio, 137
Scaglione, 208
Scania Vabis 18/29 PS, **24**
Scarfiotti, Ludovico, 100, 119, 121, 170
S.C.A.T. (Società Ceirano Automobili Torino), 23
Scheckter, Jody, 102, 105, 106
Schneider, Louis, 74
Schustala, I., 272
Seaman Body Corporation, 140
Seat, 92, 94, 176, 271
- 124, 271
- 124 Pamplona, 271
- 127, 271
- 127 Fura, 271
- 133, 271
- 600, 271
- 850, 271
- 1400, 271
- 1430, 271
- 1500, 271
- 1800, 271
- Fura, 271
- Ibiza, 93, 94, 271, **271**
- Pamplona, 271
- Ronda, 271, **271**
Sebastian, 42
Sebring, 12-Stunden-Rennen von, 114, 115, 116, 117, 118, 119
Segrave, Henry, 39, 40, 125, 126, 127
Selden, George Baldwin, 14, 32, **32**, 179
Seldson, Lord, 115
Serpollet, Léon, 14, 16, 124, **124**
Sevel, 94
Shelby, Carroll, 269
Shenken, Tim, 122
Sheraton Thompson Special, **76**
Siemens, 22
Siffert, Joseph, 106, 120, 122
Sigma, 94, 108
Simca, 67, 79, 82, 93, 239, 240, 241
- 1000, 83, **240**
- 1200, 108
- 1307, 241
- 1308, 241
- 3 l, **31**
- 20 PS, **54**
- 350 PS, **126**
- 1000 PS, **127**
- Mabley, **21**
- Fiat 5, **240**
- Fiat 6, 79, **240**
- Fiat 8, 79, **240**
- Fiat 9 Aronde, **240**
- Gordini, **95**
- Grand Large, **240**
Simplex, 37
- 36 PS, 37
- 46 PS, 37
- 50 PS, **37**
- 75 PS, 37
Singer, 21, 26, 80, 83
- 10 PS, 25
Sivocci, Ugo, 40
Sizaire et Naudin, 31
Skelton, 159
SKF, 267
Skoda, 70, 94, 271
- 4R, 271
- 6R, 271
- 100, 271
- 105, 271
- 105 GL, **271**
- 110, 271
- 120, 271
- 420, 271
- 1000 MB, 271
- Favorit, 271
- Felicia, 271
- Octavia, 271
- Popular, 271

- Rapid, **94**, 271
- Superb, 271
Sneva, Tom, 77
Società Anonima Italiana Darracq, 135
Société Anonyme des Aéroplanes G. Voisin, 64
Souders, George, 74
S. P. A., 23
Spa 9000, 108
Sparks, Art, 75
Spear, 115
Spence, Michael Henderson, 119
Spirit of America, **127**
Spirit of America »Sonic I«, **128**
Spitz, 56
Spyker, **24**, 27, 55
- 32/40 PS, 27
Stainway, William, 15
Standard, 25, 68, 80, 152
- Rhyl, **25**
- SLO, **25**
- SLS, **25**
Standard-Triumph, 80
Stanley, 34, 35
- 10 PS, **34**
- Rocket, **125**
Stanley, Francis, 34 .
Stanley, Freelan, 34
S.T.A.R. (Società Torinese Automobili Rapid), 23
Starley, J.K., 16
Starley, Jolin, 147
S.T.D. (Sunbeam-Talbot-Darracq), 20, 49, 241
Stearns 45–90 PS, **36**
Stefanini, Giuseppe, 56
Stevens, 74
Stewart, Jackie, 76, 98, 102, 103, 105, 106
Steyr, 27
Steyr-Daimler-Puch AG, 27, 226
Stift, Joseph Hans, 56
Stoewer B2, **25**
Street, Robert, 14
Studebaker, 16, 36, 78, 82, 269
- Erskine, **50**
- Hawk GT, **83**
Stutz, 35, 36, 57, 63
- 1915, **73**
- AA, 36, 63
- Bearcat, **36**
- Black Hawk, 63, **127**
- DV, 23, 36, 63
Stutz, Harry, 36
Subaru, 87, 271
- 4WD 1800, **271**
- 360, 87, **271**
- 700, **271**
- 1300 DL, **271**
- 1800, **271**
- R2, 271
- Rex, 271
Summers, 125, 128
Sunbeam, 20, 21, 40, 68, 80, 83, 125, 171, 239, 241
- 1923, 39
- 1924, 126
- 1926, 126
- 3 l, **31**
- 20 PS, **54**
- 350 PS, **126**
- 1000 PS, **127**
- Mabley, **21**
Surtees, John, 98, 101, 121
Sutherland, Gordon, 143
Sutton, William, 147
Suzuki Loom Manufacturing Co., 272
Suzuki Motor Co., 87, 272
- 410, 272
- 800 Front, 272
- Cervo, 272
- Cultus SA 310, 272
- GX, 272
- Light Van, 87
- Suzulight, 272
Swallow, 206
Swallow Sidecar & Coachbuilding Co., 206
- SS (Swallow Sport), **207**
- SS 90, 206
- SS 100, **207**
Swanson, Bob, 74
Sweikert, 75
Sykes, Charles, 253
Symington, 11

T

Tabota Imono Co., 234
Talbot, 21, 83, 88, 239

- 1924, **45**
- 10/23 PS, **49**
- Horizon, 241
- Matra Bagheera, 93, 241
- Matra Murena S, **93**, 241
- Samba, **241**
- Solara, **241**
- Tagora, **241**
Talbot-Darracq, 45
Talbot-Lago, 95, 241
- America, **241**
Talbot Lotus, 123
Talbot Simca 1510, 160
Talbot Simca Sunbeam, **240**
Tambay, Patrick, 107
Tamplin, 48
Targa Florio, 30, 31, 38, 40, 42, 52, 116, 117, 118, 120, 134, 149, 223
Taruffi, Piero, 97, 114, 116, 224
Tatra, 94, 272
- 11, 272
- 603, 272
- A, 272
- Météore, 272
- Präsident, 272
- S 20/30, 272
- S 40/50, 272
- T603, 272
- T613, 272
- Tatraplan, 272
Tatroe, 128
Tauranac, Ron, 101, 105
The Blue Flame, **128**
Théry, 30
Thomas, 126
Thomas B. Jeffery Company, 138, 139
Thomas Special Babs, **126**
Thompson, Robert William, 130
Thorne Engineering Special, **75**
Thrust 2, **128**
Thunderbolt, **127**
Tickford, 143
Tippett, W. Paul, 138
Tokyo Gas & Electric, 270
Torricelli, Evangelista, 10
Tour de France, 118
Touring, 112, 113, 136, 137, 208, 214
Tourist Trophy, 30, 42, 43, 116, 117, 223, 253
Toyo Cork Kogyo Co., 216
Toyo Kogyo Co. Ltd., 216
Toyota Motor Company, 87, 90, 94, 237
- 2000 GT, 259
- 2000 GT Liftback, 260
- A1, 257, **258**
- AA, 257, **258**
- AB, 257, **258**
- AC, 258
- AE, 257, **258**
- B, 258
- BA, 257, 258, **258**
- Carina, 259, **261**
- Celica, 87, 260, **261**
- Celica Camry, 260
- Celica Supra 2800 G, 160
- Century, 261, **261**
- Chaser, 260
- Corolla, 87, 259, **259**, 261
- Corona, 258, 259, **259**, 261
- Corona Mk II, 87
- Corona ST 10, 259
- Corsa, **260**
- Cressida, 259, 260, **260**
- Cressida Grande, 260
- Crown, 259, **259**, 261
- FX-1, **113**
- Land Cruiser, **260**, 261
- Liftback, 260
- MR 2, **261**
- Publica, 87, 258, 259, **259**, 261
- RH Super, **258**
- RS Crown, 258, **258**, 259
- SA, 258, **258**
- SD, **258**
- SF, 258, **258**
- Sport 800, **259**
- Sprinter, 259, **261**
- Starlet, **260**
- Tercel, 257, 260, 261
- Tiara RT 20, 259
Toyota-Werk für Automatik-Webstühle, 257
Trabant, 272
- 500, 272
- 600, 272
- 601, **272**
- P 50, 272
Tracta, 57, **57**
Trepardoux, 20

Trevithick, Richard, 12
Trintignant, Maurice, 98, 114
Trips, Wolfgang von, 116, 117
Triumph, 50, 80, 89, 152
- 2.5, 152, **153**
- 2000, 152
- Acclaim, 89, 152, 205
- Dolomite, **152, 153**
- GT6, 152
- Herald, 112, 152, **152**
- Mayflower, 152
- Renown, **152**
- Spitfire, 152, **153**
- Spitfire Mk IV, 152
- Stag, 152, **153**
- Super Seven, **50, 152**
- TR 2, **152, 153**, 229
- TR 3, 153
- TR 5, 112, 152, **153**
- TR 7, 152, 153, **153**
Trojan, 50
- PB, **50**
Trucco, Vincenzo, 77
Truman, Harry, 181
Tsukumo Shokai, 227
Turcat-Méry, 22, 31, 123
- 18 CV, **24**
Turkheimer, Max, 22
T.V.R., 272
- Jomar, 272
- Mark III, 272
- Tasmin, 272
- Tasmin 350, 272
- Trident, 272
- Tuscan, 272
Tyrell
- 003, **102**, 106
- 007, **103**, 106
- 009, **104**
- P 34, **102**

U

UAZ, 272
- 469 B, 272
- GAZ 69 AM, 272
Unser, A., 74, 77
Unser, B., 74, 76

V

Vaccarella, Nino, 119, 120
Valletta, Vittorio, 49, 170, 172
Vanderbilt, William K., 30, 124
Van Lennep, Gijs, 120
Vanwall, 98, **98**
Varzi, Achille, 41, 43, 44
Vauxhall Motors, 51, 67, 68, 70, 80, 82, 201, 203
- Cadet, **203**
- Carlton, 203, **203**
- Cresta, **203**
- Light Six 14 PS, 68
- Prince Henry, **53**
- SCV, **203**
- Victor F., **203**
- Villiers, **45**
- Viva, 203, **203**
Vaz Lada, 94
Verbiest, Ferdinand, **10**
Viet, 19
Vignale, 113, 166, 214, 269
Vignale, Alfredo, 113
Villeneuve, Gilles, 105, 106, 107
Villoresi, Luigi, 77, 114
Vincent, Jesse, 64
Voisin, 39, 40, 46, 63, 64, **64**
- 18/23 PS C 1, 64
- C 3, 64
- C 5, 64
- C 11, 64
- C 14, 64, **64**
- C 23, 64
- C 28 Aerosport, 64
- Biscooter, 64
- V12/L, 64
Voisin, Gabriel, 64
Volkswagenwerk GmbH, 51, 70, 81, 82, 89, 94, 108, 145, 242, 243, 248, 262, 264, 265
- 30, **263**
- 1200, **264**
- 1300, 263
- 1303, 262
- 1500, 264, **264**
- Atlantic, 265
- Auto 2000, **113**
- Beetle, 263
- Brasilia, 264
- Caribe, 264
- Corrado, **265**
- Derby, 264
- Fusca, 263
- Golf, 265
- Golf, 89, 91, 109, **264, 265**, **265**
- Jetta, **265**
- K 70, 264, **264**, 265
- Karmann-Ghia, 112
- Maggiolino, 81, 83, **262**, 263, 264, 265
- Passat, 89, 109, **264**, 265
- Polo, 89, 109, 146, **264**
- Porsche 60, **263**
- Porsche 82, **263**
- Porsche-NSU 32, **263**
- Porsche Zündapp 12, **263**
- Quantum, **264**
- Rabbit, 265, **265**
- Santana, **264**
- Scirocco, 109, **265**
- Sedan, 263
Volkswagen-Porsche, 243, 265
- 914, 243, **243**, 265
Volta, Alessandro, 14
Volvo, 70, 86, 90, 266
- 66, 267
- 120, **268**
- 142, **268**
- 144, **266**, 267, 268
- 164, 267
- 240, 267
- 340, 267, 268
- 360, 268
- 440-460, **268**
- 480, **268**
- 740, 267
- 760, 267
- 760 GLE, **268**
- 960, **268**
- Amazon, 167
- Amazon P544, 86
- Amazon PV444, 86
- Carioca, 267
- Jacob, 267
- ÖVA4, 267, **267**
- P 121/22, 267
- P 130, **268**
- P 1900, **268**
- PV 4, 267
- PV 36, 267
- PV 51-52, **267**
- PV 60, 258, **267**
- PV 444, 267, **267**
- PV 650, **267**
- PV 651, 267
- PV 652, **267**
- PV 673, **267**
- PV 801-802, **267**
- TPV, **267**
- Venus Bilo, 267
- Von Hanstein, 155
- Von Rosselstamm, Hugo Fischer, 272
Vucovich, Bill, 75

W

Wagner, Louis, 31
Walkee, 115
Wallard, Lee, 74
Walnsley, William, 206
Wanderer, 70, 144
Wards, T.W., 152
Wartburg, 272
- 311, 272
- 353, 272
- IFA, 272
Watson, 74
Watson, Abraham Joseph, 102, 106, 107
Watt, James, 10, 12
Weiffenbach, Charles, 20, 67
Werlin, 264
Werner, Christian, 74
Wetteroth, 74
Weymann, Charles Torres, 57, 61, 112
Welleyes, 23
White, 35
- 0, 35
- GMT, 35
White Triplex, **127**
Whitehead, Peter Neeld, 44, 115
Wilcow, Howard, 73
Williams
- FW 07, 106
- FW 07B, **104**, 105, 106
- FW 07C, 106
- FW 08, 106, **106**
Williams, T.L., 270
Wills, G.H., 35, 48
Wills-Sainte Claire T6, **48**
Willys, 49, 78
Willys Do Brasil, 142
Willys, John North, 138, 141
Willys Overland, 49, 142
- Whippet, **49**
Windsor Plastics, 142
Wingfoot Express, **127**
Wingfoot Express II, **128**
Winton Motor Carriage Co., 32
- 17B Touring, **34**
Wisconsin Special, **126**
Wolf WR3, 106
Wolseley, 21, 50, 68, 80, 148
- 16/20 PS, 24
- 96, 30
Wood Mobilette, **36**
Wright, 14
Wyer, John, 118, 120, 121

Y

Yamanouchi, 227
Yellow Cab Manufacturing Company, 193
Yue Loong Motor Company Ltd., 272
YLN, 272

Z

Zagato, 110, 112, 136, 137, 214
Zastava, 94, 272
- 101, 272
- Jugo, 45, 94
ZAZ, 272
- 965, 272
- 965 A, 272
- 965 B, 272
- 966 B, 272
- 968, 272
- 969, 272
Zborowski, Kuis Voroz, 143
ZCZ, 94, 272
Zeder, 158, 159
Zerbi, Tranquillo, 171
ZIS (Zavod Imjemi Stalina), 272
ZIL (Zavod Imjemi Likhacheva), 272
- ZIL 111, 272
- ZIL 114, 272
- ZIL 117, 272
- ZIL 117V, 272
- ZIL 4104, 272
- ZIS 101, 272
- ZIS 101/A, 272
Zuccarelli, Paolo, 77
Zündapp, 263
Züst 25/35 PS, **28**

Bildnachweis:

BMW: 68-69-81. **Amedeo Gigli:** 12-17-20-21-23-27-35-55-59-60-64-65-66-67-71-83-87-137-138-141-151-153-155-157-159-161-178-181-183-185-193-197-199-205-211-217-223-227-230-236-240-241-247-249-255-262-265-268. **Egidio Imperi:** 80-83-84-86-88-89-91-94-110-113-129-130-131-132-257. **Kromos:** 10-11-12-15-16-18-19-22-24-25-26-28-29-32-33-34-36-37-47-48-49-50-51-52-53-54-56-57-58-68-69-77-78-79-85-86-92-107-109-110-111-112-113-122-123-128-145-165-167-173-175-187-195-203-215-225-235-239-243-249-251. **Mazda:** 216. **Mercedes-Benz:** 13-14-69.
Pierluigi Pinto: 26-70-71-79-80-81-82-84-85-86-89-91-93-94-109-111-112-113-233-261. **Porsche:** 84.
Quattroruote: 105-106-119-120-121-123-134-147-154-162-166-169-177-189-200-206-209-219-244-252-266. **Fabio Luigi Rapi:** 51-59-61-62-63-64-66-70-173. **Renault:** 104.
Maurizio e Paolo Riccioni: 19-30-31-38-39-40-41-42-43-44-45-72-73-74-75-76-77-80-86-89-90-95-96-97-98-99-100-101-102-103-104-105-106-107-114-115-116-117-118-119-121-123-124-125-126-127-128.